suhrkamp
wiss

Arthur Schopenhauer
Sämtliche Werke

Textkritisch bearbeitet
und herausgegeben von
Wolfgang Frhr. von Löhneysen

Band IV

Arthur Schopenhauer
Parerga
und Paralipomena

Kleine philosophische Schriften

I

Suhrkamp

Die vorliegende Ausgabe ist text- und seitenidentisch
mit der von der Arbeitsgemeinschaft Cotta-Insel,
Stuttgart/Frankfurt am Main,
herausgegebenen Schopenhauer-Ausgabe

Die Deutsche Bibliothek – CIP-Einheitsaufnahme
Ein Titeldatensatz für diese Publikation
ist bei Der Deutschen Bibliothek erhältlich

suhrkamp taschenbuch wissenschaft 664
Erste Auflage 1986
© Arbeitsgemeinschaft Cotta-Insel,
Stuttgart/Frankfurt am Main 1963
Lizenzausgabe mit freundlicher Genehmigung
der Arbeitsgemeinschaft Cotta-Insel
Suhrkamp Taschenbuch Verlag

5 6 7 8 9 10 – 06 05 04 03 02 01

PARERGA

Vitam impendere vero.
[Sein Leben der Wahrheit weihen.

JUVENAL
›Saturae‹ 4, 91]

VORWORT

Diese meinen wichtigeren systematischen Werken nachgesandten Nebenarbeiten bestehn teils aus einigen Abhandlungen über besondere, sehr verschiedenartige Themata, teils aus vereinzelten Gedanken über noch mannigfaltigere Gegenstände – alles hier zusammengebracht, weil es meistens seines Stoffes halber in jenen systematischen Werken keine Stelle finden konnte, einiges jedoch nur, weil es zu spät gekommen, um die ihm gebührende daselbst einzunehmen.

Hiebei nun habe ich zwar zunächst Leser im Auge gehabt, denen meine zusammenhängenden und inhaltsschwereren Werke bekannt sind; sogar werden solche vielleicht noch manche ihnen erwünschte Aufklärung hier finden: im ganzen aber wird der Inhalt dieser Bände mit Ausnahme weniger Stellen auch denen verständlich und genießbar sein, welche eine solche Bekanntschaft nicht mitbringen. Jedoch wird der mit meiner Philosophie Vertraute immer noch etwas voraushaben; weil diese auf alles, was ich denke und schreibe, stets ihr Licht, und sollte es auch nur aus der Ferne sein, zurückwirft; wie denn auch andrerseits sie selbst von allem, was aus meinem Kopfe hervorgeht, immer noch einige Beleuchtung empfängt.

Frankfurt a. M., im Dezember 1850.

SKIZZE EINER GESCHICHTE
DER LEHRE
VOM IDEALEN UND REALEN

Plurimi pertransibunt et multiplex erit scientia.
[Viele werden darüberkommen[1], und
das Wissen wird vielfältig sein.]

DANIEL 12, 4

---

1. [Über die Schrift, die Jahwe Daniel zu versiegeln befahl; gemeint ist ›durchforschen‹, ›erörtern‹]

Cartesius [Descartes] gilt mit Recht für den Vater der neuern Philosophie, zunächst und im allgemeinen, weil er die Vernunft angeleitet hat, auf eigenen Beinen zu stehn, indem er die Menschen lehrte, ihren eigenen Kopf zu gebrauchen, für welchen bis dahin die Bibel einerseits und der Aristoteles andererseits funktionierten; im besondern aber und engern Sinne, weil er zuerst sich das Problem zum Bewußtsein gebracht hat, um welches seitdem alles Philosophieren sich hauptsächlich dreht: das Problem vom Idealen und Realen, d. h. die Frage, was in unserer Erkenntnis objektiv und was darin subjektiv sei, also was darin etwanigen von uns verschiedenen Dingen und was uns selber zuzuschreiben sei. – In unserm Kopfe nämlich entstehn nicht auf innern – etwan von der Willkür oder dem Gedankenzusammenhange ausgehenden – folglich auf äußern Anlaß Bilder. Diese Bilder allein sind das uns unmittelbar Bekannte, das Gegebene. Welches Verhältnis mögen sie haben zu Dingen, die völlig gesondert und unabhängig von uns existierten und irgendwie Ursache dieser Bilder würden? Haben wir Gewißheit, daß überhaupt solche Dinge nur dasind? Und geben in diesem Fall die Bilder uns auch über deren Beschaffenheit Aufschluß? – Dies ist das Problem, und infolge desselben ist seit zweihundert Jahren das Hauptbestreben der Philosophen, das Ideale, d. h. das, was unserer Erkenntnis allein und als solcher angehört, von dem Realen, d. h. dem unabhängig von ihr Vorhandenen, rein zu sondern durch einen in der rechten Linie wohlgeführten Schnitt und so das Verhältnis beider zu einander festzustellen.

Wirklich scheinen weder die Philosophen des Altertums

noch auch die Scholastiker zu einem deutlichen Bewußtsein dieses philosophischen Urproblems gekommen zu sein; wiewohl sich eine Spur davon, als Idealismus, ja auch als Lehre von der Idealität der Zeit im *Plotinos* findet, und zwar ›Enneades‹ 3, lib. 7, cap. 10, woselbst er lehrt, die Seele habe die Welt gemacht, indem sie aus der Ewigkeit in die Zeit getreten sei. Da heißt es z.B.: Οὐ γάρ τις αὐτοῦ τοῦδε τοῦ παντὸς τόπος ἢ ψυχή. (Neque datur alius huius universi locus quam anima.) [Denn es gibt für dieses Weltall keinen anderen Ort als die Seele.] – wie auch: Δεῖ δὲ οὐκ ἔξωθεν τῆς ψυχῆς λαμβάνειν τὸν χρόνον ὥσπερ οὐδὲ τὸν αἰῶνα ἐκεῖ ἔξω τοῦ ὄντος. (Oportet autem nequaquam extra animam tempus accipere quemadmodum neque aeternitatem ibi extra id, quod ens appellatur.) [Man darf aber nicht die Zeit außerhalb der Seele annehmen, wie auch nicht die Ewigkeit des Jenseitigen außerhalb des Seienden.] – womit eigentlich schon Kants Idealität der Zeit ausgesprochen ist. Und im folgenden Kapitel: Οὗτος ὁ βίος τὸν χρόνον γεννᾷ· διὸ καὶ εἴρηται ἅμα τῷδε τῷ παντὶ γεγονέναι, ὅτι ψυχὴ αὐτὸν μετὰ τοῦδε τοῦ παντὸς ἐγέννησεν. (Haec vita nostra tempus gignit, quamobrem dictum est tempus simul cum hoc universo factum esse, quia anima tempus una cum hoc universo progenuit.) [Dieses Leben erzeugt die Zeit, weshalb es auch heißt, daß sie zugleich mit diesem Weltganzen entstanden sei, weil die Seele sie zugleich mit diesem Weltganzen erzeugt hat.] Dennoch bleibt das deutlich erkannte und deutlich ausgesprochene Problem das charakteristische Thema der *neuern* Philosophie, nachdem die hierzu nötige Besonnenheit im *Cartesius* zuerst erwacht war, als welcher ergriffen wurde von der Wahrheit, daß wir zunächst auf unser eigenes Bewußtsein beschränkt sind und die Welt uns allein als *Vorstellung* gegeben ist: durch sein bekanntes ›dubito, cogito, ergo sum‹ [ich zweifle, d.h. ich denke, also bin ich; ›Principia philosophiae‹ 1, 7] wollte er das allein Gewisse des subjektiven Bewußtseins, im Gegensatz des Problematischen alles übrigen, hervorheben und die große Wahrheit aussprechen, daß das einzige wirklich und unbedingt *Gegebene* das Selbstbewußtsein ist. Genau betrachtet ist sein berühmter Satz das Äquivalent dessen, von welchem ich ausgegangen bin: ›Die Welt ist meine Vorstellung.‹ Der alleinige Unterschied ist, daß der seinige die Unmittelbarkeit des Subjekts, der meinige die Mittelbarkeit des Objekts hervorhebt. Beide Sätze drücken dasselbe von zwei Seiten aus, sind Kehrseiten von einander, stehn also in demselben Verhältnis wie das Gesetz der Trägheit und das der Kausalität, gemäß meiner Darlegung in der Vorrede zur ›Ethik‹, p. XXIV *[Bd. 3, S. 500]*. Allerdings hat man seitdem seinen Satz unzähligemal nachgesprochen im bloßen Gefühl seiner Wichtigkeit und ohne vom eigentlichen Sinn und Zweck desselben ein deutliches Verständnis zu haben (siehe Cartesius, ›Meditationes‹ [de prima philosophia], meditatio 2, p. 15). Er also deckte die Kluft auf, welche zwischen dem Subjektiven, oder Idealen, und dem Objektiven, oder Realen, liegt. Diese Einsicht kleidete er ein in den Zweifel an der Existenz der Außenwelt: allein durch seinen dürftigen Ausweg aus diesem – daß nämlich der liebe Gott uns doch wohl nicht betrügen werde – zeigte er, wie tief und schwer zu lösen das Problem sei. Inzwischen war durch ihn dieser Skrupel in die Philosophie gekommen und mußte fortfahren, beunruhigend zu wirken, bis zu seiner gründlichen Erledigung. Das Bewußtsein, daß ohne gründliche Kenntnis und Aufklärung des dargelegten Unterschiedes kein sicheres und genügendes System möglich sei, war von dem an vorhanden, und die Frage konnte nicht mehr abgewiesen werden.

Sie zu erledigen, erdachte zunächst *Malebranche* das System der gelegentlichen Ursachen. Er faßte das Problem selbst in seinem ganzen Umfange deutlicher, ernstlicher, tiefer auf als *Cartesius* (›Recherches de la vérité‹ livre 3, seconde partie). Dieser hatte die Realität der Außenwelt auf den Kredit Gottes angenommen; wobei es sich freilich wunderlich ausnimmt, daß, während die andern theistischen Philosophen aus der Existenz der Welt die Existenz Gottes zu erweisen bemüht sind, Cartesius umgekehrt erst aus der Existenz und Wahrhaftigkeit Gottes die Existenz der Welt beweist: es ist der umgekehrte kosmologische Beweis. Auch hierin einen Schritt weitergehend, lehrt *Malebranche*, daß wir alle Dinge unmittelbar in Gott selbst sehn. Dies heißt freilich ein Unbekanntes durch ein noch Unbekannteres erklären. Überdies sehen wir, nach ihm, nicht nur alle Dinge in Gott; sondern dieser ist auch das allein Wirkende in denselben, so daß die physischen Ursachen es bloß scheinbar, bloße ›causes occasionnelles‹ [Gelegenheitsursachen] sind (›Recherches de la vérité‹ livre 6, seconde partie, chap. 3). So haben wir denn schon hier im wesentlichen den Pantheismus des *Spinoza*, der mehr von *Malebranche* als von *Cartesius* gelernt zu haben scheint.

Überhaupt könnte man sich wundern, daß nicht schon im 17. Jahrhundert der Pantheismus einen vollständigen Sieg über den Theismus davongetragen hat; da die originellsten, schönsten und gründlichsten europäischen Darstellungen desselben (denn gegen die Upanischaden der Veden gehalten ist freilich das alles nichts) sämtlich in jenem Zeitraum ans Licht traten: nämlich durch *Bruno*, *Malebranche*, *Spinoza* und *Scotus Erigena*, welcher letztere, nachdem er viele Jahrhunderte hindurch vergessen und verloren gewesen war, zu Oxford wiedergefunden wurde und 1681, also 4 Jahre nach Spinozas Tode, zum ersten Male gedruckt ans Licht trat. Dies scheint zu beweisen, daß die Einsicht einzelner sich nicht geltend machen kann, solange der Geist der Zeit nicht reif ist, sie aufzunehmen; wie denn gegenteils in unsern Tagen der Pantheismus, obzwar nur in der eklektischen und konfusen Schellingischen Auffrischung dargelegt, zur herrschenden Denkungsart der Gelehrten und selbst der Gebildeten geworden ist; weil nämlich Kant mit der Besiegung des theistischen Dogmatismus vorangegangen war und ihm Platz gemacht hatte, wodurch der Geist der Zeit auf ihn vorbereitet war wie ein gepflügtes Feld auf die Saat. Im 17. Jahrhundert hingegen verließ die Philosophie wieder jenen Weg und gelangte danach einerseits zu *Locke*, dem Baco und Hobbes vorgearbeitet hatten, und anderseits durch *Leibniz* zu Christian *Wolff*: diese beiden herrschten sodann im 18. Jahrhundert vorzüglich in Deutschland, wenngleich zuletzt nur noch, sofern sie in den synkretistischen Eklektismus aufgenommen worden waren.

Des *Malebranche* tiefsinnige Gedanken aber haben den nächsten Anlaß gegeben zu *Leibnizens* System der ›harmonia praestabilita‹, dessen zu seiner Zeit ausgebreiteter Ruhm und hohes Ansehn einen Beleg dazu gibt, daß das Absurde am leichtesten in der Welt Glück macht. Obgleich ich mich nicht rühmen kann, von Leibnizens Monaden, die zugleich mathematische Punkte, körperliche Atome und Seelen sind, eine deutliche Vorstellung zu haben; so scheint mir doch soviel außer Zweifel, daß eine solche Annahme, wenn einmal festgestellt, dazu dienen könnte, alle ferneren Hypothesen zur Erklärung des Zusammenhangs zwischen Idealem und Realem sich zu ersparen und die Frage dadurch abzufertigen, daß beide schon in den Monaden völlig identifiziert seien (weshalb auch in unsern Tagen *Schelling* als Urheber des Identitätssystems sich wieder daran gelegt hat). Dennoch hat es dem berühmten philosophierenden Mathematikus, Polyhistor und Politikus nicht gefallen, sie dazu zu benutzen; sondern er hat zum letzteren Zweck eigens die prästabilierte Harmonie formuliert. Diese nun liefert uns zwei gänzlich verschiedene Welten, jede unfähig, auf die andere irgend zu wirken (›Principia philosophiae‹ § 84 und ›Examen du sentiment du P. Malebranche‹ p. 500 sq. der ›Œuvres de Leibniz‹, publiés par Raspe), jede die völlig überflüssige Dublette der andern, welche nun aber doch einmal beide dasein, genau einander parallellaufen und auf ein Haar miteinander Takt halten sollen; daher der Urheber beider gleich anfangs die genaueste Harmonie zwischen ihnen stabiliert hat, in welcher sie nun schönstens nebeneinander fortlaufen. Beiläufig gesagt, ließe sich die ›harmonia praestabilita‹ vielleicht am besten durch die Vergleichung mit der Bühne faßlich machen, als woselbst sehr oft der influxus physicus[1] [physische Einfluß] nur scheinbar vorhanden ist, indem Ursache und Wirkung bloß mittelst einer vom Regisseur prästabilierten Harmonie zusammenhängen, z.B. wann der eine schießt und der andere a tempo fällt. Am krassesten und in der Kürze hat *Leibniz* die Sache in ihrer monstrosen Absur-

1. [Terminus Descartes']

dität dargestellt in §§ 62, 63 seiner ›Theodicée‹. Und dennoch hat er bei dem ganzen Dogma nicht einmal das Verdienst der Originalität, indem schon Spinoza die ›harmonia praestabilita‹ deutlich genug dargelegt hat im zweiten Teil seiner ›Ethik‹, nämlich in der sechsten und siebenten Proposition, nebst deren Korollarien, und wieder im fünften Teil (prop. 1), nachdem er in der fünften Proposition des zweiten Teils die so sehr naheverwandte Lehre des *Malebranche*, daß wir alles in Gott sehn, auf seine Weise ausgesprochen hatte[F]. Also ist Malebranche allein der Urheber dieses ganzen Gedankenganges, den sowohl Spinoza als Leibniz, jeder auf seine Art, benutzt und zurechtgeschoben haben. Leibniz hätte sogar der Sache wohl entraten können; denn er hat hierbei die bloße Tatsache, welche das Problem ausmacht, daß nämlich die Welt uns unmittelbar bloß als unsere Vorstellung gegeben ist, schon verlassen, um ihr das Dogma von einer Körperwelt und einer Geisterwelt, zwischen denen keine Brücke möglich sei, zu substituieren; indem er die Frage nach dem Verhältnis der Vorstellungen zu den Dingen an sich selbst zusammenflicht mit der nach der Möglichkeit der Bewegungen des Leibes durch den Willen, und nun beide zusammen auflöst, durch seine ›harmonia

---

F. ›Ethica‹ pars 2, prop. 7: ›Ordo et connexio idearum idem est ac ordo et connexio rerum.‹ [Die Ordnung und die Verbindung der Ideen ist die nämliche wie die Ordnung und Verbindung der Dinge.] – pars 5, prop. 1: ›Prout cogitationes rerumque ideae concatenantur in mente ita corporis affectiones seu rerum imagines ad amussim ordinantur et concatenantur in corpore‹ et sic porro. [Wie die Gedanken und die Ideen der Dinge im Geiste verknüpft sind, genau ebenso sind die Affektionen des Körpers oder die Bilder der Dinge geordnet und verknüpft im Körper; und so fernerhin.] – pars 2, prop. 5: ›Esse formale idearum Deum, quatenus tantum ut res cogitans consideratur, pro causa agnoscit, et non, quatenus alio attributo explicatur. Hoc est, tam Dei attributorum quam rerum singularium ideae non ipsa ideata sive res perceptas pro causa efficiente agnoscunt: sed ipsum Deum, quatenus est res cogitans.‹ [Das formale Sein der Ideen hat Gott zur Ursache, sofern er als denkendes Wesen betrachtet, und nicht, sofern er durch ein anderes Attribut entwickelt wird. Das heißt: die Ideen der Attribute Gottes wie der einzelnen Dinge haben nicht die Objekte dieser Ideen, d.h. die wahrgenommenen Dinge zu ihrer Ursache, sondern Gott selbst, sofern er ein denkendes Wesen ist.]

praestabilita‹ ([siehe ›Système nouveau de la nature‹ in Leibniz, ›Opera‹, editio Erdmann p. 125]; Brucker, ›Historia philosophiae‹ tom. 4, pars 2, p. 425). Die monstrose Absurdität seiner Annahme wurde schon durch einige seiner Zeitgenossen, besonders *Bayle*, mittelst Darlegung der daraus fließenden Konsequenzen ins hellste Licht gestellt (siehe in Leibnizens kleinen Schriften, übersetzt von Huth anno 1740, die Anmerkung zu S. 79, in welcher Leibniz selbst die empörenden Folgen seiner Behauptung darzulegen sich genötigt sieht). Jedoch beweist gerade die Absurdität der Annahme, zu der ein denkender Kopf durch das vorliegende Problem getrieben wurde, die Größe, die Schwierigkeit, die Perplexität desselben und wie wenig man es durch bloßes Wegleugnen, wie in unsern Tagen gewagt worden ist, beseitigen und so den Knoten zerhauen kann. –

Spinoza geht wieder unmittelbar vom *Cartesius* aus: daher behielt er anfangs, als Cartesianer auftretend, sogar den Dualismus seines Lehrers bei, setzte demnach eine ›substantia cogitans‹ und eine ›substantia extensa‹ [eine denkende und eine ausgedehnte Substanz; *vgl.* Bd. 2, S. *828*], jene als Subjekt, diese als Objekt der Erkenntnis. Später hingegen, als er auf eigenen Füßen stand, fand er, daß beide eine und dieselbe Substanz wären, von verschiedenen Seiten angesehn, also einmal als ›substantia extensa‹, das andere [Mal] als ›substantia cogitans‹ aufgefaßt. Dies heißt nun eigentlich, daß die Unterscheidung von Denkendem und Ausgedehntem oder Geist und Körper eine ungegründete, also unstatthafte sei; daher nun nicht weiter von ihr hätte geredet werden sollen. Allein er behält sie insofern immer noch bei, als er unermüdlich wiederholt, daß beide eins seien. Hieran knüpft er nun noch durch ein bloßes ›sic etiam‹ [ebenso auch], daß ›modus extensionis et idea illius modi una eademque est res‹ [ein Modus der Ausdehnung und die Idee jenes Modus ein und dasselbe ist] (›Ethica‹ pars 2, prop. 7, schol.) – womit gemeint ist, daß unsere Vorstellung von Körpern und diese Körper selbst eins und dasselbe seien. Hierzu ist jedoch das ›sic etiam‹ ein ungenügender Übergang: denn daraus, daß der Unterschied zwischen Geist und Körper oder zwischen dem Vorstellenden und dem Ausgedehnten ungegründet ist, folgt keineswegs, daß der Unterschied zwischen unserer Vorstellung und einem außerhalb derselben vorhandenen Objektiven und Realen, dieses von Cartesius aufgeworfene Urproblem, auch ungegründet sei. Das Vorstellende und das Vorgestellte mögen immerhin gleichartig sein; so bleibt dennoch die Frage, ob aus Vorstellungen in meinem Kopf auf das Dasein von mir verschiedener, an sich selbst, d.h. unabhängig davon existierender Wesen sicher zu schließen sei. Die Schwierigkeit ist nicht die, wozu vorzüglich *Leibniz* (z.B. ›Theodicée‹ [pars 1] § 59) sie verdrehn möchte, daß zwischen den angenommenen Seelen und der Körperwelt, als zweien ganz heterogenen Arten von Substanzen, gar keine Einwirkung und Gemeinschaft stattfinden könne, weshalb er den physischen Einfluß leugnete; denn diese Schwierigkeit ist bloß eine Folge der rationalen Psychologie, braucht also nur, wie von Spinoza geschieht, als eine Fiktion beiseite geschoben zu werden: und überdies ist gegen die Behaupter derselben, als ›argumentum ad hominem‹ [persönlicher Beweisgrund], ihr Dogma geltend zu machen, daß ja Gott, der doch ein Geist sei, die Körperwelt geschaffen habe und fortwährend regiere, also ein Geist unmittelbar auf Körper wirken könne. Vielmehr ist und bleibt die Schwierigkeit bloß die Cartesianische, daß die Welt, welche allein uns unmittelbar gegeben ist, schlechterdings nur eine ideale, d.h. aus bloßen Vorstellungen in unserm Kopf bestehende ist; während wir über diese hinaus von einer realen, d.h. von unserm Vorstellen unabhängig daseienden Welt zu urteilen unternehmen. Dieses Problem also hat *Spinoza* dadurch, daß er den Unterschied zwischen ›substantia cogitans‹ und ›substantia extensa‹ aufhebt, noch nicht gelöst, sondern allenfalls den physischen Einfluß jetzt wieder zulässig gemacht. Dieser aber taugt doch nicht, die Schwierigkeit zu lösen: denn das Gesetz der Kausalität ist erwiesenermaßen subjektiven Ursprungs; aber auch wenn es umgekehrt aus der äußern Erfahrung stammte, dann würde es eben mit zu jener in Frage gestellten, uns bloß ideell gegebenen Welt gehören; so daß es keinesfalls eine Brücke zwischen dem absolut Objektiven und dem Subjektiven abgeben kann, vielmehr bloß das Band ist, welches die Erscheinungen unter einander verknüpft (siehe ›Welt als Wille und Vorstellung‹ Bd. 2, S. 12 *[Bd. 2, S. 15]*).

Um jedoch die oben angeführte Identität der Ausdehnung und der Vorstellung von ihr näher zu erklären, stellt *Spinoza* etwas auf, welches die Ansicht des *Malebranche* und die des *Leibniz* zugleich in sich faßt. Ganz gemäß nämlich dem *Malebranche* sehn wir alle Dinge in Gott: ›Rerum singularium ideae non ipsa ideata, sive res perceptas, pro causa agnoscunt: sed ipsum Deum, quatenus est res cogitans‹ *[vgl. S. 16, Anm. F]* (›Ethica‹ pars 2, prop. 5) – und dieser Gott ist auch zugleich das Reale und Wirkende in ihnen, eben wie bei *Malebranche*. Da jedoch *Spinoza* mit dem Namen ›Deus‹ die Welt bezeichnet, so ist dadurch am Ende nichts erklärt. Zugleich nun aber ist bei ihm wie bei *Leibniz* ein genauer Parallelismus zwischen der ausgedehnten und der vorgestellten Welt: ›Ordo et connexio idearum idem est ac ordo et connexio rerum.‹ *[vgl. S. 16, Anm. F]* (pars 2, prop. 7) und viele ähnliche Stellen. Dies ist die ›harmonia praestabilita‹ des *Leibniz*; nur daß hier nicht wie bei diesem die vorgestellte und die objektiv seiende Welt völlig getrennt bleiben, bloß vermöge einer zum voraus und von außen regulierten ›harmonia‹ einander entsprechend, sondern wirklich eines und dasselbe sind. Wir haben hier also zuvörderst einen gänzlichen *Realismus*, sofern das Dasein der Dinge ihrer Vorstellung in uns ganz genau entspricht, indem ja beide eins sind[H]; demnach erkennen wir die Dinge an sich: sie sind an sich selbst ›extensa‹, wie sie auch, sofern sie als ›cogitata‹ auftreten, d.h. in unserer Vorstellung von ihnen sich als ›extensa‹ darstellen. (Beiläufig be-

---

H. Im ›Tractatus de emendatione intellectus‹ p. 414–425 [editio prima p. 366] legt er entschiedenen *Realismus* an den Tag, und zwar so, daß ›idea vera est diversum quid a suo ideato‹; etc. [eine wahre Idee etwas von ihrem Objekte Verschiedenes ist; usw.] Jedoch ist dieser Traktat ohne Zweifel älter als seine ›Ethik‹.

merkt, ist hier der Ursprung der Schellingischen Identität des Realen und Idealen.) Begründet wird nun alles dieses eigentlich nur durch bloße Behauptung. Die Darstellung ist schon durch die Zweideutigkeit des in einem ganz uneigentlichen Sinne gebrauchten Wortes ›Deus‹, und auch noch außerdem, undeutlich; daher er sich in Dunkelheit verliert und es am Ende heißt: ›Nec impraesentiarum haec clarius possum explicare.‹ [Und gegenwärtig kann ich dies nicht deutlicher erklären; ›Ethica‹ 2, prop. 7, schol.] Undeutlichkeit der Darstellung entspringt aber immer aus Undeutlichkeit des eigenen Verstehns und Durchdenkens der Philosopheme. Sehr treffend hat *Vauvenargues* gesagt: ›La clarté est la bonne foi des philosophes.‹ [Die Klarheit ist der Kreditbrief der Philosophen; siehe ›Revue des deux mondes‹, 1853, 15 août p. 635.] Was in der Musik der ›reine Satz‹, das ist in der Philosophie die vollkommene Deutlichkeit, sofern sie die ›conditio sine qua non‹ ist, ohne deren Erfüllung alles seinen Wert verliert und wir sagen müssen: ›Quodcumque ostendis mihi sic, incredulus odi.‹ [Alles, was du mir so zeigst, ist unglaubwürdig, und ich hasse es; Horaz, ›De arte poetica‹ 188.] Muß man doch sogar in Angelegenheiten des gewöhnlichen, praktischen Lebens sorgfältig durch Deutlichkeit möglichen Mißverständnissen vorbeugen; wie denn sollte man im schwierigsten, abstrusesten, kaum erreichbaren Gegenstande des Denkens, den Aufgaben der Philosophie, sich unbestimmt, ja rätselhaft ausdrücken dürfen? Die gerügte Dunkelheit in der Lehre des Spinoza entspringt daraus, daß er nicht unbefangen von der Natur der Dinge, wie sie vorliegt, ausging, sondern vom Cartesianismus und demnach von allerlei überkommenen Begriffen, wie ›Deus‹, ›substantia‹, ›perfectio‹ [Gott, Substanz, Vollkommenheit] etc., die er nun durch Umwege mit seiner Wahrheit in Einklang zu setzen bemüht war. Er drückt besonders im zweiten Teil der ›Ethik‹ das Beste sehr oft nur indirekt aus, indem er stets per ambages [durch Umschweife] und fast allegorisch redet. Andrerseits nun wieder legt Spinoza einen unverkennbaren *transzendentalen Idealismus* an den Tag, nämlich eine, wenn auch nur allgemeine Erkenntnis der von Locke und zumal von Kant deutlich dargelegten Wahrheiten, also eine wirkliche Unterscheidung der Erscheinung vom Ding an sich, und Anerkennung, daß nur erstere uns zugänglich ist. Man sehe ›Ethica‹ pars 2, prop. 16 mit dem zweiten Korollarium; prop. 17, schol.; prop. 18, schol.; prop. 19; prop. 23, die es auf die Selbsterkenntnis ausdehnt; prop. 25, die es deutlich ausspricht, und endlich als Resümee das Korollarium zu prop. 29, welches deutlich besagt, daß wir weder uns selbst noch die Dinge erkennen, wie sie an sich sind, sondern bloß, wie sie erscheinen. Die Demonstration der prop. 27, pars 3, spricht gleich am Anfang die Sache am deutlichsten aus. Hinsichtlich des Verhältnisses der Lehre Spinozas zu der des Cartesius erinnere ich hier an das, was ich in der ›Welt als Wille und Vorstellung‹ Bd. 2, S. 639 *[Bd. 2, S. 828]* darüber gesagt habe. Aber durch jenes Ausgehn von den Begriffen der Cartesianischen Philosophie ist nicht nur viel Dunkelheit und Anlaß zum Mißverstehn in die Darstellung des Spinoza gekommen; sondern er ist dadurch auch in viele schreiende Paradoxien, offenbare Falschheiten, ja Absurditäten und Widersprüche geraten, wodurch das viele Wahre und Vortreffliche seiner Lehre eine höchst unangenehme Beimischung von schlechterdings Unverdaulichem erhalten hat und der Leser zwischen Bewunderung und Verdruß hin- und hergeworfen wird. In der hier zu betrachtenden Rücksicht aber ist der Grundfehler des Spinoza, daß er die Durchschnittslinie zwischen dem Idealen und Realen oder der subjektiven und objektiven Welt vom unrechten Punkte aus gezogen hat. Die *Ausdehnung* nämlich ist keineswegs der Gegensatz der *Vorstellung*, sondern liegt ganz innerhalb dieser. Als ausgedehnt stellen wir die Dinge vor, und sofern sie ausgedehnt sind, sind sie unsere Vorstellung: ob aber, unabhängig von unserm Vorstellen, irgend etwas ausgedehnt, ja überhaupt irgend etwas vorhanden sei, ist die Frage und das ursprüngliche Problem. Dieses wurde später durch *Kant*, soweit unleugbar richtig, gelöst, daß die Ausdehnung oder Räumlichkeit einzig und allein in der Vorstellung liege, also dieser anhänge, indem der ganze Raum die bloße Form derselben sei; wonach denn unabhängig von unserm Vorstellen kein Ausgedehntes vorhanden sein kann und auch ganz gewiß nicht ist. Die Durchschnittslinie des Spinoza ist demnach ganz in die ideale Seite gefallen und er ist bei der *vorgestellten* Welt stehngeblieben: diese also, bezeichnet durch ihre Form der Ausdehnung, hält er für das Reale, mithin für unabhängig vom Vorgestelltwerden, d. h. an sich, vorhanden. Da hat er dann freilich recht, zu sagen, daß das, was ausgedehnt ist, und das, was vorgestellt wird – d. h. unsere Vorstellung von Körpern und diese Körper selbst – eines und dasselbe sei (pars 2, prop. 7, schol.). Denn allerdings sind die Dinge nur als Vorgestellte ausgedehnt und nur als Ausgedehnte vorstellbar: die Welt als Vorstellung und die Welt im Raume ist una eademque res [eine und dieselbe Sache] – dies können wir ganz und gar zugeben. Wäre nun die Ausdehnung eine Eigenschaft der Dinge an sich; so wäre unsere Anschauung eine Erkenntnis der Dinge an sich: er nimmt es auch so an, und hierin besteht sein Realismus. Weil er aber diesen nicht begründet, nicht nachweist, daß unserer Anschauung einer räumlichen Welt eine von dieser Anschauung unabhängige räumliche Welt entspricht; so bleibt das Grundproblem ungelöst. Dies aber kommt eben daher, daß die Durchschnittslinie zwischen dem Realen und Idealen, dem Objektiven und Subjektiven, dem Ding an sich und der Erscheinung, nicht richtig getroffen ist: vielmehr führt er, wie gesagt, den Schnitt mitten durch die ideale, subjektive, erscheinende Seite der Welt, also durch die Welt als Vorstellung, zerlegt diese in das Ausgedehnte oder Räumliche und unsere Vorstellung von demselben und ist dann sehr bemüht zu zeigen, daß beide nur eines sind; wie sie es auch in der Tat sind. Eben weil Spinoza ganz auf der idealen Seite der Welt bleibt, da er in dem zu ihr gehörigen Ausgedehnten schon das Reale zu finden vermeinte, und wie ihm demzufolge die anschauliche Welt das einzige Reale *außer* uns und das Erkennende (cogitans) das einzige Reale *in* uns ist – so verlegt er auch andererseits das alleinige wahrhafte Reale, den Willen, ins Ideale, indem er ihn einen bloßen ›modus cogitandi‹ [Modus des Denkens] sein läßt, ja ihn mit dem *Urteil* identifiziert. Man sehe ›Ethica‹ 2 die Beweise der prop. 48 et 49, wo es heißt: ›Per *voluntatem* intellego affirmandi et negandi facultatem.‹ [Unter dem Willen verstehe ich die Fähigkeit des Bejahens und Verneinens.] – und wieder: ›Concipiamus singularem aliquam *volitionem*, nempe modum cogitandi, quo mens affirmat, tres angulos trianguli aequales esse duobus rectis‹ [Nehmen wir einen bestimmten Willensakt, nämlich den Modus des Denkens, durch den der Geist bejaht, daß die drei Winkel des Dreiecks gleich zwei Rechten seien] – und darauf folgt das Korollarium: ›Voluntas et intellectus unum et idem sunt.‹ [Wille und Intellekt sind eines und dasselbe.] Überhaupt hat Spinoza den großen Fehler, daß er absichtlich die Worte mißbraucht zur Bezeichnung von Begriffen, welche in der ganzen Welt andere Namen führen, und dagegen ihnen die Bedeutung nimmt, die sie überall haben: so nennt er ›Gott‹, was überall ›die Welt‹ heißt; ›das Recht‹, was überall ›die Gewalt‹ heißt; und ›den Willen‹, was überall ›das Urteil‹ heißt. Wir sind ganz berechtigt, hierbei an den Hetman der Kosaken in Kotzebues ›Benjowski‹[1] zu erinnern. –

Berkeley, wenngleich später und schon mit Kenntnis *Lockes*, ging auf diesem Wege der Cartesianer konsequent weiter und wurde dadurch der Urheber des eigentlichen und wahren *Idealismus*, d.h. der Erkenntnis, daß das im Raum Ausgedehnte und ihn Erfüllende, also die anschauliche Welt überhaupt, sein Dasein als ein solches schlechterdings nur in unserer *Vorstellung* haben kann und daß es absurd, ja widersprechend ist, ihm als einem solchen noch ein Dasein außerhalb aller Vorstellung und unabhängig vom erkennenden Subjekt beizulegen und demnach eine an sich selbst existierende Materie anzunehmen[F]. Dies ist

1. [›Graf Benjowsky oder die Verschwörung in Kamtschatka‹]
F. Den Laien in der Philosophie, zu denen viele Doktoren derselben gehören, sollte man das Wort ›*Idealismus*‹ ganz aus der Hand nehmen; weil sie nicht wissen, was es heißt, und allerlei Unfug damit treiben: sie denken sich unter Idealismus bald Spiritualismus, bald so ungefähr das Gegenteil der Philisterei und werden in solcher Ansicht von den

eine sehr richtige und tiefe Einsicht: in ihr besteht aber auch seine ganze Philosophie. Das Ideale hatte er getroffen und rein gesondert; aber das Reale wußte er nicht zu finden, bemüht sich auch nur wenig darum und erklärt sich nur gelegentlich, stückweise und unvollständig darüber. Gottes Wille und Allmacht ist ganz unmittelbar Ursache aller Erscheinungen der anschaulichen Welt, d.h. aller unserer Vorstellungen. Wirkliche Existenz kommt nur den erkennenden und wollenden Wesen zu, dergleichen wir selbst sind: diese also machen neben Gott das Reale aus. Sie sind Geister, d.h. eben erkennende und wollende Wesen: denn Wollen und Erkennen hält auch er für schlechterdings unzertrennlich. Er hat mit seinen Vorgängern auch dies gemein, daß er Gott für bekannter als die vorliegende Welt und daher eine Zurückführung auf ihn für eine Erklärung hält. Überhaupt legte sein geistlicher, sogar bischöflicher Stand ihm zu schwere Fesseln an und beschränkte ihn auf einen beengenden Gedankenkreis, gegen den er nirgends anstoßen durfte; daher er denn nicht weiter konnte, sondern in seinem Kopfe Wahres und Falsches lernen mußte, sich zu vertragen, so gut es gehn wollte. Dies läßt sich sogar auf die Werke aller dieser Philosophen mit Ausnahme des Spinoza ausdehnen: sie alle verdirbt der jeder Prüfung unzugängliche, jeder Untersuchung abgestorbene, mithin wirklich als eine fixe Idee auftretende jüdische Theismus, der bei jedem Schritte sich der Wahrheit in den Weg stellt; so daß der Schaden, den er hier im Theoretischen anrichtet, als Seitenstück desjenigen auftritt, den er ein Jahrtausend hindurch im Praktischen, ich meine in Religionskriegen, Glaubenstribunalen und Völkerbekehrungen durch das Schwert, angerichtet hat.

Die genaueste Verwandtschaft zwischen *Malebranche*,

vulgären Literaten bestärkt und bestätigt. Die Worte ›Idealismus‹ und ›Realismus‹ sind nicht herrenlos, sondern haben ihre feststehende philosophische Bedeutung; wer etwas anderes meint, soll ein anderes Wort gebrauchen. – Der Gegensatz von *Idealismus* und *Realismus* betrifft das *Erkannte*, das Objekt, hingegen der zwischen *Spiritualismus* und *Materialismus* das *Erkennende*, das Subjekt. (Die heutigen unwissenden Schmierer verwechseln Idealismus und Spiritualismus.)

Spinoza und *Berkeley* ist nicht zu verkennen: auch sehn wir sie sämtlich ausgehn vom *Cartesius,* sofern sie das von ihm in der Gestalt des Zweifels an der Existenz der Außenwelt dargelegte Grundproblem festhalten und zu lösen suchen, indem sie die Trennung und Beziehung der idealen, subjektiven, d. h. in unserer Vorstellung allein gegebenen und der realen, objektiven unabhängig davon, also an sich bestehenden Welt zu erforschen bemüht sind. Daher ist, wie gesagt, dieses Problem die Achse, um welche die ganze Philosophie neuerer Zeit sich dreht.

Von jenen Philosophen unterscheidet nun *Locke* sich dadurch, daß er, wahrscheinlich weil er unter Hobbes' und Bacos Einfluß steht, sich so nahe als möglich an die Erfahrung und den gemeinen Verstand anschließt, hyperphysische Hypothesen möglichst vermeidend. Das *Reale* ist ihm die *Materie,* und ohne sich an den Leibnizischen Skrupel über die Unmöglichkeit einer Kausalverbindung zwischen der immateriellen, denkenden und der materiellen, ausgedehnten Substanz zu kehren, nimmt er zwischen der Materie und dem erkennenden Subjekt geradezu physischen Einfluß an. Hierbei aber geht er mit seltener Besonnenheit und Redlichkeit so weit, zu bekennen, daß möglicherweise das Erkennende und Denkende selbst auch Materie sein könne (›On human understanding‹ lib. 4, cap. 3, § 6); was ihm später das wiederholte Lob des großen *Voltaire,* zu seiner Zeit hingegen die boshaften Angriffe eines verschmitzten anglikanischen Pfaffen, des Bischofs von Worcester, zugezogen hat[1]. Bei ihm nun erzeugt das

---

1. Es gibt keine lichtscheuere Kirche als die englische; weil eben keine andere so große pekuniäre Interessen auf dem Spiel hat wie sie, deren Einkünfte fünf Millionen Pfund Sterling betragen, welches 40000 Pfund Sterling mehr sein soll als die des gesamten übrigen christlichen Klerus beider Hemisphären zusammengenommen. Andererseits gibt es keine Nation, welche es so schmerzlich ist, durch den degradierendesten Köhlerglauben methodisch verdummt zu sehn wie die an Intelligenz alle übrigen übertreffende englische. Die Wurzel des Übels ist, daß es in England kein Ministerium des öffentlichen Unterrichts gibt, daher dieser bisher ganz in den Händen der Pfaffenschaft geblieben ist, welche dafür gesorgt hat, daß zwei Drittel der Nation nicht lesen und schreiben können, ja sogar sich gelegentlich erfrecht,

Reale, d.i. die Materie im Erkennenden durch ›Impuls‹, d.i. Stoß, Vorstellungen, oder das *Ideale* (ibidem lib. 1, cap. 8, § 11). Wir haben also hier einen recht massiven Realismus, der, eben durch seine Exorbitanz den Widerspruch hervorrufend, den Berkeleyschen Idealismus veranlaßte, dessen spezieller Entstehungspunkt vielleicht das ist, was *Locke* am Ende des zweiten Paragraphen des 21. Kapitels des zweiten Buchs mit so auffallend geringer Besonnenheit vorbringt und unter anderm sagt: ›Solidity, extention, figure, motion, and rest would be really in the world, as they are, whether there were any sensible being to perceive them or not.‹ (Undurchdringlichkeit, Ausdehnung, Gestalt, Bewegung und Ruhe würden, wie sie sind, wirklich in der Welt sein, gleichviel ob es irgendein empfindendes Wesen, sie wahrzunehmen, gäbe oder nicht.) Sobald man nämlich sich hierüber besinnt, muß man es als falsch erkennen: dann aber steht der Berkeleysche Idealismus da und ist unleugbar. Inzwischen übersieht auch *Locke* nicht jenes Grundproblem, die Kluft zwischen den Vorstellungen in uns und den unabhängig von uns existierenden Dingen, also den Unterschied des Idealen und Realen: in der Haupt-

mit der lächerlichsten Vermessenheit gegen die Naturwissenschaften zu belfern. Es ist daher Menschenpflicht, Licht, Aufklärung und Wissenschaft durch alle nur ersinnliche[n] Kanäle nach England einzuschwärzen, damit jenen wohlgemästetesten aller Pfaffen ihr Handwerk endlich gelegt werde. Engländern von Bildung auf dem Festlande soll man, wenn sie ihren jüdischen Sabbatsaberglauben und [ihre] sonstige stupide Bigotterie zur Schau tragen, mit unverhohlenem Spotte begegnen – until they be shamed into common sense [bis sie durch Scham zum gesunden Menschenverstand veranlasst werden]. Denn dergleichen ist ein Skandal für Europa und darf nicht länger geduldet werden. Daher soll man niemals, auch nur im gemeinen Leben, der englischen Kirchensuperstition die mindeste Konzession machen, sondern, wo immer sie laut werden will, ihr sofort auf das schneidendeste entgegentreten; denn keine Arroganz geht über englischer Pfaffen Arroganz: diese muß daher auf dem Festlande so viel Demütigung erfahren, daß sie eine Portion davon mit nach Hause trägt, als wo es daran fehlt. Denn die Dreistigkeit anglikanischer Pfaffen und Pfaffenknechte ist bis auf den heutigen Tag ganz unglaublich, soll daher auf ihre Insel gebannt bleiben und, wenn sie es wagt, sich auf dem Festlande sehn zu lassen, sofort die Rolle der Eule bei Tage spielen müssen.

sache fertigt er es jedoch ab durch Argumente des gesunden, aber rohen Verstandes und durch Berufung auf das Zureichende unserer Erkenntnis von den Dingen für praktische Zwecke (ibidem lib. 4, cap. 4 et 9); was offenbar nicht zur Sache ist und nur zeigt, wie tief hier der Empirismus unter dem Problem bleibt. Nun aber führt eben sein Realismus ihn dahin, das in unserer Erkenntnis dem *Realen* Entsprechende zu beschränken auf die den Dingen, *wie sie an sich selbst sind*, inhärierenden Eigenschaften und diese zu unterscheiden von den bloß unserer *Erkenntnis* derselben, also allein dem *Idealen* angehörenden: demgemäß nennt er nun diese die *sekundären*, jene ersteren aber die *primären* Eigenschaften. Dieses ist der Ursprung des später in der Kantischen Philosophie so höchst wichtig werdenden Unterschiedes zwischen Ding an sich und Erscheinung. Hier also ist der wahre genetische Anknüpfungspunkt der Kantischen Lehre an die frühere Philosophie, nämlich an *Locke*. Befördert und näher veranlaßt wurde jene durch *Humes* skeptische Einwürfe gegen *Lockes* Lehre: hingegen hat sie zur Leibniz-Wolffischen Philosophie nur ein polemisches Verhältnis.

Als jene *primären* Eigenschaften nun, welche ausschließlich Bestimmungen der Dinge an sich selbst sein, mithin ihnen auch außerhalb unserer Vorstellung und unabhängig von dieser zukommen sollen, ergeben sich lauter solche, welche man an ihnen *nicht wegdenken* kann: nämlich Ausdehnung, Undurchdringlichkeit, Gestalt, Bewegung oder Ruhe und Zahl. Alle übrigen werden als *sekundär* erkannt, nämlich als Erzeugnisse der Einwirkung jener primären Eigenschaften auf unsere Sinnesorgane, folglich als bloße Empfindungen in diesen: dergleichen sind Farbe, Ton, Geschmack, Geruch, Härte, Weiche, Glätte, Rauhigkeit usw. Diese haben demnach mit der sie erregenden Beschaffenheit in den *Dingen an sich* nicht die mindeste Ähnlichkeit, sondern sind zurückzuführen auf jene primären Eigenschaften als ihre Ursachen, und diese allein sind rein objektiv und wirklich in den Dingen vorhanden (ibidem lib. 1, cap. 8, § 7 seqq.). Von diesen sind daher unsere Vorstellungen derselben wirklich getreue Kopien, welche genau die Eigenschaften wiedergeben, die in den Dingen an sich selbst vorhanden sind (loco citato § 15. Ich wünsche dem Leser Glück, welcher hier das Possierlichwerden des Realismus wirklich empfindet). Wir sehn also, daß *Locke* von der Beschaffenheit der Dinge an sich, deren Vorstellungen wir von außen empfangen, in Abrechnung bringt, was Aktion der Nerven der *Sinnesorgane* ist: eine leichte, faßliche, unbestreitbare Betrachtung. Auf diesem Wege aber tat später *Kant* den unermeßlich größern Schritt, auch in Abrechnung zu bringen, was Aktion unsers *Gehirns* (dieser ungleich größern Nervenmasse) ist; wodurch alsdann alle jene angeblich primären Eigenschaften zu sekundären und die vermeintlichen Dinge an sich zu bloßen Erscheinungen herabsinken, das wirkliche Ding an sich aber, jetzt auch von jenen Eigenschaften entblößt, als eine ganz unbekannte Größe, ein bloßes X, übrigbleibt. Dies erfordert nun freilich eine schwierige, tiefe, gegen Anfechtungen des Mißverstandes und Unverstandes lange zu verteidigende Analyse.

Locke deduziert seine primären Eigenschaften der Dinge nicht, gibt auch weiter keinen Grund an, warum gerade diese und keine andern rein objektiv seien, als nur den, daß sie unvertilgbar sind. Forschen wir nun selbst, warum er diejenigen Eigenschaften der Dinge, welche ganz unmittelbar auf die Empfindung wirken, folglich geradezu von außen kommen, für *nicht* objektiv vorhanden erklärt, hingegen dies denen zugesteht, welche (wie seitdem erkannt worden) aus den selbst-eigenen Funktionen unsers Intellekts entspringen; so ist der Grund hiervon dieser, daß das objektiv anschauende Bewußtsein (das Bewußtsein anderer Dinge) notwendig eines komplizierten Apparats bedarf, als dessen Funktion es auftritt, folglich seine wesentlichsten Grundbestimmungen schon von innen festgestellt sind, weshalb die allgemeine Form, d.i. Art und Weise der Anschauung, aus der allein das a priori Erkennbare hervorgehn kann, sich darstellt als das Grundgewebe der angeschauten Welt und demnach auftritt als das schlechthin Notwendige, Ausnahmslose und auf keine Weise je Wegzubringende, so daß es als Bedingung alles übrigen und seiner mannigfaltigen Verschiedenheit schon zum voraus feststeht. Bekanntlich ist dies zunächst Zeit und Raum und was aus ihnen folgt und nur durch sie möglich ist. An sich selbst sind Zeit und Raum leer: soll nun etwas hineinkommen, so muß es auftreten als *Materie*, d.h. aber als ein *Wirkendes*, mithin als Kausalität; denn die Materie ist durch und durch lautere Kausalität: ihr Sein besteht in ihrem Wirken, und umgekehrt; sie ist eben nur die objektiv aufgefaßte Verstandesform der Kausalität selbst (›Über die vierfache Wurzel des Satzes vom Grunde‹, 2. Auflage S. 77 *[Bd. 3, S. 104]*, wie auch ›Welt als Wille und Vorstellung‹ Bd. 1, S. 9 *[Bd. 1, S. 38]* und Bd. 2, S. 48 und 49 *[Bd. 2, S. 63]*). Daher also kommt es, daß *Lockes* primäre Eigenschaften lauter solche sind, die sich nicht wegdenken lassen – welches eben deutlich genug ihren subjektiven Ursprung anzeigt, indem sie unmittelbar aus der Beschaffenheit des Anschauungsapparats selbst hervorgehn – daß er mithin gerade das, was als Gehirnfunktion noch viel subjektiver ist als die direkt von außen veranlaßte oder doch wenigstens näher bestimmte Sinnesempfindung, für schlechthin objektiv hält.

Inzwischen ist es schön, zu sehn, wie durch alle diese verschiedenen Auffassungen und Erklärungen das von *Cartesius* aufgeworfene Problem des Verhältnisses zwischen dem Idealen und dem Realen immer mehr entwickelt und aufgehellt, also die Wahrheit gefördert wird. Freilich geschah dies unter Begünstigung der Zeitumstände oder richtiger der Natur, als welche in dem kurzen Zeitraum zweier Jahrhunderte über ein halbes Dutzend denkender Köpfe in Europa geboren werden und zur Reife gedeihen ließ; wozu als Angebinde des Schicksals noch kam, daß diese mitten in einer nur dem Nutzen und Vergnügen frönenden, also niedrig gesinnten Welt ihrem erhabenen Berufe folgen durften, unbekümmert um das Belfern der Pfaffen und das Faseln oder absichtsvolle Treiben der jedesmaligen Philosophie-Professoren.

Da nun *Locke*, seinem strengen Empirismus gemäß, auch das Kausalitätsverhältnis uns erst durch die Erfahrung bekanntwerden ließ, bestritt *Hume* nicht, wie [es] recht gewesen wäre, diese falsche Annahme; sondern, indem er sofort das Ziel überschoß, die Realität des Kausalitätsverhältnisses selbst, und zwar durch die an sich richtige Bemerkung, daß die Erfahrung doch nie mehr als ein bloßes Folgen der Dinge auf einander, nicht aber ein eigentliches Erfolgen und Bewirken, einen notwendigen Zusammenhang sinnlich und unmittelbar geben könne. Es ist allbekannt, wie dieser skeptische Einwurf *Humes* der Anlaß wurde zu *Kants* ungleich tieferen Untersuchungen der Sache, welche ihn zu dem Resultat geführt haben, daß die Kausalität, und dazu auch noch Raum und Zeit, a priori von uns erkannt werden, d. h. vor aller Erfahrung in uns liegen und daher zum *subjektiven* Anteil der Erkenntnis gehören; woraus dann weiter folgt, daß alle jene primären, d. i. absoluten Eigenschaften der Dinge, welche *Locke* festgestellt hatte, da sie sämtlich aus reinen Bestimmungen der Zeit, des Raums und der Kausalität zusammengesetzt sind, nicht den Dingen an sich selbst eigen sein können, sondern unserer Erkenntnisweise derselben inhärieren, folglich nicht zum Realen, sondern zum Idealen zu zählen sind; woraus dann endlich sich ergibt, daß wir die Dinge in keinem Betracht erkennen, wie sie *an sich* sind, sondern einzig und allein in ihren *Erscheinungen*. Hiernach nun aber bleibt das Reale, das Ding an sich selbst als ein völlig Unbekanntes, ein bloßes X stehn und fällt die ganze anschauliche Welt dem Idealen zu als eine bloße Vorstellung, eine Erscheinung, der jedoch eben als solcher irgendwie ein Reales, ein Ding an sich, entsprechen muß. –

Von diesem Punkte aus habe endlich ich noch einen Schritt getan und glaube, daß es der letzte sein wird; weil ich das Problem, um welches seit *Cartesius* alles Philosophieren sich dreht, dadurch gelöst habe, daß ich alles Sein und Erkennen zurückführe auf die beiden Elemente unsres Selbstbewußtseins, also auf etwas, worüber hinaus es kein Erklärungsprinzip mehr geben kann; weil es das Unmittelbarste und also Letzte ist. Ich habe nämlich mich darauf besonnen, daß zwar, wie sich aus den hier dargelegten Forschungen aller meiner Vorgänger ergibt, das absolut Reale oder das Ding an sich selbst uns nimmermehr geradezu von außen auf dem Wege der bloßen *Vorstellung* gegeben werden kann, weil es unvermeidlich im Wesen dieser liegt, stets nur das Ideale zu liefern; daß hingegen, weil doch wir selbst unstreitig real sind, aus dem Innern unsers eigenen Wesens die Erkenntnis des Realen irgendwie zu schöpfen sein muß. In der Tat nun tritt es hier auf eine unmittelbare Weise ins Bewußtsein, nämlich als *Wille*. Danach fällt nunmehr bei mir die Durchschnittslinie zwischen dem Realen und Idealen so aus, daß die ganze anschauliche und objektiv sich darstellende Welt mit Einschluß des eigenen Leibes eines jeden samt Raum und Zeit und Kausalität, mithin samt dem Ausgedehnten des Spinoza und der Materie des Locke als *Vorstellung* dem *Idealen* angehört; als das *Reale* aber allein der *Wille* übrigbleibt, welchen meine sämtlichen Vorgänger unbedenklich und unbesehen als ein bloßes Resultat der Vorstellung und des Denkens ins Ideale geworfen hatten, ja welchen Cartesius und Spinoza sogar mit dem Urteil identifizierten[1]. Dadurch ist nun auch bei mir die *Ethik* ganz unmittelbar und ohne allen Vergleich fester mit der Metaphysik verknüpft als in irgendeinem andern Systeme und so die moralische Bedeutung der Welt und des Daseins fester gestellt als jemals. *Wille und Vorstellung* allein sind von Grund aus verschieden, sofern sie den letzten und fundamentalen Gegensatz in allen Dingen der Welt ausmachen und nichts weiter übriglassen. Das vorgestellte Ding und die Vorstellung von ihm ist dasselbe, aber auch nur das *vorgestellte* Ding, nicht das Ding *an sich* selbst: dieses ist stets *Wille*, unter welcher Gestalt auch immer er sich in der Vorstellung darstellen mag.

---

1. Spinoza, loc. cit. – Cartesius in ›Meditationibus de prima philosophia‹ meditatio 4, p. 28.

ANHANG

Leser, welche mit dem, was im Laufe dieses Jahrhunderts in Deutschland für Philosophie gegolten hat, bekannt sind, könnten vielleicht sich wundern, in dem Zwischenraume zwischen *Kant* und mir weder den Fichteschen Idealismus noch das System der absoluten Identität des Realen und Idealen erwähnt zu sehn, als welche doch unserm Thema ganz eigentlich anzugehören scheinen. Ich habe sie aber deswegen nicht mit aufzählen können, weil meines Erachtens *Fichte*, *Schelling* und *Hegel* keine Philosophen sind, indem ihnen das erste Erfordernis hiezu, Ernst und Redlichkeit des Forschens, abgeht. Sie sind bloße Sophisten: sie wollten scheinen, nicht sein und haben nicht die Wahrheit, sondern ihr eigenes Wohl und Fortkommen in der Welt gesucht. Anstellung von den Regierungen, Honorar von Studenten und Buchhändlern und als Mittel zu diesem Zweck möglichst viel Aufsehn und Spektakel mit ihrer Scheinphilosophie – das waren die Leitsterne und begeisternden Genien dieser Schüler der Weisheit. Daher bestehn sie nicht die Eintrittskontrolle und können nicht eingelassen werden in die ehrwürdige Gesellschaft der Denker für das Menschengeschlecht.

Inzwischen haben sie in einer Sache exzelliert, nämlich in der Kunst, das Publikum zu berücken und sich für das, was sie nicht waren, geltend zu machen; wozu unstreitig Talent gehört, nur nicht philosophisches. Daß sie hingegen in der Philosophie nichts Wirkliches leisten konnten, lag im letzten Grunde daran, daß *ihr Intellekt nicht frei geworden*, sondern im Dienste des *Willens* geblieben war: da kann er zwar für diesen und dessen Zwecke außerordentlich viel leisten, für die Philosophie hingegen wie für die Kunst nichts. Denn diese machen gerade zur ersten Bedingung, daß der Intellekt bloß aus eigenem Antriebe tätig sei und für die Zeit dieser Tätigkeit aufhöre, dem Willen dienstbar zu sein, d. h. die Zwecke der eigenen Person im Auge zu haben. Er selbst aber, wenn allein aus eigenem Triebe tätig, kennt seiner Natur nach keinen andern Zweck als eben nur die Wahrheit. Daher reicht es, um ein Philosoph, d. h. ein Liebhaber der Weisheit (die keine andere als die Wahrheit ist) zu sein, nicht hin, daß man die Wahrheit liebe, soweit sie mit dem eigenen Interesse oder dem Willen der Vorgesetzten oder den Satzungen der Kirche oder den Vorurteilen und dem Geschmack der Zeitgenossen vereinbar ist: solange man es dabei bewenden läßt, ist man nur ein φιλαυτός, kein φιλόσοφος [ein Freund des eigenen Ichs, kein Freund der Weisheit]. Denn dieser Ehrentitel ist eben dadurch schön und weise ersonnen, daß er besagt, man liebe die Wahrheit ernstlich und von ganzem Herzen, also unbedingt, ohne Vorbehalt, über alles, ja nötigenfalls allem zum Trotz. Hiervon nun aber ist der Grund eben der oben angegebene, daß der Intellekt *frei* geworden ist, in welchem Zustande er gar kein anderes Interesse auch nur kennt und versteht als das der Wahrheit: die Folge aber ist, daß man alsdann gegen allen Lug und Trug, welches Kleid er auch trage, einen unversöhnlichen Haß faßt. Damit wird man freilich es in der Welt nicht weit bringen; wohl aber in der Philosophie. – Hingegen ist es für diese ein schlimmes Auspizium, wenn man, angeblich auf die Erforschung der Wahrheit ausgehend, damit anfängt, aller Aufrichtigkeit, Redlichkeit, Lauterkeit Lebewohl zu sagen und nur darauf bedacht ist, sich für das geltend zu machen, was man nicht ist. Dann nimmt man, eben wie jene drei Sophisten, bald ein falsches Pathos, bald einen erkünstelten hohen Ernst, bald die Miene unendlicher Überlegenheit an, um zu imponieren, wo man überzeugen zu können verzweifelt, schreibt unüberlegt, weil man, nur um zu schreiben denkend, das Denken bis zum Schreiben aufgespart hatte, sucht jetzt palpable Sophismen als Beweise einzuschwärzen, hohlen und sinnleeren Wortkram für tiefe Gedanken auszugeben, beruft sich auf intellektuelle Anschauung oder auf absolutes Denken und Selbstbewegung der Begriffe, perhorresziert den Standpunkt der ›Reflexion‹, d. h. der vernünftigen Besinnung, unbefangenen Überlegung und redlichen Darstellung, also überhaupt den eigentlichen, normalen Gebrauch der Vernunft, deklariert demgemäß eine unendliche Verachtung gegen die ›Reflexionsphilosophie‹, mit welchem Namen man jeden zusammenhängenden, Folgen aus Gründen ableitenden Gedankengang, wie er alles frühere Philosophieren ausmacht, bezeichnet, und wird demnach, wenn man dazu mit genugsamer und durch die Erbärmlichkeit des Zeitalters ermutigter Frechheit ausgestattet ist, sich etwan so darüber auslassen: ›Es ist nicht schwer einzusehn, daß die *Manier*, einen Satz aufzustellen, Gründe für ihn anzuführen und den entgegengesetzten durch Gründe ebenso zu widerlegen, nicht die Form ist, in der die Wahrheit auftreten kann. Die Wahrheit ist die Bewegung ihrer an sich selbst‹ usw. (Hegel, Vorrede zur ›Phänomenologie des Geistes‹ S. LVII, in der Gesamtausgabe S. 36). Ich denke, es ist nicht schwer einzusehn, daß, wer dergleichen voranschickt, ein unverschämter Scharlatan ist, der die Gimpel betören will und merkt, daß er an den Deutschen des 19. Jahrhunderts seine Leute gefunden hat.

Wenn man also demgemäß, angeblich dem Tempel der Wahrheit zueilend, die Zügel dem Interesse der eigenen Person übergibt, welches seitabwärts und nach ganz andern Leitsternen blickt, etwan nach dem Geschmack und den Schwächen der Zeitgenossen, nach der Religion des Landes, besonders aber nach den Absichten und Winken der Regierenden – o wie sollte man da den auf hohen, abschüssigen, kahlen Felsen gelegenen Tempel der Wahrheit erreichen! – Wohl mag man dann durch das sichere Band des Interesses eine Schar recht eigentlich hoffnungsvoller, nämlich Protektion und Anstellungen hoffender Schüler an sich knüpfen, die zum Schein eine Sekte, in der Tat eine Faktion bilden, von deren vereinigten Stentorstimmen man nunmehr als ein Weiser ohnegleichen in alle vier Winde ausgeschrien wird: das Interesse der Person wird befriedigt, das der Wahrheit ist verraten.

Aus diesem allen erklärt sich die peinliche Empfindung, von der man ergriffen wird, wenn man nach dem Studio der im obigen durchmusterten wirklichen Denker an die Schriften Fichtes und Schellings oder gar an den mit grenzenlosem, aber gerechtem Vertrauen zur deutschen Niäserie frech hingeschmierten Unsinn Hegels geht[1]. Bei jenen hatte man überall ein *redliches* Forschen nach Wahrheit und ein ebenso *redliches* Bemühen, ihre Gedanken andern mitzuteilen, gefunden. Daher fühlt, wer im Kant, Locke, Hume, Malebranche, Spinoza, Cartesius liest, sich erhoben und von Freude durchdrungen: dies wirkt die Gemeinschaft mit einem edlen Geiste, welcher Gedanken hat und Gedanken erweckt, denkt und zu denken gibt. Das Umgekehrte von diesem allen findet statt beim Lesen der oben genannten drei deutschen Sophisten. Ein Unbefangener, der ein Buch von ihnen aufmacht und dann sich frägt, ob dies der Ton eines Denkers, der belehren, oder der eines Scharlatans, der täuschen will, sei, kann nicht fünf Minuten darüber in Zweifel bleiben: so sehr atmet hier alles *Unredlichkeit*. Der Ton ruhiger Untersuchung, der alle bisherige Philosophie charakterisiert hatte, ist vertauscht gegen den der unerschütterlichen Gewißheit, wie er der Scharlatanerie in jeder Art und jeder Zeit eigen ist, die aber hier beruhen soll auf vorgeblich unmittelbarer, intellektualer Anschauung oder absolutem, d.h. vom Subjekt, also auch seiner Fehlbarkeit unabhängigem Denken. Aus jeder Seite, jeder Zeile spricht das Bemühen, den Leser zu berücken, zu betrügen, bald ihn durch Imponieren zu verdutzen, bald ihn durch unverständliche Phrasen, ja durch baren Unsinn zu betäuben, bald ihn durch die Frechheit im Behaupten zu verblüffen, kurz: ihm Staub in die Augen zu streuen und ihn nach Möglichkeit zu

1. Die Hegelsche Afterweisheit ist recht eigentlich jener Mühlstein im Kopfe des Schülers im ›Faust‹ [1, Vers 1947]. Wenn man einen Jüngling absichtlich verdummen und zu allem Denken völlig unfähig machen will, so gibt es kein probateres Mittel als das fleißige Studium Hegelscher Originalwerke: denn diese monstrosen Zusammenfügungen von Worten, die sich aufheben und widersprechen, so daß der Geist irgend etwas dabei zu denken vergeblich sich abmartert, bis er endlich ermattet zusammensinkt, vernichten in ihm allmälig die Fähigkeit zum Denken so gänzlich, daß von dem an hohle, leere Floskeln ihm für Gedanken gelten. Dazu nun noch die durch Wort und Beispiel aller Respektspersonen dem Jünglinge beglaubigte Einbildung, jener Wortkram sei die wahre hohe Weisheit! — Wenn einmal ein Vormund besorgen sollte, sein Mündel könnte für seine Pläne zu klug werden; so ließe sich durch ein fleißiges Studium der Hegelschen Philosophie diesem Unglück vorbeugen.

mystifizieren. Daher kann die Empfindung, welche man bei dem in Rede stehenden Übergange in Hinsicht auf das Theoretische spürt, derjenigen verglichen werden, welche in Hinsicht auf das Praktische einer haben mag, der, aus einer Gesellschaft von Ehrenmännern kommend, in eine Gaunerherberge geraten wäre. Welch ein würdiger Mann ist doch der von eben jenen drei Sophisten so geringgeschätzte und verspottete *Christian Wolff* in Vergleich mit ihnen! Er hatte und gab doch wirkliche Gedanken: sie aber bloße Wortgebilde, Phrasen in der Absicht, zu täuschen. Demnach ist der wahre, unterscheidende Charakter der Philosophie dieser ganzen sogenannten nachkantischen Schule *Unredlichkeit*, ihr Element blauer Dunst und persönliche Zwecke ihr Ziel. Ihre Koryphäen waren bemüht, zu *scheinen*, nicht zu *sein*: sie sind daher Sophisten, nicht Philosophen. Spott der Nachwelt, der sich auf ihre Verehrer erstreckt, und dann Vergessenheit warten ihrer. Mit der angegebenen Tendenz dieser Leute hängt, beiläufig gesagt, auch der zankende, scheltende Ton zusammen, der als obligate Begleitung überall Schellings Schriften durchzieht. – Wäre nun diesem allen nicht so, wäre mit Redlichkeit statt mit Imponieren und Windbeuteln zu Werke gegangen worden; so könnte *Schelling*, als welcher entschieden der Begabteste unter den dreien ist, in der Philosophie doch den untergeordneten Rang eines vorderhand nützlichen Eklektikers einnehmen; sofern er aus den Lehren des Plotinos, des Spinoza, Jacob Böhmes, Kants und der Naturwissenschaft neuerer Zeit ein Amalgam bereitet hat, das die große Leere, welche die negativen Resultate der Kantischen Philosophie herbeigeführt hatten, einstweilen ausfüllen konnte, bis einmal eine wirklich neue Philosophie herankäme und die durch jene geforderte Befriedigung eigentlich gewährte. Namentlich hat er die Naturwissenschaft unsers Jahrhunderts dazu benutzt, den Spinozaschen abstrakten Pantheismus zu beleben. Spinoza nämlich, ohne alle Kenntnis der Natur, hatte bloß aus abstrakten Begriffen in den Tag hinein philosophiert und daraus, ohne die Dinge selbst eigentlich zu kennen, sein Lehrgebäude aufgeführt. Dieses dürre Skelett mit Fleisch und Farbe bekleidet, ihm, so gut es gehn wollte, Leben und Bewegung erteilt zu haben, mittelst Anwendung der unterdessen herangereiften Naturwissenschaft auf dieselbe, wenngleich oft mit falscher Anwendung, dies ist das nicht abzuleugnende Verdienst Schellings in seiner Naturphilosophie, die eben auch das Beste unter seinen mannigfachen Versuchen und neuen Anläufen ist.

Wie Kinder mit den zu ernsten Zwecken bestimmten Waffen oder sonstigem Geräte der Erwachsenen spielen, so haben die hier in Betracht genommenen drei Sophisten es mit dem Gegenstande, über dessen Behandlung ich hier referiere, gemacht, indem sie zu den mühseligen, zweihundertjährigen Untersuchungen grübelnder Philosophen das komische Widerspiel lieferten. Nachdem nämlich *Kant* das große Problem des Verhältnisses zwischen dem an sich Existierenden und unsern Vorstellungen mehr als je auf die Spitze gestellt und dadurch es der Lösung um ein Vieles näher gebracht hatte, tritt *Fichte* auf mit der Behauptung, daß hinter den Vorstellungen weiter nichts stäke; sie wären eben nur Produkte des erkennenden Subjekts, des Ich. Während er hiedurch *Kanten* zu überbieten suchte, brachte er bloß eine Karikatur der Philosophie desselben zutage, indem er, unter beständiger Anwendung der jenen drei Pseudophilosophen bereits nachgerühmten Methode, das Reale ganz aufhob und nichts als das Ideale übrigließ. Dann kam *Schelling*, der, in seinem System der absoluten Identität des Realen und Idealen, jenen ganzen Unterschied für nichtig erklärte und behauptete, das Ideale sei auch das Reale, es sei eben alles eins; wodurch er das so mühsam mittelst der allmälig und schrittweise sich entwickelnden Besonnenheit Gesonderte wieder wild durcheinanderzuwerfen und alles zu vermischen trachtete (Schelling, ›Vom Verhältnis der Naturphilosophie zur Fichteschen‹ S. 14–21). Der Unterschied des Idealen und Realen wird eben dreist weggeleugnet, unter Nachahmung der oben gerügten Fehler Spinozas. Dabei werden sogar Leibnizens Monaden, diese monstrose Identifikation zweier Undinge, nämlich der Atome und der unteilbaren, ursprünglich und wesentlich erkennenden Individuen, genannt Seelen, wieder hervorgeholt, feierlich apotheosiert und zu Hülfe genommen (Schelling, ›Ideen zur Naturphilosophie‹, 2. Auflage S. 38 und 82). Den Namen der Identitätsphilosophie führt die Schellingsche Naturphilosophie, weil sie, in Spinozas Fußstapfen tretend, drei Unterschiede, die dieser aufgehoben hatte, ebenfalls aufhebt, nämlich den zwischen Gott und Welt, den zwischen Leib und Seele und endlich auch den zwischen dem Idealen und Realen in der angeschauten Welt. Dieser letztere Unterschied aber hängt, wie oben bei Betrachtung Spinozas gezeigt worden, keineswegs von jenen beiden andern ab; so wenig, daß, je mehr man ihn hervorgehoben hat, desto mehr jene beiden andern dem Zweifel unterlegen sind: denn sie sind auf dogmatische Beweise (die Kant umgestoßen hat) gegründet, er hingegen auf einen einfachen Akt der Besinnung. Dem allen entsprechend wurde von Schelling auch die Metaphysik mit der Physik identifiziert und demgemäß auf eine bloß physikalisch-chemische Diatribe der hohe Titel ›Von der Weltseele‹ gesetzt. Alle eigentlich metaphysischen Probleme, wie sie dem menschlichen Bewußtsein sich unermüdlich aufdringen, sollten durch ein dreistes Wegleugnen mittelst Machtsprüchen beschwichtigt werden. Hier ist die Natur, eben weil sie ist, aus sich selbst und durch sich selbst, wir erteilen ihr den Titel Gott, damit ist sie abgefunden, und wer mehr verlangt, ist ein Narr: der Unterschied zwischen Subjektivem und Objektivem ist eine bloße Schulfaxe, so auch die ganze Kantische Philosophie, deren Unterscheidung von a priori und a posteriori nichtig ist: unsere empirische Anschauung liefert ganz eigentlich die Dinge an sich usw. Man sehe ›Über das Verhältnis der Naturphilosophie zur Fichteschen‹ (S. 51 und 67), woselbst auch (S. 61) ausdrücklich gespottet wird über die, ›welche recht eigentlich darüber erstaunen, daß nicht nichts ist, und sich nicht satt darüber wundern können, daß wirklich etwas existiert‹. So sehr also scheint dem Herrn von Schelling sich alles von selbst zu verstehn. Im Grunde aber ist ein dergleichen Gerede eine in vornehme Phrasen gehüllte Appellation an den sogenannten gesunden, d. h. rohen Verstand. Übrigens erinnere ich hier an das im zweiten Bande meines Hauptwerks Kap. 17 *[Bd. 2, S. 206]* gleich anfangs Gesagte. Für unsern Gegenstand bezeichnend und gar naiv ist im angeführten Buche Schellings noch die Stelle S. 69: ›Hätte die Empirie ihren Zweck vollkommen erreicht, so würde ihr Gegensatz mit der Philosophie und mit diesem die Philosophie selbst als eigene Sphäre oder Art der Wissenschaft verschwinden: alle Abstraktionen lösten sich auf in die unmittelbare ‚freundliche' Anschauung: das Höchste wäre ein Spiel der Lust und der *Einfalt*, das Schwerste leicht, das Unsinnlichste sinnlich, und der Mensch dürfte froh und frei im Buche der Natur lesen.‹ – Das wäre freilich allerliebst! Aber so steht es nicht mit uns: dem Denken läßt sich nicht so die Türe weisen. Die ernste alte Sphinx mit ihrem Rätsel liegt unbeweglich da und stürzt sich darum, daß ihr sie für ein Gespenst erklärt, nicht vom Felsen. Als ebendeshalb Schelling später selbst merkte, daß die metaphysischen Probleme sich nicht durch Machtsprüche abweisen lassen, lieferte er einen eigentlich metaphysischen Versuch in seiner Abhandlung ›Über die Freiheit‹, welche jedoch ein bloßes Phantasiestück, ein conte bleu [blauer Dunst] ist, daher es eben kommt, daß der Vortrag, sooft er den demonstrierenden Ton annimmt (z. B. S. 453 ff.), eine entschieden komische Wirkung hat.

Durch seine Lehre von der Identität des Realen und Idealen hatte demnach *Schelling* das Problem, welches, seit Cartesius es auf die Bahn gebracht, von allen großen Denkern behandelt und endlich von Kant auf die äußerste Spitze getrieben war, dadurch zu lösen gesucht, daß er den Knoten zerhaute, indem er den Gegensatz zwischen beiden ableugnete. Mit Kanten, von dem er auszugehn vorgab, trat er dadurch eigentlich in geraden Widerspruch. Inzwischen hatte er wenigstens den ursprünglichen und eigentlichen Sinn des Problems festgehalten, als welcher das Verhältnis zwischen unserer *Anschauung* und dem Sein und Wesen an sich selbst der in dieser sich darstellenden Dinge betrifft: allein, weil er seine Lehre hauptsächlich aus dem *Spinoza* schöpfte, nahm er bald von diesem die Ausdrücke *Denken* und *Sein* auf, welche das in Rede stehende Problem sehr schlecht bezeichnen und später Anlaß zu den tollsten Monstrositäten wurden. *Spinoza* hatte mit seiner Lehre, daß ›substantia cogitans et substantia extensa una eademque est substantia, quae iam sub hoc, iam sub illo attributo comprehenditur‹ [die denkende Substanz und die ausgedehnte Substanz eine und dieselbe Substanz ist, die bald unter diesem, bald unter jenem Attribute aufgefaßt wird] ([›Ethica‹] 2, prop. 7. schol.); oder ›scilicet mens et corpus una eademque est res, quae iam sub cogitationis, iam sub extensionis attributo concipitur‹ [daß Geist und Leib eine und dieselbe Sache ist, die bald unter dem Attribut des Denkens, bald unter dem der Ausdehnung aufgefaßt wird] (3, prop. 2. schol.), zunächst den Cartesianischen Gegensatz von Leib und Seele aufheben wollen: auch mag er erkannt haben, daß das empirische Objekt von unserer Vorstellung desselben nicht verschieden ist. *Schelling* nahm nun von ihm die Ausdrücke *Denken* und *Sein* an, welche er allmälig denen von *Anschauen* oder vielmehr Angeschautem und Ding an sich substituierte (›Neue Zeitschrift für spekulative Physik‹, ersten Bandes erstes Stück: ›Fernere Darstellungen‹ usw.). Denn das Verhältnis unserer *Anschauung* der Dinge zum *Sein* und *Wesen an sich* derselben ist das große Problem, dessen Geschichte ich hier skizziere; nicht aber das unserer *Gedanken*, d.h. *Begriffe*, da diese ganz offenbar und unleugbar bloße Abstraktionen aus dem anschaulich Erkannten sind, entstanden durch beliebiges Wegdenken oder Fallenlassen einiger Eigenschaften und Beibehalten anderer; woran zu zweifeln keinem vernünftigen Menschen einfallen kann[1]. Diese *Begriffe* und *Gedanken*, welche die Klasse der *nichtanschaulichen* Vorstellungen ausmachen, haben daher zum *Wesen und Sein an sich* der Dinge nie ein *unmittelbares* Verhältnis, sondern allemal nur ein *mittelbares*, nämlich unter Vermittelung der *Anschauung*: diese ist es, welche einerseits ihnen den Stoff liefert und andererseits in Beziehung zu den Dingen an sich, d.h. zu dem unbekannten, in der Anschauung sich objektivierenden selbsteigenen Wesen der Dinge steht.

---

1. ›Über die vierfache Wurzel des Satzes vom Grunde‹, zweite Auflage § 26 *[Bd. 3, S. 120]*

Der von Schelling dem Spinoza entnommene ungenaue Ausdruck gab nun später dem geist- und geschmacklosen Scharlatan *Hegel*, welcher in dieser Hinsicht als der Hanswurst Schellings auftritt, Anlaß, die Sache dahin zu verdrehn, daß das *Denken* selbst und im eigentlichen Sinn, also die *Begriffe*, identisch sein sollten mit dem Wesen an sich der Dinge: also das in abstracto Gedachte als solches und unmittelbar sollte eins sein mit dem objektiv Vorhandenen an sich selbst, und demgemäß sollte denn auch die Logik zugleich die wahre Metaphysik sein; demnach brauchten wir nur zu denken oder die Begriffe walten zu lassen, um zu wissen, wie die Welt da draußen absolut beschaffen sei. Danach wäre alles, was in einem Hirnkasten spukt, sofort wahr und real. Weil nun ferner ›Je toller, je besser‹ der Wahlspruch der Philosophaster dieser Periode war; so wurde diese Absurdität durch die zweite gestützt, daß nicht *wir* dächten, sondern die Begriffe allein und ohne unser Zutun den Gedankenprozeß vollzögen, welcher daher die dialektische Selbstbewegung des Begriffs genannt wurde und nun eine Offenbarung aller Dinge in et extra naturam [in und außer der Natur] sein sollte. Dieser Fratze lag nun aber eigentlich noch eine andere zum Grunde, welche ebenfalls auf Mißbrauch der Wörter beruhte, und zwar nie deutlich ausgesprochen wurde, jedoch unzweifelhaft dahintersteckt. *Schelling* hatte nach Spinozas Vorgang die Welt *Gott* betitelt. *Hegel* nahm dies nach dem Wortsinn. Da nun das Wort eigentlich ein persönliches Wesen, welches unter andern mit der Welt durchaus inkompatibeln Eigenschaften auch die der *Allwissenheit* hat, bedeutet; so wurde von ihm nun auch *diese* auf die *Welt* übertragen, woselbst sie natürlich keine andere Stelle erhalten konnte als unter der albernen Stirn des Menschen; wonach denn dieser nur seinen Gedanken freien Lauf (dialektische Selbstbewegung) zu lassen brauchte, um alle Mysterien Himmels und der Erde zu offenbaren, nämlich in dem absoluten Galimathias der Hegelschen Dialektik. *Eine* Kunst hat dieser Hegel wirklich verstanden, nämlich die, die Deutschen bei der Nase zu führen. Das ist aber keine große. Wir sehn ja, mit welchen Possen er die deutsche Gelehrtenwelt dreißig Jahre lang in Respekt halten konnte. Daß die Philosophie-Professoren es noch immer mit diesen drei Sophisten ernstlich nehmen und wichtig damit tun, ihnen eine Stelle in der Geschichte der Philosophie einzuräumen, geschieht eben nur, weil es zu ihrem gagne-pain [Broterwerb] gehört, indem sie daran Stoff haben zu ausführlichen mündlichen und schriftlichen Vorträgen der Geschichte der sogenannten nachkantischen Philosophie, in welcher die Lehrmeinungen dieser Sophisten ausführlich dargelegt und ernsthaft erwogen werden – während man vernünftigerweise sich nicht darum bekümmern sollte, was diese Leute, um etwas zu scheinen, zu Markte gebracht haben; es wäre denn, daß man die Schreibereien des Hegel für offizinell erklären und in den Apotheken vorrätig haben wollte als psychisch wirkendes Vomitiv[1]; indem der Ekel, den sie erregen, wirklich ganz spezifisch ist. Doch genug von ihnen und ihrem Urheber, dessen Verehrung wir der Dänischen Akademie der Wissenschaften überlassen wollen, als welche in ihm einen ›summus philosophus‹ nach ihrem Sinn erkannt hat und daher Respekt vor ihm fordert in ihrem meiner ›Preisschrift über das Fundament der Moral‹ zu bleibendem Andenken beigedrucktem Urteile *[Bd. 3, S. 814]*, welches ebensosehr wegen seines Scharfsinns als wegen seiner denkwürdigen Redlichkeit der Vergessenheit entzogen zu werden verdiente, wie auch, weil es einen lukulenten Beleg liefert zu *Labruyères* gar schönem Ausspruch: ›Du même fonds, dont on néglige un homme de mérite, l'on sait encore admirer un sot.‹ [Aus demselben Grunde, aus dem man einen Mann von Verdiensten vernachlässigt, vermag man auch einen Dummkopf zu bewundern; ›Les caractères‹ chap. ›Des jugements‹, editio Didot p. 291.]

---

1. [Brechmittel]

FRAGMENTE ZUR
GESCHICHTE DER PHILOSOPHIE

§ 1
Über dieselbe

Statt der selbst-eigenen Werke der Philosophen allerlei Darlegungen ihrer Lehren oder überhaupt Geschichte der Philosophie zu lesen ist, wie wenn man sich sein Essen von einem andern kauen lassen wollte. Würde man wohl Weltgeschichte lesen, wenn es jedem freistände, die ihn interessierenden Begebenheiten der Vorzeit mit eigenen Augen zu schauen? Hinsichtlich der Geschichte der Philosophie nun aber ist ihm eine solche Autopsie ihres Gegenstandes wirklich zugänglich, nämlich in den selbst-eigenen Schriften der Philosophen; woselbst er dann immerhin der Kürze halber sich auf wohlgewählte Hauptkapitel beschränken mag; um so mehr, als sie alle von Wiederholungen strotzen, die man sich ersparen kann. Auf diese Weise also wird er das Wesentliche ihrer Lehren authentisch und unverfälscht kennenlernen, während er aus den jetzt jährlich zu halben Dutzenden erscheinenden Geschichten der Philosophie bloß empfängt, was davon in den Kopf eines Philosophie-Professors gegangen ist, und zwar so, wie es sich daselbst ausnimmt; wobei es sich von selbst versteht, daß die Gedanken eines großen Geistes bedeutend einschrumpfen müssen, um im Drei-Pfund-Gehirn so eines Parasiten der Philosophie Platz zu finden, aus welchem sie nun wieder, in den jedesmaligen Jargon des Tages gekleidet, hervorkommen sollen, begleitet von seiner altklugen Beurteilung. – Überdies läßt sich berechnen, daß so ein geldverdienender Geschichtschreiber der Philosophie kaum den zehnten Teil der Schriften, darüber er Bericht erstattet, auch nur gelesen haben kann: ihr wirkliches Studium erfordert ein ganzes langes und arbeitsames Leben, wie es ehemals in den alten, fleißigen Zeiten der wackere *Brucker* darangesetzt hat. Was hingegen können wohl solche Leutchen, die, abgehalten durch beständige Vorlesungen, Amtsgeschäfte, Ferienreisen und Zerstreuungen, meistens schon in ihren früheren Jahren mit Geschichten der Philosophie auftreten, Gründliches erforscht haben? Dazu aber wollen sie auch noch pragmatisch sein, die Notwendigkeit des Entstehns und der Folge der Systeme ergründet haben und dartun und nun gar noch jene ernsten, echten Philosophen der Vorzeit beurteilen, zurechtweisen und meistern. Wie kann es anders kommen, als daß sie die älteren, und einer den andern, ausschreiben, dann aber, um dies zu verbergen, die Sachen mehr und mehr verderben, indem sie ihnen die moderne Turnüre des laufenden Quinquenniums[1] zu geben bestrebt sind, wie sie denn auch nach dem Geiste desselben solche beurteilen. – Sehr zweckmäßig dagegen würde eine von redlichen und einsichtigen Gelehrten gemeinschaftlich und gewissenhaft gemachte Sammlung der wichtigen Stellen und wesentlichen Kapitel sämtlicher Hauptphilosophen sein, in chronologisch-pragmatischer Ordnung zusammengestellt, ungefähr in der Art, wie zuerst *Gedicke* und später *Ritter* und *Preller* es mit der Philosophie des Altertums gemacht haben; jedoch viel ausführlicher: also eine mit Sorgfalt und Sachkenntnis verfertigte große und allgemeine Chrestomathie[2].

Die Fagmente, welche nun ich hier gebe, sind wenigstens nicht traditionell, d.h. abgeschrieben; vielmehr sind es Gedanken, veranlaßt durch das eigene Studium der Originalwerke.

§ 2
Vorsokratische Philosophie

Die *Eleatischen Philosophen* sind wohl die ersten, welche des Gegensatzes innegeworden sind zwischen dem Angeschauten und dem Gedachten, φαινόμενα und νοούμενα. Das letztere allein war ihnen das wahrhaft Seiende, das ὄντως ὄν.

1. [Jahrfünfts]
2. [Auswahl aus den mustergültigen Schriftstellern]

– Von diesem behaupteten sie sodann, daß es eines, unveränderlich und unbeweglich sei; nicht aber ebenso von den φαινομένοις, d.i. dem Angeschauten, Erscheinenden, empirisch Gegebenen, als von welchem so etwas zu behaupten geradezu lächerlich gewesen wäre; daher denn einst der so mißverstandene Satz auf die bekannte Art vom Diogenes widerlegt wurde. Sie unterschieden also eigentlich schon zwischen *Erscheinung*, φαινόμενον, und *Ding an sich*, ὄντως ὄν. Letzteres konnte nicht sinnlich angeschaut, sondern nur denkend erfaßt werden, war demnach νοούμενον (Aristoteles, ›Metaphysica‹ 1, 5, p. 986 et scholia, editio Berolinensis pp. 429, 430 et 509). In den Scholien zum Aristoteles (p. 460, 536, 544 et 798) wird des Parmenides Schrift Τὰ κατὰ δόξαν [Die Lehre von der Meinung] erwähnt: das wäre also die Lehre von der *Erscheinung*, die Physik, gewesen; ihr wird ohne Zweifel ein anderes Werk Τὰ κατ' ἀλήθειαν [Die Lehre von der Wahrheit], die Lehre vom *Ding an sich*, also die Metaphysik, entsprochen haben. Von *Melissos* sagt ein Scholion des Philoponos geradezu: Ἐν τοῖς πρὸς ἀλήθειαν ἓν εἶναι λέγων τὸ ὄν, ἐν τοῖς πρὸς δόξαν δύο (müßte heißen πολλά) φησὶν εἶναι. [Während er in der Lehre von der Wahrheit erklärt, daß das Seiende eines sei, behauptet er in der Lehre von der Meinung, daß deren zwei (viele) seien; scholium zu Aristoteles, ›Physica‹ 2, 6.] – Der Gegensatz der Eleaten, und wahrscheinlich auch durch sie hervorgerufen, ist *Herakleitos*, sofern er unaufhörliche Bewegung aller Dinge lehrte, wie *sie* die absolute Unbeweglichkeit: er blieb demnach beim φαινόμενον stehn (Aristoteles, ›De caelo‹ 3, 1, p. 298, editio Berolinensis). Dadurch nun wieder rief er als *seinen* Gegensatz die Ideenlehre *Platons* hervor; wie dies aus der Darstellung des Aristoteles (›Metaphysica‹ p. 1078) sich ergibt.

Es ist bemerkenswert, daß wir die leicht zu zählenden Haupt-Lehrsätze der vorsokratischen Philosophen, welche sich erhalten haben, in den Schriften der Alten unzähligemal wiederholt finden; darüber hinaus jedoch sehr wenig: so z.B. die Lehren des Anaxagoras vom νοῦς [Geist] und den ὁμοιομερίαι [gleichartigen Grundstoffen] – die des Empedokles von φιλία καὶ νεῖκος [Liebe und Streit] und den vier Elementen – die des Demokritos und Leukippos von den Atomen und den εἰδώλοις [Abbildern] – die des Herakleitos vom beständigen Fluß der Dinge – die der Eleaten, wie oben auseinandergesetzt – die der Pythagoreer von den Zahlen, der Metempsychose usf. Indessen kann es wohl sein, daß dieses die Summe alles ihres Philosophierens gewesen; denn wir finden auch in den Werken der Neueren, z. B. des Cartesius, Spinozas, Leibnizens und selbst Kants die wenigen Fundamentalsätze ihrer Philosophien zahllose Male wiederholt; so daß diese Philosophen sämtlich den Weidspruch des Empedokles, der auch schon ein Liebhaber des Repetitionszeichens gewesen sein mag, δὶς καὶ τρὶς τὰ καλά [das Gute kann man zweimal und auch dreimal sagen] (siehe Sturz, ›Empedoclis Agrigentini‹ p. 504), adoptiert zu haben scheinen.

Die erwähnten beiden Dogmen des *Anaxagoras* stehn übrigens in genauer Verbindung. – Nämlich: Πάντα ἐν πᾶσιν [Von allem ist etwas in allem zu finden] ist seine symbolische Bezeichnung des Homoiomeriendogmas[1]. In der chaotischen Urmasse staken demnach, ganz fertig vorhanden, die partes similares [gleichartigen Teile] (im physiologischen Sinne) aller Dinge. Um sie auszuscheiden und zu spezifisch verschiedenen Dingen (partes dissimilares [verschiedenartigen Teilen]) zusammenzusetzen, zu ordnen und zu formen, bedurfte es eines νοῦς, der durch Auslesen der Bestandteile die Konfusion in Ordnung brächte; da ja das Chaos die vollständigste Mischung aller Substanzen enthielt (scholia in Aristotelem p. 337). Jedoch hatte der νοῦς diese erste Scheidung nicht vollkommen zustande gebracht; daher in jedem Dinge noch immer die Bestandteile aller übrigen, wenngleich in geringerem Maße, anzutreffen waren: Πάλιν γὰρ πᾶν ἐν παντὶ μέμικται. [Auch ist ja alles allem beigemischt.] (ibidem). –

Empedokles hingegen hatte statt zahlloser Homoiomerien nur vier Elemente – aus welchen nunmehr die Dinge als Produkte, nicht wie beim Anaxagoras als Edukte hervor-

1. *[Vgl.* ὁμοιομερίαι *S. 47]*

gehn sollten. Die vereinende und scheidende, also ordnende Rolle des νοῦς aber spielen bei ihm φιλία καὶ νεῖκος, Liebe und Haß. Das ist beides gar sehr viel gescheuter. Nicht dem *Intellekt* (νοῦς) nämlich, sondern dem *Willen* (φιλία καὶ νεῖκος) überträgt er die Anordnung der Dinge, und die verschiedenartigen Substanzen sind nicht wie beim Anaxagoras bloße Edukte, sondern wirkliche Produkte. Ließ Anaxagoras sie durch einen sondernden Verstand, so läßt sie hingegen Empedokles durch blinden Trieb, d.i. erkenntnislosen Willen, zustande gebracht werden.

Überhaupt ist *Empedokles* ein ganzer Mann, und seinem φιλία καὶ νεῖκος liegt ein tiefes und wahres Aperçu zum Grunde. Schon in der unorganischen Natur sehn wir die Stoffe nach den Gesetzen der Wahlverwandtschaft einander suchen oder fliehn, sich verbinden und trennen. Die aber, welche sich chemisch zu verbinden die stärkste Neigung zeigen, welche jedoch nur im Zustande der Flüssigkeit befriedigt werden kann, treten in den entschiedensten elektrischen Gegensatz, wenn sie im festen Zustande in Berührung miteinander kommen: sie gehn jetzt in entgegengesetzte Polaritäten feindlich auseinander, um sich sodann wieder zu suchen und zu umarmen. Und was ist denn überhaupt der in der ganzen Natur unter den verschiedensten Formen durchgängig auftretende polare Gegensatz anderes als eine stets erneuerte Entzweiung, auf welche die inbrünstig begehrte Versöhnung folgt? So ist denn wirklich φιλία καὶ νεῖκος überall vorhanden und nur nach Maßgabe der Umstände wird jedesmal das eine oder das andere hervortreten. Demgemäß können auch wir selbst mit jedem Menschen, der uns nahe kommt, augenblicklich befreundet oder verfeindet sein: die Anlage zu beidem ist da und wartet auf die Umstände. Bloß die Klugheit heißt uns auf dem Indifferenzpunkt der Gleichgültigkeit verharren; wiewohl er zugleich der Gefrierpunkt ist. Ebenso ist auch der fremde Hund, dem wir uns nähern, augenblicklich bereit, das freundliche oder das feindliche Register zu ziehn, und springt leicht vom Bellen und Knurren zum Wedeln über, wie auch umgekehrt. Was diesem durchgängigen Phänomene des φιλία καὶ νεῖκος zum Grunde liegt, ist allerdings zuletzt der große Urgegensatz zwischen der Einheit aller Wesen nach ihrem Sein an sich und ihrer gänzlichen Verschiedenheit in der Erscheinung, als welche das principium individuationis [Prinzip der Individuation] zur Form hat. Imgleichen hat Empedokles die schon ihm bekannte Atomenlehre als falsch erkannt und dagegen unendliche Teilbarkeit der Körper gelehrt; wie uns Lucretius berichtet ([›De rerum natura‹] lib. 1, v. 749 ff.).

Vor allem aber ist unter den Lehren des Empedokles sein entschiedener Pessimismus beachtenswert. Er hat das Elend unsers Daseins vollkommen erkannt, und die Welt ist ihm sogut wie den wahren Christen ein Jammertal – ἄτης λειμών [ein Gefilde des Unheils]. Schon er vergleicht sie wie später Platon mit einer finstern Höhle, in der wir eingesperrt wären. In unserm irdischen Dasein sieht er einen Zustand der Verbannung und des Elends, und der Leib ist der Kerker der Seele. Diese Seelen haben einst sich in einem unendlich glücklichen Zustande befunden und sind durch eigene Schuld und Sünde in das gegenwärtige Verderben geraten, in welches sie durch sündigen Wandel sich immer mehr verstricken und in den Kreislauf der Metempsychose geraten, hingegen durch Tugend und Sittenreinheit, zu welcher auch die Enthaltung von tierischer Nahrung gehört, und durch Abwendung von den irdischen Genüssen und Wünschen wieder in den ehemaligen Zustand zurückgelangen können. – Also dieselbe Urweisheit, die den Grundgedanken des Brahmanismus und Buddhaismus, ja auch des wahren Christentums (darunter nicht der optimistische jüdisch-protestantische Rationalismus zu verstehn ist) ausmacht, hat auch dieser uralte Grieche sich zum Bewußtsein gebracht; wodurch der consensus gentium [die Übereinstimmung der Völker] darüber sich vervollständigt. Daß Empedokles, den die Alten durchgängig als einen Pythagoreer bezeichnen, diese Ansicht vom Pythagoras überkommen habe, ist wahrscheinlich; zumal, da im Grunde auch Platon sie teilt, der ebenfalls noch unter dem Einflusse des Pythagoras steht. Zur Lehre von der Metempsychose, die mit dieser Weltansicht zusammenhängt, bekennt Empedokles sich auf das Entschiedenste. – Die Stellen der Alten, welche, nebst seinen eigenen Versen, von jener Weltauffassung des Empedokles Zeugnis ablegen, findet man mit großem Fleiße zusammengestellt in Sturzii ›Empedocles Agrigentinus‹ (S. 448 bis 458). – Die Ansicht, daß der Leib ein Kerker, das Leben ein Zustand des Leidens und der Läuterung sei, aus welchem der Tod uns erlöst, wenn wir der Seelenwanderung quitt werden, teilen Ägypter, Pythagoreer, Empedokles mit Hindu und Buddhaisten. Mit Ausnahme der Metempsychose ist sie auch im Christentum enthalten. Jene Ansicht der Alten bezeugen Diodoros Siculus, Cicero u. a. (siehe Wernsdorf, ›De metempsychosi veterum‹ p. 31 und Cicero, ›Fragmenta‹ p. 299 – somnium Scipionis –, 316, 319 [editio Bipontini]). Cicero gibt an diesen Stellen nicht an, welcher Philosophenschule solche angehören; doch scheinen es Überreste Pythagorischer Weisheit zu sein.

Auch in den übrigen Lehrmeinungen dieser vorsokratischen Philosophen läßt sich viel Wahres nachweisen, davon ich einige Beispiele geben will.

Nach *Kants* und *Laplaces* Kosmogonie – welche durch *Herschels* Beobachtungen noch eine faktische Bestätigung a posteriori erhalten hat, die nun wieder wankend zu machen Lord *Rosse* mit seinem Riesenreflektor zum Trost des englischen Klerus bemüht ist – gestalten sich aus langsam gerinnenden und dann kreisenden, leuchtenden Nebeln durch Kondensation die Planetensysteme: da behält nach Jahrtausenden wieder *Anaximenes* recht, welcher Luft und Dunst für den Grundstoff aller Dinge erklärte (scholium in Aristotelem p. 514). Zugleich aber auch erhalten *Empedokles* und *Demokritos* Bestätigung; da schon sie, eben wie *Laplace*, Ursprung und Bestand der Welt aus einem Wirbel, δίνη, erklärten (Aristotelis opera, editio Berolinensis p. 295, et scholia p. 351), worüber, als eine Gottlosigkeit, auch schon *Aristophanes* (›Nubes‹ v. 820) spottet; eben wie heutzutage über die Laplacesche Theorie die englischen Pfaffen, denen dabei wie bei jeder zutage kommenden Wahrheit unwohl zumute, nämlich um ihre Pfründen angst wird. – Ja sogar führt gewissermaßen unsere chemische Stöchiometrie[1] auf die Pythagorische Zahlenphilosophie zurück: Τὰ γὰρ πάθη καὶ αἱ ἕξεις τῶν ἀριθμῶν τῶν ἐν τοῖς οὖσι παθῶν τε καὶ ἕξεων αἴτια, οἷον τὸ διπλάσιον, τὸ ἐπίτριτον καὶ ἡμιόλιον. [Denn die Eigenschaften und Verhältnisse der Zahlen sind der Grund für die Eigenschaften und Verhältnisse der Dinge, wie z. B. das Doppelte, Vierdrittelfache und Anderthalbfache.] (scholium in Aristotelem p. 543 [a 30] et 829). – Daß das Kopernikanische System von den *Pythagoreern* antizipiert worden war, ist bekannt; ja es war dem Kopernikus bekannt, der seinen Grundgedanken geradezu geschöpft hat aus der bekannten Stelle über Hicetas in Ciceros ›Quaestionibus academiae‹ [2, 39] und über *Philolaos* im Plutarch ›De placitis philosophorum‹ lib. 3, cap. 13 (nach Mac Laurin, ›On Newton‹ p. 45). Diese alte und wichtige Erkenntnis hat nachher Aristoteles verworfen, um seine Flausen an deren Stelle zu setzen, wovon weiter unten § 5 *[S. 67]* (vgl. ›Welt als Wille und Vorstellung‹ 2, p. 342 *[Bd. 2, S. 439]*). Aber selbst *Fouriers* und *Cordiers* Entdeckungen über die Wärme im Innern der Erde sind Bestätigungen der Lehre jener: ῎Ελεγον δὲ Πυθαγόρειοι πῦρ εἶναι δημιουργικὸν περὶ τὸ μέσον καὶ κέντρον τῆς γῆς τὸ ἀναθάλπον τὴν γῆν καὶ ζωοποιοῦν. [Die Pythagoreer sagten, daß ein schaffendes Feuer in der Mitte und dem Zentrum der Erde sich befinde, das die Erde erwärme und belebe.] (scholium in Aristotelem p. 504 [b 42]). Und wenn infolge eben jener Entdeckungen die Erdrinde heutzutage angesehen wird als eine dünne Schichte zwischen zwei Medien (Atmosphäre und heiße, flüssige Metalle und Metalloide), deren Berührung einen Brand verursachen muß, der jene Rinde vernichtet; so bestätigt dies die Meinung, daß die Welt zuletzt durch Feuer verzehrt werden wird; in welcher alle alten Philosophen übereinstimmen und welche auch die *Hindu* teilen (›Lettres édifiantes‹ édition de 1819, vol. 7, p. 114). – Bemerkt zu werden verdient auch noch, daß, wie aus Aristoteles ›Metaphysica‹ 1, 5. p. 986) zu ersehn, die Pythagoreer unter dem Namen der δέκα ἀρχαί

---

1. [Lehre von der Zusammensetzung und den Gewichtsverhältnissen chemischer Verbindungen]

[zehn Prinzipien] gerade das *Yin* und *Yang*[1] der Chinesen aufgefaßt hatten.

Daß die Metaphysik der Musik, wie ich solche in meinem Hauptwerke (Bd. 1, § 52 *[S. 356]* und Bd. 2, Kap. 39 *[S. 573]*) dargelegt habe, als eine Auslegung der Pythagorischen Zahlenphilosophie angesehn werden kann, habe ich schon kurz angedeutet und will es hier noch etwas näher erläutern; wobei ich nun aber die eben angeführten Stellen als dem Leser gegenwärtig voraussetze. – Demzufolge also drückt die *Melodie* alle Bewegungen des Willens, wie er sich im menschlichen Selbstbewußtsein kundgibt, d. h. alle Affekte, Gefühle usw. aus; die *Harmonie* hingegen bezeichnet die Stufenleiter der Objektivation des Willens in der übrigen Natur. Die Musik ist in diesem Sinn eine zweite Wirklichkeit, welche der ersten völlig parallel geht, übrigens aber ganz anderer Art und Beschaffenheit ist; also vollkommene Analogie, jedoch gar keine Ähnlichkeit mit ihr hat. Nun aber ist die Musik *als solche* nur in unserm Gehörnerven und Gehirn vorhanden: außerhalb oder *an sich* (im *Lockeschen* Sinne verstanden) besteht sie aus lauter Zahlenverhältnissen: nämlich zunächst ihrer Quantität nach hinsichtlich des Takts; und dann ihrer Qualität nach hinsichtlich der Stufen der Tonleiter, als welche auf den arithmetischen Verhältnissen der Vibrationen beruhen; oder mit andern Worten: wie in ihrem rhythmischen, so auch in ihrem harmonischen Element. Hienach also ist das ganze Wesen der Welt, sowohl als Mikrokosmos, wie als Makrokosmos allerdings durch bloße Zahlenverhältnisse auszudrücken, mithin gewissermaßen auf sie zurückzuführen: in diesem Sinne hätte dann Pythagoras recht, das eigentliche Wesen der Dinge in die Zahlen zu setzen. – Was sind nun aber Zahlen? – Sukzessionsverhältnisse, deren Möglichkeit auf *der Zeit* beruht.

Wenn man liest, was über die Zahlenphilosophie der Pythagoreer in den Scholien zum Aristoteles (p. 829 editio Berolinensis) gesagt wird; so kann man auf die Vermutung geraten, daß der so seltsame und geheimnisvolle, an das

1. [Nach dem von Konfuzius herausgegebenen ›Buch der Wandlungen‹, dem ›Y-king‹; *vgl. Bd. 1, S. 171*]

Absurde streifende Gebrauch des Wortes λόγος im Eingang des dem Johannes zugeschriebenen Evangeliums, wie auch die früheren Analoga desselben beim Philon, von der Pythagorischen Zahlenphilosophie abstammen, nämlich von der Bedeutung des Wortes λόγος im arithmetischen Sinn: als Zahlenverhältnis, ratio numerica; da ein solches Verhältnis, nach den Pythagoreern, die innerste und unzerstörbare Essenz jedes Wesens ausmacht, also dessen erstes und ursprüngliches principium, ἀρχή, ist; wonach denn von jedem Dinge gälte: 'Ἐν ἀρχῇ ἦν ὁ λόγος. [Im Anfang war das Wort; Joh. 1,1.] Man berücksichtige dabei, daß Aristoteles (›De anima‹ 1, 1 [p. 403 a 25 und p. 403 b 2]) sagt: Τὰ πάθη λόγοι ἔνυλοί εἰσι, et mox: Ὁ μὲν γὰρ λόγος εἶδος τοῦ πράγματος. [Die Affekte sind materielle Zahlenverhältnisse; und bald darauf: denn das Zahlenverhältnis ist die Form der Sache.] Auch wird man dadurch an den λόγος σπερματικός [die Zeugungskraft] der Stoiker erinnert, auf welchen ich bald zurückkommen werde.

Nach der Biographie des *Pythagoras* von Iamblichos hat derselbe seine Bildung hauptsächlich in Ägypten, wo er von seinem 22. bis zum 56. Jahre geweilt, und zwar von den Priestern daselbst erhalten. Im 56. Jahre zurückgekehrt, hatte er wohl eigentlich die Absicht, eine Art Priesterstaat, eine Nachahmung der ägyptischen Tempelhierarchien, wiewohl unter den bei Griechen notwendigen Modifikationen zu gründen: dies gelang ihm nicht im Vaterlande Samos, doch gewissermaßen in Kroton. Da nun ägyptische Kultur und Religion ohne Zweifel aus Indien stammte, wie dies die Heiligkeit der Kuh (Herodot, [›Historiae‹] 2, 41), nebst hundert andern Dingen, beweiset; so erklärt sich hieraus des Pythagoras Vorschrift der Enthaltung von tierischer Nahrung, namentlich das Verbot, Rinder zu schlachten (Iamblichos, ›Vita Pythagorae‹ cap. 28, § 150), wie auch die anbefohlene Schonung aller Tiere, desgleichen seine Lehre von der Metempsychose, seine weißen Gewänder, seine ewige Geheimniskrämerei, welche die symbolischen Sprüche veranlaßte und sich sogar auf mathematische Theoreme erstreckte, ferner die Gründung einer Art Priesterkaste mit strenger Disziplin und vielem Zeremoniell, das Anbeten der Sonne (cap. 35, § 256) und viel anderes. Auch seine wichtigeren astronomischen Grundbegriffe hatte er von den Ägyptern. Daher wurde die Priorität der Lehre von der Schiefe der Ekliptik ihm streitig gemacht von *Oinopides*, der mit ihm in Ägypten gewesen war. (Man sehe darüber den Schluß des 24. Kapitels des ersten Buches der ›Eklogen‹ des Stobaios mit Heerens Note aus dem Diodoros.) Überhaupt aber, wenn man die von Stobaios (besonders lib. 1, cap. 25 sqq.) zusammengestellten astronomischen Elementarbegriffe sämtlicher griechischer Philosophen durchmustert; so findet man, daß sie durchgängig Absurditäten zu Markte gebracht haben; mit alleiniger Ausnahme der Pythagoreer, welche in der Regel das ganz Richtige haben. Daß dieses nicht aus eigenen Mitteln, sondern aus Ägypten sei, ist nicht zu bezweifeln.

Des Pythagoras bekanntes Verbot der Bohnen ist rein ägyptischen Ursprungs und bloß ein von dort herübergenommener Aberglaube, da Herodot (2, 37) berichtet, daß in Ägypten die Bohne als unrein betrachtet und verabscheuet werde, so daß die Priester nicht einmal ihren Anblick ertrügen.

Daß übrigens des Pythagoras Lehre entschiedener Pantheismus war, bezeugt, so bündig wie kurz, eine von Clemens Alexandrinus in der ›Cohortatio ad gentes‹ uns aufbehaltene Sentenz der Pythagoreer, deren dorischer Dialekt auf Echtheit deutet; sie lautet: Οὐκ ἀποκρυπτέον οὐδὲ τοὺς ἀμφὶ τὸν Πυθαγόραν, οἵ φασιν· Ὁ μὲν θεὸς εἷς. χ'οὗτος δὲ οὐχ, ὥς τινες ὑπονοοῦσιν, ἐκτὸς τὰς διακοσμήσιος, ἀλλ' ἐν αὐτᾷ, ὅλος ἐν ὅλῳ τῷ κύκλῳ, ἐπίσκοπος πάσας γενέσιος, κρᾶσις τῶν ὅλων· ἀεὶ ὢν καὶ ἐργάτας τῶν αὑτοῦ δυνάμιων καὶ ἔργων ἁπάντων, ἐν οὐρανῷ φωστὴρ καὶ πάντων πατήρ, νοῦς καὶ ψύχωσις τῷ ὅλῳ κύκλῳ, πάντων κίνασις. [Wir dürfen aber auch die Anhänger des Pythagoras nicht mit Stillschweigen übergehen, die sagen: Gott ist Einer; dieser ist aber nicht, wie einige vermuten, außerhalb des Weltganzen, sondern in demselben, ganz im ganzem Umkreise, als Aufseher über alles Entstehen, als Durchdringer von allem; ewig seiend und ein Vollbringer aller seiner Kräfte und Werke, eine Leuchte im Himmel, Vater des Weltalls, Geist und Beseelung des ganzen Weltkreises, Bewegung des Weltalls.] (vol. 1, p. 118 infra). Es ist nämlich gut, sich bei jeder Gelegenheit zu überzeugen, daß eigentlicher Theismus und Judentum Wechselbegriffe sind.

Nach dem Apuleius (›Florida‹, p. 130 editio Bipontini) wäre Pythagoras sogar bis Indien gekommen und von den Brahmanen selbst unterrichtet worden. Ich glaube demnach, daß die allerdings hoch anzuschlagende Weisheit und Erkenntnis des Pythagoras nicht sowohl in dem bestanden hat, was er gedacht, als in dem, was er gelernt hatte; also weniger eigene als fremde war. Dies bestätigt ein Ausspruch des Herakleitos über ihn (Diogenes Laertios, [›De vitis, dogmatibus et apophthegmatibus philosophorum‹] lib. 8, cap. 1, § 5). Sonst würde er sie auch aufgeschrieben haben, um seine Gedanken vom Untergange zu retten: hingegen das erlernte Fremde blieb an der Quelle gesichert.

§ 3
Sokrates

Die Weisheit des *Sokrates* ist ein philosophischer Glaubensartikel. Daß der Platonische Sokrates eine ideale, also poetische Person sei, die Platonische Gedanken ausspricht, liegt am Tage; am Xenophontischen hingegen ist nicht gerade viel Weisheit zu finden. Nach Lukianos (›Philopseudes‹ 24) hätte Sokrates einen dicken Bauch gehabt; welches eben nicht zu den Abzeichen des Genies gehört. – Ebenso zweifelhaft jedoch steht es hinsichtlich der hohen Geistesfähigkeiten mit allen denen, welche nicht geschrieben haben, also auch mit dem Pythagoras. Ein großer Geist muß doch allmälig seinen Beruf und seine Stellung zur Menschheit erkennen, folglich zu dem Bewußtsein gelangen, daß er nicht zur Herde, sondern zu den Hirten, ich meine zu den Erziehern des Menschengeschlechtes gehört: hieraus aber wird ihm die Verpflichtung klar werden, seine unmittelbare und gesicherte Einwirkung nicht auf die wenigen, welche der Zufall in seine Nähe bringt, zu beschränken; sondern sie auf die Menschheit auszudehnen, damit sie in dieser die Ausnahmen von ihr, die Vorzüglichen, also Seltenen erreichen könne. Das Organ aber, womit man *zur Menschheit* redet, ist allein die Schrift: mündlich redet man bloß zu einer Anzahl Individuen; daher, was so gesagt wird, im Verhältnis zum Menschengeschlechte Privatsache bleibt. Denn solche Individuen sind für die edle Saat meistens ein schlechter Boden, in welchem sie entweder gar nicht treibt oder in ihren Erzeugnissen schnell degeneriert: die Saat selbst also muß bewahrt werden. Dies aber geschieht nicht durch Tradition, als welche bei jedem Schritte verfälscht wird, sondern allein durch die Schrift, dieser einzigen treuen Aufbewahrerin der Gedanken. Zudem hat notwendig jeder tiefdenkende Geist den Trieb, zu seiner eigenen Befriedigung seine Gedanken festzuhalten und sie zu möglichster Deutlichkeit und Bestimmtheit zu bringen, folglich sie in Worten zu verkörpern. Dies aber geschieht vollkommen allererst durch die Schrift: denn der schriftliche Vortrag ist ein wesentlich anderer als der mündliche; indem er allein die höchste Präzision, Konzision und prägnante Kürze zuläßt, folglich zum reinen Ektypos[1] des Gedankens wird. Diesem allen zufolge wäre es in einem Denker ein wunderlicher Übermut, die wichtigste Erfindung des Menschengeschlechts unbenutzt lassen zu wollen. Sonach wird es mir schwer, an den eigentlich großen Geist derer zu glauben, die nicht geschrieben haben: vielmehr bin ich geneigt, sie für hauptsächlich praktische Helden zu halten, die mehr durch ihren Charakter als durch ihren Kopf wirkten. Die erhabenen Urheber des Upanischads der Veden haben geschrieben: wohl aber mag die ›Sanhita‹ der Veden, aus bloßen Gebeten bestehend, sich anfangs nur mündlich fortgepflanzt haben.

Zwischen *Sokrates* und *Kant* lassen sich gar manche Ähnlichkeiten nachweisen. Beide verwerfen allen Dogmatismus: beide bekennen eine völlige Unwissenheit in Sachen der Metaphysik und setzen ihre Eigentümlichkeit in das deutliche Bewußtsein dieser Unwissenheit. Beide behaupten, daß

1. [Nachbild]

hingegen das Praktische, das, was der Mensch zu tun und zu lassen habe, völlig gewiß sei, und zwar durch sich selbst ohne fernere theoretische Begründung. Beide hatten das Schicksal, daß ihre nächsten Nachfolger und deklarierten Schüler dennoch in eben jenen Grundlagen von ihnen abwichen und, die Metaphysik bearbeitend, völlig dogmatische Systeme aufstellten; daß ferner diese Systeme höchst verschieden ausfielen, jedoch alle darin übereinstimmten, daß sie von der Lehre des Sokrates, respektive Kants ausgegangen zu sein behaupteten. – Da ich selbst Kantianer bin, will ich hier mein Verhältnis zu ihm mit *einem* Worte bezeichnen. Kant lehrt, daß wir über die Erfahrung und ihre Möglichkeit hinaus nichts wissen können: ich gebe dies zu, behaupte jedoch, daß die Erfahrung selbst in ihrer Gesamtheit einer Auslegung fähig sei, und habe diese zu geben versucht, indem ich sie wie eine Schrift entzifferte, nicht aber wie alle früheren Philosophen mittelst ihrer bloßen Formen über sie hinauszugehn unternahm, was eben Kant als unstatthaft nachgewiesen hatte. –

Der Vorteil der *Sokratischen Methode*, wie wir sie aus dem Platon kennenlernen, besteht darin, daß man sich die Gründe der Sätze, welche man zu beweisen beabsichtigt, vom Kollokutor oder Gegner einzeln zugeben läßt, ehe er die Folgen derselben übersehn hat; da er hingegen aus einem didaktischen Vortrage in fortlaufender Rede Folgen und Gründe gleich als solche zu erkennen Gelegenheit haben und daher diese angreifen würde, wenn ihm jene nicht gefielen. – Inzwischen gehört zu den Dingen, die Platon uns aufbinden möchte, auch dieses, daß mittelst Anwendung jener Methode die Sophisten und andere Narren sich so in aller Gelassenheit hätten vom Sokrates dartun lassen, daß sie es sind. Daran ist nicht zu denken; sondern etwan beim letzten Viertel des Wegs oder überhaupt, sobald sie merkten, wo es hinaus sollte, hätten sie durch Abspringen oder Leugnen des vorher Gesagten oder absichtliche Mißverständnisse, und was noch sonst für Schliche und Schikanen die rechthaberische Unredlichkeit instinktmäßig anwendet, dem Sokrates sein künstlich angelegtes Spiel verdorben und sein Netz zerrissen; oder aber sie wären so grob und beleidigend geworden, daß er beizeiten seine Haut in Sicherheit zu bringen ratsam gefunden haben würde. Denn wie sollte nicht auch den Sophisten das Mittel bekannt gewesen sein, durch welches jeder sich jedem gleichsetzen und selbst die größte intellektuelle Ungleichheit augenblicklich ausgleichen kann? Es ist die Beleidigung. Zu dieser fühlt daher die niedrige Natur eine sogar instinktive Aufforderung, sobald sie geistige Überlegenheit zu spüren anfängt. –

§ 4
Platon

Schon beim *Platon* finden wir den Ursprung einer gewissen falschen Dianoiologie[1], welche in heimlich metaphysischer Absicht, nämlich zum Zweck einer rationalen Psychologie und daran hängender Unsterblichkeitslehre aufgestellt wird. Dieselbe hat sich nachmals als eine Truglehre vom zähesten Leben erwiesen, da sie durch die ganze alte, mittlere und neue Philosophie hindurch ihr Dasein fristete, bis *Kant*, der Alleszermalmer, ihr endlich auf den Kopf schlug. Die hier gemeinte Lehre ist der Rationalismus der Erkenntnistheorie mit metaphysischem Endzweck. Sie läßt sich in der Kürze so resümieren: Das Erkennende in uns ist eine vom Leibe grundverschiedene immaterielle Substanz, genannt Seele; der Leib hingegen ist ein Hindernis der Erkenntnis. Daher ist alle durch die Sinne vermittelte Erkenntnis trüglich: die allein wahre, richtige und sichere hingegen ist die von aller Sinnlichkeit (also aller Anschauung) freie und entfernte, mithin das *reine Denken*, d.i. das Operieren mit abstrakten Begriffen ganz allein. Denn dieses verrichtet die *Seele* ganz aus eigenen Mitteln: folglich wird es am besten, nachdem sie sich vom Leibe getrennt hat, also wenn wir tot sind, vonstatten gehn. – Dergestalt also spielt hier die Dianoiologie der rationalen Psychologie zum Behuf ihrer Unsterblichkeitslehre in die Hände. Diese Lehre, wie ich sie hier resümiert habe, findet man ausführlich und deutlich im ›Phaedo‹ cap.

1. [Denk- und Verstandeslehre]

10. Etwas anders gefaßt ist sie im ›Timaeus‹, aus welchem Sextus Empiricus sie sehr präzis und klar mit folgenden Worten referiert: Παλαιά τις παρὰ τοῖς φυσικοῖς κυλίεται δόξα περὶ τοῦ τὰ ὅμοια τῶν ὁμοίων εἶναι γνωριστικά. Mox [Nachher]: Πλάτων δὲ ἐν τῷ Τιμαίῳ πρὸς παράστασιν τοῦ ἀσώματον εἶναι τὴν ψυχὴν τῷ αὐτῷ γένει τῆς ἀποδείξεως κέχρηται. Εἰ γὰρ ἡ μὲν ὅρασις, φησί, φωτὸς ἀντιλαμβανομένη εὐθύς ἐστι φωτοειδής, ἡ δὲ ἀκοὴ ἀέρα πεπληγμένον κρίνουσα, ὅπερ ἐστὶ τὴν φωνήν, εὐθὺς ἀεροειδὴς θεωρεῖται, ἡ δὲ ὄσφρησις ἀτμοὺς γνωρίζουσα πάντως ἐστὶ ἀτμοειδὴς καὶ ἡ γεῦσις χυλοὺς χυλοειδής· κατ' ἀνάγκην καὶ ἡ ψυχὴ τὰς ἀσωμάτους ἰδέας λαμβάνουσα καθάπερ τὰς ἐν τοῖς ἀριθμοῖς καὶ τὰς ἐν τοῖς πέρασι τῶν σωμάτων (also reine Mathematik) γίνεταί τις ἀσώματος. (Vetus quaedam a physicis usque probata versatur opinio, quod similia similibus cognoscantur ... Plato in ›Timaeo‹ ad probandum, animam esse incorpoream usus est eodem genere demonstrationis: ›nam si visio‹, inquit, ›apprehendens lucem statim est luminosa, auditus autem aerem percussum iudicans, nempe vocem, protinus cernitur ad aeris accedens speciem, odoratus autem cognoscens vapores est omnino vaporis aliquam habens formam et gustus, qui humores, humoris habens speciem; necessario et anima, ideas suscipiens incorporeas, ut quae sunt in numeris et in finibus corporum, est incorporea.‹) [Eine alte Meinung ist bei den Naturphilosophen in Umlauf, daß das Gleichartige für das Gleichartige erkennbar sei ... Platon aber bedient sich im ›Timaeus‹, um die Körperlosigkeit der Seele darzulegen, derselben Beweisart. ›Denn‹, sagt er, ›wenn das Gesicht, weil es für das Licht empfänglich ist, lichtartig und das Gehör, weil es die Erschütterung der Luft, nämlich den Ton, vernimmt, luftartig und der Geruch, da er die Dünste wahrnimmt, jedenfalls dunstartig und der Geschmack, weil er die Säfte schmeckt, saftartig ist, so muß notwendigerweise auch die Seele, weil sie die körperlosen Ideen erkennt, wie z. B. die in den Zahlen und die in den Formen der Körper liegenden, ein körperloses Wesen sein.]
(›Adversus mathematicos‹ 7, 116 et 119).

Selbst Aristoteles läßt wenigstens hypothetisch diese Argumentation gelten, da er im ersten Buch ›De anima‹ (cap. 1 [p. 403 a 8]) sagt, daß die gesonderte Existenz der Seele danach auszumachen wäre, ob dieser irgendeine Äußerung zukäme, an welcher der Leib nicht teilhätte: eine solche schiene vor allem das Denken zu sein. Sollte aber selbst *dieses* nicht ohne Anschauung und Phantasie möglich sein; dann könne dasselbe auch nicht ohne den Leib stattfinden. (Εἰ δ' ἐστὶ καὶ τὸ νοεῖν φαντασία τις ἢ μὴ ἄνευ φαντασίας, οὐκ ἐνδέχοιτ' ἂν οὐδὲ τοῦτο ἄνευ σώματος εἶναι.) Eben jene oben gestellte Bedingung nun aber, also die Prämisse der Argumentation läßt Aristoteles nicht gelten, sofern er nämlich das lehrt, was man später in dem Satz: Nihil est in intellectu, quod non prius fuerit in sensibus‹ [Es ist nichts im Verstand, was nicht vorher in den Sinnen gewesen ist; Thomas Aquinas, ›De veritate fidei catholicae‹ quaestio 2, art. 3, 19¹] formuliert hat (man sehe hierüber ›De anima‹ 3, cap. 8 [p. 432 a 2]). Schon er also sah ein, daß alles rein und abstrakt Gedachte seinen ganzen Stoff und Inhalt doch erst vom Angeschauten erborgt hat. Dies hat auch die Scholastiker beunruhigt. Deshalb bemühte man sich schon im Mittelalter, darzutun, daß es *reine Vernunfterkenntnisse* gäbe, d. h. Gedanken, die auf keine Bilder Bezug hätten, also ein Denken, welches allen Stoff aus sich selbst nähme. Die Bemühungen und [die] Kontroverse über diesen Punkt findet man im Pomponatius, ›De immortalitate animi‹ zusammengestellt, da dieser eben sein Hauptargument daher nimmt. – Dem besagten Erfordernis zu genügen sollten nun die universalia [Allgemeinbegriffe] und die Erkenntnisse a priori, als aeternae veritates [ewige Wahrheiten] aufgefaßt, dienen. Welche Ausführung die Sache sodann durch *Cartesius* und seine Schule erhalten hat, habe ich bereits dargelegt in der dem § 6 meiner ›Preisschrift über die Grundlage der Moral‹ beigefügten ausführlichen Anmerkung *[Bd. 3, S. 679]*, in welcher ich auch die lesenswerten eigenen Worte des Cartesianers *de la Forge* beigebracht habe. Denn gerade die falschen Lehren jedes Philosophen findet man in der Regel am

1. *[Vgl. Bd. 2, S. 110]*

deutlichsten von seinen Schülern ausgedrückt; weil diese nicht wie wohl der Meister selbst bemüht sind, diejenigen Seiten seines Systems, welche die Schwäche desselben verraten könnten, möglichst dunkel zu halten; da sie noch kein Arg daraus haben. *Spinoza* nun aber stellte bereits dem ganzen Cartesianischen Dualismus seine Lehre: ›Substantia cogitans et substantia extensa una eademque est substantia, quae iam sub hoc, iam sub illo attributo comprehenditur‹ *[vgl. S. 17]* entgegen und zeigte dadurch seine große Überlegenheit. *Leibniz* hingegen blieb fein artig auf dem Wege der Cartesius und der Orthodoxie. Dies aber eben rief sodann das der Philosophie so überaus heilsame Streben des vortrefflichen *Locke* hervor, als welcher endlich auf Untersuchung des *Ursprungs der Begriffe* drang und den Satz: ›No innate ideas‹ (keine angeborne[n] Begriffe), nachdem er ihn ausführlich dargetan, zur Grundlage seiner Philosophie machte. Die Franzosen, für welche seine Philosophie durch *Condillac* bearbeitet wurde, gingen, wiewohl aus demselben Grunde, in der Sache bald zu weit, indem sie den Satz: ›Penser est sentir‹ [Denken ist wahrnehmen] aufstellten und ihn urgierten. Schlechthin genommen ist dieser Satz falsch: jedoch liegt das Wahre darin, daß jedes Denken teils das Empfinden als Ingredienz der Anschauung, die ihm seinen Stoff liefert, voraussetzt, teils selbst ebensowohl wie das Empfinden durch körperliche Organe bedingt ist; nämlich wie dieses durch die Sinnennerven, so jenes durch das Gehirn, und beides ist Nerventätigkeit. Nun aber hielt auch die französische Schule jenen Satz nicht seiner selbst wegen so fest, sondern ebenfalls in metaphysischer, und zwar materialistischer Absicht; eben wie die Platonisch-Cartesianisch-Leibnizischen Gegner den falschen Satz, daß die allein richtige Erkenntnis der Dinge im reinen Denken bestehe, auch nur in metaphysischer Absicht festgehalten hatten, um daraus die Immaterialität der Seele zu beweisen. – *Kant* allein führt zur Wahrheit aus diesen beiden Irrwegen und aus einem Streit, in welchem beide Parteien eigentlich nicht redlich verfahren; da sie Dianoiologie vorgeben, aber auf Metaphysik gerichtet sind und deshalb die Dianoiologie verfälschen. *Kant* also sagt: allerdings gibt es reine Vernunfterkenntnis, d. h. Erkenntnisse a priori, die aller Erfahrung vorhergängig sind, folglich auch ein Denken, das seinen Stoff keiner durch die Sinne vermittelten Erkenntnis verdankt: aber eben diese Erkenntnis a priori, obwohl nicht *aus* der Erfahrung geschöpft, hat doch nur *zum Behuf* der Erfahrung Wert und Gültigkeit: denn sie ist nichts anderes als das Innewerden unsers eigenen *Erkenntnisapparats* und seiner Einrichtung (Gehirnfunktion) oder, wie Kant es ausdrückt, die *Form* des erkennenden Bewußtseins selbst, die ihren *Stoff* allererst durch die mittelst der Sinnesempfindung hinzukommende empirische Erkenntnis erhält, ohne diese aber leer und unnütz ist. Dieserhalb eben nennt sich seine Philosophie die *Kritik der reinen Vernunft*. Hiedurch nun fällt alle jene metaphysische Psychologie und fällt mit ihr alle reine Seelentätigkeit des Platon. Denn wir sehn, daß die Erkenntnis ohne die Anschauung, welche der Leib vermittelt, keinen Stoff hat, daß mithin das Erkennende als solches ohne Voraussetzung des Leibes nichts ist als eine leere Form; noch zu geschweigen, daß jedes Denken eine physiologische Funktion des Gehirns ist, eben wie das Verdauen eine des Magens.

Wenn nun demnach *Platons* Anweisung, das Erkennen abzuziehn und reinzuhalten von aller Gemeinschaft mit dem Leibe, den Sinnen und der Anschauung, sich als zweckwidrig, verkehrt, ja unmöglich ergibt; so können wir jedoch als das berichtigte Analogon derselben meine Lehre betrachten, daß nur das von aller Gemeinschaft mit dem *Willen* reingehaltene und doch intuitive Erkennen die höchste Objektivität und deshalb Vollkommenheit erreicht – worüber ich auf das dritte Buch meines Hauptwerks *[Bd. 1, S. 243-372; Bd. 2, S. 467-586]* verweise.

§ 5
Aristoteles

Als Grundcharakter des *Aristoteles* ließe sich angeben der allergrößte Scharfsinn, verbunden mit Umsicht, Beobachtungsgabe, Vielseitigkeit und Mangel an Tiefsinn. Seine

Weltansicht ist flach, wenn auch scharfsinnig durchgearbeitet. Der Tiefsinn findet seinen Stoff in uns selbst; der Scharfsinn muß ihn von außen erhalten, um Data zu haben. Nun aber waren zu jener Zeit die empirischen Data teils sogar falsch. Daher ist heutzutage das Studium des Aristoteles nicht sehr belohnend, während das des Platon es im höchsten Grade bleibt. Der gerügte Mangel an Tiefsinn beim Aristoteles wird natürlich am sichtbarsten in der Metaphysik, als wo der bloße Scharfsinn nicht wie wohl anderwärts ausreicht; daher er dann in dieser am allerwenigsten befriedigt. Seine *Metaphysik* ist größtenteils ein Hin-und-Her-Reden über die Philosopheme seiner Vorgänger, die er von seinem Standpunkt aus meistens nach vereinzelten Aussprüchen derselben kritisiert und widerlegt, ohne eigentlich in ihren Sinn einzugehn, vielmehr wie einer, der von außen die Fenster einschlägt. Eigene Dogmen stellt er wenige oder keine, wenigstens nicht im Zusammenhange auf. Daß wir seiner Polemik einen großen Teil unserer Kenntnis der älteren Philosopheme verdanken, ist ein zufälliges Verdienst. Den Platon feindet er am meisten gerade hier an, wo dieser so ganz an seinem Platz ist. Die ›Ideen‹ desselben kommen ihm wie etwas, das er nicht verdauen kann, immer wieder in den Mund: er ist entschlossen, sie nicht gelten zu lassen. – Scharfsinn reicht in den Erfahrungswissenschaften aus: daher hat Aristoteles eine vorwaltend empirische Richtung. Da nun aber seit jener Zeit die Empirie solche Fortschritte gemacht hat, daß sie zu ihrem damaligen Zustande sich verhält wie das männliche Alter zu den Kinderjahren; so können die Erfahrungswissenschaften heutzutage directe nicht sehr durch sein Studium gefördert werden, wohl aber indirecte durch die Methode und das eigentlich Wissenschaftliche, was ihn charakterisiert und durch ihn in die Welt gesetzt wurde. In der Zoologie jedoch ist er auch noch jetzt, wenigstens im einzelnen, von direktem Nutzen. Überhaupt nun aber gibt seine empirische Richtung ihm den Hang, stets in die Breite zu gehn; wodurch er von dem Gedankenfaden, den er aufgenommen, so leicht und so oft seitwärts abspringt, daß er fast unfähig ist, irgendeinen Gedankengang auf die Länge und bis ans Ende zu verfolgen: nun aber besteht gerade hierin das *tiefe* Denken. Er hingegen jagt überall die Probleme auf, berührt sie jedoch nur und geht, ohne sie zu lösen oder auch nur gründlich zu diskutieren, sofort zu etwas anderm über. Daher denkt sein Leser so oft: ›jetzt wird's kommen‹ – aber es kommt nichts; und daher scheint, wann er ein Problem angeregt hat und auf eine kurze Strecke es verfolgt, so häufig die Wahrheit ihm auf der Zunge zu schweben; aber plötzlich ist er bei etwas anderm und läßt uns im Zweifel stecken. Denn er kann nichts festhalten, sondern springt von dem, was er vorhat, zu etwas anderm, das ihm eben einfällt, über, wie ein Kind ein Spielzeug fallen läßt, um ein anderes, welches es eben ansichtig wird, zu ergreifen. Dies ist die schwache Seite seines Geistes: es ist die Lebhaftigkeit der Oberflächlichkeit. Hieraus erklärt es ·sich, daß, obwohl Aristoteles ein höchst systematischer Kopf war, da von ihm die Sonderung und Klassifikation der Wissenschaften ausgegangen ist, es dennoch seinem Vortrage durchgängig an systematischer Anordnung fehlt und wir den methodischen Fortschritt, ja die Trennung des Ungleichartigen und Zusammenstellung des Gleichartigen darin vermissen. Er handelt die Dinge ab, wie sie ihm einfallen, ohne sie vorher durchdacht und sich ein deutliches Schema entworfen zu haben: er denkt mit der Feder in der Hand, was zwar eine große Erleichterung für den Schriftsteller, aber eine große Beschwerde für den Leser ist. Daher das Planlose und Ungenügende seiner Darstellung; daher kommt er hundertmal auf dasselbe zu reden, weil ihm Fremdartiges dazwischen gelaufen war; daher kann er nicht bei einer Sache bleiben, sondern geht vom Hundertsten ins Tausendste; daher führt er, wie oben beschrieben, den auf die Lösung der angeregten Probleme gespannten Leser bei der Nase herum; daher fängt er, nachdem er einer Sache mehrere Seiten gewidmet hat, seine Untersuchung derselben plötzlich von vorne an mit: Λάβωμεν οὖν ἄλλην ἀρχὴν τῆς σκέψεως [Nehmen wir also einen andern Ausgangspunkt unserer Betrachtung], und das sechsmal in einer Schrift; daher paßt auf so viele Exordien seiner Bücher und Kapitel das ›Quid feret hic tanto dignum promissor hiatu?‹[1] [Was für Wichtiges mag dieses Mundaufsperren versprechen?] – daher, mit *einem* Wort, ist er so oft konfus und ungenügend. Ausnahmsweise hat er es freilich anders gehalten; wie denn z.B. die drei Bücher ›Rhetorik‹ durchweg ein Muster wissenschaftlicher Methode sind, ja eine architektonische Symmetrie zeigen, die das Vorbild der Kantischen gewesen sein mag.

Der radikale Gegensatz des Aristoteles, wie in der Denkungsart, so auch in der Darstellung, ist *Platon*. Dieser hält seinen Hauptgedanken fest wie mit eiserner Hand, verfolgt den Faden desselben, werde er auch noch so dünn, in alle Verzweigungen, durch die Irrgänge der längsten Gespräche und findet ihn wieder nach allen Episoden. Man sieht daran, daß er seine Sache, ehe er ans Schreiben ging, reiflich und ganz durchdacht und zu ihrer Darstellung eine künstliche Anordnung entworfen hatte. Daher ist jeder Dialog ein planvolles Kunstwerk, dessen sämtliche Teile wohlberechneten, oft absichtlich auf eine Weile sich verbergenden Zusammenhang haben und dessen häufige Episoden von selbst und oft unerwartet zurückleiten auf den durch sie nunmehr aufgehellten Hauptgedanken. Platon wußte stets, im ganzen Sinne des Worts, was er wollte und beabsichtigte; wenn er gleich meistens die Probleme nicht zu einer entschiedenen Lösung führt, sondern es bei der gründlichen Diskussion derselben bewenden läßt. Es darf uns daher nicht so sehr wundern, wenn, wie einige Berichte, besonders im Aelian (›Varia historia‹ 3, 19; 4, 9 etc.), angeben, zwischen dem Platon und dem Aristoteles sich bedeutende persönliche Disharmonie gezeigt hat, auch wohl Platon hin und wieder etwas geringschätzend vom Aristoteles geredet haben mag, dessen Herumflankieren, Irrlichterlieren und Abspringen eben mit seiner Polymathie[2] verwandt, dem Platon aber ganz antipathisch ist. Schillers Gedicht ›Breite und Tiefe‹ kann auch auf den Gegensatz zwischen Aristoteles und Platon angewandt werden.

1. [Nach Horaz: ›De arte poetica‹ 138]
2. [seinem vielseitigen Wissen]

Trotz dieser empirischen Geistesrichtung war dennoch Aristoteles kein konsequenter und methodischer Empiriker; daher er vom wahren Vater des Empirismus, dem *Baco von Verulam,* gestürzt und ausgetrieben werden mußte. Wer recht eigentlich verstehn will, in welchem Sinn und warum dieser der Gegner und Überwinder des Aristoteles und seiner Methode ist, der lese die Bücher des Aristoteles ›De generatione et corruptione‹. Da findet er so recht das Räsonieren a priori über die Natur, welches ihre Vorgänge aus bloßen Begriffen verstehn und erklären will: ein besonders grelles Beispiel liefert lib. 2, cap. 4, als wo eine Chemie a priori konstruiert wird. Dagegen trat Baco auf mit dem Rat, nicht das Abstrakte, sondern das Anschauliche, die Erfahrung zur Quelle der Erkenntnis der Natur zu machen. Der glänzende Erfolg desselben ist der gegenwärtige hohe Stand der Naturwissenschaften, von welchem aus wir mitleidig lächelnd auf diese Aristotelischen Quälereien herabsehn. In der besagten Hinsicht ist es sehr merkwürdig, daß die eben erwähnten Bücher des Aristoteles sogar den Ursprung der Scholastik ganz deutlich erkennen lassen, ja die spitzfindige, wortkramende Methode dieser schon darin anzutreffen ist. – Zu demselben Zweck sind auch die Bücher ›De caelo‹ sehr brauchbar und daher lesenswert. Gleich die ersten Kapitel sind ein rechtes Muster der Methode, aus bloßen Begriffen das Wesen der Natur erkennen und bestimmen zu wollen, und das Mißlingen liegt hier zutage. Da wird uns cap. 8 aus bloßen Begriffen und locis communibus [Gemeinplätzen] bewiesen, daß es nicht mehrere Welten gebe, und cap. 12 ebenso über den Lauf der Gestirne spekuliert. Es ist ein konsequentes Vernünfteln aus falschen Begriffen, eine ganz eigene Natur-Dialektik, welche es unternimmt, aus gewissen allgemeinen Grundsätzen, die das Vernünftige und Schickliche ausdrücken sollen, a priori zu entscheiden, wie die Natur sein und verfahren müsse. Indem wir nun einen so großen, ja stupenden Kopf, wie bei dem allen Aristoteles doch ist, so tief in Irrtümern dieser Art verstrickt sehn, die ihre Gültigkeit bis noch vor ein paar hundert Jahren behauptet haben, wird uns zuvörderst deutlich, wie sehr viel die Menschheit dem Kopernikus, Kepler, Galilei, Baco, Robert Hooke und Newton verdankt. Im cap. 7 und 8 des zweiten Buchs legt Aristoteles uns seine ganze absurde Anordnung des Himmels dar: die Sterne stecken fest auf der sich drehenden Hohlkugel, Sonne und Planeten auf ähnlichen näheren; die Reibung beim Drehen verursacht Licht und Wärme: die Erde steht ausdrücklich still. Das alles möchte hingehn, wenn vorher nichts Besseres dagewesen wäre: aber wenn er selbst uns (cap. 13) die ganz richtigen Ansichten der Pythagoreer über Gestalt, Lage und Bewegung der Erde vorführt, um sie zu verwerfen; so muß dies unsere Indignation erregen. Sie wird steigen, wenn wir aus seiner häufigen Polemik gegen Empedokles, Herakleitos und Demokritos sehn, wie alle diese sehr viel richtigere Einsichten in die Natur gehabt, auch die Erfahrung besser beachtet haben als der seichte Schwätzer, den wir hier vor uns haben. *Empedokles* hatte sogar schon eine durch den Umschwung entstehende und der Schwere entgegenwirkende Tangentialkraft gelehrt (2, 1 et 13, dazu die Scholien p. 491). Weit entfernt, dergleichen gehörig schätzen zu können, läßt Aristoteles nicht einmal die richtigen Ansichten jener Älteren über die wahre Bedeutung des Oben und Unten gelten, sondern tritt auch hierin der dem oberflächlichen Scheine folgenden Meinung des großen Haufens bei (4, 2). Nun aber kommt in Betracht, daß diese seine Ansichten Anerkennung und Verbreitung fanden, alles Frühere und Bessere verdrängten und so späterhin die Grundlage des Hipparchos und dann des Ptolemaiischen Weltsystems wurden, mit welchem die Menschheit sich bis zum Anfang des 16. Jahrhunderts hat schleppen müssen, allerdings zum großen Vorteil der jüdischchristlichen Religionslehren, als welche mit dem Kopernikanischen Weltsysteme im Grunde unverträglich sind; denn wie soll ein Gott im Himmel sein, wenn kein Himmel da ist? Der ernstlich gemeinte *Theismus* setzt notwendig voraus, daß man die Welt einteile in *Himmel* und *Erde*: auf *dieser* laufen die Menschen herum; in *jenem* sitzt der Gott, der sie regiert. Nimmt nun die Astronomie den Himmel weg; so hat sie den Gott *mit* weggenommen: sie hat nämlich die

Welt so ausgedehnt, daß für den Gott kein Raum übrigbleibt. Aber ein persönliches Wesen, wie jeder Gott unumgänglich ist, das keinen *Ort* hätte, sondern überall und nirgends wäre, läßt sich bloß sagen, nicht imaginieren und darum nicht glauben. Demnach muß in dem Maße, als die physische Astronomie popularisiert wird, der Theismus schwinden, so fest er auch durch unablässiges und feierlichstes Vorsagen den Menschen eingeprägt worden; wie denn auch die katholische Kirche dies sofort richtig erkannt und demgemäß das Kopernikanische System verfolgt hat; worüber daher sich so sehr und mit Zetergeschrei über die Bedrängnis des Galilei zu verwundern einfältig ist: denn ›omnis natura vult esse conservatrix sui‹[1] [jedes Naturwesen ist bestrebt, sich selbst zu erhalten]. Wer weiß, ob nicht irgendeine stille Erkenntnis oder wenigstens Ahndung dieser Kongenialität des Aristoteles mit der Kirchenlehre und der durch ihn beseitigten Gefahr zu seiner übermäßigen Verehrung im Mittelalter beigetragen hat?[H] Wer weiß, ob nicht mancher, angeregt durch die Berichte desselben über die älteren astronomischen Systeme, im stillen lange vor Kopernikus die Wahrheiten eingesehn hat, die dieser nach vieljährigem Zaudern und im Begriff, aus der Welt zu scheiden, endlich zu proklamieren wagte?

§ 6
Stoiker

Ein gar schöner und tiefsinniger Begriff bei den *Stoikern* ist der des λόγος σπερματικός [der Zeugungskraft], wiewohl ausführlichere Berichte über ihn, als uns zugekommen, zu wünschen wären (Diogenes Laertios 7, 136. – Plutarch, ›De placitis philosophorum‹[2] 1, 7. – Stobaios,

---

1. [Nach Cicero: ›De finibus bonorum et malorum‹ 5, 9, 26]

H. Die älteren Schriftsteller, welche dem Aristoteles wirklichen *Theismus* zuschreiben, nehmen ihre Belege aus den Büchern ›De mundo‹, die entschieden nicht von ihm sind; welches freilich jetzt allgemein angenommen ist.

2. [Die Schrift stammt nicht von Plutarch.]

›Eclogae‹ [physicae et ethicae] 1, p. 372). Doch ist soviel klar, daß dadurch das gedacht wird, was in den sukzessiven Individuen einer Gattung die identische Form derselben behauptet und erhält, indem es vom einen auf das andere übergeht; also gleichsam der im Samen verkörperte Begriff der Gattung. Demnach ist der λόγος σπερματικός das Unzerstörbare im Individuo, ist das, wodurch es mit der Spezies eins ist, sie vertritt und erhält. Er ist das, welches macht, daß der Tod, der das Individuum vernichtet, die Gattung nicht anficht, vermöge welcher das Individuum stets wieder daist; dem Tode zum Trotz. Daher könnte man λόγος σπερματικός übersetzen: die Zauberformel, welche zu jeder Zeit diese Gestalt zur Erscheinung ruft. – Ihm sehr nahe verwandt ist der Begriff der ›forma substantialis‹ bei den Scholastikern, als durch welchen das innere Prinzip des Komplexes sämtlicher Eigenschaften eines jeden Naturwesens gedacht wird: sein Gegensatz ist die ›materia prima‹, die reine Materie, ohne alle Form und Qualität. Die Seele des Menschen ist eben seine ›forma substantialis‹. Was beide Begriffe unterscheidet, ist, daß der λόγος σπερματικός bloß lebenden und sich fortpflanzenden, die ›forma substantialis‹ aber auch unorganischen Wesen zukommt; imgleichen, daß diese zunächst das Individuum, jener geradezu die Gattung im Auge hat: inzwischen sind offenbar beide der Platonischen Idee verwandt. Erklärungen der ›forma substantialis‹ findet man im Scotus Erigena, ›De divisione naturae‹ lib. 3, p. 139 der Oxforder Ausgabe; im Giordano Bruno, ›Della causa‹ [principio ed uno] dialogo 3, p. 252 seqq. und ausführlich in den ›Disputationibus metaphysicis‹ des *Suarez* (disputatio 15, sectio 1), diesem echten Kompendio der ganzen scholastischen Weisheit, woselbst man ihre Bekanntschaft zu suchen hat, nicht aber in dem breiten Geträtsche geistloser deutscher Philosophie-Professoren, dieser Quintessenz aller Schalheit und Langweiligkeit. –

Eine Hauptquelle unsrer Kenntnis der stoischen Ethik ist die uns von Stobaios (›Eclogae ethicae‹ lib. 2, cap. 7) aufbewahrte sehr ausführliche Darstellung derselben, in welcher man meistens wörtliche Auszüge aus dem Zeno und

Chrysippos zu besitzen sich schmeichelt: wenn es sich so verhält, so ist sie nicht geeignet, uns vom Geiste dieser Philosophen eine hohe Meinung zu geben: vielmehr ist sie eine pedantische, schulmeisterhafte, überaus breite, unglaublich nüchterne, flache und geistlose Auseinandersetzung der stoischen Moral ohne Kraft und Leben, ohne wertvolle, treffende, feine Gedanken. Alles darin ist aus bloßen Begriffen abgeleitet, nichts aus der Wirklichkeit und Erfahrung geschöpft. Demgemäß wird die Menschheit eingeteilt in σπουδαῖοι und φαῦλοι, Tugendhafte und Lasterhafte, jenen alles Gute, diesen alles Schlechte beigelegt, wonach denn alles schwarz und weiß ausfällt wie ein preußisches Schilderhaus. Daher halten diese platten Schulexerzitien keinen Vergleich aus mit den so energischen, geistvollen und durchdachten Schriften des Seneca. –

Die ungefähr vierhundert Jahre nach dem Ursprung der Stoa abgefaßten ›Dissertationen‹ *Arrians* zur *Epikteteischen Philosophie* geben uns auch keine gründliche[n] Aufschlüsse über den wahren Geist und die eigentlichen Prinzipien der *stoischen Moral*: vielmehr ist dies Buch in Form und Gehalt unbefriedigend. Erstlich, die Form anlangend, vermißt man darin jede Spur von Methode, von systematischer Abhandlung, ja auch nur von regelmäßiger Fortschreitung. In Kapiteln, die ohne Ordnung und Zusammenhang aneinandergereiht sind, wird unablässig wiederholt, daß man alles das für nichts zu achten habe, was nicht Äußerung unsers eigenen Willens ist, daß man mithin alles, was Menschen sonst bewegt, durchaus anteilslos ansehn solle: dies ist die stoische ἀταραξία [Gemütsruhe]. Nämlich, was nicht ἐφ' ἡμῖν [von uns ist], das wäre auch nicht πρὸς ἡμᾶς [auf uns bezüglich]. Dieses kolossale Paradoxon wird aber nicht abgeleitet aus irgendwelchen Grundsätzen; sondern die wunderlichste Gesinnung von der Welt wird uns zugemutet, ohne daß zu derselben ein Grund angegeben würde. Statt dessen findet man endlose Deklamationen in unermüdlich wiederkehrenden Ausdrücken und Wendungen. Denn die Folgesätze aus jenen wunderlichen Maximen werden auf das ausführlichste und lebhafteste dargelegt, und wird demnach mannigfaltig geschildert, wie der Stoiker sich aus nichts in der Welt etwas mache. Dazwischen wird jeder Andersgesinnte beständig Sklav' und Narr geschimpft. Vergebens aber hofft man auf die Angabe irgendeines deutlichen und triftigen Grundes zur Annahme jener seltsamen Denkungsart; da ein solcher doch viel mehr wirken würde, als alle Deklamationen und Schimpfwörter des ganzen dicken Buches. So aber ist dieses mit seinen hyperbolischen Schilderungen des stoischen Gleichmutes, seinen unermüdlich wiederholten Lobpreisungen der heiligen Schutzpatrone Kleanthes, Chrysippos, Zenon, Krates, Diogenes, Sokrates und seinem Schimpfen auf alle Andersdenkenden eine wahre Kapuzinerpredigt. Einer solchen angemessen ist dann freilich auch das Planlose und Desultorische des ganzen Vortrags. Was die Überschrift eines Kapitels angibt, ist nur der Gegenstand des Anfangs desselben: bei erster Gelegenheit wird abgesprungen und nun, nach dem nexus idearum [der Gedankenverbindung], vom Hundertsten aufs Tausendste übergegangen. Soviel von der *Form*.

Was nun den *Gehalt* betrifft, so ist derselbe, auch abgesehn davon, daß das Fundament ganz fehlt, keineswegs echt und rein stoisch; sondern hat eine starke fremde Beimischung, die nach einer christlich-jüdischen Quelle schmeckt. Der unleugbarste Beweis hiervon ist der Theismus, der auf allen Seiten zu finden und auch Träger der Moral ist: der Kyniker und der Stoiker handeln hier im Auftrage Gottes, dessen Wille ist ihre Richtschnur, sie sind in denselben ergeben, hoffen auf ihn u. dgl. mehr. Der echten ursprünglichen Stoa ist dergleichen ganz fremd: da ist Gott und die Welt eines, und so einen denkenden, wollenden, befehlenden, vorsorgenden Menschen von einem Gott kennt man gar nicht. Jedoch nicht nur im Arrian, sondern in den meisten heidnischen philosophischen Schriftstellern der ersten christlichen Jahrhunderte sehn wir den jüdischen Theismus, der bald darauf als Christentum Volksglaube werden sollte, bereits durchschimmern, geradeso, wie heutzutage in den Schriften der Gelehrten der in Indien einheimische Pantheismus durchschimmert, der auch erst später in den

Volksglauben überzugehn bestimmt ist. Ex oriente lux. [Aus dem Osten kommt das Licht.]

Aus dem angegebenen Grunde nun wieder ist auch die hier vorgetragene Moral selbst nicht rein stoisch: sogar sind manche Vorschriften derselben nicht miteinander zu vereinigen; daher sich freilich keine gemeinsame[n] Grundprinzipien derselben aufstellen ließen. Ebenso ist auch der Kynismus ganz verfälscht durch die Lehre, daß der Kyniker es hauptsächlich um anderer willen sein solle, nämlich, um durch sein Beispiel auf sie zu wirken als ein Bote Gottes und um durch Einmischung in ihre Angelegenheiten sie zu lenken. Daher wird gesagt: ›In einer Stadt von lauter Weisen würde gar kein Kyniker nötig sein‹; desgleichen, daß er gesund, stark und reinlich sein solle, um die Leute nicht abzustoßen. Wie fern liegt doch dies vom Selbstgenügen der alten echten Kyniker! Allerdings sind Diogenes und Krates Hausfreunde und Ratgeber vieler Familien gewesen: aber das war sekundär und akzidentell, keineswegs Zweck des Kynismus.

Dem *Arrian* sind also die eigentlichen Grundgedanken des Kynismus wie der stoischen Ethik ganz abhanden gekommen: sogar scheint er nicht einmal das Bedürfnis derselben gefühlt zu haben. Er predigt eben Selbstverleugnung, weil sie ihm gefällt, und sie gefällt ihm vielleicht nur, weil sie schwer und der menschlichen Natur entgegen, das Predigen inzwischen leicht ist. Die Gründe zur Selbstverleugnung hat er nicht gesucht: daher glaubt man bald einen christlichen Asketen, bald wieder einen Stoiker zu hören. Denn die Maximen beider treffen allerdings oft zusammen; aber die Grundsätze, worauf sie beruhen, sind ganz verschieden. Ich verweise in dieser Hinsicht auf mein Hauptwerk Bd. 1, § 16 *[Bd. 1, S. 137]* und Bd. 2, Kap. 16 *[Bd. 2, S. 190]* – woselbst, und wohl zum ersten Male, der wahre Geist des Kynismus und der Stoa gründlich dargelegt ist.

Die Inkonsequenz des *Arrian* tritt sogar auf eine lächerliche Art hervor in diesem Zuge, daß er bei der unzähligemal wiederholten Schilderung des vollkommenen Stoikers auch allemal sagt: ›Er tadelt niemanden, klagt weder über

Götter noch Menschen, schilt niemanden‹ – dabei aber ist sein ganzes Buch größtenteils im scheltenden Ton, der oft ins Schimpfen übergeht, abgefaßt.

Bei dem allen sind in dem Buche hin und wieder echt stoische Gedanken anzutreffen, die Arrian (oder Epiktet) aus den alten Stoikern geschöpft hat: und ebenso ist der Kynismus in einzelnen Zügen treffend und lebhaft geschildert. Auch ist stellenweise viel gesunder Verstand darin enthalten, wie auch treffende, aus dem Leben gegriffene Schilderungen der Menschen und ihres Tuns. Der Stil ist leicht und fließend, aber sehr breit.

Daß Epiktets ›Enchiridion‹ ebenfalls vom Arrian abgefaßt sei, wie Friedrich August Wolf uns in seinen Vorlesungen versicherte, glaube ich nicht. Dasselbe hat viel mehr Geist in wenigeren Worten als die ›Dissertationen‹, hat durchgängig gesunden Sinn, keine leere[n] Deklamationen, keine Ostentation, ist bündig und treffend, dabei im Ton eines wohlmeinend ratenden Freundes geschrieben; da hingegen die ›Dissertationen‹ meistens im scheltenden und vorwerfenden Tone reden. Der Gehalt beider Bücher ist im ganzen derselbe; nur daß das ›Enchiridion‹ höchst wenig vom Theismus der ›Dissertationen‹ hat. – Vielleicht war das ›Enchiridion‹ das eigene Kompendium des Epiktet, welches er seinen Zuhörern diktierte; die ›Dissertationen‹ aber das seinen jenes kommentierenden, freien Vorträgen vom Arrian nachgeschriebene Heft.

§ 7
Neuplatoniker

Die Lektüre der *Neuplatoniker* erfordert viel Geduld; weil es ihnen sämtlich an Form und Vortrag gebricht. Bei weitem besser als die andern ist jedoch in dieser Hinsicht *Porphyrios*: er ist der einzige, der deutlich und zusammenhängend schreibt, so daß man ihn ohne Widerwillen liest.

Hingegen ist der schlechteste *Iamblichos* in seinem Buche ›De mysteriis Aegyptiorum‹: er ist voll krassen Aberglaubens und plumper Daimonologie, und dazu eigensinnig.

Zwar hat er noch eine andere, gleichsam esoterische Ansicht der Magie und Theurgie: doch sind seine Aufschlüsse über diese nur flach und unbedeutend. Im ganzen ist er ein schlechter und unerquicklicher Skribent: beschränkt, verschroben, grob-abergläubisch, konfus und unklar. Man sieht deutlich, daß, was er lehrt, durchaus nicht aus seinem eigenen Nachdenken entsprungen ist; sondern es sind fremde, oft nur halb verstandene, aber desto hartnäckiger behauptete Dogmen: daher auch ist er voll Widersprüche. Allein man will jetzt das genannte Buch dem Iamblichos absprechen, und ich möchte dieser Meinung beistimmen, wenn ich die langen Auszüge aus seinen verlorenen Werken lese, die Stobaios uns aufbehalten hat, als welche ungleich besser sind als jenes Buch ›De mysteriis‹ und gar manchen guten Gedanken der neuplatonischen Schule enthalten.

Proklos nun wieder ist ein seichter, breiter, fader Schwätzer. Sein Kommentar zu Platons ›Alkibiades‹, einem der schlechtesten Platonischen Dialoge, der auch unecht sein mag, ist das breiteste, weitschweifigste Gewäsche von der Welt. Da wird über jedes, auch das unbedeutendste Wort Platons endlos geschwätzt und ein tiefer Sinn darin gesucht. Das von Platon mythisch und allegorisch Gesagte wird im eigentlichen Sinne und streng dogmatisch genommen und alles ins Abergläubische und Theosophische verdreht. Dennoch ist nicht zu leugnen, daß in der ersten Hälfte jenes Kommentars einige sehr gute Gedanken anzutreffen sind, die aber wohl mehr der Schule als dem Proklos angehören mögen. Ein höchst gewichtiger Satz sogar ist es, der den fasciculum primum partis primae beschließt: Αἱ τῶν ψυχῶν ἐφέσεις τὰ μέγιστα συντελοῦσι πρὸς τοὺς βίους καὶ οὐ πλαττομένοις ἔξωθεν ἐοίκαμεν, ἀλλ᾽ ἐφ᾽ ἑαυτῶν προβάλλομεν τὰς αἱρέσεις, καθ᾽ ἃς διαζῶμεν. (Animorum appetitus [ante hanc vitam concepti] plurimam vim habent in vitas eligendas, nec extrinsecus fictis similes sumus, sed nostra sponte facimus electiones, secundum quas deinde vitas transigimus.) [Die Triebe der Seelen (vor ihrer Geburt) tragen für die Gestaltung der Lebensweisen das meiste bei, und wir sehen nicht aus, als wären wir von außen geformt worden, sondern aus uns selbst treffen wir die Wahlentscheidungen, nach denen wir leben.] Das hat freilich seine Wurzel im Platon, kommt aber auch nahe an Kants Lehre vom intelligibeln Charakter und steht gar hoch über den platten und borniertén Lehren von der Freiheit des individuellen Willens, der jedesmal so und auch anders kann, mit welchen unsere Philosophie-Professoren, stets den Katechismus vor Augen habend, sich bis auf den heutigen Tag schleppen. Augustinus und Luther ihrerseits hatten sich mit der Gnadenwahl geholfen. Das war gut für jene gottergebenen Zeiten, da man noch bereit war, wenn es Gott gefiele, in Gottes Namen zum Teufel zu fahren: aber in unserer Zeit ist nur bei der Aseität des Willens Schutz zu finden und muß erkannt werden, daß, wie Proklos es hat, οὐ πλαττομένοις ἔξωθεν ἐοίκαμεν [wir nicht so aussehen, als wären wir von außen geformt worden].

Plotinos nun endlich, der wichtigste von allen, ist sich selber sehr ungleich, und die einzelnen Enneaden sind von höchst verschiedenem Wert und Gehalt: die vierte ist vortrefflich. Darstellung und Stil sind jedoch auch bei ihm meistenteils schlecht: seine Gedanken sind nicht geordnet, nicht vorher überlegt; sondern er hat eben in den Tag hinein geschrieben, wie es kam. Von der liederlichen, nachlässigen Art, mit der er dabei zu Werke gegangen, berichtet in seiner Biographie Porphyrios. Daher übermannt seine breite, langweilige Weitschweifigkeit und Konfusion oft alle Geduld, so daß man sich wundert, wie nur dieser Wust hat auf die Nachwelt kommen können. Meistens hat er den Stil eines Kanzelredners, und wie dieser das Evangelium, so tritt er Platonische Lehren platt: wobei auch er, was Platon mythisch, ja halb metaphorisch gesagt hat, zum ausdrücklichen prosaischen Ernst herabzieht, und stundenlang am selben Gedanken kaut, ohne aus eigenen Mitteln etwas hinzuzutun. Dabei verfährt er revelierend, nicht demonstrierend, spricht also durchgängig ex tripode [vom Dreifuß (der Pythia) aus], erzählt die Sachen, wie er sie sich denkt, ohne sich auf eine Begründung irgend einzulassen. Und dennoch sind bei ihm große, wichtige und tiefsinnige

Wahrheiten zu finden, die er auch allerdings selbst verstanden hat: denn er ist keineswegs ohne Einsicht; daher er durchaus gelesen zu werden verdient und die hiezu erforderliche Geduld reichlich belohnt.

Den Aufschluß über diese widersprechenden Eigenschaften des Plotinos finde ich darin, daß er, und die Neuplatoniker überhaupt, nicht eigentliche Philosophen, nicht Selbstdenker sind; sondern, was sie vortragen, ist eine fremde, überkommene, jedoch von ihnen meistens wohl verdauete und assimilierte Lehre. Es ist nämlich indo-ägyptische Weisheit, die sie der griechischen Philosophie haben einverleiben wollen, und als hiezu passendes Verbindungsglied oder Übergangsmittel oder menstruum[1] die Platonische Philosophie, namentlich ihrem ins Mystische hinüberspielenden Teile nach, gebrauchen. Von diesem indischen durch Ägypten vermittelten Ursprunge der neuplatonischen Dogmen zeugt zunächst und unleugbar die ganze All-Eins-Lehre des Plotinos, wie wir sie vorzüglich in der vierten Enneade dargestellt finden. Gleich das erste Kapitel des ersten Buches derselben: Περὶ οὐσίας ψυχῆς [›Über das Wesen der Seele‹] gibt in großer Kürze die Grundlehre seiner ganzen Philosophie von einer ψυχή, die ursprünglich eine und nur mittelst der Körperwelt in viele zersplittert sei. Besonders interessant ist das achte Buch dieser Enneade, welches darstellt, wie jene ψυχή durch ein sündliches Streben in diesen Zustand der Vielheit geraten sei; sie trage demnach eine doppelte Schuld: erstlich die ihres Herabkommens in diese Welt und zweitens die ihrer sündhaften Taten in derselben; für jene büße sie durch das zeitliche Dasein überhaupt; für diese, welches die geringere, durch die Seelenwanderung (cap. 5) – offenbar derselbe Gedanke wie die christliche Erbsünde und Partikularsünde. Vor allem lesenswert aber ist das neunte Buch, woselbst im cap. 3: Εἰ πᾶσαι αἱ ψυχαὶ μία [›Ob alle Seelen eine sind‹] aus der Einheit jener Weltseele unter anderm die Wunder des animalischen Magnetismus erklärt werden, namentlich die auch jetzt vorkommende

1. [Eig. Flüssigkeit zur Auflösung oder Extraktion chemischer Substanzen; *vgl. Bd. 3, S. 273, Anmerkung*]

Erscheinung, daß die Somnambule ein leise gesprochenes Wort in größter Entfernung vernimmt – was freilich durch eine Kette mit ihr in Rapport stehender Personen vermittelt werden muß. – Sogar tritt beim Plotinos, wahrscheinlich zum ersten Male in der okzidentalischen Philosophie, der dem Orient schon damals längst geläufige *Idealismus* auf, da (›Enneades‹ 3, lib. 7, cap. 1) gelehrt wird, die Seele habe die Welt gemacht, indem sie aus der Ewigkeit in die Zeit trat; mit der Erläuterung: οὐ γάρ τις αὐτοῦ τοῦδε τοῦ παντὸς τόπος ἢ ψυχή (neque est alter huius universi locus, quam anima) [denn es gibt keinen anderen Ort für dieses Weltall als die Seele], ja die Idealität der Zeit wird ausgesprochen in den Worten: Δεῖ δὲ οὐκ ἔξωθεν τῆς ψυχῆς λαμβάνειν τὸν χρόνον ὥσπερ οὐδὲ τὸν αἰῶνα ἐκεῖ ἔξω τοῦ ὄντος. (Oportet autem nequaquam extra animam tempus accipere.) [Man darf aber nicht außerhalb der Seele die Zeit annehmen, wie auch nicht die Ewigkeit des Jenseitigen außerhalb des Seienden.] Jenes ἐκεῖ (jenseits) ist der Gegensatz des ἐνθάδε (diesseits) und ein ihm sehr geläufiger Begriff, den er näher erklärt durch κόσμος νοητός und κόσμος αἰσθητός, mundus intellegibilis et sensibilis [die Ideenwelt und die Sinnenwelt], auch durch τὰ ἄνω καὶ τὰ κάτω [das da droben und das hienieden]. Die Idealität der Zeit erhält noch in cap. 11 und 12 sehr gute Erläuterungen. Daran knüpft sich die schöne Erklärung, daß wir in unserm zeitlichen Zustande nicht sind, was wir sein sollen und möchten, daher wir von der Zukunft stets das Bessere erwarten und der Erfüllung unsers Mangels entgegensehn, woraus denn die Zukunft und ihre Bedingung, die Zeit, entsteht (cap. 2 et 3). Einen ferneren Beleg des indischen Ursprungs gibt uns die vom *Iamblichos* (›De mysteriis‹ sectio 4, cap. 4 et 5) vorgetragene Metempsychosenlehre, wie auch ebendaselbst (sectio 5, cap. 6) die Lehre von der endlichen Befreiung und Erlösung aus den Banden des Geborenwerdens und Sterbens, ψυχῆς κάθαρσις καὶ τελείωσις καὶ ἡ ἀπὸ τῆς γενέσεως ἀπαλλαγή [die Läuterung und Vollendung der Seele und die Befreiung von dem Werden], und (cap. 12): Τὸ ἐν ταῖς θυσίαις πῦρ ἡμᾶς ἀπολύει τῶν τῆς γενέσεως δεσμῶν [Das Feuer bei den

Opfern befreit uns von den Fesseln des Werdens] – also eben jene in allen indischen Religionsbüchern vorgetragene Verheißung, welche englisch durch ›final emancipation‹, als Erlösung, bezeichnet wird. Hiezu kommt endlich noch (a. a. O. sectio 7, cap. 2) der Bericht von einem ägyptischen Symbol, welches einen schaffenden Gott, der auf dem Lotos sitzt, darstellt: offenbar der weltschaffende Brahma, sitzend auf der Lotosblume, die dem Nabel des Wischnu entsprießt, wie er häufig abgebildet ist (z. B. in Langlès, ›Monuments de l'Hindoustan‹ vol. 1, ad p. 175; in Colemanns ›Mythology of the Hindus‹ tab. 5, u. a. mehr). Dies Symbol ist als sicherer Beweis des hindostanischen Ursprungs der ägyptischen Religion höchst wichtig, wie in derselben Hinsicht auch die vom *Porphyrios*, ›De abstinentia‹ lib. 2 gegebene Nachricht, daß in Ägypten die Kuh heilig war und nicht geschlachtet werden durfte. – Sogar der von Porphyrios in seinem Leben des Plotinos erzählte Umstand, daß dieser, nachdem er mehrere Jahre Schüler des Ammonios Sakkas gewesen, mit dem Heere Gordians nach Persien und Indien hat gehn wollen, was durch Gordians Niederlage und Tod[1] vereitelt wurde, deutet darauf hin, daß die Lehre des Ammonios indischen Ursprungs war und Plotinos sie jetzt aus der Quelle reiner zu schöpfen beabsichtigte. Derselbe Porphyrios hat eine ausführliche Theorie der Metempsychose geliefert, die ganz im indischen Sinn, wiewohl mit Platonischer Psychologie verbrämt ist: sie steht in des Stobaios ›Eklogen‹ (lib. 1, cap. 52, § 54).

§ 8
Gnostiker

Die *kabbalistische* und die *gnostische Philosophie*, bei deren Urhebern, als Juden und Christen, der Monotheismus vorweg feststand, sind Versuche, den schreienden Widerspruch

---

1. [Marcus Antonius Gordianus II. fiel im Jahre 238 vor Karthago in der Schlacht gegen Capelianus, hingegen war es Marcus Antonius Gordianus III., der 242 die Perser angriff, dann allerdings 244 vom Gardepräfekten Philippus Arabs ermordet wurde.]

zwischen der Hervorbringung der Welt durch ein allmächtiges, allgütiges und allweises Wesen und der traurigen, mangelhaften Beschaffenheit eben dieser Welt aufzuheben. Sie führen daher zwischen die Welt und jene Welturscache eine Reihe Mittelwesen ein, durch deren Schuld ein Abfall und durch diesen erst die Welt entstanden sei. Sie wälzen also gleichsam die Schuld vom Souverän auf die Minister. Angedeutet war dies Verfahren freilich schon durch den Mythos vom Sündenfall, der überhaupt der Glanzpunkt des Judentums ist. Jene Wesen nun also sind bei den Gnostikern das πλήρωμα[1], die Aionen, die ὕλη[2], der Demiurgos usw. Die Reihe wurde von jedem Gnostiker beliebig verlängert.

Das ganze Verfahren ist dem analog, daß, um den Widerspruch, den die angenommene Verbindung und wechselseitige Einwirkung einer materiellen und immateriellen Substanz im Menschen mit sich führt, zu mildern, physiologische Philosophen Mittelwesen einzuschieben suchten wie Nervenflüssigkeit, Nervenäther, Lebensgeister und dergl. Beides verdeckt, was es nicht aufzuheben vermag.

§ 9
Scotus Erigena

Dieser bewunderungswürdige Mann gewährt uns den interessanten Anblick des Kampfes zwischen selbsterkannter, selbstgeschauter Wahrheit und lokalen durch frühe Einimpfung fixierten, allem Zweifel, wenigstens allem direkten Angriff entwachsenen Dogmen, nebst dem daraus hervorgehenden Streben einer edlen Natur, die so entstandene Dissonanz irgendwie zum Einklang zurückzuführen. Dies kann dann aber freilich nur dadurch geschehn, daß die Dogmen gewendet, gedreht und nötigenfalls verdreht werden, bis sie sich der selbsterkannten Wahrheit nolentes volentes [nicht wollend – wollend] anschmiegen, als welche

1. [Vielzahl bzw. Fülle von Geistwesen, den Aionen]
2. [Eig. der Stoff, die Materie, deren Geister den Aionen entgegenstehen; der Demiurgos sendet den Geistern der Hyle den bloß psychischen Messias Jesus.]

das dominierende Prinzip bleibt, jedoch genötigt wird, in einem seltsamen und sogar beschwerlichen Gewande einherzugehn. Diese Methode weiß Erigena in seinem großen Werke ›De divisione naturae‹ überall mit Glück durchzuführen, bis er endlich auch an den Ursprung des Übels und der Sünde, nebst den angedrohten Qualen der Hölle, sich damit machen will: hier scheitert sie, und zwar am Optimismus, der eine Folge des jüdischen Monotheismus ist. Er lehrt im fünften Buch die Rückkehr aller Dinge in Gott und die metaphysische Einheit und Unteilbarkeit der ganzen Menschheit, ja der ganzen Natur. Nun frägt sich: wo bleibt die Sünde? sie kann nicht mit in den Gott – wo ist die Hölle mit ihrer endlosen Qual, wie sie verheißen worden? – wer soll hinein? die Menschheit ist ja erlöst, und zwar ganz. – Hier bleibt das Dogma unüberwindlich. Erigena windet sich kläglich durch weitläuftige Sophismen, die auf Worte hinauslaufen, wird endlich zu Widersprüchen und Absurditäten genötigt, zumal da die Frage nach dem Ursprung der Sünde unvermeidlicherweise mit hineingekommen, dieser nun aber weder in Gott noch auch in dem von ihm geschaffenen Willen liegen kann; weil sonst Gott der Urheber der Sünde wäre; welches letztere er vortrefflich einsieht (S. 287 der Oxforder editio princeps von 1681). Nun wird er zu Absurditäten getrieben: da soll die Sünde weder eine Ursache noch ein Subjekt haben: ›Malum incausale est, ... penitus incausale et insubstantiale est.‹ [Die Sünde ist ursachlos, ... sie ist gänzlich ursach- und wesenlos.] (ibidem). – Der tiefere Grund dieser Übelstände ist, daß die Lehre von der *Erlösung* der Menschheit und der Welt, welche offenbar indischen Ursprungs ist, eben auch die indische Lehre voraussetzt, nach welcher der Ursprung der Welt (dieses Samsara der Buddhaisten) selbst schon vom Übel, nämlich eine sündliche Tat des Brahma ist, welcher Brahma nun wieder wir eigentlich selbst sind: denn die indische Mythologie ist überall durchsichtig. Hingegen im Christentum hat jene Lehre von der Erlösung der Welt gepfropft werden müssen auf den jüdischen Theismus, wo der Herr die Welt nicht nur gemacht, sondern auch nachher sie vortrefflich gefunden hat: Πάντα καλὰ λίαν[1]. [Alles war sehr gut.] ›Hinc illae lacrimae.‹ [Daher jene Tränen; Terenz, ›Andriae‹ 1, 1, 99.] – hieraus erwachsen jene Schwierigkeiten, die Erigena vollkommen erkannte, wiewohl er in seinem Zeitalter nicht wagen durfte, das Übel an der Wurzel anzugreifen. Inzwischen ist er von hindostanischer Milde: er verwirft die vom Christentum gesetzte ewige Verdammnis und Strafe: alle Kreatur, vernünftige, tierische, vegetabilische und leblose, muß ihrer innern Essenz nach selbst durch den notwendigen Lauf der Natur zur ewigen Seligkeit gelangen: denn sie ist von der ewigen Güte ausgegangen. Aber den Heiligen und Gerechten allein wird die gänzliche Einheit mit Gott (deificatio). Übrigens ist Erigena so redlich, die große Verlegenheit, in welche ihn der Ursprung des Übels versetzt, nicht zu verbergen: er legt sie in der angeführten Stelle des fünften Buches deutlich dar. In der Tat ist der Ursprung des Übels die Klippe, an welcher sogut wie der Pantheismus auch der Theismus scheitert: denn beide implizieren Optimismus. Nun aber sind das Übel und die Sünde, beide in ihrer furchtbaren Größe, nicht wegzuleugnen, ja durch die verheißenen Strafen für die letztere wird das erstere nur noch vermehrt. Woher nun alles dieses in einer Welt, die entweder selbst ein Gott oder das wohlgemeinte Werk eines Gottes ist? Wenn die theistischen Gegner des Pantheismus diesem entgegen schreien: ›Was? Alle die bösen, schrecklichen, scheußlichen Wesen sollen Gott sein?‹ – so können die Pantheisten erwidern: ›Wie? Alle jene bösen, schrecklichen, scheußlichen Wesen soll ein Gott, de gaieté de cœur [mutwillig] hervorgebracht haben?‹ – In derselben Not wie hier finden wir den Erigena auch noch in dem andern seiner auf uns gekommenen Werke, dem Buche ›De praedestinatione‹, welches jedoch dem ›De divisione naturae‹ weit nachsteht; wie er denn in demselben auch nicht als Philosoph, sondern als Theolog auftritt. Auch hier also quält er sich erbärmlich mit jenen Widersprüchen, welche ihren letzten Grund darin haben, daß das Christentum auf das Judentum geimpft ist. Seine Bemühungen stel-

1. [Nach 1. Mos. 1, 31]

len solche aber nur in noch helleres Licht. Der Gott soll alles, alles und in allem alles gemacht haben; das steht fest: – ›folglich auch das Böse und das Übel.‹ Diese unausweichbare Konsequenz ist wegzuschaffen, und Erigena sieht sich genötigt, erbärmliche Wortklaubereien vorzubringen. Da sollen das Übel und das Böse gar nicht *sein*, sollen also nichts sein. – Den Teufel auch! – Oder aber der *freie Wille* soll an ihnen schuld sein: diesen nämlich habe der Gott zwar geschaffen, jedoch *frei*; daher es ihn nicht angeht, was derselbe nachher vornimmt: denn er war ja eben *frei*, d. h. konnte so und auch anders, konnte also gut sowohl wie schlecht sein. – Bravo! – Die Wahrheit aber ist, daß Freisein und Geschaffensein zwei einander aufhebende, also sich widersprechende Eigenschaften sind; daher die Behauptung, Gott habe Wesen geschaffen und ihnen zugleich Freiheit des Willens erteilt, eigentlich besagt, er habe sie geschaffen und zugleich nicht geschaffen. Denn ›operari sequitur esse‹ [das Handeln folgt dem Wesen], d. h. die Wirkungen oder Aktionen jedes irgend möglichen Dinges können nie etwas anderes als die Folge seiner Beschaffenheit sein; welche selbst sogar nur an ihnen erkannt wird. Daher müßte ein Wesen, um in dem hier geforderten Sinne *frei* zu sein, gar keine Beschaffenheit haben, d. h. aber gar *nichts* sein, also sein und nichtsein zugleich. Denn was *ist*, muß auch *etwas* sein: eine Existenz ohne Essenz läßt sich nicht einmal denken. Ist nun ein Wesen *geschaffen*, so ist es so geschaffen, wie es *beschaffen* ist: mithin ist es schlecht *geschaffen*, wenn es schlecht *beschaffen* ist, und schlecht *beschaffen*, wenn es schlecht handelt, d. h. wirkt. Demzufolge wälzt die *Schuld* der Welt eben wie ihr *Übel*, welches sowenig wie jene abzuleugnen ist, sich immer auf ihren Urheber zurück, von welchem es abzuwälzen, wie früher Augustinus, so hier Scotus Erigena sich jämmerlich abmüht.

Soll hingegen ein Wesen moralisch *frei* sein, so darf es nicht geschaffen sein, sondern muß Aseität haben, d. h. ein ursprüngliches, aus eigener Urkraft und Machtvollkommenheit existierendes sein und nicht auf ein anderes zurückweisen. Dann ist sein Dasein sein eigener Schöpfungsakt, der sich in der Zeit entfaltet und ausbreitet, zwar eine ein für allemal entschiedene Beschaffenheit dieses Wesens an den Tag legt, welche jedoch sein eigenes Werk ist, für deren sämtliche Äußerungen die Verantwortlichkeit also auf ihm selbst haftet. – Soll nun ferner ein Wesen für sein Tun *verantwortlich*, also soll es *zurechnungsfähig* sein; so muß es *frei* sein. Also aus der Verantwortlichkeit und Imputabilität[1], die unser Gewissen aussagt, folgt sehr sicher, daß der Wille frei sei; hieraus aber wieder, daß er das Ursprüngliche selbst, mithin nicht bloß das Handeln, sondern schon das Dasein und Wesen des Menschen sein eigenes Werk sei. Über alles dieses verweise ich auf meine Abhandlung ›Über die Freiheit des Willens‹ *[Bd. 3, S. 481–627]*, wo man es ausführlich und unwiderleglich auseinandergesetzt findet; daher eben die Philosophie-Professoren diese gekrönte Preisschrift durch das unverbrüchlichste Schweigen zu sekretieren gesucht haben. – Die Schuld der Sünde und des Übels fällt allemal von der Natur auf ihren Urheber zurück. Ist nun dieser der in allen ihren Erscheinungen sich darstellende *Wille* selbst; so ist jene an den rechten Mann gekommen: soll es hingegen ein Gott sein; so widerspricht die Urheberschaft der Sünde und des Übels seiner Göttlichkeit. –

Beim Lesen des *Dionysios Areopagites*, auf den Erigena sich so häufig beruft, habe ich gefunden, daß derselbe ganz und gar sein Vorbild gewesen ist. Sowohl der Pantheismus Erigenas als seine Theorie des Bösen und des Übels findet sich den Grundzügen nach schon beim Dionysios: freilich aber ist bei diesem nur angedeutet, was Erigena entwickelt, mit Kühnheit ausgesprochen und mit Feuer dargestellt hat. Erigena hat unendlich mehr Geist als Dionysios: allein den Stoff und die Richtung der Betrachtungen hat ihm Dionysios gegeben und ihm also mächtig vorgearbeitet. Daß Dionysios unecht sei, tut nichts zur Sache: es ist gleichviel, wie der Verfasser des Buches ›De divinis nominibus‹ geheißen hat. Da er indessen wahrscheinlich in Alexandrien lebte, so glaube ich, daß er auf eine anderweitige uns unbekannte Art auch der Kanal gewesen ist, durch welchen ein Tröpf-

1. [Unzurechnungsfähigkeit]

chen indischer Weisheit bis zum Erigena gelangt sein mag; da, wie *Colebrooke* in seiner Abhandlung ›Über die Philosophie der Hindu‹ (in Colebrookes ›Miscellaneous essays‹ vol. I, p. 244) bemerkt hat, der Lehrsatz III der [Samkhya-]*Karika* des *Kapila*[1] sich beim Erigena findet.

§ 10
Die Scholastik

Den eigentlich bezeichnenden Charakter der *Scholastik* möchte ich darin setzen, daß ihr das oberste Kriterium der Wahrheit die Heilige Schrift ist, an welche man demnach von jedem Vernunftschluß immer noch appellieren kann. – Zu ihren Eigentümlichkeiten gehört, daß ihr Vortrag durchgängig einen polemischen Charakter hat: jede Untersuchung wird bald in eine Kontroverse verwandelt, deren ›pro et contra‹ neues ›pro et contra‹ erzeugt und ihr dadurch den Stoff gibt, der ihr außerdem bald ausgehn würde. Die verborgene, letzte Wurzel dieser Eigentümlichkeit liegt aber in dem Widerstreit zwischen Vernunft und Offenbarung. –

Die gegenseitige Berechtigung des *Realismus* und *Nominalismus* und dadurch die Möglichkeit des so lange und hartnäckig geführten Streites darüber läßt sich folgendermaßen recht faßlich machen:

Die verschiedenartigsten Dinge nenne ich *rot*, wenn sie diese Farbe haben. Offenbar ist *rot* ein bloßer Name, durch den ich diese Erscheinung bezeichne, gleichviel, woran sie vorkomme. Ebenso nun sind alle Gemeinbegriffe bloße Namen, Eigenschaften zu bezeichnen, die an verschiedenen Dingen vorkommen: diese Dinge hingegen sind das Wirkliche und Reale. So hat der *Nominalismus* offenbar recht.

Hingegen wenn wir beachten, daß alle jene wirklichen Dinge, welchen allein die Realität soeben zugesprochen

---

1. [Karika sind Merkverse, die einzelne Gedanken in kurzer Form schriftlich festhalten, Kapila war der Gründer des Samkhya-Systems, das bald nach Buddhas Tod entwickelt wurde; *vgl. Bd. 5:* ›Einiges zur Sanskritliteratur‹ § 187.]

wurde, zeitlich sind, folglich bald untergehn; während die Eigenschaften, wie rot, hart, weich, lebendig, Pflanze, Pferd, Mensch, welche es sind, die jene Namen bezeichnen, davon unangefochten fortbestehn und demzufolge allezeit dasind; so finden wir, daß diese Eigenschaften, welche eben durch Gemeinbegriffe, deren Bezeichnung jene Namen sind, gedacht werden, kraft ihrer unvertilgbaren Existenz viel mehr Realität haben; daß mithin diese den *Begriffen*, nicht den Einzelwesen beizulegen sei: demnach hat der *Realismus* recht.

Der Nominalismus führt eigentlich zum Materialismus: denn nach Aufhebung sämtlicher Eigenschaften bleibt am Ende nur die Materie übrig. Sind nun die Begriffe bloße Namen, die Einzeldinge aber das Reale, ihre Eigenschaften als einzelne an ihnen vergänglich; so bleibt als das Fortbestehende, mithin Reale allein die Materie.

Genaugenommen nun aber kommt die oben dargelegte Berechtigung des Realismus eigentlich nicht ihm, sondern der Platonischen Ideenlehre zu, deren Erweiterung er ist. Die ewigen Formen und Eigenschaften der natürlichen Dinge (εἴδη) sind es, welche unter allem Wechsel fortbestehn und denen daher eine Realität höherer Art beizulegen ist als den Individuen, in denen sie sich darstellen. Hingegen den bloßen, nicht anschaulich zu belegenden abstractis ist dies nicht nachzurühmen: was ist z.B. Reales an solchen Begriffen wie ›Verhältnis‹, ›Unterschied‹, ›Sonderung‹, ›Nachteil‹, ›Unbestimmtheit‹ u. dgl. mehr?

Eine gewisse Verwandtschaft oder wenigstens ein Parallelismus der Gegensätze wird augenfällig, wenn man den Platon dem Aristoteles, den Augustinus dem Pelagius, die Realisten den Nominalisten gegenüberstellt. Man könnte behaupten, daß gewissermaßen ein polares Auseinandertreten der menschlichen Denkweise hierin sich kundgäbe – welches höchst merkwürdigerweise zum ersten Male und am entschiedensten sich in zwei sehr großen Männern ausgesprochen hat, die zugleich und nebeneinander lebten.

§ 11
Baco von Verulam

In einem andern und spezieller bestimmten Sinn als der eben bezeichnete war der ausdrückliche und absichtliche Gegensatz zum Aristoteles *Baco von Verulam*. Jener nämlich hatte zuvörderst die richtige Methode, um von allgemeinen Wahrheiten zu besondern zu gelangen, also den Weg abwärts gründlich dargelegt; das ist die Syllogistik, das ›organum Aristotelis‹. Dagegen zeigte *Baco* den Weg aufwärts, indem er die Methode, von besondern Wahrheiten zu allgemeinen zu gelangen, darlegte: dies ist die Induktion im Gegensatz der Deduktion, und ihre Darstellung ist das ›novum organum‹, welcher Ausdruck, im Gegensatz zum Aristoteles gewählt, besagen soll: ›eine ganz andre Manier es anzugreifen.‹ – Des Aristoteles, aber noch viel mehr der Aristoteliker Irrtum lag in der Voraussetzung, daß sie eigentich schon alle Wahrheit besäßen, daß diese nämlich enthalten sei in ihren Axiomen, also in gewissen Sätzen a priori, oder die für solche gelten und daß es, um die besonderen Wahrheiten zu gewinnen, bloß der Ableitung aus jenen bedürfe. Ein Aristotelisches Beispiel hievon gaben seine Bücher ›De caelo‹. Dagegen nun zeigte Baco mit Recht, daß jene Axiome solchen Gehalt gar nicht hätten, daß die Wahrheit noch gar nicht in dem damaligen System des menschlichen Wissens läge, vielmehr außerhalb, also nicht daraus zu entwickeln, sondern erst hineinzubringen wäre und daß folglich erst durch *Induktion* allgemeine und wahre Sätze von großem und reichem Inhalt gewonnen werden müßten.

Die Scholastiker, an der Hand des Aristoteles, dachten: wir wollen zuvörderst das Allgemeine feststellen; das Besondere wird daraus fließen oder mag überhaupt nachher darunter Platz finden, wie es kann. Wir wollen demnach zuvörderst ausmachen, was dem ›ens‹, dem *Dinge überhaupt* zukomme: das den einzelnen Dingen Eigentümliche mag nachher allmälig, allenfalls auch durch die Erfahrung, herangebracht werden; am Allgemeinen kann das nie etwas ändern. – Baco dagegen sagte: wir wollen zuvörderst die einzelnen Dinge so vollständig wie nur immer möglich kennenlernen; dann werden wir zuletzt erkennen, was das Ding überhaupt sei.

Inzwischen steht *Baco* dem Aristoteles darin nach, daß seine Methode zum Wege aufwärts keineswegs so regelrecht, sicher und unfehlbar ist, wie die des Aristoteles zum Wege abwärts. Ja Baco selbst hat bei seinen physikalischen Untersuchungen die im ›Neuen Organon‹ gegebenen Regeln seiner Methode beiseite gesetzt.

Baco war hauptsächlich auf Physik gerichtet. Was er für diese tat, nämlich von vorne anfangen, das tat gleich darauf für die Metaphysik *Cartesius* [Descartes].

§ 12
Die Philosophie der Neueren

In den Rechenbüchern pflegt die Richtigkeit der Lösung eines Exempels sich durch das Aufgehn desselben, d. h. dadurch, daß kein Rest bleibt, kundzugeben. Mit der Lösung des Rätsels der Welt hat es eine ähnliche Bewandtnis. Sämtliche Systeme sind Rechnungen, die nicht aufgehn: sie lassen einen Rest oder auch, wenn man ein chemisches Gleichnis vorzieht, einen unauflöslichen Niederschlag. Dieser besteht darin, daß, wenn man aus ihren Sätzen folgerecht weiterschließt, die Ergebnisse nicht zu der vorliegenden realen Welt passen, nicht mit ihr stimmen, vielmehr manche Seiten derselben dabei ganz unerklärlich bleiben. So z. B. stimmt zu den materialistischen Systemen, welche aus der mit bloß mechanischen Eigenschaften ausgestatteten Materie und gemäß den Gesetzen derselben die Welt entstehn lassen, nicht die durchgängige bewundrungswürdige Zweckmäßigkeit der Natur noch das Dasein der Erkenntnis, in welcher doch sogar jene Materie allererst sich darstellt. Dies also ist ihr Rest. – Mit den theistischen Systemen wiederum, nicht minder jedoch mit den pantheistischen sind die überwiegenden physischen Übel und die moralische Verderbnis der Welt nicht in Übereinstimmung zu bringen: diese also bleiben als Rest stehn oder als unauflöslicher

Niederschlag liegen. – Zwar ermangelt man in solchen Fällen nicht, dergleichen Reste mit Sophismen, nötigenfalls auch mit bloßen Worten und Phrasen zuzudecken: allein auf die Länge hält das nicht Stich. Da wird dann wohl, weil doch das Exempel nicht aufgeht, nach einzelnen Rechnungsfehlern gesucht, bis man endlich sich gestehn muß, der Ansatz selbst sei falsch gewesen. Wenn hingegen die durchgängige Konsequenz und Zusammenstimmung aller Sätze eines Systems bei jedem Schritte begleitet ist von einer ebenso durchgängigen Übereinstimmung mit der Erfahrungswelt, ohne daß zwischen beiden ein Mißklang je hörbar würde – so ist dies das Kriterium der Wahrheit desselben, das verlangte Aufgehn des Rechnungsexempels. Imgleichen, daß schon der Ansatz falsch gewesen sei, will sagen, daß man die Sache schon anfangs nicht am rechten Ende angegriffen hatte, wodurch man nachher von Irrtum zu Irrtum geführt wurde. Denn es ist mit der Philosophie wie mit gar vielen Dingen: alles kommt darauf an, daß man sie am rechten Ende angreife. Das zu erklärende Phänomen der Welt bietet nun aber unzählige Enden dar, von denen nur *eines* das rechte sein kann: es gleicht einem verschlungenen Fadengewirre mit vielen daran hängenden falschen Endfäden: nur wer den wirklichen herausfindet, kann das Ganze entwirren. Dann aber entwickelt sich leicht eines aus dem andern, und daran wird kenntlich, daß es das rechte Ende gewesen sei. Auch einem Labyrinth kann man es vergleichen, welches hundert Eingänge darbietet, die in Korridore öffnen, welche alle nach langen und vielfach verschlungenen Windungen am Ende wieder hinausführen; mit Ausnahme eines einzigen, dessen Windungen wirklich zum Mittelpunkte leiten, woselbst das Idol steht. Hat man diesen Eingang getroffen, so wird man den Weg nicht verfehlen: durch keinen andern aber kann man je zum Ziele gelangen. – Ich verhehle nicht, der Meinung zu sein, daß nur der Wille in uns das rechte Ende des Fadengewirres, der wahre Eingang des Labyrinthes sei.

Cartesius hingegen ging nach dem Vorgang der Metaphysik des Aristoteles vom Begriff der *Substanz* aus, und mit diesem sehn wir auch noch alle seine Nachfolger sich schleppen. Er nahm jedoch zwei Arten von Substanz an: die denkende und die ausgedehnte. Diese sollten nun durch influxus physicus [physischen Einfluß] auf einander wirken; welcher sich aber bald als sein Rest auswies. Derselbe hatte nämlich statt nicht bloß von außen nach innen, beim Vorstellen der Körperwelt, sondern auch von innen nach außen, zwischen dem Willen (der unbedenklich dem Denken zugezählt wurde) und den Leibesaktionen. Das nähere Verhältnis zwischen diesen beiden Arten der Substanz ward nun das Hauptproblem, wobei so große Schwierigkeiten entstanden, daß man infolge derselben zum System der ›causes occasionnelles‹ [Gelegenheitsursachen] und der ›harmonia praestabilita‹ getrieben wurde; nachdem die ›spiritus animales‹ [Lebensgeister], die beim Cartesius selbst die Sache vermittelt hatten, nicht ferner dienen wollten[F]. *Malebranche* nämlich hielt den influxus physicus für undenkbar; wobei er jedoch nicht in Erwägung zog, daß derselbe bei der Schöpfung und Leitung der Körperwelt durch einen Gott, der ein Geist ist, ohne Bedenken angenommen wird. Er setzte also an dessen Stelle die ›causes occasionnelles‹ und: ›Nous voyons tout en Dieu‹[1] [Wir sehen alles in Gott.] – hier liegt sein Rest. – Auch *Spinoza*, in seines Lehrers Fußstapfen tretend, ging noch von jenem Begriffe der *Substanz* aus; gleich als ob derselbe ein Gegebenes wäre. Jedoch erklärte er beide Arten der Substanz, die denkende und die ausgedehnte, für eine und dieselbe; wodurch denn die obige Schwierigkeit vermieden war. Dadurch nun aber wurde seine Philosophie hauptsächlich negativ, lief nämlich auf ein bloßes Negieren der zwei großen Cartesischen Gegensätze hinaus; indem er sein Identifizieren auch auf den andern von Cartesius aufgestellten Gegensatz, Gott und Welt, ausdehnte. Dies letztere war

---

F. Übrigens kommen die ›spiritus animales‹ schon vor bei Vanini: ›De naturae arcanis‹ dial. 49 – als bekannte Sache. Vielleicht ist ihr Urheber Willisius (›De anatome cerebri‹, [darin:] ›De anima brutorum‹, [Genevae 1680, p. 35 sq.]). Flourens: ›De la vie et de l'intelligence‹ 1, p. 72 schreibt sie dem *Galenus* zu. Ja schon Iamblichos (bei Stobaios: ›Eclogae‹ [lib. 1, cap. 52, § 29] vol. 2, p. 876) führt sie ziemlich deutlich als Lehre der Stoiker an.

1. [Hauptsatz des Malebranche]

jedoch eigentlich bloße Lehrmethode oder Darstellungsform. Es wäre nämlich gar zu anstößig gewesen, geradezu zu sagen: ›Es ist nicht wahr, daß ein Gott diese Welt gemacht habe, sondern sie existiert aus eigener Machtvollkommenheit‹; daher wählte er eine indirekte Wendung und sagte: ›Die Welt selbst ist Gott‹ – welches zu behaupten ihm nie eingefallen sein würde, wenn er statt vom Judentum hätte unbefangen von der Natur selbst ausgehn können. Diese Wendung dient zugleich, seinen Lehrsätzen den Schein der Positivität zu geben, während sie im Grunde bloß negativ sind und er daher die Welt eigentlich unerklärt läßt, indem seine Lehre hinausläuft auf: ›Die Welt ist, weil sie ist; und ist, wie sie ist, weil sie so ist.‹ (Mit dieser Phrase pflegte Fichte seine Studenten zu mystifizieren.) Die auf obigem Wege entstehende Deifikation der Welt ließ nun aber keine wahre Ethik zu und war zudem in schreiendem Widerspruch mit den physischen Übeln und der moralischen Ruchlosigkeit dieser Welt. Hier also ist sein Rest.

Den Begriff der *Substanz*, von welchem dabei auch *Spinoza* ausgeht, nimmt er, wie gesagt, als ein Gegebenes. Zwar definiert er ihn seinen Zwecken gemäß: allein er kümmert sich nicht um dessen Ursprung. Denn erst *Locke* war es, der bald nach ihm die große Lehre aufstellte, daß ein Philosoph, der irgend etwas aus Begriffen ableiten oder beweisen will, zuvörderst den *Ursprung* jedes solchen Begriffes zu untersuchen habe; da der Inhalt desselben, und was aus diesem folgen mag, gänzlich durch seinen Ursprung als die Quelle aller mittelst desselben erreichbaren Erkenntnis bestimmt wird. Hätte aber *Spinoza* nach dem Ursprung jenes Begriffs der Substanz geforscht; so hätte er zuletzt finden müssen, daß dieser ganz allein die *Materie* ist und daher der wahre Inhalt des Begriffs kein anderer als eben die wesentlichen und a priori angebbaren Eigenschaften dieser. In der Tat findet alles, was Spinoza seiner Substanz nachrühmt, seinen Beleg an der Materie und nur da: sie ist unentstanden, also ursachlos, ewig, eine einzige und alleinige, und ihre Modifikationen sind Ausdehnung und Erkenntnis; letztere nämlich als ausschließliche Eigenschaft des Gehirns, welches materiell ist. Spinoza ist demnach ein unbewußter Materialist: jedoch ist die Materie, welche, wenn man es ausführt, seinen Begriff realisiert und empirisch belegt, nicht die falsch gefaßte und atomistische des Demokritos und der spätern französischen Materialisten, als welche keine andern als mechanische Eigenschaften hat; sondern die richtig gefaßte, mit allen ihren unerklärlichen Qualitäten ausgestattete: über diesen Unterschied verweise ich auf mein Hauptwerk Bd. 2, Kap. 24, S. 315 ff. *[Bd. 2, S. 394–411].* – Diese Methode, den Begriff der *Substanz* unbesehn aufzunehmen, um ihn zum Ausgangspunkt zu machen, finden wir aber schon bei den *Eleaten,* wie besonders aus dem Aristotelischen Buche ›De Xenophane‹ etc. zu ersehn. Auch Xenophanes nämlich geht aus vom ὄν, d.i. [von] der Substanz, und die Eigenschaften derselben werden demonstriert, ohne daß vorher gefragt oder gesagt würde, woher er denn seine Kenntnis von einem solchen Dinge habe: geschähe hingegen dieses, so würde deutlich zutage kommen, wovon er eigentlich redet, d.h. welche Anschauung es zuletzt sei, die seinem Begriffe zum Grunde liegt und ihm Realität erteilt; und da würde am Ende wohl nur die Materie sich ergeben, als von welcher alles das gilt, was er sagt. In den folgenden Kapiteln über *Zenon* erstreckt nun die Übereinstimmung mit Spinoza sich bis auf die Darstellung und die Ausdrücke. Man kann daher kaum umhin, anzunehmen, daß Spinoza diese Schrift gekannt und benutzt habe; da zu seiner Zeit Aristoteles, wenn auch vom Baco angegriffen, noch immer in hohem Ansehn stand, auch gute Ausgaben mit lateinischer Version vorhanden waren. Danach wäre denn Spinoza ein bloßer Erneuerer der Eleaten, wie Gassendi des Epikur. Wir aber erfahren abermals, wie über die Maßen selten in allen Fächern des Denkens und Wissens das wirklich Neue und ganz Ursprüngliche ist.

Übrigens, und namentlich in formeller Hinsicht, beruht jenes Ausgehn des Spinoza vom Begriff der *Substanz* auf dem falschen Grundgedanken, den er von seinem Lehrer Cartesius und dieser vom Anselmus von Canterbury überkommen hatte, nämlich auf diesem, daß jemals aus der essentia

[Wesenheit] die existentia [Dasein] hervorgehn könne, d. h. daß aus einem bloßen Begriff ein Dasein sich folgern lasse, welches demgemäß ein notwendiges sein würde; oder mit andern Worten, daß, vermöge der Beschaffenheit oder Definition einer bloß *gedachten* Sache, es notwendig werde, daß sie nicht mehr eine bloß gedachte, sondern eine wirklich vorhandene sei. *Cartesius* hatte diesen falschen Grundgedanken angewandt auf den Begriff des ›ens perfectissimum‹ [allervollkommensten Wesens]; *Spinoza* aber nahm den der substantia oder causa sui [Ursache ihrer selbst] (welches letztere eine contradictio in adiecto [Widerspruch im Beiwort] ausspricht: man sehe seine erste Definition, die sein πρῶτον ψεῦδος[1] [erster falscher Schritt] ist, am Eingang der ›Ethik‹ und dann prop. 7 des ersten Buchs. Der Unterschied der Grundbegriffe beider Philosophen besteht beinahe nur im Ausdruck: dem Gebrauche derselben aber als Ausgangspunkte, also als Gegebenes, liegt beim einen wie beim andern die Verkehrtheit zum Grunde, aus der abstrakten Vorstellung die anschauliche entspringen zu lassen; während in Wahrheit alle abstrakte Vorstellung aus der anschaulichen entsteht und daher durch diese begründet wird. Wir haben also hier ein fundamentales ὕστερον πρότερον [ein Nachfolgendes anstelle eines Vorhergehenden; Verwechslung von Grund und Folge].

Eine Schwierigkeit besonderer Art hat Spinoza sich dadurch aufgebürdet, daß er seine alleinige Substanz ›Deus‹ nannte; da dieses Wort zur Bezeichnung eines ganz andern Begriffs bereits eingenommen war und er nun fortwährend zu kämpfen hat gegen die Mißverständnisse, welche daraus entstehn, daß der Leser statt des Begriffs, den es nach Spinozas ersten Erklärungen bezeichnen soll, immer noch den damit verbindet, den es sonst bezeichnet. Hätte er das Wort nicht gebraucht, so wäre er langer und peinlicher Erörterungen im ersten Buche überhoben gewesen. Aber er tat es, damit seine Lehre weniger Anstoß fände; welcher Zweck dennoch verfehlt wurde. So aber durchzieht eine gewisse Doppelsinnigkeit seinen ganzen Vortrag, den man deshalb

1. [Nach Aristoles: ›Analytica posteriora‹ cap. 18, p. 66 a 16]

einen gewissermaßen allegorischen nennen könnte; zumal er es mit einem Paar andrer Begriffe [›substantia cogitans‹ und ›substantia extensa‹] auch so hält – wie oben *[vgl. S. 62]* bemerkt worden. Wie viel klarer, folglich besser würde seine sogenannte ›Ethik‹ ausgefallen sein, wenn er geradezu, wie es ihm zu Sinn war, geredet und die Dinge bei ihrem Namen genannt hätte; und wenn er überhaupt seine Gedanken, nebst ihren Gründen, aufrichtig und naturgemäß dargelegt hätte, statt sie in die spanischen Stiefel der Propositionen, Demonstrationen, Scholien und Korollarien eingeschnürt auftreten zu lassen, in dieser der Geometrie abgeborgten Einkleidung, welche statt der Philosophie die Gewißheit jener zu geben, vielmehr alle Bedeutung verliert, sobald nicht die Geometrie mit ihrer Konstruktion der Begriffe selbst darinsteckt; daher es auch hier heißt: ›Cucullus non facit monachum.‹[1] [Die Kapuze macht nicht den Mönch.]

Im zweiten Buche legt er die zwei modi seiner alleinigen Substanz dar als Ausdehnung und Vorstellung (extensio et cogitatio), welches eine offenbar falsche Einteilung ist, da die Ausdehnung durchaus nur für und in der Vorstellung daist, also dieser nicht entgegenzusetzen, sondern unterzuordnen war.

Daß *Spinoza* überall ausdrücklich und nachdrücklich die ›laetitia‹ [Freude] preist und sie als Bedingung und Kennzeichen jeder lobenswerten Handlung aufstellt, dagegen alle ›tristitia‹ [Traurigkeit] unbedingt verwirft – obschon sein Altes Testament ihm sagte: ›Es ist Trauern besser denn Lachen; denn durch Trauern wird das Herz gebessert‹ (Koheleth 7,4) – dies alles tut er bloß aus Liebe zur Konsequenz: denn ist diese Welt ein Gott, so ist sie Selbstzweck und muß sich ihres Daseins freuen und rühmen, also ›saute, Marquis!‹ [spring, Graf!] semper lustig, nunquam traurig! Pantheismus ist wesentlich und notwendig Optimismus. Dieser obligate Optimismus nötigt den Spinoza noch zu manchen andern falschen Konsequenzen, unter denen die absurden und sehr oft empörenden Sätze seiner Moralphilosophie obenan stehn, welche im 16. Kapitel seines ›Tractatus theo-

1. [Sprichwörtlich]

logico-politicus‹ bis zu eigentlichen Infamien anwachsen. Hingegen läßt er bisweilen die Konsequenz da aus den Augen, wo sie zu richtigen Ansichten geführt haben würde, z.B. in seinen so unwürdigen wie falschen Sätzen über die Tiere ([›Ethica‹, pars 4, appendicis cap. 26 et eiusdem partis prop. 37, scholium]. Hier redet er eben, wie ein Jude es versteht, gemäß den cap. 1 und 9 der Genesis, so daß dabei uns andere, die wir an reinere und würdigere Lehren gewöhnt sind, der foetor Iudaicus [Knoblauchgeruch] übermannt. Hunde scheint er ganz und gar nicht gekannt zu haben. Auf den empörenden Satz, mit dem besagtes cap. 26 anhebt: ›Praeter homines nihil singulare in natura novimus, cuius mente gaudere et quod nobis amicitia aut aliquo consuetudinis genere iungere possumus‹ [Außer den Menschen kennen wir kein individuelles Wesen in der Natur, an dessen Geist wir uns erfreuen und das wir uns durch Freundschaft oder durch irgendeine Art des Umgangs verbinden könnten], erteilt die beste Antwort ein spanischer Belletrist unsrer Tage (Larra, pseudonym Figaro, im ›Doncel‹ cap. 33): ›El que no ha tenido un perro, no sabe lo que es querer y ser querido.‹ (Wer nie einen Hund gehalten hat, weiß nicht, was lieben und geliebt sein ist.) Die Tierquälereien, welche nach Colerus Spinoza zu seiner Belustigung und unter herzlichem Lachen an Spinnen und Fliegen zu verüben pflegte, entsprechen nur zu sehr seinen hier gerügten Sätzen, wie auch besagten Kapiteln der Genesis. Durch alles dieses ist denn Spinozas ›Ethica‹ durchweg ein Gemisch von Falschem und Wahrem, Bewunderungswürdigem und Schlechtem. Gegen das Ende derselben, in der zweiten Hälfte des letzten Teils, sehn wir ihn vergeblich bemüht, sich selber klarzuwerden: er vermag es nicht; ihm bleibt daher nichts übrig, als *mystisch* zu werden, wie hier geschieht. Um demnach gegen diesen allerdings großen Geist nicht ungerecht zu werden, müssen wir bedenken, daß er noch zu wenig vor sich hatte, etwan nur den Cartesius, Malebranche, Hobbes, Jordanus Brunus [Giordano Bruno]. Die philosophischen Grundbegriffe waren noch nicht genugsam durchgearbeitet, die Probleme nicht gehörig ventiliert.

Leibniz ging ebenfalls vom Begriff der *Substanz* als einem Gegebenen aus, faßte jedoch hauptsächlich ins Auge, daß eine solche *unzerstörbar* sein müsse: zu diesem Behuf mußte sie *einfach* sein; weil alles Ausgedehnte teilbar und somit zerstörbar wäre: folglich war sie ohne Ausdehnung: also immateriell. Da blieben für seine Substanz keine andre[n] Prädikate übrig als die geistigen, also Perzeption, Denken und Begehren. Solcher einfacher geistiger Substanzen nahm er nun gleich eine Unzahl an: diese sollten, obwohl sie selbst nicht ausgedehnt waren, doch dem Phänomen der Ausdehnung zum Grunde liegen; daher er sie als *formale Atome* und *einfache Substanzen* ([›Opera‹, editio Erdmann] p. 124, 676) definiert und ihnen den Namen *Monaden* erteilt. Diese sollen also dem Phänomen der Körperwelt zum Grunde liegen, welches sonach eine bloße *Erscheinung* ist ohne eigentliche und unmittelbare Realität, als welche ja bloß den Monaden zukommt, die darin- und dahinterstecken. Dieses Phänomen der Körperwelt wird nun aber doch andrerseits in der Perzeption der Monaden (d.h. solcher, die wirklich perzipieren, welches gar wenige sind, die meisten schlafen beständig) vermöge der prästabilierten Harmonie zustande gebracht, welche die Zentral-Monade ganz allein und auf eigene Kosten aufführt. Hier geraten wir etwas ins Dunkle. Wie dem aber auch sei: die Vermittelung zwischen den bloßen Gedanken dieser Substanzen und dem wirklich und an sich selbst Ausgedehnten besorgt eine von der Zentral-Monade prästabilierte Harmonie. – Hier, möchte man sagen, ist alles Rest. Indessen muß man, um *Leibnizen* Gerechtigkeit widerfahren zu lassen, an die Betrachtungsweise der *Materie*, die damals Locke und Newton geltend machten, erinnern, in welcher nämlich diese als absolut tot, rein passiv und willenlos, bloß mit mechanischen Kräften begabt und nur mathematischen Gesetzen unterworfen dasteht. Leibniz hingegen verwirft die *Atome* und die rein *mechanische* Physik, um eine *dynamische* an ihre Stelle zu setzen; in welchem allen er *Kanten* vorarbeitete (›Opera‹, editio Erdmann p. 694). Er erinnerte dabei (›Opera‹ p. 124) zuvörderst an die ›formas substantiales‹ der Scholastiker und gelangte danach zu der Einsicht, daß selbst die bloß mechanischen Kräfte der Materie, außer welchen man damals kaum noch andere kannte oder gelten ließ, etwas Geistiges zur Unterlage haben mußten. Dieses nun aber wußte er sich nicht anders deutlich zu machen als durch die höchst unbeholfene Fiktion, daß die Materie aus lauter Seelchen bestände, welche zugleich formale Atome wären und meistens im Zustande der Betäubung sich befänden, jedoch ein Analogon der ›perceptio‹ und des ›appetitus‹ hätten. Hiebei führte ihn dies irre, daß er wie alle andern samt und sonders zur Grundlage und conditio sine qua non alles Geistigen die Erkenntnis machte statt des Willens, welchem ich zuallererst das ihm gebührende Primat vindiziert habe; wodurch alles in der Philosophie umgestaltet wird. Indessen verdient Leibnizens Bestreben, dem Geiste und der Materie ein und dasselbe Prinzip zum Grunde zu legen, Anerkennung. Sogar könnte man darin eine Vorahndung sowohl der Kantischen als auch meiner Lehre finden, aber ›quas velut trans nebulam vidit‹ [die er gleichsam durch einen Nebel hindurch gesehen hat]. Denn seiner Monadologie liegt schon der Gedanke zum Grunde, daß die Materie kein Ding an sich, sondern bloße Erscheinung ist; daher man den letzten Grund ihres selbst nur mechanischen Wirkens nicht in dem rein Geometrischen suchen muß, d. h. in dem, was bloß zur Erscheinung gehört, wie Ausdehnung, Bewegung, Gestalt; daher schon die Undurchdringlichkeit nicht eine bloß *negative* Eigenschaft ist, sondern die Äußerung einer positiven Kraft. – Die belobte Grundansicht Leibnizens ist am deutlichsten ausgesprochen in einigen kleinern französischen Schriften, wie ›Système nouveau de la nature‹ u.a. mehr, die aus dem ›Journal des savants‹ und der Ausgabe von *Dutens* in die Erdmannsche Ausgabe aufgenommen sind, und in den Briefen etc. bei Erdmann (›Opera‹ p. 681–695). Auch befindet sich eine wohlgewählte Zusammenstellung hieher gehöriger Stellen Leibnizens S. 335–340 seiner ›Kleineren philosophischen Schriften‹ (übersetzt von Köhler und revidiert von Huth, Jena 1740).

Überhaupt aber sehn wir bei dieser ganzen Verkettung seltsamer dogmatischer Lehren stets *eine* Fiktion die andere als ihre Stütze herbeiziehn; geradeso, wie im praktischen Leben *eine* Lüge viele andre nötig macht. Zum Grunde liegt des Cartesius Spaltung alles Daseienden in Gott und Welt und des Menschen in Geist und Materie: welcher letzteren auch alles übrige zufällt. Dazu kommt der diesen und allen je gewesenen Philosophen gemeinsame Irrtum, unser Grundwesen in die Erkenntnis statt in den Willen zu setzen, also diesen das Sekundäre, jene das Primäre sein zu lassen. Dies also waren die Ur-Irrtümer, gegen die bei jedem Schritt die Natur und Wirklichkeit der Dinge Protest einlegte und zu deren Rettung alsdann die ›spiritus animales‹, die Materialität der Tiere, die gelegentliche Ursache, das Alles-in-Gott-Sehn, die prästabilierte Harmonie, die Monaden, der Optimismus und was des Zeuges noch mehr ist, erdacht werden mußten. Bei mir hingegen, als wo die Sachen beim rechten Ende angegriffen sind, fügt sich alles von selbst, jedes tritt ins gehörige Licht, keine Fiktionen sind erfordert, und: ›Simplex sigillum veri.‹[1] [Das Einfache ist das Kennzeichen des Wahren.]

Kant wurde von dem Substanzen-Problem nicht direkt berührt: er ist darüber hinaus. Bei ihm ist der Begriff der Substanz eine Kategorie, also eine bloße Denkform a priori. Durch diese, in ihrer notwendigen Anwendung auf die sinnliche Anschauung, wird nun aber nichts so, wie es an sich selbst ist, erkannt: daher mag das Wesen, welches sowohl den Körpern als den Seelen zum Grunde lieget, an sich selbst gar wohl eines und dasselbe sein. Dies ist seine Lehre. Sie bahnte mir den Weg zu der Einsicht, daß der eigene Leib eines jeden nur die in seinem Gehirn entstehende Anschauung seines Willens ist, welches Verhältnis sodann, auf alle Körper ausgedehnt, die Auflösung der Welt in Wille und Vorstellung ergab.

Jener Begriff der *Substanz* nun aber, welchen *Cartesius*, dem Aristoteles getreu, zum Hauptbegriff der Philosophie gemacht hatte und mit dessen Definition demgemäß, jedoch

1. *[Vgl. Bd. 3, S. 689]*

nach Weise der Eleaten auch *Spinoza* anhebt, ergibt sich bei genauer und redlicher Untersuchung als ein höheres, aber unberechtigtes abstractum des Begriffs der *Materie*, welches nämlich neben dieser auch das untergeschobene Kind ›*immaterielle Substanz*‹ befassen sollte; wie ich dies ausführlich dargelegt habe in meiner ›Kritik der Kantischen Philosophie‹ (S. 550 ff. der zweiten Auflage *[Bd. 1, S. 658 f.]*). Hievon aber auch abgesehn, taugt der Begriff der *Substanz* schon darum nicht zum Ausgangspunkte der Philosophie, weil er jedenfalls ein *objektiver* ist. Alles Objektive nämlich ist für uns stets nur *mittelbar*; das Subjektive allein ist das Unmittelbare: dieses darf daher nicht übergangen, sondern von ihm muß schlechterdings ausgegangen werden. Dies hat nun zwar *Cartesius* auch getan, ja er war der erste, der es erkannte und tat; weshalb eben mit ihm eine neue Haupt-Epoche der Philosophie anhebt: allein er tut es bloß präliminarisch, beim allerersten Anlauf, nach welchem er sogleich die objektive, absolute Realität der Welt auf den Kredit der Wahrhaftigkeit Gottes annimmt und von nun an ganz objektiv weiter philosophiert. Hiebei läßt er überdies sich nun eigentlich noch einen bedeutenden circulus vitiosus [fehlerhaften Zirkel, der den Beweisgrund beweist] zuschulden kommen. Er beweist nämlich die objektive Realität der Gegenstände aller unserer anschaulichen Vorstellungen aus dem Dasein Gottes als ihres Urhebers, dessen Wahrhaftigkeit nicht zuläßt, daß er uns täusche: das Dasein Gottes selbst aber beweist er aus der uns angebornen Vorstellung, die wir von ihm als dem allervollkommensten Wesen angeblich hätten. ›Il commence par douter de tout, et finit par tout croire‹ [Er fängt damit an, alles zu bezweifeln, und hört damit auf, alles zu glauben], sagt einer seiner Landsleute von ihm.

Mit dem subjektiven Ausgangspunkt hat also zuerst *Berkeley* wahren Ernst gemacht und das unumgänglich Notwendige desselben unumstößlich dargetan. Er ist der Vater des Idealismus: dieser aber ist die Grundlage aller wahren Philosophie, ist auch seitdem wenigstens als Ausgangspunkt durchgängig festgehalten worden, wenngleich jeder folgende Philosoph andere Modulationen und Ausweichungen daran versucht hat. So nämlich ging auch schon *Locke* vom Subjektiven aus, indem er einen großen Teil der Eigenschaften der Körper unserer Sinnesempfindung vindizierte. Jedoch ist zu bemerken, daß seine Zurückführung aller *qualitativen* Unterschiede als sekundärer Eigenschaften auf bloß *quantitative*, nämlich der Größe, Gestalt, Lage usw. als die allein primären, d. h. objektiven Eigenschaften im Grunde noch die Lehre des *Demokritos* ist, der ebenso alle Qualitäten zurückführte auf Gestalt, Zusammensetzung und Lage der Atome; wie dieses besonders deutlich zu ersehn ist aus des Aristoteles ›Metaphysik‹ Buch 1, Kap. 4 und aus Theophrastus ›De sensu‹ cap. 61–65. – Locke wäre insofern ein Erneuerer der Demokritischen Philosophie wie Spinoza der Eleatischen. Auch hat er ja wirklich den Weg zum nachherigen französischen Materialismus angebahnt. Unmittelbar jedoch hat er durch diese vorläufige Unterscheidung des Subjektiven vom Objektiven der Anschauung *Kanten* vorgearbeitet, der nun, seine Richtung und Spur in viel höherem Sinne verfolgend, dahingelangte, das Subjektive vom Objektiven rein zu sondern, bei welchem Prozeß nun freilich dem Subjektiven so vieles zufiel, daß das Objektive nur noch als ein ganz dunkler Punkt, ein nicht weiter erkennbares Etwas stehnblieb – das Ding an sich. Dieses habe nun ich wieder auf das Wesen zurückgeführt, welches wir in unserm Selbstbewußtsein als den Willen vorfinden, bin also auch hier abermals an die subjektive Erkenntnisquelle zurückgegangen. Anders konnte es aber auch nicht ausfallen; weil eben, wie gesagt, alles Objektive stets nur ein Sekundäres, nämlich eine Vorstellung ist. Daher also dürfen wir den innersten Kern der Wesen, das Ding an sich, durchaus nicht außerhalb, sondern nur in uns, also im Subjektiven suchen, als dem allein Unmittelbaren. Hiezu kommt, daß wir beim Objektiven nie zu einem Ruhepunkt, einem Letzten und Ursprünglichen gelangen können, weil wir daselbst im Gebiete der *Vorstellungen* sind, diese aber sämtlich und wesentlich den *Satz vom Grunde* in seinen vier Gestalten zur Form haben, wonach der Forderung desselben jedes Objekt sogleich verfällt und unterliegt: z. B. auf ein angenommenes objektives absolutum dringt sogleich die Frage Woher? und Warum? zerstörend ein, vor der es weichen und fallen muß. Anders verhält es sich, wenn wir uns in die stille, wiewohl dunkele Tiefe des Subjekts versenken. Hier aber droht uns freilich die Gefahr, in Mystizismus zu geraten. Wir dürfen also aus dieser Quelle nur das schöpfen, was als tatsächlich wahr, allen und jedem zugänglich, folglich durchaus unleugbar ist.

Die *Dianoiologie*, welche als Resultat der Forschungen seit Cartesius bis vor *Kant* gegolten hat, findet man en résumé [zusammengefaßt] und mit naiver Deutlichkeit dargelegt in *Muratori*, ›Della fantasia‹ cap. 1–4 und 13. Locke tritt darin als Ketzer auf. Das Ganze ist ein Nest von Irrtümern, an welchen zu ersehn, wie ganz anders ich es gefaßt und dargestellt habe, nachdem ich Kant und Cabanis zu Vorgängern gehabt. Jene ganze Dianoiologie und Psychologie ist auf den falschen Cartesianischen Dualismus gebaut: nun muß im ganzen Werk alles per fas et nefas [mit Recht wie mit Unrecht] auf ihn zurückgeführt werden, auch viele richtige und interessante Tatsachen, die er beibringt. Das ganze Verfahren ist als Typus interessant.

§ 13
Noch einige Erläuterungen zur Kantischen Philosophie

Zum Motto der ›Kritik der reinen Vernunft‹ wäre sehr geeignet eine Stelle von *Pope* (›Works‹ vol. 6, p. 374, Baseler Ausgabe), die dieser ungefähr achtzig Jahre früher niedergeschrieben hat: ›Since 'tis reasonable to doubt most things, we should most of all *doubt that reason of ours* which would *demonstrate* all things.‹ [Da es vernünftig ist, das meiste zu bezweifeln, so sollten wir vor allem an dieser unserer Vernunft zweifeln, die es unternimmt, alles zu beweisen.]

Der eigentliche Geist der Kantischen Philosophie, ihr Grundgedanke und wahrer Sinn läßt sich auf mancherlei Weise fassen und darstellen: dergleichen verschiedene Wendungen und Ausdrücke der Sache aber werden, der Verschiedenheit der Köpfe gemäß, die eine vor der andern geeignet sein, diesem oder jenem das rechte Verständnis jener sehr tiefen und deshalb schwierigen Lehre zu eröffnen. Folgendes ist ein abermaliger Versuch dieser Art, welcher auf Kants Tiefe meine Klarheit zu werfen unternimmt[1].

Der Mathematik liegen *Anschauungen* unter, auf welche ihre Beweise sich stützen: weil aber diese Anschauungen nicht empirisch, sondern a priori sind; so sind ihre Lehren apodiktisch. Die Philosophie hingegen hat als das Gegebene, davon sie ausgeht und welches ihren Beweisen Notwendigkeit (Apodiktizität) erteilen soll, bloße *Begriffe*. Denn auf der bloß *empirischen* Anschauung geradezu fußen kann sie nicht; weil sie das Allgemeine der Dinge, nicht das Einzelne zu erklären unternimmt, wobei ihre Absicht ist, über das empirisch Gegebene hinauszuführen. Da bleiben ihr nun nichts als die allgemeinen Begriffe, indem diese doch nicht das Anschauliche, rein Empirische sind. Dergleichen Begriffe müssen also die Grundlage ihrer Lehren und Beweise abgeben, und von ihnen muß als einem Vorhandenen und Gegebenen ausgegangen werden. Demnach nun ist die Philosophie eine Wissenschaft aus bloßen *Begriffen*; während die Mathematik eine aus der *Konstruktion* (anschaulichen Darstellung) ihrer Begriffe ist. Genaugenommen jedoch ist es nur die Beweisführung der Philosophie, welche von bloßen *Begriffen* ausgeht. Diese nämlich kann nicht gleich der mathematischen von einer *Anschauung* ausgehn; weil eine solche entweder die reine a priori oder die empirische sein müßte: die letztere gibt keine Apodiktizität; die erstere liefert nur Mathematik. Will sie daher irgendwie ihre Lehren durch Beweisführung stützen, so muß diese bestehn in der richtigen logischen Folgerung aus den zum Grunde gelegten Begriffen. – Hiermit war es denn auch recht gut vonstatten gegangen die ganze lange Scholastik hindurch und selbst noch in der von Cartesius begründeten neuen Epoche; so daß wir noch den *Spinoza* und *Leibnizen* diese Methode

---

[1]. Ich bemerke hier ein für allemal, daß die Seitenzahl der ersten Auflage der ›Kritik der reinen Vernunft‹, nach der ich zu zitieren pflege, auch der Rosenkranzischen Auflage beigefügt ist.

befolgen sehn. Endlich aber war es dem *Locke* eingefallen, den *Ursprung* der Begriffe zu untersuchen, und da war das Resultat gewesen, daß alle Allgemein-Begriffe, so weit gefaßt sie auch sein mögen, aus der Erfahrung, d. h. aus der vorliegenden sinnlich anschaulichen, empirisch realen Welt oder aber auch aus der innern Erfahrung, wie sie die empirische Selbstbeobachtung einem jeden liefert, geschöpft sind, mithin ihren ganzen Inhalt nur von diesen beiden haben, folglich auch nie mehr liefern können, als was äußere oder innere Erfahrung hineingelegt hat. Hieraus hätte der Strenge nach schon geschlossen werden sollen, daß sie nie über die Erfahrung hinaus, d. h. nie zum Ziele führen können: allein *Locke* ging mit den aus der Erfahrung geschöpften Grundsätzen über die Erfahrung hinaus.

Im weitergeführten Gegensatz zu den früheren und zur Berichtigung der Lockischen Lehre zeigte nun *Kant*, daß es zwar einige Begriffe gebe, die eine Ausnahme von obiger Regel machen, also *nicht* aus der Erfahrung stammen; aber zugleich auch, daß eben diese teils aus der reinen, d. i. a priori gegebenen Anschauung des Raumes und der Zeit geschöpft sind, teils die eigentümlichen Funktionen unsers Verstandes selbst zum Behuf der beim Gebrauch nach ihnen sich richtenden Erfahrung ausmachen; daß mithin ihre Gültigkeit sich nur auf mögliche und allemal durch die Sinne zu vermittelnde Erfahrung erstreckt, indem sie selbst bloß bestimmt sind, diese mitsamt ihrem gesetzmäßigen Hergange auf Anregung der Sinnesempfindung in uns zu erzeugen; daß sie also, an sich selbst gehaltlos, allen Stoff und Gehalt allein von der *Sinnlichkeit* erwarten, um mit ihr alsdann die Erfahrung hervorzubringen, abgesehn von dieser aber keinen Inhalt noch Bedeutung haben, indem sie nur unter Voraussetzung der auf Sinnesempfindung beruhenden Anschauung gültig sind und sich wesentlich auf diese beziehn. Hieraus nun folgt, daß sie nicht die Führer abgeben können, uns über alle Möglichkeit der Erfahrung hinauszuleiten; und hieraus wieder, daß *Metaphysik* als Wissenschaft von dem, was jenseits der Natur, d. h. eben über die Möglichkeit der Erfahrung hinausliegt, *unmöglich* ist.

Weil nun also der eine Bestandteil der Erfahrung, nämlich der allgemeine, formelle und gesetzmäßige, a priori erkennbar ist, ebendeshalb aber auf den wesentlichen und gesetzmäßigen Funktionen unsers eigenen Intellekts beruht; der andere hingegen, nämlich der besondere, materielle und zufällige, aus der Sinnesempfindung entspringt; so sind ja beide *subjektiven* Ursprungs. Hieraus folgt, daß die gesamte Erfahrung, nebst der in ihr sich darstellenden Welt, eine bloße *Erscheinung*, d. h. ein zunächst und unmittelbar nur für das es erkennende Subjekt Vorhandenes ist: jedoch weist diese Erscheinung auf irgendein ihr zum Grunde liegendes *Ding an sich selbst* hin, welches jedoch als solches schlechthin unerkennbar ist. – Dies sind nun die negativen Resultate der Kantischen Philosophie.

Ich habe dabei zu erinnern, daß Kant tut, als ob wir bloß erkennende Wesen wären und also außer der *Vorstellung* durchaus kein Datum hätten; während wir doch allerdings noch ein anderes in dem von jener toto genere verschiedenen *Willen* in uns besitzen. Er hat diesen zwar auch in Betrachtung genommen, aber nicht in der theoretischen, sondern bloß in der bei ihm von dieser ganz gesonderten praktischen Philosophie, nämlich einzig und allein, um die Tatsache der rein moralischen Bedeutsamkeit unsers Handelns festzustellen und darauf eine moralische Glaubenslehre als Gegengewicht der theoretischen Unwissenheit, folglich auch Unmöglichkeit aller Theologie, welcher wir laut obigem anheimfallen, zu gründen. –

Kants Philosophie wird auch zum Unterschiede und sogar im Gegensatz aller andern als *Transzendentalphilosophie*, näher als *transzendentaler Idealismus* bezeichnet. Der Ausdruck ›transzendent‹ ist nicht mathematischen, sondern philosophischen Ursprungs, da er schon den Scholastikern geläufig war. In die Mathematik wurde er allererst durch Leibniz eingeführt, um zu bezeichnen, ›quod algebrae vires transcendit‹ [was über die Möglichkeiten der Algebra hinausgeht], also alle Operationen, welche zu vollziehn die gemeine Arithmetik und die Algebra nicht ausreichen, wie z. B. zu einer Zahl den Logarithmus oder umgekehrt zu finden oder auch zu einem Bogen rein arithmetisch seine trigonometrischen Funktionen oder umgekehrt; überhaupt alle Probleme, die nur durch einen ins unendliche fortgesetzten Kalkül zu lösen sind. Die Scholastiker aber bezeichneten als *transzendent* die allerobersten Begriffe, nämlich solche, welche noch allgemeiner als die zehn Kategorien des Aristoteles wären: noch *Spinoza* braucht das Wort in diesem Sinn. *Jordanus Brunus* (›Della causa‹ [principio ed uno] dial. 4) nennt *transzendent* die Prädikate, welche allgemeiner sind als der Unterschied der körperlichen und unkörperlichen Substanz, welche also der Substanz überhaupt zukommen: sie betreffen nach ihm jene gemeinschaftliche Wurzel, in der das Körperliche mit dem Unkörperlichen *eines* sei und welche die wahre ursprüngliche Substanz ist, ja er sieht eben hierin einen Beweis, daß es eine solche geben müsse. *Kant* nun endlich versteht zuvörderst unter *transzendental* die Anerkennung des Apriorischen und daher bloß Formalen in unserer Erkenntnis *als eines solchen*; d. h. die Einsicht, daß dergleichen Erkenntnis von der Erfahrung unabhängig sei, ja dieser selbst die unwandelbare Regel, nach der sie ausfallen muß, vorschreibe, verbunden mit dem Verständnis, warum solche Erkenntnis dies sei und vermöge, nämlich weil sie die *Form* unsers Intellekts ausmache; also infolge ihres subjektiven Ursprungs: demnach ist eigentlich nur die ›Kritik der reinen Vernunft‹ *transzendental*. Im Gegensatz hiezu nennt er *transzendental* den Gebrauch oder vielmehr Mißbrauch jenes rein Formalen in unserer Erkenntnis über die Möglichkeit der Erfahrung hinaus: dasselbe benennt er auch hyperphysisch. Demnach heißt, kurz gesagt, *transzendental* soviel wie ›vor aller Erfahrung‹, *transzendent* hingegen ›über alle Erfahrung hinaus‹. Demgemäß läßt Kant die Metaphysik nur als Transzendentalphilosophie gelten, d. h. als die Lehre von dem in unserm erkennenden Bewußtsein enthaltenen Formalen *als einem solchen* und von der dadurch herbeigeführten Beschränkung, vermöge welcher die Erkenntnis der Dinge an sich uns unmöglich ist, indem die Erfahrung nichts als bloße Erscheinungen liefern kann. Das Wort ›metaphysisch‹ ist jedoch bei ihm nicht ganz synonym mit ›transzendental‹, nämlich alles a priori Gewisse, aber die Erfahrung Betreffende heißt bei ihm *metaphysisch*; hingegen die Belehrung darüber, daß es eben nur wegen seines subjektiven Ursprungs und als rein Formales a priori gewiß sei, heißt allein *transzendental*. *Transzendental* ist die Philosophie, welche sich zum Bewußtsein bringt, daß die ersten und wesentlichsten Gesetze dieser sich uns darstellenden Welt in unserm Gehirn wurzeln und dieserhalb a priori erkannt werden. Sie heißt *transzendental*, weil sie *über* die ganze gegebene Phantasmagorie *hinausgeht*, auf ihren Ursprung[1]. Darum also ist, wie gesagt, allein die ›Kritik der reinen Vernunft‹ und überhaupt die kritische (d. h. Kantische) Philosophie transzendental[F]: *metaphysisch* hingegen sind die ›Anfangsgründe der Naturwissenschaft‹, auch die der ›Tugendlehre‹ usw. –

Indessen läßt der Begriff einer Transzendentalphilosophie sich noch in tieferm Sinne fassen, wenn man den innersten Geist der Kantischen Philosophie darin zu konzentrieren unternimmt, etwan in folgender Art. Daß die ganze Welt uns nur auf eine *sekundäre* Weise als Vorstellung, Bild in unserm Kopfe, Gehirnphänomen, hingegen der eigene Wille uns im Selbstbewußtsein unmittelbar gegeben ist; daß demnach eine Trennung, ja ein Gegensatz zwischen unserm eigenen Dasein und dem der Welt stattfindet – dies ist eine bloße Folge unserer individuellen und animalischen Existenz, mit deren Aufhören es daher wegfällt. Bis dahin aber ist es uns unmöglich, jene Grund- und Urform unsers Bewußtseins, welche das ist, was man als das Zerfallen in Subjekt und Objekt bezeichnet, in Gedanken aufzuheben; weil alles Denken und Vorstellen sie zur Voraussetzung hat: daher lassen wir sie stets als das Urwesentliche und die Grundbeschaffenheit der Welt stehn und gelten: während sie in der Tat nur die Form unsers animalischen Bewußtseins und der durch dasselbe vermittelten Erscheinungen ist. Hieraus nun aber entspringen alle jene Fragen über Anfang,

1. [Vgl. ›Über die vierfache Wurzel des Satzes vom zureichenden Grunde‹ und die Ersetzung des Wortes ›metaphysisch‹ durch ›transzendental‹, z. B. § 32; *Bd. 3, S. 131*]

F. Die ›Kritik der reinen Vernunft‹ hat die Ontologie in Dianoiologie verwandelt.

Ende, Grenzen und Entstehung der Welt, über unsere eigene Fortdauer nach dem Tode usw. Sie beruhen demnach alle auf einer falschen Voraussetzung, welche das, was nur die Form der *Erscheinung*, d. h. der durch ein animalisches zerebrales Bewußtsein vermittelten *Vorstellungen* ist, dem Dinge an sich selbst beilegt und demnach für die Ur- und Grundbeschaffenheit der Welt ausgibt. Dies ist der Sinn des Kantischen Ausdrucks: alle solche Fragen sind *transzendent*. Sie sind daher nicht bloß subiective, sondern an und für sich selbst, d. h. obiective, gar keiner Antwort fähig. Denn sie sind Probleme, welche mit Aufhebung unsers zerebralen Bewußtseins und des auf ihm beruhenden Gegensatzes gänzlich wegfallen und doch, als wären sie unabhängig davon, aufgestellt werden. Wer z. B. frägt, ob er nach seinem Tode fortdauere, hebt in hypothesi [hypothetisch] sein animalisches Gehirnbewußtsein auf; frägt jedoch nach etwas, das nur unter Voraussetzung desselben besteht, indem es auf der Form desselben, nämlich Subjekt, Objekt, Raum und Zeit, beruht; nämlich nach seinem individuellen Dasein. Eine Philosophie nun, welche alle diese Bedingungen und Beschränkungen *als solche* zum deutlichen Bewußtsein bringt, ist *transzendental*, und, sofern sie die allgemeinen Grundbestimmungen der objektiven Welt dem Subjekt vindiziert, ist sie *transzendentaler Idealismus*. – Allmälig wird man einsehn, daß die Probleme der Metaphysik nur insofern unlösbar sind, als in den Fragen selbst schon ein Widerspruch enthalten ist.

Der transzendentale Idealismus macht inzwischen der vorliegenden Welt ihre *empirische Realität* durchaus nicht streitig, sondern besagt nur, daß diese keine unbedingte sei, indem sie unsere Gehirnfunktionen, aus denen die Formen der Anschauung, also Zeit, Raum und Kausalität entstehn, zur Bedingung hat; daß mithin diese empirische Realität selbst nur die Realität einer Erscheinung sei. Wenn nun in derselben sich uns eine Vielheit von Wesen darstellt, von denen stets das eine vergeht und ein anderes entsteht, wir aber wissen, daß nur mittelst der Anschauungsform des Raumes die Vielheit und mittelst der der Zeit das Vergehn und Entstehn möglich sei; so erkennen wir, daß ein solcher Hergang keine *absolute* Realität habe, d. h. daß er dem in jener Erscheinung sich darstellenden Wesen an sich selbst nicht zukomme, welches wir vielmehr, wenn man jene Erkenntnisformen wie das Glas aus dem Kaleidoskop wegziehn könnte, zu unserer Verwunderung als ein einziges und bleibendes vor uns haben würden, als unvergänglich, unveränderlich und unter allem scheinbaren Wechsel vielleicht sogar bis auf die ganz einzelnen Bestimmungen herab identisch. In Gemäßheit dieser Ansicht lassen sich folgende drei Sätze aufstellen:

1. Die alleinige Form der Realität ist die Gegenwart: in ihr allein ist das Reale unmittelbar anzutreffen und stets ganz und vollständig enthalten.

2. Das wahrhaft Reale ist von der Zeit unabhängig, also in jedem Zeitpunkt eines und dasselbe.

3. Die Zeit ist die Anschauungsform unsers Intellekts und daher dem Dinge an sich fremd.

Diese drei Sätze sind im Grunde identisch. Wer sowohl ihre Identität als ihre Wahrheit deutlich einsieht, hat einen großen Fortschritt in der Philosophie gemacht, indem er den Geist des transzendentalen Idealismus begriffen hat.

Überhaupt, wie folgenreich ist nicht Kants Lehre von der Idealität des Raumes und der Zeit, welche er so trocken und schmucklos dargelegt hat – während eben gar nichts sich ergibt aus dem hochtrabenden, prätentionsvollen und absichtlich unverständlichen Geschwätze der drei bekannten Sophisten, welche die Aufmerksamkeit eines Kants unwürdigen Publikums von ihm auf sich zogen. Vor Kant, läßt sich sagen, waren wir in der Zeit; jetzt ist die Zeit in uns. Im erstern Falle ist die Zeit *real*, und wir werden wie alles, was in ihr liegt, von ihr verzehrt. Im zweiten Fall ist die Zeit *ideal*: sie liegt in uns. Da fällt zunächst die Frage hinsichtlich der Zukunft nach dem Tode weg. Denn ich bin nicht; so ist auch keine Zeit mehr. Es ist nur ein täuschender Schein, der mir eine Zeit zeigt, die fortliefe, ohne mich, nach meinem Tode: alle drei Abschnitte der Zeit, Vergangenheit, Gegenwart und Zukunft, sind auf gleiche Weise mein Produkt, gehören mir an; nicht aber ich vorzugsweise dem einen oder dem andern von ihnen. – Wiederum eine andere Folgerung, die sich aus dem Satze, daß die Zeit dem Wesen an sich der Dinge nicht zukommt, ziehn ließe, wäre diese, daß in irgendeinem Sinne das Vergangene *nicht* vergangen sei, sondern alles, was jemals wirklich und wahrhaft gewesen, im Grunde auch noch sein müsse; indem ja die Zeit nur einem Theaterwasserfall gleicht, der herabzuströmen scheint, während er als ein bloßes Rad nicht von der Stelle kommt – wie ich diesem analog schon längst in meinem Hauptwerke den Raum einem in Facetten geschliffenen Glase verglichen habe, welche uns das einfach Vorhandene in zahlloser Vervielfältigung erblicken läßt *[Bd. 1, S. 222]*. Ja wenn wir auf die Gefahr hin, an Schwärmerei zu streifen, uns noch mehr in die Sache vertiefen; so kann es uns vorkommen, als ob wir bei sehr lebhafter Vergegenwärtigung unserer eigenen weit zurückliegenden Vergangenheit eine unmittelbare Überzeugung davon erhielten, daß die Zeit das eigentliche Wesen der Dinge nicht antastet, sondern nur zwischen dieses und uns geschoben ist als ein bloßes Medium der Wahrnehmung, nach dessen Wegnahme alles wieder dasein würde; wie auch andererseits unser so treues und lebendiges Erinnerungsvermögen selbst, in welchem jenes Längstvergangene ein unverwelkliches Dasein behält, Zeugnis davon ablegt, daß ebenfalls in uns etwas ist, das nicht mit altert, folglich nicht im Bereich der Zeit liegt. –

Die Haupttendenz der Kantischen Philosophie ist, die gänzliche *Diversität des Realen und Idealen* darzutun, nachdem schon Locke hierin die Bahn gebrochen hatte. – Obenhin kann man sagen: das *Ideale* ist die sich räumlich darstellende anschauliche Gestalt, mit allen an ihr wahrnehmbaren Eigenschaften; das *Reale* hingegen ist das Ding an, in und für sich selbst, unabhängig von seinem Vorgestellt-Werden im Kopf eines andern oder seinem eigenen. Allein die Grenze zwischen beiden zu ziehn ist schwer und doch gerade das, worauf es ankommt. *Locke* hatte gezeigt, daß alles, was an jener Gestalt Farbe, Klang, Glätte, Rauhe, Härte, Weiche, Kälte, Wärme usw. ist (sekundäre Eigenschaften), bloß *ideal* sei, also dem Dinge an sich selbst nicht zukomme; weil nämlich darin nicht das Sein und Wesen, sondern bloß das *Wirken* des Dinges uns gegeben sei, und zwar ein sehr einseitig bestimmtes Wirken, nämlich das auf die ganz spezifisch determinierte Empfänglichkeit unserer fünf Sinneswerkzeuge, vermöge welcher z. B. der Schall nicht auf das Auge, das Licht nicht auf das Ohr wirkt. Ja das Wirken der Körper auf die Sinneswerkzeuge besteht bloß darin, daß es diese in die ihnen eigentümliche Tätigkeit versetzt; fast so, wie wenn ich den Faden ziehe, der die Flötenuhr ins Spiel versetzt. Als das Reale hingegen, welches dem Dinge an sich selbst zukäme, ließ Locke noch stehn: Ausdehnung, Form, Undurchdringlichkeit, Bewegung oder Ruhe und Zahl – welche er deshalb primäre Eigenschaften nannte. Mit unendlich überlegener Besonnenheit zeigte nun später *Kant*, daß auch diese Eigenschaften nicht dem rein objektiven Wesen der Dinge oder dem Dinge an sich selbst zukommen, also nicht schlechthin *real* sein können; weil sie durch Raum, Zeit und Kausalität bedingt seien, diese aber, und zwar ihrer ganzen Gesetzmäßigkeit und Beschaffenheit nach uns *vor* aller Erfahrung gegeben und genau bekannt seien; daher sie präformiert in uns liegen müssen sogut wie die spezifische Art der Empfänglichkeit und Tätigkeit jedes unserer Sinne. Ich habe demgemäß es geradezu ausgesprochen, daß jene Formen der Anteil des *Gehirns* an der Anschauung sind, wie die spezifischen Sinnesempfindungen der der respektiven *Sinnesorgane*[F]. Schon *Kanten* zufolge also ist das rein objektive von unserm Vorstellen und dessen Apparat unabhängige Wesen der Dinge, welches er das Ding an sich nennt, also das eigentlich Reale im Gegensatz des Idealen, ein von der sich uns anschaulich darstellenden Gestalt ganz und gar Verschiedenes, dem sogar, da es von Raum und Zeit unabhängig sein soll, eigentlich weder Ausdehnung noch Dauer

---

F. Wie unser Auge es ist, welches Grün, Rot und Blau hervorbringt, so ist es *unser Gehirn*, welches *Zeit*, *Raum* und *Kausalität* (deren objektiviertes abstractum die *Materie* ist) hervorbringt. – Meine *Anschauung* eines Körpers im Raum ist das Produkt meiner Sinnen- und Gehirn-Funktion mit X.

beizulegen ist; obwohl es allen dem, was Ausdehnung und Dauer hat, die Kraft dazusein erteilt. Auch Spinoza hat die Sache im allgemeinen begriffen; wie zu ersehn aus ›Ethica‹ pars 2, prop. 16 mit dem zweiten Korollarium (auch prop. 18, scholium).

Das *Locke*sche Reale, im Gegensatz des Idealen, ist im Grunde die *Materie*, zwar entblößt von allen den Eigenschaften, die er als sekundäre, d. h. durch unsre Sinnesorgane bedingte, beseitigt; aber doch ein an und für sich als ein Ausgedehntes usw. Existierendes, dessen bloßer Reflex oder Abbild die Vorstellung in uns sei. Hiebei bringe ich nun in Erinnerung, daß ich (›Über die vierfache Wurzel‹, zweite Auflage S. 77 *[Bd. 3, S. 104]*, und weniger ausführlich in der ›Welt als Wille und Vorstellung‹ Bd. 1, S. 9 und Bd. 2, S. 48 *[Bd. 1, S. 40; Bd. 2, S. 63]*) dargetan habe, daß das Wesen der Materie durchaus nur in ihrem *Wirken* besteht, mithin die Materie durch und durch Kausalität ist und daß, da bei ihr, als solcher gedacht, von jeder besondern Qualität, also von jeder spezifischen Art des Wirkens abgesehn wird, sie das Wirken oder die reine aller nähern Bestimmungen entbehrende Kausalität, die Kausalität in abstracto ist; welches ich zu gründlicherem Verständnis a. a. O. nachzusehn bitte. Nun aber hatte *Kant* schon gelehrt, wiewohl erst ich den richtigen Beweis dafür gegeben habe, daß alle Kausalität nur Form unsers Verstandes, also nur für den Verstand und im Verstande vorhanden sei. Hienach sehn wir jetzt jenes vermeinte Reale *Lockes*, die Materie, auf diesem Wege ganz und gar in das Ideale und damit in das Subjekt zurückgehn, d. h. allein in der Vorstellung und für die Vorstellung existieren. – Schon *Kant* hat allerdings durch seine Darstellung dem Realen oder dem Ding an sich die Materialität genommen: allein ihm ist es auch nur als ein völlig unbekanntes X stehn geblieben. Ich aber habe zuletzt als das wahrhaft *Reale* oder das Ding an sich, welches allein ein wirkliches von der Vorstellung und ihren Formen unabhängiges Dasein hat, den *Willen* in uns nachgewiesen; während man diesen bis dahin unbedenklich dem *Idealen* beigezählt hatte. Man sieht hienach, daß Locke, Kant und ich in genauer Verbindung stehn, indem wir im Zeitraum fast zweier Jahrhunderte die allmälige Entwickelung eines zusammenhängenden, ja einheitlichen Gedankenganges darstellen. Als ein Verbindungsglied in dieser Kette ist auch noch *David Hume* zu betrachten, wiewohl eigentlich nur im Betreff des Gesetzes der *Kausalität*. In Hinsicht auf diesen und seinen Einfluß habe ich die obige Darstellung nun noch durch folgendes zu ergänzen:

Locke, wie auch der in seine Fußstapfen tretende *Condillac* und dessen Schüler, zeigen und führen aus, daß der in einem Sinnesorgan eingetretenen Empfindung eine Ursache derselben außerhalb unsers Leibes und sodann den Verschiedenheiten solcher Wirkung (Sinnesempfindung) auch Verschiedenheiten der Ursachen entsprechen müssen, endlich auch, welche dies möglicherweise sein können; woraus dann die oben berührte Unterscheidung zwischen primären und sekundären Eigenschaften hervorgeht. Damit nun sind sie fertig, und jetzt steht für sie eine objektive Welt im Raume da von lauter Dingen an sich, welche zwar farblos, geruchlos, geräuschlos, weder warm noch kalt usw., jedoch ausgedehnt, gestaltet, undurchdringlich, beweglich und zählbar sind. Allein das Axiom selbst, kraft dessen jener Übergang vom Innern zum Äußern und sonach jene ganze Ableitung und Installierung von Dingen an sich geschehn ist, also *das Gesetz der Kausalität*, haben sie wie alle früheren Philosophen als sich von selbst verstehend genommen und keiner Prüfung seiner Gültigkeit unterworfen. Hierauf richtete nun *Hume* seinen skeptischen Angriff, indem er die Gültigkeit jenes Gesetzes in Zweifel stellte; weil nämlich die Erfahrung, aus der ja eben jener Philosophie zufolge alle unsere Kenntnisse stammen sollten, doch niemals den kausalen Zusammenhang selbst, sondern immer nur die bloße Sukzession der Zustände in der Zeit, also nie ein Erfolgen, sondern ein bloßes Folgen liefern könne, welches eben als solches sich stets nur als ein zufälliges, nie als ein notwendiges erweise. Dies schon dem gesunden Verstande widerstrebende, jedoch nicht leicht zu widerlegende Argument veranlaßte nun *Kanten*, dem wahren *Ursprung* des Begriffs der Kausalität nachzuforschen: wo er denn fand, daß dieser in der wesentlichen und angeborenen Form unsers Verstandes selbst, also im Subjekt liege, nicht aber im Objekt, indem er nicht erst von außen uns beigebracht würde. Hiedurch nun aber war jene ganze objektive Welt *Lockes* und *Condillacs* wieder in das Subjekt hineingezogen; da Kant den Leitfaden zu ihr als subjektiven Ursprungs nachgewiesen hatte. Denn so subjektiv die Sinnesempfindung ist, so subjektiv ist jetzt auch die Regel, welcher zufolge sie als Wirkung einer Ursache aufzufassen ist; welche Ursache es doch allein ist, die als objektive Welt angeschaut wird; indem ja das Subjekt ein draußen befindliches Objekt bloß infolge der Eigentümlichkeit seines Intellekts zu jeder Veränderung eine Ursache vorauszusetzen annimmt, also eigentlich nur es aus sich herausprojiziert in einen zu diesem Zwecke bereiten Raum, welcher selbst ebenfalls ein Produkt seiner eigenen und ursprünglichen Beschaffenheit ist sogut wie die spezifische Empfindung in den Sinnesorganen, auf deren Anlaß der ganze Vorgang eintritt. Jene Lockesche objektive Welt von Dingen an sich war demnach durch *Kant* in eine Welt von bloßen Erscheinungen in unserm Erkenntnisapparat verwandelt worden und dies um so vollständiger, als wie der Raum, in dem sie sich darstellen, so auch die Zeit, in der sie vorüberziehn, als unleugbar subjektiven Ursprungs von ihm nachgewiesen war.

Bei allem diesen aber ließ *Kant* noch immer sogut wie *Locke* das Ding an sich bestehn, d. h. etwas, das unabhängig von unsern Vorstellungen, als welche uns bloße Erscheinungen liefern, vorhanden wäre und eben diesen Erscheinungen zum Grunde läge. So sehr nun Kant auch hierin an und für sich recht hatte; so war doch aus den von ihm aufgestellten Prinzipien die Berechtigung dazu nicht abzuleiten. Hier lag daher die Achillesferse seiner Philosophie, und diese hat durch die Nachweisung jener Inkonsequenz die schon erlangte Anerkennung unbedingter Gültigkeit und Wahrheit wieder einbüßen müssen: allein im letzten Grunde geschah ihr dabei dennoch Unrecht. Denn ganz gewiß ist keineswegs die Annahme eines Dinges an sich hinter den Erscheinungen, eines realen Kerns unter so vielen Hüllen unwahr; da vielmehr die Ableugnung desselben absurd wäre; sondern nur die Art, wie Kant ein solches Ding an sich einführte und mit seinen Prinzipien zu vereinigen suchte, war fehlerhaft. Im Grunde ist es demnach nur seine Darstellung (dies Wort im umfassendesten Sinne genommen) der Sache, nicht diese selbst, welche den Gegnern unterlag, und in diesem Sinne ließe sich behaupten, daß die gegen ihn geltend gemachte Argumentation doch eigentlich nur ad hominem, nicht ad rem gewesen sei. Jedenfalls aber findet hier das indische Sprichwort wieder Anwendung: ›Kein Lotos ohne Stengel.‹ Kanten leitete die sicher gefühlte Wahrheit, daß hinter jeder Erscheinung ein an sich selbst Seiendes, von dem sie ihren Bestand erhält, also hinter der Vorstellung ein Vorgestelltes liege. Aber er unternahm, dieses aus der gegebenen Vorstellung selbst abzuleiten unter Hinzuziehung ihrer uns a priori bewußten Gesetze, welche jedoch, gerade weil sie a priori sind, nicht auf ein von der Erscheinung oder Vorstellung Unabhängiges und Verschiedenes leiten können; weshalb man zu diesem einen ganz andern Weg einzuschlagen hat. Die Inkonsequenzen, in welche Kant durch den fehlerhaften Gang, den er in dieser Hinsicht genommen, sich verwickelt hatte, wurden ihm dargetan von Gottlob Ernst *Schulze*, der in seiner schwerfälligen und weitläuftigen Manier die Sache auseinandergesetzt hat, zuerst anonym im ›*Aenesidemus*‹ (besonders S. 374–381) und später in seiner ›Kritik der theoretischen Philosophie‹ (Bd. 2, S. 205 ff.); wogegen *Reinhold* Kants Verteidigung, jedoch ohne sonderlichen Erfolg geführt hat, so daß es bei dem ›haec potuisse dici, et non potuisse refelli‹ [dies ließ sich behaupten und nicht widerlegen] sein Bewenden hatte.

Ich will hier das der ganzen Kontroverse zum Grunde liegende eigentlich Wesentliche der Sache selbst unabhängig von der Schulzeschen Auffassung derselben einmal auf meine Weise recht deutlich hervorheben. – Eine strenge Ableitung des Dinges an sich hat *Kant* nie gegeben, vielmehr hat er dasselbe von seinen Vorgängern, namentlich *Locke*, übernommen und als etwas, an dessen Dasein nicht zu zweifeln sei, indem es sich eigentlich von selbst verstehe, beibehalten; ja er durfte dies gewissermaßen. Nach Kants Entdeckungen nämlich enthält unsere empirische Erkenntnis ein Element, welches nachweisbar subjektiven Ursprungs ist, und ein anderes, von dem dieses nicht gilt: dieses letztere bleibt also objektiv, weil kein Grund ist, es für subjektiv zu halten[H]. Demgemäß leugnet Kants transzendentaler Idealismus das objektive Wesen der Dinge oder die von unserer Auffassung unabhängige Realität derselben zwar soweit, als das Apriori in unserer Erkenntnis sich erstreckt; jedoch nicht weiter, weil eben der Grund zum Ableugnen nicht weiter reicht: was darüber hinausliegt, läßt er demnach bestehn, also alle solche Eigenschaften der Dinge, welche sich nicht a priori konstruieren lassen. Denn keineswegs ist das ganze Wesen der gegebenen Erscheinungen, d. h. der Körperwelt, von uns a priori bestimmbar, sondern bloß die allgemeine Form ihrer Erscheinung ist es, und diese läßt sich zurückführen auf Raum, Zeit und Kausalität, nebst der gesamten Gesetzlichkeit dieser drei Formen. Hingegen das durch alle jene a priori vorhandenen Formen unbestimmt Gelassene, also das hinsichtlich auf sie Zufällige ist eben die Manifestation des Dinges an sich selbst. Nun kann der *empirische* Gehalt der Erscheinungen, d. h. jede nähere Bestimmung derselben, jede in ihnen auftretende physische Qualität nicht anders als a posteriori erkannt werden: diese empirischen Eigenschaften (oder vielmehr die gemeinsame Quelle derselben) verbleiben sonach dem Dinge an sich selbst als Äußerungen seines selbst-eigenen Wesens durch das Medium aller jener apriorischen Formen hindurch. Dieses Aposteriori, welches bei jeder Erscheinung, in das Apriori gleichsam eingehüllt, auftritt, aber doch jedem Wesen seinen speziellen und individuellen Charakter erteilt, ist demnach der *Stoff* der Erscheinungswelt im Gegensatz ihrer *Form*. Da nun dieser Stoff keineswegs aus den von Kant so

---

H. Jedes Ding hat *zweierlei Eigenschaften*: solche, die a priori, und solche, die nur a posteriori erkannt werden können; die ersteren entspringen aus dem sie auffassenden Intellekt, die zweiten aus dem Wesen an sich des Dinges, welches das ist, was wir in uns als Willen finden.

sorgfältig nachgesuchten und durch das Merkmal der Apriorität sicher nachgewiesenen, am Subjekt haftenden *Formen* der Erscheinung abzuleiten ist, vielmehr nach Abzug alles aus diesen Fließenden noch übrigbleibt, also sich als ein zweites völlig distinktes Element der empirischen Erscheinung und als eine jenen Formen fremde Zutat vorfindet; dabei aber auch andererseits keineswegs von der Willkür des erkennenden Subjekts ausgeht, vielmehr dieser oft entgegensteht; so nahm Kant keinen Anstand, diesen *Stoff* der Erscheinung dem Dinge an sich selbst zu lassen, mithin als ganz von außen kommend anzusehn; weil er doch irgendwoher kommen oder, wie Kant sich ausdrückt, irgendeinen Grund haben muß. Da wir nun aber solche allein a posteriori erkennbare Eigenschaften durchaus nicht isolieren und von den a priori gewissen getrennt und gereinigt auffassen können, sondern sie immer in diese gehüllt auftreten; so lehrt *Kant*, daß wir zwar das *Dasein* der Dinge an sich, aber nichts darüber hinaus erkennen, also nur wissen, *daß* sie sind, aber nicht, *was* sie sind; daher denn das *Wesen* der Dinge an sich bei ihm als eine unbekannte Größe, ein X, stehnbleibt. Denn die *Form* der Erscheinung bekleidet und verbirgt überall das Wesen des Dinges an sich selbst. Höchstens läßt sich noch dieses sagen: da jene apriorischen Formen allen Dingen als Erscheinungen ohne Unterschied zukommen, indem sie von unserm Intellekt ausgehn, die Dinge dabei aber doch sehr bedeutende Unterschiede aufweisen; so ist das, was diese Unterschiede, also die spezifische Verschiedenheit der Dinge bestimmt, das Ding an sich selbst.

Die Sache so angesehn, scheint also Kants Annahme und Voraussetzung der Dinge an sich, ungeachtet der Subjektivität aller unserer Erkenntnisformen, ganz wohlbefugt und gegründet. Dennoch weist sie sich als unhaltbar aus, wenn man jenes ihr alleiniges Argument, nämlich den empirischen Gehalt in allen Erscheinungen, genau prüft und ihn bis zu seinem Ursprunge verfolgt. Allerdings nämlich ist in der empirischen Erkenntnis und deren Quelle, der anschaulichen Vorstellung, ein von ihrer uns a priori bewußten Form unabhängiger *Stoff* vorhanden. Die nächste Frage ist, ob dieser Stoff objektiven oder subjektiven Ursprungs sei; weil er nur im erstern Falle das Ding an sich verbürgen kann. Gehn wir ihm daher bis zu seinem Ursprunge nach; so finden wir diesen nirgends anders als in unserer *Sinnesempfindung*: denn eine auf der Netzhaut des Auges oder im Gehörnerven oder in den Fingerspitzen eintretende Veränderung ist es, welche die anschauliche Vorstellung einleitet, d. h. den ganzen Apparat unserer a priori bereitliegenden Erkenntnisformen zuerst in dasjenige Spiel versetzt, dessen Resultat die Wahrnehmung eines äußerlichen Objekts ist. Auf jene empfundene Veränderung im Sinnesorgane nämlich wird zunächst mittelst einer notwendigen und unausbleiblichen Verstandesfunktion a priori das *Gesetz der Kausalität* angewandt: dieses leitet mit seiner apriorischen Sicherheit und Gewißheit auf eine *Ursache* jener Veränderung, welche, da sie nicht in der Willkür des Subjekts steht, jetzt als ein ihm *Äußerliches* sich darstellt, eine Eigenschaft, die ihre Bedeutung erst erhält mittelst der Form des *Raumes*, welche letztere aber ebenfalls der eigene Intellekt zu diesem Behuf alsbald hinzufügt, wodurch nun also jene notwendig vorauszusetzende *Ursache* sich sofort anschaulich darstellt als ein *Objekt* im Raume, welches die von ihr in unsern Sinnesorganen bewirkten Veränderungen als seine Eigenschaften an sich trägt. Diesen ganzen Hergang findet man ausführlich und gründlich dargelegt in der zweiten Auflage meiner Abhandlung ›Über den Satz vom Grunde‹ § 21 *[Bd. 3, S. 67–106]*. Nun aber ist ja doch die Sinnesempfindung, welche zu diesem Vorgange den Ausgangspunkt und unstreitig den ganzen *Stoff* zur empirischen Anschauung liefert, etwas ganz und gar Subjektives, und da nun sämtliche Erkenntnis-*Formen*, mittelst welcher aus jenem Stoffe die objektive anschauliche Vorstellung entsteht und nach außen projiziert wird, Kants ganz richtiger Nachweisung zufolge, ebenfalls subjektiven Ursprungs sind; so ist klar, daß sowohl Stoff als Form der anschaulichen Vorstellung aus dem Subjekt entspringen. Hienach löst nun unsere ganze empirische Erkenntnis sich in zwei Bestandteile auf, welche beide ihren Ursprung *in uns selbst* haben, nämlich die Sinnesempfindung und die a priori gegebenen, also in den Funktionen unsers Intellekts oder Gehirns gelegenen Formen, Zeit, Raum und Kausalität, denen übrigens Kant noch elf andere von mir als überflüssig und unstatthaft nachgewiesene Kategorien des Verstandes hinzugefügt hatte. Demzufolge liefert die anschauliche Vorstellung und unsere auf ihr beruhende empirische Erkenntnis in Wahrheit keine Data zu Schlüssen auf Dinge an sich, und Kant war nach seinen Prinzipien nicht befugt, solche anzunehmen. Wie alle früheren, so hatte auch die Lockesche Philosophie das Gesetz der Kausalität als ein absolutes genommen und war dadurch berechtigt, von der Sinnesempfindung auf äußere, unabhängig von uns wirklich vorhandene Dinge zu schließen. Dieser Übergang von der Wirkung zur Ursache ist jedoch der einzige Weg, um geradezu vom Innern und subjektiv Gegebenen zum Äußern und objektiv Vorhandenen zu gelangen. Nachdem aber *Kant* das Gesetz der Kausalität der Erkenntnisform des Subjekts vindiziert hatte, stand ihm dieser Weg nicht mehr offen; auch hat er selbst oft genug davor gewarnt, von der Kategorie der Kausalität transzendenten, d. h. über die Erfahrung und ihre Möglichkeit hinausgehenden Gebrauch zu machen.

In der Tat ist das Ding an sich auf diesem Wege nimmermehr zu erreichen und überhaupt nicht auf dem der rein *objektiven* Erkenntnis, als welche immer Vorstellung bleibt, als solche aber im Subjekt wurzelt und nie etwas von der Vorstellung wirklich Verschiedenes liefern kann. Sondern nur dadurch kann man zum Dinge an sich gelangen, daß man einmal *den Standpunkt verlegt*, nämlich statt wie bisher immer nur von dem auszugehn, was *vorstellt*, einmal ausgeht von dem, was *vorgestellt wird*. Dies ist jedem aber nur bei einem einzigen Dinge möglich, als welches ihm auch von innen zugänglich und dadurch ihm auf zweifache Weise gegeben ist: es ist sein eigener Leib, der in der objektiven Welt eben auch als Vorstellung im Raume dasteht, zugleich aber sich dem eigenen *Selbstbewußtsein* als *Wille* kundgibt. Dadurch aber liefert er den Schlüssel aus, zunächst zum Verständnis aller seiner durch äußere Ursachen (hier Motive) hervorgerufenen Aktionen und Bewegungen, als welche ohne diese innere und unmittelbare Einsicht in ihr Wesen uns ebenso unverständlich und unerklärbar bleiben würden wie die nach Naturgesetzen und als Äußerungen der Naturkräfte eintretenden Veränderungen der uns in objektiver Anschauung allein gegebenen übrigen Körper; und sodann zu dem des bleibenden *Substrats* aller dieser Aktionen, in welchem die Kräfte zu denselben wurzeln – also dem Leibe selbst. Diese unmittelbare Erkenntnis, welche jeder vom Wesen seiner eigenen ihm außerdem ebenfalls nur in der objektiven Anschauung gleich allen andern gegebenen Erscheinung hat, muß nachher auf die übrigen, in letzterer Weise allein gegebenen Erscheinungen analogisch übertragen werden und wird alsdann der Schlüssel zur Erkenntnis des innern Wesens der Dinge, d. h. der Dinge an sich selbst. Zu dieser also kann man nur gelangen auf einem von der rein *objektiven* Erkenntnis, welche bloße Vorstellung bleibt, ganz verschiedenen Wege, indem man nämlich das *Selbstbewußtsein* des immer nur als animalisches Individuum auftretenden Subjekts der Erkenntnis zu Hülfe nimmt und es zum Ausleger des *Bewußtseins anderer Dinge*, d. i. des anschauenden Intellekts macht. Dies ist der Weg, den ich gegangen bin, und es ist der allein rechte, die enge Pforte zur Wahrheit.

Statt nun diesen Weg einzuschlagen, verwechselte man Kants Darstellung mit dem Wesen der Sache, glaubte mit jener auch dieses widerlegt, hielt, was im Grunde nur argumenta ad hominem waren, für argumenta ad rem und erklärte demnach infolge jener Schulzeschen Angriffe Kants Philosophie für unhaltbar. – Dadurch ward nunmehr das Feld für die Sophisten und Windbeutel frei. Als der erste dieser Art stellte sich *Fichte* ein, der, da das Ding an sich eben in Mißkredit gekommen war, flugs ein System ohne alles Ding an sich verfertigte, mithin die Annahme von irgend etwas, das nicht durch und durch bloß unsere Vorstellung wäre, verwarf, also das erkennende Subjekt alles in allem sein oder doch aus eigenen Mitteln alles hervorbringen ließ. Zu diesem Zweck hob er sogleich das Wesentliche und Verdienstlichste der Kantischen Lehre, die Unterscheidung des Apriori vom Aposteriori und dadurch der Erscheinung vom Ding an sich auf, indem er alles für a priori erklärte, natürlich ohne Beweise für solche monstrose Behauptung: statt derer gab er teils sophistische, ja sogar aberwitzige Scheindemonstrationen, deren Absurdität sich unter der Larve des Tiefsinns und der angeblich aus diesem entsprungenen Unverständlichkeit verbarg; teils berief er sich frank und frech auf intellektuale Anschauung, d. h. eigentlich auf Inspiration. Für ein aller Urteilskraft ermangelndes, Kants unwürdiges Publikum reichte das freilich aus: dieses hielt Überbieten für Übertreffen und erklärte sonach *Fichten* für einen noch viel größern Philosophen als Kant. Ja noch bis auf den heutigen Tag fehlt es nicht an philosophischen Schriftstellern, die jenen traditionell gewordenen falschen Ruhm Fichtes auch der neuen Generation aufzubinden bemüht sind und ganz ernsthaft versichern, was *Kant* bloß versucht habe, das wäre durch den *Fichte* zustande gebracht: *er* sei eigentlich der Rechte. Diese Herren legen durch ihr Midas-Urteil in zweiter Instanz ihre gänzliche Unfähigkeit, Kanten irgend zu verstehn, ja überhaupt ihren deplorabeln Unverstand so palpabel deutlich an den Tag, daß hoffentlich das heranwachsende, endlich enttäuschte Geschlecht sich hüten wird, mit ihren zahlreichen Geschichten der Philosophie und sonstigen Schreibereien Zeit und Kopf zu verderben. – Bei dieser Gelegenheit will ich eine kleine Schrift ins Andenken zurückrufen, aus der man ersehn kann, welchen Eindruck Fichtes persönliche Erscheinung und Treiben auf unbefangene Zeitgenossen machte: sie heißt ›Cabinet Berliner Charaktere‹ und ist 1808 ohne Druckort erschienen: sie soll von *Buchholz* sein; worüber ich jedoch keine Gewißheit habe. Man vergleiche damit, was der Jurist *Anselm von Feuerbach* in seinen 1852 von seinem Sohne herausgegebenen Briefen über *Fichte* sagt[1]; desgleichen auch ›Schillers und Fichtes Briefwechsel‹ (1847)[2], und man wird eine richtigere Vorstellung von diesem Scheinphilosophen erhalten.

Bald trat, seines Vorgängers würdig, *Schelling* in Fichtes

1. [Brief vom 30. Januar 1799]
2. [Brief Schillers vom 24. Juni 1795 an Fichte, in dem er die Abhandlung ›Über Geist und Buchstab in der Philosophie‹ für die ›Horen‹ ablehnt.]

Fußstapfen, die er jedoch verließ, um seine eigene Erfindung, die absolute Identität des Subjektiven und Objektiven oder Idealen und Realen zu verkündigen, welche darauf hinausläuft, daß alles, was seltene Geister wie *Locke* und *Kant* mit unglaublichem Aufwand von Scharfsinn und Nachdenken gesondert hatten, nur wieder zusammenzugießen sei in den Brei jener absoluten Identität. Denn die Lehre dieser beiden Denker läßt sich ganz passend bezeichnen als die von der *absoluten Diversität des Idealen und Realen oder Subjektiven und Objektiven.* Jetzt aber ging es weiter von Verirrungen zu Verirrungen. War einmal durch *Fichten* die Unverständlichkeit der Rede eingeführt und der Schein des Tiefsinns an die Stelle des Denkens gesetzt; so war der Same gestreut, dem eine Korruption nach der andern und endlich die in unsern Tagen aufgegangene gänzliche Demoralisation der Philosophie und durch sie der ganzen Literatur entsprießen sollte[F].

Auf *Schelling* folgte jetzt schon eine philosophische Ministerkreatur, der in politischer, obendrein mit einem Fehlgriff bedienter Absicht von oben herunter zum großen Philosophen gestempelte *Hegel*, ein platter, geistloser, ekelhaftwiderlicher, unwissender Scharlatan, der mit beispielloser Frechheit Aberwitz und Unsinn zusammenschmierte, welche von seinen feilen Anhängern als unsterbliche Weisheit ausposaunt und von Dummköpfen richtig dafür genommen wurden, wodurch ein so vollständiger Chorus der Bewundrung entstand, wie man ihn nie zuvor vernommen hatte[1]. Die einem solchen Menschen gewaltsam verschaffte, ausgebreitete geistige Wirksamkeit hat den intellektuellen Verderb einer ganzen gelehrten Generation zur Folge gehabt. Der Bewunderer jener Afterphilosophie wartet der Hohn der Nachwelt, dem jetzt schon der Spott der *Nachbarn*, lieblich

---

F. Heutzutage hat das Studium der Kantischen Philosophie noch den besondern Nutzen, zu lehren, wie tief seit der ›Kritik der reinen Vernunft‹ die philosophische Literatur in Deutschland gesunken ist: so sehr stechen seine tiefen Untersuchungen ab gegen das heutige rohe Geschwätz, bei welchem man von der einen Seite hoffnungsvolle Kandidaten und auf der andern Barbiergesellen zu vernehmen glaubt.
1. Man sehe die Vorrede[n] zu meinen ›Grundproblemen der Ethik‹ [Bd. 3, S. 483–517].

zu hören, präludiert – oder sollte es meinen Ohren nicht wohlklingen, wenn die Nation – deren gelehrte Kaste meine Leistungen dreißig Jahre hindurch für nichts und weniger als nichts, für keines Blickes würdig geachtet hat – von den Nachbarn den Ruhm erhält, das ganz Schlechte, das Absurde, das Unsinnige und dabei materiellen Absichten Dienende als höchste und unerhörte Weisheit dreißig Jahre lang verehrt, ja vergöttert zu haben? Ich soll wohl auch als ein guter Patriot mich im Lobe der Deutschen und des Deutschtums ergehn und mich freuen, dieser und keiner andern Nation angehört zu haben? Allein es ist, wie das spanische Sprichwort sagt: ›Cada uno cuenta de la feria, como le va en ella.‹ (Jeder berichtet von der Messe, je nachdem es ihm darauf ergangen.) Geht zu den Demokolaken[1] und laßt euch loben. Tüchtige, plumpe, von Ministern aufgepuffte, brav Unsinn schmierende Scharlatane, ohne Geist und ohne Verdienst, das ist's, was den Deutschen gehört; nicht Männer wie ich. – Dies ist das Zeugnis, welches ich ihnen beim Abschiede zu geben habe. Wieland (›Briefe an Merck‹ S. 239) nennt es ein Unglück, ein Deutscher geboren zu sein: Bürger, Mozart, Beethoven u.a. mehr würden ihm beigestimmt haben: ich auch. Es beruht darauf, daß σοφὸν εἶναι δεῖ τὸν ἐπιγνωσόμενον τὸν σοφόν[2] [man weise sein muß, um den Weisen anzuerkennen] oder: ›Il n'y a que l'esprit qui sente l'esprit.‹[3] [Nur der Geist vermag den Geist zu vernehmen.]

Zu den glänzendsten und verdienstlichsten Seiten der Kantischen Philosophie gehört unstreitig die *transzendentale Dialektik*, durch welche er die spekulative Theologie und Psychologie dermaßen aus dem Fundament gehoben hat, daß man seitdem auch mit dem besten Willen nicht imstande gewesen ist, sie wieder aufzurichten. Welche Wohltat für den menschlichen Geist! Oder sehn wir nicht während der ganzen Periode seit dem Wiederaufleben der Wissenschaften bis zu ihm die Gedanken selbst der größten Män-

―――

1. [Volksschmeichlern; vgl. Dionysios von Halikarnaß: ›Antiquitates Romanae‹ 6, 60]
2. [Xenophanes bei Diogenes Laertios 9, 20]
3. [Helvétius: ›De l'esprit‹ 2, chap. 4, alinea 5]

ner eine schiefe Richtung annehmen, ja oft sich völlig verrenken infolge jener beiden den ganzen Geist lähmenden, aller Untersuchung erst entzogenen und danach ihr abgestorbenen, schlechterdings unantastbaren Voraussetzungen? Werden uns nicht die ersten und wesentlichsten Grundansichten unserer selbst und aller Dinge verschroben und verfälscht, wenn wir mit der Voraussetzung darangehn, daß das alles von außen, nach Begriffen und durchdachten Absichten, durch ein persönliches, mithin individuelles Wesen hervorgebracht und eingerichtet sei – imgleichen, daß das Grundwesen des Menschen ein Denkendes wäre und er aus zwei gänzlich heterogenen Teilen bestehe, die zusammengekommen und zusammengelötet wären – ohne zu wissen, wie – und nun miteinander fertigzuwerden hätten, so gut es gehn wollte, um bald wieder nolentes volentes [nicht wollend – wollend] sich auf immer zu trennen? Wie stark Kants Kritik dieser Vorstellungen und ihrer Gründe auf alle Wissenschaften eingewirkt habe, ist daraus ersichtlich, daß seitdem wenigstens in der höhern deutschen Literatur jene Voraussetzungen allenfalls nur noch in einem figürlichen Sinne vorkommen, aber nicht mehr ernstlich gemacht werden: sondern man überläßt sie den Schriften für das Volk und den Philosophie-Professoren, die damit ihr Brot verdienen. Namentlich halten unsere naturwissenschaftlichen Werke sich von dergleichen rein, während hingegen die englischen durch dahinzielende Redensarten und Diatriben oder durch Apologien sich in unsern Augen herabsetzen[F].

[F]. Seitdem Obiges geschrieben worden, hat es sich damit bei uns geändert. Infolge der Wiederauferstehung des uralten und schon zehnmal explodierten Materialismus sind Philosophen aus der Apotheke und dem Kliniko aufgetreten, Leute, die nichts gelernt haben, als was zu ihrem Gewerbe gehört, und nun ganz unschuldig und ehrsam, als sollte Kant noch erst geboren werden, ihre Alte-Weiber-Spekulation vortragen, über ›Leib und Seele‹, nebst deren Verhältnis zu einander, disputieren, ja (credite posteri! [Nachwelt, o glaub' es ja; Horaz, ›Carmina‹ 2, 19, 2]) den Sitz besagter Seele im Gehirn nachweisen. Ihrer Vermessenheit gebührt die Zurechtweisung, daß man etwas gelernt haben muß, um mitreden zu dürfen, und sie klüger täten, sich nicht unangenehmen Anspielungen auf Pflasterschmieren und Katechismus auszusetzen.

Noch dicht vor Kant freilich stand es in dieser Hinsicht ganz anders: so sehn wir z.B. selbst den eminenten *Lichtenberg*, dessen Jugendbildung noch vorkantisch war, in seinem Aufsatz ›Über Physiognomik‹ ernsthaft und mit Überzeugung jenen Gegensatz von Seele und Leib festhalten und dadurch seine Sache verderben.

Wer diesen hohen Wert der *transzendentalen Dialektik* erwägt, wird es nicht überflüssig finden, daß ich hier etwas spezieller auf dieselbe eingehe. Zunächst lege ich daher Kennern und Liebhabern der Vernunftkritik folgenden Versuch vor, in der ›Kritik der rationalen Psychologie‹, wie sie allein in der ersten Ausgabe vollständig vorliegt – während sie in den folgenden kastriert auftritt – das Argument, welches daselbst S. 361 ff. unter dem Titel ›Paralogismus der Personalität‹ kritisiert wird, ganz anders zu fassen und demnach zu kritisieren. Denn Kants allerdings tiefsinnige Darstellung desselben ist nicht nur überaus subtil und schwer verständlich, sondern ihr ist auch vorzuwerfen, daß sie den Gegenstand des Selbstbewußtseins oder, in Kants Sprache, des innern Sinnes plötzlich und ohne weitere Befugnis als den Gegenstand eines fremden Bewußtseins, sogar einer äußern Anschauung nimmt, um ihn dann nach Gesetzen und Analogien der Körperwelt zu beurteilen; ja daß sie sich (S. 363) erlaubt, zwei verschiedene Zeiten, die eine im Bewußtsein des beurteilten, die andere in dem des urteilenden Subjekts anzunehmen, welche nicht zusammenstimmten. – Ich würde also dem besagten Argumente der Persönlichkeit eine ganz andere Wendung geben und es demnach in folgenden zwei Sätzen darstellen:

1. Man kann hinsichtlich aller Bewegung überhaupt, welcher Art sie auch sein möge, a priori feststellen, daß sie allererst wahrnehmbar wird durch den Vergleich mit irgendeinem Ruhenden; woraus folgt, daß auch der Lauf der Zeit mit allem in ihr nicht wahrgenommen werden könnte, wenn nicht etwas wäre, das an demselben keinen Teil hat und mit dessen Ruhe wir die Bewegung jenes vergleichen. Wir urteilen hierin freilich nach Analogie der Bewegung im Raum: aber Raum und Zeit müssen immer dienen, einander wech-

selseitig zu erläutern, daher wir eben auch die Zeit unter dem Bilde einer gerade Linie uns vorstellen müssen, um sie, anschaulich auffassend, a priori zu konstruieren. Demzufolge also können wir uns nicht vorstellen, daß, wenn alles in unserm Bewußtsein, zugleich und zusammen, im Flusse der Zeit fortrückte, dieses Fortrücken dennoch wahrnehmbar sein sollte; sondern hiezu müssen wir ein Feststehendes voraussetzen, an welchem die Zeit mit ihrem Inhalt vorüberflösse. Für die Anschauung des äußern Sinnes leistet dies die Materie als die bleibende Substanz unter dem Wechsel der Akzidenzien; wie dies auch Kant darstellt im Beweise zur ›Ersten Analogie der Erfahrung‹ (S. 183 der ersten Ausgabe). An eben dieser Stelle ist es jedoch, wo er den schon sonst von mir gerügten unerträglichen, ja seinen eigenen Lehren widersprechenden Fehler begeht, zu sagen, daß nicht die Zeit selbst verflösse, sondern nur die Erscheinungen in ihr. Daß dies grundfalsch sei, beweist die uns allen inwohnende feste Gewißheit, daß, wenn auch alle Dinge im Himmel und auf Erden plötzlich stillestünden, doch die Zeit, davon ungestört, ihren Lauf fortsetzen würde; so daß, wenn späterhin die Natur einmal wieder in Gang geriete, die Frage nach der Länge der dagewesenen Pause an sich selbst einer ganz genauen Beantwortung fähig sein würde. Wäre dem anders, so müßte mit der Uhr auch die Zeit stillestehn oder, wenn jene liefe, mitlaufen. Gerade dies Sachverhältnis aber, nebst unserer Gewißheit a priori darüber, beweist unwidersprechlich, daß die Zeit *in* unserm Kopfe, nicht aber draußen ihren Verlauf und also ihr Wesen hat. – Im Gebiete der äußern Anschauung, sagte ich, ist das Beharrende die Materie: bei unserm Argument der Persönlichkeit hingegen ist die Rede bloß von der Wahrnehmung des *innern* Sinnes, in welche auch die des äußern erst wieder aufgenommen wird. Daher also sagte ich, daß, wenn unser Bewußtsein mit seinem gesamten Inhalt gleichmäßig im Strome der Zeit sich fortbewegte, wir dieser Bewegung nicht innewerden könnten. Also muß hierzu im Bewußtsein selbst etwas Unbewegliches sein. Dieses aber kann nichts anderes sein als das erkennende Subjekt selbst, als welches dem Laufe der Zeit und dem

Wechsel ihres Inhalts unerschüttert und unverändert zuschaut. Vor seinem Blicke läuft das Leben wie ein Schauspiel zu Ende. Wie wenig es selbst an diesem Laufe teilhat, wird uns sogar fühlbar, wenn wir im Alter die Szenen der Jugend und Kindheit uns lebhaft vergegenwärtigen.

2. Innerlich im Selbstbewußtsein oder, mit Kant zu reden, durch den innern Sinn erkenne ich mich allein in der *Zeit*. Nun aber kann es, *objektiv* betrachtet, in der bloßen Zeit allein kein Beharrliches geben; weil solches eine Dauer, diese aber ein Zugleichsein und dieses wieder den *Raum* voraussetzt (die Begründung dieses Satzes findet man in meiner Abhandlung ›Über den Satz vom Grunde‹, zweite Auflage § 18 *[Bd. 3, S. 42]*, sodann ›Welt als Wille und Vorstellung‹, zweite Auflage Bd. 1, § 4, S. 10, 11 und 531 *[Bd. 1, S. 37 und S. 634]*). Desungeachtet nun aber finde ich mich tatsächlich als das beharrende, d. h. bei allem Wechsel meiner Vorstellungen immerdar bleibende Substrat derselben, welches zu diesen Vorstellungen sich ebenso verhält wie die Materie zu ihren wechselnden Akzidenzien, folglich ebensowohl wie diese den Namen der *Substanz* verdient und, da es unräumlich, folglich unausgedehnt ist, den der *einfachen Substanz*. Da nun aber, wie gesagt, in der bloßen Zeit für sich allein gar kein Beharrendes vorkommen kann, die in Rede stehende Substanz jedoch andererseits nicht durch den äußern Sinn, folglich nicht im *Raume* wahrgenommen wird; so müssen wir, um sie uns dennoch dem Laufe der Zeit gegenüber als ein Beharrliches zu denken, sie als außerhalb der Zeit gelegen annehmen und demnach sagen: alles Objekt liegt in der Zeit, hingegen das eigentliche erkennende Subjekt nicht. Da es nun außerhalb der Zeit auch kein Aufhören oder Ende gibt; so hätten wir am erkennenden Subjekt in uns eine beharrende, jedoch weder räumliche noch zeitliche, folglich unzerstörbare Substanz.

Um nun dieses so gefaßte Argument der Persönlichkeit als einen Paralogismus nachzuweisen, müßte man sagen, daß der zweite Satz desselben eine empirische Tatsache zur Hülfe nimmt, der sich diese andere entgegenstellen läßt, daß das erkennende Subjekt doch an das Leben und sogar an das Wachen gebunden ist, seine Beharrlichkeit während beider also keineswegs beweist, daß sie auch außerdem bestehn könne. Denn diese faktische Beharrlichkeit für die Dauer des bewußten Zustandes ist noch weit entfernt, ja toto genere verschieden von der Beharrlichkeit der Materie (diesem Ursprung und alleiniger Realisierung des Begriffs *Substanz*), welche wir in der Anschauung kennen und nicht bloß ihre faktische Dauer, sondern ihre notwendige Unzerstörbarkeit und die Unmöglichkeit ihrer Vernichtung a priori einsehn. Aber nach Analogie dieser wahrhaft unzerstörbaren Substanz ist es doch, daß wir eine *denkende Substanz* in uns annehmen möchten, die alsdann einer endlosen Fortdauer gewiß wäre. Abgesehn nun davon, daß dies letztere die Analogie mit einer bloßen Erscheinung (der Materie) wäre, so besteht der Fehler, den die dialektische Vernunft in obigem Beweise begeht, darin, daß sie die Beharrlichkeit des Subjekts beim Wechsel aller seiner Vorstellungen in der Zeit nun so behandelt, wie die Beharrlichkeit der uns in der Anschauung gegebenen Materie und demnach beide unter den Begriff der Substanz zusammenfaßt, um nun alles, was sie, wiewohl unter den Bedingungen der Anschauung, von der Materie a priori aussagen kann, namentlich Fortdauer durch alle Zeit, nun auch jener angeblichen immateriellen Substanz beizulegen, wenngleich die Beharrlichkeit dieser vielmehr nur darauf beruht, daß sie selbst als in gar keiner Zeit, geschweige in aller liegend angenommen wird, wodurch die Bedingungen der Anschauung, infolge welcher die Unzerstörbarkeit der Materie a priori ausgesagt wird, hier ausdrücklich aufgehoben sind, namentlich die Räumlichkeit. Auf dieser aber gerade beruht (nach eben den oben angeführten Stellen meiner Schriften) die Beharrlichkeit derselben.

Hinsichtlich der Beweise der Unsterblichkeit der Seele aus ihrer angenommenen *Einfachheit* und daraus folgenden *Indissolubilität*[1], durch welche die allein mögliche Art des Untergangs, die Auflösung der Teile, ausgeschlossen wird, ist überhaupt zu sagen, daß alle Gesetze über Entstehn, Ver-

1. [Unauflösbarkeit]

gehn, Veränderung, Beharrlichkeit usw., welche wir, sei es a priori oder a posteriori kennen, durchaus nur von der uns objektiv gegebenen und noch dazu durch unsern Intellekt bedingten *Körperwelt* gelten: sobald wir daher von dieser abgehn und von *immateriellen* Wesen reden, haben wir keine Befugnis mehr, jene Gesetze und Regeln anzuwenden, um zu behaupten, wie das Entstehn und Vergehn solcher Wesen möglich sei oder nicht; sondern da fehlt uns jede Richtschnur. Hiedurch sind alle dergleichen Beweise der Unsterblichkeit aus der Einfachheit der denkenden Substanz abgeschnitten. Denn die Amphibolie[1] liegt darin, daß man von einer immateriellen Substanz redet und dann die Gesetze der materiellen unterschiebt, um sie auf jene anzuwenden.

Inzwischen gibt der Paralogismus der Persönlichkeit, wie ich ihn gefaßt habe, in seinem ersten Argument den Beweis a priori, daß in unserm Bewußtsein irgend etwas Beharrliches liegen müsse, und im zweiten Argument weist er dasselbe a posteriori nach. Im ganzen genommen scheint hier das Wahre, welches, wie in der Regel jedem Irrtum, so auch dem der rationalen Psychologie zum Grunde liegt, hier seine Wurzel zu haben. Dies Wahre ist, daß selbst in unserm empirischen Bewußtsein allerdings ein ewiger Punkt nachgewiesen werden kann, aber auch nur ein Punkt, und auch gerade nur nachgewiesen, ohne daß man Stoff zu fernerer Beweisführung daraus erhielte. Ich weise hier auf meine eigene Lehre zurück, nach welcher das erkennende Subjekt das ist, was alles erkennt, aber nicht erkannt wird: dennoch erfassen wir es als den festen Punkt, an welchem die Zeit mit allen Vorstellungen vorüberläuft, indem ihr Lauf selbst allerdings nur im Gegensatz zu einem Bleibenden erkannt werden kann. Ich habe dieses den Berührungspunkt des Objekts mit dem Subjekt genannt. Das Subjekt des Erkennens ist bei mir wie der Leib, als dessen Gehirnfunktion es sich objektiv darstellt, Erscheinung des Willens, der als das alleinige Ding an sich hier das Substrat des Korrelats aller Erscheinungen, d.i. des Subjekts der Erkenntnis ist. –

1. [Mehrdeutigkeit]

Wenden wir uns nunmehr zur *rationalen Kosmologie*, so finden wir an ihren Antinomien prägnante Ausdrücke der aus dem Satze vom Grunde entspringenden Perplexität, die von jeher zum Philosophieren getrieben hat. Diese nun auf einem etwas andern Wege deutlicher und unumwundener hervorzuheben, als dort geschehn, ist die Absicht folgender Darstellung, welche nicht wie die Kantische bloß dialektisch mit abstrakten Begriffen operiert, sondern sich unmittelbar an das anschauende Bewußtsein wendet.

Die *Zeit* kann keinen Anfang haben, und keine *Ursache* kann die erste sein. Beides ist a priori gewiß, also unbestreitbar: denn aller Anfang ist *in* der Zeit, setzt sie also voraus; und jede Ursache muß eine frühere hinter sich haben, deren Wirkung sie ist. Wie hätte also jemals ein erster Anfang der Welt und der Dinge eintreten können? (Danach erscheint denn freilich der erste Vers des Pentateuchs als eine petitio principii [Erschleichung des Beweisgrundes], und zwar im allereigentlichsten Sinne des Worts.) Aber nun andererseits: wenn ein erster Anfang *nicht* gewesen wäre; so könnte die jetzige reale Gegenwart nicht *erst jetzt* sein, sondern wäre *schon längst* gewesen: denn zwischen ihr und dem ersten Anfange müssen wir irgendeinen, jedoch bestimmten und begrenzten Zeitraum annehmen, der nun aber, wenn wir den Anfang leugnen, d. h. ihn ins Unendliche hinaufrücken, mit hinaufrückt. Aber sogar auch, *wenn* wir einen ersten Anfang setzen; so ist uns damit im Grunde doch nicht geholfen: denn haben wir auch dadurch die Kausalkette beliebig abgeschnitten, so wird alsbald die bloße Zeit sich uns beschwerlich erweisen. Nämlich die immer erneuerte Frage: ›Warum jener erste Anfang nicht schon früher eingetreten?‹ wird ihn schrittweise in der anfangslosen Zeit immer weiter hinaufschieben, wodurch dann die Kette der zwischen ihm und uns liegenden Ursachen dermaßen in die Höhe gezogen wird, daß sie nimmer lang genug werden kann, um bis zur jetzigen Gegenwart herabzureichen, wonach es alsdann zu dieser immer *noch nicht* gekommen sein würde. Dem widerstreitet nun aber, daß sie doch jetzt einmal wirklich *da ist* und sogar unser einziges Datum zu der

Rechnung ausmacht. Die Berechtigung nun aber zur obigen so unbequemen Frage entsteht daraus, daß der erste Anfang, eben als solcher, keine ihm vorhergängige Ursache voraussetzt und gerade darum ebensogut hätte Trillionen Jahre früher eintreten können. Bedurfte er nämlich keiner Ursache zum Eintreten, so hatte er auch auf keine zu warten, mußte demnach schon unendlich früher eingetreten sein, weil nichts dawar, ihn zu hemmen. Denn dem ersten Anfange darf, wie nichts als seine Ursache, so auch nichts als sein Hindernis vorhergehn: er hat also schlechterdings auf nichts zu warten und kommt nie früh genug. Daher also ist, in welchen Zeitpunkt man ihn auch setzen mag, nie einzusehn, warum er nicht schon sollte viel früher dagewesen sein. Dies also schiebt ihn immer weiter hinauf: weil nun aber doch die Zeit selbst durchaus keinen Anfang haben kann; so ist allemal bis zum gegenwärtigen Augenblick eine unendliche Zeit, eine Ewigkeit abgelaufen: daher ist dann auch das Hinaufschieben des Weltanfangs ein endloses, so daß von ihm bis zu uns jede Kausalkette zu kurz ausfällt, infolge wovon wir dann von demselben nie bis zur Gegenwart herabgelangen. Dies kommt daher, daß uns ein gegebener und fester Anknüpfungspunkt (point d'attache) fehlt, daher wir einen solchen beliebig irgendwo annehmen, derselbe aber stets vor unsern Händen zurückweicht, die Unendlichkeit hinauf. – So fällt es also aus, wenn wir einen *ersten Anfang* setzen und davon ausgehn: wir gelangen nie von ihm *zur Gegenwart herab*.

Gehn wir hingegen umgekehrt von der doch wirklich gegebenen *Gegenwart* aus: dann gelangen wir, wie schon gemeldet, nie zum *ersten Anfang* hinauf; da jede Ursache, zu der wir hinaufschreiten, immer Wirkung einer frühern gewesen sein muß, welche dann sich wieder im selben Fall befindet, und dies durchaus kein Ende erreichen kann. Jetzt wird uns also die Welt anfangslos wie die unendliche Zeit selbst; wobei unsere Einbildungskraft ermüdet und unser Verstand keine Befriedigung erhält.

Diese beiden entgegengesetzten Ansichten sind demnach einem Stocke zu vergleichen, dessen *eines* Ende, und zwar welches man will, man bequem fassen kann, wobei jedoch das andere sich immer ins Unendliche verlängert. Das Wesentliche der Sache aber läßt sich in dem Satze resümieren, daß die Zeit, als schlechthin unendlich, immer viel zu groß ausfällt für eine in ihr als *endlich* angenommene Welt. Im Grunde aber bestätigt sich hiebei doch wieder die Wahrheit der ›Antithese‹ in der Kantischen Antinomie; weil sich, wenn wir von dem allein Gewissen und wirklich Gegebenen, der realen Gegenwart, ausgehn, die Anfangslosigkeit ergibt; hingegen der erste Anfang bloß eine beliebige Annahme ist, die sich aber auch als solche nicht mit dem besagten allein Gewissen und Wirklichen, der Gegenwart, vereinbaren läßt. – Wir haben übrigens diese Betrachtungen als solche anzusehn, welche die Ungereimtheiten aufdecken, die aus der Annahme der absoluten Realität der Zeit hervorgehn; folglich als Bestätigungen der Grundlehre Kants.

Die Frage, ob die Welt dem *Raume* nach begrenzt oder unbegrenzt sei, ist nicht schlechthin transzendent; vielmehr an sich selbst empirisch; da die Sache immer noch im Bereich möglicher Erfahrung liegt, welche wirklich zu machen nur durch unsere eigene physische Beschaffenheit uns benommen bleibt. A priori gibt es hier kein demonstrabel sicheres Argument, weder für die eine noch die andere Alternative; so daß die Sache wirklich einer Antinomie sehr ähnlich sieht, sofern bei der einen wie der andern Annahme bedeutende Übelstände sich hervortun. Nämlich eine begrenzte Welt im unendlichen Raume schwindet, sei sie auch noch so groß, zu einer unendlich kleinen Größe, und man frägt, wozu denn der übrige Raum dasei? Andererseits wieder kann man nicht fassen, daß kein Fixstern der äußerste im Raume sein sollte. – Beiläufig gesagt, würden die Planeten eines solchen nur während der einen Hälfte ihres Jahres nachts einen gestirnten Himmel haben, während der andern aber einen ungestirnten – der auf die Bewohner einen sehr unheimlichen Eindruck machen müßte. Demnach läßt jene Frage sich auch so ausdrücken: Gibt es einen Fixstern, dessen Planeten in diesem Prädikamente stehn, oder nicht? Hier zeigt sie sich als offenbar empirisch.

Ich habe in meiner ›Kritik der Kantischen Philosophie‹ *[Bd. 1. S. 662]* die ganze Annahme der Antinomien als falsch und illusorisch nachgewiesen. Auch wird bei gehöriger Überlegung jeder es zum voraus als unmöglich erkennen, daß Begriffe, die richtig aus den Erscheinungen und den a priori gewissen Gesetzen derselben abgezogen, sodann aber, denen der Logik gemäß, zu Urteilen und Schlüssen verknüpft sind, auf Widersprüche führen sollten. Denn alsdann müßten in der anschaulich gegebenen Erscheinung selbst oder in dem gesetzmäßigen Zusammenhang ihrer Glieder Widersprüche liegen; welches eine unmögliche Annahme ist. Denn das Anschauliche als solches kennt gar keinen Widerspruch: dieser hat in Beziehung auf dasselbe keinen Sinn noch Bedeutung. Denn er existiert bloß in der abstrakten Erkenntnis der Reflexion: man kann wohl offen oder versteckt etwas zugleich setzen und nicht setzen, d. h. sich widersprechen: aber es kann nicht etwas Wirkliches zugleich sein und nicht sein. Das Gegenteil des Obigen hat freilich Zenon Eleaticus mit seinen bekannten Sophismen und auch Kant mit seinen Antinomien dartun wollen. Daher also verweise ich auf meine Kritik der letzteren.

Kants Verdienst um die *spekulative Theologie* ist schon oben im allgemeinen berührt worden. Um dasselbe noch mehr hervorzuheben, will ich jetzt in größter Kürze das Wesentliche der Sache auf meine Weise recht faßlich zu machen suchen.

In der christlichen Religion ist das Dasein Gottes eine ausgemachte Sache und über alle Untersuchung erhaben. So ist es recht: denn dahin gehört es und ist daselbst durch Offenbarung begründet. Ich halte es daher für einen Mißgriff der Rationalisten, wenn sie in ihren Dogmatiken das Dasein Gottes anders als aus der Schrift zu beweisen versuchen: sie wissen in ihrer Unschuld nicht, wie gefährlich diese Kurzweil ist. Die Philosophie hingegen ist eine Wissenschaft und hat als solche keine Glaubensartikel: demzufolge darf in ihr nichts als daseiend angenommen werden, als was entweder empirisch geradezu gegeben oder aber durch unzweifelhafte Schlüsse nachgewiesen ist. Diese glaubte man nun freilich längst zu besitzen, als Kant die Welt hierüber enttäuschte und sogar die Unmöglichkeit solcher Beweise so sicher dartat, daß seitdem kein Philosoph in Deutschland wieder versucht hat, dergleichen aufzustellen. Hiezu aber war er durchaus befugt; ja er tat etwas höchst Verdienstliches: denn ein theoretisches Dogma, welches mitunter sich herausnimmt, jeden, der es nicht gelten läßt, zum Schurken zu stempeln, verdiente doch wohl, daß man ihm einmal ernstlich auf den Zahn fühlte.

Mit jenen angeblichen Beweisen verhält es sich nun folgendermaßen: Da einmal die *Wirklichkeit* des Daseins Gottes nicht durch empirische Überführung gezeigt werden kann; so wäre der nächste Schritt eigentlich gewesen, die *Möglichkeit* desselben auszumachen, wobei man schon Schwierigkeiten genug würde angetroffen haben. Statt dessen aber unternahm man, sogar die *Notwendigkeit* desselben zu beweisen, also Gott als *notwendiges Wesen* darzutun. Nun ist *Notwendigkeit*, wie ich oft genug nachgewiesen habe, überall nichts anderes als Abhängigkeit einer Folge von ihrem Grunde, also das Eintreten oder Setzen der Folge, weil der Grund gegeben ist. Hiezu hatte man demnach unter den vier von mir nachgewiesenen Gestalten des Satzes vom Grunde die Wahl und fand nur die zwei ersten brauchbar. Demgemäß entstanden zwei theologische Beweise, der kosmologische und der ontologische, der eine nach dem Satz vom Grunde des Werdens (Ursache), der andere nach dem vom Grunde des Erkennens. Der erste will nach dem Gesetze der *Kausalität* jene *Notwendigkeit* als eine *physische* dartun, indem er die Welt als eine *Wirkung* auffaßt, die eine *Ursache* haben müsse. Diesem kosmologischen Beweise wird sodann als Beistand und Unterstützung der physikotheologische beigegeben. Das kosmologische Argument wird am stärksten in der Wolffischen Fassung desselben, folglich so ausgedrückt: ›Wenn irgend etwas existiert, so existiert auch ein schlechthin notwendiges Wesen‹ – zu verstehn, entweder das Gegebene selbst oder die erste der Ursachen, durch welche dasselbe zum Dasein gelangt ist. Letzteres wird dann angenommen. Dieser Beweis gibt zunächst die

Blöße, ein Schluß von der Folge auf den Grund zu sein, welcher Schlußweise schon die Logik alle Ansprüche auf Gewißheit abspricht. Sodann ignoriert er, daß wir, wie ich oft gezeigt habe, etwas als *notwendig* nur denken können, insofern es Folge, nicht insofern es Grund eines gegebenen andern ist. Ferner beweist das Gesetz der Kausalität, in dieser Weise angewandt, zuviel: denn wenn es uns hat von der Welt auf ihre Ursache leiten müssen, so erlaubt es uns auch nicht, bei dieser stehnzubleiben, sondern führt uns weiter zu deren Ursache, und so immerfort unbarmherzig weiter, in infinitum [bis ins unendliche]. Dies bringt sein Wesen so mit sich. Uns ergeht es dabei wie dem Goetheschen Zauberlehrling, dessen Geschöpf zwar auf Befehl anfängt, aber nicht wieder aufhört. Hiezu kommt noch, daß die Kraft und Gültigkeit des Gesetzes der Kausalität sich allein auf die *Form* der Dinge, nicht auf ihre Materie erstreckt. Es ist der Leitfaden des Wechsels der Formen, weiter nichts: die Materie bleibt von allem Entstehn und Vergehn derselben unberührt; welches wir vor aller Erfahrung einsehn und daher gewiß wissen. Endlich unterliegt der kosmologische Beweis dem transzendentalen Argument, daß das Gesetz der Kausalität nachweisbar subjektiven Ursprungs, daher bloß auf *Erscheinungen* für unsern Intellekt, nicht auf das Wesen der *Dinge an sich selbst* anwendbar istF. – Subsidiarisch wird, wie

F. Die Dinge ganz realistisch und objektiv genommen, ist sonnenklar, daß die Welt *sich selbst erhält*: die organischen Wesen bestehn und propagieren sich kraft ihrer inneren selbst-eigenen Lebenskraft; die unorganischen Körper tragen die Kräfte in sich, von denen Physik und Chemie bloß die Beschreibung sind, und die Planeten gehn ihren Gang aus innern Kräften vermöge ihrer Trägheit und Gravitation. Zu ihrem Bestande also braucht die Welt niemanden außer sich. Denn derselbe ist *Wischnu*.
Nun aber zu sagen, daß einmal in der Zeit diese Welt mit allen ihr inwohnenden Kräften gar nicht gewesen, sondern von einer fremden und außer ihr liegenden Kraft aus dem Nichts hervorgebracht sei – ist ein ganz müßiger, durch nichts zu belegender Einfall; um so mehr, als alle ihre Kräfte an die Materie gebunden sind, deren Entstehn oder Vergehn wir nicht einmal zu denken vermögen.
Diese Auffassung der Welt reicht hin zum *Spinozismus*. Daß Menschen in ihrer Herzensnot sich überall Wesen erdacht haben, welche die Naturkräfte und ihren Verlauf beherrschen, um solche anrufen zu

gesagt, dem kosmologischen Beweise der *physikotheologische* beigegeben, welcher der von jenem eingeführten Annahme zugleich Beleg, Bestätigung, Plausibilität, Farbe und Gestalt erteilen will. Allein er kann immer nur unter Voraussetzung jenes ersten Beweises, dessen Erläuterung und Amplifikation er ist, auftreten. Sein Verfahren besteht dann darin, daß er jene vorausgesetzte erste Ursache der Welt zu einem erkennenden und wollenden Wesen steigert, indem er durch Induktion aus den vielen Folgen, die sich durch einen solchen Grund erklären ließen, diesen festzustellen sucht. Induktion kann aber höchstens große Wahrscheinlichkeit, nie Gewißheit geben: überdies ist, wie gesagt, der ganze Beweis ein durch den ersten bedingter. Wenn man aber näher und ernstlich auf diese so beliebte Physikotheologie eingeht und nun gar sie im Lichte meiner Philosophie prüft; so ergibt sie sich als die Ausführung einer falschen Grundansicht der Natur, welche die *unmittelbare* Erscheinung oder Objektivation des Willens zu einer bloß *mittelbaren* herabsetzt, also statt in den Naturwesen das ursprüngliche, urkräftige, erkenntnislose und ebendeshalb unfehlbar sichere Wirken des Willens zu erkennen, es auslegt als ein bloß sekundäres, erst am Lichte der Erkenntnis und am Leitfaden der Motive vor sich gegangenes; und sonach das von innen aus Getriebene auffaßt als von außen gezimmert, gemodelt und geschnitzt. Denn wenn der Wille als das Ding an sich, welches durchaus *nicht* Vorstellung ist, im Akte seiner Objektivation aus seiner Ursprünglichkeit in die Vorstellung tritt und man nun an das in ihr sich Darstellende mit der Voraussetzung geht, es sei ein in der Welt der Vorstellung selbst, also infolge der *Erkenntnis* zustande Gebrachtes; dann freilich stellt es sich dar als ein nur mittelst überschwenglich vollkommener Erkenntnis, die alle Objekte und ihre Verkettungen auf einmal überblickt, Mögliches, d. i. als ein Werk der höchsten Weisheit. Hierüber verweise

können – ist sehr natürlich. Griechen und Römer ließen es jedoch beim Herrschen, eines jeden in seinem Bereich, bewenden; und es fiel ihnen nicht ein, zu sagen, einer von jenen habe die Welt und die Naturkräfte gemacht.

ich auf meine Abhandlung ›Vom Willen in der Natur‹, besonders S. 43–62 derselben *[Bd. 3, S. 356f.]* unter der Rubrik ›Vergleichende Anatomie‹, und auf mein Hauptwerk Bd. 2, Kap. 26 *[Bd. 2, S. 423]* am Anfang.

Der zweite theologische Beweis, der *ontologische*, nimmt, wie gesagt, nicht das Gesetz der Kausalität, sondern den Satz vom Grunde des Erkennens zum Leitfaden; wodurch denn die Notwendigkeit des Daseins Gottes hier eine *logische* ist. Nämlich durch bloß analytisches Urteilen aus dem Begriffe *Gott* soll sich hier sein Dasein ergeben; so daß man diesen Begriff nicht zum Subjekt eines Satzes machen könne, darin ihm das Dasein abgesprochen würde; weil nämlich dies dem Subjekt des Satzes widersprechen würde. Dies ist logisch richtig, ist aber auch sehr natürlich und ein leicht zu durchschauender Taschenspielerstreich. Nachdem man nämlich mittelst der Handhabe des Begriffs ›Vollkommenheit‹ oder auch ›Realität‹, den man als terminus medius gebraucht, das Prädikat des Daseins in das Subjekt hineingelegt hat, kann es nicht fehlen, daß man es nachher daselbst wieder vorfindet und nun es durch ein analytisches Urteil exponiert. Aber die Berechtigung zur Aufstellung des ganzen Begriffs ist damit keineswegs nachgewiesen: vielmehr war er entweder ganz willkürlich ersonnen oder aber durch den kosmologischen Beweis eingeführt, bei welchem alles auf physische Notwendigkeit zurückläuft. Christian Wolff scheint dies wohl einsehn zu haben; da er in seiner Metaphysik vom kosmologischen Argument allein Gebrauch macht und dies ausdrücklich bemerkt. Den ontologischen Beweis findet man in der zweiten Auflage meiner Abhandlung ›Über die vierfache Wurzel des Satzes vom zureichenden Grunde‹ § 7 *[Bd. 3, S, 20–23]* genau untersucht und gewürdigt; dahin ich also hier verweise.

Allerdings stützen beide theologische[n] Beweise sich gegenseitig, können aber darum doch nicht stehn. Der kosmologische hat den Vorzug, daß er Rechenschaft gibt, wie er zum Begriff eines Gottes gekommen ist, und nun durch seinen Adjunkt, den physikotheologischen Beweis, denselben plausibel macht. Der ontologische hingegen kann gar nicht nachweisen, wie er zu seinem Begriff vom allerrealsten Wesen gekommen sei, gibt also entweder vor, derselbe sei angeboren, oder er borgt ihn vom kosmologischen Beweis und sucht ihn dann aufrechtzuhalten durch erhaben klingende Sätze vom Wesen, das nicht anders als seiend gedacht werden könne, dessen Dasein schon in seinem Begriffe läge usw. Inzwischen werden wir der Erfindung des ontologischen Beweises den Ruhm des Scharfsinns und der Subtilität nicht versagen, wenn wir folgendes erwägen: Um eine gegebene Existenz zu erklären, weisen wir ihre Ursache nach, in Beziehung auf welche sie dann als eine notwendige sich darstellt; welches als Erklärung gilt. Allein dieser Weg führt, wie genugsam gezeigt, auf einen regressus in infinitum [ein Zurückgehen bis ins unendliche], kann daher nie bei einem Letzten, das einen fundamentalen Erklärungsgrund abgäbe, anlangen. Anders nun würde es sich verhalten, wenn wirklich die *Existenz* irgendeines Wesens aus seiner *Essenz*, also seinem bloßen Begriff oder seiner Definition sich folgern ließe. Dann nämlich würde es als ein *notwendiges* (welches hier wie überall nur besagt: ›ein aus seinem *Grunde* Folgendes‹) erkannt werden, ohne dabei an etwas anderes als an seinen eigenen Begriff gebunden zu sein, mithin, ohne daß seine Notwendigkeit eine bloß vorübergehende und momentane, nämlich eine selbst wieder bedingte und danach auf endlose Reihen führende wäre, wie es die *kausale* Notwendigkeit allemal ist. Vielmehr würde alsdann der bloße Erkenntnisgrund sich in einen Realgrund, also eine Ursache verwandelt haben und so sich vortrefflich eignen, nunmehr den letzten und dadurch festen Anknüpfungspunkt für alle Kausalreihen abzugeben: man hätte also dann, was man sucht. Daß aber das alles illusorisch ist, haben wir oben gesehn, und es ist wirklich, als habe schon Aristoteles einer solchen Sophistikation vorbeugen wollen, als er sagte: Τὸ δ' εἶναι οὐκ οὐσία οὐδενί. (Ad nullius rei essentiam pertinet existentia.) [Das Dasein gehört nicht zum Wesen einer Sache.] (›Analytica posteriora‹ 2, 7 [p. 92 b 13]). Unbekümmert hierum stellte, nachdem Anselmus von Canterbury zu einem dergleichen Gedankengange die Bahn gebrochen hatte, nachmals *Cartesius* den Begriff Gottes als einen solchen, der das Geforderte leistete, auf, *Spinoza* aber den der Welt als der allein existierenden Substanz, welche danach ›causa sui‹ wäre, ›i. e. quae per se est et per se concipitur, quamobrem nulla alia re eget ad existendum‹ [Ursache ihrer selbst (ist), d. h. die durch sich selbst da ist und durch sich begriffen wird, daher sie keines andern bedarf, um zu existieren; ›Ethica‹ I, def. I]. Dieser so etablierten Welt erteilt er sodann honoris causa [ehrenhalber] den Titel Deus – um alle Leute zufriedenzustellen. Es ist aber eben noch immer derselbe tour de passe-passe [Taschenspielertrick], der das *logisch* Notwendige für ein *real* Notwendiges uns in die Hände spielen will und der, nebst andern ähnlichen Täuschungen, endlich Anlaß gab zu *Lockes* großer Untersuchung des *Ursprungs* der Begriffe, mit welcher nunmehr der Grund zur kritischen Philosophie gelegt war. Eine speziellere Darstellung des Verfahrens jener beiden Dogmatiker enthält meine Abhandlung ›Über den Satz vom Grunde‹ in der zweiten Auflage, §§ 7 und 8 *[Bd. 3, S. 20-30]*.

Nachdem nun *Kant* durch seine Kritik der spekulativen Theologie dieser den Todesstoß gegeben hatte, mußte er den Eindruck hievon zu mildern suchen, also ein Besänftigungsmittel als Anodynon¹ darauf legen; analog dem Verfahren *Humes*, der, im letzten seiner so lesenswerten wie unerbittlichen ›Dialogues on natural religion‹ uns eröffnet, das alles wäre nur Spaß gewesen, ein bloßes exercitium logicum. Dem also entsprechend gab Kant als Surrogat der Beweise des Daseins Gottes sein Postulat der praktischen Vernunft und die daraus entstehende Moraltheologie, welche ohne allen Anspruch auf objektive Gültigkeit für das Wissen oder die theoretische Vernunft volle Gültigkeit in Beziehung auf das Handeln oder für die praktische Vernunft haben sollte, wodurch denn ein Glauben ohne Wissen begründet wurde – damit die Leute doch nur etwas in die Hand kriegten. Seine Darstellung, wenn wohl verstanden, besagt nichts anderes, als daß die Annahme eines nach dem Tode vergeltenden, gerechten Gottes ein brauchbares und ausreichen-

1. [schmerzstillendes Mittel]

des *regulatives Schema* sei, zum Behuf der Auslegung der gefühlten, ernsten, ethischen Bedeutsamkeit unsers Handelns, wie auch der Leitung dieses Handelns selbst; also gewissermaßen eine Allegorie der Wahrheit, so daß in dieser Hinsicht, auf welche allein es doch zuletzt ankommt, jene Annahme die Stelle der Wahrheit vertreten könne, wenn sie auch theoretisch oder objektiv nicht zu rechtfertigen sei. – Ein analoges Schema von gleicher Tendenz, aber viel größerm Wahrheitsgehalt, stärkerer Plausibilität und demnach unmittelbarerem Wert ist das Dogma des Brahmanismus von der vergeltenden Metempsychose, wonach wir in der Gestalt eines jeden von uns verletzten Wesens einst müssen wiedergeboren werden, um alsdann dieselbe Verletzung zu erleiden. – Im angegebenen Sinne also hat man Kants Moraltheologie zu nehmen, indem man dabei berücksichtigt, daß er selbst nicht so unumwunden, wie hier geschieht, über das eigentliche Sachverhältnis sich ausdrücken durfte, sondern, indem er das Monstrum einer *theoretischen* Lehre von bloß *praktischer* Gültigkeit aufstellte, bei den Klügeren auf das ›granum salis‹[1] gerechnet hat. Die theologischen und philosophischen Schriftsteller dieser letzteren, der Kantischen Philosophie entfremdeten Zeit haben daher meistens gesucht, der Sache das Ansehn zu geben, als sei Kants Moraltheologie ein wirklicher dogmatischer Theismus, ein neuer Beweis des Daseins Gottes. Das ist sie aber durchaus nicht; sondern sie gilt ganz allein innerhalb der Moral, bloß zum Behuf der Moral, und kein Strohbreit weiter.

Auch ließen nicht einmal die Philosophie-Professoren sich lange daran genügen; obwohl sie durch Kants Kritik der spekulativen Theologie in bedeutende Verlegenheit gesetzt waren. Denn von alters her hatten sie ihren speziellen Beruf darin erkannt, das Dasein und die Eigenschaften Gottes darzulegen und ihn zum Hauptgegenstand ihres Philosophierens zu machen; daher, wenn die Schrift lehrt, daß Gott die Raben auf dem Felde ernährt, ich hinzusetzen muß: und die Philosophie-Professoren auf ihren Kathedern. Ja

1. [›Körnchen Salz‹, d.h. mit Einschränkung; nach Plinius: ›Historia naturalis‹ 23, 8, 149]

sogar noch heutigentages versichern sie ganz dreist, das absolutum (bekanntlich der neumodische Titel für den lieben Gott) und dessen Verhältnis zur Welt sei das eigentliche Thema der Philosophie, und dieses näher zu bestimmen, auszumalen und durchzuphantasieren sind sie nach wie vor beschäftigt. Denn allerdings möchten die Regierungen, welche für ein dergleichen Philosophieren Geld hergeben, aus den philosophischen Hörsälen auch gute Christen und fleißige Kirchengänger hervorgehn sehn. Wie mußte also den Herren von der lukrativen Philosophie zumute werden, als durch den Beweis, daß alle Beweise der spekulativen Theologie unhaltbar und daß alle ihr auserwähltes Thema betreffenden Erkenntnisse unserm Intellekt schlechterdings unzugänglich seien, Kant ihnen das Konzept so sehr weit verrückt hatte? Sie hatten sich anfänglich durch ihr bekanntes Hausmittel, das Ignorieren, dann aber durch Bestreiten zu helfen gesucht: aber das hielt auf die Länge nicht Stich. Da haben sie denn sich auf die Behauptung geworfen, das Dasein Gottes sei zwar keines Beweises fähig, bedürfe aber auch desselben nicht: denn es verstände sich von selbst, wäre die ausgemachteste Sache von der Welt, wir könnten es gar nicht bezweifeln, wir hätten ein ›Gottesbewußtsein‹F, unsere Vernunft wäre das Organ für unmittelbare Erkenntnisse von überweltlichen Dingen, die Belehrung über diese würde unmittelbar von ihr *vernommen*, und darum eben heiße sie *Vernunft*! (Ich bitte freundlichst, hier meine Abhandlung ›Über den Satz vom Grunde‹, in der zweiten Auflage § 34 *[Bd. 3, S. 134-156]*, desgleichen meine ›Grundprobleme der Ethik‹ S. 148-154 *[Bd. 3, S. 675-682]*, endlich auch meine ›Kritik der Kantischen Philosophie‹ S. 574-575

F. Von der *Genesis* dieses Gottesbewußtseins haben wir kürzlich eine in dieser Hinsicht merkwürdige bildliche Darstellung erhalten, nämlich einen Kupferstich, der uns eine Mutter zeigt, die ihr dreijähriges mit gefalteten Händen auf dem Bette knieendes Kind zum Beten abrichtet – gewiß ein häufiger Vorgang, der eben die Genesis des Gottesbewußtseins ausmacht; denn es ist nicht zu bezweifeln, daß, nachdem im zartesten Alter das im ersten Wachstum begriffene Gehirn so zugerichtet worden, ihm das Gottesbewußtsein so fest eingewachsen ist, als wäre es wirklich angeboren.

[Bd. 1, S. 698] nachzusehn.) Nach andern lieferte sie jedoch bloße Ahndungen; hingegen wieder andere hatten gar intellektuale Anschauungen! Abermals andere erfanden das absolute Denken, d. i. ein solches, bei welchem der Mensch sich nicht nach den Dingen umzusehn braucht, sondern in göttlicher Allwissenheit bestimmt, wie sie ein für allemal seien. Dies ist unstreitig die bequemste unter allen jenen Erfindungen. Sämtlich aber griffen sie zum Wort ›absolutum‹, welches eben nichts anderes ist als der kosmologische Beweis in nuce oder vielmehr in einer so starken Zusammenziehung, daß er, mikroskopisch geworden, sich den Augen entzieht, so unerkannt durchschlüpft und nun für etwas sich von selbst Verstehendes ausgegeben wird: denn in seiner wahren Gestalt darf er seit dem Kantischen examen rigorosum sich nicht mehr blicken lassen; wie ich dies in der zweiten Auflage meiner Abhandlung ›Über den Satz vom Grunde‹ S. 36 ff. *[Bd. 3, S. 52]* und auch in meiner ›Kritik der Kantischen Philosophie‹, zweite Auflage S. 544 *[Bd. 1, S. 646]* näher ausgeführt habe. Wer zuerst vor ungefähr fünfzig Jahren den Pfiff gebraucht habe, unter diesem alleinigen Wort *absolutum* den explodierten und proskribierten kosmologischen Beweis inkognito einzuschwärzen, weiß ich nicht mehr anzugeben: aber der Pfiff war den Fähigkeiten des Publikums richtig angemessen; denn bis auf den heutigen Tag kursiert ›absolutum‹ als bare Münze. Kurzum: es hat den Philosophie-Professoren trotz der Kritik der Vernunft und ihren Beweisen noch nie an authentischen Nachrichten vom Dasein Gottes und seinem Verhältnis zur Welt gefehlt, in deren ausführlicher Mitteilung, nach ihnen, das Philosophieren ganz eigentlich bestehn soll. Allein wie man sagt: ›kupfernes Geld, kupferne Ware‹, so ist dieser bei ihnen sich von selbst verstehende Gott eben auch danach: er hat weder Hand noch Fuß. Darum halten sie mit ihm so hinterm Berge oder vielmehr hinter einem schallenden Wortgebäude, daß man kaum einen Zipfel von ihm gewahr wird. Wenn man sie nur zwingen könnte, sich deutlich darüber zu erklären, was bei dem Worte Gott so eigentlich zu denken sei; dann würden wir sehn, ob er sich von selbst

versteht. Nicht einmal eine natura naturans [schaffende Natur] (in die ihr Gott oft überzugehn droht) versteht sich von selbst; da wir den Leukipp, Demokrit, Epikur und Lukrez ohne eine solche die Welt aufbauen sehn: diese Männer aber waren bei allen ihren Irrtümern immer noch mehr wert als eine Legion Wetterfahnen, deren Erwerbs-Philosophie sich nach dem Winde dreht. Eine natura naturans wäre aber noch lange kein Gott. Im Begriffe derselben ist vielmehr bloß die Einsicht enthalten, daß hinter den so sehr vergänglichen und rastlos wechselnden Erscheinungen der natura naturata [geschaffenen Natur] eine unvergängliche und unermüdliche Kraft verborgen liegen müsse, vermöge deren jene sich stets erneuerten, indem vom Untergange derselben sie selbst nicht mitgetroffen würde. Wie die natura naturata der Gegenstand der Physik ist, so die natura naturans der der Metaphysik. Diese wird zuletzt uns darauf führen, daß auch wir selbst zur Natur gehören und folglich sowohl von natura naturata als von natura naturans nicht nur das nächste und deutlichste, sondern sogar das einzige uns auch *von innen* zugängliche Spezimen an uns selbst besitzen. Da sodann die ernste und genaue Reflexion auf uns selbst uns als den Kern unsers Wesens den *Willen* erkennen läßt; so haben wir daran eine unmittelbare Offenbarung der natura naturans, die wir danach auf alle übrigen uns nur einseitig bekannten Wesen zu übertragen befugt sind. So gelangen wir dann zu der großen Wahrheit, daß die natura naturans oder das Ding an sich der Wille in unserm Herzen, die natura naturata aber, oder die Erscheinung, die Vorstellung in unserm Kopfe ist. Von diesem Resultate jedoch auch abgesehn, ist soviel offenbar, daß die bloße Unterscheidung einer natura naturans und naturata noch lange kein Theismus, ja noch nicht einmal Pantheismus ist; da zu diesem (wenn er nicht bloße Redensart sein soll) die Hinzufügung gewisser moralischer Eigenschaften erfordert wäre, die der Welt offenbar nicht zukommen, z. B. Güte, Weisheit, Glückseligkeit usw. Überdies ist Pantheismus ein sich selbst aufhebender Begriff; weil der Begriff eines Gottes eine von ihm verschiedene Welt als wesentliches Korrelat desselben voraussetzt. Soll hingegen die Welt selbst seine Rolle übernehmen; so bleibt eben eine absolute Welt, ohne Gott; daher Pantheismus nur eine Euphemie für Atheismus ist. Dieser letztere Ausdruck aber enthält seinerseits eine Erschleichung, indem er vorweg annimmt, der Theismus verstehe sich von selbst, wodurch er das ›affirmanti incumbit probatio‹[1] [dem, der eine Behauptung aufstellt, obliegt der Beweis] schlau umgeht; während vielmehr der sogenannte Atheismus das ›ius primi occupantis‹ [das Recht des ersten Besitzergreifers] hat und erst vom Theismus aus dem Felde geschlagen werden muß. Ich erlaube mir hiezu die Bemerkung, daß die Menschen unbeschnitten, folglich nicht als Juden auf die Welt kommen. – Aber sogar auch die Annahme irgendeiner von der Welt verschiedenen Ursache derselben ist noch kein Theismus. Dieser verlangt nicht nur eine von der Welt verschiedene, sondern eine intelligente, d. h. erkennende und wollende, also persönliche, mithin auch individuelle Welturheber: eine solche ist es ganz allein, die das Wort Gott bezeichnet. Ein unpersönlicher Gott ist gar kein Gott, sondern bloß ein mißbrauchtes Wort, ein Unbegriff, eine contradictio in adiecto [ein Widerspruch im Beiwort], ein Schibboleth[2] für Philosophie-Professoren, welche, nachdem sie die Sache haben aufgeben müssen, mit dem Wort durchzuschleichen bemüht sind. Andererseits nun aber ist die Persönlichkeit, d. h. die selbstbewußte Individualität, welche erst *erkennt* und dann dem Erkannten gemäß *will*, ein Phänomen, welches uns ganz allein aus der auf unserm kleinen Planeten vorhandenen animalischen Natur bekannt und mit dieser so innig verknüpft ist, daß es von ihr getrennt und unabhängig zu denken wir nicht nur nicht befugt, sondern auch nicht einmal fähig sind. Ein Wesen solcher Art nun aber als den Ursprung der Natur selbst, ja alles Daseins überhaupt anzunehmen ist ein kolossaler und überaus kühner Gedanke, über den wir erstaunen würden, wenn wir ihn zum ersten Male vernähmen und er nicht, durch die frühzeitigste Einprägung und beständige Wieder-

1. [Juristische Regel]
2. *[Vgl. Bd. 3, S. 695]*

holung uns geläufig, ja zur zweiten Natur, fast möchte ich sagen: zur fixen Idee geworden wäre. Daher sei es beiläufig erwähnt, daß nichts mir die Echtheit des *Caspar Hauser* so sehr beglaubigt hat als die Angabe, daß die ihm vorgetragene sogenannte natürliche Theologie ihm nicht sonderlich hat einleuchten wollen, wie man es doch erwartet hatte; wozu noch kommt, daß er (nach dem ›Briefe des Grafen Stanhope an den Schullehrer Meyer‹) eine sonderbare Ehrfurcht vor der Sonne bezeugte. – Nun aber in der Philosophie zu lehren, jener theologische Grundgedanke verstände sich von selbst und die Vernunft wäre eben nur die Fähigkeit, denselben unmittelbar zu fassen und als wahr zu erkennen, ist ein unverschämtes Vorgeben. Nicht nur darf in der Philosophie ein solcher Gedanke nicht ohne den vollgültigsten Beweis angenommen werden, sondern sogar der Religion ist er durchaus nicht wesentlich: dies bezeugt die auf Erden am zahlreichsten vertretene Religion, der uralte, jetzt 370 Millionen Anhänger zählende, höchst moralische, ja asketische, sogar auch den zahlreichsten Klerus ernährende Buddhaismus, indem er einen solchen Gedanken durchaus nicht zuläßt, vielmehr ihn ausdrücklich perhorresziert und recht ex professo, nach unserm Ausdruck, atheistisch ist[1].

---

1. ›Der Zaradobura, Ober-Rahan (Oberpriester) der Buddhaisten, in Ava zählt in einem Aufsatz über seine Religion, den er einem katholischen Bischofe gab, zu den sechs verdammlichen Ketzereien auch die Lehre, daß ein Wesen dasei, welches die Welt und alle Dinge in der Welt geschaffen habe und das allein würdig sei, angebetet zu werden‹ (Francis Buchanan: ›On the religion of the Burmas‹ in den ›Asiatic researches‹ vol. 6, p. 268). Auch verdient hier angeführt zu werden, was in derselben Sammlung (Bd. 15, S. 148) erwähnt wird, daß nämlich die Buddhaisten vor keinem Götterbilde ihr Haupt beugen, als Grund angebend, daß das Urwesen die ganze Natur durchdringe, folglich auch in ihren Köpfen sei. Desgleichen, daß der grundgelehrte Orientalist und Petersburger Akademiker Isaak Jakob Schmidt in seinen ›Forschungen im Gebiete der älteren Bildungsgeschichte Mittelasiens‹ (Petersburg 1824, S. 180) sagt: ›Das System des Buddhaismus kennt kein ewiges, unerschaffenes, einiges göttliches Wesen, das vor allen Zeiten war und alles Sichtbare und Unsichtbare erschaffen hat. Diese Idee ist ihm ganz fremd, und man findet in den buddhaistischen Büchern nicht die geringste Spur davon. Ebensowenig gibt es eine

Dem Obigen zufolge ist der Anthropomorphismus eine dem Theismus durchaus wesentliche Eigenschaft, und zwar besteht derselbe nicht etwan bloß in der menschlichen Gestalt, selbst nicht allein in den menschlichen Affekten und Leidenschaften; sondern in dem Grundphänomen selbst, nämlich in dem eines zu seiner Leitung mit einem Intellekt ausgerüsteten Willens, welches Phänomen uns, wie gesagt, bloß aus der animalischen Natur, am vollkommensten aus der menschlichen, bekannt ist und sich allein als Individualität, die, wenn sie eine vernünftige ist, Persönlichkeit heißt, denken läßt. Dies bestätigt auch der Ausdruck ›so wahr Gott lebt‹: er ist eben ein Lebendes, d. h. mit Erkenntnis Wollendes. Sogar gehört ebendeshalb zu einem Gotte auch ein Himmel, darin er thront und regiert. Viel mehr dieserhalb als wegen der Redensart im Buche Josua [10, 12–14] wurde das Kopernikanische Weltsystem von der Kirche sogleich mit Ingrimm empfangen, und wir finden dementsprechend hundert Jahre später den Jordanus Brunus [Giordano Bruno] als Verfechter jenes Systems und des Pantheismus zugleich. Die Versuche, den Theismus vom Anthropomorphismus zu reinigen, greifen, indem sie nur an der Schale zu arbeiten wähnen, geradezu sein innerstes Wesen an: durch ihr Bemühen, seinen Gegenstand abstrakt zu fassen, sublimieren sie ihn zu einer undeutlichen Nebelgestalt, deren Umriß, unter dem Streben, die menschliche Figur zu vermeiden, allmälig ganz verfließt; wodurch denn der kindliche Grundgedanke selbst endlich zu nichts verflüchtigt wird. Den rationalistischen Theologen aber, denen dergleichen Ver-

Schöpfung‹ usw. – Wo bleibt nun da das ›Gottesbewußtsein‹ der von Kant und der Wahrheit bedrängten Philosophie-Professoren? Wie ist dasselbe auch nur damit zu vereinigen, daß die Sprache der Chinesen, welche doch ungefähr $^2/_5$ des ganzen Menschengeschlechts ausmachen, für *Gott* und *Schaffen* gar keine Ausdrücke hat? Daher schon der erste Vers des Pentateuchs sich in dieselbe nicht übersetzen läßt, zur großen Perplexität der Missionare, welcher *Sir George Staunton* durch ein eigenes Buch hat zur Hülfe kommen wollen; es heißt: ›An inquiry into the proper mode of rendering the word God in translating the Sacred Scriptures into the Chinese language‹, London 1848 (Untersuchung über die passende Art, beim Übersetzen der heiligen Schrift ins Chinesische das Wort *Gott* auszudrücken).

suche eigentümlich sind, kann man überdies vorwerfen, daß sie geradezu mit der heiligen Urkunde in Widerspruch treten, welche sagt: ›Gott schuf den Menschen ihm zum Bilde: zum Bilde Gottes schuf er ihn‹ [1. Mos. 1, 27]. Also, weg mit dem Philosophieprofessoren-Jargon! Es gibt keinen andern Gott als Gott, und das Alte Testament ist seine Offenbarung: besonders im Buche Josua^F.

In einem gewissen Sinne könnte man allerdings mit *Kant* den Theismus ein praktisches Postulat nennen, jedoch in einem ganz andern, als den er gemeint hat. Der Theismus nämlich ist in der Tat kein Erzeugnis der *Erkenntnis*, sondern des *Willens*. Wenn er ursprünglich *theoretisch* wäre, wie könnten denn alle seine Beweise so unhaltbar sein? Aus dem Willen aber entspringt er folgendermaßen: Die beständige Not, welche das Herz (Willen) des Menschen bald schwer beängstigt, bald heftig bewegt und ihn fortwährend im Zustande des Fürchtens und Hoffens erhält, während die Dinge, *von* denen er hofft und fürchtet, nicht in seiner Gewalt stehn, ja der Zusammenhang der Kausalketten, an denen solche herbeigeführt werden, nur eine kurze Spanne weit von seiner Erkenntnis erreicht werden kann – diese Not, dies stete Fürchten und Hoffen, bringt ihn dahin, daß er die Hypostase persönlicher Wesen macht, von denen alles abhinge. Von solchen nun läßt sich voraussetzen, daß sie gleich andern Personen für Bitte und Schmeichelei, Dienst und Gabe, empfänglich, also traktabler sein werden als die starre Notwendigkeit, die unerbittlichen, gefühllosen Naturkräfte und die dunkeln Mächte des Weltlaufs. Sind nun anfangs, wie es natürlich ist und die Alten es sehr zweckmäßig durchgeführt hatten, dieser Götter nach Verschiedenheit der Angelegenheiten mehrere; so werden sie später, durch das Bedürfnis, Konsequenz, Ordnung und Einheit in die Erkenntnis zu bringen, *einem* unterworfen oder gar auf *einen* reduziert werden – der nun freilich, wie mir Goethe einmal bemerkt hat, sehr undramatisch ist;

F. Dem Gott, der ursprünglich Jehova war, haben Philosophen und Theologen eine Hülle nach der andern ausgezogen, bis am Ende nichts als das Wort übriggeblieben ist.

weil mit *einer* Person sich nichts anfangen läßt. Das Wesentliche jedoch ist der Drang des geängsteten Menschen, sich niederzuwerfen und Hülfe anzuflehen, in seiner häufigen, kläglichen und großen Not und auch hinsichtlich seiner ewigen Seligkeit. Der Mensch verläßt sich lieber auf fremde Gnade als auf eigenes Verdienst: dies ist eine Hauptstütze des Theismus. Damit also sein Herz (Wille) die Erleichterung des Betens und den Trost des Hoffens habe, muß sein Intellekt ihm einen Gott schaffen; nicht aber umgekehrt, weil sein Intellekt auf einen Gott logisch richtig geschlossen hat, betet er. Laßt ihn ohne Not, Wünsche und Bedürfnisse sein, etwan ein bloß intellektuelles, willenloses Wesen; so braucht er keinen Gott und macht auch keinen. Das Herz, d. i. der Wille, hat in seiner schweren Bedrängnis das Bedürfnis, allmächtigen, folglich übernatürlichen Beistand anzurufen: weil also gebetet werden soll, wird ein Gott hypostasiert; nicht umgekehrt. Daher ist das Theoretische der Theologie aller Völker sehr verschieden an Zahl und Beschaffenheit der Götter: aber daß sie helfen können und es tun, wenn man ihnen dient und sie anbetet – dies haben sie alle gemein; weil es der Punkt ist, darauf es ankommt. Zugleich aber ist dieses das Muttermal, woran man die Abkunft aller Theologie erkennt, nämlich, daß sie aus dem *Willen*, aus dem Herzen entsprungen sei, nicht aus dem Kopf oder der Erkenntnis, wie vorgegeben wird. Diesem entspricht auch, daß der wahre Grund, weshalb Konstantin der Große und ebenso Chlodowig, der Frankenkönig, ihre Religion gewechselt haben, dieser war, daß sie von dem neuen Gotte bessere Unterstützung im Kriege hofften. Einige wenige Völker gibt es, welche, gleichsam das Moll dem Dur vorziehend, statt der Götter bloß böse Geister haben, von denen durch Opfer und Gebete erlangt wird, daß sie nicht schaden. Im Resultat ist der Hauptsache nach kein großer Unterschied. Dergleichen Völker scheinen auch die Urbewohner der indischen Halbinseln und Ceylons vor Einführung des Brahmanismus und Buddhaismus gewesen zu sein, und deren Abkömmlinge sollen zum Teil noch eine solche kakodaimonologische Religion haben; wie auch manche wilde Völker. Daher stammt auch der dem singhalesischen Buddhaismus beigemischte Kappuismus[1]. - Imgleichen gehören hierher die von *Layard* besuchten Teufelsanbeter in Mesopotamien.

Mit dem dargelegten wahren Ursprung alles Theismus genau verwandt und ebenso aus der Natur des Menschen hervorgehend ist der Drang, seinen Göttern *Opfer* zu bringen, um ihre Gunst zu erkaufen oder, wenn sie solche schon bewiesen haben, die Fortdauer derselben zu sichern oder um Übel ihnen abzukaufen (siehe Sanchoniathonis ›Fragmenta‹ [editio Orelli] p. 42). Dies ist der Sinn jedes Opfers und ebendadurch der Ursprung und die Stütze des Daseins aller Götter; so daß man mit Wahrheit sagen kann, die Götter lebten vom Opfer. Denn eben weil der Drang, den Beistand übernatürlicher Wesen anzurufen und zu erkaufen, wiewohl ein Kind der Not und der intellektuellen Beschränktheit, dem Menschen natürlich und seine Befriedigung ein Bedürfnis ist, schafft er sich Götter. Daher die Allgemeinheit des Opfers in allen Zeitaltern und bei den allerverschiedensten Völkern und die Identität der Sache beim größten Unterschiede der Verhältnisse und [der] Bildungsstufe. So z.B. erzählt Herodot ([›Historiae‹] 4, 152), daß ein Schiff aus Samos durch den überaus vorteilhaften Verkauf seiner Ladung in Tartessos einen unerhört großen Gewinn gehabt habe, worauf diese Samier den zehnten Teil desselben, der sechs Talente betrug, auf eine große eherne und sehr kunstvoll gearbeitete Vase verwandt und solche der Hera in ihrem Tempel geschenkt haben. Und als Gegenstück zu diesen Griechen sehn wir in unsern Tagen den armseligen, zur Zwerggestalt eingeschrumpften nomadisierenden Rentierlappen sein erübrigtes Geld an verschiedenen heimlichen Stellen der Felsen und Schluchten verstecken, die er keinem bekanntmacht als nur in der Todesstunde seinem Erben – bis auf eine, die er auch diesem verschweigt, weil er das dort Hingelegte dem genio loci, dem Schutzgott seines Reviers, zum Opfer gebracht hat (siehe Albrecht Pancritius,

1. [Von singhal.: ›kappu‹ = Kaste der Beschwörer und Zauberer auf Ceylon]

›Hägringar, Reise durch Schweden, Lappland, Norwegen und Dänemark im Jahre 1850‹, Königsberg 1852, S. 162). – So wurzelt der Götterglaube im Egoismus. Bloß im Christentum ist das eigentliche Opfer weggefallen, wiewohl es in Gestalt von Seelenmessen, Kloster-, Kirchen- und Kapellen-Bauten noch da ist. Im übrigen aber, und zumal bei den Protestanten muß als Surrogat des Opfers Lob, Preis und Dank dienen, die daher zu den äußersten Superlativen getrieben werden, sogar bei Anlässen, welche dem Unbefangenen wenig dazu geeignet scheinen: übrigens ist dies dem analog, daß auch der Staat das Verdienst nicht allemal mit Gaben, sondern auch mit bloßen Ehrenbezeugungen belohnt und so sich seine Fortentwicklung erhält. In dieser Hinsicht verdient wohl in Erinnerung gebracht zu werden, was der große *David Hume* darüber sagt: ›Whether this god, therefore, be considered as their peculiar patron, or as the general sovereign of heaven, his votaries will endeavour, by every art, to insinuate themselves into his favour; and supposing him to be pleased, like themselves, with praise and flattery, there is no eulogy or exaggeration, which will be spared in their addresses to him. In proportion as men's fears or distresses become more urgent, they still invent new strains of adulation; and even he who outdoes his predecessors in swelling up the titles of his divinity, is sure to be outdone by his successors in newer and more pompous epithets of praise. Thus they proceed, till at last they arrive at infinity itself, beyond which there is no farther progress.‹ [Ob daher dieser Gott als ihr besonderer Beschützer oder als der allgemeine Beherrscher des Himmels betrachtet wird: jedenfalls haben seine Anhänger das Bestreben, sich durch jeglichen Kunstgriff in seine Gunst einzuschleichen; und in der Voraussetzung, daß er wie sie selbst an Lob und Schmeichelei Gefallen habe, sparen sie keinerlei Lobeserhebung oder Übertreibung in ihren Anreden an ihn. In demselben Maße, wie bei den Menschen Befürchtungen oder Verlegenheiten dringender werden, erfinden sie immer neue Schmeichelreden, und jeder, der seine Vorgänger im Aufbauschen von Verherrlichungen seiner Göttlichkeit übertrifft, kann darauf rechnen, von seinen Nachfolgern in neueren und pompöseren Prädikaten der Lobpreisung ausgestochen zu werden. So fahren sie fort, bis sie bei der Unendlichkeit selbst ankommen, über die hinaus kein Fortschritt mehr möglich ist.] (›Essays and treatises on several subjects‹, London 1777, vol. 2, p. 429). Ferner: ›It appears certain, that though the original notions of the vulgar represent the Divinity as a limited being, and consider him only as the particular cause of health or sickness; plenty or want; prosperity or adversity; yet when more magnificent ideas are urged upon them, they esteem it *dangerous to refuse their assent*. Will you say, that your deity is finite and bounded in his perfections; may be overcome by a greater force; is subject to human passions, pains and infirmities; has a beginning and may have an end? This they dare not affirm; but thinking it *safest to comply with the higher encomiums, they endeavour, by an affected ravishment and devotion to ingratiate themselves* with him. As a confirmation of this, we may observe, that the assent of the vulgar is, in this case, merely verbal, and that they are incapable of conceiving those sublime qualities which they seemingly attribute to the Deity. Their real idea of him, notwithstanding their pompous language, is still as poor and frivolous as ever.‹ [Obgleich die ursprünglichen Vorstellungen des gemeinen Volkes die Gottheit als ein beschränktes Wesen betrachten und sie nur als die besondere Ursache von Gesundheit oder Krankheit, Überfluß oder Mangel, Glück oder Widerwärtigkeit ansehen, so scheint es doch gewiß, daß das Volk, wenn ihm höhere Ideen beigebracht werden, es für gefährlich hält, seine Zustimmung zu verweigern. Willst du sagen, daß deine Gottheit endlich und beschränkt in ihren Vollkommenheiten sei, durch eine größere Macht überwunden werden könne, menschlichen Leidenschaften, Schmerzen und Schwächen unterworfen sei, einen Anfang und ein Ende habe? Dies wagen sie nicht zu bejahen, sondern halten es für geratener, in die höheren Loblieder einzustimmen, und streben durch Heuchelei und erkünsteltes Entzücken, sich bei ihr beliebt zu machen. Als Bestätigung des Gesagten können wir beobachten, daß die Zustimmung des gemeinen Volkes in diesem Falle nur in Worten besteht und daß sie unfähig sind, jene erhabenen Eigenschaften zu begreifen, die sie scheinbar der Gottheit beilegen. Ihre wirkliche Idee von ihr ist, ungeachtet ihrer hochtrabenden Worte, noch so armselig und gering wie immer.] (daselbst p. 432).

Kant hat, um das Anstößige seiner Kritik aller spekulativen Theologie zu mildern, derselben nicht nur die Moraltheologie, sondern auch die Versicherung beigefügt, daß, wenngleich das Dasein Gottes unbewiesen bleiben müßte, es doch auch ebenso unmöglich sei, das Gegenteil davon zu beweisen; wobei sich viele beruhigt haben, indem sie nicht merkten, daß er mit verstellter Einfalt das ›affirmanti incumbit probatio‹ *[vgl. S. 143]* ignorierte, wie auch, daß die Zahl der Dinge, deren Nichtdasein sich nicht beweisen läßt, unendlich ist. Noch mehr hat er natürlich sich gehütet, die Argumente nachzuweisen, deren man zu einem apagogischen Gegenbeweise sich wirklich bedienen könnte, wenn man etwan nicht mehr sich bloß defensiv verhalten, sondern einmal aggresiv verfahren wollte. Dieser Art wären etwan folgende:

1. Zuvörderst ist die traurige Beschaffenheit einer Welt, deren lebende Wesen dadurch bestehn, daß sie einander auffressen, die hieraus hervorgehende Not und Angst alles Lebenden, die Menge und kolossale Größe der Übel, die Mannigfaltigkeit und Unvermeidlichkeit der oft zum Entsetzlichen anwachsenden Leiden, die Last des Lebens selbst und sein Hineilen zum bittern Tode ehrlicherweise nicht damit zu vereinigen, daß sie das Werk vereinter Allgüte, Allweisheit und Allmacht sein sollte. Hiegegen ein Geschrei zu erheben ist ebenso leicht, wie es schwer ist, der Sache mit triftigen Gründen zu begegnen.

2. Zwei Punkte sind es, die nicht nur jeden denkenden Menschen beschäftigen, sondern auch den Anhängern jeder Religion zumeist am Herzen liegen, daher Kraft und Bestand der Religionen auf ihnen beruht: erstlich die transzendente moralische Bedeutsamkeit unsers Handelns und zwei-

tens unsre Fortdauer nach dem Tode. Wenn eine Religion für diese beiden Punkte gut gesorgt hat, so ist alles übrige Nebensache. Ich werde daher hier den Theismus in Beziehung auf den ersten, unter der folgenden Nummer aber in Beziehung auf den zweiten Punkt prüfen.

Mit der Moralität unsers Handelns also hat der Theismus einen zwiefachen Zusammenhang, nämlich einen a parte ante [seitens des Vorher] und einen a parte post [seitens des Nachher], d. h. hinsichtlich der Gründe und hinsichtlich der Folgen unsers Tuns. Den letztern Punkt zuerst zu nehmen; so gibt der Theismus zwar der Moral eine Stütze, jedoch eine von der rohesten Art, ja eine, durch welche die wahre und reine Moralität des Handelns im Grunde aufgehoben wird, indem dadurch jede uneigennützige Handlung sich sofort in eine eigennützige verwandelt, vermittelst eines sehr langsichtigen, aber sichern Wechsels, den man als Zahlung dafür erhält. Der Gott nämlich, welcher anfangs der Schöpfer war, tritt zuletzt als Rächer und Vergelter auf. Rücksicht auf einen solchen kann allerdings tugendhafte Handlungen hervorrufen: allein diese werden, da Furcht vor Strafe oder Hoffnung auf Lohn ihr Motiv ist, nicht rein moralisch sein; vielmehr wird das Innere einer solchen Tugend auf klugen und wohlüberlegten Egoismus zurücklaufen. In letzter Instanz kommt es dabei allein auf die Festigkeit des Glaubens an unerweisliche Dinge an: ist diese vorhanden; so wird man allerdings nicht anstehn, eine kurze Frist Leiden für eine Ewigkeit Freuden zu übernehmen, und der eigentlich leitende Grundsatz der Moral wird sein: ›Warten können.‹ Allein jeder, der einen Lohn seiner Taten sucht, sei es in dieser Welt oder in einer künftigen, ist ein Egoist: entgeht ihm der gehoffte Lohn; so ist es gleichviel, ob dies durch den Zufall geschehe, der diese Welt beherrscht, oder durch die Leerheit des Wahns, der ihm die künftige erbaute. Dieserwegen untergräbt auch *Kants* Moraltheologie eigentlich die Moral.

A parte ante nun wieder ist der Theismus ebenfalls mit der Moral im Widerstreit; weil er Freiheit und Zurechnungsfähigkeit aufhebt. Denn an einem Wesen, welches seiner existentia und essentia [seinem Dasein und Wesen] nach das Werk eines andern ist, läßt sich weder Schuld noch Verdienst denken. Schon *Vauvenargues* sagt sehr richtig: ›Un être, qui a tout reçu, ne peut agir que par ce qui lui a été donné; et toute la puissance divine, qui est infinie, ne saurait le rendre indépendant.‹ [Ein Wesen, das alles empfangen hat, kann nur dem entsprechend handeln, was ihm gegeben wurde, und die ganze göttliche Allmacht, so unendlich sie ist, kann ihm keine Unabhängigkeit verleihen.] (›Discours sur la liberté‹) [siehe Œuvres complètes, Paris 1823, tom. 2, p. 331]. Kann es doch gleich jedem andern, nur irgend denkbaren Wesen nicht anders als *seiner Beschaffenheit gemäß* wirken und dadurch diese kundgeben: wie es aber *be*schaffen ist, so ist es hier *ge*schaffen. Handelt es nun schlecht; so kommt dies daher, daß es schlecht *ist*, und dann ist die Schuld nicht seine, sondern dessen, der es gemacht hat. Unvermeidlich ist der Urheber seines Daseins und seiner Beschaffenheit, dazu auch noch der Umstände, in die es gesetzt worden, auch der Urheber seines Wirkens und seiner Taten, als welche durch dies alles so sicher bestimmt sind wie durch zwei Winkel und eine Linie der Triangel. Die Richtigkeit dieser Argumentation haben, während die andern sie verschmitzt und feigherzig ignorierten, St. Augustinus, Hume und Kant sehr wohl eingesehn und eingestanden; worüber ich ausführlich berichtet habe in meiner Preisschrift ›Über die Freiheit des Willens‹ S. 67 ff. [*Bd. 3, S. 587*]. Eben um diese furchtbare und exterminierende Schwierigkeit zu eludieren, hat man die Freiheit des Willens, das liberum arbitrium indifferentiae, erfunden, welches eine ganz monstrose Fiktion enthält und daher von allen denkenden Köpfen stets bestritten und schon längst verworfen, vielleicht aber nirgends so systematisch und gründlich widerlegt ist wie in der soeben angeführten Schrift. Mag immerhin der Pöbel sich noch ferner mit der Willensfreiheit schleppen, auch der literarische, auch der philosophierende Pöbel: was kümmert das uns? Die Behauptung, daß ein gegebenes Wesen *frei* sei, d. h. unter gegebenen Umständen so und auch anders handeln könne, besagt, daß es eine existentia ohne alle essentia habe, d.h. daß es bloß *sei*, ohne irgend *etwas* zu sein; also daß es *nichts* sei, dabei aber doch *sei*; mithin, daß es zugleich sei und nicht sei. Also ist dies der Gipfel der Absurdität, aber nichtsdestoweniger gut für Leute, welche nicht die Wahrheit, sondern ihr Futter suchen und daher nie etwas gelten lassen werden, was nicht in ihren Kram, in die ›fable convenue‹, von der sie leben, paßt: statt des Widerlegens dient ihrer Ohnmacht das Ignorieren. Und auf die Meinungen solcher ›βοσκήματα in terram prona et ventri oboedientia‹ [solcher zur Erde geneigter und ihrem Bauche dienender Tiere; Sallust, ›Catilina‹ cap. 1] sollte man ein Gewicht legen?! – Alles was *ist*, das ist auch *etwas*, hat ein Wesen, eine Beschaffenheit, einen Charakter: diesem gemäß muß es wirken, muß es handeln (welches heißt, nach Motiven wirken), wann die äußern Anlässe kommen, welche die einzelnen Äußerungen desselben hervorlocken. Wo nun dasselbe das Dasein, die existentia, herhat, da hat es auch das Was, die Beschaffenheit, die essentia her; weil beide zwar im Begriffe verschieden, jedoch nicht in der Wirklichkeit trennbar sind. Was aber eine essentia, d.h. eine Natur, einen Charakter, eine Beschaffenheit hat, kann stets nur dieser gemäß und nie anders wirken: bloß der Zeitpunkt und die nähere Gestalt und Beschaffenheit der einzelnen Handlungen wird dabei jedesmal durch die eintretenden Motive bestimmt. Daß der Schöpfer den Menschen *frei* geschaffen habe, besagt eine Unmöglichkeit, nämlich daß er ihm eine existentia ohne essentia verliehen, also ihm das *Dasein* bloß in abstracto gegeben habe, indem er ihm überließ, als *was* er dasein wolle. Hierüber bitte ich den § 20 meiner Abhandlung ›Über das Fundament der Moral‹ *[Bd. 3, S. 786-797]* nachzulesen. – Moralische Freiheit und Verantwortlichkeit oder Zurechnungsfähigkeit setzen schlechterdings *Aseität* voraus. Die Handlungen werden stets aus dem Charakter, d.i. aus der eigentümlichen und daher unveränderlichen Beschaffenheit eines Wesens unter Einwirkung und nach Maßgabe der Motive mit Notwendigkeit hervorgehn; also muß dasselbe, soll es verantwortlich sein, ursprünglich und aus eigener Machtvollkommenheit existieren: es muß seiner existentia und essentia nach selbst sein eigenes Werk und der Urheber seiner selbst sein, wenn es der wahre Urheber seiner *Taten* sein soll. Oder, wie ich es in meinen beiden Preisschriften ausgedrückt habe, die Freiheit kann nicht im ›operari‹, muß also im ›esse‹ liegen: denn vorhanden ist sie allerdings.

Da dieses alles nicht nur a priori demonstrabel ist, sondern sogar die tägliche Erfahrung uns deutlich lehrt, daß jeder seinen moralischen Charakter schon fertig mit auf die Welt bringt und ihm bis ans Ende unwandelbar treubleibt, und da ferner diese Wahrheit im realen, praktischen Leben stillschweigend, aber sicher vorausgesetzt wird, indem jeder sein Zutrauen oder Mißtrauen zu einem andern den einmal an den Tag gelegten Charakterzügen desselben gemäß auf immer feststellt; so könnte man sich wundern, wie doch nur seit beiläufig 1600 Jahren das Gegenteil theoretisch behauptet und demnach gelehrt wird, alle Menschen seien in moralischer Hinsicht ursprünglich ganz gleich und die große Verschiedenheit ihres Handelns entspringt nicht aus ursprünglicher, angeborner Verschiedenheit der Anlage und des Charakters, ebensowenig aber aus den eintretenden Umständen und Anlässen; sondern eigentlich aus gar nichts, welches Garnichts sodann den Namen ›freier Wille‹ erhält. – Allein diese absurde Lehre wird notwendig gemacht durch eine andere ebenfalls rein theoretische Annahme, mit der sie genau zusammenhängt, nämlich durch diese, daß die Geburt des Menschen der absolute Anfang seines Daseins sei, indem derselbe aus nichts *geschaffen* (ein terminus ad hoc) werde. Wenn nun unter dieser Voraussetzung das Leben noch eine moralische Bedeutung und Tendenz behalten soll; so muß diese freilich erst im Laufe desselben ihren Ursprung finden, und zwar aus nichts, wie dieser ganze so gedachte Mensch aus nichts ist: denn jede Beziehung auf eine vorhergängige Bedingung, ein früheres Dasein oder eine außerzeitliche Tat, auf dergleichen doch die unermeßliche, ursprüngliche und angeborene Verschiedenheit der moralischen Charaktere deutlich zurückweist, bleibt hier ein für allemal ausgeschlossen. Daher also die absurde Fiktion eines freien Willens. – Die Wahrheiten stehn bekanntlich alle im Zusammenhange; aber auch die Irrtümer machen einander nötig – wie *eine* Lüge eine zweite erfordert oder wie zwei Karten, gegen einander gestemmt, sich wechselseitig stützen – solange nichts sie beide umstößt.

3. Nicht viel besser als mit der Willensfreiheit steht es unter Annahme des Theismus mit unserer Fortdauer nach dem Tode. Was von einem andern geschaffen ist, hat einen Anfang seines Daseins gehabt. Daß nun dasselbe, nachdem es doch eine unendliche Zeit gar nicht gewesen, von nun an in alle Ewigkeit fortdauern solle, ist eine über die Maßen kühne Annahme. Bin ich allererst bei meiner Geburt aus nichts geworden und geschaffen; so ist die höchste Wahrscheinlichkeit vorhanden, daß ich im Tode wieder zu nichts werde. Unendliche Dauer a parte post und Nichts a parte ante gehn nicht zusammen. Nur was selbst ursprünglich, ewig, ungeschaffen ist, kann unzerstörbar sein (hierüber Aristoteles, ›De caelo‹ I, cap. 12, p. 281–283 und Priestley, ›On matter and spirit‹ [vol. 1], p. 234). Allenfalls können daher die im Tode verzagen, welche glauben, vor dreißig oder sechzig Jahren ein reines Nichts gewesen und aus diesem sodann als das Werk eines andern hervorgegangen zu sein; da sie jetzt die schwere Aufgabe haben, anzunehmen, daß ein so entstandenes Dasein, seines späten erst nach Ablauf einer unendlichen Zeit eingetretenen Anfangs ungeachtet, doch von endloser Dauer sein werde. Hingegen, wie sollte der den Tod fürchten, der sich als das ursprüngliche und ewige Wesen, die Quelle alles Daseins selbst erkennt und weiß, daß außer ihm eigentlich nichts existiert, der mit dem Spruche des heiligen Upanischads: ›Hae omnes creaturae in totum ego sum, et praeter me aliud ens non est‹[1] [Alle diese Geschöpfe insgesamt bin ich, und außer mir ist kein anderes Wesen vorhanden] im Munde oder doch im Herzen sein individuelles Dasein endigt? Also nur er kann, bei konsequentem Denken, ruhig sterben. Denn, wie

1. *[Vgl. Bd. 1, S. 260]*

gesagt, *Aseität* ist die Bedingung, wie der Zurechnungsfähigkeit, so auch der Unsterblichkeit. Diesem entsprechend ist in Indien die Verachtung des Todes und die vollkommenste Gelassenheit, selbst Freudigkeit im Sterben recht eigentlich zu Hause. Das Judentum hingegen, welches ursprünglich die einzige und alleinige rein monotheistische, einen wirklichen Gott-Schöpfer Himmels und der Erden lehrende Religion ist, hat mit vollkommener Konsequenz keine Unsterblichkeitslehre, also auch keine Vergeltung nach dem Tode, sondern bloß zeitliche Strafen und Belohnungen; wodurch es sich ebenfalls von allen andern Religionen, wenn auch nicht zu seinem Vorteil unterscheidet. Die dem Judentum entsprossenen zwei Religionen sind, indem sie aus besseren, ihnen anderweitig bekanntgewordenen Glaubenslehren die Unsterblichkeit hinzunahmen und doch den Gott-Schöpfer beibehielten, hierin eigentlich inkonsequent geworden[F].

[F]. Die eigentliche *Judenreligion*, wie sie in der Genesis und allen historischen Büchern bis zum Ende der Chronika dargestellt und gelehrt wird, ist die roheste aller Religionen, weil sie die einzige ist, die durchaus keine Unsterblichkeitslehre noch irgendeine Spur davon hat. Jeder König und jeder Held oder Prophet wird, wenn er stirbt, bei seinen Vätern begraben, und damit ist alles aus: keine Spur von irgendeinem Dasein nach dem Tode; ja wie absichtlich scheint jeder Gedanke dieser Art beseitigt zu sein. Z.B. dem König Josias hält der Jehova eine lange Belobungsrede: sie schließt mit der Verheißung einer Belohnung; diese lautet: Ἰδοὺ προστίθημί σε πρὸς τοὺς πατέρας σου καὶ προστεθήσῃ πρὸς τὰ μνήματά σου ἐν εἰρήνῃ [Siehe, ich will dich sammeln zu deinen Vätern, daß du in dein Grab mit Frieden gesammelt werdest] (2. Chron. 34, 28) und daß er also den Nebukadnezar nicht erleben soll. Aber kein Gedanke an ein anderes Dasein nach dem Tode und damit an einen positiven Lohn statt des bloß negativen, zu sterben und keine fernere Leiden zu erleben. Sondern hat der Herr Jehova sein Werk und Spielzeug genugsam abgenutzt und abgequält, so schmeißt er es weg, auf den Mist: das ist der Lohn für dasselbe. Eben weil die Judenreligion keine Unsterblichkeit, folglich auch keine Strafen nach dem Tode kennt, kann der Jehova dem Sünder, dem es auf Erden wohlgeht, nichts anderes androhen, als daß er dessen Missetaten an seinen Kindern und Kindeskindern, bis ins vierte Geschlecht, strafen werde, wie zu ersehn Exodus [2. Mos.] 34, 7 und Numeri [4. Mos.] 14, 18. – Dies beweist die Abwesenheit aller Unsterblichkeitslehre. Ebenfalls noch die Stelle im Tobias 3, 6, wo dieser den Jehova um seinen Tod bittet, ὅπως ἀπολυθῶ καὶ γένωμαι γῆ [auf daß ich erlöst und zu Erde werde], weiter nichts, von einem Dasein nach dem Tode kein Begriff. – Im Alten Testament wird als Lohn der Tugend verheißen, recht lange auf Erden zu leben (z. B. 5. Mose 5, 16 und 33), im *Veda* hingegen, nicht wieder geboren zu werden. – Die Verachtung, in der die Juden stets bei allen ihnen gleichzeitigen Völkern standen, mag großenteils auf der armseligen Beschaffenheit ihrer Religion beruht haben. Was Koheleth 3, 19, 20 ausspricht, ist die eigentliche Gesinnung der *Judenreligion*. Wenn etwan, wie im *Daniel* 12, 2 auf eine Unsterblichkeit angespielt wird, so ist es fremde hineingebrachte Lehre, wie dies aus Daniel 1, 4 und 6 hervorgeht. Im 2. Buch der Makkabäer 7 tritt die Unsterblichkeitslehre deutlich auf: babylonischen Ursprungs. Alle andern Religionen, die der Inder, sowohl Brahmanen als Buddhaisten, Ägypter, Perser, ja der Druiden lehren Unsterblichkeit und auch, mit Ausnahme der Perser im Zendavesta, Metempsychose. Daß die Edda, namentlich die Völuspa, Seelenwanderung lehrt, bezeugt D. G. von Ekendahl in seiner Rezension der ›Svenska siare och skalder‹ von Atterbom in den ›Blättern für literarische Unterhaltung‹, den 25. August 1843. Selbst Griechen und Römer hatten etwas post letum [nach dem Tode], Tartarus und Elysium und sagten:

> Sunt aliquid manes, letum non omnia finit:
> Luridaque evictos effugit umbra rogos.
> [Etwas sind noch die Manen, der Tod beendigt nicht alles,
> Fahl aus der Flammenglut steigt siegend der Schatten empor.]
>
> Propertius, ›Elegiae‹ 4, 7

Überhaupt besteht das eigentlich Wesentliche einer Religion als solcher in der Überzeugung, die sie uns gibt, daß unser eigentliches Dasein nicht auf unser Leben beschränkt, sondern unendlich ist. Solches nun leistet diese erbärmliche Judenreligion durchaus nicht, ja unternimmt es nicht. Darum ist sie die roheste und schlechteste unter allen Religionen, besteht bloß in einem absurden und empörenden Theismus und läuft darauf hinaus, daß der κύριος [Herr], der die Welt geschaffen hat, verehrt sein will; daher er vor allen Dingen eifersüchtig (eifrig), neidisch ist auf seine Kameraden, die übrigen Götter: wird denen geopfert, so ergrimmt er, und seinen Juden geht's schlecht. Alle diese andern Religionen und ihre Götter werden in der LXX [Septuaginta] βδέλυγμα [Greuel] geschimpft: aber das unsterblichkeitslose rohe Judentum verdient eigentlich diesen Namen. Daß dasselbe die Grundlage der in Europa herrschenden Religion geworden ist, ist höchst beklagenswert. Denn es ist eine Religion ohne alle metaphysische Tendenz. Während alle andern Religionen die metaphysische Bedeutung des Lebens dem Volke in Bild und Gleichnis beizubringen suchen, ist die Judenreligion ganz immanent und liefert nichts als ein bloßes Kriegsgeschrei bei Bekämpfung anderer Völker. Lessings ›Erziehung des Menschengeschlechts‹ sollte heißen: Erziehung des Judengeschlechts; denn das ganze Menschengeschlecht war von jener Wahrheit überzeugt; mit Ausnahme dieser Auserwählten.

Daß, wie eben gesagt, das Judentum die alleinige rein monotheistische, d. h. einen Gott-Schöpfer als Ursprung aller Dinge lehrende Religion sei, ist ein Verdienst, welches man unbegreiflicherweise zu verbergen bemüht gewesen ist, indem man stets behauptet und gelehrt hat, alle Völker verehrten den wahren Gott, wenn auch unter andern Namen. Hieran fehlt jedoch nicht nur viel, sondern alles. Daß der Buddhaismus, also die Religion, welche durch die überwiegende Anzahl ihrer Bekenner die vornehmste auf Erden ist, durchaus und ausdrücklich atheistisch sei, ist durch die Übereinstimmung aller unverfälschten Zeugnisse und Urschriften außer Zweifel gesetzt. Auch die Veden lehren keinen Gott-Schöpfer, sondern eine Weltseele, genannt *das Brahm* (im neutro), wovon der dem Nabel des Wischnu entsprossene *Brahma* mit den vier Gesichtern und als Teil des Trimurti bloß eine populäre Personifikation in der so höchst durchsichtigen indischen Mythologie ist. Er stellt offenbar die Zeugung, das Entstehn der Wesen, wie Wischnu ihre Akme und Schiwa ihren Untergang dar. Auch ist sein Hervorbringen der Welt ein sündlicher Akt, eben wie die Weltinkarnation des Brahm. Sodann dem Ormuzd der Zendavesta ist, wie wir wissen, Ahriman ebenbürtig, und beide sind aus der ungemessenen Zeit, Zervane Akerene (wenn es damit seine Richtigkeit hat), hervorgegangen. Ebenfalls in der von *Sanchoniathon* niedergeschriebenen und vom **Philon** Byblius uns aufbehaltenen sehr schönen und höchst lesenswerten ›*Kosmogonie der Phönizier*‹, die vielleicht das Urbild der Mosaischen ist, finden wir keine Spur von Theismus

Sind doch eben die Juden das auserwählte Volk ihres *Gottes*, und er ist der auserwählte Gott seines Volkes. Und das hat weiter niemanden zu kümmern. (Ἔσομαι αὐτῶν θεός, καὶ αὐτοὶ ἔσονταί μου λαός [Ich will ihr Gott sein, und sie sollen mein Volk sein] – ist eine Stelle aus einem Propheten [Jerem. 31, 33] – nach Clemens Alexandrinus.) Wenn ich aber bemerke, daß die gegenwärtigen europäischen Völker sich gewissermaßen als die Erben jenes auserwählten Volkes Gottes ansehn, so kann ich mein Bedauern nicht verhehlen. Hingegen kann man dem Judentum den Ruhm nicht streitig machen, daß es die einzige wirklich monotheistische Religion auf Erden sei: keine andere hat einen objektiven Gott, Schöpfer Himmels und der Erden aufzuweisen.

oder Weltschöpfung durch ein persönliches Wesen. Nämlich auch hier sehn wir wie in der Mosaischen Genesis das ursprüngliche Chaos in Nacht versenkt; aber kein Gott tritt auf, befehlend, es werde Licht und werde dies und werde das: o nein! sondern ἠράσθη τὸ πνεῦμα τῶν ἰδίων ἀρχῶν¹ [der Geist verliebt sich in seine eigenen Anfänge; Sanchoniathon, ›Phoenicum theologia‹, editio Orelli p. 8], wodurch eine Mischung jener Urbestandteile der Welt entsteht, aus welcher, und zwar sehr treffend und bedeutungsvoll infolge eben der Sehnsucht (πόθος) – welche, wie der Kommentator richtig bemerkt, der Eros der Griechen ist – sich der Urschlamm entwickelt und aus diesem zuletzt Pflanzen und endlich auch erkennende Wesen, d.i. Tiere hervorgehn. Denn bis dahin ging, wie ausdrücklich bemerkt wird, alles ohne Erkenntnis vor sich: Αὐτὸ δὲ οὐκ ἐγίγνωσκε τὴν ἑαυτοῦ κτίσιν. [Es selbst aber erkannte nicht seine eigene Schöpfung; ibidem p. 10.] (So steht es, fügt Sanchoniathon hinzu, in der von *Taaut*, dem Ägypter, niedergeschriebenen Kosmogonie.) Auf seine *Kosmogonie* folgt sodann die nähere *Zoogonie*. Gewisse atmosphärische und terrestrische Vorgänge werden beschrieben, die wirklich an die folgerichtigen Annahmen unsrer heutigen Geologie erinnern: zuletzt folgt auf heftige Regengüsse Donner und Blitz, von dessen Krachen aufgeschreckt, die erkennenden Tiere ins Dasein erwachen, ›und nunmehr bewegt sich, auf der Erde und im Meer, *das Männliche und Weibliche*‹. Eusebios, dem wir diese Bruchstücke des Philon Byblius verdanken [›Praeparatio evangelica‹ lib. 2, cap. 10], klagt demnach mit vollem Recht diese Kosmogonie des Atheismus an: das ist sie unstreitig wie alle und jede Lehre von der Entstehung der Welt, mit alleiniger Ausnahme der jüdischen. In der Mythologie der Griechen und Römer finden wir zwar Götter als Väter von Göttern und beiläufig von Menschen (obwohl diese ursprünglich die Töpferarbeit des Prometheus sind), jedoch keinen Gott-Schöpfer. Denn daß späterhin ein paar mit dem Judentum bekanntgewor-

1. [Schopenhauer übersetzt: ›Der in der Masse gärende Geist verliebt sich in sein eigenes Wesen.‹]

dene Philosophen den Vater Zeus zu einem solchen haben umdeuten wollen, kümmert diesen nicht; sowenig, wie daß ihn, ohne seine Erlaubnis dazu eingeholt zu haben, *Dante* in seiner Hölle mit dem Domeneddio, dessen unerhörte Rachsucht und Grausamkeit daselbst zelebriert und ausgemalt wird, ohne Umstände identifizieren will (z. B. canto 14, 70; canto 31, 92). Endlich (denn man hat nach allem gegriffen) ist auch die unzähligemal wiederholte Nachricht, daß die nordamerikanischen Wilden unter dem Namen des *großen Geistes* Gott den Schöpfer Himmels und der Erden verehrten, mithin reine Theisten wären, ganz unrichtig. Dieser Irrtum ist neuerlich widerlegt worden durch eine Abhandlung über die nordamerikanischen Wilden, welche *John Scouler* in einer 1846 gehaltenen Sitzung der Londoner Ethnographischen Gesellschaft vorgelesen hat und von welcher ›L'institut, journal des sociétés savantes‹ section 2, juillet 1847, einen Auszug gibt. Er sagt: ›Wenn man uns in den Berichten über die Superstitionen der Indianer vom *großen Geiste* spricht, sind wir geneigt, anzunehmen, daß dieser Ausdruck eine Vorstellung bezeichne, die mit der, welche wir daran knüpfen, übereinstimmt und daß ihr Glaube ein einfacher natürlicher *Theismus* sei. Allein diese Auslegung ist von der richtigen sehr weit entfernt. Die Religion dieser Indianer ist vielmehr ein reiner *Fetischismus*, der in Zaubermitteln und Zaubereien besteht. In dem Berichte *Tanners*, der von Kindheit an unter ihnen gelebt hat, sind die Details getreu und merkwürdig, hingegen weit verschieden von den Erfindungen gewisser Schriftsteller: man ersieht nämlich daraus, daß die Religion dieser Indianer wirklich nur ein Fetischismus ist, dem ähnlich, welcher ehemals bei den Finnen und noch jetzt bei den sibirischen Völkern angetroffen wird. Bei den östlich vom Gebirge wohnenden Indianern besteht der Fetisch bloß aus erstwelchem Gegenstande, dem man geheimnisvolle Eigenschaften beilegt‹ usw.

Diesem allen zufolge hat die hier in Rede stehende Meinung vielmehr ihrem Gegenteile Platz zu machen, daß nämlich nur ein einziges, zwar sehr kleines, unbedeutendes, von allen gleichzeitigen Völkern verachtetes und ganz allein unter allen ohne irgendeinen Glauben an Fortdauer nach dem Tode lebendes, aber nun einmal dazu auserwähltes Volk reinen Monotheismus oder die Erkenntnis des wahren Gottes gehabt habe; und auch dieses nicht durch Philosophie, sondern allein durch Offenbarung; wie es auch dieser angemessen ist: denn welchen Wert hätte eine Offenbarung, die nur das lehrte, was man auch ohne sie wüßte? – Daß kein anderes Volk einen solchen Gedanken jemals gefaßt hat, muß demnach zur Wertschätzung der Offenbarung beitragen.

§ 14
Einige Bemerkungen über meine eigene Philosophie

Wohl kaum ist irgendein philosophisches System so einfach und aus so wenigen Elementen zusammengesetzt wie das meinige; daher sich dasselbe mit *einem* Blick leicht überschauen und zusammenfassen läßt. Dies beruht zuletzt auf der völligen Einheit und Übereinstimmung seiner Grundgedanken und ist überhaupt ein günstiges Zeichen für seine Wahrheit, die ja der Einfachheit verwandt ist: Ἁπλοῦς ὁ τῆς ἀληθείας λόγος ἔφυ [Wer Wahrheit hat zu sagen, drückt sich einfach aus; Euripides, ›Phoenissae‹ 469.] – simplex sigillum veri *[vgl. S. 98]*. Man könnte mein System bezeichnen als *immanenten Dogmatismus*: denn seine Lehrsätze sind zwar dogmatisch, gehn jedoch nicht über die in der Erfahrung gegebene Welt hinaus; sondern erklären bloß, *was diese sei*, indem sie dieselbe in ihre letzten Bestandteile zerlegen. Nämlich der alte von *Kant* umgestoßene Dogmatismus (nicht weniger die Windbeuteleien der drei modernen Universitäts-Sophisten) ist *transzendent*; indem er über die Welt hinausgeht, um sie aus etwas anderm zu erklären: er macht sie zur Folge eines Grundes, auf welchen er aus ihr schließt. Meine Philosophie hingegen hub mit dem Satz an, daß es allein *in* der Welt und unter Voraussetzung derselben Gründe und Folgen gebe; indem der Satz vom Grunde in seinen vier Gestalten bloß die allgemeinste Form des Intellekts sei, in diesem aber allein als dem wahren locus mundi [Weltort] die objektive Welt dastehe. –

In andern philosophischen Systemen ist die Konsequenz dadurch zuwege gebracht, daß Satz aus Satz gefolgert wird. Hiezu aber muß notwendigerweise der eigentliche Gehalt des Systems schon in den allerobersten Sätzen vorhanden sein; wodurch denn das übrige, als daraus abgeleitet, schwerlich anders als monoton, arm, leer und langweilig ausfallen kann, weil es eben nur entwickelt und wiederholt, was in den Grundsätzen schon ausgesagt war. Diese traurige Folge der demonstrativen Ableitung wird am fühlbarsten bei Christian Wolff: aber sogar Spinoza, der jene Methode streng befolgte, hat diesem Nachteil derselben nicht ganz entgehn können; wiewohl er durch seinen Geist dafür zu kompensieren gewußt hat. – Meine Sätze hingegen beruhen meistens nicht auf Schlußketten, sondern unmittelbar auf der anschaulichen Welt selbst, und die in meinem Systeme sosehr wie in irgendeinem vorhandene strenge Konsequenz ist in der Regel nicht eine auf bloß logischem Wege gewonnene; vielmehr ist es diejenige natürliche Übereinstimmung der Sätze, welche unausbleiblich dadurch eintritt, daß ihnen sämtlich dieselbe intuitive Erkenntnis, nämlich die anschauliche Auffassung desselben nur sukzessive von verschiedenen Seiten betrachteten Objekts, also der realen Welt in allen ihren Phänomenen unter Berücksichtignug des Bewußtseins, darin sie sich darstellt, zum Grunde liegt. Deshalb auch habe ich über die Zusammenstimmung meiner Sätze stets außer Sorgen sein können; sogar noch dann, wann einzelne derselben mir, wie bisweilen eine Zeitlang der Fall gewesen, unvereinbar schienen: denn die Übereinstimmung fand sich nachher richtig von selbst ein, in dem Maße, wie die Sätze vollzählig zusammenkamen; weil sie bei mir eben nichts anderes ist als die Übereinstimmung der Realität mit sich selbst, die ja niemals fehlen kann. Dies ist dem analog, daß wir bisweilen, wenn wir ein Gebäude zum erstenmal und nur von *einer* Seite erblicken, den Zusammenhang seiner Teile noch nicht verstehn, jedoch gewiß sind, daß er nicht fehlt und sich zeigen wird, sobald wir ganz herumgekommen. Diese Art der Zusammenstimmung aber ist, vermöge ihrer Ursprünglichkeit und weil sie unter beständiger Kontrolle der Erfahrung steht, eine vollkommen sichere: hingegen jene abgeleitete, die der Syllogismus allein zuwege bringt, kann leicht einmal falsch befunden werden; sobald nämlich irgendein Glied der langen Kette unecht, locker befestigt oder sonst fehlerhaft beschaffen ist. Dementsprechend hat meine Philosophie einen breiten Boden, auf welchem alles unmittelbar und daher sicher steht; während die andern Systeme hoch aufgeführten Türmen gleichen: bricht hier *eine* Stütze, so stürzt alles ein. – Alles hier Gesagte läßt sich in den Satz zusammenfassen, daß meine Philosophie auf dem analytischen, nicht auf dem synthetischen Wege entstanden und dargestellt ist.

Als den eigentümlichen Charakter meines Philosophierens darf ich anführen, daß ich überall den Dingen *auf den Grund zu kommen* suche, indem ich nicht ablasse, sie bis auf das letzte real Gegebene zu verfolgen. Dies geschieht vermöge eines natürlichen Hanges, der es mir fast unmöglich macht, mich bei irgend noch allgemeiner und abstrakter, daher noch unbestimmter Erkenntnis, bei bloßen Begriffen, geschweige bei Worten zu beruhigen; sondern mich weiter treibt, bis ich die letzte Grundlage aller Begriffe und Sätze, die allemal anschaulich ist, nackt vor mir habe, welche ich dann entweder als Urphänomen stehnlassen muß, wo möglich aber sie noch in ihre Elemente auflöse, jedenfalls das Wesen der Sache bis aufs äußerste verfolgend. Dieserwegen wird man einst (natürlich nicht, solange ich lebe) erkennen, daß die Behandlung desselben Gegenstandes von irgendeinem früheren Philosophen, gegen die meinige gehalten, flach erscheint. Daher hat die Menschheit manches, was sie nie vergessen wird, von mir gelernt und werden meine Schriften nicht untergehn. –

Von einem *Willen* läßt auch der Theismus die Welt ausgehn, von einem Willen die Planeten in ihren Bahnen geleitet und eine Natur auf ihrer Oberfläche hervorgerufen werden; nur daß er kindischerweise diesen Willen nach außen verlegt und ihn erst mittelbar, nämlich unter Dazwischentretung der Erkenntnis und der Materie nach menschlicher Art auf die Dinge einwirken läßt; während bei mir der Wille nicht sowohl auf die Dinge als in ihnen wirkt; ja sie selbst gar nichts anderes als eben seine Sichtbarkeit sind. Man sieht jedoch an dieser Übereinstimmung, daß wir alle das Ursprüngliche nicht anders denn als einen *Willen* zu denken vermögen. Der *Pantheismus* nennt den in den Dingen wirkenden Willen einen Gott; wovon ich die Absurdität oft und stark genug gerügt habe; ich nenne ihn den *Willen zum Leben*, weil dies das letzte Erkennbare an ihm ausspricht. – Dies nämliche Verhältnis der Mittelbarkeit zur Unmittelbarkeit tritt abermals in der Moral ein. Die Theisten wollen eine Ausgleichung zwischen dem, was einer tut, und dem, was er leidet: ich auch. Sie aber nehmen solche erst mittelst der Zeit und eines Richters und Vergelters an; ich hingegen unmittelbar, indem ich im Täter und im Dulder dasselbe Wesen nachweise. Die moralischen Resultate des Christentums, bis zur höchsten Askese, findet man bei mir rationell und im Zusammenhange der Dinge begründet; während sie es im Christentum durch bloße Fabeln sind. Der Glaube an diese schwindet täglich mehr; daher wird man sich zu meiner Philosophie wenden müssen. Die *Pantheisten* können keine ernstlich gemeinte Moral haben – da bei ihnen alles göttlich und vortrefflich ist. –

Ich habe viel Tadel darüber erfahren, daß ich philosophierend, mithin theoretisch das Leben als jammervoll und keineswegs wünschenswert dargestellt habe: doch aber wird, wer praktisch die entschiedenste Geringschätzung desselben an den Tag legt, gelobt, ja bewundert; und wer um Erhaltung desselben sorgsam bemüht ist, wird verachtet. –

Kaum hatten meine Schriften auch nur die Aufmerksamkeit einzelner erregt; so ließ sich schon hinsichtlich meines Grundgedankens die Prioritätsklage vernehmen und wurde angeführt, daß *Schelling* einmal gesagt hätte: ›Wollen ist Ursein‹[1] und was man sonst in der Art irgend aufzubringen vermochte. – Hierüber ist in betreff der Sache selbst zu sagen, daß die Wurzel meiner Philosophie schon in der Kantischen liegt, besonders in der Lehre vom empirischen

1. [Sämtliche Werke, herausgegeben von K. F. A. Schelling, 1856–1861, erste Abt. Bd. 7, S. 350]

und intelligibeln Charakter, überhaupt aber darin, daß, sooft Kant einmal mit dem Ding an sich etwas näher ans Licht tritt, es allemal als *Wille* durch seinen Schleier hervorsieht; worauf ich in meiner ›Kritik der Kantischen Philosophie‹ *[Bd. 1, S. 672]* ausdrücklich aufmerksam gemacht und demzufolge gesagt habe, daß meine Philosophie nur das Zu-Ende-Denken der seinigen sei. Daher darf man sich nicht wundern, wenn in den ebenfalls von *Kant* ausgehenden Philosophemen *Fichtes* und *Schellings* sich Spuren desselben Grundgedankens finden lassen; wiewohl sie dort ohne Folge, Zusammenhang und Durchführung auftreten und demnach als ein bloßer Vorspuk meiner Lehre anzusehn sind. Im allgemeinen aber ist über diesen Punkt zu sagen, daß von jeder großen Wahrheit sich, ehe sie gefunden worden, ein Vorgefühl kundgibt, eine Ahndung, ein undeutliches Bild, wie im Nebel, und ein vergebliches Haschen, sie zu ergreifen; weil eben die Fortschritte der Zeit sie vorbereitet haben. Demgemäß präludieren dann vereinzelte Aussprüche. Allein, nur wer eine Wahrheit aus ihren Gründen erkannt und in ihren Folgen durchdacht, ihren ganzen Inhalt entwickelt, den Umfang ihres Bereichs übersehn und sie sonach mit vollem Bewußtsein ihres Wertes und ihrer Wichtigkeit deutlich und zusammenhängend dargelegt hat, der ist ihr Urheber. Daß sie hingegen in alter oder neuer Zeit irgendeinmal mit halbem Bewußtsein und fast wie ein Reden im Schlaf ausgesprochen worden und demnach sich daselbst finden läßt, wenn man hinterher danach sucht, bedeutet, wenn sie auch totidem verbis [mit ebenso vielen Worten] dasteht, nicht viel mehr, als wäre es totidem litteris [mit ebenso vielen Buchstaben] – gleichwie der Finder einer Sache nur der ist, welcher sie, ihren Wert erkennend, aufhob und bewahrte; nicht aber der, welcher sie zufällig einmal in die Hand nahm und wieder fallen ließ; oder wie Columbus der Entdecker Amerikas ist, nicht aber der erste Schiffbrüchige, den die Wellen einmal dort abwarfen. Dies eben ist der Sinn des Donatischen[1] ›Pereant, qui ante nos nostra dixerunt‹

1. [Das Wort des Donatus ist in den von Martinaeus zum ›Eunuchus‹ des Terenz gemachten Anmerkungen überliefert.]

[Nieder mit denen, die vor uns unsere Gedanken ausgesprochen haben]. Wollte man hingegen dergleichen zufällige Aussprüche als Prioritäten gegen mich geltend machen; so hätte man viel weiter ausholen und z. b. anführen können, daß Clemens Alexandrinus (›Stromata‹ 2, cap. 17, p. 304) sagt: Προηγεῖται τοίνυν πάντων τὸ βούλεσθαι· αἱ γὰρ λογικαὶ δυνάμεις τοῦ βούλεσθαι διάκονοι πεφύκασι. (Velle ergo omnia antecedit: rationales enim facultates sunt voluntatis ministrae.) [Allem also geht das Wollen voraus: denn die Kräfte der Vernunft sind Dienerinnen des Wollens.] – wie auch, daß schon Spinoza sagt: ›Cupiditas est ipsa uniuscuiusque natura seu essentia‹ [Die Begierde ist gerade das, was bei jedem seine Natur oder sein Wesen ausmacht] (›Ethica‹ [pars] 3, prop. 57, demonstratio) und vorher prop. 9, scholium: ›Hic conatus, cum ad mentem solam refertur, voluntas appellatur; sed cum ad mentem et corpus simul refertur, vocatur appetitus, qui proinde nihil aliud est, quam *ipsa hominis essentia*.‹ [Dieser Antrieb heißt Wille, wenn er allein auf den Geist bezogen wird; er heißt Begierde, wenn er zugleich auf Geist und Körper bezogen wird; und er ist nichts anderes als das eigentliche Wesen des Menschen.] und schließlich [pars 3], definitio 1, explicatio, p. 183. – Mit größtem Rechte sagt *Helvétius*: ›Il n'est point de moyens que l'envieux, sous l'apparence de la justice, n'emploie pour dégrader le mérite ... C'est l'envie seule qui nous fait trouver dans les anciens toutes les découvertes modernes. Une phrase vide de sens, ou du moins inintelligible avant ces découvertes, suffit pour faire crier au plagiat‹. [Es gibt kein Mittel, welches der Neidische unter dem Schein der Gerechtigkeit unversucht ließe, um das Verdienst herabzusetzen ... Es ist der bloße Neid, der uns alle neueren Entdeckungen schon bei den Alten finden läßt. Eine sinnlose oder doch unverständliche Redensart, die diesen Entdeckungen vorangeht, genügt, um die Anklage des Plagiats zu erheben.] (›De l'esprit‹ 4, 7, p. 228). Und noch eine Stelle des Helvétius sei es mir erlaubt über diesen Punkt in Erinnerung zu bringen, deren Anführung ich jedoch bitte, mir nicht als Eitelkeit und Übermut auszulegen, sondern allein die Richtigkeit des darin ausgedrückten Gedankens im Auge zu behalten, es dahin stehn lassend, ob irgend etwas davon auf mich Anwendung finden könne oder nicht. ›Quiconque se plaît à considérer l'esprit humain voit, dans chaque siècle, cinq ou six hommes d'esprit tourner autour de la découverte que fait l'homme de génie. Si l'honneur en reste à ce dernier, c'est que cette découverte est, entre ses mains, plus féconde que dans les mains de tout autre; c'est qu'il rend ses idées avec plus de force et de netteté; et qu'enfin on voit toujours à la manière différente, dont les hommes tirent parti d'un principe ou d'une découverte, à qui ce principe ou cette découverte appartient.‹ [Jeder, der sich das Vergnügen macht, den menschlichen Geist zu beobachten, kann bemerken, wie in jedem Jahrhundert fünf oder sechs Männer von Geist um eine Entdeckung herumirren, die der Mann von Genie macht. Wenn die Ehre dieser Entdeckung dem letzteren verbleibt, so geschieht das, weil diese Entdeckung unter seinen Händen fruchtbarer ist als in den Händen eines jeden andern; weil er seine Gedanken mit größerer Kraft und Bestimmtheit ausdrückt, und schließlich, weil man immer aus der verschiedenen Art, wie die Menschen von einem Prinzip oder einer Entdeckung Vorteil ziehen, ersehen kann, wem dieses Prinzip oder diese Entdeckung angehört.] (›De l'esprit‹ 4, 1). –

Infolge des alten unversöhnlichen Krieges, den überall und immerdar Unfähigkeit und Dummheit gegen Geist und Verstand führt – sie durch Legionen, er durch einzelne vertreten – hat jeder, der das Wertvolle und Echte bringt, einen schweren Kampf zu bestehn gegen Unverstand, Stumpfheit, verdorbenen Geschmack, Privatinteressen und Neid, alle in würdiger Allianz, nämlich in der, von welcher *Chamfort* [›Œuvres choisies‹, Bibliothèque Nationale tom 2, p. 44] sagt: ›En examinant la ligue des sots contre les gens d'esprit, on croirait voir une conjuration de valets pour écarter les maitres.‹ [Wenn man sieht, wie die Dummköpfe gegen die Leute von Geist zusammenhalten, so glaubt man Knechte zu sehen, die sich verschworen haben, ihre Herren zu stürzen.] Mir aber war außerdem noch ein ungewöhnlicher Feind hinzugegeben: ein großer Teil derer, welche in meinem Fache das Urteil des Publikums zu leiten Beruf und Gelegenheit hatten, war angestellt und besoldet, das Allerschlechteste, die *Hegelei*, zu verbreiten, zu loben, ja in den Himmel zu erheben. Dies kann aber nicht gelingen, wenn man zugleich das Gute auch nur einigermaßen will gelten lassen. Hieraus erkläre sich der spätere Leser die ihm sonst rätselhafte Tatsache, daß ich meinen eigentlichen Zeitgenossen so fremd geblieben bin wie der Mann im Monde. Jedoch hat ein Gedankensystem, welches auch beim Ausbleiben aller Teilnahme anderer seinen Urheber ein langes Leben hindurch unablässig und lebhaft zu beschäftigen und zu anhaltender, unbelohnter Arbeit anzuspornen vermag, eben hieran ein Zeugnis für seinen Wert und seine Wahrheit. Ohne alle Aufmunterung von außen hat die Liebe zu meiner Sache ganz allein meine vielen Tage hindurch mein Streben aufrechtgehalten und mich nicht ermüden lassen: mit Verachtung blickte ich dabei auf den lauten Ruhm des Schlechten. Denn beim Eintritt ins Leben hatte mein Genius mir die Wahl gestellt, entweder die Wahrheit zu erkennen, aber mit ihr niemandem zu gefallen; oder aber mit den andern das Falsche zu lehren, unter Anhang und Beifall: mir war sie nicht schwer geworden. Demgemäß nun aber wurde das Schicksal meiner Philosophie das Widerspiel dessen, welches die Hegelei hatte, so ganz und gar, daß man beide als die Kehrseiten desselben Blattes ansehn kann, der Beschaffenheit beider Philosophien gemäß. Die Hegelei, ohne Wahrheit, ohne Klarheit, ohne Geist, ja ohne Menschenverstand, dazu noch im Gewand des ekelhaftesten Galimathias, den man je gehört, auftretend, wurde eine oktroyierte und privilegierte Kathederphilosophie, folglich ein Unsinn, der seinen Mann nährte. Meine zur selben Zeit mit ihr auftretende Philosophie hatte zwar alle Eigenschaften, welche jener abgingen: allein sie war keinen höhern Zwecken gemäß zugeschnitten, bei den damaligen Zeitläuften für das Katheder gar nicht geeignet und also, wie man spricht, nichts damit zu machen. Da folgte es wie Tag auf Nacht, daß die Hegelei die Fahne wurde, der alles zulief, meine

Philosophie hingegen weder Beifall noch Anhänger fand, vielmehr mit übereinstimmender Absichtlichkeit gänzlich ignoriert, vertuscht, wo möglich erstickt wurde; weil durch ihre Gegenwart jenes so erkleckliche Spiel gestört worden wäre wie Schattenspiel an der Wand durch hereinfallendes Tageslicht. Demgemäß nun also wurde ich die eiserne Maske, oder, wie der edele *Dorguth*[1] sagt, der Caspar Hauser der Philosophie-Professoren: abgesperrt von Luft und Licht, damit mich keiner sähe und meine angeborenen Ansprüche nicht zur Geltung gelangen könnten. Jetzt aber ist der von den Philosophie-Professoren totgeschwiegene Mann wieder auferstanden zur großen Bestürzung der Philosophie-Professoren, die gar nicht wissen, welches Gesicht sie jetzt aufsetzen sollen.

1. [*Vgl. Bd. 3, S. 303*]

ÜBER DIE
UNIVERSITÄTS-PHILOSOPHIE

Ἡ ἀτιμία φιλοσοφία διὰ ταῦτα προσπέπτωκεν,
ὅτι οὐ κατ' ἀξίαν αὐτῆς ἅπτονται·
οὐ γὰρ νόθους ἔδει ἅπτεσθαι, ἀλλὰ γνησίους.
*[In Verachtung ist die Philosophie deshalb geraten,
weil man sich nicht mit ihr befaßt, wie es sich gehört;
denn nicht die unechten,
sondern die echten Philosophen sollten sich mit ihr befassen.]*

PLATON
›Res publica‹ 7 [p. 535 C]

Daß die Philosophie auf Universitäten gelehrt wird, ist ihr allerdings auf mancherlei Weise ersprießlich. Sie erhält damit eine öffentliche Existenz, und ihre Standarte ist aufgepflanzt vor den Augen der Menschen; wodurch stets von neuem ihr Dasein in Erinnerung gebracht und bemerklich wird. Der Hauptgewinn hieraus wird aber sein, daß mancher junge und fähige Kopf mit ihr bekannt gemacht und zu ihrem Studio auferweckt wird. Inzwischen muß man zugeben, daß der zu ihr Befähigte und ebendaher ihrer Bedürftige sie auch wohl auf andern Wegen antreffen und kennenlernen würde. Denn was sich liebt und für einander geboren ist, findet sich leicht zusammen: verwandte Seelen grüßen sich schon aus der Ferne. Einen solchen nämlich wird jedes Buch irgendeines echten Philosophen, das ihm in die Hände fällt, mächtiger und wirksamer anregen als der Vortrag eines Kathederphilosophen, wie ihn der Tag gibt, es vermag. Auch sollte auf den Gymnasien der Platon fleißig gelesen werden, als welcher das wirksamste Erregungsmittel des philosophischen Geistes ist. Überhaupt aber bin ich allmälig der Meinung geworden, daß der erwähnte Nutzen der Katheder-Philosophie von dem Nachteil überwogen werde, den die Philosophie als Profession der Philosophie als freier Wahrheitsforschung oder die Philosophie im Auftrage der Regierung der Philosophie im Auftrage der Natur und der Menschheit bringt.

Zuvörderst nämlich wird eine Regierung nicht Leute besolden, um dem, was sie durch tausend von ihr angestellte Priester oder Religionslehrer von allen Kanzeln verkünden läßt, direkt oder auch nur indirekt zu widersprechen; da dergleichen, in dem Maße, als es wirkte, jene erstere Veranstaltung unwirksam machen müßte. Denn bekanntlich heben Urteile einander nicht allein durch den kontradiktorischen, sondern auch durch den bloß konträren Gegensatz auf: z.B. dem Urteil: ›die Rose ist rot‹ widerspricht nicht allein dieses: ›sie ist nicht rot‹; sondern auch schon dieses: ›sie ist gelb‹, als welches hierin ebensoviel, ja mehr leistet. Daher der Grundsatz: ›Improbant secus docentes.‹ [Wer anders lehrt, den verwerfen sie.] Durch diesen Umstand geraten aber die Universitätsphilosophen in eine ganz eigentümliche Lage, deren öffentliches Geheimnis hier einmal Worte finden mag. In allen andern Wissenschaften nämlich haben die Professoren derselben bloß die Verpflichtung, nach Kräften und Möglichkeit zu lehren, was wahr und richtig ist. Ganz allein bei den Professoren der Philosophie ist die Sache ›cum grano salis‹[1] zu verstehn. Hier nämlich hat es mit derselben eine eigene Bewandtnis, welche darauf beruht, daß das Problem ihrer Wissenschaft dasselbe ist, worüber auch die Religion in ihrer Weise Aufschluß erteilt; deshalb ich diese als die Metaphysik des Volkes bezeichnet habe[2]. Demnach nun sollen zwar auch die Professoren der Philosophie allerdings lehren, was wahr und richtig ist: aber eben dieses muß im Grunde und im wesentlichen dasselbe sein, was die Landesreligion auch lehrt, als welche ja ebenfalls wahr und richtig ist. Hieraus entsprang jener naive schon in meiner ›Kritik der Kantischen Philosophie‹ angezogene Ausspruch eines ganz reputierlichen Philosophie-Professors im Jahr 1840: ›Leugnet eine Philosophie die Grundideen des Christentums; so ist sie entweder falsch oder, *wenn auch wahr, doch unbrauchbar.*‹[3] Man sieht daraus, daß in der Universitäts-Philosophie die Wahrheit nur eine sekundäre Stelle einnimmt und, wenn es gefordert wird, aufstehn muß, einer andern Eigenschaft Platz zu machen. – Dies also unterscheidet auf den Universitäten die Philosophie von allen andern daselbst kathedersässigen Wissenschaften.

1. *[Vgl. S. 139]*
2. *[Vgl. Bd. 2, S. 208f.]* – 3. *[Vgl. Bd. 1, S. 686, Anmerkung]*

Infolge hievon wird, solange die Kirche besteht, auf den Universitäten stets nur eine solche Philosophie gelehrt werden dürfen, welche, mit durchgängiger Rücksicht auf die Landesreligion abgefaßt, dieser im wesentlichen parallelläuft und daher stets – allenfalls kraus figuriert, seltsam verbrämt und dadurch schwer verständlich gemacht – doch im Grunde und in der Hauptsache nichts anderes als eine Paraphrase und Apologie der Landesreligion ist. Den unter diesen Beschränkungen Lehrenden bleibt sonach nichts anderes übrig, als nach neuen Wendungen und Formen zu suchen, unter welchen sie den in abstrakte Ausdrücke verkleideten und dadurch fade gemachten Inhalt der Landesreligion aufstellen, der alsdann Philosophie heißt. Will jedoch einer oder der andere außerdem noch etwas tun, so wird er entweder in benachbarte Fächer divagieren oder seine Zuflucht zu allerlei unschuldigen Pößchen nehmen, wie etwan schwere analytische Rechnungen über das Äquilibrium der Vorstellungen im menschlichen Kopfe auszuführen und ähnliche Späße. Inzwischen bleiben die solchermaßen beschränkten Universitätsphilosophen bei der Sache ganz wohlgemut; weil ihr eigentlicher Ernst darin liegt, mit Ehren ein redliches Auskommen für sich, nebst Weib und Kind, zu erwerben, auch ein gewisses Ansehn vor den Leuten zu genießen; hingegen das tiefbewegte Gemüt eines wirklichen Philosophen, dessen ganzer und großer Ernst im Aufsuchen eines Schlüssels zu unserm so rätselhaften wie mißlichen Dasein liegt, von ihnen zu den mythologischen Wesen gezählt wird; wenn nicht etwan gar der damit Behaftete, sollte er ihnen je vorkommen, ihnen als von Monomanie besessen erscheint. Denn daß es mit der Philosophie so recht eigentlicher, bitterer Ernst sein könne, läßt wohl in der Regel kein Mensch sich weniger träumen als ein Dozent derselben; gleichwie der ungläubigste Christ der Papst zu sein pflegt. Daher gehört es denn auch zu den seltensten Fällen, daß ein wirklicher Philosoph zugleich ein Dozent der Philosophie gewesen wäre[F]. Daß gerade *Kant* diesen Aus-

---

[F] Es ist ganz natürlich, daß je mehr von einem Professor Gottseligkeit gefordert wird, desto weniger Gelehrsamkeit – eben wie zu Altensteins

nahmsfall darstellt, habe ich, nebst den Gründen und Folgen der Sache, im zweiten Bande meines Hauptwerkes (Kap. 17, S. 162 *[Bd. 2, S. 211]*) bereits erörtert. Übrigens liefert zu der oben aufgedeckten konditionellen Existenz aller Universitäts-Philosophie einen Beleg das bekannte Schicksal *Fichtes*, wenn auch dieser im Grunde ein bloßer Sophist, kein wirklicher Philosoph war. Er hatte es nämlich gewagt, in seinem Philosophieren die Lehren der Landesreligion außer acht zu lassen; wovon die Folge seine Kassation war, und zudem noch, daß der Pöbel ihn insultierte. Auch hat die Strafe bei ihm angeschlagen, indem nach seiner spätern Anstellung in Berlin das absolute Ich sich ganz gehorsamst in den lieben Gott verwandelt hat und die ganze Lehre überhaupt einen überaus christlichen Anstrich erhielt; wovon besonders die ›Anweisung zum seligen Leben‹ zeugt. Bemerkenswert ist bei seinem Falle noch der Umstand, daß man ihm zum Hauptvergehn den Satz, Gott sei nichts anderes als eben die moralische Weltordnung selbst, anrechnete; während solcher doch nur wenig verschieden ist vom Ausspruch des Evangelisten Johannes: ›Gott ist die Liebe.‹ Das gleiche Schicksal hat 1853 der Privatdozent *Fischer* in Heidelberg gehabt, als welchem sein ius legendi [Recht, Vorlesungen zu halten] entzogen wurde, weil er Pantheismus lehrte. Also die Losung ist: ›Friß deinen Pudding, Sklav', und gib jüdische Mythologie für Philosophie aus!‹ – Der Spaß bei der Sache aber ist, daß diese Leute sich Philosophen nennen, als solche auch über mich urteilen, und zwar mit der Miene der Superiorität, ja gegen mich vornehm tun

---

Zeit es genug war, daß einer sich zum Hegelschen Unsinn bekannte. Seitdem aber bei Besetzung der Professuren die Gelehrsamkeit durch die Gottseligkeit ersetzt werden kann, übernehmen die Herren sich nicht mit ersterer. – Die *Tartüffes* sollten sich lieber menagieren und sich fragen: ›Wer wird uns glauben, daß wir *das* glauben?‹ – Daß *die Herren* Professoren sind, geht die an, die sie dazu gemacht haben: ich kenne sie bloß als schlechte Schriftsteller, deren Einfluß ich entgegenarbeite. – Ich habe die *Wahrheit* gesucht und nicht eine Professur: hierauf beruht im letzten Grunde der Unterschied zwischen mir und den sogenannten nachkantischen Philosophen. Man wird dies mit der Zeit mehr und mehr erkennen.

und vierzig Jahre lang gar nicht würdigten, auf mich herabzusehn, mich keiner Beachtung werthaltend. – Der Staat muß aber auch die Seinen schützen und sollte daher ein Gesetz geben, welches verböte, sich über die Philosophie-Professoren lustig zu machen.

Es ist demnach leicht abzusehn, daß unter solchen Umständen die Katheder-Philosophie nicht wohl umhinkann, es zu machen

> Wie eine der langbeinigen Zikaden,
> Die immer fliegt und fliegend springt –
> Und gleich im Gras ihr altes Liedchen singt.
>   [Goethe, ›Faust‹ 1, Vers 288–290]

Das Bedenkliche bei der Sache ist auch bloß die doch einzuräumende Möglichkeit, daß die letzte dem Menschen erreichbare Einsicht in die Natur der Dinge, in sein eigenes Wesen und das der Welt nicht gerade zusammenträfe mit den Lehren, welche teils dem ehemaligen Völkchen der Juden eröffnet worden, teils vor 1800 Jahren in Jerusalem aufgetreten sind. Dieses Bedenken auf einmal niederzuschlagen, erfand der Philosophie-Professor *Hegel* den Ausdruck ›absolute Religion‹, mit dem er denn auch seinen Zweck erreichte, da er sein Publikum gekannt hat: auch ist sie für die Katheder-Philosophie wirklich und recht eigentlich absolut, d.h. eine solche, die absolut und schlechterdings wahr sein soll und muß, sonst – – – – – ! Andere wieder von diesen Wahrheitsforschern schmelzen Philosophie und Religion zu einem Kentauren zusammen, den sie Religionsphilosophie nennen, pflegen auch zu lehren, Religion und Philosophie seien eigentlich dasselbe – welcher Satz jedoch nur in dem Sinne wahr zu sein scheint, in welchem Franz I. in Beziehung auf Karl V. sehr versöhnlich gesagt haben soll: ›Was mein Bruder Karl will, das will ich auch‹ – nämlich Mailand. Wieder andere machen nicht so viele Umstände, sondern reden geradezu von einer christlichen Philosophie – welches ungefähr so herauskommt, wie wenn man von einer christlichen Arithmetik reden wollte, die fünf gerade sein ließe. Dergleichen von Glaubenslehren entnommene Epitheta sind zudem der Philosophie offenbar unanständig, da sie sich für den Versuch der Vernunft gibt, aus eigenen Mitteln und unabhängig von aller Auktorität das Problem des Daseins zu lösen. Als eine Wissenschaft hat sie es durchaus nicht damit zu tun, was *geglaubt* werden darf oder soll oder muß; sondern bloß damit, was sich *wissen* läßt. Sollte dieses nun auch als etwas ganz anderes sich ergeben, als was man zu glauben hat; so würde selbst dadurch der Glaube nicht beeinträchtigt sein: denn dafür ist er Glaube, daß er enthält, was man *nicht* wissen kann. Könnte man dasselbe auch wissen, so würde der Glaube als ganz unnütz und selbst lächerlich dastehn; etwan wie wenn über Gegenstände der Mathematik noch eine Glaubenslehre aufgestellt würde. Ist man aber etwan überzeugt, daß die ganze und volle Wahrheit in der Landesreligion enthalten und ausgesprochen sei; nun, so halte man sich daran und begebe sich alles Philosophierens. Aber man wolle nicht scheinen, was man nicht ist. Das Vorgeben unbefangener Wahrheitsforschung mit dem Entschluß, die Landesreligion zum Resultat, ja zum Maßstabe und zur Kontrolle derselben zu machen, ist unerträglich, und eine solche an die Landesreligion wie der Kettenhund an die Mauer gebundene Philosophie ist nur das ärgerliche Zerrbild der höchsten und edelsten Bestrebung der Menschheit. Inzwischen ist gerade ein Hauptabsatzartikel der Universitätsphilosophen eben jene oben als Kentaur bezeichnete Religionsphilosophie, die eigentlich auf eine Art Gnosis hinausläuft, auch wohl auf ein Philosophieren unter gewissen beliebten Voraussetzungen, die durchaus nicht erhärtet werden. Auch Programmentitel wie ›De verae philosophiae erga religionem pietate‹ [Über die Pietät der wahren Philosophie gegen die Religion], eine passende Inschrift auf so einen philosophischen Schafstall, bezeichnen recht deutlich die Tendenz und die Motive der Katheder-Philosophie. Zwar nehmen diese zahmen Philosophen bisweilen einen Anlauf, der gefährlich aussieht: allein man kann die Sache mit Ruhe abwarten, überzeugt, daß sie doch bei dem ein für allemal gesteckten Ziele anlangen werden. Ja bisweilen fühlt man sich versucht zu glauben, daß sie ihre ernstlich gemeinten philosophischen Forschungen schon vor ihrem zwölften Jahre abgetan und bereits damals ihre Ansicht vom Wesen der Welt, und was dem anhängt, auf immer festgestellt hätten; weil sie nach allen philosophischen Diskussionen und halsbrechenden Abwegen unter verwegenen Führern doch immer wieder bei dem anlangen, was uns in jenem Alter plausibel gemacht zu werden pflegt, und es sogar als Kriterium der Wahrheit zu nehmen scheinen. Alle die heterodoxen philosophischen Lehren, mit welchen sie dazwischen im Laufe ihres Lebens sich haben beschäftigen müssen, scheinen ihnen nur dazusein, um widerlegt zu werden und dadurch jene ersteren desto fester zu etablieren. Man muß sogar es bewundern, wie sie, mit so vielen argen Ketzereien ihr Leben zubringend, doch ihre innere philosophische Unschuld so rein zu bewahren gewußt haben.

Wem nach diesem allen noch ein Zweifel über Geist und Zweck der Universitäts-Philosophie bliebe, der betrachte das Schicksal der Hegelschen Afterweisheit. Hat es ihr etwan geschadet, daß ihr Grundgedanke der absurdeste Einfall, daß er eine auf den Kopf gestellte Welt, eine philosophische Hanswurstiade[1] war und ihr Inhalt der hohlste, sinnleerste Wortkram, an welchem jemals Strohköpfe ihr Genüge gehabt, und daß ihr Vortrag in den Werken des Urhebers selbst der widerwärtigste und unsinnigste Galimathias ist, ja an die Deliramente der Tollhäusler erinnert? O nein, nicht im mindesten! Vielmehr hat sie dabei zwanzig Jahre hindurch als die glänzendeste Katheder-Philosophie, die je Gehalt und Honorar einbrachte, floriert und ist fett geworden, ist nämlich in ganz Deutschland durch Hunderte von Büchern als der endlich erreichte Gipfel menschlicher Weisheit und als die Philosophie der Philosophien verkündet, ja in den Himmel erhoben worden: Studenten wurden darauf examiniert und Professoren darauf angestellt; wer nicht mitwollte, wurde von dem dreist gemachten Repetenten ihres so lenksamen wie geistlosen Urhebers für einen

[1]. Siehe meine ›Kritik der Kantischen Philosophie‹, 2. Auflage S. 572 [Bd. 1, S. 682].

›Narrn auf eigene Hand‹[1] erklärt, und sogar die wenigen, welche eine schwache Opposition gegen diesen Unfug wagten, traten mit derselben nur schüchtern unter Anerkennung des ›großen Geistes und überschwenglichen Genies‹ – jenes abgeschmackten Philosophasters auf. Den Beleg zu dem hier Gesagten gibt die gesamte Literatur des saubern Treibens, welche als nunmehr geschlossene Akten hingeht durch den Vorhof höhnisch lachender Nachbarn zu jenem Richterstuhle, wo wir uns wiedersehn zum Tribunal der Nachwelt, welches unter andern Implementen auch eine Schandglocke führt, die sogar über ganze Zeitalter geläutet werden kann. – Was nun aber ist es denn endlich gewesen, das jener Gloria ein so plötzliches Ende gemacht, den Sturz der ›bestia trionfante‹[2] [triumphierenden Bestie] herbeigezogen und die ganze große Armee ihrer Söldner und Gimpel zerstreut hat bis auf einige Überbleibsel, die noch als Nachzügler und Marodeurs, unter der Fahne der ›Halleschen Jahrbücher‹ zusammengerottet, ein Weilchen ihr Unwesen zum öffentlichen Skandal treiben durften, und ein paar armselige Pinsel, die, was man ihnen in den Jünglingsjahren aufgebunden, noch heute glauben und damit hausieren gehn? – nichts anderes, als daß einer den boshaften Einfall gehabt hat, nachzuweisen, daß das eine Universitäts-Philosophie sei, die bloß scheinbar und nur den Worten nach, nicht aber wirklich und im eigentlichen Sinne mit der Landesreligion übereinstimme. An und für sich war dieser Vorwurf gerecht; denn dies hat nachher der *Neu-Katholizismus* bewiesen. Der *Deutsch-* oder *Neu-Katholizismus* ist nämlich nichts anderes als popularisierte *Hegelei*. Wie diese läßt er die Welt unerklärt, sie steht da, ohne weitere Auskunft. Bloß erhält sie den Namen *Gott* und die Menschheit den Namen *Christus*. Beide sind ›Selbstzweck‹, d. h. sind eben da, sich's wohlsein zu lassen, solange das kurze Leben währt. Gaudeamus igitur! [Laßt uns denn froh sein!] Und die Hegelsche Apotheose des Staats wird bis zum Kommunismus weitergeführt. Eine sehr gründliche Darstellung des Neu-Katholizismus in

---

1. [Vgl. Goethe: ›Den Originalen‹ in ›Epigrammatisch‹]
2. [Nach Giordano Brunos Schrift: ›Spaccio della bestia trionfante‹]

diesem Sinn liefert Ferdinand Kampe, ›Geschichte der religiösen Bewegung neuerer Zeit‹ Bd. 3 (1856).

Aber daß ein solcher Vorwurf die Achillesferse eines herrschenden philosophischen Systems sein konnte, zeigt uns,

> ...welch eine Qualität
> Den Ausschlag gibt, den Mann erhöht
> [Goethe, ›Faust‹ 1, Vers 2099f.]

oder was das eigentliche Kriterium der Wahrheit und Geltungsfähigkeit einer Philosophie auf deutschen Universitäten sei und worauf es dabei ankomme; außerdem ja ein derartiger Angriff, auch abgesehn von der Verächtlichkeit jeder Verketzerung, hätte ganz kurz mit Οὐδὲν πρὸς Διόνυσον[1] [Nichts, was Dionysos angeht] abgefertigt werden müssen.

Wer zu derselben Einsicht noch fernerer Belege bedarf, betrachte das Nachspiel zu der großen Hegel-Farce, nämlich die gleich darauf folgende so überaus zeitgemäße Konversion des Herrn von Schelling vom Spinozismus zum Bigottismus und seine darauf folgende Versetzung von München nach Berlin, unter Trompetenstößen aller Zeitungen, nach deren Andeutungen man hätte glauben können, er bringe dahin den persönlichen Gott, nach welchem so großes Begehr war, in der Tasche mit; worauf denn der Zudrang der Studenten so groß wurde, daß sie sogar durch die Fenster in den Hörsaal stiegen; dann am Ende des Kursus das Großmannsdiplom, welches eine Anzahl Professoren der Universität, die seine Zuhörer gewesen, ihm untertänigst überbrachten, und überhaupt die ganze höchst glänzende und nicht weniger lukrative Rolle desselben in Berlin, die er ohne Erröten durchgespielt hat; und das im hohen Alter, wo die Sorge um das Andenken, das man hinterläßt, in edleren Naturen jede andere überwiegt. Man könnte bei so etwas ordentlich wehmütig werden; ja man könnte beinahe meinen, die Philosophie-Professoren selbst müßten dabei erröten: doch das ist Schwärmerei. Wem nun aber nach Betrachtung einer solchen Konsummation nicht die Augen aufgehn über die

---

1. [Ausruf bei den zu Ehren des Dionysos veranstalteten dramatischen Aufführungen]

Katheder-Philosophie und ihre Helden, dem ist nicht zu helfen.

Inzwischen verlangt die Billigkeit, daß man die Universitäts-Philosophie nicht bloß, wie hier geschehn, aus dem Standpunkte des angeblichen, sondern auch aus dem des wahren und eigentlichen Zweckes derselben beurteile. Dieser nämlich läuft darauf hinaus, daß die künftigen Referendare, Advokaten, Ärzte, Kandidaten und Schulmänner auch im Innersten ihrer Überzeugungen diejenige Richtung erhalten, welche den Absichten, die der Staat und seine Regierung mit ihnen haben, angemessen ist. Dagegen habe ich nichts einzuwenden, bescheide mich also in dieser Hinsicht. Denn über die Notwendigkeit oder Entbehrlichkeit eines solchen Staatsmittels zu urteilen halte ich mich nicht für kompetent; sondern stelle es denen anheim, welche die schwere Aufgabe haben, *Menschen* zu regieren, d. h. unter vielen Millionen eines der großen Mehrzahl nach grenzenlos egoistischen, ungerechten, unbilligen, unredlichen, neidischen, boshaften und dabei sehr beschränkten und querköpfigen Geschlechtes Gesetz, Ordnung, Ruhe und Frieden aufrechtzuerhalten und die wenigen, denen irgendein Besitz zuteil geworden, zu schützen gegen die Unzahl derer, welche nichts als ihre Körperkräfte haben. Die Aufgabe ist so schwer, daß ich mich wahrlich nicht vermesse, über die dabei anzuwendenden Mittel mit ihnen zu rechten. Denn: ›Ich danke Gott an jedem Morgen, daß ich nicht brauch' fürs Röm'sche Reich zu sorgen‹ [Goethe, ›Faust‹ I, Vers 2093 f.] – ist stets mein Wahlspruch gewesen. Diese Staatszwecke der Universitäts-Philosophie waren es aber, welche der *Hegelei* eine so beispiellose Ministergunst verschafften. Denn ihr war *der Staat* ›der absolut vollendete ethische Organismus‹, und sie ließ den ganzen Zweck des menschlichen Daseins im *Staat* aufgehn. Konnte es eine bessere Zurichtung für künftige Referendare und demnächst Staatsbeamte geben als diese, infolge welcher ihr ganzes Wesen und Sein mit Leib und Seele völlig dem *Staat* verfiel wie das der Biene dem Bienenstock und sie auf nichts anderes weder in dieser noch in einer andern Welt hinzuarbeiten hatten, als daß sie taugliche Räder würden, mitzuwirken, um die große Staatsmaschine, diesen ›ultimus finis bonorum‹ [dieses letzte Ziel der Güter], im Gange zu erhalten? Der Referendar und der Mensch war danach eins und dasselbe. Es war eine rechte Apotheose der Philisterei.

Aber ein anderes bleibt das Verhältnis einer solchen Universitäts-Philosophie zum Staat und ein anderes ihr Verhältnis zur Philosophie selbst und an sich, welche in dieser Beziehung als die *reine* Philosophie von jener als der *angewandten* unterschieden werden könnte. Diese nämlich kennt keinen andern Zweck als die Wahrheit, und da möchte sich ergeben, daß jeder andere mittelst ihrer angestrebte diesem verderblich wird. Ihr hohes Ziel ist die Befriedigung jenes edelen Bedürfnisses, von mir das *metaphysische* genannt, welches der Menschheit zu allen Zeiten sich innig und lebhaft fühlbar macht, am stärksten aber, wann wie eben jetzt das Ansehn der Glaubenslehre mehr und mehr gesunken ist. Diese nämlich, als auf die große Masse des Menschengeschlechts berechnet und derselben angemessen, kann bloß *allegorische* Wahrheit enthalten, welche sie jedoch, als sensu proprio wahr, geltend zu machen hat. Dadurch nun aber wird bei immer weiterer Verbreitung jeder Art historischer, physikalischer und sogar philosophischer Kenntnisse die Anzahl der Menschen, denen sie nicht mehr genügen kann, immer größer, und diese wird mehr und mehr auf Wahrheit sensu proprio dringen. Was aber kann alsdann dieser Anforderung gegenüber eine solche ›nervis alienis mobile‹[1] [von fremden Fäden bewegte] Kathederpuppe leisten? Wie weit wird man da noch reichen mit der oktroyierten Rockenphilosophie oder mit hohlen Wortgebäuden, mit nichtssagenden oder selbst die gemeinsten und faßlichsten Wahrheiten durch Wortschwall verundeutlichenden Floskeln oder gar mit hegelischem absolutem Nonsens? – Und nun noch andererseits, wenn dann auch wirklich der redliche Johannes aus der Wüste käme, der, in Felle gekleidet und von Heuschrecken genährt, von all dem Unwesen unberührt geblieben, unterweilen mit reinem Herzen und gan-

1. [Nach Horaz: ›Sermones‹ 2, 7, 82]

zem Ernst der Forschung nach Wahrheit obgelegen hätte und deren Früchte jetzt anböte; welchen Empfang hätte er zu gewärtigen von jenen zu Staatszwecken gedungenen Geschäftsmännern der Katheder, die mit Weib und Kind von der Philosophie zu leben haben, deren Losung daher ist: ›Primum vivere, deinde philosophari‹ [Erst leben, dann philosophieren], die demgemäß den Markt in Besitz genommen und schon dafür gesorgt haben, daß hier nichts gelte, als was sie gelten lassen, mithin Verdienste nur existieren, sofern es ihnen und ihrer Mittelmäßigkeit beliebt, sie anzuerkennen. Sie haben nämlich die Aufmerksamkeit des ohnehin kleinen sich mit Philosophie befassenden Publikums am Leitseil; da dasselbe auf Sachen, die nicht wie die poetischen Produktionen Ergötzung, sondern Belehrung, und zwar pekuniär unfruchtbare Belehrung verheißen, seine Zeit, Mühe und Anstrengung wahrlich nicht verwenden wird, ohne vorher volle Versicherung darüber zu haben, daß solche auch reichlich belohnt werden. Diese nun erwartet es seinem angeerbten Glauben, daß, wer von einer Sache lebt, es auch sei, der sie versteht, zufolge von den Männern des Fachs, welche denn auch auf Kathedern und in Kompendien, Journalen und Literaturzeitungen sich mit Zuversicht als die eigentlichen Meister der Sache gerieren: von diesen demnach läßt es sich das Beachtenswerte und sein Gegenteil vorschmecken und aussuchen. – O, wie wird es dir da ergehn, mein armer Johannes aus der Wüste, wenn, wie zu erwarten steht, was du bringst, nicht der stillschweigenden Konvention der Herren von der lukrativen Philosophie gemäß abgefaßt ist! Sie werden dich ansehn als einen, der den Geist des Spieles nicht gefaßt hat und dadurch es ihnen allen zu verderben droht; mithin als ihren gemeinsamen Feind und Widersacher. Wäre, was du bringst, nun auch das größte Meisterstück des menschlichen Geistes; vor ihren Augen könnte es doch nimmermehr Gnade finden. Denn es wäre ja nicht ad normam conventionis [nach der geltenden Schablone] abgefaßt, folglich nicht der Art, daß sie es zum Gegenstand ihres Kathedervortrags machen könnten, um nun auch *davon* zu leben. Einem Philosophie-

Professor fällt es gar nicht ein, ein auftretendes neues System darauf zu prüfen, ob es wahr sei, sondern er prüft es sogleich nur darauf, ob es mit den Lehren der Landesreligion, den Absichten der Regierung und den herrschenden Ansichten der Zeit in Einklang zu bringen sei. Danach entscheidet er über dessen Schicksal. Wenn es aber dennoch durchdränge, wenn es, als belehrend und Aufschlüsse enthaltend, die Aufmerksamkeit des Publikums erregte und von diesem des Studiums wert befunden würde; so müßte es ja in demselben Maße die kathederfähige Philosophie um eben jene Aufmerksamkeit, ja um ihren Kredit und, was noch schlimmer ist, um ihren Absatz bringen. Di meliora!¹ [Da sei Gott vor!] Daher darf dergleichen nicht aufkommen, und müssen hiegegen alle für einen Mann stehn. Die Methode und Taktik hiezu gibt ein glücklicher Instinkt, wie er jedem Wesen zu seiner Selbsterhaltung verliehen ist, bald an die Hand. Nämlich das Bestreiten und Widerlegen einer der norma conventionis zuwiderlaufenden Philosophie ist oft, zumal wo man wohl gar Verdienste und gewisse nicht durch das Professordiplom erteilbare Eigenschaften wittert, eine bedenkliche Sache, an die man in letzterem Falle sich gar nicht wagen darf, indem dadurch die Werke, deren Unterdrükkung indiziert ist, Notorietät erhalten und die Neugierigen hinzulaufen würden, alsdann aber höchst unangenehme Vergleichungen angestellt werden könnten und der Ausgang mißlich sein dürfte. Hingegen einhellig, als Brüder gleichen Sinnes wie gleichen Vermögens, eine solche ungelegene Leistung als ›non avenue‹ [ungeschehen] betrachten; mit der unbefangensten Miene das Bedeutendste als ganz unbedeutend, das tief Durchdachte und für die Jahrhunderte Vorhandene als nicht der Rede wert aufnehmen, um so es zu ersticken; hämisch die Lippen zusammenbeißen und dazu schweigen, schweigen mit jenem schon vom alten *Seneca* denunzierten ›silentium, quod *livor* indixerit‹² [Schweigen, das der Neid auferlegt] (›Epistulae‹ 79 [17]), und unter-

---

1. [Eigentlich: ›Die Götter (mögen) Besseres (geben)‹, nach Vergil: ›Georgica‹ 3, 513]
2. [*Vgl. Bd. 3, S. 7*]

weilen nur desto lauter über die abortiven Geisteskinder und Mißgeburten der Genossenschaft krähen, in dem beruhigenden Bewußtsein, daß ja das, wovon keiner weiß, so gut wie nicht vorhanden ist und daß die Sachen in der Welt für das gelten, was sie scheinen und heißen, nicht für das, was sie sind – dies ist die sicherste und gefahrloseste Methode gegen Verdienste, welche ich demnach allen Flachköpfen, die ihren Unterhalt durch Dinge suchen, zu denen höhere Begabtheit gehört, bestens empfohlen haben wollte, ohne jedoch mich auch für die spätern Folgen derselben zu verbürgen.

Jedoch sollen hier keineswegs als über ein inauditum nefas [unerhörtes Vergehen] die Götter angerufen werden: ist doch dies alles nur eine Szene des Schauspiels, welches wir zu allen Zeiten, in allen Künsten und Wissenschaften vor Augen haben, nämlich den alten Kampf derer, die *für* die Sache leben, mit denen, die *von* ihr leben, oder derer, die es *sind*, mit denen, die es *vorstellen*. Den einen ist sie der Zweck, zu welchem ihr Leben das bloße Mittel ist; den andern das Mittel, ja die lästige Bedingung zum Leben, zum Wohlsein, zum Genuß, zum Familienglück, als in welchen allein ihr wahrer Ernst liegt; weil hier die Grenze ihrer Wirkungssphäre von der Natur gezogen ist. Wer dies exemplifiziert sehn und näher kennenlernen will, studiere Literargeschichte und lese die Biographien großer Meister in jeder Art und Kunst. Da wird er sehn, daß es zu allen Zeiten so gewesen ist, und begreifen, daß es auch so bleiben wird. In der Vergangenheit erkennt es jeder; fast keiner in der Gegenwart. Die glänzenden Blätter der Literargeschichte sind beinahe durchgängig zugleich die tragischen. In allen Fächern bringen sie uns vor Augen, wie in der Regel das Verdienst hat warten müssen, bis die Narren ausgenarrt hatten, das Gelag zu Ende und alles zu Bette gegangen war: dann erhob es sich wie ein Gespenst aus tiefer Nacht, um seinen ihm vorenthaltenen Ehrenplatz doch endlich noch als Schatten einzunehmen.

Wir inzwischen haben es hier allein mit der Philosophie und ihren Vertretern zu tun. Da finden wir nun zunächst, daß von jeher sehr wenige Philosophen Professoren der

Philosophie gewesen sind und verhältnismäßig noch wenigere Professoren der Philosophie Philosophen; daher man sagen könnte, daß, wie die idioelektrischen Körper keine Leiter der Elektrizität sind, so die Philosophen keine Professoren der Philosophie. In der Tat steht dem Selbstdenker diese Bestellung beinahe mehr im Wege als jede andere. Denn das philosophische Katheder ist gewissermaßen ein öffentlicher Beichtstuhl, wo man coram populo [im Angesicht des Volkes] sein Glaubensbekenntnis ablegt. Sodann ist der wirklichen Erlangung gründlicher oder gar tiefer Einsichten, also dem wahren Weisewerden fast nichts so hinderlich wie der beständige Zwang, weise zu scheinen, das Auskramen vorgeblicher Erkenntnisse vor den lernbegierigen Schülern und das Antworten-Bereithaben auf alle ersinnliche[n] Fragen. Das Schlimmste aber ist, daß einen Mann in solcher Lage bei jedem Gedanken, der etwan noch in ihm aufsteigt, schon die Sorge beschleicht, wie solcher zu den Absichten hoher Vorgesetzter passen würde: dies paralysiert sein Denken so sehr, daß schon die Gedanken selbst nicht mehr aufzusteigen wagen. Der Wahrheit ist die Atmosphäre der Freiheit unentbehrlich. Über die ›exceptio, quae firmat regulam‹ [Ausnahme, welche die Regel bestätigt], daß *Kant* ein Professor gewesen, habe ich schon oben *[S. 176]* das Nötige erwähnt und füge nur hinzu, daß auch Kants Philosophie eine großartigere, entschiedenere, reinere und schönere geworden sein würde, wenn er nicht jene Professur bekleidet hätte; obwohl er, sehr weise, den Philosophen möglichst vom Professor gesondert hielt, indem er seine eigene Lehre nicht auf dem Katheder vortrug (siehe Rosenkranz, ›Geschichte der Kantischen Philosophie‹ S. 148).

Sehe ich nun aber auf die in dem halben Jahrhundert, welches seit *Kants* Wirksamkeit verstrichen ist, auftretenden angeblichen Philosophen zurück; so erblicke ich leider keinen, dem ich nachrühmen könnte, sein wahrer und ganzer Ernst sei die Erforschung der Wahrheit gewesen: vielmehr finde ich sie alle, wenn auch nicht immer mit deutlichem Bewußtsein, auf den bloßen Schein der Sache, auf Effektmachen, Imponieren, ja Mystifizieren bedacht und eifrig bemüht, den Beifall der Vorgesetzten und nächstdem der Studenten zu erlangen; wobei der letzte Zweck immer bleibt, den Ertrag der Sache mit Weib und Kind behaglich zu verschmausen. So ist es aber auch eigentlich der menschlichen Natur gemäß, welche wie jede tierische Natur als unmittelbare Zwecke nur Essen, Trinken und Pflege der Brut kennt, dazu aber, als ihre besondere Apanage, nur noch die Sucht zu glänzen und zu scheinen erhalten hat. Hingegen ist zu wirklichen und echten Leistungen in der Philosophie wie in der Poesie und den schönen Künsten die erste Bedingung ein ganz abnormer Hang, der gegen die Regel der menschlichen Natur an die Stelle des subjektiven Strebens nach dem Wohl der eigenen Person ein völlig *objektives*, auf eine der Person fremde *Leistung* gerichtetes Streben setzt und eben dieserhalb sehr treffend *exzentrisch* genannt, mitunter wohl auch als Donquichottisch verspottet wird. Aber schon *Aristoteles* hat es gesagt: Οὐ χρὴ δὲ κατὰ τοὺς παραινοῦντας ἀνθρώπινα φρονεῖν ἄνθρωπον ὄντα οὐδὲ θνητὰ τὸν θνητόν, ἀλλ' ἐφ' ὅσον ἐνδέχεται, ἀθανατίζειν καὶ πάντα ποιεῖν πρὸς τὸ ζῆν κατὰ τὸ κράτιστον τῶν ἐν αὐτῷ. (Neque vero nos oportet humana sapere ac sentire, ut quidam monent, cum simus homines, neque mortalia, cum mortales, sed nos ipsos, quoad eius fieri potest, a mortalitate vindicare atque omnia facere, ut ei nostri parti, quae in nobis est optima, convenienter vivamus.) [Man soll aber nicht, wie die Dichter uns ermahnen, als Mensch auf Menschliches sinnen und als Sterblicher auf Sterbliches, sondern, soweit es uns möglich ist, nach Unsterblichem trachten und alles tun, um demgemäß zu leben, was das Edelste in uns ist.] (›Ethica ad Nicomachum‹ cap. 10, 7 [p. 1177 b 30]). Eine solche Geistesrichtung ist allerdings eine höchst seltene Anomalie, deren Früchte jedoch eben deswegen im Laufe der Zeit der ganzen Menschheit zugute kommen, da sie glücklicherweise von der Gattung sind, die sich aufbewahren läßt. Näher: man kann die Denker einteilen in solche, die *für sich selbst*, und solche, die *für andere* denken; diese sind die Regel, jene die Ausnahme. Erstere sind demnach Selbstdenker im zwiefachen und Egoisten im edelsten Sinne des Worts: sie allein sind es, von denen die Welt Belehrung empfängt. Denn nur das Licht, welches einer sich selber angezündet hat, leuchtet nachmals auch andern; so daß von dem, was Seneca in moralischer Hinsicht behauptet: ›Alteri vivas oportet, si vis tibi vivere‹ [Für andere mußt du leben, wenn du für dich leben willst] (›Epistulae‹ 48 [2]) in intellektualer das Umgekehrte gilt: ›Tibi cogites oportet, si omnibus cogitasse volueris.‹ [Für dich mußt du denken, wenn du für alle gedacht haben willst.] Dies aber ist gerade die seltene durch keinen Vorsatz und guten Willen zu erzwingende Anomalie, ohne welche jedoch in der Philosophie kein wirklicher Fortschritt möglich ist. Denn für andere oder überhaupt für unmittelbare Zwecke gerät nimmermehr ein Kopf in die höchste dazu eben erforderte Anspannung, als welche gerade das Vergessen seiner selbst und aller Zwecke verlangt; sondern da bleibt es beim Schein und Vorgeben der Sache. Da werden zwar allenfalls einige vorgefundene Begriffe auf mancherlei Weise kombiniert und so gleichsam ein Kartenhäuserbau damit vorgenommen: aber nichts Neues und Echtes kommt dadurch in die Welt. Nun nehme man noch hinzu, daß Leute, denen das eigene Wohl der wahre Zweck, das Denken nur Mittel dazu ist, stets die temporären Bedürfnisse und Neigungen der Zeitgenossen, die Absichten der Befehlenden u. dgl. mehr im Auge behalten müssen. Dabei läßt sich nicht nach der Wahrheit zielen, die selbst bei redlich auf sie gerichtetem Blicke unendlich schwer zu treffen ist.

Überhaupt aber: wie sollte der, welcher für sich, nebst Weib und Kind, ein redliches Auskommen sucht, zugleich sich der *Wahrheit* weihen? – der Wahrheit, die zu allen Zeiten ein gefährlicher Begleiter, ein überall unwillkommener Gast gewesen ist – die vermutlich auch deshalb nackt dargestellt wird, weil sie nichts mitbringt, nichts auszuteilen hat, sondern nur ihrer selbst wegen gesucht sein will. Zwei so verschiedene Herren wie der Welt und der Wahrheit, die nichts als den Anfangsbuchstaben gemein haben, läßt sich zugleich nicht dienen: das Unternehmen führt zur Heuchelei, zur Augendienerei, zur Achselträgerei. Da kann es geschehn, daß aus einem Priester der Wahrheit ein Verfechter des Truges wird, der eifrig lehrt, was er selbst nicht glaubt, dabei der vertrauensvollen Jugend die Zeit und den Kopf verdirbt, auch wohl gar mit Verleugnung alles literarischen Gewissens zum Präkonen[1] einflußreicher Pfuscher, z. B. frömmelnder Strohköpfe, sich hergibt; oder auch, daß er, weil vom Staat und zu Staatszwecken besoldet, nun den Staat zu apotheosieren, ihn zum Gipfelpunkt alles menschlichen Strebens und aller Dinge zu machen sich angelegen sein läßt und dadurch nicht nur den philosophischen Hörsaal in eine Schule der plattesten Philisterei umschafft, sondern am Ende wie z. B. Hegel zu der empörenden Lehre gelangt, daß die Bestimmung des Menschen im *Staat* aufgehe – etwan wie die der Biene im Bienenstock; wodurch das hohe Ziel unsres Daseins den Augen ganz entrückt wird.

Daß die Philosophie sich nicht zum Brotgewerbe eigne, hat schon Platon in seinen Schilderungen der Sophisten, die er dem Sokrates gegenüberstellt, dargetan, am allerergötzlichsten aber im Eingang des ›Protagoras‹ das Treiben und den Sukzeß dieser Leute mit unübertrefflicher Komik geschildert. Das Geldverdienen mit der Philosophie war und blieb bei den Alten das Merkmal, welches den Sophisten vom Philosophen unterschied. Das Verhältnis der Sophisten zu den Philosophen war demnach ganz analog dem zwischen den Mädchen, die sich aus Liebe hingegeben haben, und den bezahlten Freudenmädchen. Daß aus diesem Grunde Sokrates den Aristipp unter die Sophisten verwies und auch Aristoteles ihn dahin zählt, habe ich bereits in meinem Hauptwerk Bd. 2, Kap. 17, S. 162 *[Bd. 2, S. 211]* nachgewiesen. Daß auch die Stoiker es so ansahen, berichtet *Stobaios* (›Eclogae physicae et ethicae‹ lib. 2, cap. 7, [editio Heeren] p. 226): Τῶν μὲν αὐτὸ τοῦτο λεγόντων σοφιστεύειν, τὸ ἐπὶ μισθῷ μεταδιδόναι τῶν τῆς φιλοσοφίας δογμάτων· τῶν δ' ὑποτοπησάντων ἐν τῷ σοφιστεύειν περιέχεσθαί τι φαῦλον, οἱονεὶ λόγους καπηλεύειν, οὐ φαμένων δεῖν ἀπὸ παιδείας παρὰ τῶν ἐπιτυχόντων χρηματίζεσθαι, καταδεέστερον γὰρ εἶναι τὸν τρόπον τοῦτον τοῦ χρηματισμοῦ τοῦ τῆς φιλοσοφίας ἀξιώματος.

[1] [Verkünder]

[Es ist zu unterscheiden zwischen denen, die eben dieses bekennen, daß sie als Sophisten lehren, nämlich die Lehren der Philosophie für Geld mitteilen, und denen, die glauben, daß das Lehren als Sophist einen Tadel verdiene, indem es ein Schacher mit Gedanken sei, und erklären, daß es nicht statthaft sei, von denen, die Bildung suchen, Geld zu nehmen, da diese Art des Geldverdienens der Würde der Philosophie nicht angemessen sei.] Auch die Stelle des Xenophon, welche Stobaios im ›Florilegio‹ Bd. 1, p. 57 beibringt, lautet nach dem Original (›Memorabilia‹ 1, 6, 17): Τοὺς μὲν τὴν σοφίαν ἀργυρίου τῷ βουλομένῳ πωλοῦντας σοφιστὰς ἀποκαλοῦσιν. [Diejenigen, welche die Weisheit für Geld jedem, der es will, verkaufen, nennt man Sophisten.] Auch *Ulpian* wirft die Frage auf: ›An et philosophi *professorum* numero sint? Et non putem, non quia non religiosa res est, sed quia hoc primum *profiteri* eos oportet *mercenariam operam spernere.*‹ [Sind auch die Philosophen zu den Professoren zu zählen? Ich glaube es nicht, nicht als wenn es sich dabei nicht um eine mit gewissenhafter Sorgfalt betriebene Sache handelte, sondern weil sie vor allem öffentlich bekennen müssen, daß sie es verschmähen, für Lohn zu arbeiten.] (lex 1, § 4, ›Digesta de extraordinaria cognitione‹ lib. 13). Die Meinung war in diesem Punkt so unerschütterlich, daß wir sie selbst noch unter den spätern Kaisern in voller Geltung finden; indem sogar noch beim *Philostratos* ([›Vita Apollonii‹] lib. 1, cap. 13) Apollonios von Tyana seinem Gegner Euphrates das τὴν σοφίαν καπηλεύειν (sapientiam cauponari) [mit der Weisheit Schacher treiben] zum Hauptvorwurf macht, auch in seiner 51. Epistel eben diesem schreibt: Ἐπιτιμῶσί σοί τινες ὡς εἰληφότι χρήματα παρὰ τοῦ βασιλέως· ὅπερ οὐκ ἄτοπον, εἰ μὴ φαίνοιο φιλοσοφίας εἰληφέναι μισθὸν καὶ τοσαυτάκις καὶ ἐπὶ τοσοῦτον καὶ παρὰ τοῦ πεπιστευκότος εἶναί σε φιλόσοφον. (Reprehendunt te quidam, quod pecuniam ab imperatore acceperis; quod absonum non esset, nisi videreris philosophiae mercedem accepisse et toties et tam magnam et ab illo, qui te philosophum esse putabat.) [Einige machen dir zum Vorwurf, daß du von dem Könige Geld genommen hättest.

Dies wäre nicht unstatthaft, erregtest du nicht den Anschein, daß du für die Philosophie Geld, und zwar so oft und so viel genommen hättest und noch dazu von einem, der glauben müßte, daß du ein Philosoph seist.] In Übereinstimmung hiemit sagt er in der 42. Epistel von sich selbst, daß er nötigenfalls ein Almosen, aber nie, selbst nicht im Fall der Bedürftigkeit, einen Lohn für seine Philosophie annehmen würde: Ἐάν τις Ἀπολλωνίῳ χρήματα διδῷ καὶ ὁ διδοὺς ἄξιος νομίζηται, λήψεται δεόμενος· φιλοσοφίας δὲ μισθὸν οὐ λήψεται, κἂν δέηται. (Si quis Apollonio pecunias dederit et qui dat dignus iudicatus fuerit ab eo, si opus habuerit, accipiet. Philosophiae vero mercedem, ne si indigeat quidem, accipiet.) [Wenn jemand dem Apollonios Geld anbietet und für würdig erachtet wird, es zu geben, so wird Apollonios es annehmen, wenn er dessen bedarf, für die Philosophie aber wird er keinen Lohn nehmen, auch nicht, wenn er Geld nötig hätte.] Diese uralte Ansicht hat ihren guten Grund und beruht darauf, daß die Philosophie gar viele Berührungspunkte mit dem menschlichen Leben, dem öffentlichen wie dem der einzelnen, hat; weshalb, wenn Erwerb damit getrieben wird, alsbald die Absicht das Übergewicht über die Einsicht erhält und aus angeblichen Philosophen bloße Parasiten der Philosophie werden: solche aber werden dem Wirken der echten Philosophen hemmend und feindlich entgegentreten, ja sich gegen sie verschwören, um nur, was ihre Sache fördert, zur Geltung zu bringen. Denn sobald es Erwerb gilt, kann es leicht dahin kommen, daß, wo der Vorteil es heischt, allerlei niedrige Mittel, Einverständnisse, Koalitionen usw. angewandt werden, um zu materiellen Zwecken dem Falschen und Schlechten Eingang und Geltung zu verschaffen; wobei es notwendig wird, das entgegenstehende Wahre, Echte und Wertvolle zu unterdrücken. Solchen Künsten aber ist kein Mensch weniger gewachsen als ein wirklicher Philosoph, der etwan mit seiner Sache unter das Treiben dieser Gewerbsleute geraten wäre. – Den schönen Künsten, selbst der Poesie, schadet es wenig, daß sie auch zum Erwerbe dienen: denn jedes ihrer Werke hat eine gesonderte Existenz für sich, und das Schlechte kann das Gute sowenig verdrängen wie verdunkeln. Aber die Philosophie ist ein Ganzes, also eine Einheit, und ist auf Wahrheit, nicht auf Schönheit gerichtet: es gibt vielerlei Schönheit, aber nur *eine* Wahrheit; wie viele Musen, aber nur *eine* Minerva. Ebendeshalb darf der Dichter getrost verschmähen, das Schlechte zu geißeln; aber der Philosoph kann in den Fall kommen, dies tun zu müssen. Denn das zur Geltung gelangte Schlechte stellt hier sich dem Guten geradezu feindlich entgegen, und das wuchernde Unkraut verdrängt die brauchbare Pflanze. Die Philosophie ist ihrer Natur nach exklusiv: sie begründet ja die Denkungsart des Zeitalters; daher duldet das herrschende System wie die Söhne der Sultane kein anderes neben sich. Dazu kommt, daß hier das Urteil höchst schwierig, ja schon die Erlangung der Data zu demselben mühevoll ist. Wird hier durch Kunstgriffe das Falsche in Kurs gebracht und überall als das Wahre und Echte von belohnten Stentorstimmen ausgeschrien; so wird der Geist der Zeit vergiftet, das Verderben ergreift alle Zweige der Literatur, aller höhere Geistesaufschwung stockt, und dem wirklich Guten und Echten in jeder Art ist ein Bollwerk entgegengesetzt, das lange vorhält. Dies sind die Früchte der φιλοσοφία μισθοφόρος [um Lohn dienenden Philosophie]. Man sehe zur Erläuterung den Unfug, der seit Kant mit der Philosophie getrieben und was dabei aus ihr geworden ist. Aber erst die wahre Geschichte der Hegelschen Scharlatanerie und der Wege ihrer Verbreitung wird einst die rechte Illustration zu dem Gesagten liefern.

Diesem allem zufolge wird der, dem es nicht um Staatsphilosophie und Spaßphilosophie, sondern um Erkenntnis und daher um ernstlich gemeinte, folglich rücksichtslose Wahrheitsforschung zu tun ist, sie überall eher zu suchen haben als auf den Universitäten, als wo ihre Schwester, die Philosophie ad normam conventionis, das Regiment führt und den Küchenzettel schreibt. Ja ich neige mich mehr und mehr zu der Meinung, daß es für die Philosophie heilsamer wäre, wenn sie aufhörte, ein Gewerbe zu sein, und nicht mehr im bürgerlichen Leben, durch Professoren repräsentiert, aufträte. Sie ist eine Pflanze, die wie die Alpenrose und die Fluenblume nur in freier Bergluft gedeiht, hingegen bei künstlicher Pflege ausartet. Jene Repräsentanten der Philosophie im bürgerlichen Leben repräsentieren sie meistens doch nur so wie der Schauspieler den König. Waren etwan die Sophisten, welche Sokrates so unermüdlich befehdete und die Platon zum Thema seines Spottes macht, etwas anderes als Professoren der Philosophie und Rhetorik? Ja ist es nicht eigentlich jene uralte Fehde, welche, seitdem nie ganz erloschen, noch heute von mir fortgeführt wird? Die höchsten Bestrebungen des menschlichen Geistes vertragen sich nun einmal nicht mit dem Erwerb: ihre edele Natur kann sich damit nicht amalgamieren. – Allenfalls möchte es mit der Universitäts-Philosophie noch hingehn, wenn die angestellten Lehrer derselben ihrem Beruf dadurch zu genügen dächten, daß sie nach Weise der andern Professoren das vorhandene, einstweilen als wahr geltende Wissen ihres Faches an die heranwachsende Generation weitergäben, also das System des zuletzt dagewesenen wirklichen Philosophen ihren Zuhörern treu und genau auseinandersetzten und ihnen die Sachen kleinkauten – das ginge, sage ich, allenfalls, wenn sie dazu nur so viel Urteil oder wenigstens Takt mitbrächten, nicht bloße Sophisten, wie z. B. einen Fichte, einen Schelling, geschweige einen Hegel auch für Philosophen zu halten. Allein nicht nur fehlt es in der Regel ihnen an besagten Eigenschaften, sondern sie sind in dem unglücklichen Wahne befangen, es gehöre zu ihrem Amte, daß auch sie selbst die Philosophen spielten und die Welt mit den Früchten ihres Tiefsinns beschenkten. Aus diesem Wahne gehn nun jene so kläglichen wie zahlreichen Produktionen hervor, in welchen Alltagsköpfe, ja mitunter solche, die nicht einmal Alltagsköpfe sind, *die* Probleme behandeln, auf deren Lösung seit Jahrtausenden die äußersten Anstrengungen der seltensten, mit den außerordentlichsten Fähigkeiten ausgerüsteten, ihre eigene Person über die Liebe zur Wahrheit vergessenden und von der Leidenschaft des Strebens nach Licht mitunter bis in den Kerker, ja aufs Schafott getriebenen Köpfe gerichtet gewesen sind – Köpfe, deren Seltenheit so groß ist, daß die Geschichte der Philosophie, welche seit dritthalbtausend Jahren neben der Geschichte der Staaten als ihr Grundbaß hergeht, kaum ein Hundertstel so viele namhafte Philosophen aufzuweisen hat als die Staatengeschichte namhafte Monarchen: denn es sind keine andern als die ganz vereinzelten Köpfe, in welchen die Natur zu einem deutlicheren Bewußtsein ihrer selbst gekommen war als in andern. Eben diese aber stehn der Gewöhnlichkeit und der Menge so fern, daß den meisten erst nach ihrem Tode oder höchstens im späten Alter eine gerechte Anerkennung geworden ist. Hat doch z.B. sogar der eigentliche hohe Ruhm des *Aristoteles*, der später sich weiter als irgendeiner verbreitete, allem Anschein nach erst zweihundert Jahre nach seinem Tode begonnen[1]. *Epikuros*, dessen Name noch heutzutage sogar dem großen Haufen bekannt ist, hat in Athen bis zu seinem Tode völlig ungekannt gelebt (Seneca, ›Epistulae‹ 79). *Bruno und Spinoza* kamen erst im zweiten Jahrhundert nach ihrem Tode zur Geltung und Ehre. Selbst der so klar und populär schreibende *David Hume* war, obwohl er seine Werke längst geliefert hatte, fünfzig Jahre alt, als man anfing, ihn zu beachten. *Kant* wurde erst nach seinem sechzigsten Jahre berühmt. Mit den Kathederphilosophen unserer Tage freilich gehn die Sachen schneller, da sie keine Zeit zu verlieren haben: nämlich der *eine* Professor verkündet die Lehre seines auf der benachbarten Universität florierenden Kollegen als den endlich erreichten Gipfel menschlicher Weisheit; und sofort ist dieser ein großer Philosoph, der unverzüglich seinen Platz in der Geschichte der Philosophie einnimmt, nämlich in derjenigen, welche ein dritter Kollege zur nächsten Messe in Arbeit hat; der nun ganz unbefangen den unsterblichen Namen der Märtyrer der Wahrheit aus allen Jahrhunderten die werten Namen seiner eben jetzt florierenden wohlbestallten Kollegen anreiht als ebenso viele Philosophen, die auch in Reihe und Glied treten können, da sie sehr viel Papier gefüllt und allgemeine kollegialische Beachtung gefunden haben. Da heißt es dann z.B. ›Aristoteles und Herbart‹ oder ›Spinoza und Hegel‹, ›Platon und Schleiermacher‹, und die erstaunte

1. [Vgl. ›Münchner Gelehrte Anzeigen‹ vom 6. März 1839]

Welt muß sehn, daß die Philosophen, welche die karge Natur ehemals im Laufe der Jahrhunderte nur vereinzelt hervorzubringen vermochte, während dieser letzten Dezennien unter den bekanntlich so hoch begabten Deutschen überall wie die Pilze aufgeschossen sind. Natürlich wird dieser Glorie des Zeitalters auf alle Weise nachgeholfen; daher, sei es in gelehrten Zeitschriften oder auch in seinen eigenen Werken, der eine Philosophie-Professor nicht ermangeln wird, die verkehrten Einfälle des andern mit wichtiger Miene und amtlichem Ernst in genaue Erwägung zu ziehn; so daß es ganz aussieht, als handelte es sich hier um wirkliche Fortschritte der menschlichen Erkenntnis. Dafür widerfährt seinem Abortus nächstens dieselbe Ehre, und wir wissen ja, daß ›nihil officiosius, quam cum mutuum muli scabunt‹[1] [nichts würdevoller ist, als wenn zwei Maulesel sich gegenseitig kratzen]. So viele gewöhnliche Köpfe, die sich von Amts und Berufs wegen verpflichtet glauben, das vorzustellen, was die Natur mit ihnen am allerwenigsten beabsichtigt hatte, und die Lasten zu wälzen, welche die Schultern geistiger Riesen erfordern, bieten aber im Ernst ein gar klägliches Schauspiel dar. Denn den Heisern singen zu hören, den Lahmen tanzen zu sehn ist peinlich; aber den beschränkten Kopf philosophierend zu vernehmen ist unerträglich. Um nun den Mangel an wirklichen Gedanken zu verbergen, machen manche sich einen imponierenden Apparat von langen, zusammengesetzten Worten, intrikaten[2] Floskeln, unabsehbaren Perioden, neuen und unerhörten Ausdrücken, welches alles zusammen dann einen möglichst schwierigen und gelehrt klingenden Jargon abgibt. Jedoch sagen sie mit dem allen – nichts: man empfängt keine Gedanken, fühlt seine Einsicht nicht vermehrt, sondern muß aufseufzen: ›Das Klappern der Mühle höre ich wohl, aber das Mehl sehe ich nicht‹[3] – oder auch, man sieht nur zu deutlich, welche dürftige, gemeine, platte und rohe Ansichten hinter dem hochtrabenden Bombast stecken. O daß man solchen

---

1. [Vgl. Marcus Terentius Varros Satire ›Mutuum muli scabunt‹]
2. [verworrenen]
3. [Arabisches Sprichwort]

Spaßphilosophen einen Begriff beibringen könnte von dem wahren und furchtbaren Ernst, mit welchem das Problem des Daseins den Denker ergreift und sein Innerstes erschüttert! Da würden sie keine Spaßphilosophen mehr sein können, nicht mehr mit Gelassenheit müßige Flausen aushecken vom absoluten Gedanken oder vom Widerspruch, der in allen Grundbegriffen stecken soll, noch mit beneidenswertem Genügen sich an hohlen Nüssen letzen, wie ›die Welt ist das Dasein des Unendlichen im Endlichen‹ und ›der Geist ist der Reflex des Unendlichen im Endlichen‹ usw. Es wäre schlimm für sie: denn sie wollen nun einmal Philosophen sein und ganz originelle Denker. Nun aber ist, daß ein gewöhnlicher Kopf ungewöhnliche Gedanken haben sollte, gerade so wahrscheinlich, wie daß eine Eiche Aprikosen trüge. Die *gewöhnlichen* Gedanken hingegen hat jeder schon selbst und braucht sie nicht zu lesen: folglich kann, da es in der Philosophie bloß auf Gedanken, nicht auf Erfahrungen und Tatsachen ankommt, durch gewöhnliche Köpfe hier nie etwas geleistet werden. Einige, des Übelstandes sich bewußt, haben sich einen Vorrat fremder, meist unvollkommen, stets flach aufgefaßter Gedanken aufgespeichert, die freilich in ihren Köpfen immer noch in Gefahr sind, sich in bloße Phrasen und Worte zu verflüchtigen. Mit diesen schieben sie dann hin und her und suchen allenfalls sie wie Dominosteine aneinanderzupassen: sie vergleichen nämlich, was dieser gesagt hat und was jener und was wieder ein andrer und noch einer, und suchen daraus klug zu werden. Vergeblich würde man bei solchen Leuten irgendeine feste auf anschaulicher Basis ruhende und daher durchweg zusammenhängende Grundansicht von den Dingen und der Welt suchen: ebendeshalb haben sie über nichts eine ganz entschiedene Meinung oder [ein] bestimmtes festes Urteil; sondern sie tappen mit ihren erlernten Gedanken, Ansichten und Exzeptionen wie im Nebel umher. Sie haben eigentlich auch nur auf Wissen und Gelehrsamkeit zum Weiterlehren hingearbeitet. Das möchte sein: aber dann sollen sie nicht die Philosophen spielen, hingegen den Hafer von der Spreu zu unterscheiden verstehn.

Die wirklichen Denker haben auf *Einsicht*, und zwar ihrer selbst wegen hingearbeitet; weil sie die Welt, in der sie sich befanden, doch irgendwie sich verständlich zu machen inbrünstiglich begehrten; nicht aber, um zu lehren und zu schwätzen. Daher erwächst in ihnen langsam und allmälig infolge anhaltender Meditation eine feste, zusammenhängende Grundansicht, die zu ihrer Basis allemal die *anschauliche* Auffassung der Welt hat und von der Wege ausgehn zu allen speziellen Wahrheiten, welche selbst wieder Licht zurückwerfen auf jene Grundansicht. Daraus folgt denn auch, daß sie über jedes Problem des Lebens und der Welt wenigstens eine entschiedene, wohl verstandene und mit dem Ganzen zusammenhängende Meinung haben und daher niemanden mit leeren Phrasen abzufinden brauchen, wie hingegen jene ersteren tun, die man stets mit dem Vergleichen und Abwägen fremder Meinungen statt mit den Dingen selbst beschäftigt findet, wonach man glauben könnte, es sei die Rede von entfernten Ländern, über welche man die Berichte der wenigen dort hingelangten Reisenden kritisch zu vergleichen hätte, nicht aber von der auch vor ihnen ausgebreitet und klar daliegenden wirklichen Welt. Jedoch bei ihnen heißt es:

> Pour nous, messieurs, nous avons l'habitude
> De rédiger au long, de point en point,
> Ce qu'on pensa, mais nous ne pensons point.
> [Was uns betrifft, ihr Herren, so pflegen wir,
> Was andre dachten, sorgsam zu bekritteln,
> Doch fehlt das Denken uns aus eignen Mitteln.]
> *Voltaire* [›Le temple du goût‹, édition Moland 8, p. 557]

Das Schlimmste bei dem ganzen Treiben, das sonst immerhin für den kuriosen Liebhaber seinen Fortgang haben möchte, ist jedoch dieses: es liegt in ihrem Interesse, daß das Flache und Geistlose für etwas gelte. Das kann es aber nicht, wenn dem etwan auftretenden Echten, Großen, Tiefgedachten sofort sein Recht widerfährt. Um daher dieses zu ersticken und das Schlechte ungehindert in Kurs zu bringen, ballen sie nach Art aller Schwachen sich zusammen, bilden

Cliquen und Parteien, bemächtigen sich der Literaturzeitungen, in welchen sie, wie auch in eigenen Büchern, mit tiefer Ehrfurcht und wichtiger Miene von ihren respektiven Meisterwerken reden und auf solche Art das kurzsichtige Publikum bei der Nase herumführen. Ihr Verhältnis zu den wirklichen Philosophen ist ungefähr das der ehemaligen Meistersänger zu den Dichtern. Zur Erläuterung des Gesagten sehe man die messentlich erscheinenden Schreibereien der Kathederphilosophen, nebst den dazu aufspielenden Literaturzeitungen: wer sich darauf versteht, betrachte die Verschmitztheit, mit der diese letzteren vorkommendenfalls bemüht sind, das Bedeutende als unbedeutend zu vertuschen, und die Kniffe, die sie gebrauchen, es der Aufmerksamkeit des Publikums zu entziehn, eingedenk des Spruches des Publilius Syrus: ›Iacet omnis virtus, fama nisi late patet.‹ [Danieder liegt die Tugend, der Berühmtheit fehlt.] (v. 266). Nun aber gehe man auf diesem Wege und mit diesen Betrachtungen immer weiter zurück bis zum Anfange dieses Jahrhunderts, sehe, was früher die Schellingianer, dann aber noch viel ärger die Hegelianer in den Tag hinein gesündigt haben: man überwinde sich, man durchblättere den ekelhaften Wust! Denn ihn zu lesen ist keinem Menschen zuzumuten. Dann überlege und berechne man die unschätzbare Zeit, nebst dem Papier und Gelde, welches das Publikum ein halbes Jahrhundert hindurch an diesen Pfuschereien hat verlieren müssen. Freilich ist auch die Geduld des Publikums unbegreiflich, welches das jahraus, jahrein fortgesetzte Geträtsche geistloser Philosophaster liest, ungeachtet der marternden Langweiligkeit, die wie ein dicker Nebel darauf brütet, eben weil man liest und liest, ohne je eines Gedankens habhaft zu werden, indem der Schreiber, dem selbst nichts Deutliches und Bestimmtes vorschwebte, Worte auf Worte, Phrasen auf Phrasen häuft und doch nichts sagt, weil er nichts zu sagen hat, nichts weiß, nichts denkt, dennoch reden will und daher seine Worte wählt, nicht je nachdem sie seine Gedanken und Einsichten treffender ausdrücken, sondern je nachdem sie seinen Mangel daran geschickter verbergen. Dergleichen jedoch wird gedruckt, gekauft und gelesen: und so geht es nun schon ein halbes Jahrhundert hindurch, ohne daß die Leser dabei innewürden, daß sie, wie man im Spanischen sagt, ›papan viento‹, d. h. bloße Luft schlucken. Inzwischen muß ich, um gerecht zu sein, erwähnen, daß, um diese Klappermühle im Gange zu erhalten, oft noch ein ganz eigener Kunstgriff angewandt wird, dessen Erfindung auf die Herren Fichte und Schelling zurückzuführen ist. Ich meine den verschmitzten Kniff, dunkel, d. h. unverständlich zu schreiben; wobei die eigentliche Finesse ist, seinen Galimathias so einzurichten, daß der Leser glauben muß, es liege an ihm, wenn er denselben nicht versteht; während der Schreiber sehr wohl weiß, daß es an ihm selbst liegt, indem er eben nichts eigentlich Verstehbares, d. h. klar Gedachtes mitzuteilen hat. Ohne diesen Kunstgriff hätten die Herren Fichte und Schelling ihren Pseudo-Ruhm nicht auf die Beine bringen können. Aber bekanntlich hat denselben Kunstgriff keiner so dreist und in so hohem Grade ausgeübt wie *Hegel*. Hätte dieser gleich anfangs den absurden Grundgedanken seiner Afterphilosophie – nämlich diesen, den wahren und natürlichen Hergang der Sache gerade auf den Kopf zu stellen und demnach die *Allgemein-Begriffe*, welche wir aus der empirischen Anschauung abstrahieren, die mithin durch Wegdenken von Bestimmungen entstehn, folglich je allgemeiner, desto leerer sind, zum Ersten, zum Ursprünglichen, zum wahrhaft Realen (zum Ding an sich, in Kantischer Sprache) zu machen, infolge dessen die empirisch-reale Welt allererst ihr Dasein habe – hätte er, sage ich, dieses monstrose ὕστερον πρότερον [dieses Nachfolgende anstelle des Vorhergehenden; die Verwechslung von Grund und Folge], ja diesen ganz eigentlich aberwitzigen Einfall, nebst dem Beisatz, daß solche Begriffe ohne unser Zutun sich selber dächten und bewegten, gleich anfangs in klaren verständlichen Worten deutlich dargelegt; so würde jeder ihm ins Gesicht gelacht oder die Achseln gezuckt und die Posse keiner Beachtung wert gehalten haben. Dann aber hätte selbst Feilheit und Niederträchtigkeit vergebens in die Posaune stoßen können, um der Welt das Absurdeste, welches sie je gesehn, als die höchste Weisheit aufzulügen und die deutsche Gelehrtenwelt mit ihrer Urteilskraft auf immer zu kompromittieren. Hingegen unter der Hülle des unverständlichen Galimathias, da ging es, da machte der Aberwitz Glück:

> Omnia enim stolidi magis admirantur amantque,
> Inversis quae sub verbis latitantia cernunt.
> [Alles bewundern die Narren und lieben es über
> die Maßen,
> Was man verblümt ihnen sagt und unter
> verschrobenen Worten.]
> *Lucretius* [›De rerum natura‹] 1, 641 f.

Durch solche Beispiele ermutigt, suchte seitdem fast jeder armselige Skribler etwas darin, mit pretiöser Dunkelheit zu schreiben, damit es aussähe, als vermöchten keine Worte seine hohen oder tiefen Gedanken auszudrücken. Statt auf jede Weise bemüht zu sein, seinem Leser deutlich zu werden, scheint er ihm oft neckend zuzurufen: ›Gelt, du kannst nicht raten, was ich mir dabei denke!‹ Wenn nun jener, statt zu antworten: ›Darum werd' ich mich den Teufel scheren‹ und das Buch wegzuwerfen, sich vergeblich daran abmüht; so denkt er am Ende, es müsse doch etwas höchst Gescheutes, nämlich sogar seine Fassungskraft Übersteigendes sein, und nennt nun mit hohen Augenbrauen seinen Autor einen tiefsinnigen Denker. Eine Folge dieser ganzen saubern Methode ist unter andern, daß, wenn man in England etwas als sehr dunkel, ja ganz unverständlich bezeichnen will, man sagt: ›It is like German metaphysics‹ [Es ist wie deutsche Metaphysik] – ungefähr wie man in Frankreich sagt: ›C'est clair comme la bouteille à l'encre.‹ [Das ist so klar wie Tinte.]

Es ist wohl überflüssig, hier zu erwähnen, doch kann es nicht zu oft gesagt werden, daß im Gegenteil gute Schriftsteller stets eifrig bemüht sind, ihren Leser zu nötigen, genau eben das zu denken, was sie selbst gedacht haben: denn wer etwas Rechtes mitzuteilen hat, wird sehr darauf bedacht sein, daß es nicht verlorengehe. Deshalb beruht der gute Stil hauptsächlich darauf, daß man wirklich etwas zu sagen habe: bloß diese Kleinigkeit ist es, die den meisten Schriftstellern unserer Tage abgeht und dadurch schuld ist an ihrem so schlechten Vortrage. Besonders aber ist der generische Charakter der *philosophischen* Schriften dieses Jahrhunderts das Schreiben, ohne eigentlich etwas zu sagen zu haben: er ist ihnen allen gemeinsam und kann daher auf gleiche Weise am Salat wie am Hegel, am Herbart wie am Schleiermacher studiert werden. Da wird nach homoiopathischer Methode das schwache Minimum eines Gedankens mit fünfzig Seiten Wortschwall diluiert und nun mit grenzenlosem Zutrauen zur wahrhaft deutschen Geduld des Lesers ganz gelassen Seite nach Seite so fortgeträtscht. Vergebens hofft der zu dieser Lektüre verurteilte Kopf auf eigentliche, solide und substantielle Gedanken: er schmachtet, ja er schmachtet nach irgendeinem Gedanken wie der Reisende in der arabischen Wüste nach Wasser – und muß verschmachten. Nun nehme man dagegen irgendeinen *wirklichen* Philosophen zur Hand, gleichviel aus welcher Zeit, aus welchem Lande, sei es Platon oder Aristoteles, Cartesius [Descartes] oder Hume, Malebranche oder Locke, Spinoza oder Kant: immer begegnet man einem schönen und gedankenreichen Geiste, der Erkenntnis hat und Erkenntnis wirkt, besonders aber stets redlich bemüht ist, sich mitzuteilen; daher er dem empfänglichen Leser bei jeder Zeile die Mühe des Lesens unmittelbar vergilt. Was nun die Schreiberei unserer Philosophaster so überaus gedankenarm und dadurch marternd langweilig macht, ist zwar im letzten Grunde die Armut ihres Geistes, zunächst aber dieses, daß ihr Vortrag sich durchgängig in höchst abstrakten, allgemeinen und überaus weiten Begriffen bewegt, daher auch meistens nur in unbestimmten, schwankenden, verblasenen Ausdrücken einherschreitet. Zu diesem aerobatischen[1] Gange sind sie aber genötigt; weil sie sich hüten müssen, die Erde zu berühren, als wo sie, auf das Reale, Bestimmte, Einzelne und Klare stoßend, lauter gefährliche Klippen antreffen würden, an denen ihre Wort-Dreimaster scheitern könnten. Denn statt Sinne und Verstand fest und unverwandt zu richten

1. [seiltänzerischen]

auf die anschaulich vorliegende Welt als auf das eigentlich und wahrhaft Gegebene, das Unverfälschte und an sich selbst dem Irrtum nicht Ausgesetzte, durch welches hindurch wir daher in das Wesen der Dinge einzudringen haben – kennen sie nichts als nur die höchsten Abstraktionen, wie Sein, Wesen, Werden, Absolutes, Unendliches usf., gehn schon von diesen aus und bauen daraus Systeme, deren Gehalt zuletzt auf bloße Worte hinausläuft, die also eigentlich nur Seifenblasen sind, eine Weile damit zu spielen, jedoch den Boden der Realität nicht berühren können, ohne zu platzen.

Wenn bei allem dem der Nachteil, welchen die Unberufenen und Unbefähigten den Wissenschaften bringen, bloß dieser wäre, daß sie darin nichts leisten – wie es in den schönen Künsten hiebei sein Bewenden hat – so könnte man sich darüber trösten und hinwegsetzen. Allein hier bringen sie positiven Schaden, zunächst dadurch, daß sie, um das Schlechte in Ansehn zu erhalten, alle im natürlichen Bunde gegen das Gute stehn und aus allen Kräften bemüht sind, es nicht aufkommen zu lassen. Denn darüber täusche man sich nicht, daß zu allen Zeiten, auf dem ganzen Erdenrunde und in allen Verhältnissen eine von der Natur selbst angezettelte Verschwörung aller mittelmäßigen, schlechten und dummen Köpfe gegen Geist und Verstand existiert. Gegen diese sind sie sämtlich getreue und zahlreiche Bundesgenossen. Oder ist man etwan so treuherzig, zu glauben, daß sie vielmehr nur auf die Überlegenheit warten, um solche anzuerkennen, zu verehren und zu verkündigen, um danach sich selbst so recht zu nichts herabgesetzt zu sehn? – Gehorsamer Diener! Sondern: ›Tantum quisque laudat, quantum se posse sperat imitari.‹ [Jeder lobt nur so viel, als er selbst zu leisten hofft.] ›Stümper und nichts als Stümper soll es geben auf der Welt; damit wir auch etwas seien!‹ Dies ist ihre eigentliche Losung, und die Befähigten nicht aufkommen zu lassen ein ihnen so natürlicher Instinkt, wie der der Katze ist, Mäuse zu fangen. Man erinnere sich auch hier der am Schlusse der vorhergegangenen Abhandlung *[S. 168]* beigebrachten schönen Stelle *Chamforts*. Sei doch einmal das öffentliche Geheimnis ausgesprochen; sei das Mondkalb ans Tageslicht gezogen, so seltsam auch es sich in demselben ausnimmt: allezeit und überall, in allen Lagen und Verhältnissen haßt Beschränktheit und Dummheit nichts auf der Welt so inniglich und ingrimmiglich wie den Verstand, den Geist, das Talent. Daß sie hierin sich stets treu bleibt, zeigt sie in allen Sphären, Angelegenheiten und Beziehungen des Lebens, indem sie überall jene zu unterdrücken, ja auszurotten und zu vertilgten bemüht ist, um nur *allein* dazusein. Keine Güte, keine Milde kann sie mit der Überlegenheit der Geisteskraft aussöhnen. So ist es, steht nicht zu ändern, wird auch immer so bleiben. Und welche furchtbare Majorität hat sie dabei auf ihrer Seite! Dies ist ein Haupthindernis der Fortschritte der Menschheit in jeder Art. Wie nun aber kann es unter solchen Umständen hergehn auf *dem* Gebiete, wo nicht einmal wie in andern Wissenschaften der gute Kopf, nebst Fleiß und Ausdauer, ausreicht, sondern ganz eigentümliche, sogar nur auf Kosten des persönlichen Glükkes vorhandene Anlagen erfordert werden? Denn wahrlich, die uneigennützigste Aufrichtigkeit des Strebens, der unwiderstehliche Drang nach Enträtselung des Daseins, der Ernst des Tiefsinns, der in das Innerste der Wesen einzudringen sich anstrengt, und die echte Begeisterung für die Wahrheit – dies sind die ersten und unerläßlichen Bedingungen zu dem Wagestücke, von neuem hinzutreten vor die uralte Sphinx, mit einem abermaligen Versuch, ihr ewiges Rätsel zu lösen, auf die Gefahr, hinabzustürzen zu so vielen Vorangegangenen in den finstern Abgrund der Vergessenheit.

Ein fernerer Nachteil, den in allen Wissenschaften das Treiben der Unberufenen bringt, ist, daß es den Tempel des Irrtums aufbaut, an dessen nachheriger Niederreißung gute Köpfe und redliche Gemüter bisweilen ihre Lebenszeit hindurch sich abzuarbeiten haben. Und nun gar in der Philosophie, im allgemeinsten, wichtigsten und schwierigsten Wissen! Will man hiezu spezielle Belege, so bringe man sich das scheußliche Beispiel der Hegelei vor Augen, jener frechen Afterweisheit, welche an die Stelle des eigenen, besonnenen und redlichen Denkens und Forschens als philosophische Methode die dialektische Selbstbewegung der Begriffe setzte, also ein objektives *Gedankenautomaton,* welches frei in der Luft oder im Empyreum seine Gambolen[1] auf eigene Hand mache, deren Spuren, Fährten oder Ichnolithen[2] die Hegelschen und Hegelianischen Skripturen wären, welche doch vielmehr nur etwas unter sehr flachen und dickschaligen Stirnen Ausgehecktes und, weit entfernt, ein absolut Objektives zu sein, etwas höchst Subjektives, noch dazu von sehr mittelmäßigen Subjekten Erdachtes sind. Danach aber betrachte man die Höhe und Dauer dieses Babelbaues und erwäge den unberechenbaren Schaden, den eine solche durch äußere fremdartige Mittel der studierenden Jugend aufgezwungene, absolute Unsinnsphilosophie dem an ihr herangewachsenen Geschlechte und dadurch dem ganzen Zeitalter hat bringen müssen. Sind nicht unzählige Köpfe der gegenwärtigen Gelehrtengeneration dadurch von Grund aus verschroben und verdorben? Stecken sie nicht voll korrupter Ansichten und lassen, wo man Gedanken erwartet, hohle Phrasen, nichtssagendes Wischiwaschi, ekelhaften Hegeljargon vernehmen? Ist ihnen nicht die ganze Lebensansicht verrückt und die platteste, philisterhafteste, ja niedrigste Gesinnung an die Stelle der edlen und hohen Gedanken, welche noch ihre nächsten Vorfahren beseelten, getreten? Mit *einem* Worte: steht nicht die am Brütofen der Hegelei herangereifte Jugend da als am Geiste kastrierte Männer, unfähig zu denken und voll der lächerlichsten Präsumtion? Wahrlich: am Geiste so beschaffen wie am Leibe gewisse Thronerben, welche man weiland durch Ausschweifungen oder Pharmaka[3] zur Regierung oder doch zur Fortführung ihres Stammes unfähig zu machen suchte; geistig entnervt, des regelrechten Gebrauchs ihrer Vernunft beraubt, ein Gegenstand des Mitleids, ein bleibendes Thema der Vatertränen. – Nun aber höre man noch von der andern Seite, welche anstößigen Urteile über die Philosophie

1. [Vgl. Gambade, d.i. Luftsprung]
2. [Steinabdruck der Fußspur]
3. [Giftgetränke]

selbst und überhaupt welche ungegründete[n] Vorwürfe gegen sie laut werden. Bei näherer Untersuchung findet sich dann, daß diese Schmäher unter Philosophie eben nichts anderes als das geistlose und absichtsvolle Gewäsche jenes elenden Scharlatans und das Echo desselben in den hohlen Köpfen seiner abgeschmackten Verehrer verstehn: das, meinen sie wirklich, sei Philosophie! Sie kennen eben keine andere. Freilich ist beinahe die ganze jüngere Zeitgenossenschaft von der Hegelei gleich wie von der Franzosenkrankheit infiziert worden; und wie dieses Übel alle Säfte vergiftet, so hat jene alle ihre Geisteskräfte verdorben; daher die jüngeren Gelehrten heutzutage meistens keines gesunden Gedankens, auch keines natürlichen Ausdrucks mehr fähig sind. In ihren Köpfen ist nicht bloß kein einziger richtiger, sondern auch nicht einmal ein einziger deutlicher und bestimmter Begriff von irgend etwas vorhanden: der wüste, leere Wortkram hat ihre Denkkraft aufgelöst und verschwemmt. Dazu kommt noch, daß das Übel der Hegelei nicht minder schwer auszutreiben ist als die soeben damit verglichene Krankheit, wenn es einmal recht eingedrungen ist in sucum et sanguinem [Saft und Blut]. Hingegen es in die Welt zu setzen und zu verbreiten war ziemlich leicht; da ja die Einsichten bald genug aus dem Felde geschlagen sind, wenn man Absichten gegen sie aufmarschieren läßt, d.h. zur Verbreitung von Meinungen und Feststellung von Urteilen sich *materieller* Mittel und Wege bedient. Die arglose Jugend geht auf die Universität voll kindlichen Vertrauens und blickt mit Ehrfurcht auf die angeblichen Inhaber alles Wissens und nun gar auf den präsumtiven Ergründer unsers Daseins, auf den Mann, dessen Ruhm sie von tausend Zungen enthusiastisch verkündigen hört und auf dessen Lehrvortrag sie bejahrte Staatsmänner lauschen sieht. Sie geht also hin, bereit, zu lernen, zu glauben und zu verehren. Wenn ihr nun da unter dem Namen der Philosophie ein völlig auf den Kopf gestellter Gedankenwust, eine Lehre von der Identität des Seins und des Nichts, eine Zusammenstellung von Worten, dabei dem gesunden Kopfe alles Denken ausgeht, ein Wischiwaschi, das ans Tollhaus erinnert, dargereicht wird, dazu noch ausstaffiert mit Zügen krasser Ignoranz und kolossalen Unverstandes, wie ich solche dem Hegel aus seinem Studentenkompendio unwidersprechlich und unwidersprochen nachgewiesen habe in der Vorrede zu meiner ›Ethik‹, um nämlich daselbst der Dänischen Akademie, dieser glücklich inokulierten Lobrednerin der Pfuscher und Schutzmatrone philosophischer Scharlatane, ihren ›summus philosophus‹ so recht unter die Nase zu reiben [*vgl. Bd. 3, S. 495–502*] – nun, da wird die arg- und urteilslose Jugend auch solches Zeug verehren, wird eben denken, in solchem Abrakadabra[1] müsse ja wohl die Philosophie bestehn, und wird davongehn mit einem gelähmten Kopf, in welchem fortan bloße Worte für Gedanken gelten, mithin auf immer unfähig, wirkliche Gedanken hervorzubringen, also kastriert am Geiste. Daraus erwächst denn so eine Generation impotenter, verschrobener, aber überaus anspruchsvoller Köpfe, strotzend von Absichten, blutarm an Einsichten, wie wir sie jetzt vor uns haben. Das ist die Geistesgeschichte Tausender, deren Jugend und schönste Kraft durch jene Afterweisheit verpestet worden ist; während auch sie hätten der Wohltat teilhaft werden sollen, welche die Natur, als ihr ein Kopf wie *Kant* gelang, vielen Generationen bereitete. – Mit der wirklichen von freien Leuten bloß ihrer selbst wegen getriebenen und keine andere Stütze als die ihrer Argumente habenden Philosophie hätte dergleichen Mißbrauch nie getrieben werden können; sondern nur mit der Universitäts-Philosophie, als welche schon von Hause aus ein Staatsmittel ist, weshalb wir denn auch sehn, daß zu allen Zeiten der Staat sich in die philosophischen Streitigkeiten der Universitäten gemischt und Partei ergriffen hat, mochte es sich um Realisten und Nominalisten oder Aristoteliker und Ramisten oder Cartesianer und Aristoteliker, um Christian Wolff oder Kant oder Fichte oder Hegel oder was sonst handeln.

Zu den Nachteilen, welche die Universitäts-Philosophie der wirklichen und ernstlich gemeinten gebracht hat, gehört ganz besonders das soeben berührte Verdrängtwerden

1. [Zauberwort, svw. sinnloses Gewäsch]

der Kantischen Philosophie durch die Windbeuteleien der drei ausposaunten Sophisten. Nämlich erst Fichte und dann Schelling, die beide doch nicht ohne Talent waren, endlich aber gar der plumpe und ekelhafte Scharlatan Hegel, dieser perniziöse Mensch, der einer ganzen Generation die Köpfe völlig desorganisiert und verdorben hat, wurden ausgeschrien als die Männer, welche *Kants* Philosophie weitergeführt hätten, darüber hinausgelangt wären und so, eigentlich auf seinen Nacken tretend, eine ungleich höhere Stufe der Erkenntnis und Einsicht erreicht hätten, von welcher aus sie nun fast mitleidig auf Kants mühselige Vorarbeit zu ihrer Herrlichkeit herabsähen: sie also wären erst die eigentlich großen Philosophen. Was Wunder, daß die jungen Leute – ohne eigenes Urteil und ohne jenes oft so heilsame Mißtrauen gegen die Lehrer, welches nur der exzeptionelle, d. h. mit Urteilskraft und folglich auch mit dem Gefühl derselben ausgestattete Kopf schon auf die Universität mitbringt – eben glaubten, was sie vernahmen, und sogleich vermeinten, sich mit den schwerfälligen Vorarbeiten zu der neuen hohen Weisheit, also mit dem alten, steifen *Kant* nicht lange aufhalten zu dürfen; sondern mit raschen Schritten dem neuen Weisheitstempel zueilten, in welchem demgemäß, unter dem Lobgesang stultifizierter[1] Adepten, jetzt jene drei Windbeutel sukzessiv auf dem Altar gesessen haben. Nun ist aber leider von diesen drei Götzen der Universitäts-Philosophie nichts zu lernen: ihre Schriften sind Zeitverderb, ja Kopfverderb, am meisten freilich die Hegelschen. Die Folge dieses Ganges der Dinge ist gewesen, daß allmälig die eigentlichen Kenner der Kantischen Philosophie ausgestorben sind, also zur Schande des Zeitalters diese wichtigste aller je aufgestellten philosophischen Lehren ihr Dasein nicht als ein lebendiges, in den Köpfen sich erhaltendes hat fortsetzen können; sondern nur noch im toten Buchstaben, in den Werken ihres Urhebers, vorhanden ist, um auf ein weiseres oder vielmehr nicht betörtes und mystifiziertes Geschlecht zu warten. Demgemäß wird man kaum noch bei einigen wenigen älteren Gelehrten ein gründliches

1. [einfältig gemachter]

Verständnis der Kantischen Philosophie finden. Hingegen haben die philosophischen Schriftsteller unserer Tage die skandalöseste Unkenntnis derselben an den Tag gelegt, welche am anstößigsten in ihren Darstellungen dieser Lehre erscheint, aber auch sonst, sobald sie auf die Kantische Philosophie zu sprechen kommen und etwas davon zu wissen affektieren, deutlich hervortritt: da wird man denn entrüstet, zu sehn, daß Leute, die von der Philosophie leben, die wichtigste Lehre, welche seit zweitausend Jahren aufgestellt worden und mit ihnen fast gleichzeitig ist, nicht eigentlich und wirklich kennen. Ja es geht so weit, daß sie die Titel Kantischer Schriften falsch zitierten, auch gelegentlich Kanten das gerade Gegenteil von dem sagen lassen, was er gesagt hat, seine termini technici bis zur Sinnlosigkeit verstümmeln und ohne alle Ahndung des von ihm damit Bezeichneten gebrauchen. Denn freilich: mittelst eines flüchtigen Durchblätterns der Kantischen Werke, wie es solchen Vielschreibern und philosophischen Geschäftsleuten, welche zudem vermeinen, das alles längst ›hinter sich‹ zu haben, allein zusteht, die Lehre jenes tiefen Geistes kennenzulernen geht nicht an, ja ist ein lächerliches Vermessen; sagte doch *Reinhold*, Kants erster Apostel, daß er erst nach fünfmaligem angestrengtem Durchstudieren der ›Kritik der reinen Vernunft‹ in den eigentlichen Sinn derselben eingedrungen wäre. Aus den Darstellungen, die solche Leute liefern, vermeint dann wieder ein bequemes und nasegeführtes Publikum in kürzester Zeit und ohne alle Mühe Kants Philosophie sich aneignen zu können! Dies aber ist durchaus unmöglich. Nie wird man ohne eigenes eifriges und oft wiederholtes Studium der Kantischen Hauptwerke auch nur einen Begriff von dieser wichtigsten aller je dagewesenen philosophischen Erscheinungen erhalten. Denn Kant ist vielleicht der originellste Kopf, den jemals die Natur hervorgebracht hat. Mit ihm und in seiner Weise zu denken ist etwas, das mit gar nichts anderm irgend verglichen werden kann: denn er besaß einen Grad von klarer, ganz eigentümlicher Besonnenheit, wie solche niemals irgendeinem andern Sterblichen zuteil geworden ist. Man gelangt zum Mitgenuß derselben, wenn man, durch fleißiges und ernstliches Studium eingeweiht, es dahin bringt, daß man, beim Lesen der eigentlich tiefsinnigen Kapitel der ›Kritik der reinen Vernunft‹ der Sache sich ganz hingebend, nunmehr wirklich mit Kants Kopfe denkt, wodurch man hoch über sich selbst hinausgehoben wird, so z. B., wenn man einmal wieder die ›Grundsätze des reinen Verstandes‹ durchnimmt, zumal die ›Analogien der Erfahrung‹ betrachtet und nun in den tiefen Gedanken der *synthetischen Einheit der Apperzeption* eindringt. Man fühlt sich alsdann dem ganzen traumartigen Dasein, in welches wir versenkt sind, auf wundersame Weise entrückt und entfremdet, indem man die Urelemente desselben jedes für sich in die Hand erhält und nun sieht, wie Zeit, Raum, Kausalität, durch die synthetische Einheit der Apperzeption aller Erscheinungen verknüpft, diesen erfahrungsmäßigen Komplex des Ganzen und seinen Verlauf möglich machen, worin unsere durch den Intellekt so sehr bedingte Welt besteht, die eben deshalb bloße Erscheinung ist. Die synthetische Einheit der Apperzeption ist nämlich derjenige Zusammenhang der Welt als eines Ganzen, welcher auf den Gesetzen unsers Intellekts beruht und daher unverbrüchlich ist. In der Darstellung derselben weist Kant die Urgrundgesetze der Welt nach, da, wo sie mit denen unsers Intellekts in eins zusammenlaufen, und hält sie uns, auf *einen* Faden gereiht, vor. Diese Betrachtungsweise, welche Kanten ausschließlich eigen ist, läßt sich beschreiben als der entfremdeteste Blick, der jemals auf die Welt geworfen worden, und als der höchste Grad von Objektivität. Ihr zu folgen gewährt einen geistigen Genuß, dem vielleicht kein anderer gleichkommt. Denn er ist höherer Art als der, den Poeten gewähren, welche freilich jedem zugänglich sind, während dem hier geschilderten Genusse Mühe und Anstrengung vorhergegangen sein müssen. Was aber wissen von demselben unsere heutigen Professions-Philosophen? Wahrhaftig nichts. Kürzlich las ich eine psychologische Diatribe von einem derselben[1], in der viel von Kants ›synthetischer Apperzeption‹ (sic) die Rede ist: denn Kants Kunstausdrücke

1. [Carl Fortlage, in: ›Deutsches Museum‹, 1850]

gebrauchen sie gar zu gern, wenn auch nur wie hier halb aufgeschnappt und dadurch sinnlos geworden. Dieser nun meinte, darunter wäre wohl die angestrengte Aufmerksamkeit zu verstehn! Diese nämlich, nebst ähnlichen Sächelchen, machen so die Favoritthemata ihrer Kinderschulen-Philosophie aus. In der Tat haben die Herren gar keine Zeit noch Lust noch Trieb, den *Kant* zu studieren – er ist ihnen so gleichgültig, wie ich es bin. Für ihren verfeinerten Geschmack gehören ganz andere Leute. Nämlich was der scharfsinnige Herbart und der große Schleiermacher oder gar ›Hegel selbst‹ gesagt hat – das ist Stoff für ihre Meditation und ihnen angemessen. Zudem sehn sie herzlich gern den ›Alleszermalmer Kant‹ in Vergessenheit geraten und beeilen sich, ihn zur toten, historischen Erscheinung zu machen, zur Leiche, zur Mumie, der sie dann ohne Furcht ins Angesicht sehn können. Denn er hat im allergrößten Ernst dem jüdischen Theismus in der Philosophie ein Ende gemacht, welches sie gern vertuschen, verhehlen und ignorieren; weil sie ohne denselben nicht *leben* – ich meine nicht essen und trinken – können.

Nach einem solchen Rückschritt vom größten Fortschritt, den jemals die Philosophie gemacht, darf es uns nicht wundern, daß das angebliche Philosophieren dieser Zeit einem völlig unkritischen Verfahren, einer unglaublichen, sich unter hochtrabenden Phrasen versteckenden Roheit und einem naturalistischen Tappen, viel ärger, als es je vor Kant gewesen, anheimgefallen ist. Da wird denn z. B. mit der Unverschämtheit, welche rohe Unwissenheit verleiht, überall und ohne Umstände von der *moralischen Freiheit* als einer ausgemachten, ja unmittelbar gewissen Sache, desgleichen von Gottes Dasein und Wesen als sich von selbst verstehenden Dingen, wie auch von der ›*Seele*‹ als einer allbekannten Person geredet; ja sogar der Ausdruck ›angeborene Ideen‹, der seit *Lockes* Zeit sich hatte verkriechen müssen, wagt sich wieder hervor. Hieher gehört auch die plumpe Unverschämtheit, mit der die Hegelianer in allen ihren Schriften ohne Umstände und Einführung ein langes und breites über den sogenannten ›*Geist*‹ reden, sich darauf verlassend, daß man durch ihren Galimathias viel zu sehr verblüfft sei, als daß, wie es recht wäre, einer dem Herrn Professor zu Leibe ginge mit der Frage: ›Geist? wer ist denn der Bursche? und woher kennt ihr ihn? ist er nicht etwan bloß eine beliebige und bequeme Hypostase, die ihr nicht einmal definiert, geschweige deduziert oder beweist? Glaubt ihr, ein Publikum von alten Weibern vor euch zu haben?‹ – Das wäre die geeignete Sprache gegen einen solchen Philosophaster.

Als einen belustigenden Charakterzug des Philosophierens dieser Gewerbsleute habe ich schon oben bei Gelegenheit der ›synthetischen Apperzeption‹ gezeigt, daß, obwohl sie Kants Philosophie als ihnen sehr unbequem, zudem viel zu ernsthaft nicht gebrauchen, auch solche nicht mehr recht verstehn können, sie dennoch gern, um ihrem Geschwätze einen wissenschaftlichen Anstrich zu geben, mit Ausdrücken aus derselben um sich werfen, ungefähr wie die Kinder mit des Papas Hut, Stock und Degen spielen. So machen es z.B. die Hegelianer mit dem Worte ›Kategorien‹, womit sie eben allerlei weite allgemeine Begriffe bezeichnen; unbekümmert um Aristoteles und Kant, in glücklicher Unschuld. Ferner ist in der Kantischen Philosophie stark die Rede vom *immanenten und transzendenten* Gebrauch nebst Gültigkeit unserer Erkenntnisse: auf dergleichen gefährliche Unterscheidungen sich einzulassen wäre freilich für unsere Spaßphilosophen nicht geraten. Aber die Ausdrücke hätten sie doch gar zu gern; weil sie so gelehrt klingen. Da bringen sie diese denn so an, daß, weil ja doch ihre Philosophie zum Hauptgegenstande immer nur den lieben Gott hat, welcher daher auch als ein guter alter Bekannter, der keiner Einführung bedarf, darin auftritt, sie nun disputieren, ob er in der Welt drinne stecke oder aber draußen bleibe, d.h. also in einem Raume, wo keine Welt ist, sich aufhalte: im ersten Falle nun titulieren sie ihn *immanent* und im andern *transzendent*, tun dabei natürlich höchst ernsthaft und gelehrt, reden Hegeljargon dazu, und es ist ein allerliebster Spaß – der nur uns ältere Leute an den Kupferstich in *Falks* ›Satirischem Almanach‹ erinnert, welcher *Kanten* darstellt, im Luftballon gen Himmel fahrend und seine sämtlichen Garderobenstücke, nebst Hut und Perücke, herabwerfend auf die Erde, woselbst Affen sie auflesen und sich damit schmücken.

Daß nun aber das Verdrängtwerden der ernsten, tiefsinnigen und redlichen Philosophie Kants durch die Windbeuteleien bloßer von persönlichen Zwecken geleiteter Sophisten den nachteiligsten Einfluß auf die Bildung des Zeitalters gehabt habe, ist nicht zu bezweifeln. Zumal ist die Anpreisung eines so völlig wertlosen, ja durchaus verderblichen Kopfes wie Hegel als des ersten Philosophen dieser und jeder Zeit zuverlässig die Ursache der ganzen Degradation der Philosophie und infolge davon des Verfalls der höhern Literatur überhaupt während der letzten dreißig Jahre gewesen. Wehe der Zeit, wo in der Philosophie Frechheit und Unsinn Einsicht und Verstand verdrängt haben! Denn die Früchte nehmen den Geschmack des Bodens an, auf welchem sie gewachsen sind. Was laut, öffentlich, allseitig angepriesen wird, das wird gelesen, ist also die Geistesnahrung des sich ausbildenden Geschlechts: diese aber hat auf dessen Säfte und nachher auf dessen Erzeugnisse den entschiedensten Einfluß. Daher bestimmt die herrschende Philosophie einer Zeit ihren Geist. Herrscht nun also die Philosophie des absoluten Unsinns, gelten aus der Luft gegriffene und unter Tollhäuslergeschwätz vorgebrachte Absurditäten für große Gedanken – nun da entsteht nach solcher Aussaat das saubere Geschlecht, ohne Geist, ohne Wahrheitsliebe, ohne Redlichkeit, ohne Geschmack, ohne Aufschwung zu irgend etwas Edlem, zu irgend etwas über die materiellen Interessen, zu denen auch die politischen gehören, Hinausliegendem – wie wir es da vor uns sehn. Hieraus ist es zu erklären, wie auf das Zeitalter, da Kant philosophierte, Goethe dichtete, Mozart komponierte, das jetzige hat folgen können, das der politischen Dichter, der noch politischeren Philosophen, der hungrigen, vom Lug und Trug der Literatur ihr Leben fristenden Literaten und der die Sprache mutwillig verhunzenden Tintenkleckser jeder Art. – Es nennt sich mit einem seiner selbstgemachten Worte so charakteristisch wie euphonisch die ›Jetztzeit‹: jawohl: Jetztzeit, d. h. da man nur an das Jetzt denkt und keinen Blick auf die kommende und richtende Zeit zu werfen wagt. Ich wünsche, ich könnte dieser ›Jetztzeit‹ in einem Zauberspiegel zeigen, wie sie in den Augen der Nachwelt sich ausnehmen wird. Sie nennt inzwischen jene soeben belobte Vergangenheit die ›Zopfzeit‹. Aber an jenen Zöpfen saßen *Köpfe*; jetzt hingegen scheint mit dem Stengel auch die Frucht verschwunden zu sein.

Die Anhänger Hegels haben demnach ganz recht, wenn sie behaupten, daß der Einfluß ihres Meisters auf seine Zeitgenossen unermeßlich gewesen sei. Eine ganze Gelehrtengeneration am Geiste völlig paralysiert, zu allem Denken unfähig gemacht, ja so weit gebracht zu haben, daß sie nicht mehr weiß, was Denken sei, sondern das mutwilligste und zugleich abgeschmackteste Spielen mit Worten und Begriffen oder das gedankenloseste Salbadern über die hergebrachten Themata der Philosophie mit aus der Luft gegriffenen Behauptungen oder völlig sinnleeren oder gar aus Widersprüchen bestehenden Sätzen für philosophisches Denken hält – das ist der gerühmte Einfluß des Hegels gewesen. Man vergleiche nur einmal die Lehrbücher der Hegelianer, wie sie noch heutzutage zu erscheinen sich erdreisten, mit denen einer geringgeschätzten, besonders aber von ihnen und allen nachkantischen Philosophen mit unendlicher Verachtung angesehenen Zeit, der sogenannten eklektischen Periode dicht vor Kant; und man wird finden, daß die letzteren zu jenen sich immer noch verhalten wie Gold – nicht zu Kupfer, sondern zu Mist. Denn in jenen Büchern von *Feder*, *Platner* u. a. mehr findet man doch immer noch einen reichen Vorrat wirklicher und zum Teil wahrer, selbst wertvoller Gedanken und treffender Bemerkungen, ein redliches Ventilieren philosophischer Probleme, eine Anregung zum eigenen Nachdenken, eine Anleitung zum Philosophieren, zumal aber durchweg ein ehrliches Verfahren. In so einem Produkte der Hegelschen Schule hingegen sucht man vergeblich nach irgendeinem wirklichen Gedanken – es enthält keinen einzigen – nach irgendeiner Spur ernstlichen und aufrichtigen Nachdenkens – das ist der Sache fremd: nichts findet man als verwegene Zusammenstellungen von

Worten, die einen Sinn, ja einen tiefen Sinn zu haben scheinen sollen, aber bei einiger Prüfung sich entlarven als ganz hohle, völlig sinn- und gedankenleere Floskeln und Wortgehäuse, mit denen der Schreiber seinen Leser keineswegs zu belehren, sondern bloß zu täuschen sucht, damit dieser glaube, einen Denker vor sich zu haben, während es ein Mensch ist, der gar nicht weiß, was denken ist, ein Sünder ohne alle Einsicht und noch dazu ohne Kenntnisse. Dies ist die Folge davon, daß, während andere Sophisten, Scharlatane und Obskuranten doch nur die *Erkenntnis* verfälschten und verdarben, Hegel sogar das *Organ* der Erkenntnis, den Verstand selbst verdorben hat. Indem er nämlich die Verleiteten nötigte, einen aus dem gröbsten Unsinn bestehenden Galimathias, ein Gewebe aus contradictionibus in adiecto, ein Gewäsche wie aus dem Tollhause als Vernunfterkenntnis in ihren Kopf hineinzuzwängen, wurde das Gehirn der armen jungen Leute, die so etwas mit gläubiger Hingebung lasen und als die höchste Weisheit sich anzueignen suchten, so aus den Fugen gerenkt, daß es zum wirklichen Denken auf immer unfähig geblieben ist. Demzufolge sieht man sie noch bis auf den heutigen Tag herumgehn, im ekelhaften Hegeljargon reden, den Meister preisen und ganz ernstlich vermeinen, Sätze wie: ›die Natur ist die Idee in ihrem Anderssein‹ sagten etwas. Junges frisches Gehirn auf solche Art zu desorganisieren ist wahrlich eine Sünde, die weder Verzeihung noch Schonung verdient. Dies also ist der gerühmte Einfluß Hegels auf seine Zeitgenossen gewesen, und leider hat er wirklich sich weit erstreckt und verbreitet. Denn die Folge war auch hier der Ursache angemessen. – Wie nämlich das Schlimmste, was einem Staate widerfahren kann, ist, daß die verworfenste Klasse, der Hefen der Gesellschaft ans Ruder kommt; so kann der Philosophie und allem von ihr Abhängigen, also dem ganzen Wissen und Geistesleben der Menschheit, nichts Schlimmeres begegnen, als daß ein Alltagskopf, der sich bloß einerseits durch seine Obsequiosität[1] und andererseits durch seine Frechheit im Unsinnschreiben auszeichnet, mithin so ein *Hegel* als das

1. [Gehorsam gegen die Obrigkeit]

größte Genie und als der Mann, in welchem die Philosophie ihr lang verfolgtes Ziel endlich und für immer erreicht hat, mit größtem, ja beispiellosem Nachdruck proklamiert wird. Denn die Folge eines solchen Hochverrats am Edelsten der Menschheit ist nachher ein Zustand wie jetzt der philosophische und dadurch der literarische überhaupt in Deutschland: Unwissenheit mit Unverschämtheit verbrüdert an der Spitze, Kameraderie an der Stelle der Verdienste, völlige Verworrenheit aller Grundbegriffe, gänzliche Desorientation und Desorganisation der Philosophie, Plattköpfe als Reformatoren der Religion, freches Auftreten des Materialismus und Bestialismus, Unkenntnis der alten Sprachen und Verhunzen der eigenen durch hirnlose Wortbeschneiderei und niederträchtige Buchstabenzählerei, nach selbst-eigenem Ermessen der Ignoranten und Dummköpfe, usf., usf. – seht nur um euch! Sogar als äußerliches Symptom der überhandnehmenden Roheit erblickt ihr den konstanten Begleiter derselben – den langen Bart, dieses Geschlechtsabzeichen, mitten im Gesicht, welches besagt, daß man die Maskulinität, die man mit den Tieren gemein hat, der *Humanität* vorzieht, indem man vor allem ein *Mann* (mas) und erst nächstdem *ein Mensch* sein will. Das Abscheren der Bärte, in allen hochgebildeten Zeitaltern und Ländern, ist aus dem richtigen Gefühl des Gegenteils entstanden, vermöge dessen man vor allem ein *Mensch*, gewissermaßen ein Mensch in abstracto mit Hintansetzung des tierischen Geschlechtsunterschiedes sein möchte. Hingegen hat die Bartlänge stets mit der Barbarei, an die schon ihr Name erinnert, gleichen Schritt gehalten. Daher florierten die Bärte im *Mittelalter*, diesem Millennium der Roheit und Unwissenheit, dessen Tracht und Bauart nachzuahmen unsere edelen Jetztzeitler bemüht sind[F]. – Die fernere und sekundäre Folge des in Rede stehenden Verrates an der Philosophie

---

[F]. Der Bart, sagt man, sei dem Menschen natürlich: allerdings, und darum ist er dem Menschen im Naturzustande ganz angemessen; ebenso aber dem Menschen im zivilisierten Zustande die Rasur; indem sie anzeigt, daß hier die tierische rohe Gewalt, deren jedem sogleich fühlbares Abzeichen jener dem männlichen Geschlecht eigen-

kann denn auch nicht ausbleiben: sie ist Verachtung der Nation bei den Nachbarn und des Zeitalters bei der Nachwelt. Denn wie man's treibt, so geht's, und da wird nichts geschenkt.

Oben habe ich von dem mächtigen Einfluß der Geistesnahrung auf das Zeitalter geredet. Dieser nun beruht darauf, daß sie sowohl den Stoff wie die Form des Denkens bestimmt. Daher kommt gar viel darauf an, was gelobt und demnach gelesen wird. Denn das Denken mit einem wahrhaft großen Geiste stärkt den eigenen, erteilt ihm eine regelrechte Bewegung, versetzt ihn in den richtigen Schwung: es wirkt analog der Hand des Schreibmeisters, welche die des Kindes führt. Hingegen das Denken mit Leuten, die es eigentlich auf bloßen Schein, mithin auf Täuschung des Lesers abgesehn haben, wie Fichte, Schelling und Hegel, verdirbt den Kopf in eben dem Maße; nicht weniger das Denken mit Querköpfen oder mit solchen, die sich ihren Verstand verkehrt angezogen haben, von denen Herbart ein Beispiel ist. Überhaupt aber ist das Lesen der Schriften selbst auch nur gewöhnlicher Köpfe, in Fächern, wo es sich nicht um Tatsachen oder deren Ermittelung handelt, sondern bloß eigene Gedanken den Stoff ausmachen, eine heillose Verschwendung der eigenen Zeit und Kraft. Denn was dergleichen Leute denken, kann jeder andere auch denken: daß sie sich zum Denken förmlich zurechtgesetzt und es darauf

tümliche Auswuchs ist, dem Gesetz, der Ordnung und Gesittung hat weichen müssen. –

Der Bart vergrößert den tierischen Teil des Gesichts und hebt ihn hervor; dadurch gibt er ihm das so auffallend brutale Ansehn: man betrachte nur so einen Bartmenschen im Profil, während er ißt!

Für eine *Zierde* möchten sie den Bart ausgeben. Diese Zierde war man seit zweihundert Jahren nur an Juden, Kosaken, Kapuzinern, Gefangenen und Straßenräubern zu sehn gewohnt. –

Die Ferozität [Wildheit] und Atrozität [Abscheulichkeit], welche der Bart der Physiognomie verleiht, beruht darauf, daß eine respektiv *leblose* Masse die Hälfte des Gesichts einnimmt, und zwar die das Moralische ausdrückende Hälfte. Zudem ist alles Behaartsein tierisch. Die Rasur ist das Symbol (Feldzeichen, Abzeichen) der höheren Zivilisation. Die Polizei ist überdies schon deshalb befugt, die Bärte zu verbieten, weil sie halbe Masken sind, unter denen es schwer ist, seinen Mann wiederzuerkennen: daher sie jeden Unfug begünstigen.

angelegt haben, bessert die Sache durchaus nicht; da es ihre Kräfte nicht erhöht und man meistens dann am wenigsten denkt, wann man förmlich sich dazu zurechtgesetzt hat. Dazu kommt noch, daß ihr Intellekt seiner natürlichen Bestimmung, im Dienste des Willens zu arbeiten, getreu bleibt; wie dies eben normal ist. Darum aber liegt ihrem Treiben und Denken stets eine *Absicht* zum Grunde: sie haben allezeit *Zwecke* und erkennen nur in bezug auf diese, mithin nur das, was diesen entspricht. Die willensfreie Aktivität des Intellekts, welche die Bedingung der reinen Objektivität und dadurch aller großer Leistungen ist, bleibt ihnen ewig fremd, ist ihrem Herzen eine Fabel. Für sie haben nur Zwecke Interesse, nur Zwecke Realität: denn in ihnen bleibt das Wollen vorwaltend. Daher also ist es doppelt töricht, an ihren Produktionen seine Zeit zu verschwenden. Allein was das Publikum nie erkennt und begreift, weil es gute Gründe hat, es nicht erkennen zu wollen, ist die *Aristokratie der Natur*. Daher legt es so bald die Seltenen und Wenigen, welchen im Laufe der Jahrhunderte die Natur den hohen Beruf des Nachdenkens über sie oder auch der Darstellung des Geistes ihrer Werke erteilt hatte, aus den Händen, um sich mit den Produktionen des neuesten Stümpers bekanntzumachen. Ist einmal ein Heros dagewesen; so stellt es bald einen Schächer daneben – als ungefähr auch so einen. Hat einmal die Natur in günstigster Laune das seltenste ihrer Erzeugnisse, einen wirklich über das gewöhnliche Maß hinaus begabten Geist, aus ihren Händen hervorgehn lassen, hat das Schicksal in milder Stimmung seine Ausbildung gestattet, ja haben seine Werke endlich ›den Widerstand der stumpfen Welt besiegt‹[1] und sind als Muster anerkannt und anempfohlen – da dauert es nicht lange, so kommen die Leute mit einem Erdenkloß ihres Gelichters herangeschleppt, um ihn daneben auf den Altar zu stellen; eben weil sie nicht begreifen, nicht ahnden, wie *aristokratisch die Natur* ist: sie ist es so sehr, daß auf dreihundert Millionen ihrer Fabrikware noch nicht *ein* wahrhaft großer Geist kommt; daher man alsdann diesen gründ-

1. [Nach Goethe: ›Epilog zu Schillers Glocke‹]

lich kennenlernen, seine Werke als eine Art Offenbarung betrachten, sie unermüdlich lesen und diurna nocturnaque manu [tags und nachts] abnutzen, dagegen aber sämtliche Alltagsköpfe liegenlassen soll als das, was sie sind, nämlich als etwas so Gemeines und Alltägliches wie die Fliegen an der Wand.

In der Philosophie ist der oben geschilderte Hergang auf das trostloseste eingetreten: neben *Kant* wird durchgängig und überall, nämlich als eben noch so einer, *Fichte* genannt: ›Kant und Fichte‹ ist zur stehenden Phrase geworden. ›Seht, wie wir Äpfel schwimmen!‹[1], sagte der ---. Gleiche Ehre widerfährt dem *Schelling*, ja – proh pudor! [welche Schande!] – sogar dem Unsinnschmierer und Kopfverderber *Hegel*! Der Gipfel dieses Parnassus wurde nämlich immer breiter getreten. – ›Habt ihr Augen? habt ihr Augen?‹, möchte man, wie Hamlet [3, 4] seiner nichtswürdigen Mutter, einem solchen Publiko zurufen. Ach, sie haben keine! Es sind ja noch immer dieselben, welche überall und jederzeit das echte Verdienst haben verkümmern lassen, um ihre Huldigung Nachäffern und Manieristen in jeder Gattung darzubringen. So wähnen sie denn auch, Philosophie zu studieren, wenn sie die allmessentlichen Ausgeburten von Köpfen lesen, in deren dumpfem Bewußtsein sogar die bloßen Probleme der Philosophie sowenig anklingen wie die Glocke im luftleeren Rezipienten[2]; ja von Köpfen, welche strenggenommen von der Natur zu nichts anderm gemacht und ausgerüstet wurden, als eben wie die übrigen ein ehrliches Gewerbe in der Stille zu treiben oder das Feld zu bauen und die Vermehrung des Menschengeschlechts zu besorgen, jedoch vermeinen, von Amts und Pflicht wegen ›schellenlaute Toren‹[3] sein zu müssen. Ihr beständiges Dareinreden und Mitredenwollen gleicht dem der Tauben, die sich in die Konversation mischen,

---

1. [Nach dem lateinischen Sprichwort: ›Ut nos poma natamus‹; nach der mittelalterlichen Variante – vgl. Julius Wilhelm Zinkgref: ›Der Teutschen scharpsinnige kluge Sprüch, Apophthegmata genannt‹ 4, 340 – wäre zu ergänzen: der Roßdreck.]
2. [Luftleer gemachte Glasglocke]
3. [Vgl. Goethe: ›Faust‹ 1, Vers 549]

wirkt daher auf die zu allen Zeiten nur ganz vereinzelt Erscheinenden, welche von Natur den Beruf und daher den wirklichen Trieb haben, der Erforschung der höchsten Wahrheiten obzuliegen, nur als ein störendes und verwirrendes Geräusch; wenn es nicht gar, wie sehr oft der Fall ist, ihre Stimme absichtlich erstickt, weil, was sie vorbringen, nicht in den Kram jener Leute paßt, denen es mit nichts als mit Absichten und materiellen Zwecken ernst sein kann und die, vermöge ihrer beträchtlichen Anzahl, bald ein Geschrei zuwege bringen, bei dem keiner mehr sein eigenes Wort vernimmt. Heutzutage haben sie sich die Aufgabe gestellt, der Kantischen Philosophie wie der Wahrheit zum Trotz spekulative Theologie, rationale Psychologie, Freiheit des Willens, totale und absolute Verschiedenheit des Menschen von den Tieren, mittelst Ignorieren der allmäligen Abstufungen des Intellekts in der Tierreihe zu lehren, wodurch sie nur als remora [Hemmnis] der redlichen Wahrheitsforschung wirken. Spricht ein Mann wie ich, so stellen sie sich, als hörten sie nichts. Der Pfiff ist gut, wenn auch nicht neu. Ich will aber doch einmal sehn, ob man nicht einen Dachs aus seinem Loche herauszerren kann.

Die Universitäten nun aber sind offenbar der Herd alles jenes Spiels, welches die Absicht mit der Philosophie treibt. Nur mittelst ihrer konnten *Kants* eine Weltepoche in der Philosophie begründende Leistungen verdrängt werden durch die Windbeuteleien eines *Fichte*, die wieder bald darauf ihm ähnliche Gesellen verdrängten. Dies hätte nimmermehr geschehn können vor einem eigentlich philosophischen Publiko, d. h. einem solchen, welches die Philosophie ohne andere Absicht bloß ihrer selbst wegen sucht, also vor dem freilich zu allen Zeiten äußerst kleinen Publiko wirklich denkender und ernstlich von der rätselhaften Beschaffenheit unsers Daseins ergriffener Köpfe. Nur mittelst der Universitäten, vor einem Publiko aus Studenten, die alles, was dem Herrn Professor zu sagen beliebt, gläubig annehmen, ist der ganze philosophische Skandal dieser letzten fünfzig Jahre möglich gewesen. Der Grundirrtum hiebei liegt nämlich darin, daß die Universitäten auch in Sachen der Philosophie das große Wort und die entscheidende Stimme sich anmaßen, welche allenfalls den drei obern Fakultäten, jeder in ihrem Bereiche, zukommt. Daß jedoch in der Philosophie als einer Wissenschaft, die erst gefunden werden soll, die Sache sich anders verhält, wird übersehn; wie auch, daß bei Besetzung philosophischer Lehrstühle nicht wie bei andern allein die Fähigkeiten, sondern noch mehr die Gesinnungen des Kandidaten in Betracht kommen. Demgemäß nun aber denkt der Student, daß, wie der Professor der Theologie seine Dogmatik, der juristische Professor seine Pandekten, der medizinische seine Pathologie innehat und besitzt; so müßte auch der allerhöchsten Orts angestellte Professor der Metaphysik diese innehaben und besitzen. Er geht demnach mit kindlichem Vertrauen in dessen Kollegia, und da er daselbst einen Mann findet, der mit der Miene wohlbewußter Überlegenheit alle je dagewesenen Philosophen von oben herab kritisiert; so zweifelt er nicht, daß er vor die rechte Schmiede gekommen sei, und prägt sich alle hier sprudelnde Weisheit so gläubig ein, als säße er vor dem Dreifuß der Pythia. Natürlich gibt es von dem an für ihn keine andere Philosophie als die seines Professors. Die wirklichen Philosophen, die Lehrer der Jahrhunderte, ja Jahrtausende, die aber in den Bücherschränken schweigend und ernst auf die warten, welche ihrer begehren, läßt er als veraltet und widerlegt ungelesen: er hat sie wie sein Professor ›hinter sich‹. Dagegen kauft er sich die messentlich erscheinenden Geisteskinder seines Professors, deren meistens oft wiederholte Auflagen allein aus solchem Hergang der Sache zu erklären sind. Denn auch nach den Universitätsjahren behält in der Regel jeder eine gläubige Anhänglichkeit an seinen Professor, dessen Geistesrichtung er früh angenommen und mit dessen Manier er sich befreundet hat. Dadurch erhalten denn dergleichen philosophische Mißgeburten eine ihnen sonst unmögliche Verbreitung, ihre Urheber aber eine einträgliche Zelebrität. Wie hätte es außerdem geschehn können, daß z. B. ein solcher Komplex von Verkehrtheiten wie die ›Einleitung in die Philosophie‹ von *Herbart* fünf Auflagen erlebte? Daher schreibt sich denn wieder der Narrenübermut, mit welchem (z.B. S. 234, 235 der vierten Auflage) dieser entschiedene Querkopf vornehm auf *Kant* herabsieht und ihn mit Nachsicht zurechtweist. –

Betrachtungen dieser Art und namentlich der Rückblick auf das ganze Treiben mit der Philosophie auf Universitäten seit Kants Abgange stellen in mir mehr und mehr die Meinung fest, daß, wenn es überhaupt eine Philosophie geben soll, d.h. wenn es dem menschlichen Geiste vergönnt sein soll, seine höchsten und edelsten Kräfte dem ohne allen Vergleich wichtigsten aller Probleme zuwenden zu dürfen, dies nur dann mit Erfolg geschehn kann, wann die Philosophie allem Einflusse des Staates entzogen bleibt, und daß demnach dieser schon ein Großes für sie tut und ihr seine Humanität und seinen Edelmut genugsam beweist, wenn er sie nicht verfolgt, sondern sie gewähren läßt und ihr Bestand vergönnt als einer freien Kunst, die übrigens ihr eigener Lohn sein muß; wogegen er des Aufwandes für Professuren derselben sich überhoben achten kann; weil die Leute, die *von* der Philosophie leben wollen, höchst selten eben die sein werden, welche eigentlich *für* sie leben, bisweilen aber sogar die sein können, welche versteckterweise *gegen* sie machinieren.

Öffentliche Lehrstühle gebühren allein den bereits geschaffenen wirklich vorhandenen Wissenschaften, welche man daher eben nur gelernt zu haben braucht, um sie lehren zu können, die also im ganzen bloß weiterzugeben sind, wie das auf dem schwarzen Brette gebräuchliche ›tradere‹ besagt; wobei es jedoch den fähigeren Köpfen unbenommen bleibt, sie zu bereichern, zu berichtigen und zu vervollkommnen. Aber eine Wissenschaft, die noch gar nicht existiert, die ihr Ziel noch nicht erreicht hat, nicht einmal ihren Weg sicher kennt, ja deren Möglichkeit noch bestritten wird, eine solche Wissenschaft durch Professoren lehren zu lassen ist eigentlich absurd. Die natürliche Folge davon ist, daß jeder von diesen glaubt, sein Beruf sei, die noch fehlende Wissenschaft zu schaffen; nicht bedenkend, daß einen solchen

Beruf nur die Natur, nicht aber das Ministerium des öffentlichen Unterrichts erteilen kann. Er versucht es daher, so gut es gehn will, setzt baldigst seine Mißgeburt in die Welt und gibt sie für die lang ersehnte sophia aus, wobei es an einem dienstwilligen Kollegen, der bei ihrer Taufe als solcher zu Gevatter steht, gewiß nicht fehlen wird. Danach werden dann die Herren, weil sie ja von der Philosophie leben, so dreist, daß sie sich *Philosophen* nennen und demnach auch vermeinen, ihnen gebühre das große Wort und die Entscheidung in Sachen der Philosophie, ja daß sie am Ende gar noch *Philosophenversammlungen* (eine contradictio in adiecto, da Philosophen selten im Dual und fast nie im Plural zugleich auf der Welt sind) ansagen und dann scharenweise zusammenlaufen, das Wohl der Philosophie zu beraten[F].

Vor allem jedoch werden solche Universitäts-Philosophen bestrebt sein, der Philosophie diejenige Richtung zu geben, welche den ihnen am Herzen liegenden oder vielmehr gelegten Zwecken entspricht, und hiezu erforderlichenfalls sogar die Lehren der echten frühern Philosophen modeln und verdrehn, zur Not sogar verfälschen, nur damit herauskomme, was sie brauchen. Da nun das Publikum so kindisch ist, stets nach dem Neuesten zu greifen, ihre Schriften aber doch den Titel Philosophie führen; so ist die Folge, daß durch die Abgeschmacktheit oder Verkehrtheit oder Unsinnigkeit oder wenigstens marternde Langweiligkeit derselben gute Köpfe, welche Neigung zur Philosophie spüren, von ihr wieder zurückgeschreckt werden, wodurch sie selbst allmälig in Mißkredit gerät, wie dies bereits der Fall ist.

F. ›Keine alleinseligmachende Philosophie!‹, ruft die *Philosophasterversammlung in Gotha*, d.h. zu deutsch: ›Kein Streben nach objektiver Wahrheit! Es lebe die Mediokrität! Keine geistige Aristokratie, keine Alleinherrschaft der von der Natur Bevorzugten! Sondern Pöbelherrschaft! Jeder von uns rede wie ihm der Schnabel gewachsen ist, und einer gelte soviel wie der andere!‹ Da haben die Lumpe gutes Spiel! Sie möchten nämlich auch aus der Geschichte der Philosophie die bisherige monarchische Verfassung verbannen, um eine Proletarier-Republik einzuführen: aber die Natur legt Protest ein; sie ist streng aristokratisch!

Aber nicht nur steht es mit den eigenen Schöpfungen der Herren schlecht, sondern die Periode seit Kant beweist auch, daß sie nicht einmal imstande sind, das von großen Köpfen Geleistete, als solches Anerkannte und demnach ihrer Obhut Übergebene festzuhalten und zu bewahren. Haben sie sich nicht die Kantische Philosophie aus den Händen spielen lassen durch Fichte und Schelling? Nennen sie nicht noch durchgängig und höchst skandalöser- und ehrenrührigerweise den Windbeutel *Fichte* stets neben *Kant* als ungefähr seinesgleichen? Trat nicht, nachdem die oben genannten zwei Philosophaster Kants Lehre verdrängt und antiquiert hatten, an die Stelle der strengen von Kant aller Metaphysik gesetzten Kontrolle die zügelloseste Phantasterei? Haben sie diese nicht teils brav mitgemacht, teils unterlassen, ihr mit der ›Kritik der Vernunft‹ in der Hand sich fest entgegenzustellen? weil sie nämlich es geratener fanden, die eingetretene laxe Observanz zu benutzen, um entweder ihre selbstausgeheckten Sächelchen, z.B. Herbartische Possen und Friesesches Altweibergeschwätz, und überhaupt jeder seine eigene Marotte zu Markte zu bringen oder auch um Lehren der Landesreligion als philosophische Ergebnisse einschwärzen zu können. Hat dies alles nicht den Weg gebahnt zur skandalösesten philosophischen Scharlatanerie, deren je die Welt sich zu schämen gehabt hat, zum Treiben des Hegels und seiner erbärmlichen Gesellen? Haben nicht selbst die, welche dem Unwesen sich widersetzten, dabei stets unter tiefen Bücklingen vom großen Genie und gewaltigen Geiste jenes Scharlatans und Unsinnschmierers geredet und dadurch bewiesen, daß sie Pinsel sind? Sind nicht hievon (der Wahrheit zur Steuer sei es gesagt) *Krug* und *Fries* allein auszunehmen, welche gegen den Kopfverderber geradezu auftretend, ihm bloß die Schonung erwiesen haben, die nun einmal jeder Philosophie-Professor unwiderruflich gegen den andern ausübt? Hat nicht der Lärm und das Geschrei, welches die deutschen Universitäts-Philosophen in Bewunderung jener drei Sophisten erhoben, endlich auch in England und Frankreich allgemeine Aufmerksamkeit erregt, welche jedoch nach näherer Untersuchung der Sache sich in Gelächter auflöste? – Besonders aber zeigen sie sich als treulose Wächter und Bewahrer der im Laufe der Jahrhunderte schwer errungenen und endlich ihrer Obhut anvertrauten Wahrheiten, sobald es solche sind, die nicht in ihren Kram passen, d. h. nicht zu den Resultaten einer platten, rationalistischen, optimistischen, eigentlich bloß jüdischen Theologie stimmen, als welche der im stillen vorherbeschlossene Zielpunkt ihres ganzen Philosophierens und seiner hohen Redensarten ist. Dergleichen Lehren also, welche die ernstlich gemeinte Philosophie nicht ohne große Anstrengung zutage gefördert hat, werden sie zu obliterieren, zu vertuschen, zu verdrehn und herabzuziehn suchen zu dem, was in ihren Studentenerziehungsplan und besagte Rockenphilosophie paßt. Ein empörendes Beispiel dieser Art gibt die Lehre von der *Freiheit des Willens*. Nachdem die strenge Notwendigkeit aller menschlichen Willensakte durch die vereinten und sukzessiven Anstrengungen großer Köpfe wie Hobbes, Spinoza, Priestley und Hume unwiderleglich dargetan worden, auch Kant die Sache als bereits vollkommen ausgemacht genommen hatte[1]; tun sie mit *einem* Male, als wäre nichts geschehn, verlassen sich auf die Unwissenheit ihres Publikums und nehmen in Gottes Namen noch am heutigen Tage in fast allen ihren Lehrbüchern die Freiheit des Willens als eine ausgemachte und sogar unmittelbar gewisse Sache. Wie verdient ein solches Verfahren benannt zu werden? Wenn eine solche von allen den eben genannten Philosophen so fest als irgendeine begründete Lehre dennoch von ihnen verhehlt oder verleugnet wird, um statt ihrer die entschiedene Absurdität vom freien Willen, weil sie ein notwendiges Bestandstück ihrer Rockenphilosophie ist, den Studenten aufzubinden; sind da die Herren nicht eigentlich die Feinde der Philosophie? Und weil nun (denn: ›conditio optima est ultimi‹ [der letzte ist in der günstigsten Lage], Seneca, ›Epistulae‹ 79 [6]) die

---

1. Sein auf den kategorischen Imperativ gegründetes Postulat der Freiheit ist bei ihm bloß von praktischer, *nicht von theoretischer* Gültigkeit. Man sehe meine ›Grundprobleme der Ethik‹ Seite 80 und 146 *[Bd. 3, S. 605 und 671f.]*.

Lehre von der strengen Nezessitation aller Willensakte nirgends so gründlich, klar, zusammenhängend und vollständig dargetan ist als in meiner von der Norwegischen Sozietät der Wissenschaften redlich gekrönten Preisschrift [*Bd. 3, S. 519–627*]; so findet man, ihrer alten Politik, mir überall mit dem passiven Widerstande zu begegnen, gemäß, diese Schrift weder in ihren Büchern noch in ihren gelehrten Journalen und Literaturzeitungen irgend erwähnt: sie ist aufs strengste sekretiert und wird comme non avenue [als nicht erschienen] angesehn wie alles, was nicht in ihren erbärmlichen Kram paßt, wie meine ›Ethik‹ überhaupt, ja wie alle meine Werke. Meine Philosophie interessiert eben die Herren nicht: das kommt aber daher, daß die Ergründung der Wahrheit sie nicht interessiert. Was sie hingegen interessiert, das sind ihre Gehalte, ihre Honorarlouisdors und ihre Hofratstitel. Zwar interessiert sie auch die Philosophie: insofern nämlich, als sie ihr Brot von derselben haben; insofern interessiert sie die Philosophie. Sie sind es, welche schon Giordano Bruno ([Opere, editio Wagner] vol. 2, p. 83) charakterisiert als ›sordidi e mercenarii ingegni, che, poco o niente solleciti circa la verità, si contentano saper, secondo che comunmente è stimato il sapere, amici poco di vera sapienza, bramosi di fama e reputazione di quella, vaghi d'apparire, poco curiosi d'essere‹ [schmutzige und lohngierige Gesellen, die sich um die Wahrheit wenig oder gar nicht kümmern; sie begnügen sich mit dem Wissen, das man gemeinhin für ein Wissen hält, haben wenig Liebe zu echter Weisheit und begehren nur nach dem Ruhm und Ansehen, die sie verschafft, begierig, etwas zu scheinen, wenig darum bekümmert, es zu sein]. Was also soll ihnen meine Preisschrift ›Über die Freiheit des Willens‹, und wäre sie von zehn Akademien gekrönt? Dagegen aber wird, was Plattköpfe aus ihrer Schar über den Gegenstand seitdem gefaselt haben, wichtig gemacht und anempfohlen. Brauch' ich ein solches Benehmen zu qualifizieren? Sind das Leute, welche die Philosophie, die Rechte der Vernunft, die Freiheit des Denkens vertreten? – Ein anderes Beispiel der Art liefert die *spekulative Theologie*. Nachdem *Kant* alle Beweise, die ihre Stützen ausmachten, unter ihr weggezogen und sie dadurch radikal umgestoßen hat, hält das meine Herren von der lukrativen Philosophie keineswegs ab, noch sechzig Jahre hinterher die spekulative Theologie für den ganz eigentlichen und wesentlichen Gegenstand der Philosophie auszugeben und, weil sie jene explodierten Beweise wieder aufzunehmen sich doch nicht unterstehn, jetzt ohne Umstände nur immerfort vom *absolutum* zu reden, welches Wort gar nichts anderes ist als ein Enthymem, ein Schluß mit nicht ausgesprochenen Prämissen, zum Behuf der feigen Verlarvung und hinterlistigen Erschleichung des kosmologischen Beweises, als welcher in eigener Gestalt sich seit *Kant* nicht mehr sehn lassen darf und daher in dieser Verkleidung eingeschwärzt werden muß. Als hätte Kant von diesem letzteren Kniff eine Vorahndung gehabt, sagt er ausdrücklich: ›Man hat zu allen Zeiten von dem *absolutnotwendigen* Wesen geredet und sich nicht sowohl Mühe gegeben, zu verstehn, ob und wie man sich ein Ding von dieser Art auch nur denken könne, als vielmehr dessen Dasein zu beweisen ... Denn alle Bedingungen, die der Verstand jederzeit bedarf, um etwas als notwendig anzusehn, vermittelst des Wortes *unbedingt* wegwerfen macht mir noch lange nicht verständlich, ob ich alsdann durch einen Begriff eines Unbedingtnotwendigen noch etwas oder vielleicht gar nichts denke‹ (›Kritik der reinen Vernunft‹, erste Auflage S. 592; fünfte Auflage S. 620). Ich erinnere hier nochmals an *meine* Lehre, daß Notwendigsein durchaus und überall nichts anderes besagt als aus einem vorhandenen und gegebenen Grunde folgen: ein solcher Grund ist also gerade die *Bedingung* aller Notwendigkeit: demnach ist das Unbedingtnotwendige eine contradictio in adjecto, also gar kein Gedanke, sondern ein hohles Wort – freilich ein im Bau der Professoren-Philosophie gar häufig angewendetes Material. – Hieher gehört ferner, daß *Lockes* großer epochemachender Grundlehre vom *Nichtvorhandensein angeborener Ideen* und allen seitdem und auf dem Grunde derselben, namentlich durch *Kant* gemachten Fortschritten in der Philosophie zum Trotz, die Herren von der φιλοσοφία μισθοφόρος [um Lohn dienenden Philosophie] ganz ungeniert ihren Studenten ein ›Gottesbewußtsein‹, überhaupt ein unmittelbares Erkennen oder Vernehmen metaphysischer Gegenstände durch die Vernunft aufbinden. Es hilft nichts, daß *Kant* mit dem Aufwande des seltensten Scharfsinns und Tiefsinns dargetan hat, die theoretische Vernunft könne zu Gegenständen, die über die Möglichkeit aller Erfahrung hinausliegen, nimmermehr gelangen: die Herren kehren sich an so etwas nicht; sondern ohne Umstände lehren sie seit fünfzig Jahren, die Vernunft habe ganz unmittelbare, absolute Erkenntnisse, sei eigentlich ein von Hause aus auf Metaphysik angelegtes Vermögen, welches über alle Möglichkeit der Erfahrung hinaus das sogenannte Übersinnliche, das absolutum, den lieben Gott und was dergleichen noch weiter sein soll, unmittelbar erkenne und sicher erfasse. Daß aber unsere *Vernunft* ein solches die gesuchten Gegenstände der Metaphysik nicht *mittelst Schlüsse*, sondern *unmittelbar* erkennendes Vermögen sei, ist offenbar eine Fabel oder, geradeheraus gesagt, eine palpable Lüge; da es nur einer redlichen, sonst aber nicht schwierigen Selbstprüfung bedarf, um sich von der Grundlosigkeit eines solchen Vorgebens zu überzeugen: zudem es sonst auch ganz anders mit der Metaphysik stehn müßte. Daß dennoch eine solche alles Grundes außer der Verlegenheit und den schlauen Absichten ihrer Verbreiter entbehrende, für die Philosophie grundverderbliche Lüge seit einem halben Jahrhundert zum stehenden tausend- und aber tausendmal wiederholten Katheder-Dogma geworden und dem Zeugnis der größten Denker zum Trotz der studierenden Jugend aufgebunden wird, gehört zu den schlimmsten Früchten der Universitäts-Philosophie.

Solcher Vorbereitung jedoch entsprechend, ist bei den Kathederphilosophen das eigentliche und wesentliche Thema der Metaphysik die Auseinandersetzung des Verhältnisses Gottes zur Welt: die weitläufigsten Erörterungen desselben füllen ihre Lehrbücher. Diesen Punkt ins reine zu bringen glauben sie sich vor allem berufen und bezahlt; und da ist es nun ergötzlich, zu sehn, wie altklug und gelehrt sie vom absolutum oder [von] Gott reden, sich ganz ernsthaft gebärdend, als wüßten sie wirklich irgend etwas davon: es erinnert an den Ernst, mit welchem die Kinder ihr Spiel betreiben. Da erscheint denn jede Messe eine neue Metaphysik, welche aus einem weitläuftigen Bericht über den lieben Gott besteht, auseinandersetzt, wie es eigentlich mit ihm stehe und wie er dazu gekommen sei, die Welt gemacht oder geboren oder sonstwie hervorgebracht zu haben, so daß es scheint, sie erhielten halbjährlich über ihn die neuesten Nachrichten. Manche geraten nun aber dabei in eine gewisse Verlegenheit, deren Wirkung hochkomisch ausfällt. Sie haben nämlich einen ordentlichen persönlichen Gott, wie er im Alten Testament steht, zu lehren: das wissen sie. Andererseits jedoch ist seit ungefähr vierzig Jahren der Spinozistische Pantheismus, nach welchem das Wort Gott ein Synonym von Welt ist, unter den Gelehrten und sogar den bloß Gebildeten durchaus vorherrschend und allgemeine Mode: das möchten sie doch auch nicht so ganz fahrenlassen; dürfen jedoch nach dieser verbotenen Schüssel eigentlich die Hand nicht ausstrecken. Nun suchen sie sich durch ihr gewöhnliches Mittel: dunkele, verworrene, konfuse Phrasen und hohlen Wortkram, zu helfen, wobei sie sich jämmerlich drehn und winden: da sieht man denn einige in *einem* Atem versichern, der Gott sei von der Welt total, unendlich und himmelweit, ganz eigentlich himmelweit verschieden, zugleich aber ganz und gar mit ihr verbunden und eins, ja stecke bis über die Ohren drinne; wodurch sie mich dann jedesmal an den Weber Bottom im Johannisnachtstraum[1] erinnern, welcher verspricht, zu brüllen wie ein entsetzlicher Löwe, zugleich aber doch so sanft, wie nur irgendeine Nachtigall flöten kann. In der Ausführung geraten sie dabei in die seltsamste Verlegenheit: sie behaupten nämlich, außerhalb der Welt sei kein Platz für ihn; danach können sie ihn aber innerhalb auch nicht brauchen, rochieren nun mit ihm hin und her, bis sie sich mit ihm zwischen zwei Stühlen niederlassen[F].

1. [Shakespeare: ›Ein Sommernachtstraum‹]
F. Aus einer analogen Verlegenheit entspringt das Lob, welches jetzt, da nun doch einmal mein Licht nicht mehr unter dem Scheffel steht,

Hingegen die ›Kritik der reinen Vernunft‹ mit ihren Beweisen a priori der Unmöglichkeit aller Gotteserkenntnis ist ihnen Schnickschnack, durch den sie sich nicht irremachen lassen: sie wissen, wozu sie dasind. Ihnen einzuwenden, daß sich nichts Unphilosophischeres denken läßt, als immerfort von etwas zu reden, von dessen Dasein man erwiesenermaßen keine Kenntnis und von dessen Wesen man gar keinen Begriff hat – ist naseweises Einreden: sie wissen, wozu sie dasind. – Ich bin ihnen bekanntlich einer, der tief unter ihrer Notiz und Aufmerksamkeit steht, und durch die gänzliche Nichtbeachtung meiner Werke haben sie an den Tag zu legen vermeint, was ich sei (wiewohl sie gerade dadurch an den Tag gelegt haben, was *sie* sind): daher wird es wie alles, was ich seit fünfunddreißig Jahren vorgebracht habe, in den Wind geredet sein, wenn ich ihnen sage, daß Kant nicht gescherzt hat, daß wirklich und im vollsten Ernst die Philosophie keine Theologie ist, noch jemals sein kann; daß sie vielmehr etwas ganz anderes, von jener völlig Verschiedenes ist. Ja wie bekanntlich jede andere Wissenschaft durch Einmischung von Theologie verdorben wird, so auch die Philosophie, und zwar am allermeisten; wie solches die Geschichte derselben bezeugt: daß dies sogar auch von der Moral gelte, habe ich in meiner Abhandlung über das Fundament derselben *[Bd. 3, S. 629–813]* sehr deutlich dargetan; daher die Herren auch über diese mäuschenstill gewesen sind, getreu ihrer Taktik des passiven Widerstandes. Die Theologie nämlich deckt mit ihrem Schleier alle Probleme der Philosophie zu und macht daher nicht nur die Lösung, sondern sogar die Auffassung derselben unmöglich. Also, wie gesagt, die ›Kritik der reinen Vernunft‹ ist ganz ernstlich der Kündigungsbrief der bisherigen ›ancilla theologiae‹[1] [Magd der Theologie] gewesen, welche darin ein

mir einige von ihnen erteilen – um nämlich die Ehre ihres guten Geschmacks zu retten: aber eiligst fügen sie demselben die Versicherung hinzu, daß ich in der Hauptsache unrecht habe; denn sie werden sich hüten, einer Philosophie beizustimmen, die etwas ganz anderes ist als in hochtrabenden Wortkram verhüllte und wunderlich verbrämte jüdische Mythologie – wie sie bei ihnen de rigueur [unerläßlich] ist.
1. *[Vgl. Bd. 3, S. 317]*

für allemal ihrer gestrengen Gebieterin den Dienst aufgesagt hat. Seitdem hat nun diese sich mit einem Mietling begnügt, der die zurückgelassene Livree des ehemaligen Dieners, bloß zum Schein, gelegentlich anzieht; wie in Italien, wo dergleichen Substitute zumal am Sonntage häufig zu sehn und daher unter dem Namen der domenichini [Sonntagsdiener] bekannt sind.

Allein an der Universitäts-Philosophie haben Kants Kritiken und Argumente freilich scheitern müssen. Denn da heißt es: ›Hoc volo, hoc iubeo, stat pro ratione voluntas‹ [So, will ich, soll es sein, der Wunsch überhebt mich der Gründe; Juvenal, ›Saturarum‹ lib. 6, 223]; die Philosophie *soll* Theologie sein, und wenn die Unmöglichkeit der Sache von zwanzig *Kanten* bewiesen wäre: wir wissen, wozu wir dasind: in maiorem Dei gloriam sind wir da. Jeder Philosophie-Professor ist sogut wie Heinrich VIII. ein defensor fidei und erkennt hierin seinen ersten und hauptsächlichen Beruf. Nachdem also Kant allen möglichen Beweisen der spekulativen Theologie den Nerv so rein durchschnitten hatte, daß seitdem sich niemand mehr mit ihnen hat befassen mögen; da besteht denn das philosophische Bestreben seit fast fünfzig Jahren in allerlei Versuchen, die Theologie fein leise zu erschleichen, und die philosophischen Schriften sind meistens nichts anderes als fruchtlose Belebungsversuche an einem entseelten Leichnam. So haben denn z. B. die Herren von der lukrativen Philosophie im Menschen ein *Gottesbewußtsein* entdeckt, welches bis dahin aller Welt entgangen war, und werfen damit, durch ihre wechselseitige Einstimmung und die Unschuld ihres nächsten Publikums dreist gemacht, keck und kühn um sich, wodurch sie am Ende gar die ehrlichen Holländer der Universität Leiden verführt haben; so daß diese, die Winkelzüge der Philosophie-Professoren richtig für Fortschritte der Wissenschaft ansehend, ganz treuherzig am 15. Februar 1844 die Preisfrage gestellt haben: ›Quid statuendum de sensu Dei, qui dicitur menti humanae indito‹ [Was von dem unserm Geiste eingeborenen sog. Gottesbewußtsein zu halten sei] usw. Vermöge eines solchen ›Gottesbewußtseins‹ wäre denn das, was mühsam zu beweisen alle Philosophen bis auf Kant sich abarbeiteten, etwas *unmittelbar Bewußtes*. Welche Pinsel müßten aber dann alle jene früheren Philosophen gewesen sein, die sich ihr Leben lang abgemüht haben, Beweise für eine Sache aufzustellen, deren wir uns geradezu *bewußt* sind, welches besagt, daß wir sie noch unmittelbarer erkennen, als daß zwei mal zwei vier ist, als wozu doch schon Überlegung gehört. Eine solche Sache beweisen zu wollen müßte ja sein, wie wenn man beweisen wollte, daß die Augen sehn, die Ohren hören und die Nase rieche. Und welch unvernünftiges Vieh müßten doch die Anhänger der nach der Zahl ihrer Bekenner vornehmsten Religion auf Erden, die Buddhaisten, sein, deren Religionseifer so groß ist, daß in Tibet beinahe jeder sechste Mensch dem geistlichen Stande angehört und damit dem Zölibat verfallen ist, deren Glaubenslehre jedoch zwar eine höchst lautere, erhabene, liebevolle, ja streng asketische Moral (die nicht wie die christliche die Tiere vergessen hat) trägt und stützt, allein nicht nur entschieden atheistisch ist, sondern sogar ausdrücklich den Theismus perhorresziert. Die Persönlichkeit ist nämlich ein Phänomen, das uns nur aus unserer animalischen Natur bekannt und daher, von dieser gesondert, nicht mehr deutlich denkbar ist: ein solches nun zum Ursprung und Prinzip der Welt zu machen ist immer ein Satz, der nicht sogleich jedem in den Kopf will; geschweige daß er schon von Hause aus darin wurzelte und lebte. Ein unpersönlicher Gott hingegen ist eine bloße Philosophie-Professorenflause, eine contradictio in adiecto, ein leeres Wort, die Gedankenlosen abzufinden oder die Vigilanten[1] zu beschwichtigen.

Zwar atmen also die Schriften unserer Universitäts-Philosophen den lebendigsten Eifer für die Theologie; dagegen aber sehr geringen für die Wahrheit. Denn ohne Scheu vor dieser werden Sophismen, Erschleichungen, Verdrehungen, falsche Assertionen mit unerhörter Dreistigkeit angewandt, ja angehäuft, werden sogar, wie oben ausgeführt, der Vernunft unmittelbare übersinnliche Erkenntnisse – also angeborene Ideen – angedichtet oder richtiger angelogen;

1. [Wachsamen, Klugen]

alles einzig und allein um Theologie herauszubringen: nur Theologie! nur Theologie! um jeden Preis: Theologie! – Ich möchte den Herren unmaßgeblich zu bedenken geben, daß immerhin Theologie viel wert sein mag; ich aber doch etwas kenne, das jedenfalls noch mehr wert ist, nämlich die Redlichkeit – Redlichkeit, wie im Handel und Wandel, so auch im Denken und Lehren: die sollte mir um keine Theologie feil sein.

Wie nun aber die Sachen stehn, muß, wer es mit der ›Kritik der reinen Vernunft‹ ernstlich genommen, überhaupt es ehrlich gemeint und demnach keine Theologie zu Markte zu bringen hat, jenen Herren gegenüber freilich zu kurz kommen. Brächte er auch das Vortrefflichste, das je die Welt gesehn, und tischte er alle Weisheit Himmels und der Erden auf; sie werden dennoch Augen und Ohren abwenden, wenn es keine Theologie ist; ja je mehr Verdienst seine Sache hat, desto mehr wird sie nicht ihre Bewunderung, sondern ihren Groll erregen; desto determinierteren passiven Widerstand werden sie ihr entgegenstellen, also mit desto hämischerem Schweigen sie zu ersticken suchen, zugleich aber desto lauterere Enkomien[1] über die lieblichen Geisteskinder der gedankenreichen Genossenschaft anstimmen, damit nur die ihnen verhaßte Stimme der Einsicht und Aufrichtigkeit nicht durchdringe. So nämlich verlangt es in diesem Zeitalter skeptischer Theologen und rechtgläubiger Philosophen die Politik der Herren, welche sich mit Weib und Kind von *der* Wissenschaft ernähren, welcher meinereins ein langes Leben hindurch alle seine Kräfte opfert. Denn ihnen kommt es, den Winken hoher Vorgesetzten gemäß, nur auf Theologie an: alles andere ist Nebensache. Definieren sie doch schon von vorneherein – jeder in seiner Sprache, Wendung und Verschleierung – die Philosophie als spekulative Theologie und geben das Jagdmachen auf Theologie ganz naiv als den wesentlichen Zweck der Philosophie an. Sie wissen nichts davon, daß man frei und unbefangen an das Problem des Daseins gehn und die Welt, nebst dem Bewußtsein, darin sie sich darstellt, als das

1. [Lobgesänge]

allein Gegebene, das Problem, das Rätsel der alten Sphinx, vor die man hier kühn getreten ist, betrachten soll. Sie ignorieren klüglich, daß Theologie, wenn sie Eingang in die Philosophie verlangt, gleich allen andern Lehren erst ihr Kreditiv vorzuweisen hat, das dann geprüft wird auf dem Bureau der *Kritik der reinen Vernunft*, als welche bei allen Denkenden noch in vollstem Ansehn steht und an demselben durch die komischen Grimassen, welche die Katheder-Philosophen des Tages gegen sie zu schneiden bemüht sind, wahrlich nicht das geringste eingebüßt hat. Ohne ein vor ihr bestehendes Kreditiv also findet die Theologie keinen Eintritt und soll ihn weder ertrotzen noch erschleichen noch auch erbetteln, mit Berufung darauf, daß Katrederphilosophen nun einmal nichts anderes feilhaben dürfen – mögen sie doch die Boutique schließen. Denn die Philosophie ist keine Kirche und keine Religion. Sie ist das kleine, nur äußerst wenigen zugängliche Fleckchen auf der Welt, wo die stets und überall gehaßte und verfolgte *Wahrheit* einmal alles Druckes und Zwanges ledig sein, gleichsam ihre Saturnalien, die ja auch dem Sklaven freie Rede gestatten, feiern, ja sogar die Prärogative und das große Wort haben, absolut allein herrschen und kein anderes neben sich gelten lassen soll. Die ganze Welt nämlich, und alles in ihr, ist voller *Absicht* und meistens niedriger, gemeiner und schlechter Absicht: nur *ein* Fleckchen soll ausgemachterweise von dieser freibleiben und ganz allein der *Einsicht* offenstehn, und zwar der Einsicht in die wichtigsten, allen angelegensten Verhältnisse – das ist die Philosophie. Oder versteht man es etwan anders? nun, dann ist alles Spaß und Komödie – ›wie das denn wohl zu Zeiten kommen mag.‹[1] – Freilich, nach den Kompendien der Katheder-Philosophen zu urteilen, sollte man eher denken, die Philosophie wäre eine Anleitung zur Frömmigkeit, ein Institut, Kirchengänger zu bilden; da ja die spekulative Theologie meistens gleich unverhohlen als der wesentliche Zweck und Ziel der Sache vorausgesetzt und mit allen Segeln und Rudern nur darauf hingesteuert wird. Gewiß aber ist, daß alle und jede Glaubens-

1. [Goethe: ›Faust‹ 1, Vers 529]

artikel, sie mögen nun offen und unverhohlen in die Philosophie hineingetragen sein, wie dies in der Scholastik geschah, oder durch petitiones principii [Erschleichungen des Beweisgrundes], falsche Axiome, erlogene innere Erkenntnisquellen, Gottesbewußtseine, Scheinbeweise, hochtrabende Phrasen und Galimathias eingeschwärzt werden, wie es heutzutage Brauch ist, der Philosophie zum entschiedenen Verderb gereichen; weil all dergleichen die klare, unbefangene, rein objektive Auffassung der Welt und unsers Daseins, diese erste Bedingung alles Forschens nach Wahrheit, unmöglich macht.

Unter der Benennung und Firma der Philosophie und in fremdartigem Gewande die Grunddogmen der Landesreligion, welche man alsdann mit einem Hegels würdigen Ausdruck ›die absolute Religion‹ titulieret, vortragen mag eine recht nützliche Sache sein; sofern es dient, die Studenten den Zwecken des Staates besser anzupassen, imgleichen auch das lesende Publikum im Glauben zu befestigen: aber dergleichen für *Philosophie* ausgeben heißt denn doch eine Sache für das verkaufen, was sie nicht ist. Wenn dies und alles Obige seinen ungestörten Fortgang behält, muß mehr und mehr die Universitäts-Philosophie zu einer remora *[vgl. S. 220]* der Wahrheit werden. Denn es ist um alle Philosophen geschehn, wenn zum Maßstab ihrer Beurteilung oder gar zur Richtschnur ihrer Sätze etwas anderes genommen wird als ganz allein die Wahrheit, die selbst bei aller Redlichkeit des Forschens und der Anstrengung der überlegensten Geisteskraft so schwer zu erreichende Wahrheit: es führt dahin, daß sie zu einer bloßen fable convenue[1] [als wahr zugelassenen Fabel] wird, wie *Fontenelle* die Geschichte nennt. Nie wird man in der Lösung der Probleme, welche unser so unendlich rätselhaftes Dasein uns von allen Seiten entgegenhält, auch nur einen Schritt weiterkommen, wenn man nach einem vorgesteckten Ziele philosophiert. Daß aber dies der generische Charakter der verschiedenen Spezies jetziger Universitäts-Philosophie sei, wird wohl niemand leugnen: denn nur zu sichtbar kollimieren alle ihre

1. [Vgl. Voltaires Brief an Horace Walpole vom 15. Juli 1768]

Systeme und Sätze nach *einem* Zielpunkt. Dieser ist zudem nicht einmal das eigentliche, das neutestamentliche Christentum oder der Geist desselben, als welcher ihnen zu hoch, zu ätherisch, zu exzentrisch, zu sehr nicht von dieser Welt, daher zu pessimistisch und hiedurch zur Apotheose des ›*Staats*‹ ganz ungeeignet ist; sondern es ist bloß das Judentum, die Lehre, daß die Welt ihr Dasein von einem höchst vortrefflichen, persönlichen Wesen habe, daher auch ein allerliebstes Ding und πάντα καλὰ λίαν¹ [alles sehr gut] sei. Dies ist ihnen aller Weisheit Kern, und dahin soll die Philosophie führen oder, sträubt sie sich, geführt werden. Daher denn auch der Krieg, den seit dem Sturz der Hegelei alle Professoren gegen den sogenannten Pantheismus führen, in dessen Perhorreszierung sie wetteifern, einmütig den Stab über ihn brechend. Ist etwan dieser Eifer aus der Entdeckung triftiger und schlagender Gründe gegen denselben entsprungen? Oder sieht man nicht vielmehr, mit welcher Ratlosigkeit und Angst sie nach Gründen gegen jenen in ursprünglicher Kraft ruhig dastehenden und sie belächelnden Gegner suchen? Kann man daher noch bezweifeln, daß bloß die Inkompatibilität² jener Lehre mit der ›absoluten Religion‹ es ist, warum sie nicht wahr sein soll, nicht soll, und wenn die ganze Natur sie mit tausend und aber tausend Kehlen verkündigte? Die Natur soll schweigen, damit das Judentum spreche. Wenn nun ferner neben der ›absoluten Religion‹ noch irgend etwas bei ihnen Berücksichtigung findet, so versteht es sich, daß es die sonstigen Wünsche eines hohen Ministeriums, bei dem die Macht, Professuren zu geben und zu nehmen, ist, sein werden. Ist doch dasselbe die Muse, welche sie begeistert und ihren Lukubrationen³ vorsteht, daher wohl auch am Eingange in Form einer Dedikation ordentlich angerufen wird. Das sind mir die Leute, die Wahrheit aus dem Brunnen zu ziehn, den Schleier des Truges zu zerreißen und aller Verfinsterung hohnzusprechen.

1. [Vgl. 1. Mos. 1, 31]
2. [Unvereinbarkeit]
3. [ihrem nächtlichen gelehrten Treiben]

Zu keinem Lehrfache wären der Natur der Sache nach so entschieden Leute von überwiegenden Fähigkeiten und durchdrungen von Liebe zur Wissenschaft und Eifer für die Wahrheit erfordert als da, wo die Resultate der höchsten Anstrengungen des menschlichen Geistes in der wichtigsten aller Angelegenheiten der Blüte einer neuen Generation im lebendigen Worte übergeben, ja der Geist der Forschung in ihr erweckt werden soll. Andererseits aber wieder halten die Ministerien dafür, daß kein Lehrfach auf die innerste Gesinnung der künftigen gelehrten, also den Staat und die Gesellschaft eigentlich lenkenden Klasse so viel Einfluß habe wie gerade dieses; daher es nur mit den allerdevotesten, ihre Lehre gänzlich nach dem Willen und den jedesmaligen Ansichten des Ministeriums zuschneidenden Männern besetzt werden darf. Natürlich ist es dann die erstere dieser beiden Anforderungen, welche zurückstehn muß. Wer nun aber mit diesem Stande der Dinge nicht bekannt ist, dem kann es zuzeiten vorkommen, als ob seltsamerweise gerade die entschiedensten Schafsköpfe sich der Wissenschaft des Platon und Aristoteles gewidmet hätten.

Ich kann hier nicht die beiläufige Bemerkung unterdrükken, daß eine sehr nachteilige Vorschule zur Professur der Philosophie die Hauslehrerstellen sind, welche beinahe alle, die jemals jene bekleideten, nach ihren Universitätsstudien mehrere Jahre hindurch versehn haben. Denn solche Stellen sind eine rechte Schule der Unterwürfigkeit und Fügsamkeit. Besonders wird man darin gewohnt, seine Lehren ganz und gar dem Willen des Brotherrn zu unterwerfen und keine anderen als dessen Zwecke zu kennen. Diese früh angenommene Gewohnheit wurzelt ein und wird zur zweiten Natur; so daß man nachher als Philosophie-Professor nichts natürlicher findet, als auch die Philosophie ebenso den Wünschen des die Professuren besetzenden Ministeriums gemäß zuzuschneiden und zu modeln; woraus denn am Ende philosophische Ansichten oder gar Systeme, wie auf Bestellung gemacht, hervorgehn. Da hat die Wahrheit schönes Spiel! – Hier stellt sich freilich heraus, daß, um dieser unbedingt zu huldigen, um wirklich zu philosophieren, zu so vielen Bedingungen fast unumgänglich auch noch diese kommt, daß man auf eigenen Beinen stehe und keinen Herrn kenne, wonach denn das Δός μοι, ποῦ στῶ [Gib mir einen Standort!¹] in gewissem Sinne auch hier gälte. Wenigstens haben die allermeisten von denen, die je etwas Großes in der Philosophie leisteten, sich in diesem Falle befunden. *Spinoza* war sich der Sache so deutlich bewußt, daß er die ihm angetragene Professur gerade deshalb ausschlug.

Ἥμισυ γάρ τ'ἀρετῆς ἀποαίνυται εὐρύοπα Ζεὺς
Ἀνέρος, εὖτ' ἄν μιν κατὰ δούλιον ἦμαρ ἕλῃσιν.

[Denn der donnernde Zeus nimmt weg der Trefflichkeit
Hälfte
Einem Manne, sobald ihn der Knechtschaft Tag überwältigt.
›Odyssee‹ 17, 322 f.]

Das wirkliche Philosophieren verlangt Unabhängigkeit:

Πᾶς γάρ ἀνήρ πενίῃ δεδμημένος οὔτε τι εἰπεῖν
Οὔθ' ἕρξαι δύναται, γλῶσσα δέ οἱ δέδεται.

[Jeder, den Armut drückt, ist weder imstande zu sagen
Noch zu tun, was er will; frei ist die Zunge nicht mehr.]
Theognis [Vers 177 f.]

Auch eine Stelle in Saadis ›Gulistan‹ [übersetzt von Graf, Leipzig 1846, S. 185] besagt, daß, wer Nahrungssorgen hat, nichts leisten kann. Dafür jedoch ist der echte Philosoph seiner Natur nach ein genügsames Wesen und bedarf nicht viel, um unabhängig zu leben: denn allemal wird sein Wahlspruch *Shenstones* Satz sein: ›Liberty is a more invigorating cordial than Tokay.‹ (Freiheit ist eine kräftigere Herzstärkung als Tokaier.)

Wenn nun also es sich bei der Sache um nichts anderes handelte als um die Förderung der Philosophie und das Vordringen auf dem Wege zur Wahrheit; so würde ich als das Beste empfehlen, daß man die Spiegelfechterei, welche damit auf den Universitäten getrieben wird, einstellte. Denn diese sind wahrlich nicht der Ort für ernstlich und redlich gemeinte Philosophie, deren Stelle dort nur zu oft eine in

1. [... und ich bewege die Erde; Ausspruch des Archimedes]

ihre Kleider gesteckte und aufgeputzte Drahtpuppe einnehmen und als ein ›nervis alienis mobile lignum‹ *[vgl. S. 183]* paradieren und gestikulieren muß. Wenn nun aber gar eine solche Katheder-Philosophie noch durch unverständliche, gehirnbetäubende Phrasen, neugeschaffene Worte und unerhörte Einfälle, deren Absurdes spekulativ und transzendental genannt wird, die Stelle wirklicher Gedanken ersetzen will; so wird sie zu einer Parodie der Philosophie, die diese in Mißkredit bringt; welches in unsern Tagen der Fall gewesen ist. Wie kann denn auch unter allem solchen Treiben selbst nur die Möglichkeit jenes tiefen Ernstes, der neben der Wahrheit alles geringschätzt und die erste Bedingung zur Philosophie ist, bestehn? – Der Weg zur Wahrheit ist steil und lang: mit einem Block am Fuße wird ihn keiner zurücklegen; vielmehr täten Flügel not. Demnach also wäre ich dafür, daß die Philosophie aufhörte, ein Gewerbe zu sein: die Erhabenheit ihres Strebens verträgt sich nicht damit; wie ja dieses schon die Alten erkannt haben. Es ist gar nicht nötig, daß auf jeder Universität ein paar schale Schwätzer gehalten werden, um den jungen Leuten alle Philosophie auf zeitlebens zu verleiden. Auch *Voltaire* sagt ganz richtig: ›Les gens de lettres, qui ont rendu le plus de services au petit nombre d'êtres pensants répandus dans le monde, sont les lettrés isolés, les vrais savants, renfermés dans leur cabinet, qui n'ont ni argumenté sur les bancs de l'université, ni dit les choses à moitié dans les académies: et ceux-là ont presque toujours été persécutés.‹ [Die Schriftsteller, die den in geringer Zahl in der Welt verbreiteten denkenden Wesen die größten Dienste geleistet haben, sind die einsamen Schriftsteller, die in ihrer Studierstube sich einschließenden wahren Gelehrten, die weder auf dem Universitätskatheder ihre Beweise auseindergesetzt noch in den Akademien halbe Wahrheiten vorgebracht haben, und eben diese sind zu fast allen Zeiten verfolgt worden; ›Dictionaire philosophique‹, édition Beuchot 31, p. 8.] – Alle der Philosophie von außen gebotene Hülfe ist ihrer Natur nach verdächtig: denn das Interesse jener ist zu hoher Art, als daß es mit dem Treiben dieser niedrig gesinnten Welt eine aufrichtige Verbindung eingehn könnte. Dagegen hat sie ihren eigenen Leitstern, der nie untergeht. Darum lasse man sie gewähren, ohne Beihülfe, aber auch ohne Hindernisse, und gebe nicht dem ernsten von der Natur geweihten und ausgerüsteten Pilger zum hochgelegenen Tempel der Wahrheit den Gesellen bei, dem es eigentlich nur um ein gutes Nachtlager und eine Abendmahlzeit zu tun ist: denn es ist zu besorgen, daß er, um nach diesen einlenken zu dürfen, jenem ein Hindernis in den Weg wälzen werde.

Diesem allen zufolge halte ich, von den Staatszwecken, wie gesagt, absehend und bloß das Interesse der Philosophie betrachtend, für wünschenswert, daß aller Unterricht in derselben auf Universitäten streng beschränkt werde auf den Vortrag der Logik als einer abgeschlossenen und streng beweisbaren Wissenschaft und auf eine ganz succincte[1] vorzutragende und durchaus in *einem* Semester von Thales bis Kant zu absolvierende Geschichte der Philosophie, damit sie infolge ihrer Kürze und Übersichtlichkeit den eigenen Ansichten des Herrn Professors möglichst wenig Spielraum gestatte und bloß als Leitfaden zum künftigen eigenen Studium auftrete. Denn die eigentliche Bekanntschaft mit den Philosophen läßt sich durchaus nur in ihren eigenen Werken machen und keineswegs durch Relationen aus zweiter Hand – wovon ich die Gründe bereits in der Vorrede zur zweiten Ausgabe meines Hauptwerkes [*Bd. 2, S. 23–26*] dargelegt habe. Zudem hat das Lesen der selbst-eigenen Werke wirklicher Philosophen jedenfalls einen wohltätigen und fördernden Einfluß auf den Geist, indem es ihn in unmittelbare Gemeinschaft mit so einem selbst-denkenden und überlegenen Kopfe setzt, statt daß bei jenen Geschichten der Philosophie er immer nur die Bewegung erhält, die ihm der hölzerne Gedankengang so eines Alltagskopfs erteilen kann, der sich die Sachen auf seine Weise zurechtgelegt hat. Daher also möchte ich jenen Kathedervortrag beschränken auf den Zweck einer allgemeinen Orientierung auf dem Felde der bisherigen philosophischen Leistungen mit Beseitigung

1. [knapp]

aller Ausführungen, wie auch aller Pragmatizität[1] der Darstellung, die weitergehn wollte als bis zur Nachweisung der unverkennbaren Anknüpfungspunkte der sukzessiv auftretenden Systeme an früher dagewesene; also ganz im Gegensatz der Anmaßung Hegelianischer Geschichtschreiber der Philosophie, welche jedes System als notwendig eintretend dartun und sonach, die Geschichte der Philosophie a priori konstruierend, uns beweisen, daß jeder Philosoph gerade das, was er gedacht hat, und nichts anderes habe denken müssen; wobei denn der Herr Professor so recht bequem sie alle von oben herab übersieht, wo nicht gar belächelt. Der Sünder! als ob nicht alles das Werk einzelner und einziger Köpfe gewesen wäre, die sich in der schlechten Gesellschaft dieser Welt eine Weile haben herumstoßen müssen, damit solche gerettet und erlöst werde aus den Banden der Roheit und Verdummung; Köpfe, die ebenso individuell wie selten sind, daher von jedem derselben das Ariostische ›Natura il fece, e poi ruppe lo stampa‹ [Natur hat ihn geprägt und dann die Form zerbrochen; ›Orlando furioso‹ 10, 84] in vollem Maße gilt – und als ob, wenn Kant an den Blattern gestorben wäre, auch ein anderer die ›Kritik der reinen Vernunft‹ würde geschrieben haben – wohl einer von jenen aus der Fabrikware der Natur und mit ihrem Fabrikzeichen auf der Stirn, so einer mit der normalen Ration von drei Pfund groben Gehirns, hübsch fester Textur, in zolldicker Hirnschale wohl verwahrt, beim Gesichtswinkel von 70°, dem matten Herzschlag, den trüben, spähenden Augen, den stark entwickelten Freßwerkzeugen, der stockenden Rede und dem schwerfälligen, schleppenden Gange, als welcher Takt hält mit der Krötenagilität seiner Gedanken – ja, ja, wartet nur, die werden euch Kritiken der reinen Vernunft und auch Systeme machen, sobald nur der vom Professor berechnete Zeitpunkt da und die Reihe an sie gekommen ist – dann, wann die Eichen Aprikosen tragen. – Die Herren haben freilich gute Gründe, möglichst viel der Erziehung und Bildung zuzuschreiben, sogar, wie wirklich einige tun, die angeborenen

1. [Darlegung ursächlicher Zusammenhänge]

Talente ganz zu leugnen und auf alle Weise sich gegen die Wahrheit zu verschanzen, daß alles darauf ankommt, wie einer aus den Händen der Natur hervorgegangen sei, welcher Vater ihn gezeugt und welche Mutter ihn empfangen habe, ja auch noch zu welcher Stunde; daher man keine Iliaden schreiben wird, wenn man zur Mutter eine Gans und zum Vater eine Schlafmütze gehabt hat; auch nicht, wenn man auf sechs Universitäten studiert. Es ist nun aber doch nicht anders: aristokratisch ist die Natur, aristokratischer als irgendein Feudal-und-Kasten-Wesen. Demgemäß läuft ihre Pyramide von einer sehr breiten Basis in einen gar spitzen Gipfel aus. Und wenn es dem Pöbel und Gesindel, welches nichts über sich dulden will, auch gelänge, alle andern Aristokratien umzustoßen; so müßte es diese doch bestehn lassen – und soll keinen Dank dafür haben: denn die ist so ganz eigentlich ›von Gottes Gnaden‹.

TRANSZENDENTE SPEKULATION ÜBER DIE ANSCHEINENDE ABSICHTLICHKEIT IM SCHICKSALE DES EINZELNEN

Τὸ εἰκῆ οὐκ ἔστι ἐν τῇ ζωῇ,
ἀλλὰ μία ἁρμονία καὶ τάξις.
*[Der Zufall hat keine Stelle im Leben,
sondern es herrscht nur eine Harmonie und Ordnung.]*

PLOTINOS
›Enneades‹ 4, lib. 4, cap. 35

Obgleich die hier mitzuteilenden Gedanken zu keinem festen Resultate führen, ja vielleicht eine bloße metaphysische Phantasie genannt werden könnten; so habe ich mich doch nicht entschließen können, sie der Vergessenheit zu übergeben, weil sie manchem wenigstens zum Vergleich mit seinen eigenen über denselben Gegenstand gehegten willkommen sein werden. Auch ein solcher jedoch ist zu erinnern, daß an ihnen alles zweifelhaft ist, nicht nur die Lösung, sondern sogar das Problem. Demnach hat man hier nichts weniger als entschiedene Aufschlüsse zu erwarten, vielmehr die bloße Ventilation eines sehr dunkeln Sachverhältnisses, welches jedoch vielleicht jedem im Verlaufe seines eigenen Lebens oder beim Rückblick auf dasselbe sich öfter aufgedrungen hat. Sogar mögen unsere Betrachtungen darüber vielleicht nicht viel mehr sein als ein Tappen und Tasten im Dunkeln, wo man merkt, daß wohl etwas dasei, jedoch nicht recht weiß, wo noch was. Wenn ich dabei dennoch bisweilen in den positiven oder gar dogmatischen Ton geraten sollte; so sei hier ein für allemal gesagt, daß dies bloß geschieht, um nicht durch stete Wiederholung der Formeln des Zweifels und der Mutmaßung weitschweifig und matt zu werden; daß es mithin nicht ernstlich zu nehmen ist.

Der Glaube an eine spezielle Vorsehung oder sonst eine übernatürliche Lenkung der Begebenheiten im individuellen Lebenslauf ist zu allen Zeiten allgemein beliebt gewesen, und sogar in denkenden, aller Superstition abgeneigten Köpfen findet er sich bisweilen unerschütterlich fest, ja wohl gar außer allem Zusammenhange mit irgendwelchen bestimmten Dogmen. – Zuvörderst läßt sich ihm entgegensetzen, daß er nach Art alles Götterglaubens nicht eigentlich aus der *Erkenntnis,* sondern aus dem *Willen* entsprungen, nämlich zunächst das Kind unserer Bedürftigkeit sei. Denn die Data, welche bloß die *Erkenntnis* dazu geliefert hätte, ließen sich vielleicht darauf zurückführen, daß der Zufall, welcher uns hundert arge und wie durchdacht tückische Streiche spielt, dann und wann einmal auserlesen günstig ausfällt oder auch mittelbar sehr gut für uns sorgt. In allen solchen Fällen erkennen wir in ihm die Hand der Vorsehung, und zwar am deutlichsten dann, wann er unserer eigenen Einsicht zuwider, ja auf von uns verabscheuten Wegen uns zu einem beglückenden Ziele hingeführt hat; wo wir alsdann sagen: ›Tunc bene navigavi, cum naufragium feci‹ [Dann eben bin ich glücklich gefahren, als ich Schiffbruch erlitt], und der Gegensatz zwischen Wahl und Führung ganz unverkennbar, zugleich aber zum Vorteil der letzteren fühlbar wird. Eben dieserhalb trösten wir bei widrigen Zufällen uns auch wohl mit dem oft bewährten Sprüchlein ›Wer weiß, wozu es gut ist‹ – welches eigentlich aus der Einsicht entsprungen ist, daß, obwohl der *Zufall* die Welt beherrscht, er doch den *Irrtum* zum Mitregenten hat und, weil wir diesem ebensosehr als jenem unterworfen sind, vielleicht eben das ein Glück ist, was uns jetzt als ein Unglück erscheint. So fliehen wir dann von den Streichen des einen Welttyrannen zum andern, indem wir vom Zufall an den Irrtum appellieren.

Hievon jedoch abgesehn, ist dem bloßen, reinen, offenbaren Zufall eine Absicht unterzulegen ein Gedanke, der an Verwegenheit seinesgleichen sucht. Dennoch glaube ich, daß jeder wenigstens *einmal* in seinem Leben ihn lebhaft gefaßt hat. Auch findet man ihn bei allen Völkern und neben allen Glaubenslehren; wiewohl am entschiedensten bei den Mohammedanern. Es ist ein Gedanke, der, je nachdem man ihn versteht, der absurdeste oder der tiefsinnigste sein kann. Gegen die Beispiele inzwischen, wodurch man ihn belegen möchte, bleibt, so frappant sie auch bisweilen sein mögen, die stehende Einrede diese, daß es das größte Wunder wäre, wenn niemals ein Zufall unsere Angelegenheiten gut, ja selbst besser besorgte, als unser Verstand und unsere Einsicht es vermocht hätten.

Daß alles ohne Ausnahme, was geschieht, mit *strenger Notwendigkeit* eintritt, ist eine a priori einzusehende, folglich unumstößliche Wahrheit: ich will sie hier den demonstrabeln Fatalismus nennen. In meiner Preisschrift ›Über die Freiheit des Willens‹ ergibt sie sich (*S. 62 [Bd. 3, S. 581]*) als das Resultat aller vorhergegangenen Untersuchungen. Sie wird empirisch und a posteriori bestätigt durch die nicht mehr zweifelhafte Tatsache, daß magnetische Somnambule, daß mit dem Zweiten Gesichte begabte Menschen, ja daß bisweilen die Träume des gewöhnlichen Schlafs das Zukünftige geradezu und genau vorher verkünden[F]. Am auffallendsten ist diese empirische Bestätigung meiner Theorie der strengen Notwendigkeit alles Geschehenden beim *Zweiten Gesicht*. Denn das vermöge desselben oft lange vorher Verkündete sehn wir nachmals ganz genau und mit allen Nebenumständen, wie sie angegeben waren, eintreten, sogar dann, wann man sich absichtlich und auf alle Weise bemüht hatte, es zu hintertreiben oder die eintreffende Begebenheit wenigstens in irgendeinem Nebenumstande von der mitgeteilten Vision abweichen zu machen; welches stets vergeblich gewesen ist, indem dann gerade das, welches das vorher Verkündete vereiteln sollte, allemal es herbeizufüh-

---

F. In den ›Times‹ vom 2. Dezember 1852 steht folgende gerichtliche Aussage: ›Zu Newent in Gloucestershire wurde vor dem Coroner, Mr. Lovegrove, eine gerichtliche Untersuchung über den im Wasser gefundenen Leichnam des Mannes Marc Lane abgehalten. Der Bruder des Ertrunkenen sagte aus, daß er auf die erste Nachricht vom Vermißtwerden seines Bruders Marcus sogleich erwidert habe: Dann ist er ertrunken; denn dies hat mir diese Nacht geträumt und daß ich, tief im Wasser stehend, bemüht war, ihn herauszuziehn. In der nächstfolgenden Nacht träumte ihm abermals, daß sein Bruder nahe bei der Schleuse zu Oxenhall ertrunken sei und daß *neben ihm eine Forelle schwamm*. Am folgenden Morgen ging er in Begleitung seines andern Bruders nach Oxenhall: daselbst sah er *eine Forelle im Wasser*. Sogleich war er überzeugt, daß sein Bruder hier liegen müsse, und wirklich fand die Leiche sich an der Stelle.‹ – Also etwas so Flüchtiges wie das Vorübergleiten einer Forelle wird um mehrere Stunden, auf die Sekunde genau, vorhergesehn!

ren gedient hat; geradeso, wie sowohl in den Tragödien als in der Geschichte der Alten das von Orakeln oder Träumen verkündigte Unheil eben durch die Vorkehrungsmittel dagegen herbeigezogen wird. Als Beispiele hievon nenne ich aus so vielen bloß den König Ödipus und die schöne Geschichte vom Kroisos mit dem Adrastos im ersten Buche des Herodot ([›Historiae‹] cap. 35 bis 43). Die diesen entsprechenden Fälle beim Zweiten Gesicht findet man, von dem grundehrlichen *Bende Bendsen* mitgeteilt, im dritten Hefte des achten Bandes des ›Archivs für tierischen Magnetismus‹ von *Kieser* (besonders [die] Beispiele 4, 12, 14, 16); wie auch einen in *Jung Stillings* ›Theorie der Geisterkunde‹ § 155. Wäre nun die Gabe des zweiten Gesichts so häufig, wie sie selten ist; so würden unzählige Vorfälle, vorherverkündet, genau eintreffen und der unleugbare faktische Beweis der strengen Notwendigkeit alles und jedes Geschehenden, jedem zugänglich, allgemein vorliegen. Dann würde kein Zweifel mehr darüber bleiben, daß, sosehr auch der Lauf der Dinge sich als rein zufällig darstellt, er es im Grunde doch nicht ist, vielmehr alle diese Zufälle selbst, τὰ εἰκῆ φερόμενα [das sich zufällig Begebende] von einer, tief verborgenen Notwendigkeit (εἱμαρμένη [eig.: Schicksal]) umfaßt werden, deren bloßes Werkzeug der Zufall selbst ist. In diese einen Blick zu tun ist von jeher das Bestreben aller *Mantik* gewesen. Aus der in Erinnerung gebrachten tatsächlichen Mantik nun aber folgt eigentlich nicht bloß, daß alle Begebenheiten mit vollständiger Notwendigkeit eintreten; sondern auch, daß sie irgendwie schon zum voraus bestimmt und objektiv festgestellt sind, indem sie ja dem Seherauge als ein Gegenwärtiges sich darstellen: indessen ließe sich dieses allenfalls noch auf die bloße Notwendigkeit ihres Eintritts infolge des Verlaufs der Kausalkette zurückführen. Jedenfalls aber ist die Einsicht oder vielmehr die Ansicht, daß jene Notwendigkeit alles Geschehenden *keine blinde* sei, also der Glaube an einen ebenso planmäßigen wie notwendigen Hergang in unserm Lebenslauf, ein Fatalismus höherer Art, der jedoch nicht wie der einfache sich demonstrieren läßt, auf welchen aber dennoch vielleicht jeder früher oder später einmal gerät und ihn nach Maßgabe seiner Denkungsart eine Zeitlang oder auf immer festhält. Wir können denselben zum Unterschiede von dem gewöhnlichen und demonstrabeln den *transzendenten Fatalismus* nennen. Er stammt nicht wie jener aus einer eigentlich theoretischen Erkenntnis noch aus der zu dieser nötigen Untersuchung, als zu welcher wenige befähigt sein würden; sondern er setzt sich aus den Erfahrungen des eigenen Lebenslaufs allmälig ab. Unter diesen nämlich machen sich jedem gewisse Vorgänge bemerklich, welche einerseits, vermöge ihrer besondern und großen Zweckmäßigkeit für ihn, den Stempel einer moralischen oder innern Notwendigkeit, andererseits jedoch den der äußern gänzlichen Zufälligkeit deutlich ausgeprägt an sich tragen. Das öftere Vorkommen derselben führt allmälig zu der Ansicht, die oft zur Überzeugung wird, daß der Lebenslauf des einzelnen, so verworren er auch scheinen mag, ein in sich übereinstimmendes bestimmte Tendenz und belehrenden Sinn habendes Ganzes sei sogut wie das durchdachteste Epos[F]. Die durch denselben ihm erteilte Belehrung nun aber bezöge sich allein auf seinen individuellen Willen – welcher im letzten Grunde sein individueller Irrtum ist. Denn nicht in der Weltgeschichte, wie die Professoren-Philosophie es wähnt, ist Plan und Ganzheit, sondern im Leben des einzelnen. Die Völker existieren ja bloß in abstracto: die einzelnen sind das Reale. Daher ist die Weltgeschichte ohne direkte metaphysische Bedeutung: sie ist eigentlich bloß eine zufällige Konfiguration; ich erinnere hier an das, was ich ›Welt als Wille und Vorstellung‹ Bd. 1, § 35 *[Bd. 1, S. 261–264]* darüber gesagt habe. – Also in Hinsicht auf das eigene individuelle Schicksal erwächst in vielen jener *transzendente Fatalismus*, zu welchem die aufmerksame Betrachtung des eigenen Lebens, nachdem sein Faden zu einer beträchtlichen Länge ausgesponnen worden, vielleicht jedem einmal Anlaß gibt, ja beim Durchdenken der Einzelheiten seines Lebenslaufes kann dieser ihm bis-

---

F. Wenn wir manche Szenen unserer Vergangenheit genau durchdenken, erscheint uns alles darin so wohl abgekartet wie in einem recht planmäßig angelegten Roman.

weilen sich darstellen, als wäre alles darin abgekartet gewesen, und die auftretenden Menschen erscheinen ihm wie bloße Schauspieler. Dieser transzendente Fatalismus hat nicht nur viel Trostreiches, sondern vielleicht auch viel Wahres; daher er zu allen Zeiten sogar als Dogma behauptet worden[F]. Als völlig unbefangen verdient das Zeugnis eines erfahrenen Welt-und-Hof-Mannes, und dazu in einem nestorischen Alter abgelegt, hier angeführt zu werden, nämlich das des neunzigjährigen *Knebel*, der in einem Briefe sagt: ›Man wird bei genauer Beobachtung finden, daß in dem Leben der meisten Menschen sich ein gewisser Plan findet, der durch die eigene Natur oder durch die Umstände, die sie führen, ihnen gleichsam vorgezeichnet ist. Die Zustände ihres Lebens mögen noch so abwechselnd und veränderlich sein, es zeigt sich doch am Ende ein Ganzes, das unter sich eine gewisse Übereinstimmung bemerken läßt ... Die Hand eines bestimmten Schicksals, so verborgen sie auch wirken mag, zeigt sich auch genau, sie mag nun durch äußere Wirkung oder innere Regung bewegt sein: ja widersprechende Gründe bewegen sich oftmals in ihrer Richtung. So verwirrt der Lauf ist, so zeigt sich immer Grund und Richtung durch‹ (›Knebels literarischer Nachlaß‹, zweite Auflage 1840, Bd. 3, S. 452).

Die hier ausgesprochene Planmäßigkeit im Lebenslauf eines jeden läßt sich nun zwar zum Teil aus der Unveränderlichkeit und starren Konsequenz des angeborenen Charakters erklären, als welche den Menschen immer in dasselbe Gleis zurückbringt. Was diesem Charakter eines jeden das angemessenste ist, erkennt er so unmittelbar und

---

F. Weder unser *Tun* noch unser *Lebenslauf ist unser Werk*; wohl aber das, was keiner dafür hält: *unser Wesen und Dasein*. Denn auf Grundlage dieses und der in strenger Kausalverknüpfung eintretenden Umstände und äußern Begebenheiten geht unser Tun und Lebenslauf mit vollkommner Notwendigkeit vor sich. Demnach ist schon bei der Geburt des Menschen sein ganzer Lebenslauf bis ins einzelne unwiderruflich bestimmt; so daß eine Somnambule in höchster Potenz ihn genau vorhersagen könnte. Wir sollten diese große und sichere Wahrheit im Auge behalten bei Betrachtung und Beurteilung unsers Lebenslaufs, unserer Taten und Leiden.

sicher, daß er in der Regel es gar nicht in das deutliche, reflektierte Bewußtsein aufnimmt, sondern unmittelbar und wie instinktmäßig danach handelt. Diese Art von Erkenntnis ist insofern, als sie ins Handeln übergeht, ohne ins deutliche Bewußtsein gekommen zu sein, den ›reflex actions‹[1] [Reflexbewegungen] des *Marshall Hall* zu vergleichen. Vermöge derselben verfolgt und ergreift jeder, dem nicht entweder von außen oder von seinen eigenen falschen Begriffen und Vorurteilen Gewalt geschieht, das ihm individuell Angemessene, auch ohne sich darüber Rechenschaft geben zu können; wie die im Sande von der Sonne bebrütete und aus dem Ei gekrochene Schildkröte auch, ohne das Wasser erblicken zu können, sogleich die gerade Richtung dahin einschlägt. Dies also ist der innere Kompaß, der geheime Zug, der jeden richtig auf *den* Weg bringt, welcher allein der ihm angemessene ist, dessen gleichmäßige Richtung er aber erst gewahr wird, nachdem er ihn zurückgelegt hat. – Dennoch scheint dies dem mächtigen Einfluß und der großen Gewalt der äußern Umstände gegenüber nicht ausreichend; und dabei ist es nicht sehr glaublich, daß das Wichtigste in der Welt, der durch so vieles Tun, Plagen und Leiden erkaufte menschliche Lebenslauf, auch nur die andere Hälfte seiner Lenkung, nämlich den von außen kommenden Teil, so ganz eigentlich und rein aus der Hand eines wirklich blinden, an sich selbst gar nichts seienden und aller Anordnung entbehrenden Zufalls erhalten sollte. Vielmehr wird man versucht, zu glauben, daß – wie es gewisse Bilder gibt, Anamorphosen genannt (Pouillet, [›Eléments de physique expérimentale et de météorologie‹] 2, 171), welche dem bloßen Auge nur verzerrte und verstümmelte Ungestalten, hingegen in einem konischen Spiegel gesehn regelrechte menschliche Figuren zeigen – so die rein empirische Auffassung des Weltlaufs jenem Anschauen des Bildes mit nacktem Auge gleicht, das Verfolgen der Absicht des Schicksals hingegen dem Anschauen im konischen Spiegel, der das dort auseinander Geworfene verbindet und ordnet. Jedoch

---

1. [Vgl. ›On the reflex functions of the medulla oblongata and medulla spinalis‹, in: ›Philosophical Transactions‹, 1833]

läßt dieser Ansicht sich immer noch die andere entgegenstellen, daß der planmäßige Zusammenhang, welchen wir in den Begebenheiten unsers Lebens wahrzunehmen glauben, nur eine unbewußte Wirkung unserer ordnenden und schematisierenden Phantasie sei, derjenigen ähnlich, vermöge welcher wir auf einer befleckten Wand menschliche Figuren und Gruppen deutlich und schön erblicken, indem wir planmäßigen Zusammenhang in Flecke bringen, die der blindeste Zufall gestreut hat. Inzwischen ist doch zu vermuten, daß das, was im höchsten und wahrsten Sinne des Wortes für uns das Rechte und Zuträgliche ist, wohl nicht das sein kann, was bloß projektiert, aber nie ausgeführt wurde, was also nie eine andere Existenz als die in unsern Gedanken erhielt – die ›vani disegni, che non han' mai loco‹ [eitlen Pläne, die niemals wirklich sind; ›Orlando furioso‹ 34, 75] des Ariosto – und dessen Vereitelung durch den Zufall wir nachher zeitlebens zu betrauern hätten; sondern vielmehr das, was real ausgeprägt wird im großen Bilde der Wirklichkeit und wovon wir, nachdem wir dessen Zweckmäßigkeit erkannt haben, mit Überzeugung sagen: ›sic erat in fatis‹, so hat es kommen müssen [Ovid, ›Fasti‹ 1, 481] – daher denn für die Realisierung des in diesem Sinne Zweckmäßigen auf irgendeine Weise gesorgt sein müßte, durch eine im tiefsten Grunde der Dinge liegende Einheit des Zufälligen und Notwendigen. Vermöge dieser müßten beim menschlichen Lebenslauf die innere sich als instinktartiger Trieb darstellende Notwendigkeit, sodann die vernünftige Überlegung und endlich die äußere Einwirkung der Umstände sich wechselseitig dergestalt in die Hände arbeiten, daß sie am Ende desselben, wann er ganz durchgeführt ist, ihn als ein wohlgeründetes, vollendetes Kunstwerk erscheinen ließen; obgleich vorher, als er noch im Werden war, an demselben wie an jedem erst angelegten Kunstwerk sich oft weder Plan noch Zweck erkennen ließ. Wer aber erst nach der Vollendung hinzuträte und ihn genau betrachtete, müßte so einen Lebenslauf anstaunen als das Werk der überlegtesten Vorhersicht, Weisheit und Beharrlichkeit. Die Bedeutsamkeit desselben im ganzen jedoch würde sein, je nachdem das Subjekt desselben ein gewöhnliches oder außerordentliches war. Von diesem Gesichtspunkt aus könnte man den sehr transzendenten Gedanken fassen, daß diesem ›mundus phaenomenon‹ [dieser Welt als Erscheinung], in welchem der Zufall herrscht, durchgängig und überall ein ›mundus intelligibilis‹ [eine nur denkbare Welt] zum Grunde läge, welcher den Zufall selbst beherrscht. – Die Natur freilich tut alles nur für die Gattung und nichts bloß für das Individuum; weil ihr jene alles, dieses nichts ist. Allein, was wir hier als wirkend voraussetzten, wäre nicht die Natur, sondern das jenseit der Natur liegende Metaphysische, welches in jedem Individuo ganz und ungeteilt existiert, dem daher dieses alles gilt.

Zwar müßte man eigentlich, um über diese Dinge ins reine zu kommen, zuvor folgende Fragen beantworten: ist ein gänzliches Mißverhältnis zwischen dem Charakter und dem Schicksal eines Menschen möglich? – oder paßt, auf die Hauptsache gesehn, jedes Schicksal zu jedem Charakter? – oder endlich: fügt wirklich eine geheime, unbegreifliche Notwendigkeit, dem Dichter eines Dramas zu vergleichen, beide jedesmal passend aneinander? – Aber eben hierüber sind wir nicht im klaren.

Inzwischen glauben wir unserer Taten in jedem Augenblicke Herr zu sein. Allein, wenn wir auf unsern zurückgelegten Lebensweg zurücksehn und zumal unsere unglücklichen Schritte, nebst ihren Folgen, ins Auge fassen; so begreifen wir oft nicht, wie wir haben dieses tun oder jenes unterlassen können; so daß es aussieht, als hätte eine fremde Macht unsere Schritte gelenkt. Deshalb sagt Shakespeare:

Fate, show thy force: ourselves we do not owe;
What is decreed must be, and be this so!
(Jetzt kannst du deine Macht, o Schicksal, zeigen:
Was sein soll, muß geschehn, und keiner ist sein eigen!)
›Twelfth night‹ act 1, scene 5

Die Alten werden es nicht müde, in Versen und in Prosa die Allgewalt des Schicksals hervorzuheben, wobei sie auf die Ohnmacht des Menschen ihm gegenüber hinweisen.

Man sieht überall, daß dies eine Überzeugung ist, von der sie durchdrungen sind, indem sie einen geheimnisvollen und tiefern Zusammenhang der Dinge ahnden, als der klar empirische ist (siehe Lukians ›Totengespräche‹ 19 und 30; Herodot [›Historiae‹] lib. 1, cap. 91 und [lib.] 9, cap. 16). Daher die vielen Benennungen dieses Begriffs im Griechischen: πότμος, αἶσα, εἱμαρμένη, πεπρωμένη, μοῖρα, ’Αδράστεια und vielleicht noch andere. Das Wort πρόνοια [Voraussicht] hingegen verschiebt den Begriff der Sache, indem es vom νοῦς [Geist], dem Sekundären, ausgeht, wodurch er freilich plan und begreiflich, aber auch oberflächlich und falsch wirdH. Auch Goethe sagt im ›Götz von Berlichingen‹ (Akt 5): ›Wir Menschen führen uns nicht selbst: bösen Geistern ist Macht über uns gelassen, daß sie ihren Mutwillen an unserm Verderben üben.‹ Auch im ›Egmont‹ (Akt 5, letzte Szene): ›Es glaubt der Mensch sein Leben zu leiten, sich selbst zu führen; und sein Innerstes wird unwiderstehlich nach seinem Schicksale gezogen.‹ Ja schon der Prophet Jeremias hat es gesagt: ›Des Menschen Tun stehet nicht in seiner Gewalt, und stehet in niemandes Macht, wie er wandele oder seinen Gang richte‹ (10,23). Dies alles beruht darauf, daß unsere Taten das notwendige Produkt zweier Faktoren sind, deren einer, unser Charakter, unabänderlich feststeht, uns jedoch nur a posteriori, also allmälig bekannt wird; der andere aber sind die Motive: diese liegen außerhalb, werden durch den Weltlauf notwendig herbeigeführt und bestimmen den gegebenen Charakter unter Voraussetzung seiner feststehenden Beschaffenheit mit einer Notwendigkeit, welche der mechanischen gleichkommt.

H. Es ist außerordentlich, wie sehr die Alten von dem Begriff eines allwaltenden Schicksals (εἱμαρμένη, fatum) erfüllt und durchdrungen waren: hievon zeugen nicht nur die Dichter, zumal die Tragödie, sondern auch die Philosophen und Historiker. In der christlichen Zeit ist dieser Begriff in den Hintergrund getreten und wird weniger urgiert; weil er verdrängt worden ist von dem der Vorsehung (πρόνοια), welche einen intellektuellen Ursprung voraussetzt und, als von einem persönlichen Wesen ausgehend, nicht so starr und unabänderlich, auch nicht so tief gefaßt und geheimnisvoll ist, jenen daher auch nicht ersetzen kann, vielmehr ihn zum Vorwurf des Unglaubens gemacht hat.

Das über den so erfolgenden Verlauf nun aber urteilende Ich ist das Subjekt des Erkennens, als solches jenen beiden fremd und bloß der kritische Zuschauer ihres Wirkens. Da mag es denn freilich zuzeiten sich verwundern.

Hat man aber einmal den Gesichtspunkt jenes transzendenten Fatalismus gefaßt und betrachtet nun von ihm aus ein individuelles Leben; so hat man bisweilen das wunderlichste aller Schauspiele vor Augen an dem Kontraste zwischen der offenbaren physischen Zufälligkeit einer Begebenheit und ihrer moralisch-metaphysischen Notwendigkeit, welche letztere jedoch nie demonstrabel ist, vielmehr immer noch bloß eingebildet sein kann. Um dieses durch ein allbekanntes Beispiel, welches zugleich wegen seiner Grellheit geeignet ist, als Typus der Sache zu dienen, sich zu veranschaulichen, betrachte man Schillers ›Gang nach dem Eisenhammer‹. Hier nämlich sieht man Fridolins Verzögerung durch den Dienst bei der Messe so ganz zufällig herbeigeführt, wie sie andererseits für ihn so höchst wichtig und notwendig ist. Vielleicht wird jeder bei gehörigem Nachdenken in seinem eigenen Lebenslaufe analoge Fälle finden können, wenngleich nicht so wichtige noch so deutlich ausgeprägte. Gar mancher aber wird hierdurch zu der Annahme getrieben werden, daß *eine geheime und unerklärliche Macht* alle Wendungen und Windungen unsers Lebenslaufes zwar sehr oft gegen unsere einstweilige Absicht, jedoch so, wie es der objektiven Ganzheit und subjektiven Zweckmäßigkeit desselben angemessen, mithin unserm eigentlichen wahren Besten förderlich ist, leitet; so daß wir gar oft die Torheit der in entgegengesetzter Richtung gehegten Wünsche hinterher erkennen. ›Ducunt volentem fata, nolentem trahunt.‹ [Den Willigen führt das Geschick, den Nichtwilligen schleift es mit.] (Seneca, ›Epistulae‹ 107 [11]). Eine solche Macht nun müßte, mit einem unsichtbaren Faden alle Dinge durchziehend, auch die, welche die Kausalkette ohne alle Verbindung miteinander läßt, so verknüpfen, daß sie im erforderten Moment zusammenträfen. Sie würde demnach die Begebenheiten des wirklichen Lebens so gänzlich beherrschen, wie der Dichter die seines Dramas: Zufall aber und

Irrtum, als welche zunächst und unmittelbar in den regelmäßigen, kausalen Lauf der Dinge störend eingreifen, würden die bloßen Werkzeuge ihrer unsichtbaren Hand sein.

Mehr als alles treibt uns zu der kühnen Annahme einer solchen aus der Einheit der tiefliegenden Wurzel der Notwendigkeit und Zufälligkeit entspringenden und unergründlichen Macht die Rücksicht hin, daß die bestimmte so eigentümliche *Individualität* jedes Menschen in physischer, moralischer und intellektueller Hinsicht, die ihm alles in allem ist und daher aus der höchsten metaphysischen Notwendigkeit entsprungen sein muß, andererseits (wie ich in meinem Hauptwerke Bd. 2, Kap. 43 *[Bd. 2, S. 660–678]* dargetan habe) als das notwendige Resultat des moralischen Charakters des Vaters, der intellektuellen Fähigkeit der Mutter und der gesamten Korporisation beider sich ergibt; die Verbindung dieser Eltern nun aber in der Regel durch augenscheinlich zufällige Umstände herbeigeführt worden ist. Hier also drängt sich uns die Forderung oder das metaphysisch-moralische Postulat einer letzten Einheit der Notwendigkeit und Zufälligkeit unwiderstehlich auf. Von dieser einheitlichen Wurzel beider einen deutlichen Begriff zu erlangen halte ich jedoch für unmöglich: nur soviel läßt sich sagen, daß sie zugleich das wäre, was die Alten Schicksal (εἱμαρμένη, πεπρωμένη, fatum) nannten, das, was sie unter dem leitenden Genius jedes einzelnen verstanden, nicht minder aber auch das, was die Christen als Vorsehung (πρόνοια) verehren. Diese drei unterscheiden sich zwar dadurch, daß das fatum blind, die beiden andern sehend gedacht werden: aber dieser anthropomorphistische Unterschied fällt weg und verliert alle Bedeutung bei dem tiefinnern metaphysischen Wesen der Dinge, in welchem allein wir die Wurzel jener unerklärlichen Einheit des Zufälligen mit dem Notwendigen, welche sich als der geheime Lenker aller menschlichen Dinge darstellt, zu suchen haben.

Die Vorstellung von dem jedem einzelnen beigegebenen und seinem Lebenslaufe vorstehenden *Genius* soll etrurischen Ursprungs sein, war inzwischen bei den Alten allgemein verbreitet. Das Wesentliche derselben enthält ein

Vers des Menandros, den Plutarch (›De tranquillitate animi‹ cap. 15 [p. 474 B], auch bei Stobaios, ›Eclogae‹ [physicae et ethicae] lib. 1, cap. 6, § 4 und Clemens Alexandrinus, ›Stromata‹ lib. 5, cap. 14) uns aufbehalten hat:

 Ἅπαντι δαίμων ἀνδρὶ συμπαραστατεῖ
 Εὐθὺς γενομένων, μυσταγωγὸς τοῦ βίου
 Ἀγαθός.

(Hominem unumquemque, simul in lucem est editus, sectatur Genius, vitae qui auspicium facit, bonus nimirum.)

 [Ein guter Genius wird dem Menschen beigesellt
 Bei seiner Geburt, der ihn in den Geheimnissen
 Des Lebens leitet.]

Platon, am Schlusse der ›Republik‹ (lib. 10, p. 336 [p. 620 D]), beschreibt, wie jede Seele vor ihrer abermaligen Wiedergeburt sich ein Lebenslos mit der ihm angemessenen Persönlichkeit wählt, und sagt sodann: Ἐπειδὴ δ'οὖν πάσας τὰς ψυχὰς τοὺς βίους ᾑρῆσθαι, ὥσπερ ἔλαχον, ἐν τάξει προσιέναι πρὸς τὴν Λάχεσιν, ἐκείνην δ' ἑκάστῳ, ὃν εἵλετο δαίμονα, τοῦτον φύλακα ξυμπέμπειν τοῦ βίου καὶ ἀποπληρωτὴν τῶν αἱρεθέντων. [Nachdem aber alle Seelen die Lebensläufe gewählt hätten, seien sie in der Reihenfolge nach dem Lose vor die Lachesis getreten, diese aber habe einem jeden den von ihm gewählten Genius als Hüter des Lebens und Vollbringer des von jeder Seele Gewählten beigesellt.] Über diese Stelle hat einen höchst lesenswerten Kommentar Porphyrios geliefert und Stobaios denselben uns erhalten in ›Eclogae [physicae et] ethicae‹ lib. 2, cap. 8, § 37 (vol. 3, p. 368 sq., besonders 376). Platon hatte aber vorher (p. 330 [p. 617 E]) in Beziehung hierauf gesagt: Οὐχ ὑμᾶς δαίμων λήξεται, ἀλλ' ὑμεῖς δαίμονα αἱρήσεσθε· πρῶτος δὲ ὁ λαχὼν (das Los, was bloß die Ordnung der Wahl bestimmt) πρῶτος αἱρείσθω βίον, ᾧ συνέσται ἐξ ἀνάγκης. [Nicht euch wird der Genius erlosen, sondern ihr werdet den Genius erwählen. Wer aber zuerst das (die Reihenfolge bestimmende) Los gezogen hat, der soll sich zuerst den Lebenslauf erwählen, den er mit

Notwendigkeit innehalten wird.] Sehr schön drückt die Sache Horaz aus:

Scit Genius, natale comes qui temperat astrum,
Naturae deus humanae mortalis, in unum
Quodque caput vultu mutabilis, albus et ater.

[Das weiß der Genius nur, der den Schicksalsspruch der
Gestirne
Lindert, ein sterblicher Gott der Menschennatur, der ein
anderer
Jedem und wandelbar ist, bald licht, bald düster gestaltet.]
›Epistulae‹ 2, 2, 187 [bis 189]

Eine gar lesenswerte Stelle über diesen *Genius* findet man im *Apuleius*, ›De deo Socratis‹ (p. 236, 238 editio Bipontini). Ein kurzes, aber bedeutendes Kapitel darüber hat *Iamblichos* ›De mysteriis Aegyptiorum‹ sectio 9, cap. 6: ›De proprio daemone‹. Aber noch merkwürdiger ist die Stelle bei *Proklos* in seinem Kommentar zum ›Alkibiades‹ des Platon (p. 77 editio Creuzer): Ὁ γὰρ πᾶσαν ἡμῶν τὴν ζωὴν ἰθύνων καὶ τάς τε αἱρέσεις ἡμῶν ἀποπληρῶν τὰς πρὸ τῆς γενέσεως καὶ τὰς τῆς εἱμαρμένης δόσεις καὶ τῶν μοιρηγενετῶν θεῶν, ἔτι δὲ τὰς ἐκ τῆς προνοίας ἐλλάμψεις χορηγῶν καὶ παραμετρῶν, οὗτος ὁ δαίμων ἐστί κ. τ. λ. [Denn derjenige, der unser ganzes Leben leitet, unsere vor der Geburt getroffenen Wahlentscheidungen verwirklicht, die Gaben des Schicksals und der schicksalsgeborenen Götter zuteilt sowie den Sonnenschein der Vorsehung darbietet und zumißt, das ist der Genius, usw.] Überaus tiefsinnig hat denselben Gedanken Theophrastus Paracelsus gefaßt, da er sagt: ›Damit aber das *Fatum* wohl erkannt werde, ist es also, daß jeglicher Mensch einen Geist hat, der außerhalb [von] ihm wohnt und setzt seinen Stuhl in die obern Sterne. Derselbige gebraucht die Bossen[F] seines Meisters: derselbige ist der, der da die praesagia demselben vorzeigt und nachzeigt: denn sie bleiben nach diesem. Diese Geister heißen ›*Fatum*‹ (Theophrast, Werke Straßburg 1603, Folio

---

[F] Typen, Hervorragungen, Beulen, vom Italienischen ›bozza‹, ›abbozzare‹, ›abbozzo‹, davon Bossieren, und das französische ›bosse‹.

[-Ausgabe] Bd. 2, S. 36). Beachtenswert ist es, daß eben dieser Gedanke schon beim *Plutarch* zu finden ist, da er sagt, daß außer dem in den irdischen Leib versenkten Teil der Seele ein anderer reinerer Teil derselben außerhalb über dem Haupte des Menschen schwebend bleibt, als ein Stern sich darstellend und mit Recht sein Dämon, Genius, genannt wird, welcher ihn leitet und dem der Weisere willig folgt. Die Stelle ist zum Hersetzen zu lang, sie steht ›De genio Socratis‹ cap. 22 [p. 591 E]. Die Hauptphrase ist: Τὸ μὲν οὖν ὑποβρύχιον ἐν τῷ σώματι φερόμενον Ψυχὴ λέγεται· τὸ δὲ φθορᾶς λειφθὲν οἱ πολλοὶ Νοῦν καλοῦντες ἐντὸς εἶναι νομίζουσιν αὐτῶν· οἱ δὲ ὀρθῶς ὑπονοοῦντες ὡς ἐκτὸς ὄντα Δαίμονα προσαγορεύουσι. [Das in der Unterströmung im Körper Hinziehende wird Seele genannt; aber das Unvergängliche nennen die meisten Geist und glauben, daß es inwendig in ihnen sei, aber diejenigen, welche die richtige Meinung haben, nehmen an, daß es außerhalb des Menschen sei, und nennen es Genius.] Beiläufig bemerke ich, daß das Christentum, welches bekanntlich die Götter und Dämonen aller Heiden gern in Teufel verwandelte, aus diesem *Genius* der Alten den spiritus familiaris [vertrauten Geist] der Gelehrten und Magiker gemacht zu haben scheint. – Die christliche Vorstellung von der Providenz ist zu bekannt, als daß es nötig wäre, dabei zu verweilen. – Alles dieses sind jedoch nur bildliche, allegorische Auffassungen der in Rede stehenden Sache; wie es denn überhaupt uns nicht vergönnt ist, die tiefsten und verborgensten Wahrheiten anders als im Bilde und Gleichnis zu erfassen.

In Wahrheit jedoch kann jene verborgene und sogar die äußern Einflüsse lenkende Macht ihre Wurzel zuletzt doch nur in unserm eigenen geheimnisvollen Innern haben; da ja das A und Ω alles Daseins zuletzt in uns selbst liegt. Allein auch nur die bloße Möglichkeit hievon werden wir selbst im glücklichsten Falle wieder nur mittelst Analogien und Gleichnissen einigermaßen und aus großer Ferne absehn können.

Die nächste Analogie nun also mit dem Walten jener

Macht zeigt uns die *Teleologie der Natur*, indem sie das Zweckmäßige als ohne Erkenntnis des Zweckes eintretend darbietet, zumal da, wo die äußere, d.h. die zwischen verschiedenen, ja verschiedenartigen Wesen und sogar im Unorganischen stattfindende Zweckmäßigkeit hervortritt; wie denn ein frappantes Beispiel dieser Art das Treibholz gibt, indem es gerade den baumlosen Polarländern vom Meere reichlich zugeführt wird; und ein anderes der Umstand, daß das Festland unsers Planeten ganz nach dem Nordpol hingedrängt liegt, dessen Winter aus astronomischen Gründen acht Tage kürzer und dadurch wieder viel milder ist als der des Südpols. Jedoch auch die innere, im abgeschlossenen Organismus sich unzweideutig kundgebende Zweckmäßigkeit, die solche vermittelnde, überraschende Zusammenstimmung der Technik der Natur mit ihrem bloßen Mechanismus oder des nexus finalis [der Endursache] mit dem nexus effectivus [der bewirkenden Ursache] (hinsichtlich welcher ich auf mein Hauptwerk Bd. 2, Kap. 26, S. 334–339 *[Bd. 2, S. 423–442]* verweise) läßt uns analogisch absehn, wie das von verschiedenen, ja weit entlegenen Punkten Ausgehende und sich anscheinend Fremde doch zum letzten Endzweck konspiriert und daselbst richtig zusammentrifft, nicht durch Erkenntnis geleitet, sondern vermöge einer aller Möglichkeit der Erkenntnis vorhergängigen Notwendigkeit höherer Art. – Ferner wenn man die von *Kant* und später von *Laplace* aufgestellte Theorie der Entstehung unsers Planetensystems, deren Wahrscheinlichkeit der Gewißheit sehr nahesteht, sich vergegenwärtigt und auf Betrachtungen der Art, wie ich sie in meinem Hauptwerke Bd. 2, Kap. 25, S. 324 *[Bd. 2, S. 418]* angestellt habe, gerät, also überdenkt, wie aus dem Spiele blinder, ihren unabänderlichen Gesetzen folgender Naturkräfte zuletzt diese wohlgeordnete, bewundrungswürdige Planetenwelt hervorgehn mußte; so hat man auch hieran eine Analogie, welche dienen kann, im allgemeinen und aus der Ferne die Möglichkeit davon abzusehn, daß selbst der individuelle Lebenslauf von den Begebenheiten, welche das oft so kapriziöse Spiel des blinden Zufalls sind, doch gleichsam planmäßig so geleitet werde, wie es dem wahren und letzten Besten der Person angemessen ist[H]. Dies angenommen, könnte das Dogma von der *Vorsehung* als durchaus anthropomorphistisch zwar nicht unmittelbar und sensu proprio [im eigentlichen Sinn] als wahr gelten; wohl aber wäre es der mittelbare, allegorische und mythische Ausdruck einer Wahrheit und daher wie alle religiösen Mythen zum praktischen Behuf und zur subjektiven Beruhigung vollkommen ausreichend, in dem Sinne wie z.B. Kants Moraltheologie, die ja auch nur als ein Schema zur Orientierung, mithin allegorisch zu verstehn ist – es wäre also, mit *einem* Worte, zwar nicht wahr, aber doch so gut wie wahr. Wie nämlich in jenen dumpfen und blinden Urkräften der Natur, aus deren Wechselspiel das Planetensystem hervorgeht, schon eben der Wille zum Leben, welcher nachher in den vollendetesten Erscheinungen der Welt auftritt, das im Innern Wirkende und Leitende ist und er schon dort mittelst strenger Naturgesetze, auf seine Zwecke hinarbeitend, die Grundfeste zum Bau der Welt und ihrer Ordnung vorbereitet, indem z.B. der zufälligste Stoß oder Schwung die Schiefe der Ekliptik und die Schnelligkeit der Rotation auf immer bestimmt und das Endresultat die Darstellung seines ganzen Wesens sein muß, eben weil dieses schon in jenen Urkräften selbst tätig ist – ebenso nun sind alle die Handlungen eines Menschen bestimmenden Begebenheiten, nebst der sie herbeiführenden Kausalverknüpfung, doch auch nur die Objektivation desselben Willens, der auch in diesem Menschen selbst sich darstellt; woraus sich, wenn auch nur wie im Nebel, absehn läßt, daß sie sogar zu den speziellsten Zwecken jenes Menschen stimmen und passen müssen, in welchem Sinne sie alsdann jene geheime Macht bilden, die das Schicksal des einzelnen leitet und als sein Genius oder seine Vorsehung allegorisiert wird. Rein objektiv betrachtet aber ist und bleibt es der

H. Αὐτόματα γὰρ τὰ πράγματ' ἐπὶ τὸ συμφέρον
'Ρεῖ, κἂν καθεύδῃς, ἢ πάλιν τἀναντία.
[Denn aus sich selbst entwickeln sich die Dinge fort,
Auch wenn du schläfst, zum Heile wie zum Gegenteil.]
      Menander in Stobaios: ›Florilegium‹ vol. 1, p. 363

durchgängige alles umfassende, ausnahmslose Kausalzusammenhang – vermöge dessen alles, was geschieht, durchaus und streng notwendig eintritt – welcher die Stelle der bloß mythischen Weltregierung vertritt, ja den Namen derselben zu führen ein Recht hat.

Dieses uns näherzubringen kann folgende allgemeine Betrachtung dienen. ›Zufällig‹ bedeutet das Zusammentreffen, in der Zeit, des kausal nicht Verbundenen. Nun ist aber nichts *absolut* zufällig; sondern auch das Zufälligste ist nur ein auf entfernterem Wege herangekommenes Notwendiges; indem entschiedene, in der Kausalkette hoch heraufliegende Ursachen schon längst notwendig bestimmt haben, daß es gerade jetzt und daher mit jenem andern gleichzeitig eintreten mußte. Jede Begebenheit nämlich ist das einzelne Glied einer Kette von Ursachen und Wirkungen, welche in der Richtung der Zeit fortschreitet. Solcher Ketten aber gibt es unzählige, vermöge des Raums, nebeneinander. Jedoch sind diese nicht einander ganz fremd und ohne allen Zusammenhang unter sich; vielmehr sind sie vielfach miteinander verflochten: z.B. mehrere jetzt gleichzeitig wirkende Ursachen, deren jede eine andere Wirkung hervorbringt, sind hoch herauf aus einer gemeinsamen Ursache entsprungen und daher einander so verwandt wie die Urenkel eines Ahnherrn: und andererseits bedarf oft eine jetzt eintretende einzelne Wirkung des Zusammentreffens vieler verschiedener Ursachen, die jede als Glied ihrer eigenen Kette aus der Vergangenheit herankommen. Sonach nun bilden alle jene in der Richtung der Zeit fortschreitenden Kausalketten ein großes gemeinsames, vielfach verschlungenes Netz, welches ebenfalls mit seiner ganzen Breite sich in der Richtung der Zeit fortbewegt und eben den Weltlauf ausmacht. Versinnlichen wir uns jetzt jene einzelnen Kausalketten durch Meridiane, die in der Richtung der Zeit lägen; so kann überall das Gleichzeitige und eben deshalb nicht in direktem Kausalzusammenhange Stehende durch Parallelkreise angedeutet werden. Obwohl nun das unter demselben Parallelkreise Gelegene nicht unmittelbar voneinander abhängt; so steht es doch vermöge der Verflechtung des ganzen Netzes oder der sich in der Richtung der Zeit fortwälzenden Gesamtheit aller Ursachen und Wirkungen mittelbar in irgendeiner, wenn auch entfernten Verbindung: seine jetzige Gleichzeitigkeit ist daher eine notwendige. Hierauf nun beruht das zufällige Zusammentreffen aller Bedingungen einer in höherem Sinne notwendigen Begebenheit – das Geschehn dessen, was das Schicksal gewollt hat. Hierauf z. B. beruht es, daß, als infolge der Völkerwanderung die Flut der Barbarei sich über Europa ergoß, alsbald die schönsten Meisterwerke griechischer Skulptur, der Laokoon, der Vatikanische Apoll u. a. mehr, wie durch theatralische Versenkung verschwanden, indem sie ihren Weg hinabfanden in den Schoß der Erde, um nunmehr daselbst unversehrt ein Jahrtausend hindurch auf eine mildere, edlere, die Künste verstehende und schätzende Zeit zu harren, beim endlichen Eintritt dieser aber gegen Ende des 15. Jahrhunderts [und am Anfang des 16. Jahrhunderts] unter Papst Julius II. wieder hervorzutreten ans Licht als die wohlerhaltenen Muster der Kunst und des wahren Typus der menschlichen Gestalt. Und ebenso nun beruht hierauf auch das Eintreffen zur rechten Zeit der im Lebenslauf des einzelnen für ihn wichtigen und entscheidenden Anlässe und Umstände, ja endlich wohl gar auch der Eintritt der omina [Vorbedeutungen], an welche der Glaube so allgemein und unvertilgbar ist, daß er selbst in den überlegensten Köpfen nicht selten Raum gefunden hat. Denn da nichts *absolut* zufällig ist, vielmehr alles notwendig eintritt und sogar die Gleichzeitigkeit selbst des kausal *nicht* Zusammenhängenden, die man den Zufall nennt, eine notwendige ist, indem ja das jetzt Gleichzeitige schon durch Ursachen in der entferntesten Vergangenheit *als ein solches* bestimmt wurde; so spiegelt sich alles in allem, klingt jedes in jedem wieder und ist auch auf die Gesamtheit der Dinge jener bekannte dem Zusammenwirken im Organismus geltende Ausspruch des Hippokrates (›De alimento‹ [Opera, editio Kühn, tom. 2], p. 20) anwendbar: Εὔρροια μία, σύμπνοια μία, πάντα συμπαθέα. [Es ist nur ein Strömen, ein Wehen, alles in Sympathie.] – Der unvertilgbare Hang des Menschen, auf omina zu achten, seine extispicia [Eingeweideschau] und ὀρνιθοσκοπία [Vogelschau], sein Bibelaufschlagen, sein Kartenlegen, Bleigießen, Kaffeesatzbeschauen u. dgl. mehr zeugen von seiner den Vernunftgründen trotzenden Voraussetzung, daß es irgendwie möglich sei, aus dem ihm Gegenwärtigen und klar vor Augen Liegenden das durch Raum oder Zeit Verborgene, also das Entfernte oder Zukünftige zu erkennen; so daß er wohl aus jenem dieses ablesen könnte, wenn er nur den wahren Schlüssel der Geheimschrift hätte.

Eine zweite Analogie, welche von einer ganz anderen Seite zu einem indirekten Verständnis des in Betrachtung genommenen transzendenten Fatalismus beitragen kann, gibt der *Traum*, mit welchem ja überhaupt das Leben eine längst anerkannte und gar oft ausgesprochene Ähnlichkeit hat; so sehr, daß sogar Kants transzendentaler Idealismus aufgefaßt werden kann als die deutlichste Darlegung dieser traumartigen Beschaffenheit unsers bewußten Daseins; wie ich dies in meiner ›Kritik‹ seiner Philosophie *[Bd. 1, S. 567]* auch ausgesprochen habe. – Und zwar ist es diese Analogie mit dem Traume, welche uns, wenn auch wieder nur in neblichter Ferne, absehn läßt, wie die geheime Macht, welche die uns berührenden äußeren Vorgänge zum Behufe ihrer Zwecke mit uns beherrscht und lenkt, doch ihre Wurzel in der Tiefe unsers eigenen unergründlichen Wesens haben könnte. Auch im Traume nämlich treffen die Umstände, welche die Motive unserer Handlungen daselbst werden, als äußerliche und von uns selbst unabhängige, ja oft verabscheute rein zufällig zusammen: dabei aber ist dennoch zwischen ihnen eine geheime und zweckmäßige Verbindung; indem eine verborgene Macht, welcher alle Zufälle im Traume gehorchen, auch diese Umstände, und zwar einzig und allein in Beziehung auf uns lenkt und fügt. Das Allerseltsamste hiebei aber ist, daß diese Macht zuletzt keine andere sein kann als unser eigener Wille, jedoch von einem Standpunkte aus, der nicht in unser träumendes Bewußtsein fällt; daher es kommt, daß die Vorgänge des Traums so oft ganz gegen unsere Wünsche in demselben ausschlagen, uns in Erstaunen, in Verdruß, ja in Schrecken und Todesangst versetzen, ohne daß das Schicksal, welches wir doch heimlich selbst lenken, zu unserer Rettung herbeikäme; imgleichen, daß wir begierig nach etwas fragen und eine Antwort erhalten, über die wir erstaunen; oder auch wieder – daß wir selbst gefragt werden, wie etwan in einem Examen, und unfähig sind, die Antwort zu finden, worauf ein anderer zu unsrer Beschämung sie vortrefflich gibt; während doch im einen wie im andern Fall die Antwort immer nur aus unsern eigenen Mitteln kommen kann. Diese geheimnisvolle von uns selbst ausgehende Leitung der Begebenheiten im Traume noch deutlicher zu machen und ihr Verfahren dem Verständnis näher zu bringen gibt es noch eine Erläuterung, welche allein dieses leisten kann, die nun aber unumgänglich obszöner Natur ist; daher ich von Lesern, die wert sind, daß ich zu ihnen rede, voraussetze, daß sie daran weder Anstoß nehmen noch die Sache von der lächerlichen Seite auffassen werden. Es gibt bekanntlich Träume, deren die Natur sich zu einem materiellen Zwecke bedient, nämlich zur Ausleerung der überfüllten Samenbläschen. Träume dieser Art zeigen natürlich schlüpfrige Szenen: dasselbe tun aber mitunter auch andere Träume, die jenen Zweck gar nicht haben noch erreichen. Hier tritt nun der Unterschied ein, daß in den Träumen der ersten Art die Schönen und die Gelegenheit sich uns bald günstig erweisen; wodurch die Natur ihren Zweck erreicht: in den Träumen der andern Art hingegen treten der Sache, die wir auf das heftigste begehren, stets neue Hindernisse in den Weg, welche zu überwinden wir vergeblich streben, so daß wir am Ende doch nicht zum Ziele gelangen. Wer diese Hindernisse schafft und unsern lebhaften Wunsch Schlag auf Schlag vereitelt, das ist doch nur unser eigener Wille; jedoch von einer Region aus, die weit über das vorstellende Bewußtsein im Traume hinausliegt und daher in diesem als unerbittliches Schicksal auftritt. – Sollte es nun mit dem Schicksal in der Wirklichkeit und mit der Planmäßigkeit, die vielleicht jeder in seinem eigenen Lebenslaufe demselben abmerkt, nicht eine Bewandtnis haben können, die dem am

Traume dargelegten analog wäre?[H] Bisweilen geschieht es, daß wir einen Plan entworfen und lebhaft ergriffen haben, von dem sich später ausweist, daß er unserm wahren Wohl keineswegs gemäß war; den wir inzwischen eifrig verfolgen, jedoch nun hiebei eine Verschwörung des Schicksals gegen denselben erfahren, als welches alle seine Maschinerie in Bewegung setzt, ihn zu vereiteln; wodurch es uns dann endlich wider unsern Willen auf den uns wahrhaft angemessenen Weg zurückstößt. Bei einem solchen absichtlich scheinenden Widerstande brauchen manche Leute die Redensart: ›ich merke, es *soll* nicht sein‹; andere nennen es ominös, noch andere einen Fingerzeig Gottes: sämtlich aber teilen sie die Ansicht, daß, wenn das Schicksal sich einem Plane mit so offenbarer Hartnäckigkeit entgegenstellt, wir ihn aufgeben sollten; weil er, als zu unserer uns unbewußten Bestimmung nicht passend, doch nicht verwirklicht werden wird und wir uns durch halsstarriges Verfolgen desselben nur noch härtere Rippenstöße des Schicksals zuziehn, bis wir endlich wieder auf dem rechten Wege sind; oder auch weil, wenn es uns gelänge, die Sache zu forcieren, solche uns nur zum Schaden und Unheil gereichen würde. Hier findet das oben [S. 255] angeführte ›ducunt volentem fata, nolentem trahunt‹ seine ganze Bestätigung. In manchen Fällen kommt nun hinterher wirklich zutage, daß die Vereitelung eines solchen Planes unserm wahren Wohle durchaus förderlich gewesen ist: Dies könnte daher auch da der Fall sein, wo es uns nicht kund wird; zumal wenn wir als unser wahres Wohl das Metaphysisch-Moralische betrachten. – Sehn wir nun aber von hier zurück auf das Hauptergebnis meiner gesamten Philosophie, daß nämlich das, was das Phänomen der Welt darstellt und erhält, der *Wille* ist, der auch in jedem

H. Objektiv betrachtet ist der Lebenslauf des einzelnen von durchgängiger und strenger Notwendigkeit: denn alle seine Handlungen treten so notwendig ein wie die Bewegungen einer Maschine und alle äußeren Begebenheiten kommen heran am Leitfaden einer Kausalkette, deren Glieder einen streng notwendigen Zusammenhang haben. Wenn wir dies festhalten, darf es uns nicht so sehr nicht wundern, wenn wir seinen Lebenslauf so ausfallen sehn, als wäre er planmäßig angelegt, ihm angemessen.

einzelnen lebt und strebt, und erinnern wir uns zugleich der so allgemein anerkannten Ähnlichkeit des Lebens mit dem Traume; so können wir, alles Bisherige zusammenfassend, es uns ganz im allgemeinen als möglich denken, daß, auf analoge Weise, wie jeder der heimliche Theaterdirektor seiner Träume ist, so auch jenes Schicksal, welches unsern wirklichen Lebenslauf beherrscht, irgendwie zuletzt von jenem *Willen* ausgehe, der unser eigener ist, welcher jedoch hier, wo er als Schicksal aufträte, von einer Region aus wirkte, die weit über unser vorstellendes individuelles Bewußtsein hinausliegt, während hingegen dieses die Motive liefert, die unsern empirisch erkennbaren individuellen Willen leiten, der daher oft auf das heftigste zu kämpfen hat mit jenem unserm als Schicksal sich darstellenden Willen, unserm leitenden Genius, unserm ›Geist, der außerhalb [von] uns wohnt und seinen Stuhl in die obern Sterne setzt‹[1], als welcher das individuelle Bewußtsein weit übersieht und daher, unerbittlich gegen dasselbe, als äußern Zwang das veranstaltet und feststellt, was herauszufinden er demselben nicht überlassen durfte und doch nicht verfehlt wissen will.

Das Befremdliche, ja Exorbitante dieses gewagten Satzes zu mindern mag zuvörderst eine Stelle im *Scotus Erigena* dienen, bei der zu erinnern ist, daß sein ›Deus‹, als welcher ohne Erkenntnis ist und von welchem Zeit und Raum, nebst den zehn Aristotelischen Kategorien, nicht zu prädizieren sind, ja dem überhaupt nur ein Prädikat bleibt: *Wille* – offenbar nichts anderes ist, als was bei mir der Wille zum Leben: ›Est etiam alia species ignorantiae in Deo, quando ea, quae praescivit et praedestinavit, ignorare dicitur, dum adhuc in rerum factarum cursibus experimento non apparuerint.‹ [Es ist noch eine andere Art des Nichtwissens in Gott, sofern man sagt, daß er dasjenige, was er vorausweiß und vorausbestimmt hat, nicht wisse, solange es sich noch nicht im Laufe der tatsächlichen Dinge in der Erfahrung gezeigt hat.] (›De divisione naturae‹, p. 83 editio Oxoniensis). Und bald darauf: ›Tertia species divinae ignorantiae est, per quam Deus dicitur ignorare ea, quae nondum

1. [Nach Paracelsus; *vgl. S. 258*]

experimento actionis et operationis in effectibus manifeste apparent, quorum tamen invisibiles rationes in se ipso a se ipso creatas et sibi ipsi cognitas possidet.‹ [Eine dritte Art des göttlichen Nichtwissens besteht darin, daß man von Gott sagt, er wisse dasjenige nicht, was noch nicht durch die Erfahrung des Tuns und Ausführens in den Wirkungen zutage getreten ist, obgleich er die unsichtbaren Gründe in sich selbst als solche, die er selbst erschaffen und die ihm selbst bekannt sind, besitzt; ibidem p. 84.] –

Wenn wir nun, um die dargelegte Ansicht uns einigermaßen faßlich zu machen, die anerkannte Ähnlichkeit des individuellen Lebens mit dem Traume zu Hülfe genommen haben; so ist andererseits auf den Unterschied aufmerksam zu machen, daß im bloßen Traume das Verhältnis einseitig ist, nämlich nur *ein* Ich wirklich will und empfindet, während die übrigen nichts als Phantome sind; im großen Traume des Lebens hingegen ein wechselseitiges Verhältnis stattfindet, indem nicht nur der eine im Traume des andern, geradeso, wie es daselbst nötig ist, figuriert, sondern auch dieser wieder in dem seinigen; so daß vermöge einer wirklichen ›harmonia praestabilita‹ [vorherbestimmten Harmonie] jeder doch nur das träumt, was ihm, seiner eigenen metaphysischen Lenkung gemäß, angemessen ist und alle Lebensträume so künstlich ineinandergeflochten sind, daß jeder erfährt, was ihm gedeihlich ist, und zugleich leistet, was andern nötig; wonach denn eine etwanige große Weltbegebenheit sich dem Schicksale vieler Tausende jedem auf individuelle Weise anpaßt. Alle Ereignisse im Leben eines Menschen ständen demnach in zwei grundverschiedenen Arten des Zusammenhangs: erstlich im objektiven, kausalen Zusammenhange des Naturlaufs; zweitens in einem subjektiven Zusammenhange, der nur in Beziehung auf das sie erlebende Individuum vorhanden und so subjektiv wie dessen eigene Träume ist, in welchem jedoch ihre Sukzession und [ihr] Inhalt ebenfalls notwendig bestimmt ist, aber in der Art wie die Sukzession der Szenen eines Dramas durch den Plan des Dichters. Daß nun jene beiden Arten des Zusammenhangs zugleich bestehn und die nämliche Begebenheit als ein Glied zweier ganz verschiedener Ketten doch beiden sich genau einfügt, infolge wovon jedesmal das Schicksal des einen zum Schicksal des andern paßt und jeder der Held seines eigenen, zugleich aber auch der Figurant im fremden Drama ist, dies ist freilich etwas, das alle unsere Fassungskraft übersteigt und nur vermöge der wundersamsten ›harmonia praestabilita‹ als möglich gedacht werden kann. Aber wäre es andererseits nicht engbrüstiger Kleinmut, es für unmöglich zu halten, daß die Lebensläufe aller Menschen in ihrem Ineinandergreifen ebensoviel concentus [Einklang] und Harmonie haben sollten, wie der Komponist den vielen scheinbar durcheinandertobenden Stimmen seiner Symphonie zu geben weiß? Auch wird unsere Scheu vor jenem kolossalen Gedanken sich mindern, wenn wir uns erinnern, daß das Subjekt des großen Lebenstraumes in gewissem Sinne nur eines ist, der Wille zum Leben, und daß alle Vielheit der Erscheinungen durch Zeit und Raum bedingt ist. Es ist ein großer Traum, den jenes *eine* Wesen träumt: aber so, daß alle seine Personen ihn mitträumen. Daher greift alles ineinander und paßt zueinander. Geht man nun darauf ein, nimmt man jene doppelte Kette aller Begebenheiten an, vermöge deren jedes Wesen einerseits seiner selbst wegen daist, seiner Natur gemäß mit Notwendigkeit handelt und wirkt und seinen eigenen Gang geht, andererseits aber auch für die Auffassung eines fremden Wesens und die Einwirkung auf dasselbe so ganz bestimmt und geeignet ist wie die Bilder in dessen Träumen – so wird man dieses auf die ganze Natur, also auch auf Tiere und erkenntnislose Wesen auszudehnen haben. Da eröffnet sich dann abermals eine Aussicht auf die Möglichkeit der omina, praesagia und portenta [Vorbedeutungen, Vorzeichen und Wunderzeichen], indem nämlich das, was nach dem Laufe der Natur *notwendig* eintritt, doch andererseits wieder anzusehn ist als bloßes Bild für mich und Staffage *meines* Lebenstraumes, bloß in bezug auf *mich* geschehend und existierend, oder auch als bloßer Widerschein und Widerhall *meines* Tuns und Erlebens; wonach dann das Natürliche und ursächlich nachweisbar Notwendige eines Ereignisses das Ominose desselben keineswegs aufhöbe und ebenso dieses nicht jenes. Daher sind die ganz auf dem Irrwege, welche das Ominose eines Ereignisses dadurch zu beseitigen vermeinen, daß sie die Unvermeidlichkeit seines Eintritts dartun, indem sie die natürlichen und notwendig wirkenden Ursachen desselben recht deutlich und, wenn es ein Naturereignis ist, mit gelehrter Miene auch physikalisch nachweisen. Denn an diesen zweifelt kein vernünftiger Mensch, und für ein Mirakel will keiner das Omen ausgeben; sondern gerade daraus, daß die ins unendliche hinaufreichende Kette der Ursachen und Wirkungen mit der ihr eigenen strengen Notwendigkeit und unvordenklichen Prädestination den Eintritt dieses Ereignisses in solchem bedeutsamen Augenblick unvermeidlich festgestellt hat, erwächst demselben das Ominose; daher jenen Altklugen, zumal wenn sie physikalisch werden, das ›There are more things in heaven and earth, than are dreamt of in your philosophy‹ [Es gibt mehr Ding' im Himmel und auf Erden, als eure Schulweisheit sich träumt; ›Hamlet‹ act 1, scene 5] vorzüglich zuzurufen ist. Andererseits jedoch sehn wir mit dem Glauben an die omina auch der Astrologie wieder die Türe geöffnet; da die geringste als ominos geltende Begebenheit, der Flug eines Vogels, das Begegnen eines Menschen u. dgl. durch eine ebenso unendlich lange und ebenso streng notwendige Kette von Ursachen bedingt ist wie der berechenbare Stand der Gestirne zu einer gegebenen Zeit. Nur steht freilich die Konstellation so hoch, daß die Hälfte der Erdbewohner sie zugleich sieht; während dagegen das omen nur im Bereich des betreffenden einzelnen erscheint. Will man übrigens die Möglichkeit des Ominosen sich noch durch ein Bild versinnlichen; so kann man den, der bei einem wichtigen Schritt in seinem Lebenslauf, dessen Folgen noch die Zukunft verbirgt, ein gutes oder schlimmes omen erblickt und dadurch gewarnt oder bestärkt wird, einer Saite vergleichen, welche, wenn angeschlagen, sich selbst nicht hört, jedoch die infolge ihrer Vibration mitklingende fremde Saite vernähme. –

Kants Unterscheidung des Dinges an sich von seiner Erscheinung, nebst meiner Zurückführung des ersteren auf den

Willen und der letzteren auf die Vorstellung, gibt uns die Möglichkeit, die Vereinbarkeit *dreier Gegensätze*, wenn auch nur unvollkommen und aus der Ferne abzusehn. Diese sind:

1. der zwischen der Freiheit des Willens an sich selbst und der durchgängigen Notwendigkeit aller Handlungen des Individuums.

2. der zwischen dem Mechanismus und der Technik der Natur oder dem nexus effectivus und dem nexus finalis oder der rein kausalen und der teleologischen Erklärbarkeit der Naturprodukte (hierüber Kants ›Kritik der Urteilskraft‹ § 78 und mein Hauptwerk Bd. 2, Kap. 26 *[Bd. 2, S. 430–435]*).

3. der zwischen der offenbaren Zufälligkeit aller Begebenheiten im individuellen Lebenslauf und ihrer moralischen Notwendigkeit zur Gestaltung desselben, gemäß einer transzendenten Zweckmäßigkeit für das Individuum – oder in populärer Sprache: zwischen dem Naturlauf und der Vorsehung.

Die Klarheit unserer Einsicht in die Vereinbarkeit jedes dieser drei Gegensätze ist, obwohl bei keinem derselben vollkommen, doch genügender beim ersten als beim zweiten, am geringsten aber beim dritten. Inzwischen wirft das wenn auch unvollkommene Verständnis der Vereinbarkeit eines jeden dieser Gegensätze allemal Licht auf die zwei andern zurück, indem es als ihr Bild und Gleichnis dient. –

Worauf nun endlich diese ganze hier in Betrachtung genommene geheimnisvolle Lenkung des individuellen Lebenslaufs es eigentlich abgesehn habe, läßt sich nur sehr im allgemeinen angeben. Bleiben wir bei den einzelnen Fällen stehn, so scheint es oft, daß sie nur unser zeitliches, einstweiliges Wohl im Auge habe. Dieses jedoch kann wegen seiner Geringfügigkeit, Unvollkommenheit, Futilität[1] und Vergänglichkeit nicht im Ernst ihr letztes Ziel sein: also haben wir dieses in unserm ewigen, über das individuelle Leben hinausgehenden Dasein zu suchen. Und da läßt sich dann nur ganz im allgemeinen sagen: unser Lebenslauf werde mittelst jener Lenkung so reguliert, daß von dem Ganzen der durch denselben uns aufgehenden Erkenntnis

1. [Nichtigkeit]

der metaphysisch zweckdienlichste Eindruck auf den *Willen*, als welcher der Kern und das Wesen an sich des Menschen ist, entstehe. Denn obgleich der Wille zum Leben seine Antwort im Laufe der Welt überhaupt, als der Erscheinung seines Strebens, erhält; so ist dabei doch jeder Mensch jener Wille zum Leben auf eine ganz individuelle und einzige Weise, gleichsam ein individualisierter Akt desselben; dessen genügende Beantwortung daher auch nur eine ganz bestimmte Gestaltung des Weltlaufs, gegeben in den ihm eigentümlichen Erlebnissen, sein kann. Da wir nun aus den Resultaten meiner Philosophie des Ernstes (im Gegensatz bloßer Professoren- oder Spaß-Philosophie) das Abwenden des Willens vom Leben als das letzte Ziel des zeitlichen Daseins erkannt haben; so müssen wir annehmen, daß *dahin* ein jeder auf die ihm ganz individuell angemessene Art, also auch oft auf weiten Umwegen allmälig geleitet werde. Da nun ferner Glück und Genuß diesem Zwecke eigentlich entgegenarbeiten; so sehn wir, diesem entsprechend, jedem Lebenslauf Unglück und Leiden unausbleiblich eingewebt, wiewohl in sehr ungleichem Maße und nur selten im überfüllten, nämlich in den tragischen Ausgängen; wo es dann aussieht, als ob der Wille gewissermaßen mit Gewalt zur Abwendung vom Leben getrieben werden und gleichsam durch den Kaiserschnitt zur Wiedergeburt gelangen sollte.

So geleitet dann jene unsichtbare und nur in zweifelhaftem Scheine sich kundgebende Lenkung uns bis zum Tode, diesem eigentlichen Resultat und insofern Zweck des Lebens. In der Stunde desselben drängen alle die geheimnisvollen (wenngleich eigentlich in uns selbst wurzelnden) Mächte, die das ewige Schicksal des Menschen bestimmen, sich zusammen und treten in Aktion. Aus ihrem Konflikt ergibt sich der Weg, den er jetzt zu wandern hat, bereitet nämlich seine Palingenesie[1] sich vor, nebst allem Wohl und Wehe, welches in ihr begriffen und von dem an unwiderruflich bestimmt ist. – Hierauf beruht der hochernste, wichtige, feierliche und furchtbare Charakter der Todesstunde. Sie ist eine Krisis im stärksten Sinne des Worts – ein Weltgericht.

1. [Wiedergeburt]

VERSUCH ÜBER DAS GEISTERSEHN UND WAS DAMIT ZUSAMMENHÄNGT

...und laß dir raten, habe
Die Sonne nicht zu lieb und nicht die Sterne.
Komm, folge mir ins dunkle Reich hinab!

GOETHE
[›Iphigenie‹ 3, 1]

Die in dem superklugen verflossenen Jahrhundert allen früheren zum Trotz überall nicht sowohl gebannten als geächteten Gespenster sind wie schon vorher die Magie während dieser letzten 25 Jahre in Deutschland rehabilitiert worden. Vielleicht nicht mit Unrecht. Denn die Beweise gegen ihre Existenz waren teils metaphysische, die als solche auf unsicherm Grunde standen; teils empirische, die doch nur bewiesen, daß in den Fällen, wo keine zufällige oder absichtlich veranstaltete Täuschung aufgedeckt worden war, auch nichts vorhanden gewesen sei, was mittelst Reflexion der Lichtstrahlen auf die Retina oder mittelst Vibration der Luft auf das Tympanum hätte wirken können. Dies spricht bloß gegen die Anwesenheit von Körpern, deren Gegenwart aber auch niemand behauptet hatte, ja deren Kundgebung auf die besagte physische Weise die Wahrheit einer Geistererscheinung aufheben würde. Denn eigentlich liegt schon im Begriff eines Geistes, daß seine Gegenwart uns auf ganz anderm Wege kundwird als die eines Körpers. Was ein Geisterseher, der sich selbst recht verstände und auszudrükken wüßte, behaupten würde, ist bloß die Anwesenheit eines Bildes in seinem anschauenden Intellekt, vollkommen ununterscheidbar von dem, welches unter Vermittelung des Lichtes und seiner Augen daselbst von Körpern veranlaßt wird, und dennoch ohne wirkliche Gegenwart solcher Körper; desgleichen in Hinsicht auf das hörbar Gegenwärtige, Geräusche, Töne und Laute, ganz und gar gleich den durch vibrierende Körper und Luft in seinem Ohr hervorgebrachten, doch ohne die Anwesenheit oder Bewegung solcher Körper. Eben hier liegt die Quelle des Mißverständnisses, welches alles für und wider die Realität der Geistererscheinungen Gesagte durchzieht. Nämlich die Geistererscheinung stellt sich dar völlig wie eine Körpererscheinung: sie ist jedoch keine und soll es auch nicht sein. Diese Unterscheidung ist schwer und verlangt Sachkenntnis, ja philosophisches und physiologisches Wissen. Denn es kommt darauf an zu begreifen, daß eine Einwirkung gleich der von einem Körper nicht notwendig die Anwesenheit eines Körpers voraussetze.

Vor allem daher müssen wir uns hier zurückrufen und bei allem Folgenden gegenwärtig erhalten, was ich öfter ausführlich dargetan habe (besonders in der zweiten Auflage meiner Abhandlung ›Über den Satz vom zureichenden Grunde‹ § 21 *[Bd. 3, S. 67–106]* und außerdem ›Über das Sehn und die Farben‹ § 1 *[Bd. 3. S. 204–218]* – ›Theoria colorum‹ 2[1] – ›Welt als Wille und Vorstellung‹ Bd. 1, S. 12–14 *[Bd. 1, S. 41f.]* – Bd. 2, Kap. 2 *[Bd. 2, S. 31–39]*), daß nämlich unsere Anschauung der Außenwelt nicht bloß *sensual*, sondern hauptsächlich *intellektual*, d.h. (objektiv ausgedrückt) *zerebral* ist. – Die Sinne geben nie mehr als eine bloße *Empfindung* in ihrem Organ, also einen an sich höchst dürftigen Stoff, aus welchem allererst der *Verstand* durch Anwendung des ihm a priori bewußten Gesetzes der Kausalität und der ebenso a priori ihm einwohnenden Formen, Raum und Zeit, diese Körperwelt aufbaut. Die Erregung zu diesem Anschauungsakte geht im wachen und normalen Zustande allerdings von der Sinnesempfindung aus, indem diese die Wirkung ist, zu welcher der Verstand die Ursache setzt. Warum aber sollte es nicht möglich sein, daß auch einmal eine von einer ganz andern Seite, also von innen, vom Organismus selbst ausgehende Erregung zum Gehirn gelangen und von diesem, mittelst seiner eigentümlichen Funktion und dem Mechanismus derselben gemäß, ebenso wie jene verarbeitet werden könnte? *Nach* dieser Verarbeitung aber würde die Verschiedenheit des ursprünglichen Stoffes nicht mehr zu erkennen sein; so, wie am chylus nicht die Speise, aus der er bereitet worden. Bei einem etwanigen wirklichen Falle dieser Art würde sodann die Frage ent-

1. [In dieser Ausgabe nicht abgedruckt.]

stehn, ob auch die entferntere Ursache der dadurch hervorgebrachten Erscheinung niemals weiter zu suchen wäre als im Innern des Organismus oder ob sie beim Ausschluß aller Sinnesempfindung dennoch eine *äußere* sein könne, welche dann freilich in diesem Falle nicht physisch oder körperlich gewirkt haben würde; und, wenn dies, welches Verhältnis die gegebene Erscheinung zur Beschaffenheit einer solchen entfernten äußern Ursache haben könne, also ob sie indicia über diese enthielte, ja wohl gar das Wesen derselben in ihr ausgedrückt wäre. Demnach würden wir auch hier eben wie bei der Körperwelt auf die Frage nach dem Verhältnis der Erscheinung zum Dinge an sich geführt werden. Dies aber ist der transzendentale Standpunkt, von welchem aus es sich vielleicht ergeben könnte, daß der Geistererscheinung nicht mehr noch weniger Idealität anhinge als der Körpererscheinung, die ja bekanntlich unausweichbar dem Idealismus unterliegt und daher nur auf weitem Umwege auf das Ding an sich, d.h. das wahrhaft Reale zurückgeführt werden kann. Da nun wir als dieses Ding an sich den *Willen* erkannt haben; so gibt dies Anlaß zu der Vermutung, daß vielleicht ein solcher, wie den Körpererscheinungen, so auch den Geistererscheinungen zum Grunde liege. Alle bisherigen Erklärungen der Geistererscheinungen sind *spiritualistische* gewesen: eben als solche erleiden sie die Kritik Kants im ersten Teile seiner ›Träume eines Geistersehers‹. Ich versuche hier eine *idealistische* Erklärung. –

Nach dieser übersichtlichen und antizipierenden Einleitung zu den jetzt folgenden Untersuchungen nehme ich den ihnen angemessenen langsamern Gang an. Nur bemerke ich, daß ich den Tatbestand, worauf sie sich beziehn, als dem Leser bekannt voraussetze. Denn teils ist mein Fach nicht das erzählende, also auch nicht die Darlegung von Tatsachen, sondern die Theorie zu denselben; teils müßte ich ein dickes Buch schreiben, wenn ich alle die magnetischen Krankengeschichten, Traumgesichte, Geistererscheinungen usw., die unserm Thema als Stoff zum Grunde liegen und bereits in vielen Büchern erzählt sind, wiederholen wollte; endlich auch habe ich keinen Beruf, den Skeptizismus der

Ignoranz zu bekämpfen, dessen superkluge Gebärden täglich mehr außer Kredit kommen und bald nur noch in England Kurs haben werden. Wer heutzutage die Tatsachen des animalischen Magnetismus und seines Hellsehns bezweifelt, ist nicht ungläubig, sondern unwissend zu nennen. Aber ich muß mehr, ich muß die Bekanntschaft mit wenigstens einigen der in großer Anzahl vorhandenen Bücher über Geistererscheinungen oder anderweitige Kunde von diesen voraussetzen. Selbst die auf solche Bücher verweisenden Zitate gebe ich nur dann, wann es spezielle Angaben oder streitige Punkte betrifft. Im übrigen setze ich bei meinem Leser, den ich mir als einen mich schon anderweitig kennenden denke, das Zutrauen voraus, daß, wenn ich etwas als faktisch feststehend annehme, es mir aus guten Quellen oder aus eigener Erfahrung bekannt sei.

Zunächst nun also frägt sich, ob denn wirklich in unserm anschauenden Intellekt oder Gehirn anschauliche Bilder, vollkommen und ununterscheidbar gleich denen, welche daselbst die auf die äußeren Sinne wirkende Gegenwart der Körper veranlaßt, ohne diesen Einfluß entstehn können. Glücklicherweise benimmt uns hierüber eine uns sehr vertraute Erscheinung jeden Zweifel: nämlich *der Traum*.

Die Träume für bloßes Gedankenspiel, bloße Phantasiebilder ausgeben zu wollen zeugt von Mangel an Besinnung oder an Redlichkeit: denn offenbar sind sie von diesen spezifisch verschieden. Phantasiebilder sind schwach, matt, unvollständig, einseitig und so flüchtig, daß man das Bild eines Abwesenden kaum einige Sekunden gegenwärtig zu erhalten vermag, und sogar das lebhafteste Spiel der Phantasie hält keinen Vergleich aus mit jener handgreiflichen Wirklichkeit, die der Traum uns vorführt. Unsere Darstellungsfähigkeit *im Traum* übertrifft die unsrer Einbildungskraft so himmelweit; jeder anschauliche Gegenstand hat im Traum eine Wahrheit, Vollendung, konsequente Allseitigkeit bis zu den zufälligsten Eigenschaften herab wie die Wirklichkeit selbst, von der die Phantasie himmelweit entfernt bleibt; daher jene uns die wundervollsten Anblicke verschaffen würde, wenn wir nur den Gegenstand unserer Träume auswählen könnten. Es ist ganz falsch, dies daraus erklären zu wollen, daß die Bilder der Phantasie durch den gleichzeitigen Eindruck der realen Außenwelt gestört und geschwächt würden: denn auch in der tiefsten Stille der finstersten Nacht vermag die Phantasie nichts hervorzubringen, was jener objektiven Anschaulichkeit und Leibhaftigkeit des Traumes irgend nahe käme. Zudem sind Phantasiebilder stets durch die Gedankenassoziation oder durch Motive herbeigeführt und vom Bewußtsein ihrer Willkürlichkeit begleitet. Der Traum hingegen steht da als ein völlig Fremdes, sich wie die Außenwelt ohne unser Zutun, ja wider unsern Willen Aufdringendes. Das gänzlich Unerwartete seiner Vorgänge, selbst der unbedeutendsten, drückt ihnen den Stempel der Objektivität und Wirklichkeit auf. Alle seine Gegenstände erscheinen bestimmt und deutlich wie die Wirklichkeit, nicht etwan bloß in bezug auf uns, also flächenartig-einseitig, oder nur in der Hauptsache und in allgemeinen Umrissen angegeben; sondern genau ausgeführt bis auf die kleinsten und zufälligsten Einzelheiten und die uns oft hinderlichen und im Wege stehenden Nebenumstände herab: da wirft jeder Körper seinen Schatten, jeder fällt genau mit der seinem spezifischen Gewicht entsprechenden Schwere, und jedes Hindernis muß erst beseitigt werden, gerade wie in der Wirklichkeit. Das durchaus Objektive desselben zeigt sich ferner darin, daß seine Vorgänge meistens gegen unsere Erwartung, oft gegen unsern Wunsch ausfallen, sogar bisweilen unser Erstaunen erregen; daß die agierenden Personen sich mit empörender Rücksichtslosigkeit gegen uns betragen; überhaupt in der rein objektiven dramatischen Richtigkeit der Charaktere und Handlungen, welche die artige Bemerkung veranlaßt hat, daß jeder, während er träumt, ein Shakespeare sei. Denn dieselbe Allwissenheit in uns, welche macht, daß im Traum jeder natürliche Körper genau seinen wesentlichen Eigenschaften gemäß wirkt, macht auch, daß jeder Mensch in vollster Gemäßheit seines Charakters handelt und redet. Infolge alles diesen ist die Täuschung, die der Traum erzeugt, so stark, daß die Wirklichkeit selbst, welche beim Erwachen vor uns steht, oft erst zu kämpfen hat und Zeit gebraucht, ehe sie zum Worte kommen kann, um uns von der Trüglichkeit des schon nicht mehr vorhandenen, sondern bloß dagewesenen Traumes zu überzeugen. Auch hinsichtlich der Erinnerung sind wir bei unbedeutenden Vorgängen bisweilen im Zweifel, ob sie geträumt oder wirklich geschehn seien: wenn hingegen einer zweifelt, ob etwas geschehn sei oder er es sich bloß *eingebildet* habe; so wirft er auf sich selbst den Verdacht des Wahnsinns. Dies alles beweist, daß der Traum eine ganz eigentümliche Funktion unsers Gehirns und durchaus verschieden ist von der bloßen Einbildungskraft und ihrer Rumination[1]. – Auch Aristoteles sagt: Τὸ ἐνύπνιόν ἐστιν αἴσθημα τρόπον τινά. (Somnium quodammodo sensum est.) [Das Traumbild ist in gewissem Sinne eine Wahrnehmung.] (›De somno et vigilia‹ cap. 2 [p. 456 a 26]). Auch macht er die feine und richtige Bemerkung, daß wir im Traume selbst uns abwesende Dinge noch durch die Phantasie vorstellen. Hieraus aber läßt sich folgern, daß während des Traumes die Phantasie noch disponibel, also nicht sie selbst das Medium oder Organ des Traumes sei.

Andererseits wieder hat der Traum eine nicht zu leugnende Ähnlichkeit mit dem Wahnsinn. Nämlich was das träumende Bewußtsein vom wachen hauptsächlich unterscheidet, ist der Mangel an Gedächtnis oder vielmehr an zusammenhängender, besonnener Rückerinnerung. Wir träumen uns in wunderliche, ja unmögliche Lagen und Verhältnisse, ohne daß es uns einfiele, nach den Relationen derselben zum Abwesenden und den Ursachen ihres Eintritts zu forschen; wir vollziehn ungereimte Handlungen, weil wir des ihnen Entgegenstehenden nicht eingedenk sind. Längst Verstorbene figurieren noch immer als Lebende in unsern Träumen; weil wir im Traume uns nicht darauf besinnen, daß sie tot sind. Oft sehn wir uns wieder in den Verhältnissen, die in unserer frühen Jugend bestanden, von den damaligen Personen umgeben, alles beim alten; weil alle seitdem eingetretenen Veränderungen und Umgestaltungen vergessen sind. Es scheint also wirklich, daß im Traume bei der

1. [wiederholten Erwägung]

Tätigkeit aller Geisteskräfte das Gedächtnis allein nicht recht disponibel sei. Hierauf eben beruht seine Ähnlichkeit mit dem Wahnsinn, welcher, wie ich (›Welt als Wille und Vorstellung‹ Bd. 1, § 36 *[Bd. 1, S. 264–277]* und Bd. 2, Kap. 32 *[Bd. 2, S. 514–519]* gezeigt habe, im wesentlichen auf eine gewisse Zerrüttung des Erinnerungsvermögens zurückzuführen ist. Von diesem Gesichtspunkt aus läßt sich daher der Traum als ein kurzer Wahnsinn, der Wahnsinn als ein langer Traum bezeichnen. Im ganzen also ist im Traum die Anschauung der *gegenwärtigen Realität* ganz vollkommen und selbst minutiös: hingegen ist unser Gesichtskreis daselbst ein sehr beschränkter, sofern das *Abwesende* und *Vergangene*, selbst das fingierte, nur wenig ins Bewußtsein fällt.

Wie jede Veränderung in der realen Welt schlechterdings nur infolge einer ihr vorhergegangenen andern, ihrer Ursache eintreten kann; so ist auch der Eintritt aller Gedanken und Vorstellungen in unser Bewußtsein dem Satze vom Grunde überhaupt unterworfen; daher solche jedesmal entweder durch einen äußern Eindruck auf die Sinne oder aber nach den Gesetzen der Assoziation (worüber Kap. 14 im zweiten Bande meines Hauptwerks *[Bd. 2, S. 173]*) durch einen ihnen vorhergängigen Gedanken hervorgerufen sein müssen; außer dem sie nicht eintreten könnten. Diesem Satze vom Grunde als dem ausnahmslosen Prinzip der Abhängigkeit und Bedingtheit aller irgend für uns vorhandenen Gegenstände müssen nun auch die Träume hinsichtlich ihres Eintritts irgendwie unterworfen sein: allein auf welche Weise sie ihm unterliegen, ist sehr schwer auszumachen. Denn das Charakteristische des Traumes ist die ihm wesentliche Bedingung des Schlafes, d.h. der aufgehobenen normalen Tätigkeit des Gehirns und der Sinne: erst wann diese Tätigkeit feiert, kann der Traum eintreten; geradeso, wie die Bilder der Laterna magica erst erscheinen können, nachdem man die Beleuchtung des Zimmers aufgehoben hat. Demnach wird der Eintritt, mithin auch der Stoff des Traums zuvörderst nicht durch äußere Eindrücke auf die Sinne herbeigeführt: einzelne Fälle, wo bei leichtem Schlummer äußere Töne, auch wohl Gerüche noch ins Sensorium gedrungen sind und Einfluß auf den Traum erlangt haben, sind spezielle Ausnahmen, von denen ich hier absehe. Nun aber ist sehr beachtenswert, daß die Träume auch nicht durch die Gedankenassoziation herbeigeführt werden. Denn sie entstehn entweder mitten im tiefen Schlafe, dieser eigentlichen Ruhe des Gehirns, welche wir als eine vollkommene, mithin als ganz bewußtlos anzunehmen alle Ursache haben; wonach hier sogar die Möglichkeit der Gedankenassoziation wegfällt: oder aber sie entstehn beim Übergang aus dem wachen Bewußtsein in den Schlaf, also beim Einschlafen: sogar bleiben sie hiebei eigentlich nie ganz aus und geben ebendadurch uns Gelegenheit, die volle Überzeugung zu gewinnen, daß sie durch keine Gedankenassoziation mit den wachen Vorstellungen verknüpft sind, sondern den Faden dieser unberührt lassen, um ihren Stoff und Anlaß ganz woanders – wir wissen nicht woher – zu nehmen. Diese ersten Traumbilder des Einschlafenden nämlich sind, was sich leicht beobachten läßt, stets ohne irgend einigen Zusammenhang mit den Gedanken, unter denen er eingeschlafen ist, ja sie sind diesen so auffallend heterogen, daß es aussieht, als hätten sie absichtlich unter allen Dingen auf der Welt gerade das ausgewählt, woran wir am wenigsten gedacht haben; daher dem darüber Nachdenkenden sich die Frage aufdrängt, wodurch wohl die Wahl und Beschaffenheit derselben bestimmt werden möge? Sie haben überdies (wie Burdach im dritten Bande seiner ›Physiologie‹ [als Erfahrungswissenschaft] fein und richtig bemerkt) das Unterscheidende, daß sie keine zusammenhängende Begebenheit darstellen und wir auch meistensteils nicht selbst als handelnd darin auftreten wie in den andern Träumen; sondern sie sind ein rein objektives Schauspiel, bestehend aus vereinzelten Bildern, die beim Einschlafen plötzlich aufsteigen, oder auch sehr einfache Vorgänge. Da wir oft sogleich wieder darüber erwachen, können wir uns vollkommen überzeugen, daß sie mit den noch augenblicklich vorher dagewesenen Gedanken niemals die mindeste Ähnlichkeit, die entfernteste Analogie oder sonstige Beziehung zu ihnen haben, vielmehr uns durch das ganz Unerwartete ihres Inhalts überraschen, als welcher unserm vorherigen Gedankengange ebenso fremd ist wie irgendein Gegenstand der Wirklichkeit, der im wachen Zustande auf die zufälligste Weise plötzlich in unsere Wahrnehmung tritt, ja der oft so weit hergeholt, so wunderlich und blind ausgewählt ist, als wäre er durch Los oder Würfel bestimmt worden. – Der Faden also, den der Satz vom Grunde uns in die Hand gibt, scheint uns hier an beiden Enden, dem innern und dem äußern, abgeschnitten zu sein. Allein das ist nicht möglich, nicht denkbar. Notwendig muß irgendeine Ursache vorhanden sein, welche jene Traumgestalten herbeiführt und sie durchgängig bestimmt; so daß aus ihr sich müßte genau erklären lassen, warum z. B. mir, den bis zum Augenblick des Einschlummerns ganz andere Gedanken beschäftigten, jetzt plötzlich ein blühender, vom Winde leise bewegter Baum und nichts anderes sich darstellt, ein andermal aber eine Magd mit einem Korbe auf dem Kopf, wieder ein andermal eine Reihe Soldaten usf.

Da nun also bei der Entstehung der Träume, sei es unter dem Einschlafen oder im bereits eingetretenen Schlaf, dem Gehirne, diesem alleinigen Sitz und Organ aller Vorstellungen, sowohl die Erregung von außen durch die Sinne als die von innen durch die Gedanken abgeschnitten ist; so bleibt uns keine andere Annahme übrig, als daß dasselbe irgendeine rein physiologische Erregung dazu aus dem Innern des Organismus erhalte. Dem Einflusse dieses sind zum Gehirne zwei Wege offen: der der Nerven und der der Gefäße. Die Lebenskraft hat während des Schlafes, d. h. des Einstellens aller *animalischen* Funktionen, sich gänzlich auf das *organische* Leben geworfen und ist daselbst unter einiger Verringerung des Atmens, des Pulses, der Wärme, auch fast aller Sekretionen, hauptsächlich mit der langsamen Reproduktion, der Herstellung alles Verbrauchten, der Heilung alles Verletzten und der Beseitigung aller eingerissenen Unordnungen beschäftigt; daher der Schlaf die Zeit ist, während welcher die vis naturae medicatrix [Heilkraft der Natur] in allen Krankheiten die heilsamen Krisen herbeiführt, in welchen sie alsdann den entscheidenden Sieg über das vorhandene

Übel erkämpft und wonach daher der Kranke mit dem sichern Gefühl der herankommenden Genesung erleichtert und freudig erwacht. Aber auch bei dem Gesunden wirkt sie dasselbe, nur in ungleich geringerm Grade an allen Punkten, wo es nötig ist; daher auch er beim Erwachen das Gefühl der Herstellung und Erneuerung hat: besonders hat im Schlafe das Gehirn seine im Wachen nicht ausführbare Nutrition erhalten; wovon die hergestellte Klarheit des Bewußtseins die Folge ist. Alle diese Operationen stehn unter der Leitung und Kontrolle des plastischen Nervensystems, also der sämtlichen großen Ganglien oder Nervenknoten, welche, in der ganzen Länge des Rumpfs durch leitende Nervenstränge miteinander verbunden, den *großen sympathischen Nerven* oder den *innern* Nervenherd ausmachen. Dieser ist vom *äußern* Nervenherde, dem Gehirn, als welchem ausschließlich die Leitung der *äußern* Verhältnisse obliegt und welches deshalb einen nach außen gerichteten Nervenapparat und durch ihn veranlaßte Vorstellungen hat, ganz gesondert und isoliert; so daß im normalen Zustande seine Operationen nicht ins Bewußtsein gelangen, nicht empfunden werden. Inzwischen hat derselbe doch einen mittelbaren und schwachen Zusammenhang mit dem Zerebralsystem durch dünne und fernher anastomosierende[1] Nerven: auf dem Wege derselben wird bei abnormen Zuständen oder gar Verletzungen der innern Teile jene Isolation in gewissem Grade durchbrochen, wonach solche dumpfer oder deutlicher als Schmerz ins Bewußtsein eindringen. Hingegen im normalen und gesunden Zustande gelangt auf diesem Wege von den Vorgängen und Bewegungen in der so komplizierten und tätigen Werkstätte des organischen Lebens, von dem leichtern oder erschwerten Fortgange desselben nur ein äußerst schwacher verlorener Nachhall ins Sensorium: dieser wird im Wachen, wo das Gehirn an seinen eigenen Operationen, also am Empfangen äußerer Eindrücke, am Anschauen auf deren Anlaß und am Denken volle Beschäftigung hat, gar nicht wahrgenommen; sondern hat höchstens einen geheimen und unbewußten Einfluß, aus welchem die-

1. [in Verbindung stehende, sich vereinigende]

jenigen Änderungen der Stimmung entstehn, von denen keine Rechenschaft aus objektiven Gründen sich geben läßt. Beim Einschlafen jedoch, als wo die äußern Eindrücke zu wirken aufhören und auch die Regsamkeit der Gedanken im Innern des Sensoriums allmälig erstirbt, da werden jene schwachen Eindrücke, die aus dem innern Nervenherde des organischen Lebens auf mittelbarem Wege heraufdringen, imgleichen jede geringe Modifikation des Blutumlaufs, da sie sich den Gefäßen des Gehirns mitteilt, fühlbar – wie die Kerze zu scheinen anfängt, wann die Abenddämmerung eintritt; oder wie wir bei Nacht die Quelle rieseln hören, die der Lärm des Tages unvernehmbar machte. Eindrücke, die viel zu schwach sind, als daß sie auf das wache, d. h. tätige Gehirn wirken könnten, vermögen, wann seine eigene Tätigkeit ganz eingestellt wird, eine leise Erregung seiner einzelnen Teile und ihrer vorstellenden Kräfte hervorzubringen – wie eine Harfe von einem fremden Tone nicht widerklingt, während sie selbst gespielt wird, wohl aber, wenn sie still dahängt. Hier also muß die Ursache der Entstehung und mittelst ihrer auch die durchgängige nähere Bestimmung jener beim Einschlafen aufsteigenden Traumgestalten liegen, und nicht weniger die der aus der absoluten mentalen Ruhe des tiefen Schlafes sich erhebenden, dramatischen Zusammenhang habenden Träume; nur daß zu diesen, da sie eintreten, wann das Gehirn schon in tiefer Ruhe und gänzlich seiner Nutrition hingegeben ist, eine bedeutend stärkere Anregung von innen erfordert sein muß; daher eben es auch nur diese Träume sind, welche in einzelnen sehr seltenen Fällen prophetische oder fatidike[1] Bedeutung haben, und Horaz ganz richtig sagt:

Post mediam noctem, cum somnia vera.
[Nach der Mitte der Nacht, wo Wahres geträumt wird.
›Saturae‹ I, 10, 33]

Denn die letzten Morgenträume verhalten sich in dieser Hinsicht denen beim Einschlafen gleich, sofern das ausgeruhte und gesättigte Gehirn wieder leicht erregbar ist.

1. [schicksalkündende]

Also jene schwachen Nachhälle aus der Werkstätte des organischen Lebens sind es, welche in die der Apathie entgegensinkende oder ihr bereits hingegebene sensorielle Tätigkeit des Gehirns dringen und sie schwach, zudem auf einem ungewöhnlichen Wege und von einer andern Seite als im Wachen erregen: aus ihnen jedoch muß dieselbe, da allen andern Anregungen der Zugang gesperrt ist, den Anlaß und Stoff zu ihren Traumgestalten nehmen, so heterogen diese auch solchen Eindrücken sein mögen. Denn wie das Auge durch mechanische Erschütterung oder durch innere Nervenkonvulsion Empfindungen von Helle und [vom] Leuchten erhalten kann, die den durch äußeres Licht verursachten völlig gleich sind; wie bisweilen das Ohr infolge abnormer Vorgänge in seinem Innern Töne jeder Art hört; wie ebenso der Geruchsnerv ohne alle äußere Ursache ganz spezifisch bestimmte Gerüche empfindet; wie auch die Geschmacksnerven auf analoge Weise affiziert werden; wie also alle Sinnesnerven sowohl von innen als von außen zu ihren eigentümlichen Empfindungen erregt werden können, auf gleiche Weise kann auch das Gehirn durch Reize, die aus dem Innern des Organismus kommen, bestimmt werden, seine Funktion der Anschauung raumerfüllender Gestalten zu vollziehn; wo denn die so entstandenen Erscheinungen gar nicht zu unterscheiden sein werden von den durch Empfindungen in den Sinnesorganen veranlaßten, welche durch äußere Ursachen hervorgerufen wurden. Wie nämlich der Magen aus allem, was er bewältigen kann, chymus und die Gedärme aus diesem chylus bereiten, dem man seinen Urstoff nicht ansieht; ebenso reagiert auch das Gehirn auf alle zu ihm gelangende[n] Erregungen mittelst Vollziehung der *ihm* eigentümlichen Funktion. Diese besteht zunächst im Entwerfen von Bildern im Raum, als welcher seine Anschauungsform ist, nach allen drei Dimensionen; sodann im Bewegen derselben in der Zeit und am Leitfaden der Kausalität, als welche ebenfalls die Funktionen seiner ihm eigentümlichen Tätigkeit sind. Denn allezeit wird es nur seine eigene Sprache reden: in dieser daher interpretiert es auch jene schwachen während des Schlafs von innen zu ihm gelangenden Eindrücke; eben wie die starken und bestimmten im Wachen auf dem regelmäßigen Wege von außen kommenden: auch jene also geben ihm den Stoff zu *Bildern*, welche denen auf Anregung der äußern Sinne entstehenden vollkommen gleichen; obschon zwischen den beiden Arten von veranlassenden Eindrücken kaum irgendeine Ähnlichkeit sein mag. Aber sein Verhalten hiebei läßt sich mit dem eines Tauben vergleichen, der aus einigen in sein Ohr gelangten Vokalen sich eine ganze, wiewohl falsche Phrase zusammensetzt; oder wohl gar mit dem eines Verrückten, den ein zufällig gebrauchtes Wort auf wilde, seiner fixen Idee entsprechenden Phantasien bringt. Jedenfalls sind es jene schwachen Nachhälle gewisser Vorgänge im Innern des Organismus, welche, bis zum Gehirn hinauf sich verlierend, den Anlaß zu seinen Träumen abgeben: diese werden daher auch durch die Art jener Eindrücke spezieller bestimmt, indem sie wenigstens das Stichwort von ihnen erhalten haben; ja sie werden, so gänzlich verschieden von jenen sie auch sein mögen, doch ihnen irgendwie analogisch oder wenigstens symbolisch entsprechen, und zwar am genauesten denen, die während des *tiefen* Schlafes das Gehirn zu erregen vermögen; weil solche, wie gesagt, schon bedeutend stärker sein müssen. Da nun ferner diese innern Vorgänge des organischen Lebens auf das zur Auffassung der Außenwelt bestimmte Sensorium ebenfalls nach Art eines *ihm* Fremden und Äußeren einwirken; so werden die auf solchen Anlaß in ihm entstehenden Anschauungen ganz *unerwartete* und seinem etwan kurz zuvor noch dagewesenen Gedankengange völlig heterogene und fremde Gestalten sein; wie wir dieses beim Einschlafen und [bei] baldigem Wiedererwachen aus demselben zu beobachten Gelegenheit haben.

Diese ganze Auseinandersetzung lehrt uns vorderhand weiter nichts kennen als die nächste Ursache des Eintritts des Traumes oder die Veranlassung desselben, welche zwar auch auf seinen Inhalt Einfluß haben, jedoch an sich selbst diesem so sehr heterogen sein muß, daß die Art ihrer Verwandtschaft uns ein Geheimnis bleibt. Noch rätselhafter ist der physiologische Vorgang im Gehirn selbst, darin eigentlich das Träumen besteht. Der Schlaf nämlich ist die Ruhe des Gehirns, der Traum dennoch eine gewisse Tätigkeit desselben: sonach müssen wir, damit kein Widerspruch entstehe, jene für eine nur relative und diese für eine irgendwie limitierte und nur partielle erklären. In welchem Sinne nun sie dieses sei, ob den Teilen des Gehirns oder dem Grad seiner Erregung oder der Art seiner innern Bewegung nach, und wodurch eigentlich sie sich vom wachen Zustande unterscheide, wissen wir wieder nicht. – Es gibt keine Geisteskraft, die sich im Traume nie tätig erwiese: dennoch zeigt der Verlauf desselben, wie auch unser eigenes Benehmen darin, oft außerordentlichen Mangel an Urteilskraft, imgleichen, wie schon oben erörtert, an Gedächtnis.

Hinsichtlich auf unsern Hauptgegenstand bleibt die Tatsache stehn, daß wir ein Vermögen haben zur anschaulichen Vorstellung raumerfüllter Gegenstände und zum Vernehmen und Verstehn von Tönen und Stimmen jeder Art, beides ohne die äußere Anregung der Sinnesempfindungen, welche hingegen zu unserer *wachen* Anschauung die Veranlassung, den Stoff oder die empirische Grundlage liefern, mit derselben jedoch darum keineswegs identisch ist, da solche durchaus *intellektual* ist und nicht bloß sensual; wie ich dies öfter dargetan und bereits oben die betreffenden Hauptstellen angeführt habe. Jene keinem Zweifel unterworfene Tatsache nun aber haben wir festzuhalten: denn sie ist das *Urphänomen*, auf welches alle unsere ferneren Erklärungen zurückweisen, indem sie nur die sich noch weitererstreckende Tätigkeit des bezeichneten Vermögens dartun werden. Zur Benennung desselben wäre der bezeichnendste Ausdruck der, welchen die Schotten für eine besondere Art seiner Äußerung oder Anwendung sehr sinnig gewählt haben, geleitet von dem richtigen Takt, den die eigenste Erfahrung verleiht: er heißt second sight, *das Zweite Gesicht*. Denn die hier erörterte Fähigkeit zu träumen ist in der Tat ein zweites, nämlich nicht wie das erste durch die äußern Sinne vermitteltes Anschauungsvermögen, dessen Gegenstände jedoch der Art und Form nach dieselben sind wie die des ersten; woraus zu schließen, daß es eben wie dieses eine Funktion des *Gehirns* ist. Jene schottische Benennung würde daher die passendeste sein, um die ganze Gattung der hieher gehörigen Phänomene zu bezeichnen und sie auf ein Grundvermögen zurückzuführen: da jedoch die Erfinder derselben sie zur Bezeichnung einer besondern, seltenen und höchst merkwürdigen Äußerung jenes Vermögens verwendet haben; so darf ich nicht, so gern ich es auch möchte, sie gebrauchen, die ganze Gattung jener Anschauungen oder genauer: das subjektive Vermögen, welches sich in ihnen allen kundgibt, zu bezeichnen. Für dieses bleibt mir daher keine passendere Benennung als die des *Traumorgans*, als welche die ganze in Rede stehende Anschauungsweise durch diejenige Äußerung derselben bezeichnet, die jedem bekannt und geläufig ist. Ich werde mich also derselben zur Bezeichnung des dargelegten vom äußern Eindruck auf die Sinne unabhängigen Anschauungsvermögens bedienen.

Die Gegenstände, welche dasselbe im gewöhnlichen Traume uns vorführt, sind wir gewohnt als ganz illusorisch zu betrachten; da sie beim Erwachen verschwinden. Inzwischen ist diesem doch nicht allemal so, und es ist in Hinsicht auf unser Thema sehr wichtig, die Ausnahme hievon aus eigener Erfahrung kennenzulernen, was vielleicht jeder könnte, wenn er die gehörige Aufmerksamkeit auf die Sache verwendete. Es gibt nämlich einen Zustand, in welchem wir zwar schlafen und träumen; jedoch eben nur die uns umgebende Wirklichkeit selbst träumen. Demnach sehn wir alsdann unser Schlafgemach mit allem, was darin ist, werden auch etwan eintretende Menschen gewahr, wissen uns selbst im Bett, alles richtig und genau. Und doch schlafen wir mit fest geschlossenen Augen: wir träumen; nur ist, was wir träumen, wahr und wirklich. Es ist nicht anders, als ob alsdann unser Schädel durchsichtig geworden wäre, so daß die Außenwelt nunmehr statt durch den Umweg und die enge Pforte der Sinne geradezu und unmittelbar ins Gehirn käme. Dieser Zustand ist vom Wachen viel schwerer zu unterscheiden als der gewöhnliche Traum; weil beim Erwachen daraus keine Umgestaltung der Umgebung, also gar keine *objektive*

Veränderung vorgeht. Nun ist aber (siehe ›Welt als Wille und Vorstellung‹ Bd. 1, § 5, S. 19 *[Bd. 1, S. 48f.]*) das Erwachen das alleinige Kriterium zwischen Wachen und Traum, welches demnach hier seiner objektiven und hauptsächlichen Hälfte nach wegfällt. Nämlich beim Erwachen aus einem Traum der in Rede stehenden Art geht bloß eine *subjektive* Veränderung mit uns vor, welche darin besteht, daß wir plötzlich eine Umwandelung des Organs unserer Wahrnehmung spüren: dieselbe ist jedoch nur leise fühlbar und kann, weil sie von keiner objektiven Veränderung begleitet ist, leicht unbemerkt bleiben. Dieserhalb wird die Bekanntschaft mit diesen die Wirklichkeit darstellenden Träumen meistens nur dann gemacht werden, wann sich Gestalten eingemischt haben, die derselben nicht angehören und daher beim Erwachen verschwinden, oder auch, wann ein solcher Traum die noch höhere Potenzierung erhalten hat, von der ich sogleich reden werde. Die beschriebene Art des Träumens ist das, was man *Schlafwachen* genannt hat; nicht etwan, weil es ein Mittelzustand zwischen Schlafen und Wachen ist, sondern, weil es als ein Wachwerden im Schlafe selbst bezeichnet werden kann. Ich möchte es daher lieber ein Wahrträumen nennen. Zwar wird man es meistens nur frühmorgens, auch wohl abends einige Zeit nach dem Einschlafen bemerken: dies liegt aber bloß daran, daß nur dann, wann der Schlaf nicht tief war, das Erwachen leicht genug eintrat, um eine Erinnerung an das Geträumte übrigzulassen. Gewiß tritt dieses Träumen viel öfter während des tiefen Schlafes ein, nach der Regel, daß die Somnambule um so hellsehender wird, je tiefer sie schläft: aber dann bleibt keine Erinnerung daran zurück. Daß hingegen, wann es bei leichterem Schlafe eingetreten ist, eine solche bisweilen stattfindet, ist dadurch zu erläutern, daß selbst aus dem magnetischen Schlaf, wenn er ganz leicht war, ausnahmsweise eine Erinnerung in das wache Bewußtsein übergehn kann; wovon ein Beispiel zu finden ist in *Kiesers* ›Archiv für tierischen Magnetismus‹ (Bd. 3, Heft 2, S. 139). Diesem also gemäß bleibt die Erinnerung solcher unmittelbar objektiv wahren Träume nur dann, wann sie in einem leichten Schlaf,

z. B. des Morgens, eingetreten sind, wo wir unmittelbar daraus erwachen können.

Diese Art des Traumes nun ferner, deren Eigentümliches darin besteht, daß man die nächste gegenwärtige Wirklichkeit träumt, erhält bisweilen eine Steigerung ihres rätselhaften Wesens dadurch, daß der Gesichtskreis des Träumenden sich noch etwas erweitert, nämlich so, daß er über das Schlafgemach hinausreicht – indem die Fenstervorhänge oder Läden aufhören Hindernisse des Sehns zu sein und man dann ganz deutlich das hinter ihnen Liegende, den Hof, den Garten oder die Straße mit den Häusern gegenüber wahrnimmt. Unsere Verwunderung hierüber wird sich mindern, wenn wir bedenken, daß hier kein physisches Sehn stattfindet, sondern ein bloßes Träumen: jedoch ist es ein Träumen dessen, was jetzt wirklich da ist, folglich ein Wahrträumen, also ein Wahrnehmen durch das Traumorgan, welches als solches natürlich nicht an die Bedingung des ununterbrochenen Durchgangs der Lichtstrahlen gebunden ist. Die Schädeldecke selbst war, wie gesagt, die erste Scheidewand, durch welche zunächst diese sonderbare Art der Wahrnehmung ungehindert blieb: steigert nun diese sich noch etwas höher; so setzen auch Vorhänge, Türen und Mauern ihr keine Schranken mehr. Wie nun aber dies zugehe, ist ein tiefes Geheimnis: wir wissen nichts weiter, als daß hier *wahrgeträumt* wird, mithin eine Wahrnehmung durch das Traumorgan stattfindet. So weit geht diese für unsre Betrachtung elementare Tatsache. Was wir zu ihrer Aufklärung, insofern sie möglich sein mag, tun können, besteht zunächst im Zusammenstellen und gehörigem stufenweisen Ordnen aller sich an sie knüpfenden Phänomene, in der Absicht, ihren Zusammenhang untereinander zu erkennen, und in der Hoffnung, dadurch vielleicht auch in sie selbst dereinst eine nähere Einsicht zu erlangen.

Inzwischen wird auch dem, welchem alle eigene Erfahrung hierin abgeht, die geschilderte Wahrnehmung durch das Traumorgan unumstößlich beglaubigt durch den spontanen eigentlichen Somnambulismus oder das Nachtwandeln. Daß die von dieser Sucht Befallenen fest schlafen und daß sie mit den Augen schlechterdings nicht sehn können, ist völlig gewiß: dennoch nehmen sie in ihrer nächsten Umgebung alles wahr, vermeiden jedes Hindernis, gehn weite Wege, klettern an den gefährlichsten Abgründen hin, auf den schmalsten Stegen, vollführen weite Sprünge, ohne ihr Ziel zu verfehlen; auch verrichten einige unter ihnen ihre täglichen häuslichen Geschäfte im Schlaf genau und richtig, andere konzipieren und schreiben ohne Fehler. Auf dieselbe Weise nehmen auch die künstlich in magnetischen Schlaf versetzten Somnambulen ihre Umgebung wahr und, wenn sie hellsehend werden, selbst das Entfernteste. Ferner ist auch die Wahrnehmung, welche gewisse Scheintote von allem, was um sie vorgeht, haben, während sie starr und unfähig, ein Glied zu rühren, daliegen, ohne Zweifel eben dieser Art: auch sie träumen ihre gegenwärtige Umgebung, bringen also dieselbe auf einem andern Wege als dem der Sinne sich zum Bewußtsein. Man hat sich sehr bemüht, dem physiologischen Organ oder dem Sitz dieser Wahrnehmung auf die Spur zu kommen: doch ist es damit bisher nicht gelungen. Daß, wann der somnambule Zustand vollkommen vorhanden ist, die äußern Sinne ihre Funktionen gänzlich eingestellt haben, ist unwidersprechlich; da selbst der subjektiveste unter ihnen, das körperliche Gefühl, so gänzlich verschwunden ist, daß man die schmerzlichsten chirurgischen Operationen während des magnetischen Schlafs vollzogen hat, ohne daß der Patient irgendeine Empfindung davon verraten hätte. Das Gehirn scheint dabei im Zustande des allertiefsten Schlafs, also gänzlicher Untätigkeit zu sein. Dieses, nebst gewissen Äußerungen und Aussagen der Somnambulen, hat die Hypothese veranlaßt, der somnambule Zustand bestehe im gänzlichen Depotenzieren des Gehirns und Ansammeln der Lebenskraft im sympathischen Nerven, dessen größere Geflechte, namentlich der plexus solaris [das Sonnengeflecht[1]], jetzt zu einem Sensorio umgeschaffen würden und also vikarierend die Funktionen des Gehirns übernähmen, welche sie nun ohne Hülfe äußerer Sinneswerkzeuge und dennoch ungleich vollkommener als dieses ausübten.

1. [Geflecht des sympathischen Nerven in der Gegend des Magens]

Diese (ich glaube, zuerst von *Reil* aufgestellte) Hypothese ist nicht ohne Scheinbarkeit und steht seitdem in großem Ansehn. Ihre Hauptstütze bleiben die Aussagen fast aller hellsehenden Somnambulen, daß jetzt ihr Bewußtsein seinen Sitz gänzlich auf der Herzgrube habe, woselbst ihr Denken und Wahrnehmen vor sich gehe wie sonst im Kopf. Auch lassen die meisten unter ihnen die Gegenstände, die sie genau besehn wollen, sich auf die Magengegend legen. Dennoch halte ich die Sache für unmöglich. Man betrachte nur das Sonnengeflecht, dieses sogenannte cerebrum abdominale [Bauchgangliengeflecht]: wie so gar klein ist seine Masse und wie höchst einfach seine aus Ringen von Nervensubstanz nebst einigen leichten Anschwellungen bestehende Struktur! Wenn ein solches Organ die Funktionen des Anschauens und Denkens zu vollziehn fähig wäre; so würde das sonst überall bestätigte Gesetz ›natura nihil facit frustra‹ [die Natur tut nichts vergebens; Aristoteles, ›De incessu animalium‹ cap. 2, p. 704 b 15] umgestoßen sein. Denn wozu wäre dann noch die meistens drei und bei einzelnen über fünf Pfund wiegende, so kostbare wie wohlverwahrte Masse des Gehirns mit der so überaus künstlichen Struktur seiner Teile, deren Komplikation so intrikat[1] ist, daß es mehrerer ganz verschiedener Zerlegungsweisen und häufiger Wiederholung derselben bedarf, um nur den Zusammenhang der Konstruktion dieses Organs einigermaßen verstehn und sich ein erträglich deutliches Bild von der wundersamen Gestalt und Verknüpfung seiner vielen Teile machen zu können? Zweitens ist zu erwägen, daß die Schritte und Bewegungen eines Nachtwandlers sich mit der größten Schnelle und Genauigkeit den von ihm nur durch das Traumorgan wahrgenommenen nächsten Umgebungen anpassen; so daß er auf das behendeste und wie es kein Wacher könnte, jedem Hindernis augenblicklich ausweicht, wie auch mit derselben Geschicklichkeit seinem einstweiligen Ziele zueilt. Nun aber entspringen die motorischen Nerven aus dem Rückenmark, welches durch die medulla oblongata [das verlängerte Mark] mit dem kleinen Gehirn, dem Regulator der Bewegungen,

1. [verwickelt]

dieses aber wieder mit dem großen Gehirne, dem Ort der Motive, welches die Vorstellungen sind, zusammenhängt; wodurch es dann möglich wird, daß die Bewegungen mit augenblicklicher Schnelle sich sogar den flüchtigsten Wahrnehmungen anpassen. Wenn nun aber die Vorstellungen, welche als Motive die Bewegungen zu bestimmen haben, in das Bauchgangliengeflecht verlegt wären, dem nur auf Umwegen eine schwierige, schwache und mittelbare Kommunikation mit dem Gehirne möglich ist (daher wir im gesunden Zustande vom ganzen so stark und rastlos tätigen Treiben und Schaffen unsers organischen Lebens gar nichts spüren) – wie sollten die daselbst entstehenden Vorstellungen, und zwar mit Blitzesschnelle die gefahrvollen Schritte des Nachtwandlers lenken?F – Daß übrigens, beiläufig gesagt, der Nachtwandler ohne Fehl und ohne Furcht die gefährlichsten Wege durchläuft, wie er es wachend nimmermehr könnte, ist daraus erklärlich, daß sein Intellekt nicht ganz und schlechthin, sondern nur einseitig, nämlich nur so weit tätig ist, als es die Lenkung seiner Schritte erfordert; wodurch die Reflexion, mit ihr aber alles Zaudern und Schwanken, eliminiert ist. – Endlich gibt uns darüber, daß wenigstens die *Träume* eine Funktion des Gehirns sind, folgende von *Treviranus* (›Über die Erscheinungen des organischen Lebens‹ Bd. 2, Abt. 2, S. 177) nach *Pierquin* angeführte Tatsache sogar faktische Gewißheit: ›Bei einem Mädchen, dessen Schädelknochen durch Knochenfraß zum Teil so zerstört waren, daß das Gehirn ganz entblößt lag, quoll dieses beim Erwachen hervor und sank beim Einschlafen. Während des ruhigen Schlafs war die Senkung am stärksten. Bei lebhaften

---

F. Beachtenswert hinsichtlich der in Rede stehenden Hypothese ist es immer, daß die Septuaginta durchgängig die Seher und Wahrsager ἐγγαστριμύθους [Bauchredner] benennt, namentlich auch die Hexe von Endor – mag dies nun auf Grundlage des hebräischen Originals oder in Gemäßheit der in Alexandrien damals herrschenden Begriffe und ihrer Ausdrücke geschehn. Offenbar ist die Hexe von Endor eine clairvoyante und das bedeutet ἐγγαστρίμυθος. Saul sieht und spricht nicht selbst den Samuel, sondern durch Vermittelung des Weibes: sie beschreibt dem Saul, wie der Samuel aussieht (vgl. Deleuze: ›De la prévision‹ pp. 147, 148).

Träumen fand turgor[1] darin statt.‹ Vom Traum ist aber der Somnambulismus offenbar nur dem Grade nach verschieden: auch *seine* Wahrnehmungen geschehn durch das Traumorgan; er ist, wie gesagt, ein unmittelbares Wahrträumen[F].

Man könnte indessen die hier bestrittene Hypothese dahin modifizieren, daß das Bauchgangliengeflecht nicht selbst das Sensorium würde, sondern nur die Rolle der äußern Werkzeuge desselben, also der hier ebenfalls gänzlich depotenzierten *Sinnesorgane* übernähme, mithin Eindrücke von außen empfinge, die es dem Gehirn überlieferte, welches, solche seiner Funktion gemäß bearbeitend, nun daraus die Gestalten der Außenwelt ebenso schematisierte und aufbaute wie sonst aus den Empfindungen in den Sinnesorganen. Allein auch hier wiederholt sich die Schwierigkeit der blitzschnellen Überlieferung der Eindrücke an das von diesem innern Nervenzentro so entschieden isolierte Gehirn. Sodann ist das Sonnengeflecht seiner Struktur nach zum Sehe- und Hörorgan ebenso ungeeignet wie zum Denkorgan, überdies auch durch eine dicke Scheidewand aus Haut, Fett, Muskeln, Peritoneum[2] und Eingeweiden vom Eindrucke des Lichts gänzlich abgesperrt. Wenn also auch die meisten Somnambulen (imgleichen von Helmont in der von mehreren angeführten Stelle ›Ortus medicinae‹, Lugdunum Batavorum 1667, ›demens idea‹ § 12, p. 171) aussagen, ihr Schauen und Denken gehe in der Magengegend vor sich; so dürfen wir dies doch nicht sofort als objektiv gültig annehmen; um so weniger, als einige Somnambulen es ausdrücklich leugnen: z.B. die bekannte Auguste Müller in Karlsruhe gibt (in dem

---

1. [Schwellung]

F. Daß wir im Traum oft vergeblich uns anstrengen, zu schreien oder die Glieder zu bewegen, muß daran liegen, daß der Traum als Sache bloßer Vorstellung eine Tätigkeit des großen Gehirns allein ist, welche sich nicht auf das kleine Gehirn erstreckt: dieses demnach bleibt in der Erstarrung des Schlafes liegen, völlig untätig, und kann sein Amt, als Regulator der Gliederbewegung auf die medulla zu wirken, nicht versehn; weshalb die dringendesten Befehle des großen Gehirns unausgeführt bleiben: daher die Beängstigung. Durchbricht aber das große Gehirn die Isolation und bemächtigt sich des kleinen, so entsteht *Somnambulismus*.

2. [Bauchfell]

Bericht über sie [›Geschichte der hellsehenden Auguste Müller zu Karlsruhe‹, Stuttgart 1818] S. 53 ff.) an, daß sie nicht mit der Herzgrube, sondern mit den Augen sehe, sagt jedoch, daß die meisten andern Somnambulen mit der Herzgrube sähen; und auf die Frage: ›Kann auch die Denkkraft in die Herzgrube verpflanzt werden?‹ antwortet sie: ›Nein, aber die Seh- und Hörkraft.‹ Diesem entspricht die Aussage einer andern Somnambule in Kiesers ›Archiv‹ (Bd. 10, Heft 2, S. 154), welche auf die Frage: ›Denkst du mit dem ganzen Gehirn oder nur mit einem Teil desselben?‹ antwortet: ›Mit dem ganzen, und ich werde sehr müde.‹ Das wahre Ergebnis aus allen Somnambulen-Aussagen scheint zu sein, daß die Anregung und der Stoff zur anschauenden Tätigkeit ihres Gehirns nicht wie im Wachen von außen und durch die Sinne, sondern, wie oben bei den Träumen auseinandergesetzt worden, aus dem Innern des Organismus kommt, dessen Vorstand und Lenker bekanntlich die großen Geflechte des sympathischen Nerven sind, welche daher in Hinsicht auf die Nerventätigkeit den ganzen Organismus mit Ausnahme des Zerebralsystems vertreten und repräsentieren. Jene Aussagen sind damit zu vergleichen, daß wir den Schmerz im Fuße zu empfinden vermeinen, den wir doch wirklich nur im Gehirne empfinden, daher er, sobald die Nervenleitung zu diesem unterbrochen ist, wegfällt. Es ist daher Täuschung, wenn die Somnambulen mit der Magengegend zu sehn, ja zu lesen wähnen oder in seltenen Fällen sogar mit den Fingern, Zehen oder der Nasenspitze diese Funktion zu vollziehn behaupten (z.B. der Knabe *Arst* in Kiesers ›Archiv‹ Bd. 3, Heft 2, ferner die Somnambule *Koch*, ebendaselbst Bd. 10, Heft 3, S. 8–21, auch das Mädchen in Justinus Kerners ›Geschichte zweier Somnambulen‹, 1824, S. 323–30, welches aber hinzufügt, ›der Ort dieses Sehns sei das Gehirn wie im wachen Zustande‹). Denn wenn wir auch die Nervensensibilität solcher Teile noch so hoch gesteigert uns denken wollen; so bleibt ein Sehn im eigentlichen Sinne, d.h. durch Vermittelung der Lichtstrahlen in Organen, die jedes optischen Apparats entbehren, selbst wenn sie nicht, wie doch der Fall ist, mit dicken Hüllen bedeckt, sondern dem Lichte zugänglich wären, durchaus unmöglich. Es ist ja nicht bloß die hohe Sensibilität der Retina, welche sie zum Sehn befähigt, sondern ebensosehr der überaus künstliche und komplizierte optische Apparat im Augapfel. Das physische Sehn erfordert nämlich zwar zunächst eine für das Licht sensible Fläche, dann aber auch, daß auf dieser mittelst der Pupille und der lichtbrechenden, unendlich künstlich kombinierten durchsichtigen Medien die draußen auseinandergefahrenen Lichtstrahlen sich wieder sammeln und konzentrieren, so daß ein Bild – richtiger: ein dem äußern Gegenstand genau entsprechender Nerveneindruck – entstehe, als wodurch allein dem Verstande die subtilen Data geliefert werden, aus denen er sodann durch einen intellektuellen, das Kausalitätsgesetz anwendenden Prozeß die Anschauung in Raum und Zeit hervorbringt. Hingegen Magengruben und Fingerspitzen könnten, selbst wenn Haut, Muskeln usw. durchsichtig wären, immer nur vereinzelte Lichtreflexe erhalten; daher mit ihnen zu sehn so unmöglich ist wie einen Daguerreotyp in einer offenen camera obscura ohne Sammlungsglas zu machen. Einen ferneren Beweis, daß diese angeblichen Sinnesfunktionen paradoxer Teile es nicht eigentlich sind und daß hier nicht mittelst physischer Einwirkung der Lichtstrahlen gesehn wird, gibt der Umstand, daß der erwähnte Knabe Kiesers mit den Zehen las, auch wann er dicke wollene Strümpfe anhatte, und mit den Fingerspitzen nur dann sah, wann er es ausdrücklich *wollte*, übrigens in der Stube, mit den Händen voraus, herumtappte. Dasselbe bestätigt seine eigene Aussage über diese abnormen Wahrnehmungen (a.a.O. S. 128): ›Er nannte dies nie Sehn, sondern auf die Frage, wie er denn wisse, was da vorgehe, antwortete er, er wisse es eben, das sei ja das Neue.‹ Ebenso beschreibt in Kiesers ›Archiv‹ (Bd. 7, Heft 1, S. 52) eine Somnambule ihre Wahrnehmung als ›ein Sehn, das kein Sehn ist, ein unmittelbares Sehn‹. In der ›Geschichte der hellsehenden Auguste Müller‹ (Stuttgart 1818) wird S. 36 berichtet: ›Sie sieht vollkommen hell und erkennt alle Personen und Gegenstände in der dichtesten Finsternis, wo es uns unmöglich wäre, die Hand vor den Augen zu unterscheiden.‹ Dasselbe belegt hinsichtlich des Hörens der Somnambulen Kiesers Aussage (›Tellurismus‹ Bd. 2, S. 172, erste Auflage), daß wollene Schnüre vorzüglich gute Leiter des Schalles seien – während Wolle bekanntlich der allerschlechteste Schalleiter ist. Besonders belehrend aber ist über diesen Punkt folgende Stelle aus dem eben erwähnten Buch über die Auguste Müller: ›Merkwürdig ist, was jedoch auch bei andern Somnambulen beobachtet wird, daß sie von allem, was unter Personen im Zimmer, selbst dicht neben ihr gesprochen wird, wenn die Rede nicht unmittelbar an sie gerichtet ist, durchaus nichts hört, jedes auch noch so leise an sie gerichtete Wort hingegen, selbst wenn mehrere Personen bunt durcheinandersprechen, bestimmt versteht und beantwortet. Auf dieselbe Art verhält es sich mit dem Vorlesen: wenn die ihr vorlesende Person an etwas anderes als an die Lektüre denkt, so wird sie von ihr nicht gehört‹ (S. 40). – Ferner heißt es S. 89: ›Ihr Hören ist kein Hören auf dem gewöhnlichen Wege durch das Ohr: denn man kann dieses fest zudrücken, ohne daß es ihr Hören hindert.‹ – Desgleichen wird in den ›Mitteilungen aus dem Schlafleben der Somnambule Auguste K[achler] in Dresden‹ (1843) wiederholentlich angeführt, daß sie zuzeiten ganz allein durch die Handfläche, und zwar das lautlose durch bloße Bewegung der Lippen Gesprochene hörte: S. 32 warnt sie selbst, daß man dies nicht für ein Hören im wörtlichen Sinne halten solle.

Demnach ist bei Somnambulen jeder Art durchaus nicht von sinnlichen Wahrnehmungen im eigentlichen Verstande des Wortes die Rede; sondern ihr Wahrnehmen ist ein unmittelbares *Wahrträumen*, geschieht also durch das so rätselhafte Traumorgan. Daß die wahrzunehmenden Gegenstände an ihre Stirn oder auf ihre Magengrube gelegt werden oder daß in den erwähnten einzelnen Fällen die Somnambule ihre ausgespreizten Fingerspitzen auf dieselben richtet, ist bloß ein Mittel, das Traumorgan auf diese Gegenstände durch den Kontakt mit ihnen hinzulenken, damit sie das Thema seines Wahrträumens werden, also geschieht bloß, um ihre Aufmerksamkeit entschieden darauf hinzulenken oder, in der Kunstsprache, sie mit diesen Objekten in näheren Rapport zu setzen, worauf sie eben diese Objekte träumt, und zwar nicht bloß ihre Sichtbarkeit, sondern auch das Hörbare, die Sprache, ja den Geruch derselben: denn viele Hellsehende sagen aus, daß *alle ihre Sinne* auf die Magengrube versetzt sind (Dupotet, ›Traité complet du magnétisme‹ p. 449-452). Es ist folglich dem Gebrauche der Hände beim Magnetisieren analog, als welche nicht eigentlich physisch einwirken; sondern der *Wille* des Magnetiseurs ist das Wirkende: aber eben dieser erhält durch die Anwendung der Hände seine Richtung und Entschiedenheit. Denn zum Verständnis der ganzen Einwirkung des Magnetiseurs durch allerlei Gesten, mit und ohne Berührung, selbst aus der Ferne und durch Scheidewände kann nur die aus meiner Philosophie geschöpfte Einsicht führen, daß der Leib mit dem Willen völlig identisch, nämlich nichts anderes ist, als das im Gehirn entstehende Bild des Willens. Daß das Sehn der Somnambulen kein Sehn in unserm Sinne, kein durch Licht physisch vermitteltes ist, folgt schon daraus, daß es, wenn zum Hellsehn gesteigert, durch Mauern nicht gehindert wird, ja bisweilen in ferne Länder reicht. Eine besondere Erläuterung zu demselben liefert uns die bei den höhern Graden des Hellsehns eintretende Selbstanschauung nach innen, vermöge welcher solche Somnambulen alle Teile ihres eigenen Organismus deutlich und genau wahrnehmen, obgleich hier sowohl wegen Abwesenheit alles Lichtes als wegen der zwischen dem angeschauten Teile und dem Gehirne liegenden vielen Scheidewände alle Bedingungen zum physischen Sehn gänzlich fehlen. Hieraus nämlich können wir abnehmen, welcher Art alle somnambule Wahrnehmung, also auch die nach außen und in die Ferne gerichtete und sonach überhaupt alle Anschauung mittelst des Traumorgans sei, mithin alles somnambule Sehn äußerer Gegenstände, auch alles Träumen, alle Visionen im Wachen, das zweite Gesicht, die leibhafte Erscheinung Abwesender, namentlich Sterbender usw. Denn das erwähnte Schauen der innern Teile des eigenen Leibes entsteht offenbar nur durch eine Einwirkung von innen, wahrscheinlich unter Vermittelung des Gangliensystems auf das Gehirn, welches nun seiner

Natur getreu diese innern Eindrücke ebenso wie die ihm von außen kommenden verarbeitet, gleichsam einen fremden Stoff in seine ihm selbst eigenen und gewohnten Formen gießend, woraus denn eben solche Anschauungen wie die von Eindrücken auf die äußern Sinne herrührenden entstehn, welche denn auch in eben dem Maße und Sinne wie jene den angeschauten Dingen entsprechen. Demnach ist jegliches Schauen durch das Traumorgan die Tätigkeit der anschauenden Gehirnfunktion, angeregt durch *innere* Eindrücke statt wie sonst durch äußere[F]. Daß eine solche dennoch, auch wenn sie *äußere*, ja entfernte Dinge betrifft, objektive Realität und Wahrheit haben könne, ist eine Tatsache, deren Erklärung jedoch nur auf metaphysischem Wege, nämlich aus der Beschränkung aller Individuation und Abtrennung auf die Erscheinung, im Gegensatz des Dinges an sich, versucht werden könnte, und werden wir darauf zurückkommen. Daß aber überhaupt die Verbindung der Somnambulen mit der Außenwelt eine von Grund aus andere sei als die unserige im wachen Zustande, beweist am deutlichsten der in den höhern Graden häufig eintretende Umstand, daß, während die eigenen Sinne der Hellseherin jedem Eindrucke unzugänglich sind, sie mit denen des Magnetiseurs empfindet, z. B. niest, wann er eine Prise nimmt, schmeckt und genau bestimmt, was er ißt, und sogar die Musik, die in einem von ihr entfernten Zimmer des Hauses vor seinen Ohren erschallt, mithöret (Kiesers ›Archiv‹ Bd. 1, Heft 1, S. 117).

Der physiologische Hergang bei der somnambulen Wahrnehmung ist ein schwieriges Rätsel, zu dessen Lösung jedoch der erste Schritt eine wirkliche Physiologie des Traumes sein würde, d. h. eine deutliche und sichere Erkenntnis, welcher Art die Tätigkeit des Gehirns im Traume sei, worin eigentlich sie sich von der im Wachen unterscheide – und endlich von wo die Anregung zu ihr, mithin auch die nähere Bestimmung ihres Verlaufs ausgehe. Nur soviel läßt sich bis jetzt hinsichtlich der gesamten anschauenden und denken-

---

F. Infolge der Beschreibung der Ärzte erscheint *Katalepsie* als gänzliche Lähmung der *motorischen* Nerven, *Somnambulismus* hingegen als die der *sensibeln*; für welche sodann das Traumorgan vikariert.

den Tätigkeit im Schlafe mit Sicherheit annehmen: erstlich, daß das materielle Organ derselben ungeachtet der relativen Ruhe des Gehirns doch kein anderes als eben dieses sein könne; und zweitens, daß die Erregung zu solcher Traumanschauung, da sie nicht von außen durch die Sinne kommen kann, vom Innern des Organismus aus geschehn müsse. Was aber die beim Somnambulismus unverkennbare, richtige und genaue Beziehung jener Traumanschauung zur Außenwelt betrifft; so bleibt sie uns ein Rätsel, dessen Lösung ich nicht unternehme, sondern nur einige allgemeine Andeutungen darüber weiterhin geben werde. Hingegen habe ich als Grundlage der besagten Physiologie des Traums, also zur Erklärung unserer gesamten träumenden Anschauung mir folgende Hypothese ausgedacht, die in meinen Augen große Wahrscheinlichkeit hat.

Da das Gehirn während des Schlafs seine Anregung zur Anschauung räumlicher Gestalten besagterweise von innen statt wie beim Wachen von außen erhält; so muß diese Einwirkung dasselbe in einer der gewöhnlichen von den Sinnen kommenden entgegengesetzten Richtung treffen. Infolge hievon nimmt nun auch seine ganze Tätigkeit, also die innere Vibration oder Wallung seiner Fibern eine der gewöhnlichen entgegengesetzte Richtung, gerät gleichsam in eine antiperistaltische Bewegung. Statt daß sie nämlich sonst in der Richtung der Sinneseindrücke, also von den Sinnesnerven zum Innern des Gehirns vor sich geht, wird sie jetzt in umgekehrter Richtung und Ordnung, dadurch aber mitunter von andern Teilen vollzogen, so daß jetzt zwar wohl nicht die untere Gehirnfläche statt der obern, aber vielleicht die weiße Marksubstanz statt der grauen Kortikalsubstanz und vice versa [umgekehrt] fungieren muß. Das Gehirn arbeitet also jetzt wie umgekehrt. Hieraus wird zunächst erklärlich, warum von der somnambulen Tätigkeit keine Erinnerung ins Wachen übergeht, da dieses durch Vibration der Gehirnfibern in der entgegengesetzten Richtung bedingt ist, welche folglich von der vorher dagewesenen jede Spur aufhebt. Als eine spezielle Bestätigung dieser Annahme könnte man beiläufig die sehr gewöhnliche, aber seltsame Tatsache anführen, daß, wann wir aus dem ersten Einschlafen sogleich wieder erwachen, oft eine totale räumliche Desorientierung bei uns eingetreten ist, der Art, daß wir jetzt alles umgekehrt aufzufassen, nämlich, was rechts vom Bette ist, links und, was hinten ist, nach vorne zu imaginieren genötigt sind, und zwar mit solcher Entschiedenheit, daß im Finstern selbst die vernünftige Überlegung, es verhalte sich doch umgekehrt, jene falsche Imagination nicht aufzuheben vermag, sondern hiezu das Getast nötig ist. Besonders aber läßt durch unsere Hypothese jene so merkwürdige Lebendigkeit der Traumanschauung, jene oben geschilderte scheinbare Wirklichkeit und Leibhaftigkeit aller im Traume wahrgenommenen Gegenstände sich begreiflich machen, nämlich daraus, daß die aus dem Innern des Organismus kommende und vom Zentro ausgehende Anregung der Gehirntätigkeit, welche eine der gewöhnlichen Richtung entgegengesetzte befolgt, endlich ganz durchdringt, also zuletzt sich bis auf die Nerven der Sinnesorgane erstreckt, welche, nunmehr von innen, wie sonst von außen, erregt, in wirkliche Tätigkeit geraten. Demnach haben wir im Traume wirklich Licht-, Farben-, Schall-, Geruchs- und Geschmacksempfindungen, nur ohne die sonst sie erregenden äußern Ursachen, bloß vermöge innerer Anregung und infolge einer Einwirkung in umgekehrter Richtung und umgekehrter Zeitordnung. Daraus also wird jene Leibhaftigkeit der Träume erklärlich, durch die sie sich von bloßen Phantasien so mächtig unterscheiden. Das Phantasiebild (im Wachen) ist immer bloß im Gehirn: denn es ist nur die wenn auch modifizierte Reminiszenz einer frühern materiellen, durch die Sinne geschehenen Erregung der anschauenden Gehirntätigkeit. Das Traumgesicht hingegen ist nicht bloß im Gehirn, sondern auch in den Sinnesnerven und ist entstanden infolge einer materiellen, gegenwärtig wirksamen, aus dem Innern kommenden und das Gehirn durchdringenden Erregung derselben. Weil wir demnach im Traume wirklich sehn, so ist überaus treffend und fein, ja tief gedacht, was *Apuleius* die Charite sagen läßt, als sie im Begriff ist, dem schlafenden Thrasyllos beide Augen aufzustechen:

›Vivo tibi morientur oculi, nec quidquam videbis, nisi dormiens.‹ [Für das Leben werden dir die Augen sterben, und du wirst nichts mehr sehen außer im Schlafe.] (›Metamorphoses‹ 8, p. 172 editio Bipontini). Das Traumorgan ist also dasselbe mit dem Organ des wachen Bewußtseins und Anschauens der Außenwelt, nur gleichsam vom andern Ende angefaßt und in umgekehrter Ordnung gebraucht, und die Sinnesnerven, welche in beiden fungieren, können sowohl von ihrem innern als von ihrem äußern Ende aus in Tätigkeit versetzt werden – etwan wie eine eiserne Hohlkugel sowohl von innen als von außen glühend gemacht werden kann. Weil bei diesem Hergange die Sinnesnerven das letzte sind, was in Tätigkeit gerät; so kann es kommen, daß diese erst angefangen hat und noch im Gange ist, wann das Gehirn bereits aufwacht, d.h. die Traumanschauung mit der gewöhnlichen vertauscht: alsdann werden wir, soeben erwacht, etwan Töne, z.B. Stimmen, Klopfen an der Türe, Flintenschüsse usw. mit einer Deutlichkeit und Objektivität, die es der Wirklichkeit *vollkommen und ohne Abzug* gleichtut, vernehmen und dann fest glauben, es seien Töne der Wirklichkeit von außen, infolge welcher wir sogar erst erwacht wären, oder auch, was jedoch seltener ist, wir werden Gestalten sehn mit völliger empirischer Realität; wie dieses letztere schon Aristoteles erwähnt (›De insomniis‹ cap. 3 ad finem). – Das hier beschriebene Traumorgan nun aber ist es, wodurch, wie oben genugsam auseinandergesetzt, die somnambule Anschauung, das Hellsehn, das zweite Gesicht und die Visionen jeder Art vollzogen werden. –

Von diesen physiologischen Betrachtungen kehre ich nunmehr zurück zu dem oben dargelegten Phänomen des *Wahrträumens*, welches schon im gewöhnlichen nächtlichen Schlafe eintreten kann, wo es dann alsbald durch das bloße Erwachen bestätigt wird, wenn es nämlich, wie meistens, ein unmittelbares war, d.h. nur auf die gegenwärtige nächste Umgebung sich erstreckte; wiewohl es auch in schon selteneren Fällen ein wenig darüber hinausgeht, nämlich bis jenseits der nächsten Scheidewände. Diese Erweiterung des Gesichtskreises kann nun aber auch sehr viel weitergehn, und zwar nicht nur dem Raum, sondern sogar der Zeit nach. Den Beweis hievon geben uns die hellsehenden Somnambulen, welche in der Periode der höchsten Steigerung ihres Zustandes jeden beliebigen Ort, auf den man sie hinlenkt, sofort in ihre anschauende Traumwahrnehmung bringen und die Vorgänge daselbst richtig angeben können, bisweilen aber sogar vermögen, das noch gar nicht Vorhandene, sondern noch im Schoße der Zukunft Liegende und erst im Laufe der Zeit mittelst unzähliger zufällig zusammentreffender Zwischenursachen zur Verwirklichung Gelangende vorher zu verkündigen. Denn alles Hellsehn sowohl im künstlich herbeigeführten als im natürlich eingetretenen somnambulen Schlafwachen, alles in demselben möglich gewordene Wahrnehmen des Verdeckten, des Abwesenden, des Entfernten, ja des Zukünftigen ist durchaus nichts anderes als ein *Wahrträumen* desselben, dessen Gegenstände sich daher dem Intellekt anschaulich und leibhaftig darstellen wie unsere Träume, weshalb die Somnambulen von einem *Sehn* derselben reden. Wir haben inzwischen an diesen Phänomenen, wie auch am spontanen Nachtwandeln, einen sichern Beweis, daß auch jene geheimnisvolle, durch keinen Eindruck von außen bedingte, uns durch den Traum vertraute Anschauung zur realen Außenwelt im Verhältnis der *Wahrnehmung* stehn kann; obwohl der dies vermittelnde Zusammenhang mit derselben uns ein Rätsel bleibt. Was den gewöhnlichen nächtlichen Traum vom Hellsehn oder [von] dem Schlafwachen überhaupt unterscheidet, ist erstlich die Abwesenheit jenes Verhältnisses zur Außenwelt, also zur Realität; und zweitens, daß sehr oft eine Erinnerung von ihm ins Wachen übergeht, während aus dem somnambulen Schlaf eine solche nicht stattfindet. Diese beiden Eigenschaften könnten aber wohl zusammenhängen und auf einander zurückzuführen sein. Nämlich auch der gewöhnliche Traum hinterläßt nur dann eine Erinnerung, wann wir unmittelbar aus ihm erwacht sind: dieselbe beruht also wahrscheinlich bloß darauf, daß das Erwachen aus dem natürlichen Schlafe sehr leicht erfolgt, weil er lange nicht so tief ist wie der somnambule, aus welchem eben dieserhalb ein unmittelbares, also schnelles Erwachen nicht eintreten kann, sondern erst mittelst eines langsamen und vermittelten Überganges die Rückkehr zum wachen Bewußtsein gestattet ist. Der somnambule Schlaf ist nämlich nur ein ungleich tieferer, stärker eingreifender, vollkommenerer; in welchem ebendeshalb das Traumorgan zur Entwickelung seiner ganzen Fähigkeit gelangt, wodurch ihm die richtige Beziehung zur Außenwelt, also das anhaltende und zusammenhängende Wahrträumen möglich wird. Wahrscheinlich hat ein solches auch bisweilen im gewöhnlichen Schlafe statt, aber gerade nur dann, wann er so tief ist, daß wir nicht unmittelbar aus ihm erwachen. Die Träume, aus denen wir erwachen, sind hingegen die des leichteren Schlafes: sie sind auch im letzten Grunde aus bloß somatischen, dem eigenen Organismus angehörigen Ursachen entsprungen, daher ohne Beziehung zur Außenwelt. Daß es jedoch hievon Ausnahmen gibt, haben wir schon erkannt an den Träumen, welche die unmittelbare Umgebung des Schlafenden darstellen. Jedoch auch von Träumen, die das in der Ferne Geschehende, ja das Zukünftige verkündigen, gibt es ausnahmsweise eine Erinnerung, und zwar hängt diese hauptsächlich davon ab, daß wir unmittelbar aus einem solchen Traum erwachen. Dieserhalb hat zu allen Zeiten und bei allen Völkern die Annahme gegolten, daß es Träume von realer, objektiver Bedeutung gebe, und werden in der ganzen alten Geschichte die Träume sehr ernstlich genommen, so daß sie eine bedeutende Rolle darin spielen; dennoch sind die fatidiken immer nur als seltene Ausnahmen unter der zahllosen Menge leerer, bloß täuschender Träume betrachtet worden. Demgemäß erzählt schon Homer (›Odyssee‹ 19, 562) von zwei Eingangspforten der Träume, einer elfenbeinernen, durch welche die bedeutungslosen, und einer hörnernen, durch welche die fatidiken eintreten. Ein Anatom könnte vielleicht sich versucht fühlen, dies auf die weiße und graue Gehirnstubstanz zu deuten. Am öftesten bewähren sich als prophetisch solche Träume, welche sich auf den Gesundheitszustand des Träumenden beziehn, und zwar werden diese meistens Krankheiten, auch tödliche Anfälle vorherverkünden (Beispiele derselben hat gesammelt Fabius, ›De somniis‹, Amstelodami 1836, p. 195 sqq.) – welches dem analog ist, daß auch die hellsehenden Somnambulen am häufigsten und sichersten den Verlauf ihrer eigenen Krankheit, nebst deren Krisen usw., vorhersagen. Nächstdem werden auch äußere Unfälle wie Feuersbrünste, Pulverexplosionen, Schiffbrüche, besonders aber Todesfälle, bisweilen durch Träume angekündigt. Endlich aber werden auch andere, mitunter ziemlich geringfügige Begebenheiten von einigen Menschen haarklein vorhergeträumt, wovon ich selbst durch eine unzweideutige Erfahrung mich überzeugt habe. Ich will diese hersetzen, da sie zugleich die *strenge Notwendigkeit alles Geschehenden*, selbst des allerzufälligsten, in das hellste Licht stellt. An einem Morgen schrieb ich mit großem Eifer einen langen, für mich sehr wichtigen englischen Geschäftsbrief: als ich die dritte Seite fertig hatte, ergriff ich, statt des Streusands, das Tintenfaß und goß es über den Brief aus: vom Pult floß die Tinte auf den Fußboden. Die auf mein Schellen herbeigekommene Magd holte einen Eimer Wasser und scheuerte damit den Fußboden, damit die Flecke nicht eindrängen. Während dieser Arbeit sagte sie zu mir: ›Mir hat diese Nacht geträumt, daß ich hier Tintenflecke aus dem Fußboden ausriebe.‹ Worauf ich: ›Das ist nicht wahr.‹ Sie wiederum: ›Es ist wahr, und habe ich es nach dem Erwachen der andern mit mir zusammen schlafenden Magd erzählt.‹ – Jetzt kommt zufällig diese andere Magd, etwan 17 Jahre alt, herein, die scheuernde abzurufen. Ich trete der Eintretenden entgegen und frage: ›Was hat der da diese Nacht geträumt?‹ – Antwort: ›Das weiß ich nicht.‹ – Ich wiederum: ›Doch! Sie hat es dir ja beim Erwachen erzählt.‹ – Die junge Magd: ›Ach ja, ihr hatte geträumt, daß sie hier Tintenflecke aus dem Fußboden reiben würde.‹ – Diese Geschichte, welche, da ich mich für die genaue Wahrheit derselben verbürge, die theorematischen Träume außer Zweifel setzt, ist nicht minder dadurch merkwürdig, daß das Vorhergeträumte die Wirkung einer Handlung war, die man unwillkürlich nennen könnte, sofern ich sie ganz und gar *gegen* meine Absicht vollzog, und sie von einem ganz kleinen Fehlgriff meiner Hand abhing: dennoch war diese Handlung so strenge notwendig und unausbleiblich vorherbestimmt, daß ihre Wirkung mehrere Stunden vorher als Traum im Bewußtsein eines andern dastand. Hier sieht man aufs deutlichste die Wahrheit meines Satzes: Alles, was geschieht, geschieht notwendig (›Die beiden Grundprobleme der Ethik‹ S. 62 *[Bd. 3, S. 581]*). – Zur Zurückführung der prophetischen Träume auf ihre nächste Ursache bietet sich uns der Umstand dar, daß sowohl vom natürlichen als auch vom magnetischen Somnambulismus und seinen Vorgängern bekanntlich keine Erinnerung im wachen Bewußtsein stattfindet, wohl aber bisweilen eine solche in die Träume des natürlichen, gewöhnlichen Schlafes, deren man sich nachher wachend erinnert, übergeht; so daß alsdann der Traum das Verbindungsglied, die Brücke wird zwischen dem somnambulen und dem wachen Bewußtsein. Diesem also gemäß müssen wir die prophetischen Träume zuvörderst dem zuschreiben, daß im tiefen Schlafe das Träumen sich zu einem somnambulen Hellsehn steigert: da nun aber aus Träumen dieser Art in der Regel kein unmittelbares Erwachen und ebendeshalb keine Erinnerung stattfindet; so sind die eine Ausnahme hievon machenden und also das Kommende *unmittelbar* und sensu proprio vorbildenden Träume, welche die *theorematischen* genannt worden, die allerseltensten. Hingegen wird öfter von einem Traume solcher Art, wenn sein Inhalt dem Träumenden sehr angelegen ist, dieser sich eine Erinnerung dadurch zu erhalten imstande sein, daß er sie in den Traum des leichtern Schlafs, aus dem sich unmittelbar erwachen läßt, hinübernimmt: jedoch kann dieses alsdann nicht unmittelbar, sondern nur mittelst Übersetzung des Inhalts in eine Allegorie geschehn, in deren Gewand gehüllt nunmehr der ursprüngliche prophetische Traum ins wachende Bewußtsein gelangt, wo er folglich dann noch der Auslegung, Deutung bedarf. Dies also ist die andere und häufigere Art der fatidiken Träume, die *allegorische*. Beide Arten hat schon *Artemidoros* in seinem ›Oneirokritikon‹, dem ältesten der Traumbücher, unterschieden und der ersteren Art den Namen der *theorematischen* gegeben. In dem Bewußtsein der stets vorhandenen Möglichkeit des oben dargelegten Herganges hat der keineswegs zufällige oder angekünstelte, sondern dem Menschen natürliche Hang, über die Bedeutung gehabter Träume zu grübeln, seinen Grund: aus ihm entsteht, wenn er gepflegt und methodisch ausgebildet wird, die Oneiromantik. Allein diese fügt die Voraussetzung hinzu, daß die Vorgänge im Traum eine feststehende, ein für allemal geltende Bedeutung hätten, über welche sich daher ein Lexikon machen ließe. Solches ist aber nicht der Fall: vielmehr ist die Allegorie dem jedesmaligen Objekt und Subjekt des dem allegorischen Traume zum Grunde liegenden theorematischen Traumes eigens und individuell angepaßt. Daher eben ist die Auslegung der allegorischen fatidiken Träume größtenteils so schwer, daß wir sie meistens erst, nachdem ihre Verkündigung eingetroffen ist, verstehn, dann aber die ganz eigentümliche dem Träumenden sonst völlig fremde dämonische Schalkhaftigkeit des Witzes, mit welchem die Allegorie angelegt und ausgeführt worden, bewundern müssen: daß wir aber bis dahin diese Träume im Gedächtnis behalten, ist dem zuzuschreiben, daß sie durch ihre ausgezeichnete Anschaulichkeit, ja Leibhaftigkeit sich tiefer einprägen als die übrigen. Allerdings wird Übung und Erfahrung auch der Kunst, die Träume auszulegen, förderlich sein. Aber nicht Schuberts bekanntes Buch, an welchem nichts taugt als bloß der Titel, sondern der alte Artemidoros ist es, aus dem man wirklich die ›*Symbolik des Traumes*‹ kennenlernen kann, zumal aus seinen zwei letzten Büchern, wo er an Hunderten von Beispielen uns die Art und Weise, die Methode und den Humor faßlich macht, deren unsere träumende Allwissenheit sich bedient, um womöglich unserer wachenden Unwissenheit einiges beizubringen. Dies ist nämlich aus seinen Beispielen viel besser zu erlernen als aus seinen vorhergängigen Theoremen und Regeln darüber[F]. Daß auch Shakespeare den besagten Humor der Sache[1] vollkommen gefaßt hatte, zeigt

---

F. Allegorische Wahrträume des Schultheißen Textor erzählt Goethe ›Aus meinem Leben‹ [›Dichtung und Wahrheit‹] Buch 1, gegen Ende.
1. [Nach Shakespeare: ›Henry V.‹ 2, 1]

er im ›Heinrich VI.‹ (Teil 2, Akt 3, Szene 2), wo auf die ganz unerwartete Nachricht vom plötzlichen Tode des Herzogs von Gloucester der schurkische Kardinal Beaufort, der am besten weiß, wie es darum steht, ausruft: ›Geheimnisvolles Gericht Gottes! Mir träumte diese Nacht, der Herzog wäre stumm und könnte kein Wort reden.‹

Hier nun ist die wichtige Bemerkung einzuschalten, daß wir das dargelegte Verhältnis zwischen dem theorematischen und dem ihn wiedergebenden allegorischen fatidiken Traume sehr genau wiederfinden in den Aussprüchen der alten griechischen Orakel. Auch diese nämlich, eben wie die fatidiken Träume, geben sehr selten ihre Aussage direkt und sensu proprio, sondern hüllen sie in eine Allegorie, die der Auslegung bedarf, ja oft erst, nachdem das Orakel in Erfüllung gegangen, verstanden wird, eben wie auch die allegorischen Träume. Aus zahlreichen Belegen führe ich bloß zur Bezeichnung der Sache an, daß z.B. im Herodot ([›Historiae‹] 3, 57) der Orakelspruch der Pythia die Siphner vor der hölzernen Schar und dem roten Herold warnt, worunter ein samisches einen Sendboten tragendes und rot angestrichenes Schiff zu verstehn war; was jedoch die Siphner weder sogleich noch, als das Schiff kam, verstanden haben, sondern erst hinterher. Ferner, im vierten Buch Kap. 163, verwarnt das Orakel der Pythia den König Archesilaos von Kyrene, daß, wenn er den Brennofen voller Amphoren finden würde, er diese nicht ausbrennen, sondern fortschicken solle. Aber erst, nachdem er die Rebellen, welche sich in einen Turm geflüchtet hatten, in und mit diesem verbrannt hatte, verstand er den Sinn des Orakels und ihm ward angst. Die vielen Fälle dieser Art deuten entschieden darauf hin, daß den Aussprüchen des Delphischen Orakels künstlich herbeigeführte fatidike Träume zum Grunde lagen; und daß diese bisweilen bis zum deutlichsten Hellsehn gesteigert werden konnten, worauf dann ein direkter, sensu proprio redender Ausspruch erfolgte, bezeugt die Geschichte vom Kroisos (Herodot 1, 47, 48), der die Pythia dadurch auf die Probe stellte, daß seine Gesandten sie befragen mußten, was er gerade jetzt am hundertsten Tage seit ihrer Abreise fern von ihr in Lydien vornähme und täte: worauf sie genau und richtig aussagte, was keiner als der König selbst wußte, daß er eigenhändig in einem ehernen Kessel mit ehernem Deckel Schildkröten- und Hammelfleisch zusammen kochte. – Der angegebenen Quelle der Orakelsprüche der Pythia entspricht es, daß man sie auch medizinisch, wegen körperlicher Leiden konsultierte (davon ein Beispiel bei Herodot 4, 155).

Dem oben Gesagten zufolge sind die *theorematischen* fatidiken Träume der höchste und seltenste Grad des Vorhersehns im natürlichen Schlafe, die *allegorischen* der zweite, geringere. An diese nun schließt sich noch als letzter und schwächster Ausfluß derselben Quelle die bloße *Ahndung*, das Vorgefühl. Dasselbe ist öfter trauriger als heiterer Art; weil eben des Trübsals im Leben mehr ist als der Freude. Eine finstere Stimmung, eine ängstliche Erwartung des Kommenden hat sich nach dem Schlafe unserer bemächtigt, ohne daß eine Ursache dazu vorläge. Dies ist, der obigen Darstellung gemäß, daraus zu erklären, daß jenes Übersetzen des im tiefsten Schlafe dagewesenen theorematischen wahren, Unheil verkündenden Traumes in einen allegorischen des leichteren Schlafs nicht gelungen und daher von jenem nichts im Bewußtsein zurückgeblieben ist als sein Eindruck auf das Gemüt, d. h. den *Willen* selbst, diesen eigentlichen und letzten Kern des Menschen. Dieser Eindruck klingt nun nach als weissagendes Vorgefühl, als finstere Ahndung. Bisweilen wird jedoch diese sich unserer erst dann bemächtigen, wann die ersten mit dem im theorematischen Traume geschehenen Unglück zusammenhängenden Umstände in der Wirklichkeit eintreten, z. B. wann einer das Schiff, welches untergehn soll, zu besteigen im Begriffe steht oder wann er sich dem Pulverturm, der auffliegen soll, nähert: schon mancher ist dadurch, daß er alsdann der plötzlich aufsteigenden bangen Ahndung, der ihn befallenden innern Angst Folge leistete, gerettet worden. Wir müssen dies daraus erklären, daß aus dem theorematischen Traume, obwohl er vergessen ist, doch eine schwache Reminiszenz, eine dumpfe Erinnerung übriggeblieben, die zwar nicht vermag, ins deutliche Bewußtsein zu treten, aber deren

Spur aufgefrischt wird durch den Anblick eben der Dinge in der Wirklichkeit, die im vergessenen Traume so entsetzlich auf uns gewirkt hatten. Dieser Art war auch das Daimonion des Sokrates, jene innere Warnungsstimme, die ihn, sobald er irgend etwas Nachteiliges zu unternehmen sich entschließen wollte, davon abmahnte, immer jedoch nur ab-, nie zuratend. Eine unmittelbare Bestätigung der dargelegten Theorie der Ahndungen ist nur vermittelst des magnetischen Somnambulismus möglich, als welcher die Geheimnisse des Schlafes ausplaudert. Demgemäß finden wir eine solche in der bekannten ›Geschichte der Auguste Müller zu Karlsruhe‹ S. 78: ›Den 15. Dezember ward die Somnambule in ihrem nächtlichen (magnetischen) Schlaf eines unangenehmen, sie betreffenden Vorfalls inne, der sie sehr niederbeugte. Sie bemerkte zugleich, sie werde den ganzen folgenden Tag ängstlich und beklommen sein, ohne zu wissen, warum.‹ – Ferner gibt eine Bestätigung dieser Sache der in der ›Seherin von Prevorst‹ [von Justinus Kerner] (erste Auflage Bd. 2, S. 73; dritte Auflage S. 325) erzählte Eindruck, den gewisse auf die somnambulen Vorgänge sich beziehende Verse im Wachen auf die von jenen jetzt nichts wissende Seherin machten. Auch in *Kiesers* ›Tellurismus‹ § 271 findet man Tatsachen, die auf diesen Punkt Licht werfen.

Hinsichtlich alles Bisherigen ist es sehr wichtig, folgende Grundwahrheit wohl zu fassen und festzuhalten: Der magnetische Schlaf ist nur eine Steigerung des natürlichen; wenn man will, eine höhere Potenz desselben: es ist ein ungleich tieferer Schlaf. Diesem entsprechend ist das Hellsehn nur eine Steigerung des Träumens: es ist ein beständiges *Wahrträumen*, welches aber hier von außen gelenkt und, worauf man will, gerichtet werden kann. Drittens ist denn auch die in so vielen Krankheitsfällen bewährte unmittelbar heilsame Einwirkung des Magnetismus nichts anderes als eine Steigerung der natürlichen Heilkraft des Schlafs in allen. Ist doch dieser das wahre große Panakeion[1] [Allheilmittel], und zwar dadurch, daß allererst mittelst seiner die Lebenskraft, der animalischen Funktionen entledigt, völlig frei wird, um

---

1. [Ein erdichtetes Wunderkraut, vgl. Vergil: ›Aeneis‹ 12, 419]

jetzt mit ihrer ganzen Macht als vis naturae medicatrix aufzutreten und in dieser Eigenschaft alle im Organismus eingerissenen Unordnungen wieder ins rechte Gleis zu bringen; weshalb auch überall das gänzliche Ausbleiben des Schlafes keine Genesung zuläßt. Dies nun aber leistet der ungleich tiefere magnetische Schlaf in viel höherem Grade; daher er auch, wann er, um große, bereits chronische Übel zu heben, von selbst eintritt, bisweilen mehrere Tage anhält, wie z. B. in dem vom Grafen *Szapary* veröffentlichten Fall (›Ein Wort über animalischen Magnetismus‹, Leipzig 1840); ja in Rußland einst eine schwindsüchtige Somnambule in der allwissenden Krise ihrem Arzte befahl, sie auf neun Tage in Scheintod zu versetzen, während welcher Zeit alsdann ihre Lunge völliger Ruhe genoß und dadurch heilte, so daß sie vollkommen genesen erwacht ist. Da nun aber das Wesen des Schlafs in der Untätigkeit des Zerebralsystems besteht und sogar seine Heilsamkeit gerade daraus entspringt, daß dasselbe mit seinem animalen Leben jetzt keine Lebenskraft mehr beschäftigt und verzehrt, diese daher sich jetzt gänzlich dem organischen Leben zuwenden kann; so könnte es als seinem Hauptzweck widersprechend erscheinen, daß gerade im magnetischen Schlafe bisweilen eine überschwenglich gesteigerte Erkenntniskraft hervortritt, die ihrer Natur nach doch irgendwie eine Gehirntätigkeit sein muß. Allein zuvörderst müssen wir uns erinnern, daß dieser Fall nur eine seltene Ausnahme ist. Unter zwanzig Kranken, auf die der Magnetismus überhaupt wirkt, wird nur einer somnambul, d. h. vernimmt und spricht im Schlafe, und unter fünf Somnambulen wird kaum einer hellsehend (nach Deleuze, ›Histoire critique du magnétisme‹, Paris 1813, vol. 1, p. 138). Wann der Magnetismus, ohne einzuschläfern, heilsam wirkt, so ist es bloß dadurch, daß er die Heilkraft der Natur weckt und auf den leidenden Teil hinlenkt. Außerdem aber ist seine Wirkung zunächst nur ein überaus tiefer Schlaf, welcher traumlos ist, ja das Zerebralsystem dermaßen depotenziert, daß weder Sinneseindrücke noch Verletzungen irgend gefühlt werden; daher denn auch derselbe auf das wohltätigste benutzt worden ist zu chirurgischen Operationen, aus welchem Dienste jedoch das Chloroform ihn verdrängt hat. Zum Hellsehn, dessen Vorstufe der Somnambulismus oder das Schlafreden ist, läßt die Natur es eigentlich nur dann kommen, wann ihre *blindwirkende* Heilkraft zur Beseitigung der Krankheit nicht ausreicht, sondern es der Hülfsmittel von außen bedarf, welche nunmehr im hellsehenden Zustande vom Patienten selbst richtig verordnet werden. Also zu diesem Zweck des Selbstverordnens bringt sie das Hellsehn hervor: denn ›natura nihil facit frustra‹ *[vgl. S. 293]*. Ihr Verfahren hierin ist dem analog und verwandt, welches sie im Großen bei der ersten Hervorbringung der Wesen befolgt hat, als sie den Schritt vom Pflanzen- zum Tierreich tat: nämlich für die Pflanzen hatte noch die Bewegung auf bloße *Reize* ausgereicht; jetzt aber machten speziellere und kompliziertere Bedürfnisse, deren Gegenstände aufzusuchen, auszuwählen, ja zu überwältigen oder gar zu überlisten waren, die Bewegung auf *Motive* und daher die *Erkenntnis* in vielfach abgestuften Graden nötig, welche demgemäß der eigentliche Charakter der Tierheit ist, das dem Tiere nicht zufällig, sondern wesentlich Eigene, das, was wir im Begriff des *Tieres* notwendig denken. (Ich verweise hierüber auf mein Hauptwerk Bd. 1, S. 170 ff. *[Bd. 1, S. 222]*; ferner auf meine ›Ethik‹ S. 33 *[Bd. 3, S. 550]* und auf den ›Willen in der Natur‹ S. 54 ff. und 70–78 *[Bd. 3, S. 370 und S. 391–397]*.) Also im einen wie im andern Falle zündet die Natur sich ein Licht an, um so die Hülfe, deren der Organismus *von außen* bedarf, aufsuchen und herbeischaffen zu können. Die Lenkung der nun also einmal entwickelten Sehergabe der Somnambule auf andere Dinge als ihren eigenen Gesundheitszustand ist bloß ein akzidenteller Nutzen, ja eigentlich schon ein Mißbrauch derselben. Ein solcher ist es auch, wenn man eigenmächtig durch lange fortgesetztes Magnetisieren Somnambulismus und Hellsehn gegen die Absicht der Natur hervorruft. Wo diese hingegen wirklich erfordert sind, bringt die Natur sie nach kurzem Magnetisieren, ja bisweilen als spontanen Somnambulismus ganz von selbst hervor. Sie treten alsdann auf, wie schon gesagt, als ein Wahrträumen, zunächst nur der unmittelbaren Umgebung, dann in weiterem Kreise und immer weiter, bis dasselbe in den höchsten Graden des Hellsehns alle Vorgänge auf Erden, wohin nur die Aufmerksamkeit gelenkt wird, erreichen kann, mitunter sogar in die Zukunft dringt. Mit diesen verschiedenen Stufen hält die Fähigkeit zur pathologischen Diagnose und zum therapeutischen Verordnen zunächst für sich und abusive[1] für andere gleichen Schritt.

Auch beim Somnambulismus im ursprünglichen und eigentlichsten Sinne, also dem krankhaften *Nachtwandeln*, tritt ein solches Wahrträumen ein, hier jedoch nur für den unmittelbaren Verbrauch, daher bloß auf die nächste Umgebung sich erstreckend; weil eben schon hiermit der Zweck der Natur in diesem Fall erreicht wird. In solchem Zustande nämlich hat nicht wie im magnetischen Schlaf, im spontanen Somnambulismus und in der Katalepsie die Lebenskraft als vis medicatrix das animale Leben eingestellt, um auf das organische ihre ganze Macht verwenden und die darin eingerissenen Unordnungen aufheben zu können; sondern sie tritt hier vermöge einer krankhaften Verstimmung, der am meisten das Alter der Pubertät unterworfen ist, als ein abnormes Übermaß von Irritabilität auf, dessen nun die Natur sich zu entladen strebt, welches bekanntlich durch Wandeln, Arbeiten, Klettern bis zu den halsbrechendesten Lagen und den gefährlichsten Sprüngen, alles im Schlafe, geschieht: da ruft denn die Natur zugleich als den Wächter dieser so gefährlichen Schritte jenes rätselhafte Wahrträumen hervor, welches sich hier aber nur auf die nächste Umgebung erstreckt, da dieses hinreicht, den Unfällen vorzubeugen, welche die losgelassene Irritabilität, wenn sie blind wirkte, herbeiführen müßte. Dasselbe hat also hier nur den negativen Zweck, Schaden zu verhüten, während es beim Hellsehn den positiven hat, Hülfe von außen aufzufinden: daher der große Unterschied im Umfang des Gesichtskreises.

So geheimnisvoll die Wirkung des Magnetisierens auch ist, so ist doch soviel klar, daß sie zunächst im Einstellen der animalischen Funktionen besteht, indem die Lebens-

1. [mißbräuchlich]

kraft vom Gehirn, welches ein bloßer Pensionär oder Parasit des Organismus ist, abgelenkt oder vielmehr zurückgedrängt wird zum organischen Leben als ihrer primitiven Funktion, weil jetzt daselbst ihre ungeteilte Gegenwart und ihre Wirksamkeit als vis medicatrix erfordert ist. Innerhalb des Nervensystems, also des ausschließlichen Sitzes alles irgend sensibeln Lebens wird aber das organische Leben repräsentiert und vertreten durch den Lenker und Beherrscher seiner Funktionen, den sympathischen Nerven und dessen Ganglien; daher man den Vorgang auch als ein Zurückdrängen der Lebenskraft vom Gehirn zu diesem hin ansehn, überhaupt aber auch beide als einander entgegengesetzte Pole auffassen kann, nämlich das Gehirn, nebst den ihm anhängenden Organen der Bewegung, als den positiven und bewußten Pol; den sympathischen Nerven mit seinen Gangliengeflechten als den negativen und unbewußten Pol. In diesem Sinne nun ließe sich folgende Hypothese über den Hergang beim Magnetisieren aufstellen. Es ist ein Einwirken des Gehirnpols (also des äußeren Nervenpols) des Magnetiseurs auf den *gleichnamigen* des Patienten, wirkt demnach, dem allgemeinen Polaritätsgesetze gemäß, auf diesen *repellierend*, wodurch die Nervenkraft auf den andern Pol des Nervensystems, den innern, das Bauchgangliensystem, zurückgedrängt wird. Daher sind Männer, als bei denen der Gehirnpol überwiegt, am tauglichsten zum Magnetisieren; hingegen Weiber, als bei denen das Gangliensystem vorwaltet, am tauglichsten zum Magnetisiertwerden und dessen Folgen. Wäre es möglich, daß das weibliche Gangliensystem ebenso auf das männliche, also auch repellierend einwirken könnte; so müßte durch den umgekehrten Prozeß ein abnorm erhöhtes Gehirnleben, ein temporäres Genie, entstehn. Dies ist nicht ausführbar, weil das Gangliensystem nicht fähig ist, nach außen zu wirken. Hingegen ließe sich wohl als ein durch Wirken *ungleichnamiger* Pole auf einander *attrahierendes* Magnetisieren das *Baquet*[1] betrachten, so daß

1. [Holzzuber; vgl. den Bericht der von König Ludwig XVI. 1784 eingesetzten Kommission zur Untersuchung der von Anton Mesmer in Paris durchgeführten magnetischen Heilungen]

die mit demselben durch zur Herzgrube gehende eiserne Stäbe und wollene Schnüre verbundenen sympathischen Nerven aller umhersitzenden Patienten, mit vereinter und durch die anorganische Masse des Baquets erhöhter Kraft wirkend, den einzelnen Gehirnpol eines jeden von ihnen an sich zögen, also das animale Leben depotenzierten, es untergehn lassend in den magnetischen Schlaf aller – dem Lotos zu vergleichen, der abends sich in die Flut versenkt. Diesem entspricht auch, daß, als man einst die Leiter des Baquets statt an die Herzgrube an den Kopf gelegt hatte, heftige Kongestion und Kopfschmerz die Folge war (Kieser, ›Tellurismus‹, erste Auflage Bd. 1, S. 439). Daß im *siderischen* Baquet[1] die bloßen unmagnetisierten Metalle dieselbe Kraft ausüben, scheint damit zusammenzuhängen, daß das Metall das Einfachste, Ursprünglichste, die tiefste Stufe der Objektivation des Willens, folglich dem Gehirn als der höchsten Entwickelung dieser Objektivation gerade entgegengesetzt, also das von ihm Entfernteste ist, zudem die größte Masse im kleinsten Raum darbietet. Es ruft demnach den Willen zu seiner Ursprünglichkeit zurück und ist dem Gangliensystem verwandt, wie umgekehrt das Licht dem Gehirn: daher scheuen die Somnambulen die Berührung der Metalle mit den Organen des bewußten Pols. Das Metall- und Wasserfühlen der hiezu Organisierten findet ebenfalls darin seine Erklärung. – Wenn beim gewöhnlichen magnetisierten Baquet das Wirkende die mit demselben verbundenen Gangliensysteme aller um dasselbe versammelten Patienten sind, welche mit vereinter Kraft die Gehirnpole herabziehn; so gibt dies auch eine Anleitung zur Erklärung der Ansteckung des Somnambulismus überhaupt, wie auch der ihr verwandten Mitteilung der gegenwärtigen Aktivität des zweiten Gesichts durch Anstoßen der damit Begabten unter einander und der Mitteilung, folglich der Gemeinschaft, der Visionen überhaupt.

Wollte man aber von der obigen die Polaritätsgesetze zum Grunde legenden Hypothese über den Hergang beim aktiven Magnetisieren eine noch kühnere Anwendung sich

1. [Bezweckt den Einfluß anorganischer Körper auf den Organismus]

erlauben; so ließe sich daraus, wenn auch nur schematisch, ableiten, wie in den höhern Graden des Somnambulismus der Rapport so weit gehn kann, daß die Somnambule aller Gedanken, Kenntnisse, Sprachen, ja aller Sinnesempfindungen des Magnetiseurs teilhaft wird, also in seinem Gehirn gegenwärtig ist, während hingegen sein *Wille* unmittelbaren Einfluß auf sie hat und sie so sehr beherrscht, daß er sie festbannen kann. Nämlich bei dem jetzt gebräuchlichsten galvanischen Apparat, wo die beiden Metalle in zweierlei durch Tonwände getrennte Säuren eingesenkt sind, geht der positive Strom durch diese Flüssigkeiten hindurch vom Zink zum Kupfer und dann außerhalb derselben an der Elektrode vom Kupfer zum Zink zurück. Diesem also analog ginge der positive Strom der Lebenskraft als Wille des Magnetiseurs von dessen Gehirn zu dem der Somnambule, sie beherrschend und ihre im Gehirn das Bewußtsein hervorbringende Lebenskraft zurücktreibend zum sympathischen Nerven, also der Magengegend, ihrem negativen Pol: dann aber ginge derselbe Strom von hier weiter in den Magnetiseur zurück zu seinem positiven Pol, dem Gehirn desselben, woselbst er dessen Gedanken und Empfindungen antrifft, deren dadurch jetzt die Somnambule teilhaft wird. Das sind freilich sehr gewagte Annahmen: aber bei so durchaus unerklärten Dingen wie die, welche hier unser Problem sind, ist jede Hypothese, die zu irgendeinem, wenn auch nur schematischem oder analogischem Verständnis derselben führt, zulässig.

Das überschwenglich Wunderbare und daher, bis es durch die Übereinstimmung hundertfältiger, glaubwürdigster Zeugnisse bekräftigt war, schlechthin Unglaubliche des somnambulen Hellsehens, als welchem das Verdeckte, das Abwesende, das weit Entfernte, ja das noch im Schoße der Zukunft Schlummernde offenliegt, verliert wenigstens seine absolute Unbegreiflichkeit, wenn wir wohl erwägen, daß, wie ich so oft gesagt habe, die objektive Welt ein bloßes Gehirnphänomen ist: denn die auf Raum, Zeit und Kausalität (als Gehirnfunktionen) beruhende Ordnung und Gesetzmäßigkeit desselben ist es, die im somnambulen Hellsehn in gewissem Grade beseitigt wird. Nämlich infolge der Kantischen Lehre von der Idealität des Raumes und der Zeit begreifen wir, daß das Ding an sich, also das allein wahrhaft Reale in allen Erscheinungen, als frei von jenen beiden Formen des Intellekts, den Unterschied von Nähe und Ferne, von Gegenwart, Vergangenheit und Zukunft nicht kennt; daher die auf jenen Anschauungsformen beruhenden Trennungen sich nicht als absolute erweisen, sondern für die in Rede stehende, durch Umgestaltung ihres Organs im wesentlichen veränderte Erkenntnisweise keine unübersteigbare[n] Schranken mehr darbieten. Wären hingegen Zeit und Raum absolut real und dem Wesen an sich der Dinge angehörig; dann wäre allerdings jene Sehergabe der Somnambulen, wie überhaupt alles Fernsehn und Vorhersehn ein schlechthin unbegreifliches Wunder. Andererseits erhält sogar durch die hier in Rede stehenden Tatsachen Kants Lehre gewissermaßen eine faktische Bestätigung. Denn ist die Zeit keine Bestimmung des eigentlichen Wesens der Dinge; so ist, hinsichtlich auf dieses, Vor und Nach ohne Bedeutung: demgemäß also muß eine Begebenheit ebensowohl erkannt werden können, ehe sie geschehn, als nachher. Jede Mantik, sei es im Traum, im somnambulen Vorhersehn, im zweiten Gesicht oder wie noch etwan sonst, besteht nur im Auffinden des Wegs zur Befreiung der Erkenntnis von der Bedingung der Zeit. – Auch läßt die Sache sich in folgendem Gleichnis veranschaulichen: *Ding an sich* ist das primum mobile [erste Bewegende] in dem Mechanismus, der dem ganzen komplizierten und bunten Spielwerk dieser Welt seine Bewegung erteilt. Jenes muß daher von anderer Art und Beschaffenheit sein, als dieses. Wir sehn wohl den Zusammenhang der einzelnen Teile des Spielwerks in den absichtlich zutage gelegten Hebeln und Rädern (Zeitfolge und Kausalität): aber das, was diesen allen die *erste* Bewegung erteilt, sehn wir nicht. Wenn ich nun lese, wie hellsehende Somnambulen das Zukünftige so lange vorher und so genau verkünden, so kommt es mir vor, als wären sie zu dem da hinten verborgenen Mechanismus gelangt, von dem alles ausgeht, und woselbst daher schon jetzt und gegenwärtig das ist, was äußerlich, d. h. durch unser optisches Glas ›Zeit‹ gesehn, erst als künftig und kommend sich darstellt.

Überdies hat nun derselbe animalische Magnetismus, dem wir diese Wunder verdanken, uns auch ein unmittelbares Wirken des *Willens* auf andere und in die Ferne auf mancherlei Weise beglaubigt: ein solches aber ist gerade der Grundcharakter dessen, was der verrufene Name der *Magie* bezeichnet. Denn diese ist ein von den kausalen Bedingungen des physischen Wirkens, also des Kontakts im weitesten Sinne des Wortes befreites, unmittelbares Wirken unsers Willens selbst; wie ich dies in einem eigenen Kapitel dargelegt habe in der Schrift ›Über den Willen in der Natur‹ *[Bd. 3, S. 423–458]*. Das magische verhält sich daher zum physischen Wirken wie die Mantik zur vernünftigen Konjektur: es ist wirkliche und gänzliche actio in distans [Wirken in die Ferne] wie die echte Mantik, z. B. das somnambule Hellsehn, passio a distante [Bewirktwerden aus der Entfernung] ist. Wie in diesem die individuelle Isolation der Erkenntnis, so ist in jener die individuelle Isolation des Willens aufgehoben. In beiden leisten wir daher unabhängig von den Beschränkungen, welche Raum, Zeit und Kausalität herbeiführen, was wir sonst und alltäglich nur unter diesen vermögen. In ihnen hat also unser innerstes Wesen oder das Ding an sich jene Formen der Erscheinung abgestreift und tritt frei von ihnen hervor. Daher ist auch die Glaubwürdigkeit der Mantik der der Magie verwandt und ist der Zweifel an beiden stets zugleich gekommen und gewichen.

Animalischer Magnetismus, sympathetische Kuren, Magie, zweites Gesicht, Wahrträumen, Geistersehn und Visionen aller Art sind verwandte Erscheinungen, Zweige *eines* Stammes und geben sichere, unabweisbare Anzeige von einem Nexus der Wesen, der auf einer ganz andern Ordnung der Dinge beruht, als die *Natur* ist, als welche zu ihrer Basis die Gesetze des Raumes, der Zeit und der Kausalität hat; während jene andere Ordnung eine tieferliegende, ursprünglichere und unmittelbarere ist, daher vor ihr die ersten und allgemeinsten, weil rein formalen Gesetze der *Natur* ungültig sind, demnach Zeit und Raum die Individuen nicht mehr trennen und die eben auf jenen Formen beruhende Vereinzelung und Isolation derselben nicht mehr der Mitteilung der Gedanken und dem unmittelbaren Einfluß des Willens unübersteigbare Grenzen setzt; so daß Veränderungen herbeigeführt werden auf einem ganz andern Wege als dem der physischen Kausalität und der zusammenhängenden Kette ihrer Glieder, nämlich bloß vermöge eines auf besondere Weise an den Tag gelegten und dadurch über das Individuum hinaus potenzierten Willensaktes. Demgemäß ist der eigentümliche Charakter sämtlicher hier in Rede stehender animaler Phänomene visio in distans et actio in distans sowohl der Zeit als dem Raume nach.

Beiläufig gesagt, ist der wahre Begriff der actio in distans dieser, daß der Raum zwischen dem Wirkenden und dem Bewirkten, er sei voll oder leer, durchaus keinen Einfluß auf die Wirkung habe – sondern es völlig einerlei sei, ob er einen Zoll oder eine Billion Uranusbahnen beträgt. Denn wenn die Wirkung durch die Entfernung irgend geschwächt wird, so ist es entweder, weil eine den Raum bereits füllende Materie dieselbe fortzupflanzen hat und daher vermöge ihrer steten Gegenwirkung sie nach Maßgabe der Entfernung schwächt; oder auch, weil die Ursache selbst bloß in einer materiellen Ausströmung besteht, die sich im Raum verbreitet und also desto mehr verdünnt, je größer dieser ist. Hingegen kann der leere Raum selbst auf keine Weise widerstehn und die Kausalität schwächen. Wo also die Wirkung nach Maßgabe ihrer Entfernung vom Ausgangspunkte der Ursache abnimmt wie die des Lichtes, der Gravitation, des Magneten usw., da ist keine actio in distans; und ebensowenig da, wo sie durch die Entfernung auch nur verspätet wird. Denn das Bewegliche im Raum ist allein die Materie: diese müßte also der den Weg zurücklegende Träger einer solchen Wirkung sein und demgemäß erst wirken, nachdem sie angekommen, mithin erst beim Kontakt, folglich nicht in distans.

Hingegen die hier in Rede stehenden und oben als Zweige

eines Stammes aufgezählten Phänomene haben, wie gesagt, gerade die actio in distans und passio a distante zum spezifischen Kennzeichen. Hiedurch aber liefern sie, wie auch schon erwähnt, zunächst eine so unerwartete wie sichere *faktische* Bestätigung der Kantischen Grundlehre vom Gegensatz der Erscheinung und des Dinges an sich und dem der Gesetze beider. Die Natur und ihre Ordnung ist nämlich nach *Kant* bloße Erscheinung: als den Gegensatz derselben sehn wir alle hier in Rede stehenden magisch zu benennenden Tatsachen unmittelbar im Dinge an sich wurzeln und in der Erscheinungswelt Phänomene herbeiführen, die gemäß den Gesetzen dieser nie zu erklären sind, daher mit Recht geleugnet wurden, bis hundertfältige Erfahrung dies nicht länger zuließ. Aber nicht nur die Kantische, sondern auch meine Philosophie erhält durch die nähere Untersuchung dieser Tatsachen eine wichtige Bestätigung in dem Fakto, daß in allen jenen Phänomenen das eigentliche Agens allein der *Wille* ist; wodurch dieser sich als das Ding an sich kundgibt. Von dieser Wahrheit demnach auf seinem empirischen Wege ergriffen betitelt ein bekannter Magnetiseur, der ungarische Graf *Szapary*, welcher augenscheinlich von meiner Philosophie nichts und vielleicht von aller nicht viel weiß, in seiner Schrift ›Ein Wort über den animalischen Magnetismus‹ (Leipzig 1840) gleich die erste Abhandlung: ›Physische Beweise, daß *der Wille* das Prinzip alles geistigen und körperlichen Lebens sei.‹

Überdies nun aber und davon ganz abgesehn, geben die besagten Phänomene jedenfalls eine faktische und vollkommen sichere Widerlegung nicht nur des Materialismus, sondern auch des Naturalismus, wie ich diesen Kap. 17 des zweiten Bandes meines Hauptwerkes *[Bd. 2, S. 228f.]* als die auf den Thron der Metaphysik gesetzte Physik geschildert habe; indem sie die Ordnung der *Natur*, welche die genannten beiden Ansichten als die absolute und einzige geltend machen wollen, nachweisen als eine rein phänomenale und demnach bloß oberflächliche, welcher das von ihren Gesetzen unabhängige Wesen der Dinge an sich selbst zum Grunde liegt. Die in Rede stehenden Phänomene aber sind wenigstens vom philosophischen Standpunkt aus unter allen Tatsachen, welche die gesamte Erfahrung uns darbietet, ohne allen Vergleich die wichtigsten; daher sich mit ihnen gründlich bekanntzumachen die Pflicht jedes Gelehrten ist.

Diese Erörterung zu erläutern diene noch folgende allgemeinere Bemerkung. Der Gespensterglaube ist dem Menschen angeboren: er findet sich zu allen Zeiten und in allen Ländern, und vielleicht ist kein Mensch ganz frei davon. Schon der große Haufe und das Volk, wohl aller Länder und Zeiten, unterscheidet *Natürliches und Übernatürliches* als zwei grundverschiedene, jedoch zugleich vorhandene Ordnungen der Dinge. Dem Übernatürlichen schreibt er Wunder, Weissagungen, Gespenster und Zauberei unbedenklich zu, läßt aber überdies auch wohl gelten, daß überhaupt nichts durch und durch bis auf den letzten Grund natürlich sei, sondern die Natur selbst auf einem Übernatürlichen beruhe. Daher versteht das Volk sich sehr wohl, wann es frägt: ›Geht *das* natürlich zu oder nicht?‹ Im wesentlichen fällt nun diese populäre Unterscheidung zusammen mit der Kantischen zwischen Erscheinung und Ding an sich; nur daß diese die Sache genauer und richtiger bestimmt, nämlich dahin, daß Natürliches und Übernatürliches nicht zwei verschiedene und getrennte Arten von Wesen sind, sondern eines und dasselbe, welches *an sich* genommen übernatürlich zu nennen ist, weil erst, indem es *erscheint*, d.h. in die Wahrnehmung unsers Intellekts tritt und daher in dessen Formen eingeht, die *Natur* sich darstellt, deren bloß phänomenale Gesetzmäßigkeit es eben ist, die man unter dem Natürlichen versteht. Ich nun wieder meinesteils habe nur *Kants* Ausdruck verdeutlicht, als ich die ›Erscheinung‹ geradezu *Vorstellung* genannt habe. Und wenn man nun noch beachtet, daß, sooft in der ›Kritik der reinen Vernunft‹ und den ›Prolegomenen‹ Kants Ding an sich aus dem Dunkel, in welchem er es hält, nur ein wenig hervortritt, es sogleich sich als das moralisch Zurechnungsfähige in uns, also als den *Willen* zu erkennen gibt; so wird man auch einsehn, daß ich durch Nachweisung des *Willens* als des Dinges an sich ebenfalls bloß Kants Gedanken verdeutlicht und durchgeführt habe.

Der animalische Magnetismus ist freilich nicht vom ökonomischen und technologischen, aber wohl vom philosophischen Standpunkt aus betrachtet die inhaltschwerste aller jemals gemachten Entdeckungen; wenn er auch einstweilen mehr Rätsel aufgibt als löst. Er ist wirklich die praktische Metaphysik, wie schon Baco von Verulam die Magie definiert[1] – er ist gewissermaßen eine Experimentalmetaphysik: denn die ersten und allgemeinsten Gesetze der Natur werden von ihm beseitigt; daher er das sogar a priori für unmöglich Erachtete möglich macht. Wenn nun aber schon in der bloßen *Physik* die Experimente und Tatsachen uns noch lange nicht die richtige Einsicht eröffnen, sondern hiezu die oft sehr schwer zu findende Auslegung derselben erfordert ist; wie viel mehr wird dies der Fall sein bei den mysteriösen Tatsachen jener empirisch hervortretenden Metaphysik! Die rationale oder theoretische Metaphysik wird also mit derselben gleichen Schritt halten müssen, damit die hier aufgefundenen Schätze gehoben werden. Dann aber wird eine Zeit kommen, wo Philosophie, animalischer Magnetismus und die in allen ihren Zweigen beispiellos vorgeschrittene Naturwissenschaft gegenseitig ein so helles Licht auf einander werfen, daß Wahrheiten zutage kommen werden, welche zu erreichen man außer dem nicht hoffen durfte. Nur denke man hiebei nicht an die metaphysischen Aussagen und Lehren der Somnambulen: diese sind meistens armselige Ansichten, entsprungen aus den von der Somnambule erlernten Dogmen und deren Mischung mit dem, was sie im Kopf ihres Magnetiseurs vorfindet; daher keiner Beachtung wert.

Auch zu Aufschlüssen über die zu allen Zeiten so hartnäckig behaupteten wie beharrlich geleugneten *Geistererscheinungen* sehn wir durch den Magnetismus den Weg geöffnet: allein ihn richtig zu treffen wird dennoch nicht leicht sein; wiewohl er irgendwo in der Mitte liegen muß zwischen der Leichtgläubigkeit unsers sonst sehr achtungswerten und verdienstvollen *Justinus Kerner* und der jetzt wohl nur noch in England herrschenden Ansicht, die keine

1. [›De dignitate et augmentis scientiae‹ 3, 5]

andere als eine mechanische Naturordnung zuläßt, um nur alles darüber Hinausgehende desto sicherer bei einem von der Welt ganz verschiedenen persönlichen Wesen, welches nach Willkür mit ihr schaltet, unterbringen und konzentrieren zu können. Die lichtscheue und mit unglaublicher Unverschämtheit jeder wissenschaftlichen Erkenntnis frech entgegentretende, daher unserm Weltteile nachgerade zum Skandal gereichende englische Pfaffenschaft hat durch ihr Hegen und Pflegen aller dem ›kalten Aberglauben, den sie ihre Religion nennt‹[1], günstigen Vorurteile und Anfeindung der ihm entgegenstehenden Wahrheiten hauptsächlich schuld an dem Unrecht, welches der animalische Magnetismus in England hat erleiden müssen, woselbst er nämlich, nachdem er schon vierzig Jahre lang in Deutschland und Frankreich in Theorie und Praxis anerkannt gewesen, noch immer ungeprüft mit der Zuversicht der Unwissenheit als plumpe Betrügerei verlacht und verdammt wurde: ›Wer an den animalischen Magnetismus glaubt, kann nicht an Gott glauben‹, hat noch im Jahre 1850 ein junger englischer Pfaffe zu mir gesagt – ›hinc illae lacrimae! [daher jene Tränen; Terenz, ›Andria‹ 1, 1, 99.] Endlich hat dennoch auch auf der Insel der Vorurteile und des Pfaffentruges der animalische Magnetismus sein Banner aufgepflanzt, zu abermaliger und glorreicher Bestätigung des ›Magna est vis veritatis et praevalebit‹ [Groß ist die Macht der Wahrheit, und sie behält den Sieg], dieses schönen Bibelspruches [Esra 4,41], bei welchem jedes anglikanische Pfaffenherz mit Recht für seine Pfründe zittert. Überhaupt ist es an der Zeit, Missionen der Vernunft, Aufklärung und Antipfäfferei nach England zu schicken, mit von Bohlens und Straußens Bibelkritik in der einen und der ›Kritik der reinen Vernunft‹ in der andern Hand, um jenen sich selbst ›reverend‹ schreibenden hochmütigsten und frechsten aller Pfaffen der Welt das Handwerk zu legen und dem Skandal ein Ende zu machen. Indessen dürfen wir in dieser Hinsicht das Beste von den Dampfschiffen und Eisenbahnen hoffen, als welche dem Aus-

---

1. [Nach Fürst Pücklers Ausdruck ›kalter Glaube‹ in: ›Briefe eines Verstorbenen‹; *vgl. Bd. 2, S. 439*]

tausch der Gedanken ebenso förderlich sind als dem der
Waren, wodurch sie der in England mit so verschmitzter
Sorgfalt gepflegten, selbst die höhern Stände beherrschenden
pöbelhaften Bigotterie die größte Gefahr bereiten. Wenige
nämlich lesen, aber alle schwätzen, und dazu geben
jene Anstalten die Gelegenheit und Muße. Ist es doch nicht
länger zu dulden, daß jene Pfaffen die intelligenteste und in
fast jeder Hinsicht erste Nation Europas durch die roheste
Bigotterie zur letzten degradieren und sie dadurch *verächtlich*
machen; am wenigsten, wenn man an das Mittel denkt,
wodurch sie diesen Zweck erreicht haben, nämlich die
Volkserziehung, die ihnen anvertraut war, so einzurichten,
daß zwei Drittel der englischen Nation nicht lesen können.
Dabei geht ihre Dummdreistigkeit so weit, daß sie sogar die
ganz sichern allgemeinen Resultate der *Geologie* in öffentlichen
Blättern mit Zorn, Hohn und schalem Spott angreifen;
weil sie nämlich das Mosaische Schöpfungsmärchen in
ganzem Ernst geltend machen wollen, ohne zu merken, daß
sie in solchen Angriffen mit dem irdenen gegen den eisernen
Topf schlagen[F]. – Übrigens ist die eigentliche Quelle des
skandalösen, volksbetrügenden englischen Obskurantismus
das Gesetz der Primogenitur, als welches der Aristokratie
(im weitesten Sinne genommen) eine Versorgung der jüngern
Söhne notwendig macht: für diese nun ist, wenn sie
weder zur Marine noch zur Armee taugen, das Churchestablishment
(charakteristischer Name) mit seinen fünf
Millionen Pfund Einkünften *die Versorgungsanstalt.* Man verschafft
nämlich dem Junker a living (auch [ein] sehr charakteristischer
Name: eine Leberei), d.i. eine Pfarre, entweder
durch Gunst oder für Geld: sehr häufig werden solche in den
Zeitungen zum Verkauf, sogar in öffentlicher Auktion[FF] aus-

---

[F]. Die Engländer sind eine solche ›matter of fact nation‹ [Tatsachennation;
vgl. Bd. 2, S. 391], daß, wenn ihnen durch neuere historische
(z. B. die Pyramide des Cheops tausend Jahr älter als die Sündflut) und
geologische Entdeckungen das Faktische und Historische des Alten
Testaments entzogen wird, ihre ganze Religion mit einstürzt in den
Abgrund.

[FF]. Im ›Galignani‹ [›Galignani's Messenger‹] vom 12. Mai 1855 ist aus
dem ›Globe‹ angeführt, daß ›the rectory of Pewsey, Wiltshire‹ den

geboten, wiewohl anstandshalber nicht geradezu die Pfarre selbst, sondern das Recht, sie diesmal zu vergeben (the patronage), verkauft wird: da aber dieser Handel vor der wirklichen Vakanz derselben abgeschlossen werden muß, fügt man als zweckmäßigen Puff z.B. hinzu, der jetzige Pfarrer sei schon 77 Jahre alt, wie man denn auch nicht verfehlt, die schöne Jagd- und Fischereigelegenheit bei der Pfarre und das elegante Wohnhaus herauszustreichen. Es ist die frechste Simonie auf der Welt. Hieraus begreift es sich, warum in der guten, will sagen: vornehmen englischen Gesellschaft jeder Spott über die Kirche und ihren kalten Aberglauben als schlechter Ton, ja als eine Unanständigkeit betrachtet wird, nach der Maxime: ›Quand le bon ton arrive, le bon sens se retire.‹[1] [Wenn sich der gute Ton einstellt, zieht sich der gesunde Verstand zurück.] So groß ist ebendeshalb der Einfluß der Pfaffen in England, daß zur bleibenden *Schande der englischen Nation* das von Thorvaldsen verfertigte Standbild *Byrons*, ihres nach dem unerreichbaren Shakespeare größten Dichters, nicht hat im Nationalpantheon der Westminster Abbey zu den übrigen großen Männern aufgestellt werden dürfen; weil eben Byron ehrenhaft genug gewesen ist, dem anglikanischen Pfaffentum keine Konzessionen zu machen, sondern davon unbehindert seinen Gang zu gehn, während der mediokre Poet *Wordsworth*, das häufige Ziel seines Spottes, richtig in der Westminsterkirche sein Standbild aufgestellt erhalten hat – im Jahre 1854. Die englische Nation signalisiert durch solche Niederträchtigkeit sich selbst ›as a stultified and priestridden nation‹ [als eine verdummte und verpfaffte Nation]. Europa verhöhnt sie mit Recht. Jedoch wird es nicht so bleiben.

---

13. Juni 1855 öffentlich versteigert werden soll, und der ›Galignani‹ vom 23. Mai 1855 gibt aus dem ›Leader‹ und seitdem öfter eine ganze Liste von Pfarren, die zur Versteigerung angezeigt sind: bei jeder das Einkommen, die lokalen Annehmlichkeiten und das Alter des jetzigen Pfarrers. Denn geradeso wie die Offizierstellen der Armee sind auch die Pfarren der Kirche käuflich: was das für Offiziere gibt, hat der Feldzug in der Krim zutage gebracht, und was für Pfarrer, lehrt die Erfahrung gleichfalls.
1. [Sprichwörtlich]

Ein künftiges, weiseres Geschlecht wird Byrons Statue im Pomp nach der Westminsterkirche tragen. *Voltaire* hingegen, der hundertmal mehr als Byron gegen die Kirche geschrieben hat, ruht glorreich im französischen Pantheon, der St. Genovevakirche, glücklich, einer Nation anzugehören, die sich nicht von Pfaffen naseführen und regieren läßt. Dabei bleiben die demoralisierenden Wirkungen des Pfaffentruges und der Bigotterie natürlich nicht aus. Demoralisierend muß es wirken, daß die Pfaffenschaft dem Volke vorlügt, die Hälfte aller Tugenden bestehe im Sonntagsfaulenzen und im Kirchengeplärr und eines der größten Laster, welches den Weg zu allen andern bahne, sei das sabbathbreaking, d. h. Nichtfaulenzen am Sonntage: daher sie auch in den Zeitungen die zu hängenden armen Sünder sehr oft die Erklärung abgeben lassen, aus dem sabbathbreaking, diesem greulichen Laster, sei ihr ganzer sündiger Lebenslauf entsprungen. Eben wegen besagter Versorgungsanstalt muß noch jetzt das unglückliche Irland, dessen Bewohner zu Tausenden verhungern, neben seinem eigenen katholischen aus eigenen Mitteln und freiwillig von ihm bezahlten Klerus eine nichtstuende protestantische Klerisei mit Erzbischof, zwölf Bischöfen und einer Armee von deans[1] und rectors[2] erhalten, wenn auch nicht direkt auf Kosten des Volks, sondern aus dem Kirchengut.

Ich habe bereits darauf aufmerksam gemacht, daß Traum, somnambules Wahrnehmen, Hellsehn, Vision, Zweites Gesicht und etwaniges Geistersehn nahverwandte Erscheinungen sind. Das Gemeinsame derselben ist, daß wir, ihnen verfallen, eine sich objektiv darstellende Anschauung durch ein ganz anderes Organ als im gewöhnlichen wachen Zustande erhalten; nämlich nicht durch die äußern Sinne, dennoch aber ganz und genau ebenso wie mittelst dieser: ich habe solches demnach das *Traumorgan* genannt. Was sie hingegen von einander unterscheidet, ist die Verschiedenheit ihrer Beziehung zu der durch die Sinne wahrnehmbaren empirisch-realen Außenwelt. Diese nämlich ist beim

1. [Dekanen]
2. [Pfarrherren]

Traum in der Regel gar keine und sogar bei den seltenen fatidiken Träumen doch meistens nur eine mittelbare und entfernte, sehr selten eine direkte: hingegen ist jene Beziehung bei der somnambulen Wahrnehmung und dem Hellsehn, wie auch beim Nachtwandeln, eine unmittelbare und ganz richtige; bei der Vision und dem etwanigen Geistersehn eine problematische. – Nämlich das Schauen von Objekten im Traum ist anerkannt illusorisch, also eigentlich ein bloß subjektives wie das in der Phantasie: dieselbe Art der Anschauung aber wird im Schlafwachen und im Somnambulismus eine völlig und richtig objektive; ja sie erhält im Hellsehn gar einen den des Wachenden unvergleichbar weit übertreffenden Gesichtskreis. Wenn sie nun aber hier sich auf die Phantome der Abgeschiedenen erstreckt, so will man sie wieder bloß als ein subjektives Schauen gelten lassen. Dies ist indessen der Analogie dieser Fortschreitung nicht gemäß, und nur soviel läßt sich behaupten, daß jetzt Objekte geschaut werden, deren Dasein durch die gewöhnliche Anschauung des dabei etwan gegenwärtigen Wachenden nicht beglaubigt wird; während auf der zunächst vorhergegangenen Stufe es solche waren, die der Wache erst in der Ferne aufzusuchen oder der Zeit nach abzuwarten hat. Aus dieser Stufe nämlich kennen wir das Hellsehn als eine Anschauung, die sich auch auf das erstreckt, was der wachen Gehirntätigkeit nicht *unmittelbar* zugänglich, dennoch aber real vorhanden und wirklich ist: wir dürfen daher jenen Wahrnehmungen, denen die wache Anschauung auch mittelst Zurücklegung eines Raumes oder einer Zeit nicht nachkommen kann, die objektive Realität wenigstens nicht sogleich und ohne weiteres absprechen. Ja der Analogie nach dürften wir sogar vermuten, daß ein Anschauungsvermögen, welches sich auf das wirklich Zukünftige und noch gar nicht Vorhandene erstreckt, auch wohl das einst Dagewesene, nicht mehr Vorhandene als gegenwärtig wahrzunehmen fähig sein könnte. Zudem ist noch nicht ausgemacht, daß die in Rede stehenden Phantome nicht auch in das wache Bewußtsein gelangen können. Am häufigsten werden sie wahrgenommen im Zustande des Schlafwachens, also wo man die unmittelbare Umgebung und Gegenwart, wiewohl träumend, richtig erblickt: da nun hier alles, was man sieht, objektiv real ist; so haben die darin auftretenden Phantome die Präsumtion der Realität zunächst für sich.

Nun aber lehrt überdies die Erfahrung, daß die Funktion des *Traumorgans*, welche in der Regel den leichteren gewöhnlichen oder aber den tiefern magnetischen Schlaf zur Bedingung ihrer Tätigkeit hat, ausnahmsweise auch bei wachem Gehirne zur Ausübung gelangen kann, also daß jenes Auge, mit welchem wir die Träume sehn, auch wohl einmal im Wachen aufgehn kann. Alsdann stehn Gestalten vor uns, die denen, welche durch die Sinne ins Gehirn kommen, so täuschend gleichen, daß sie mit diesen verwechselt und dafür gehalten werden, bis sich ergibt, daß sie nicht Glieder des jene alle verknüpfenden, im Kausalnexus bestehenden Zusammenhangs der Erfahrung sind, den man unter dem Namen der Körperwelt begreift; was nun entweder sogleich auf Anlaß ihrer Beschaffenheit oder aber erst hinterher an den Tag kommt. Einer so sich darstellenden Gestalt nun wird, je nach dem, worin sie ihre *entferntere* Ursache hat, der Name einer Halluzination, einer Vision, eines Zweiten Gesichts oder einer Geistererscheinung zukommen. Denn ihre *nächste* Ursache muß allemal im Innern des Organismus liegen, indem, wie oben gezeigt, eine von innen ausgehende Einwirkung es ist, die das Gehirn zu einer anschauenden Tätigkeit erregt, welche, es ganz durchdringend, sich bis auf die Sinnesnerven erstreckt, wodurch alsdann die sich so darstellenden Gestalten sogar Farbe und Glanz, auch Ton und Stimme der Wirklichkeit erhalten. Im Fall dies jedoch unvollkommen geschieht, werden sie nur schwach gefärbt, blaß, grau und fast durchsichtig erscheinen oder auch wird dem analog, wenn sie für das Gehör da sind, ihre Stimme verkümmert sein, hohl, leise, heiser oder zirpend klingen. Wenn der Seher derselben eine geschärfte Aufmerksamkeit auf sie richtet, pflegen sie zu verschwinden; weil die dem *äußern* Eindrucke sich jetzt mit Anstrengung zuwendenden Sinne nun diesen wirklich empfangen, der als der stärkere und in entgegengesetzter Richtung geschehend jene ganze von *innen* kommende Gehirntätigkeit überwältigt und zurückdrängt. Eben um diese Kollision zu vermeiden geschieht es, daß bei Visionen das innere Auge die Gestalten soviel wie möglich dahin projiziert, wo das äußere nichts sieht, in finstere Winkel, hinter Vorhänge, die plötzlich durchsichtig werden, und überhaupt in die Dunkelheit der Nacht, als welche bloß darum die Geisterzeit ist, weil Finsternis, Stille und Einsamkeit, die äußern Eindrücke aufhebend, jener *von innen* ausgehenden Tätigkeit des Gehirns Spielraum gestatten; so daß man in dieser Hinsicht dieselbe dem Phänomene der Phosphoreszenz[1] vergleichen kann, als welches auch durch Dunkelheit bedingt ist. In lauter Gesellschaft und beim Scheine vieler Kerzen ist die Mitternacht keine Geisterstunde. Aber die finstere, stille und einsame Mitternacht ist es, weil wir schon instinktmäßig in ihr den Eintritt von Erscheinungen fürchten, die sich als ganz äußerlich darstellen, wenngleich ihre *nächste* Ursache in uns selbst liegt: sonach fürchten wir dann eigentlich uns selbst. Daher nimmt, wer den Eintritt solcher Erscheinungen befürchtet, Gesellschaft zu sich.

Obgleich nun die Erfahrung lehrt, daß die Erscheinungen der ganzen hier in Rede stehenden Art allerdings im Wachen statthaben, wodurch gerade sie sich von den Träumen unterscheiden; so bezweifele ich doch noch, daß dieses Wachen ein im strengsten Sinne vollkommenes sei, da schon die hiebei notwendige Verteilung der Vorstellungskraft des Gehirns zu heischen scheint, daß, wenn das Traumorgan sehr tätig ist, dies nicht ohne einen Abzug von der normalen Tätigkeit, also nur unter einer gewissen Depotenzierung des wachen nach außen gerichteten Sinnesbewußtseins geschehn kann; wonach ich vermute, daß während einer solchen Erscheinung das zwar allerdings wache Bewußtsein doch gleichsam mit einem ganz leichten Flor überschleiert ist, wodurch es eine gewisse, wiewohl schwache traumartige Färbung erhält. Hieraus wäre zu-

1. [Nachleuchten von Gegenständen nach vorangegangener Bestrahlung]

nächst erklärlich, daß die, welche wirklich dergleichen Erscheinungen gehabt haben, nie vor Schreck darüber gestorben sind; während hingegen falsche, künstlich veranstaltete Geistererscheinungen bisweilen diese Wirkung gehabt haben. Ja in der Regel verursachen die wirklichen Visionen dieser Art gar keine Furcht; sondern erst hinterher, beim Nachdenken darüber, stellt sich einiges Grausen ein: dies mag freilich auch daran liegen, daß sie während ihrer Dauer für leibhaftige Menschen gehalten werden und erst hinterher sich zeigt, daß sie das nicht sein konnten. Doch glaube ich, daß die Abwesenheit der Furcht, welche sogar ein charakteristisches Kennzeichen wirklicher Visionen dieser Art ist, hauptsächlich aus dem oben angegebenen Grunde entspringt, indem man, obwohl wach, doch von einer Art Traumbewußtsein leicht umflort ist, also sich in einem Elemente befindet, dem der Schreck über unkörperliche Erscheinungen wesentlich fremd ist, eben weil in demselben das Objektive vom Subjektiven nicht so schroff geschieden ist wie bei der Einwirkung der Körperwelt. Dies findet eine Bestätigung an der unbefangenen Art, mit welcher die Seherin von Prevorst ihres Geisterumganges pflegt: z.B. (Bd. 2, S. 120, erste Auflage) läßt sie ganz ruhig einen Geist dastehn und warten, bis sie ihre Suppe gegessen hat. Auch sagt Justinus Kerner selbst an mehreren Stellen (z.B. Bd. 1, S. 209), daß sie zwar wach zu sein schien, aber es doch nie ganz war; was mit ihrer eigenen Äußerung (Bd. 2, S. 11, dritte Auflage S. 256), daß sie jedesmal, wenn sie Geister sehe, ganz wach sei, allenfalls noch zu vereinigen sein möchte.

Von allen dergleichen im wachen Zustande eintretenden Anschauungen mittelst des Traumorgans, welche uns völlig objektive und den Anschauungen mittelst der Sinne gleichkommende Erscheinungen vorhalten, muß, wie gesagt, die *nächste* Ursache stets im Innern des Organismus liegen, wo dann irgendeine ungewöhnliche Veränderung es ist, welche mittelst des dem Zerebralsystem schon verwandten vegetativen Nervensystems, also des sympathischen Nerven und seiner Ganglien auf das Gehirn wirkt; durch welche Einwirkung nun aber dieses immer nur in die ihm natürliche und eigentümliche Tätigkeit der objektiven, Raum, Zeit und Kausalität zur Form habenden, Anschauung versetzt werden kann, geradeso, wie durch die Einwirkung, welche von außen auf die Sinne geschieht; daher es diese seine normale Funktion jetzt ebenfalls ausübt. – Sogar aber dringt die nun so von innen erregte anschauende Tätigkeit des Gehirns bis zu den Sinnesnerven durch, welche demnach jetzt ebenfalls von innen, wie sonst von außen, zu den ihnen spezifischen Empfindungen angeregt, die erscheinenden Gestalten mit Farbe, Klang, Geruch usw. ausstatten und dadurch ihnen die vollkommene Objektivität und Leibhaftigkeit des sinnlich Wahrgenommenen verleihen. Eine beachtenswerte Bestätigung erhält diese Theorie der Sache durch folgende Angabe einer hellsehenden Somnambule *Heinekens* über die Entstehung der somnambulen Anschauung: ›In der Nacht war ihr nach einem ruhigen, natürlichen Schlafe auf einmal deutlich geworden, das Licht entwickele sich aus dem Hinterkopfe, ströme von da nach dem Vorderkopfe, komme dann zu den Augen und mache nun die umstehenden Gegenstände sichtbar: durch dieses dem Dämmerlichte ähnliche Licht habe sie alles um sich her deutlich gesehn und erkannt‹ (Kiesers ›Archiv für den tierischen Magnetismus‹ Bd. 2, Heft 3, S. 43). Die dargelegte *nächste* Ursache solcher im Gehirn von innen aus erregten Anschauungen muß aber selbst wieder eine haben, welche demnach die *entferntere* Ursache jener ist. Wenn wir nun finden sollten, daß diese nicht jedesmal bloß im Organismus, sondern bisweilen auch außerhalb desselben zu suchen sei; so würde in letzterem Fall jenem Gehirnphänomene, welches bis hieher als so subjektiv wie die bloßen Träume, ja nur als ein wacher Traum sich darstellt, die reale Objektivität, d. h. die wirkliche kausale Beziehung auf etwas außer dem Subjekt Vorhandenes von einer ganz anderen Seite aus wieder gesichert werden, also gleichsam durch die Hintertüre wieder hereinkommen. – Ich werde demnach jetzt die *entfernteren Ursachen* jenes Phänomens, soweit sie uns bekannt sind, aufzählen; wobei ich zunächst bemerke, daß, solange diese allein *inner-*

halb des Organismus liegen, das Phänomen mit dem Namen der *Halluzination* bezeichnet wird, diesen jedoch ablegt und verschiedene andere Namen erhält, wenn eine *außerhalb* des Organismus liegende Ursache nachzuweisen ist oder wenigstens angenommen werden muß.

1. Die häufigste Ursache des in Rede stehenden Gehirnphänomens sind heftige akute Krankheiten, namentlich hitzige Fieber, welche das Delirium herbeiführen, in welchem unter dem Namen der Fieberphantasien das besagte Phänomen allbekannt ist. Diese Ursache liegt offenbar bloß im Organismus, wenngleich das Fieber selbst durch äußere Ursachen veranlaßt sein mag.

2. Der *Wahnsinn* ist keineswegs immer, aber doch bisweilen von Halluzinationen begleitet, als deren Ursache die ihn zunächst herbeiführenden meistens im Gehirn, oft aber auch im übrigen Organismus vorhandenen krankhaften Zustände anzusehn sind.

3. In seltenen glücklicherweise aber vollkommen konstatierten Fällen entstehn, ohne daß Fieber oder sonst akute Krankheit, geschweige Wahnsinn vorhanden sei, Halluzinationen als Erscheinungen menschlicher Gestalten, die den wirklichen täuschend gleichen. Der bekannteste Fall dieser Art ist der *Nicolais*, da er ihn 1799 der Berliner Akademie vorgelesen und diesen Vortrag auch besonders abgedruckt hat. Einen ähnlichen findet man im ›Edinburgh Journal of Science‹ by Brewster (vol. 4, No. 8, october–april 1831), und mehrere andere liefert Brierre de Boismont, ›Des hallucinations‹ (1845, deuxième édition 1852), ein für den gesamten Gegenstand unserer Untersuchung sehr brauchbares Buch, auf welches ich daher mich öfter beziehn werde. Zwar gibt dasselbe keineswegs eine tief eingehende Erklärung der dahin gehörigen Phänomene, sogar hat es leider nicht einmal wirklich, sondern bloß scheinbar eine systematische Anordnung; jedoch ist es eine sehr reiche, auch mit Umsicht und Kritik gesammelte Kompilation aller in unser Thema irgend einschlagenden Fälle. Zu dem speziellen Punkte, den wir soeben betrachten, gehören darin besonders die observations 7, 13, 15, 29, 65, 108, 110, 111, 112, 114, 115, 132.

Überhaupt aber muß man annehmen und erwägen, daß von den Tatsachen, welche dem gesamten Gegenstande der gegenwärtigen Betrachtung angehören, auf *eine* öffentlich mitgeteilte tausend ähnliche kommen, deren Kunde nie über den engen Kreis ihrer unmittelbaren Umgebung hinausgelangt ist, aus verschiedenen Ursachen, die leicht abzusehn sind. Daher eben schleppt sich die wissenschaftliche Betrachtung dieses Gegenstandes seit Jahrhunderten, ja Jahrtausenden mit wenigen einzelnen Fällen, Wahrträumen und Geistergeschichten, deren gleiche seitdem hunderttausendmal vorgekommen, aber nicht zur öffentlichen Kunde gebracht und dadurch [auch nicht] der Literatur einverleibt worden sind. Als Beispiele jener durch zahllose Wiederholung typisch gewordenen Fälle nenne ich nur den Wahrtraum, welchen Cicero, ›De divinatione‹ I, 27 erzählt, das Gespenst bei Plinius in der ›Epistula ad Suram‹ [7,27] und die Geistererscheinung des Marsilius Ficinus [Ficino], gemäß der Verabredung mit seinem Freunde Mercatus. – Was nun aber die unter gegenwärtiger Nummer in Betrachtung genommenen Fälle betrifft, deren Typus Nicolais Krankheit ist; so haben sie sich sämtlich als aus rein körperlichen, gänzlich im Organismus selbst gelegenen abnormen Ursachen entsprungen erwiesen, sowohl durch ihren bedeutungslosen Inhalt und das Periodische ihrer Wiederkehr als auch dadurch, daß sie therapeutischen Mitteln, besonders Blutentziehungen allemal gewichen sind. Sie gehören also ebenfalls zu den bloßen Halluzinationen, ja sind im eigentlichsten Sinne so zu nennen.

4. Denselben reihen sich nun zunächst gewisse ihnen übrigens ähnliche Erscheinungen objektiv und äußerlich dastehender Gestalten an, welche sich jedoch durch einen eigens für den Seher bestimmten, bedeutsamen, und zwar meistens sinistern[1] Charakter unterscheiden und deren reale Bedeutsamkeit meistens durch den bald darauf erfolgenden Tod dessen, dem sie sich darstellten, außer Zweifel gesetzt wird. Als ein Muster dieser Art ist der Fall zu betrachten, den Walter Scott (›On demonology and witchcraft‹ letter 1)

1. [unheilvollen]

erzählt und den auch Brierre de Boismont wiederholt, von dem Justizbeamteten, welcher monatelang erst eine Katze, darauf einen Zeremonienmeister, endlich ein Skelett leibhaftig stets vor sich sah, wobei er abzehrte und endlich starb. Ganz dieser Art ist ferner die Vision der *Miß Lee*, welcher die Erscheinung ihrer Mutter ihren Tod auf Tag und Stunde richtig verkündet hat. Sie ist zuerst in Beaumonts ›Treatise on spirits‹ (1721 von Arnold ins Deutsche übersetzt) erzählt und danach in Hibberts ›Sketches of the philosophy of apparitions‹ (1824), dann in Horace Welbys ›Signs before death‹ (1825) und findet sich gleichfalls in Justus Christian Hennings ›Von Geistern und Geistersehern‹ (1780), endlich auch im Brierre de Boismont. Ein drittes Beispiel gibt die in dem soeben erwähnten Buche von *Welby* (S. 156) erzählte Geschichte der Frau Stephens, welche wachend eine Leiche hinter ihrem Stuhle liegen sah und einige Tage darauf starb. Ebenfalls gehören hieher die Fälle des Sichselbstsehns, sofern sie bisweilen, wiewohl durchaus nicht immer, den Tod des sich Sehenden anzeigen. Einen sehr merkwürdigen und ungewöhnlich gut beglaubigten Fall dieser Art hat der Berliner Arzt *Formey* aufgezeichnet in seinem ›Heidnischen Philosophen‹: man findet ihn in Horsts ›Deuteroskopie‹ (Bd. 1, S. 115), wie auch in dessen ›Zauberbibliothek‹ (Bd. 1) vollständig wiedergegeben. Doch ist zu bemerken, daß hier die Erscheinung eigentlich nicht von der sehr kurz darauf und unvermutet gestorbenen Person selbst, sondern nur von ihren Angehörigen gesehn wurde. Von eigentlichem Sichselbstsehn berichtet einen von ihm selbst verbürgten Fall *Horst* im zweiten Teil der ›Deuteroskopie‹ (S. 138). Sogar *Goethe* erzählt, daß er sich selbst gesehn habe zu Pferde und in einem Kleide, in welchem er acht Jahre später ebendort wirklich geritten sei (›Aus meinem Leben‹ [›Dichtung und Wahrheit‹] 11. Buch). Diese Erscheinung hatte, beiläufig gesagt, eigentlich den Zweck, ihn zu trösten; indem sie ihn sich sehn ließ, wie er, die Geliebte, von der er soeben sehr schmerzlich Abschied genommen, nach acht Jahren wieder zu besuchen des entgegengesetzten Weges geritten kam: sie lüftete ihm also auf einen

Augenblick den Schleier der Zukunft, um ihm in seiner Betrübnis das Wiedersehn zu verkündigen. – Erscheinungen dieser Art sind nun nicht mehr bloße Halluzinationen, sondern *Visionen*. Denn sie stellen entweder etwas Reales dar oder beziehn sich auf künftige wirkliche Vorgänge. Daher sind sie im wachen Zustande das, was im Schlafe die fatidiken Träume, welche, wie oben gesagt, am häufigsten sich auf die eigenen, besonders den ungünstigen Gesundheitszustand des Träumenden beziehn – während die bloßen Halluzinationen den gewöhnlichen nichts bedeutenden Träumen entsprechen.

Der Ursprung dieser *bedeutungsvollen Visionen* ist darin zu suchen, daß jenes rätselhafte, in unserm Innern verborgene, durch die räumlichen und zeitlichen Verhältnisse nicht beschränkte und insofern allwissende, dagegen aber gar nicht ins gewöhnliche Bewußtsein fallende, sondern für uns verschleierte Erkenntnisvermögen – welches jedoch im magnetischen Hellsehn seinen Schleier abwirft – einmal etwas dem Individuo sehr Interessantes erspäht hat, von welchem nun der Wille, der ja der Kern des ganzen Menschen ist, dem zerebralen Erkennen gern Kunde geben möchte; was dann aber nur durch die ihm selten gelingende Operation möglich ist, daß er einmal das Traumorgan im *wachen Zustande* aufgehn läßt und so dem zerebralen Bewußtsein in anschaulichen Gestalten entweder von direkter oder von allegorischer Bedeutung jene seine Entdeckung mitteilt. Dies war ihm in den oben kurz angeführten Fällen gelungen. Dieselben bezogen sich nun alle auf die Zukunft: doch kann auch ein eben jetzt Geschehendes auf diese Weise offenbart werden, welches jedoch alsdann natürlich nicht die eigene Person betreffen kann, sondern eine andere. So kann z. B. der eben jetzt erfolgende Tod meines entfernten Freundes mir dadurch kundwerden, daß dessen Gestalt sich mir plötzlich so leibhaftig wie die eines Lebenden darstellt; ohne daß etwan hiebei der Sterbende selbst durch seinen lebhaften Gedanken an mich mitgewirkt zu haben braucht, wie dieses hingegen in Fällen einer andern weiter unten zu erörternden Gattung wirklich statthat. Auch habe ich dieses hier nur erläuterungsweise beigebracht, da unter dieser Nummer eigentlich nur von den Visionen die Rede ist, welche sich auf den Seher derselben selbst beziehn und den ihnen analogen fatidiken Träumen entsprechen.

5. Nun wieder denjenigen fatidiken Träumen, welche sich nicht auf den eigenen Gesundheitszustand, sondern auf ganz äußerliche Begebenheiten beziehn, entsprechen gewisse den obigen zunächststehende Visionen, welche nicht die aus dem Organismus entspringenden, sondern die von außen uns bedrohenden Gefahren ankündigen, welche aber freilich oft über unsere Häupter vorüberziehn, ohne daß wir sie irgend gewahr würden; in welchem Fall wir die äußere Beziehung der Vision nicht konstatieren können. Visionen dieser Art erfordern, um *sichtbar* auszufallen, mancherlei Bedingungen, vorzüglich, daß das betreffende Subjekt die dazu eignende Empfänglichkeit habe. Wenn hingegen dieses wie meistenteils nur im niedrigeren Grade der Fall ist; so wird die Kundgebung bloß *hörbar* ausfallen und dann sich durch mancherlei Töne manifestieren, am häufigsten durch Klopfen, welches besonders nachts, meistens gegen Morgen, einzutreten pflegt, und zwar so, daß man erwacht und gleich darauf ein sehr starkes und die völlige Deutlichkeit der Wirklichkeit habendes Klopfen an der Türe des Schlafgemachs vernimmt. Zu sichtbaren Visionen, und zwar in allegorisch bedeutsamen Gestalten, die dann von denen der Wirklichkeit nicht zu unterscheiden sind, wird es am ersten dann kommen, wann eine sehr große Gefahr unser Leben bedroht, oder aber auch, wann wir einer solchen, oft, ohne es gewiß zu wissen, glücklich entgangen sind; wo sie dann gleichsam Glück wünschen und anzeigen, daß wir jetzt noch viele Jahre vor uns haben. Endlich aber werden dergleichen Visionen auch eintreten, ein unabwendbares Unglück zu verkünden: dieser letztern Art war die bekannte Vision des Brutus vor der Schlacht bei Philippi, sich darstellend als sein böser Genius; wie auch die ihr sehr ähnliche des Cassius Parmensis nach der Schlacht bei Actium, welche Valerius Maximus ([›Factorum et dictorum memorabilium‹] lib. 1, cap. 7, § 7) erzählt. Überhaupt ver-

mute ich, daß die Visionen dieser Gattung ein Hauptanlaß zum Mythos der Alten von dem jedem beigegebenen Genius, so wie der christlichen Zeiten vom spiritus familiaris [vertrauten Geist] gewesen sind. In den mittlern Jahrhunderten suchte man sie durch die Astralgeister zu erklären, wie dies die in der vorhergehenden Abhandlung *[S. 258]* beigebrachte Stelle des Theophrastus Paracelsus bezeugt: ›Damit aber das Fatum wohl erkannt werde, ist es also, daß jeglicher Mensch einen Geist hat, der außerhalb [von] ihm wohnt und setzt seinen Stuhl in die obern Sterne. Derselbige gebraucht die Bossen‹ (fixe Typen zu erhabenen Arbeiten; davon: bossieren) ›seines Meisters. Derselbige ist der, der da die praesagia demselbigen vorzeigt und nachzeigt: denn sie bleiben nach diesem. Diese Geister heißen Fatum.‹ Im 17. und 18. Jahrhundert hingegen gebrauchte man, um diese wie viele andere Erscheinungen zu erklären, das Wort spiritus vitales [Lebensgeister], welches, da die Begriffe fehlten, sich zu rechter Zeit eingestellt hatte[1]. Die wirklichen entfernteren Ursachen der Visionen dieser Art können, wenn diese ihre Beziehung auf äußere Gefahren konstatiert ist, offenbar nicht bloß im Organismus liegen: wie weit wir die Art ihrer Verbindung mit der Außenwelt uns faßlich zu machen vermögen, werde ich weiterhin untersuchen.

6. Visionen, welche gar nicht mehr den Seher derselben betreffen und dennoch künftige, kürzere oder längere Zeit darauf eintretende Begebenheiten genau und oft nach allen ihren Einzelheiten unmittelbar darstellen, sind die jener seltenen Gabe, die man second sight, *das Zweite Gesicht* oder Deuteroskopie, nennt, eigentümlichen. Eine reichhaltige Sammlung der Berichte darüber enthält Horsts ›Deuteroskopie‹ (2 Bände, 1830); auch findet man neuere Tatsachen dieser Gattung in verschiedenen Bänden des Kieserschen ›Archivs für tierischen Magnetismus‹. Die seltsame Fähigkeit zu Visionen dieser Art ist keineswegs ausschließlich in Schottland und Norwegen zu finden, sondern kommt, namentlich in bezug auf Todesfälle, auch bei uns vor; worüber

1. [Nach Goethe: ›Faust‹ 1, Vers 1995f.]

man Berichte in Jung-Stillings ›Theorie der Geisterkunde‹ (§ 153 usf.) findet. Auch die berühmte Prophezeiung des *Cazotte* scheint auf so etwas zu beruhen. Sogar auch bei den Negern der Wüste Sahara findet das Zweite Gesicht sich häufig vor (Richardsons Bericht über eine Sendung nach Zentralafrika; in deutscher Übersetzung 1853). Ja schon im Homer finden wir (›Odyssee‹ 20, 351–357) eine wirkliche Deuteroskopie dargestellt, die sogar eine seltsame Ähnlichkeit mit der Geschichte des Cazotte hat. Desgleichen wird eine vollkommene Deuteroskopie von Herodot erzählt (lib. 8, cap. 65). – In diesem Zweiten Gesicht also erreicht die hier wie immer zunächst aus dem Organismus entspringende Vision den höchsten Grad von objektiver, realer Wahrheit und verrät dadurch eine von der gewöhnlichen physischen gänzlich verschiedene Art unserer Verbindung mit der Außenwelt. Sie geht als wachender Zustand den höchsten Graden des somnambulen Hellsehns parallel. Eigentlich ist sie ein vollkommenes *Wahrträumen im Wachen* oder wenigstens in einem Zustande, der mitten im Wachen auf wenige Augenblicke eintritt. Auch ist die Vision des Zweiten Gesichts, eben wie die Wahrträume in vielen Fällen nicht theorematisch, sondern allegorisch oder symbolisch, jedoch, was höchst merkwürdig ist, nach feststehenden, bei allen Sehern in gleicher Bedeutung eintretenden Symbolen, die man im erwähnten Buche von Horst (Bd. 1, S. 63–69), wie auch in Kiesers ›Archiv (Bd. 6, 3, S. 105–108) spezifiziert findet.

7. Zu den eben betrachteten der Zukunft zugekehrten Visionen liefern nun das Gegenstück diejenigen, welche das Vergangene, namentlich die Gestalten ehemals lebender Personen, vor das im Wachen aufgehende Traumorgan bringen. Es ist ziemlich gewiß, daß sie veranlaßt werden können durch die in der Nähe befindlichen Überreste der Leichen derselben. Diese sehr wichtige Erfahrung, auf welche eine Menge Geistererscheinungen zurückzuführen sind, hat ihre solideste und ungemein sichere Beglaubigung an einem Briefe vom Prof. Ehrmann, dem Schwiegersohne des Dichters *Pfeffel*, welcher in extenso [im Auszuge] gegeben wird

in Kiesers ›Archiv‹ (Bd. 10, Heft 3, S. 151 ff.; Auszüge daraus aber findet man in vielen Büchern, z. B. in Friedrich Fischers ›Somnambulismus‹ Bd. 1, S. 246). Jedoch auch außerdem wird dieselbe durch viele Fälle, welche auf sie zurückzuführen sind, bestätigt: von diesen will ich hier nur einige anführen. Zunächst nämlich gehört dahin die in eben jenem Briefe, und auch aus guter Quelle, mitgeteilte Geschichte vom Pastor Lindner, welche ebenfalls in vielen Büchern wiederholt worden ist, unter andern in der ›Seherin von Prevorst‹ (Bd. 2, S. 98 der ersten und S. 356 der dritten Auflage); ferner ist dieser Art eine in dem angeführten Buche Fischers (S. 252) von diesem selbst nach Augenzeugen mitgeteilte Geschichte, die er zur Berichtigung eines kurzen in der ›Seherin von Prevorst‹ (S. 358 der dritten Auflage) befindlichen Berichts darüber erzählt. Sodann in Gottfried Immanuel *Wenzels* ›Unterhaltungen über die auffallendesten neuern Geistererscheinungen‹ (1800) finden wir gleich im ersten Kapitel sieben solche Erscheinungsgeschichten, die sämtlich die in der Nähe befindlichen Überreste der Toten zum Anlaß haben. Die Pfeffelsche Geschichte ist die letzte darunter: aber auch die übrigen tragen ganz den Charakter der Wahrheit und durchaus nicht den der Erfindung. Auch erzählen sie alle nur ein bloßes Erscheinen der Gestalt des Verstorbenen ohne allen weitern Fortgang oder gar dramatischen Zusammenhang. Sie verdienen daher hinsichtlich der Theorie dieser Phänomene alle Berücksichtigung. Die rationalistischen Erklärungen, die der Verfasser dazu gibt, können dienen, die gänzliche Unzulänglichkeit solcher Auflösungen in helles Licht zu stellen. Hieher gehört ferner im oben *[S. 333]* angeführten Buche des Brierre des Boismont die vierte Beobachtung; nicht weniger manche der von den alten Schriftstellern uns überlieferten Geistergeschichten, z.B. die vom jüngern *Plinius* (›Epistularum‹ [ad Suram] lib. 7, 27) erzählte, welche schon deshalb merkwürdig ist, daß sie so ganz denselben Charakter trägt wie unzählige aus der neuern Zeit. Ihr ganz ähnlich, vielleicht sogar nur eine andere Version derselben, ist die, welche *Lukianos* im ›Philopseudes‹ (cap. 31) vorträgt. Sodann ist dieser Art die

Erzählung vom Dämon in Plutarchs erstem Kapitel des
›Kimon‹; ferner was Pausanias (›Attica‹ 1, 32) vom Schlachtfelde bei Marathon berichtet; womit zu vergleichen ist,
was *Brierre* (S. 590) erzählt; endlich die Angaben des Sueto-
nius im ›Caligula‹ (cap. 59). Überhaupt möchten auf die in
Rede stehende Erfahrung fast alle die Fälle zurückzuführen
sein, wo Geister stets an derselben Stelle erscheinen und der
Spuk an eine bestimmte Lokalität gebunden ist, an Kirchen,
Kirchhöfe, Schlachtfelder, Mordstätten, Hochgerichte und
jene deshalb in Verruf gekommenen Häuser, die niemand
bewohnen will, welche man hin und wieder immer antreffen
wird: auch mir sind in meinem Leben deren mehrere vorgekommen. Solche Lokalitäten sind der Anlaß gewesen zu
dem Buche des Jesuiten Petrus Thyraeus, ›De infestis ob
molestantes daemoniorum et defunctorum spiritus locis‹
(Köln 1598). – Aber die merkwürdigste Tatsache dieser Art
liefert vielleicht die observation 77 des Brierre de Boismont.
Als eine wohlzubeachtende Bestätigung der hier gegebenen
Erklärung so vieler Geistererscheinungen, ja als ein zu ihr
führendes Mittelglied ist die Vision einer Somnambule zu
betrachten, die in Kerners ›Blättern aus Prevorst‹ (Sammlung 10, S. 61) mitgeteilt wird: dieser nämlich stellte sich
plötzlich eine von ihr genau beschriebene häusliche Szene
dar, die sich vor mehr als hundert Jahren daselbst zugetragen
haben mochte, da die von ihr beschriebenen Personen vorhandenen Porträts glichen, die sie jedoch nie gesehn hatte.
  Die hier in Betrachtung genommene wichtige Grund-
erfahrung selbst aber, auf welche alle solche Vorgänge zu-
rückführbar sind und die ich ›retrospective second sight‹
benenne, muß als Urphänomen stehnbleiben; weil, sie zu
erklären, es uns bis jetzt noch an Mitteln fehlt. Inzwischen
läßt sie sich in nahe Verbindung bringen mit einem andern
freilich ebenso unerklärlichen Phänomen, wodurch jedoch
schon viel gewonnen wird; da wir alsdann statt zweier unbekannter Größen nur eine behalten; welcher Vorteil dem
so gerühmten analog ist, den wir durch Zurückführung
des mineralischen Magnetismus auf die Elektrizität erlangt
haben. Wie nämlich eine in hohem Grade hellsehende

Somnambule sogar durch die *Zeit* nicht in ihrer Wahrnehmung beschränkt wird, sondern mitunter auch wirklich zukünftige, und zwar ganz zufällig eintretende Vorgänge vorhersieht; wie dasselbe noch auffallender von den Deuteroskopisten und Leichensehern geleistet wird; wie also Vorgänge, die in unsere empirische Wirklichkeit noch gar nicht eingetreten sind, dennoch aus der Nacht der Zukunft heraus schon auf dergleichen Personen wirken und in ihre Perzeption fallen können; so können auch wohl Vorgänge und Menschen, die doch schon einmal wirklich waren, wiewohl sie es nicht mehr sind, auf gewisse hiezu besonders disponierte Personen wirken und also, wie jene eine Vorwirkung, eine Nachwirkung äußern; ja dieses ist weniger unbegreiflich als jenes, zumal wann eine solche Auffassung vermittelt und eingeleitet wird durch etwas Materielles, wie etwan die noch wirklich vorhandenen leiblichen Überreste der wahrgenommenen Personen oder Sachen, die in genauer Verbindung mit ihnen gewesen, ihre Kleider, das von ihnen bewohnte Gemach oder woran ihr Herz gehangen: der verborgene Schatz; dem analog, wie die sehr hellsehende Somnambule bisweilen nur durch irgendein leibliches Verbindungsglied, z. B. ein Tuch, welches der Kranke einige Tage auf dem bloßen Leibe getragen (Kiesers ›Archiv‹ Bd. 3, Heft 3, S. 24), oder eine abgeschnittene Haarlocke mit entfernten Personen, über deren Gesundheitszustand sie berichten soll, in Rapport gesetzt wird und dadurch ein Bild von ihnen erhält; welcher Fall dem in Rede stehenden naheverwandt ist. Dieser Ansicht zufolge wären die an bestimmte Lokalitäten oder an die daselbst liegenden leiblichen Überreste Verstorbener sich knüpfenden Geistererscheinungen nur die Wahrnehmungen einer rückwärts gekehrten, also der Vergangenheit zugewandten Deuteroskopie – a retrospective second sight: sie wären demnach ganz eigentlich, was schon die Alten (deren ganze Vorstellung vom Schattenreiche vielleicht aus Geistererscheinungen hervorgegangen ist: man sehe ›Odyssee‹ 24) sie nannten: Schatten, umbrae, εἴδωλα καμόντων[1] [Schattenbilder der

1. [Vgl. ›Ilias‹ 23, 72]

Verblichenen] – νεκύων ἀμενηνὰ κάρηνα[1] [der Toten kraftlose Häupter] – ›manes‹ [Schattengeister der Toten] (von ›manere‹, gleichsam Überbleibsel, Spuren), also Nachklänge dagewesener Erscheinungen dieser unserer in Zeit und Raum sich darstellenden Erscheinungswelt, dem Traumorgan wahrnehmbar werdend, in seltenen Fällen während des wachen Zustandes, leichter im Schlaf als bloße Träume, am leichtesten natürlich im tiefen magnetischen Schlafe, wann in ihm der Traum zum Schlafwachen und dieses zum Hellsehn sich gesteigert hat; aber auch in dem gleich anfangs erwähnten natürlichen Schlafwachen, welches als ein Wahrträumen der nächsten Umgebung des Schlafenden beschrieben wurde und gerade durch das Eintreten solcher fremdartigen Gestalten zuerst als ein vom wachen Zustande verschiedener sich zu erkennen gibt. In diesem Schlafwachen nämlich werden am häufigsten die Gestalten eben gestorbener Personen, deren Leiche noch im Hause ist, sich darstellen; wie überhaupt eben dem Gesetz, daß diese rückwärts gekehrte Deuteroskopie durch leibliche Überreste der Toten eingeleitet wird, gemäß die Gestalt eines Verstorbenen den dazu disponierten Personen, selbst im wachen Zustande, am leichtesten erscheinen kann, solange er noch nicht bestattet ist; wiewohl sie auch dann immer nur durch das Traumorgan wahrgenommen wird.

Nach dem Gesagten versteht es sich von selbst, daß einem auf diese Weise erscheinenden Gespenste nicht die unmittelbare Realität eines gegenwärtigen Objekts beizulegen ist; wiewohl ihm mittelbar doch eine Realität zum Grunde liegt: nämlich, was man da sieht, ist keineswegs der Abgeschiedene selbst, sondern es ist ein bloßes εἴδωλον, ein Bild dessen, der einmal war, entstehend im Traumorgan eines hiezu disponierten Menschen, auf Anlaß irgendeines Überbleibsels, irgendeiner zurückgelassenen Spur. Dasselbe hat daher nicht mehr Realität als die Erscheinung dessen, der *sich selbst* sieht oder auch von andern dort wahrgenommen wird, wo er sich nicht befindet. Fälle dieser Art aber

1. [Vgl. ›Odyssee‹ 10, 521]

sind durch glaubwürdige Zeugnisse bekannt, von denen man einige in Horsts ›Deuteroskopie‹ (Bd. 2, Abschnitt 4) zusammengestellt findet: auch der erwähnte von Goethe gehört dahin; desgleichen die nicht seltene Tatsache, daß Kranke, wann dem Tode nahe, sich im Bette doppelt vorhanden wähnen. ›Wie geht es?‹ fragte hier vor nicht langer Zeit ein Arzt seinen schwer darniederliegenden Kranken: ›Jetzt besser, seitdem wir im Bette zwei sind‹, war die Antwort: bald darauf starb er. – Demnach steht eine Geistererscheinung der hier in Betracht genommenen Art zwar in objektiver Beziehung zum *ehemaligen* Zustand der sich darstellenden Person, aber keineswegs zu ihrem *gegenwärtigen*: denn dieselbe hat durchaus keinen aktiven Teil daran; daher auch nicht auf ihre noch fortdauernde individuelle Existenz daraus zu schließen ist. Zu der gegebenen Erklärung stimmt auch, daß die so erscheinenden Abgeschiedenen in der Regel bekleidet und in der Tracht, die ihnen gewöhnlich war, gesehn werden; wie auch, daß mit dem Mörder der Gemordete, mit dem Reiter das Pferd erscheint u. dgl. mehr. Den Visionen dieser Art sind wahrscheinlich auch die meisten der von der Seherin zu Prevorst gesehnen Gespenster beizuzählen, die Gespräche aber, die sie mit ihnen geführt hat, als das Werk ihrer eigenen Einbildungskraft anzusehn, die den Text zu dieser stummen Prozession (›dumb shew‹) und dadurch eine Erklärung derselben aus eigenen Mitteln lieferte. Der Mensch ist nämlich von Natur bestrebt, sich alles, was er sieht, irgendwie zu erklären oder wenigstens einigen Zusammenhang hineinzubringen, ja es in seinen Gedanken reden zu lassen; daher Kinder sogar den leblosen Dingen oft einen Dialog unterlegen. Demnach war die Seherin selbst, ohne es zu wissen, der Souffleur jener ihr erscheinenden Gestalten, wobei ihre Einbildungskraft in derjenigen Art unbewußter Tätigkeit war, womit wir im gewöhnlichen bedeutungslosen Traum die Begebenheiten lenken und fügen, ja auch wohl bisweilen den Anlaß dazu von objektiven, zufälligen Umständen, etwan einem im Bette gefühlten Druck oder einem von außen zu uns gelangenden Ton oder Geruch usw. nehmen, welchen gemäß wir sodann lange Geschichten träumen. Um diese Dramaturgie der Seherin sich zu erläutern, sehe man, was in Kiesers ›Archiv‹ (Bd. 11, Heft 1, S. 121) *Bende Bendsen* von seiner Somnambule erzählt, welcher im magnetischen Schlafe bisweilen ihre lebenden Bekannten erschienen, wo sie dann mit lauter Stimme lange Gespräche mit ihnen führte. Daselbst heißt es: ›Unter den vielen Gesprächen, welche sie mit Abwesenden hielt, ist das nachstehende charakteristisch. Während der vermeintlichen Antworten schwieg sie, schien mit gespannter Aufmerksamkeit, wobei sie sich im Bette erhob und den Kopf nach einer bestimmten Seite drehte, den Antworten der andern zuzuhören und rückte dann mit ihren Einwendungen dagegen an. Sie dachte sich hier die alte *Karen* mit ihrer Magd gegenwärtig und sprach abwechselnd bald mit dieser, bald mit jener ... Die scheinbare Zerspaltung der eigenen Persönlichkeit in drei verschiedene, wie dies im Traum gewöhnlich ist, ging hier so weit, daß ich die Schlafende damals gar nicht davon überzeugen konnte, sie mache alle drei Personen selbst.‹ Dieser Art also sind meiner Meinung nach auch die Geistergespräche der Seherin von Prevorst, und findet diese Erklärung eine starke Bestätigung an der unaussprechlichen Abgeschmacktheit des Textes jener Dialoge und Dramen, welche allein dem Vorstellungskreise eines unwissenden Gebirgsmädchens und der ihr beigebrachten Volksmetaphysik entsprechen und welchen eine objektive Realität unterzulegen nur unter Voraussetzung einer so grenzenlos absurden, ja empörend dummen Weltordnung möglich ist, daß man ihr anzugehören sich schämen müßte. – Hätte der so befangene und leichtgläubige Justinus Kerner nicht im stillen doch eine leise Ahndung von dem hier angegebenen Ursprunge jener Geisterunterredungen gehabt; so würde er nicht mit so unverantwortlicher Leichtfertigkeit überall und jedesmal unterlassen haben, den von den Geistern angezeigten materiellen Gegenständen, z.B. Schreibzeugen in Kirchenkellern, goldenen Ketten in Burggewölben, begrabenen Kindern in Pferdeställen, mit allem Ernst und Eifer nachzusuchen, statt sich durch die leichtesten Hindernisse davon abhalten zu lassen. Denn das hätte Licht auf die Sachen geworfen.

Überhaupt bin ich der Meinung, daß die allermeisten wirklich gesehnen Erscheinungen Verstorbener zu dieser Kategorie der Visionen gehören und ihnen demnach zwar eine vergangene, aber keineswegs eine gegenwärtige, geradezu objektive Realität entspricht: so z.B. der Erscheinung des Präsidenten der Berliner Akademie, *Maupertuis*, im Saale derselben, gesehn vom Botaniker *Gleditsch*; welches *Nikolai* in seiner schon erwähnten Vorlesung vor eben dieser Akademie anführt; desgleichen die von Walter Scott in der ›Edinburgh Review‹ vorgetragene und von Horst in der ›Deuteroskopie‹ (Bd. 1, S. 113) wiederholte Geschichte von dem Landammann in der Schweiz, der, in die öffentliche Bibliothek tretend, seinen Vorgänger in feierlicher Ratsversammlung, von lauter Verstorbenen umgeben, auf dem Präsidentenstuhl sitzend erblickt. Auch geht aus einigen hierher gehörigen Erzählungen hervor, daß der objektive Anlaß zu Visionen dieser Art nicht notwendig das Skelett oder ein sonstiges Überbleibsel eines Leichnams sein muß, sondern daß auch andere mit dem Verstorbenen in naher Berührung gewesene Dinge dies vermögen: so z.B. finden wir in dem oben angeführten Buche von Gottfried Immanuel Wenzel unter den sieben hierher gehörigen Geschichten sechs, wo die Leiche, aber eine, wo der bloße stets getragene Rock des Verstorbenen, der gleich nach dessen Tode eingeschlossen wurde, nach mehreren Wochen beim Hervorholen seine leibhaftige Erscheinung vor der darüber entsetzten Witwe veranlaßt. Und sonach könnte es sein, daß auch leichtere, unsern Sinnen kaum mehr wahrnehmbare Spuren, wie z.B. längst vom Boden eingesogene Blutstropfen oder vielleicht gar das bloße von Mauern eingeschlossene Lokal, wo einer unter großer Angst oder Verzweiflung einen gewaltsamen Tod erlitt, hinreichten, in dem dazu Prädisponierten eine solche rückwärtsgekehrte Deuteroskopie hervorzurufen. Hiemit mag auch die von Lukian (›Philopseudes‹ cap. 29) angeführte Meinung der Alten zusammenhängen, daß bloß die eines gewaltsamen

Todes Gestorbenen erscheinen könnten. Nicht minder könnte wohl ein vom Verstorbenen vergrabener und stets ängstlich bewachter Schatz, an welchen noch seine letzten Gedanken sich hefteten, den in Rede stehenden objektiven Anlaß zu einer solchen Vision abgeben, die dann möglicherweise sogar lukrativ ausfallen könnte. Die besagten objektiven Anlässe spielen bei diesem durch das Traumorgan vermittelten Erkennen des Vergangenen gewissermaßen die Rolle, welche bei dem normalen Denken der nexus idearum [Gedankenzusammenhang] seinen Gegenständen erteilt. Übrigens gilt von den hier in Rede stehenden wie von allen im Wachen durch das Traumorgan möglichen Wahrnehmungen, daß sie leichter unter der Form des Hörbaren als des Sichtbaren ins Bewußtsein kommen; daher die Erzählungen von Tönen, die an diesem oder jenem Orte bisweilen gehört werden, viel häufiger sind als die von sichtbaren Erscheinungen.

Wenn nun aber bei einigen Beispielen der hier in Betrachtung genommenen Art erzählt wird, die erscheinenden Verstorbenen hätten dem sie Schauenden gewisse, bis dahin unbekannte Tatsachen reveliert; so ist dies zuvörderst nur auf die sichersten Zeugnisse hin anzunehmen und bis dahin zu bezweifeln: sodann aber ließe es sich allenfalls doch noch durch gewisse Analogien mit dem Hellsehn der Somnambulen erklären. Manche Somnambulen nämlich haben in einzelnen Fällen den ihnen vorgeführten Kranken gesagt, durch welchen ganz zufälligen Anlaß diese vor langer Zeit sich ihre Krankheit zugezogen hätten, und haben ihnen dadurch den fast ganz vergessenen Vorfall ins Gedächtnis zurückgerufen (Beispiele dieser Art sind in Kiesers ›Archiv‹ Bd. 3, Heft 3, S. 70 der Schreck vor dem Fall von einer Leiter und in Justinus Kerners ›Geschichte zweier Somnambulen‹ S. 189 die dem Knaben gemachte Bemerkung, er habe in früherer Zeit bei einer epileptischen Person geschlafen). Auch gehört hierher, daß einige Hellsehende aus einer Haarlocke oder dem getragenen Tuch eines von ihnen nie gesehnen Patienten ihn und seinen Zustand richtig erkannt haben. In den ›Reiseerinnerungen aus London und

Paris‹ von Merck (Hamburg 1852) ist erzählt, wie Alexis aus einem Brief die gegenwärtige Lage des Schreibers und aus einer alten Nadeltasche die der verstorbenen Geberin genau erkennt. – Also beweisen selbst Revelationen nicht schlechthin die Anwesenheit eines Verstorbenen.

Imgleichen läßt sich, daß die erscheinende Gestalt eines Verstorbenen bisweilen von zwei Personen gesehn und gehört worden, auf die bekannte Ansteckungsfähigkeit sowohl des Somnambulismus als auch des Zweiten Gesichts zurückführen.

Sonach hätten wir unter gegenwärtiger Nummer wenigstens den größten Teil der beglaubigten Erscheinungen der Gestalten Verstorbener insofern erklärt, als wir sie zurückgeführt haben auf einen gemeinschaftlichen Grund, die retrospektive Deuteroskopie, welche in vielen solcher Fälle, namentlich in den anfangs dieser Nummer angeführten, nicht wohl geleugnet werden kann. – Hingegen ist sie selbst eine höchst seltsame und unerklärte Tatsache. Mit einer Erklärung dieser Art müssen wir aber in manchen Dingen uns begnügen; wie denn z. B. das ganze große Gebäude der Elektrizitätslehre bloß aus einer Unterordnung mannigfaltiger Phänomene unter ein völlig unerklärt bleibendes Urphänomen besteht.

8. Der lebhafte und sehnsüchtige Gedanke eines andern an uns vermag die Vision seiner Gestalt in unserm Gehirn zu erregen, nicht als bloßes Phantasma, sondern so, daß sie leibhaftig und von der Wirklichkeit ununterscheidbar vor uns steht. Namentlich sind es Sterbende, die dieses Vermögen äußern und daher in der Stunde ihres Todes ihren abwesenden Freunden erscheinen, sogar mehreren an verschiedenen Orten zugleich. Der Fall ist so oft und von so verschiedenen Seiten erzählt und beglaubigt worden, daß ich ihn unbedenklich als tatsächlich begründet nehme. Ein sehr artiges und von distinguierten Personen vertretenes Beispiel findet man in Jung-Stillings ›Theorie der Geisterkunde‹ (§ 198). Zwei besonders frappante Fälle sind ferner die Geschichte der Frau Kahlow im oben erwähnten Buch von Wenzel (S. 11) und die vom Hofprediger im ebenfalls

erwähnten Buche von Hennings (S. 329). Als ein ganz neuer mag hier folgender stehn: Vor kurzem starb hier in Frankfurt im jüdischen Hospitale bei Nacht eine kranke Magd. Am folgenden Morgen ganz früh trafen ihre Schwester und ihre Nichte, von denen die eine hier, die andere eine Meile von hier wohnt, bei der Herrschaft derselben ein, um nach ihr zu fragen; weil sie ihnen beiden in der Nacht erschienen war. Der Hospitalaufseher, auf dessen Bericht diese Tatsache beruht, versicherte, daß solche Fälle öfter vorkämen. Daß eine hellsehende Somnambule, die während ihres am höchsten gesteigerten Hellsehns allemal in eine dem Scheintode ähnliche Katalepsie verfiel, ihrer Freundin leibhaftig erschienen sei, berichtet die schon erwähnte ›Geschichte der Auguste Müller in Karlsruhe‹ und wird nacherzählt in Kiesers ›Archiv‹ (3, 3, S. 118). Eine andere absichtliche Erscheinung derselben Person wird aus vollkommen glaubwürdiger Quelle mitgeteilt in Kiesers ›Archiv‹ (6, 1, S. 34). – Viel seltener hingegen ist es, daß Menschen bei voller Gesundheit diese Wirkung hervorzubringen vermögen: doch fehlt es auch darüber nicht an glaubwürdigen Berichten. Den ältesten gibt St. Augustinus, zwar aus zweiter, aber seiner Versicherung nach sehr guter Hand (›De civitate Dei‹ 18, 18) im Verfolg der Worte: ›Indicavit et alius se domi suae‹ etc. Hier erscheint nämlich, was der eine träumt, dem andern im Wachen als Vision, die er für Wirklichkeit hält: und einen diesem Fall vollkommen analogen teilt der in Amerika erscheinende ›Spiritual Telegraph‹ vom 23. September 1854 mit (ohne daß er den des Augustinus zu kennen scheint), wovon Dupotet die französische Übersetzung gibt in seinem ›Traité complet du magnétisme‹ (3me édition p. 561). Ein neuerer Fall der Art ist dem zuletzt angeführten Bericht in Kiesers ›Archiv‹ (6, 1, S. 35) beigefügt. Eine wunderbare hierher gehörige Geschichte erzählt Jung-Stilling in seiner ›Theorie der Geisterkunde‹ (§ 101), jedoch ohne Angabe der Quelle. Mehrere gibt *Horst* in seiner ›Deuteroskopie‹ (Bd. 2, Abschnitt 4). Aber ein höchst merkwürdiges Beispiel der Fähigkeit zu solchem Erscheinen, noch dazu vom Vater auf den Sohn vererbt und von beiden sehr häufig, auch ohne es zu beabsichtigen, ausgeübt, steht in Kiesers ›Archiv‹ (Bd. 7, Heft 3, S. 158). Doch findet sich ein älteres ihm ganz ähnliches in *Zeibichs* ›Gedanken von der Erscheinung der Geister‹ (1776, S. 29) und wiederholt in Hennings ›Von Geistern und Geistersehern‹ (S. 746). Da beide gewiß unabhängig voneinander erzählt worden, dienen sie sich gegenseitig zur Bestätigung in dieser so höchst wunderbaren Sache. Auch in Nasses ›Zeitschrift für Anthropologie‹ (6, 2, S. 111) wird vom Prof. Grohmann ein solcher Fall mitgeteilt. Ebenfalls in Horace Welbys ›Signs before death‹ (London 1825) findet man einige Beispiele von Erscheinungen lebender Menschen an Orten, wo sie nur mit ihren Gedanken gegenwärtig waren (z. B. S. 45, 88). Besonders glaubwürdig scheinen die von dem grundehrlichen Bende Bendsen in Kiesers ›Archiv‹ (8, 3, S. 120) unter der Überschrift ›Doppelgänger‹ erzählten Fälle dieser Art. – Den hier in Rede stehenden im Wachen stattfindenden Visionen entsprechen im schlafenden Zustande die sympathetischen, d. h. sich in distans mitteilenden Träume, welche demnach von zweien zur selben Zeit und ganz gleichmäßig geträumt werden. Von diesen sind die Beispiele bekannt genug: eine gute Sammlung derselben findet man in Everardus Fabius ›De somniis‹ (§ 21) und darunter ein besonders artiges in holländischer Sprache erzähltes. Ferner steht in Kiesers ›Archiv‹ (Bd. 6, Heft 2, S. 135) ein überaus merkwürdiger Aufsatz von Hans Martin Wesermann, der fünf Fälle berichtet, in welchen er absichtlich durch seinen *Willen* genau bestimmte Träume in andern bewirkt hat: da nun aber im letzten dieser Fälle die betreffende Person noch nicht zu Bette gegangen war, hatte sie, nebst einer andern gerade bei ihr befindlichen, die beabsichtigte Erscheinung *im Wachen* und ganz wie eine Wirklichkeit. Folglich ist, wie in solchen Träumen, so auch in den wachenden Visionen dieser Klasse, das *Traumorgan* das Medium der Anschauung. Als Verbindungsglied beider Arten ist die oben erwähnte von St. Augustinus mitgeteilte Geschichte zu betrachten; sofern daselbst dem einen im Wachen erscheint, was der andere zu tun bloß träumt. Zwei derselben ganz gleichartige

Fälle findet man in Horace Welbys ›Signs before death‹ (p. 266 und p. 297; letztern aus Sinclairs ›Invisible world‹ entnommen). Offenbar also entstehn die Visionen dieser Art, so täuschend und leibhaft sich auch in ihnen die erscheinende Person darstellt, keineswegs mittelst Einwirkung von außen auf die Sinne, sondern vermöge einer magischen Wirkung des *Willens* desjenigen, von dem sie ausgehn, auf den andern, also auf das Wesen an sich eines fremden Organismus, der dadurch von innen aus eine Veränderung erleidet, die nunmehr, auf sein Gehirn wirkend, daselbst das Bild des solchermaßen Einwirkenden ebenso lebhaft erregt, wie eine Einwirkung mittelst der von dessen Leibe auf die Augen des andern zurückgeworfenen Lichtstrahlen es nur irgend könnte.

Eben die hier zur Sprache gebrachten Doppelgänger, als bei welchen die erscheinende Person offenkundig am Leben, aber abwesend ist, auch in der Regel von ihrer Erscheinung nicht weiß, geben uns den richtigen Gesichtspunkt für die Erscheinungen Sterbender und Gestorbener, also die eigentlichen Geistererscheinungen an die Hand, indem sie uns lehren, daß eine unmittelbare reale Gegenwart wie die eines auf die Sinne wirkenden Körpers keineswegs eine notwendige Voraussetzung derselben sei. Gerade diese Voraussetzung aber ist der Grundfehler aller früheren Auffassung der Geistererscheinungen sowohl bei der Bestreitung als bei der Behauptung derselben. Jene Voraussetzung beruht nun wieder darauf, daß man sich auf den Standpunkt des *Spiritualismus* statt auf den des *Idealismus* gestellt hatte[1]. Jenem nämlich gemäß ging man aus von der völlig unberechtigten Annahme, daß der Mensch aus zwei grundverschiedenen Substanzen bestehe, einer materiellen, dem Leibe, und einer immateriellen, der sogenannten Seele. Nach der im Tode eingetretenen Trennung beider sollte nun die letztere, obwohl immateriell, einfach und unausgedehnt, doch noch im Raume existieren, nämlich sich bewegen, einhergehen und dabei von außen auf die Körper und ihre

---

1. Vergleiche ›Welt als Wille und Vorstellung‹ Bd. 2, S. 15 *[Bd. 2, S. 22f.]*

Sinne einwirken, gerade wie ein Körper, und demgemäß auch eben wie ein solcher sich darstellen; wobei dann freilich dieselbe reale Gegenwart im Raume, die ein von uns gesehner Körper hat, die Bedingung ist. Dieser durchaus unhaltbaren, spiritualistischen Ansicht von den Geistererscheinungen gelten alle vernünftigen Bestreitungen derselben und auch *Kants* kritische Beleuchtung der Sache, welche den ersten oder theoretischen Teil seiner ›Träume eines Geistersehers, erläutert durch Träume der Metaphysik‹ ausmacht. Diese *spiritualistische* Ansicht also, diese Annahme einer immateriellen und doch lokomotiven, imgleichen nach Weise der Materie auf Körper, mithin auch auf die Sinne wirkenden Substanz hat man, um eine richtige Ansicht von allen hieher gehörigen Phänomenen zu erlangen, ganz aufzugeben und statt ihrer den idealistischen Standpunkt zu gewinnen, von welchem aus man diese Dinge in ganz anderm Lichte erblickt und ganz andere Kriterien ihrer Möglichkeit erhält. Hiezu den Grund zu legen ist eben der Zweck gegenwärtiger Abhandlung.

9. Der letzte in unsere Betrachtung eingehende Fall nun wäre, daß die unter der vorigen Nummer beschriebene magische Einwirkung auch noch nach dem Tode ausgeübt werden könnte, wodurch dann eine eigentliche Geistererscheinung mittelst direkter Einwirkung, also gewissermaßen die wirkliche persönliche Gegenwart eines bereits Gestorbenen, welche auch Rückwirkung auf ihn zuließe, stattfände. Die Ableugnung a priori jeder Möglichkeit dieser Art und das ihr angemessene Verlachen der entgegengesetzten Behauptung kann auf nichts anderm beruhen als auf der Überzeugung, daß der Tod die absolute Vernichtung des Menschen sei; es wäre denn, daß sie sich auf den protestantischen Kirchenglauben stützte, nach welchem Geister darum nicht erscheinen können, weil sie gemäß dem während der wenigen Jahre des irdischen Lebens gehegten Glauben oder Unglauben entweder dem Himmel, mit seinen ewigen Freuden, oder der Hölle, mit ihrer ewigen Qual, gleich nach dem Tode auf immer zugefallen seien, aus beiden aber nicht zu uns herauskönnen; daher dem prote-

stantischen Glauben gemäß alle dergleichen Erscheinungen von Teufeln oder von Engeln, nicht aber von Menschengeistern herrühren; wie dies ausführlich und gründlich auseinandergesetzt hat Lavater, ›De spectris‹ (Genevae 1580, pars 2, cap. 3 et 4). Die katholische Kirche hingegen, welche schon im 6. Jahrhundert, namentlich durch Gregor den Großen, jenes absurde und empörende Dogma sehr einsichtsvoll durch das zwischen jene desperate Alternative eingeschobene Purgatorium verbessert hatte, läßt die Erscheinung der in diesem vorläufig wohnenden Geister und ausnahmsweise auch anderer zu; wie ausführlich zu ersehn aus dem bereits genannten Petrus Thyraeus, ›De locis infestis‹ (pars 1, cap. 3 sqq.). Die Protestanten sahen durch obiges Dilemma sich sogar genötigt, die Existenz des Teufels auf alle Weise festzuhalten, bloß weil sie zur Erklärung der nicht abzuleugnenden Geistererscheinungen seiner durchaus nicht entraten konnten: daher wurden noch im Anfang des vorigen Jahrhunderts die Leugner des Teufels ›adaemonistae‹ genannt, fast mit demselben pius horror [frommen Schauder] wie noch heutzutage die atheistae: und zugleich wurden demgemäß, z. B. in C. F. Romani ›Schediasma polemicum, an dentur spectra, magi et sagae‹ (Lipsiae 1703) gleich von vornherein die Gespenster definiert als ›apparitiones et territiones *Diaboli* externae, quibus corpus aut aliud quid in sensus incurrens sibi assumit, ut homines infestet‹ [äußere Erscheinungen und Schreckgestalten des Teufels, mit denen er einen Leib oder etwas anderes sinnlich Wahrnehmbares annimmt, um die Menschen zu beunruhigen]. Vielleicht hängt sogar es hiemit zusammen, daß die Hexenprozesse, welche bekanntlich ein Bündnis mit dem Teufel voraussetzen, viel häufiger bei den Protestanten als bei den Katholiken gewesen sind. – Jedoch von dergleichen mythologischen Ansichten absehend, sagte ich oben, daß die Verwerfung a priori der Möglichkeit einer wirklichen Erscheinung Verstorbener allein auf die Überzeugung, daß durch den Tod das menschliche Wesen ganz und gar zu nichts werde, sich gründen könne. Denn solange diese fehlt, ist nicht abzusehn, warum ein Wesen, das noch irgendwie existiert, nicht auch sollte irgendwie sich manifestieren und auf ein anderes, wenngleich in einem andern Zustande befindliches einwirken können. Daher ist es so folgerecht wie naiv, daß Lukianos, nachdem er erzählt hat, wie Demokritos sich durch eine ihn zu schrecken veranstaltete Geistermummerei keinen Augenblick hatte irremachen lassen, hinzufügt: Οὕτω βεβαίως ἐπίστευε μηδὲν εἶναι τὰς ψυχὰς ἔτι ἔξω γενομένας τῶν σωμάτων. (Adeo persuasum habebat nihil adhuc esse animas a corpore separatas.) [So sicher war er überzeugt, daß die Seelen nichts mehr seien, wenn sie den Körper verlassen hätten.] (›Philopseudes‹ 32). – Ist hingegen am Menschen außer der Materie noch irgend etwas Unzerstörbares, so ist wenigstens a priori nicht einzusehn, daß jenes, welches die wundervolle Erscheinung des Lebens hervorbrachte, nach Beendigung derselben jeder Einwirkung auf die noch Lebenden durchaus unfähig sein sollte. Die Sache wäre demnach allein a posteriori durch die Erfahrung zu entscheiden: dies aber ist um so schwieriger, als, abgesehn von allen absichtlichen und unabsichtlichen Täuschungen der Berichterstatter, selbst die wirkliche Vision, in welcher ein Verstorbener sich darstellt, gar wohl einer der bis hieher von mir aufgezählten acht Arten angehören kann; daher es vielleicht sich immer so verhalten mag. Ja selbst in dem Falle, daß eine solche Erscheinung Dinge offenbart hat, die keiner wissen konnte; so wäre infolge der am Schluß der Nr. 7 gegebenen Auseinandersetzungen dies vielleicht doch noch als die Form, welche die Revelation eines spontanen somnambulen Hellsehens hier angenommen hätte, auszulegen; obgleich das Vorkommen eines solchen im Wachen oder auch nur mit vollkommener Erinnerung aus dem somnambulen Zustande wohl nicht sicher nachzuweisen ist, sondern dergleichen Offenbarungen, soviel mir bekannt, allenfalls nur durch Träume gekommen sind. Inzwischen kann es Umstände geben, die auch eine solche Auslegung unmöglich machen. Heutzutage daher, wo Dinge dieser Art mit viel mehr Unbefangenheit als jemals angesehn, folglich auch dreister mitgeteilt und besprochen werden, dürfen wir wohl hoffen, über diesen Gegenstand entscheidende Erfahrungsaufschlüsse zu erhalten.

Manche Geistergeschichten sind allerdings so beschaffen, daß jede anderartige Auslegung große Schwierigkeit hat; sobald man sie nicht für gänzlich erlogen hält. Gegen dies letztere aber spricht in vielen Fällen teils der Charakter des ursprünglichen Erzählers, teils das Gepräge der Redlichkeit und Aufrichtigkeit, welches seine Darstellung trägt, mehr als alles jedoch die vollkommene Ähnlichkeit in dem ganz eigentümlichen Hergang und Beschaffenheit der angeblichen Erscheinungen, so weit auseinander auch die Zeiten und Länder liegen mögen, aus denen die Berichte stammen. Dieses wird am auffallendsten, wann es ganz besondere Umstände betrifft, welche erst in neuerer Zeit infolge des magnetischen Somnambulismus und der genaueren Beobachtung aller dieser Dinge, als bei Visionen bisweilen stattfindend, erkannt worden sind. Ein Beispiel dieser Art ist anzutreffen in der höchst verfänglichen Geistergeschichte vom Jahre 1697, die Brierre de Boismont in seiner observation 120 erzählt: es ist der Umstand, daß dem Jünglinge der Geist seines Freundes, obwohl er drei Viertelstunden mit ihm sprach, immer nur seiner obern Hälfte nach sichtbar war. Dieses teilweise Erscheinen menschlicher Gestalten nämlich hat sich in unserer Zeit bestätigt als eine bei Visionen solcher Art bisweilen vorkommende Eigentümlichkeit; daher auch Brierre (S. 454 und S. 474 seines Buches) dieselbe ohne Beziehung auf jene Geschichte als ein nicht seltenes Phänomen anführt. Auch Kieser (›Archiv‹ 3, 2, 139) berichtet denselben Umstand vom Knaben Arst, schreibt ihn jedoch dem vorgeblichen Sehn mit der Nasenspitze zu. Demnach liefert dieser Umstand in der oben erwähnten Geschichte den Beweis, daß jener Jüngling die Erscheinung wenigstens nicht erlogen hatte: dann aber ist es schwer, dieselbe anders als eben aus der ihm früher versprochenen und jetzt geleisteten Einwirkung seines am Tage vorher in einer fernen Gegend ertrunkenen Freundes zu erklären. – Ein anderer Umstand der besagten Art ist das Verschwinden der Erscheinungen, sobald man die Aufmerksamkeit absichtlich auf sie heftet. Dies liegt nämlich schon in der bereits oben erwähnten Stelle des Pausanias über die hörbaren Erscheinungen auf dem Schlachtfelde bei Marathon, welche nur von den zufällig dort Anwesenden, nicht aber von den absichtlich dazu Hingegangenen vernommen wurden. Analoge Beobachtungen aus neuester Zeit finden wir an mehreren Stellen der ›Seherin von Prevorst‹ (z. B. Bd. 2, S. 10 und S. 38), wo es daraus erklärt wird, daß, was durch das Gangliensystem wahrgenommen wurde, vom Gehirn sogleich wieder weggestritten wird. Meiner Hypothese zufolge würde es aus der plötzlichen Umkehrung der Richtung der Vibration der Gehirnfibern zu erklären sein. – Beiläufig will ich hier eine sehr auffallende Übereinstimmung jener Art bemerklich machen: *Photios* [›Bibliotheca‹ 2, p. 347 b 7–13] nämlich in seinem Artikel *Damascius* sagt: Γυνὴ ἱερὰ θεόμοιραν ἔχουσα φύσιν παραλογοτάτην· ὕδωρ γὰρ ἐγχέουσα ἀκραιφνὲς ποτηρίῳ τινὶ τῶν ὑαλίνων ἑώρα κατὰ τοῦ ὕδατος εἴσω τοῦ ποτηρίου τὰ φάσματα τῶν ἐσομένων πραγμάτων καὶ προὔλεγεν ἀπὸ τῆς ὄψεως αὐτά, ἅπερ ἔμελλεν ἔσεσθαι πάντως· ἡ δὲ πεῖρα τοῦ πράγματος οὐκ ἔλαθεν ἡμᾶς. [Es war eine heilige Frau, die eine von Gott verliehene unbegreifliche Anlage hatte; denn nachdem sie reines Wasser in einen gläsernen Becher gegossen hatte, sah sie auf dem Grunde des Wassers im Becher die Erscheinungen zukünftiger Begebenheiten und sagte aus dem, was sie gesehen hatte, die Dinge vollkommen voraus, wie sie eintreffen würden; und die Bestätigung der Sache ist uns nicht entgangen.] Genau dasselbe, so unbegreiflich es ist, wird von der Seherin von Prevorst berichtet (S. 87 der 3. Auflage). – Der Charakter und Typus der Geistererscheinungen ist ein so fest bestimmter und eigentümlicher, daß der Geübte beim Lesen einer solchen Geschichte beurteilen kann, ob sie eine erfundene oder auch auf optischer Täuschung beruhende oder aber eine wirkliche Vision gewesen sei. Es ist wünschenswert und steht zu hoffen, daß wir bald eine Sammlung chinesischer Gespenstergeschichten erhalten mögen, um zu sehn, ob sie nicht auch im wesentlichen ganz denselben Typus und Charakter wie die unserigen tragen und sogar in den Nebenumständen und Einzelnheiten eine große Übereinstimmung zeigen; welches alsdann bei so durchgängiger Grundverschiedenheit der Sitten und Glaubenslehren eine starke Beglaubigung des in Rede stehenden Phänomens überhaupt abgeben würde. Daß die Chinesen von der Erscheinung eines Verstorbenen und den von ihm ausgehenden Mitteilungen ganz dieselbe Vorstellung haben wie wir, ist ersichtlich aus der wenn auch dort nur fingierten Geistererscheinung in der chinesischen Novelle ›Hing-Lo-Tu, ou la peinture mystérieuse‹ (übersetzt von Stanislas Julien und mitgeteilt in dessen ›Orphelin de la Chine, accompagné de nouvelles et de poésies‹, 1834). – Ebenfalls mache ich in dieser Hinsicht darauf aufmerksam, daß die meisten der die Charakteristik des Geisterspuks ausmachenden Phänomene, wie sie in den oben angeführten Schriften von Hennings, Wenzel, Teller usw., sodann später von Justinus Kerner, Horst und vielen andern beschrieben werden, sich schon ganz ebenso finden in sehr alten Büchern, z. B. in dreien mir eben vorliegenden aus dem 16. Jahrhundert, nämlich Lavater, ›De spectris‹, Thyraeus, ›De locis infestis‹ und ›De spectris et apparitionibus libri duo‹ (Eisleben 1597, anonym, 500 Seiten in 4°); dergleichen Phänomene sind z. B. das Klopfen, das scheinbare Versuchen, verschlossene Türen zu forcieren, auch solche, die gar nicht verschlossen sind, der Knall eines sehr schweren im Hause herabfallenden Gewichtes, das lärmende Umherwerfen alles Gerätes in der Küche oder des Holzes auf dem Boden, welches nachher sich in völliger Ruhe und Ordnung vorfindet, das Zuschlagen von Weinfässern, das deutliche Vernageln eines Sarges, wann ein Hausgenosse sterben wird, die schlürfenden oder tappenden Tritte im finstern Zimmer, das Zupfen an der Bettdecke, der Modergeruch, das Verlangen erscheinender Geister nach Gebet, u. dgl. mehr, während nicht zu vermuten steht, daß die meistens sehr illiteraten Urheber der modernen Aussagen jene alten, seltenen lateinischen Schriften gelesen hätten. Unter den Argumenten für die Wirklichkeit der Geistererscheinungen verdient auch der Ton des Unglaubens, in welchem die gelehrten Erzähler aus zweiter Hand sie vortragen, erwähnt zu werden; weil er in der Regel das Gepräge des Zwanges, der Affektation und Heuchelei so deutlich trägt, daß der dahintersteckende heimliche Glaube durchschimmert. – Bei dieser Gelegenheit will ich auf eine Geistergeschichte neuester Zeit aufmerksam machen, welche verdient, genauer untersucht und besser gekannt zu werden als durch die aus sehr schlechter Feder geflossene Darstellung derselben in den ›Blättern aus Prevorst‹ (achte Sammlung S. 166); nämlich teils, weil die Aussagen darüber gerichtlich protokolliert sind, und teils wegen des höchst merkwürdigen Umstandes, daß der erscheinende Geist mehrere Nächte hindurch von der Person, zu der er in Beziehung stand und vor deren Bette er sich zeigte, nicht gesehn wurde, weil sie schlief, sondern bloß von zwei Mitgefangenen und erst späterhin auch von ihr selbst, die aber dann so sehr dadurch erschüttert wurde, daß sie aus freien Stücken sieben Vergiftungen eingestand. Der Bericht steht in einer Broschüre: ›Verhandlungen des Assisenhofes in Mainz über die Giftmörderin Margaretha Jäger‹ (Mainz 1835). – Die wörtliche Protokoll-Aussage ist abgedruckt in einem Frankfurter Tageblatt ›Didaskalia‹ vom 5. Juli 1835. –

Ich habe aber jetzt das Metaphysische der Sache in Betrachtung zu nehmen; da über das Physische, hier: Physiologische bereits oben das Nötige beigebracht worden. – Was eigentlich bei allen Visionen, d.h. Anschauungen durch Aufgehn des Traumorgans im Wachen, unser Interesse erregt, ist die etwanige Beziehung derselben auf etwas empirisch Objektives, d.h. außer uns Gelegenes und von uns Verschiedenes: denn erst durch diese erhalten sie eine Analogie und gleiche Dignität mit unsern gewöhnlichen wachen Sinnesanschauungen. Daher sind uns von den im obigen aufgezählten neun möglichen Ursachen solcher Visionen nicht die drei ersten, als welche auf bloße Halluzinationen hinauslaufen, interessant, wohl aber die folgenden. Denn die Perplexität, welche der Betrachtung der Vision und Geistererscheinung anhängt, entspringt eigentlich daraus, daß bei diesen Wahrnehmungen die Grenze zwischen Subjekt und

Objekt, welche die erste Bedingung aller Erkenntnis ist, zweifelhaft, undeutlich, wohl gar verwischt wird. ›Ist das außer oder in mir?‹ frägt – wie schon Macbeth, als ihm ein Dolch vorschwebt [›Macbeth‹ 2, 1] – jeder, dem eine Vision solcher Art nicht die Besonnenheit benimmt. Hat einer allein ein Gespenst gesehn, so will man es für bloß subjektiv erklären, so objektiv es auch dastand; sahen oder hörten es hingegen zwei oder mehrere, so wird ihm sofort die Realität eines Körpers beigelegt; weil wir nämlich empirisch nur *eine* Ursache kennen, vermöge welcher mehrere Menschen notwendig dieselbe anschauliche Vorstellung zu gleicher Zeit haben müssen, und diese ist, daß ein und derselbe Körper, das Licht nach allen Seiten reflektierend, ihrer aller Augen affiziert. Allein außer dieser sehr mechanischen könnte es wohl noch andere Ursachen des gleichzeitigen Entstehns derselben anschaulichen Vorstellung in verschiedenen Menschen geben. Wie bisweilen zwei den gleichen Traum gleichzeitig träumen (siehe oben S. 278 *[S. 350]*), also durch das Traumorgan schlafend dasselbe wahrnehmen, so kann auch *im Wachen* das Traumorgan in zweien (oder mehreren) in die gleiche Tätigkeit geraten, wodurch dann ein Gespenst, von ihnen zugleich gesehn, sich objektiv wie ein Körper darstellt. Überhaupt aber ist der Unterschied zwischen subjektiv und objektiv im Grunde kein absoluter, sondern immer noch relativ: denn alles Objektive ist doch insofern, als es immer noch durch ein Subjekt überhaupt bedingt, ja eigentlich nur in diesem vorhanden ist, wieder subjektiv; weshalb eben in letzter Instanz der Idealismus recht behält. Man glaubt meistens die Realität einer Geistererscheinung umgestoßen zu haben, wenn man nachweist, daß sie subjektiv bedingt war: aber welches Gewicht kann dieses Argument bei dem haben, der aus Kants Lehre weiß, wie stark der Anteil subjektiver Bedingungen an der Erscheinung der Körperwelt ist, wie nämlich diese samt dem Raum, darin sie dasteht, und der Zeit, darin sie sich bewegt, und der Kausalität, darin das Wesen der Materie besteht, also ihrer ganzen Form nach bloß ein Produkt der Gehirnfunktionen ist, nachdem solche durch einen Reiz in den Nerven der Sinnesorgane angeregt worden; so daß dabei nur noch die Frage nach dem Ding an sich übrigbleibt? – Die *materielle* Wirklichkeit der auf unsere Sinne von außen wirkenden Körper kommt freilich der Geistererscheinung sowenig zu wie dem Traum, durch dessen Organ sie ja wahrgenommen wird, daher man sie immerhin einen Traum im Wachen (a waking dream, insomnium sine somno; vgl. Sonntag, ›Dissertatio de spectris‹ p. 11[1]) nennen kann: allein im Grunde büßt sie dadurch ihre Realität nicht ein. Allerdings ist sie wie der Traum eine bloße Vorstellung und als solche nur im erkennenden Bewußtsein vorhanden: aber dasselbe läßt sich von unserer realen Außenwelt behaupten; da auch diese zunächst und unmittelbar uns nur als Vorstellung gegeben und, wie gesagt, ein bloßes durch Nervenreiz erregtes und den Gesetzen subjektiver Funktionen (Formen der reinen Sinnlichkeit und des Verstandes) gemäß entstandenes Gehirnphänomen ist. Verlangt man eine anderweitige Realität derselben; so ist dies schon die Frage nach dem Ding an sich, welche von *Locke* aufgeworfen und voreilig erledigt, dann aber von *Kant* in ihrer ganzen Schwierigkeit nachgewiesen, ja als unlösbar aufgegeben, von mir jedoch, wiewohl unter einer gewissen Restriktion, beantwortet worden ist. Wie aber jedenfalls das Ding an sich, welches in der Erscheinung einer Außenwelt sich manifestiert, toto genere von ihr verschieden ist; so mag es sich mit dem, was in der Geistererscheinung sich manifestiert, analog verhalten, ja, was in beiden sich kundgibt, vielleicht am Ende dasselbe sein, nämlich *Wille*. Dieser Ansicht entsprechend finden wir, daß es hinsichtlich der objektiven Realität wie der Körperwelt, so auch der Geistererscheinungen einen Realismus, einen Idealismus und einen Skeptizismus gibt, endlich aber auch einen Kritizismus, in dessen Interesse wir eben jetzt beschäftigt sind. Ja eine ausdrückliche Bestätigung derselben Ansicht gibt sogar folgender Ausspruch der berühmtesten und am sorgfältigsten beobachteten Geisterseherin, nämlich der von Prevorst (Bd. 1, S. 12): ›Ob die Geister sich

---

1. Nicht weiter daselbst motiviert oder erklärt, ja eigentlich in anderm Sinne gebraucht.

nur unter dieser Gestalt sichtbar machen können oder ob mein Auge sie nur unter dieser Gestalt sehn und mein Sinn sie nur so auffassen kann; ob sie für ein geistigeres Auge nicht geistiger wären, das kann ich nicht mit Bestimmtheit behaupten, aber ahnde es fast.‹ Ist dies nicht ganz analog der Kantischen Lehre: ›Was die Dinge an sich selbst sein mögen, wissen wir nicht, sondern erkennen nur ihre Erscheinungen‹ –?

Die ganze Daimonologie und Geisterkunde des Altertums und [des] Mittelalters, wie auch ihre damit zusammenhängende Ansicht der Magie, hat zur Grundlage den noch unangefochten dastehenden *Realismus,* der endlich durch *Cartesius* [Descartes] erschüttert wurde. Erst der in der neueren Zeit allmälig herangereifte *Idealismus* führt uns auf den Standpunkt, von welchem aus wir über alle jene Dinge, also auch über Visionen und Geistererscheinungen ein richtiges Urteil erlangen können. Zugleich hat andererseits auf dem empirischen Wege der animalische Magnetismus die zu allen frühern Zeiten in Dunkel gehüllte und sich furchtsam versteckende *Magie* an das Licht des Tages gezogen und ebenso die Geistererscheinungen zum Gegenstand nüchtern forschender Beobachtung und unbefangener Beurteilung gemacht. Das letzte in allen Dingen fällt immer der Philosophie anheim, und ich hoffe, daß die meinige, wie sie aus der alleinigen Realität und Allmacht des *Willens* in der Natur die Magie wenigstens als möglich denkbar und, wenn vorhanden, als begreiflich dargestellt hat[1], so auch durch entschiedene Überantwortung der objektiven Welt an die *Idealität* selbst über Visionen und Geistererscheinungen einer richtigeren Ansicht den Weg gebahnt hat.

Der entschiedene Unglaube, mit welchem von jedem denkenden Menschen einerseits die Tatsachen des Hellsehns, andererseits des magischen, vulgo: magnetischen Einflusses zuerst vernommen werden und der nur spät der eigenen Erfahrung oder hunderten glaubwürdigster Zeugnisse weicht, beruht auf einem und demselben Grunde: nämlich

---

1. Siehe ›Über den Willen in der Natur‹ die Rubrik ›Animalischer Magnetismus und Magie‹ *[Bd. 3, S. 423–458].*

darauf, daß alle beide den uns a priori bewußten Gesetzen des Raumes, der Zeit und der Kausalität, wie sie in ihrem Komplex den Hergang möglicher Erfahrung bestimmen, zuwiderlaufen – das Hellsehn mit seinem Erkennen in distans, die Magie mit ihrem Wirken in distans. Daher wird bei der Erzählung dahin gehöriger Tatsachen nicht bloß gesagt: ›Es ist nicht wahr‹, sondern: ›Es ist nicht möglich‹ (a non posse ad non esse), andererseits jedoch erwidert: ›Es *ist* aber‹ (ab esse ad posse). Dieser Widerstreit beruht nun darauf, ja liefert sogar wieder einen Beweis dafür, daß jene von uns a priori erkannten Gesetze keine schlechthin unbedingte[n], keine scholastische[n] veritates aeternae [ewigen Wahrheiten], keine Bestimmungen der Dinge an sich sind; sondern aus bloßen Anschauungs- und Verstandesformen, folglich aus Gehirnfunktionen entspringen. Der aus diesen bestehende Intellekt selbst aber ist bloß zum Behuf des Verfolgens und Erreichens der Zwecke individueller Willenserscheinungen, nicht aber des Auffassens der absoluten Beschaffenheit der Dinge an sich selbst entstanden; weshalb er, wie ich (›Welt als Wille und Vorstellung‹ Bd. 2, S. 177, 273, 285–289 *[Bd. 2, S. 182, 283, 352–358]*) dargetan habe, eine bloße Flächenkraft ist, die wesentlich und überall nur die Schale, nie das Innere der Dinge trifft. Diese Stellen lese nach, wer recht verstehn will, was ich hier meine. Gelingt es uns nun aber einmal, weil doch auch wir selbst zum innern Wesen der Welt gehören, mit Umgehung des principii individuationis [Prinzips der Individuation] den Dingen von einer ganz andern Seite und auf einem ganz andern Wege, nämlich geradezu von innen statt bloß von außen beizukommen und so uns derselben, im Hellsehn erkennend, in der Magie wirkend, zu bemächtigen; dann entsteht eben für jene zerebrale Erkenntnis ein Resultat, welches auf ihrem eigenen Wege zu erreichen wirklich unmöglich war; daher sie darauf besteht, es in Abrede zu stellen: denn eine Leistung solcher Art ist nur metaphysisch begreiflich, physisch ist sie eine Unmöglichkeit. Diesem zufolge ist andererseits das Hellsehn eine Bestätigung der Kantischen Lehre von der Idealität des Raumes, der Zeit und der Kausalität, die Magie aber überdies auch der meinigen von der alleinigen Realität des *Willens* als des Kerns aller Dinge: hiedurch nun wieder wird auch noch der Baconische Ausspruch, daß die Magie die praktische Metaphysik sei[1], bestätigt.

Erinnern wir uns jetzt nochmals der weiter oben gegebenen Auseinandersetzungen und der daselbst aufgestellten physiologischen Hypothese, welchen zufolge sämtliche durch das Traumorgan vollzogene[n] Anschauungen von der gewöhnlichen den wachen Zustand begründenden Wahrnehmung sich dadurch unterscheiden, daß bei der letzteren das Gehirn von außen durch eine physische Einwirkung auf die Sinne erregt wird, wodurch es zugleich die Data erhält, nach welchen es mittelst Anwendung seiner Funktionen, nämlich Kausalität, Zeit und Raum, die empirische Anschauung zustande bringt; während hingegen bei der Anschauung durch das Traumorgan die Erregung vom Innern des Organismus ausgeht und vom plastischen Nervensystem aus sich in das Gehirn fortpflanzt, welches dadurch zu einer der erstern ganz ähnlichen Anschauung veranlaßt wird, bei der jedoch, weil die Anregung dazu von der entgegengesetzten Seite kommt, also auch in entgegengesetzter Richtung geschieht, anzunehmen ist, daß auch die Schwingungen oder überhaupt innern Bewegungen der Gehirnfibern in umgekehrter Richtung erfolgen und demnach erst am Ende sich auf die Sinnesnerven erstrecken, welche also hier das zuletzt in Tätigkeit Versetzte sind, statt daß sie bei der gewöhnlichen Anschauung zuallererst erregt werden. Soll nun – wie bei Wahrträumen, prophetischen Visionen und Geistererscheinungen angenommen wird – eine Anschauung dieser Art dennoch sich auf etwas wirklich Äußeres, empirisch Vorhandenes, also vom Subjekt ganz Unabhängiges beziehn, welches demnach insofern durch sie erkannt würde; so muß dasselbe mit dem *Innern* des Organismus, von welchem aus die Anschauung erregt wird, in irgendeine Kommunikation getreten sein. Dennoch läßt eine solche sich empirisch durchaus nicht nachweisen,

1. [›De dignitate et augmentis scientiae‹ 3, 5; *vgl. auch S. 323*]

ja, da sie vorausgesetzterweise nicht eine räumliche, von *außen* kommende sein soll, so ist sie empirisch, d. h. physisch nicht einmal denkbar. Wenn sie also doch statthat, so muß dies nur metaphysisch zu verstehn und sie demnach zu denken sein als eine unabhängig von der Erscheinung und allen ihren Gesetzen im Dinge an sich, welches als das innere Wesen der Dinge der Erscheinung derselben überall zum Grunde liegt, vor sich gehende und nachher an der Erscheinung wahrnehmbare – eine solche nun ist es, die man unter dem Namen einer magischen Einwirkung versteht.

Frägt man, welches der Weg der magischen Wirkung, dergleichen uns in der sympathetischen Kur, wie auch in dem Einfluß des entfernten Magnetiseurs gegeben ist, sei; so sage ich: es ist der Weg, den das Insekt zurücklegt, das hier stirbt und aus jedem Ei, welches überwintert hat, wieder in voller Lebendigkeit hervorgeht. Es ist der Weg, auf welchem es geschieht, daß in einer gegebenen Volksmenge nach außerordentlicher Vermehrung der Sterbefälle auch die Geburten sich vermehren. Es ist der Weg, der nicht am Gängelbande der Kausalität durch Zeit und Raum geht. Es ist der Weg durch das Ding an sich.

Wir nun aber wissen aus meiner Philosophie, daß dieses Ding an sich, also auch das innere Wesen des Menschen sein *Wille* ist und daß der ganze Organismus eines jeden, wie er sich empirisch darstellt, bloß die Objektivation desselben, näher: das im Gehirn entstehende Bild dieses seines Willens ist. Der Wille als Ding an sich liegt aber außerhalb des principii individuationis (Zeit und Raum), durch welches die Individuen *gesondert* sind: die durch dasselbe entstehenden Schranken sind also für ihn nicht da. Hieraus erklärt sich, soweit, wenn wir dieses Gebiet betreten, noch unsere Einsicht reichen kann, die Möglichkeit *unmittelbarer* Einwirkung der Individuen auf einander, unabhängig von ihrer Nähe oder Ferne im Raum, welche sich in einigen der oben aufgezählten neun Arten der wachenden Anschauung durch das Traumorgan und öfter in der schlafenden faktisch kundgibt; und ebenso erklärt sich aus dieser unmittelbaren, im Wesen an sich der Dinge gegründeten Kommunikation die

Möglichkeit des Wahrträumens, des Bewußtwerdens der nächsten Umgebung im Somnambulismus und endlich die des Hellsehns. Indem der Wille des einen, durch keine Schranken der Individuation gehemmt, also unmittelbar und in distans auf den Willen des andern wirkt, hat er ebendamit auf den Organismus desselben, als welcher nur dessen räumlich angeschauter Wille selbst ist, eingewirkt. Wenn nun eine solche auf diesem Wege das Innere des Organismus treffende Einwirkung sich auf dessen Lenker und Vorstand, das Gangliensystem, erstreckt und dann von diesem aus mittelst Durchbrechung der Isolation sich bis ins Gehirn fortpflanzt; so kann sie von diesem doch immer nur auf Gehirnweise verarbeitet werden, d. h. sie wird Anschauungen hervorbringen denen vollkommen gleich, welche auf äußere Anregung der Sinne entstehn, also Bilder im Raum nach dessen drei Dimensionen, mit Bewegung in der Zeit, gemäß dem Gesetze der Kausalität usw.: denn die einen wie die andern sind eben Produkte der anschauenden Gehirnfunktion, und das Gehirn kann immer nur seine eigene Sprache reden. Inzwischen wird eine Einwirkung jener Art noch immer den Charakter, das Gepräge ihres Ursprungs, also desjenigen, von dem sie ausgegangen ist, an sich tragen und dieses demnach der Gestalt, die sie nach so weitem Umwege im Gehirn hervorruft, aufdrücken, so verschieden ihr Wesen an sich auch von dieser sein mag. Wirkt z. B. ein Sterbender durch starke Sehnsucht oder sonstige Willensintention auf einen Entfernten; so wird, wenn die Einwirkung sehr energisch ist, die Gestalt desselben sich im Gehirn des andern darstellen, d. h. ganz so wie ein Körper in der Wirklichkeit ihm erscheinen. Offenbar aber wird eine solche durch das Innere des Organismus geschehende Einwirkung auf ein fremdes Gehirn leichter, wenn dieses schläft, als wenn es wacht, statthaben; weil im erstern Fall die Fibern desselben gar keine, im letztern eine der, die sie jetzt annehmen sollen, entgegengesetzte Bewegung haben. Demnach wird eine schwächere Einwirkung der in Rede stehenden Art sich bloß im Schlafe kundgeben können durch Erregung von Träumen, im Wachen aber allenfalls Gedanken, Empfindungen und Unruhe erregen; jedoch alles immer noch ihrem Ursprunge gemäß und dessen Gepräge tragend: daher kann sie z.B. einen unerklärlichen, aber unwiderstehlichen Trieb oder Zug, den, von dem sie ausgegangen ist, aufzusuchen, hervorbringen; und ebenso, umgekehrt, den, der kommen will, durch den Wunsch, ihn nicht zu sehn, noch von der Schwelle des Hauses wieder zurückscheuchen, selbst wenn er gerufen und bestellt war(›experto crede Roberto!‹[1] [glaub es dem Robertus, der es selbst erfuhr!]). Auf dieser Einwirkung, deren Grund die Identität des Dinges an sich in allen Erscheinungen ist, beruht auch die faktisch erkannte Kontagiosität[2] der Visionen, des Zweiten Gesichts und des Geistersehns, welche eine Wirkung hervorbringt, die im Resultat derjenigen gleichkommt, welche ein körperliches Objekt auf die Sinne mehrerer Individuen zugleich ausübt, indem auch infolge jener mehrere zugleich dasselbe sehn, welches alsdann sich ganz objektiv konstituiert. Auf derselben direkten Einwirkung beruht auch die oft bemerkte unmittelbare Mitteilung der Gedanken, die so gewiß ist, daß ich dem, der ein wichtiges und gefährliches Geheimnis zu bewahren hat, anrate, mit dem, der es nicht wissen darf, über die ganze Angelegenheit, auf die es sich bezieht, niemals zu sprechen; weil er währenddessen das wahre Sachverhältnis unvermeidlich in Gedanken haben müßte, wodurch dem andern plötzlich ein Licht aufgehn kann; indem es eine Mitteilung gibt, vor der weder Verschwiegenheit noch Verstellung schützt. Goethe erzählt (in den Erläuterungen zum ›Westöstlichen Divan‹, Rubrik ›Blumenwechsel‹), daß zwei liebende Paare, auf einer Lustfahrt begriffen, einander Scharaden aufgaben: ›Gar bald wird nicht nur eine jede, wie sie vom Munde kommt, sogleich erraten, sondern zuletzt sogar das Wort, das der andere denkt und eben zum Worträtsel umbilden will, durch die unmittelbarste Divination erkannt und ausgesprochen.‹ – Meine schöne Wirtin in Mailand, vor langen Jahren, fragte mich in einem sehr animierten Gespräche an der Abendtafel, welches die drei Nummern wä-

1. [Nach Neander: ›Ethica vetus et sapiens‹, 1590, 89 sprichwörtlich]
2. [Eig.: Ansteckungsmöglichkeit]

ren, die sie als Terne[1] in der Lotterie belegt hatte? ohne mich zu besinnen, nannte ich die erste und die zweite richtig, dann aber, durch ihren Jubel stutzig geworden, gleichsam aufgeweckt und nun reflektierend, die dritte falsch. Der höchste Grad einer solchen Einwirkung findet bekanntlich bei sehr hellsehenden Somnambulen (Alexis) statt, die dem sie Befragenden seine entfernte Heimat, seine Wohnung daselbst oder sonst entfernte Länder, die er bereist hat, genau und richtig beschreiben. Das Ding an sich ist in allen Wesen dasselbe, und der Zustand des Hellsehns befähigt den darin Befindlichen, mit meinem Gehirn zu denken statt mit dem seinigen, welches tief schläft.

Da nun andererseits für uns feststeht, daß der *Wille*, sofern er Ding an sich ist, durch den Tod nicht zerstört und vernichtet wird; so läßt sich a priori nicht geradezu die Möglichkeit ableugnen, daß eine magische Wirkung der oben beschriebenen Art nicht auch sollte von einem bereits Gestorbenen ausgehn können. Ebensowenig jedoch läßt eine solche Möglichkeit sich deutlich absehn und daher positiv behaupten; indem sie, wenn auch im allgemeinen nicht undenkbar, doch bei näherer Betrachtung großen Schwierigkeiten unterworfen ist, die ich jetzt kurz angeben will. – Da wir das im Tode unversehrt gebliebene innere Wesen des Menschen uns zu denken haben als außer der Zeit und dem Raume existierend; so könnte eine Einwirkung desselben auf uns Lebende nur unter sehr vielen Vermittelungen, die alle auf unserer Seite lägen, stattfinden; so daß schwer auszumachen sein würde, wieviel davon wirklich von dem Verstorbenen ausgegangen wäre. Denn eine derartige Einwirkung hätte nicht nur zuvörderst in die Anschauungsformen des sie wahrnehmenden Subjekts einzugehn, mithin sich darzustellen als ein Räumliches, Zeitliches und nach dem Kausalgesetz materiell Wirkendes; sondern sie müßte überdies auch noch in den Zusammenhang seines begrifflichen Denkens treten, indem er sonst nicht wissen würde, was er daraus zu machen hat, der ihm Erscheinende aber nicht bloß gesehn, sondern auch in seinen Absichten und den diesen

1. [Ital.: terno = drei Gewinnummern in einer Reihe]

entsprechenden Einwirkungen einigermaßen verstanden werden will: demnach hätte dieser sich auch noch den beschränkten Ansichten und Vorurteilen des Subjekts, betreffend das Ganze der Dinge und der Welt, zu fügen und anzuschließen. Aber noch mehr! Nicht allein zufolge meiner ganzen bisherigen Darstellung werden die Geister durch das Traumorgan und infolge einer von innen aus an das Gehirn gelangenden Einwirkung statt der gewöhnlichen von außen durch die Sinne gesehn; sondern auch der die objektive Realität der erscheinenden Geister fest vertretende Justinus Kerner sagt dasselbe in seiner oft wiederholten Behauptung, daß die Geister ›nicht mit dem leiblichen, sondern mit dem geistigen Auge gesehn werden‹. Obwohl demnach durch eine innere, aus dem Wesen an sich der Dinge entsprungene, also magische Einwirkung auf den Organismus, welche sich mittelst des Gangliensystems bis zum Gehirn fortpflanzt, zuwege gebracht, wird die Geistererscheinung doch aufgefaßt nach Weise der von außen mittelst Licht, Luft, Schall, Stoß und Duft auf uns wirkenden Gegenstände. Welche Veränderung müßte nicht die angenommene Einwirkung eines Gestorbenen bei einer solchen Übersetzung, einem so totalen Metaschematismus[1] zu erleiden haben! Wie aber läßt sich nun gar noch annehmen, daß dabei und auf solchen Umwegen noch ein wirklicher Dialog mit Rede und Gegenrede statthaben könne; wie er doch oft berichtet wird? – Beiläufig sei hier noch angemerkt, daß das Lächerliche, welches sogut wie andererseits das Grausenhafte jeder Behauptung einer gehabten Erscheinung dieser Art mehr oder weniger anklebt und wegen dessen man zaudert, sie mitzuteilen, daraus entsteht, daß der Erzähler spricht wie von einer Wahrnehmung durch die äußern Sinne, welche aber gewiß nicht vorhanden war, schon weil sonst ein Geist stets von allen Anwesenden auf gleiche Weise gesehn und vernommen werden müßte; eine infolge innerer Einwirkung entstandene, bloß scheinbar äußere Wahrnehmung aber von der bloßen Phantasterei zu unterscheiden nicht die Sache eines jeden ist. – Dies also wären bei der Annahme einer wirklichen Geistererscheinung

1. [Umgestaltung, Umwandlung einer Krankheit in eine andere]

die auf der Seite des sie wahrnehmenden Subjekts liegenden Schwierigkeiten. Andere wieder liegen auf der Seite des angenommenermaßen einwirkenden Verstorbenen. Meiner Lehre zufolge hat allein der *Wille* eine metaphysische Wesenheit, vermöge welcher er durch den Tod unzerstörbar ist; der Intellekt hingegen ist als Funktion eines körperlichen Organs bloß physisch und geht mit demselben unter. Daher ist die Art und Weise, wie ein Verstorbener von den Lebenden noch Kenntnis erlangen sollte, um solcher gemäß auf sie zu wirken, höchst problematisch. Nicht weniger ist es die Art dieses Wirkens selbst; da er mit der Leiblichkeit alle gewöhnlichen, d. i. physischen Mittel der Einwirkung auf andere wie auf die Körperwelt überhaupt verloren hat. Wollten wir dennoch den von so vielen und so verschiedenen Seiten erzählten und beteuerten Vorfällen, die entschieden eine objektive Einwirkung Verstorbener anzeigen, einige Wahrheit einräumen; so müßten wir uns die Sache so erklären, daß in solchen Fällen der Wille des Verstorbenen noch immer leidenschaftlich auf die irdischen Angelegenheiten gerichtet wäre und nun in Ermangelung aller physischen Mittel zur Einwirkung auf dieselben jetzt seine Zuflucht nähme zu der ihm in seiner ursprünglichen, also metaphysischen Eigenschaft, mithin im Tode wie im Leben zustehenden *magischen* Gewalt, die ich oben berührt und über welche ich im ›Willen in der Natur‹, Rubrik ›Animalischer Magnetismus und Magie‹ *[Bd. 3, S. 438]* meine Gedanken ausführlicher dargelegt habe. Nur vermöge dieser *magischen* Gewalt also könnte er allenfalls selbst noch jetzt, was er möglicherweise auch im Leben gekonnt, nämlich wirkliche actio in distans ohne körperliche Beihülfe ausüben und demnach auf andere direkt ohne alle physische Vermittelung einwirken, indem er ihren Organismus in der Art affizierte, daß ihrem Gehirne sich Gestalten anschaulich darstellen müßten, wie sie sonst nur infolge äußerer Einwirkung auf die Sinne von demselben produziert werden. Ja, da diese Einwirkung nur als eine magische, d. h. als durch das innere in allem identische Wesen der Dinge, also durch die natura naturans[1] [schaffende

1. [Terminus Spinozas]

Natur] zu vollbringende denkbar ist; so könnten wir, wenn die Ehre achtungswerter Berichterstatter dadurch allein zu retten wäre, allenfalls noch den verfänglichen Schritt wagen, diese Einwirkung nicht auf menschliche Organismen zu beschränken, sondern sie auch auf leblose, also unorganische Körper, die demnach durch sie bewegt werden könnten, als nicht durchaus und schlechterdings unmöglich einzuräumen; um nämlich der Notwendigkeit zu entgehn, gewisse hochbeteuerte Geschichten, der Art wie die des Hofrat Hahn in der ›Seherin von Prevorst‹, weil diese keineswegs isoliert dasteht, sondern manches ihr ganz ähnliche Gegenstück in älteren Schriften, ja auch in neueren Relationen aufzuweisen hat, geradezu der Lüge zu bezichtigen. Allerdings aber grenzt hier die Sache ans Absurde: denn selbst die magische Wirkungsweise, soweit sie durch den animalischen Magnetismus, also legitim beglaubigt wird, bietet bis jetzt für eine solche Wirkung allenfalls nur *ein* schwaches und auch noch zu bezweifelndes Analogon dar, nämlich die in den ›Mitteilungen aus dem Schlafleben der Auguste K[achler] zu Dresden‹ (1843, S. 115 und 318) behauptete Tatsache, daß es dieser Somnambule wiederholt gelungen sei, durch ihren bloßen Willen ohne allen Gebrauch der Hände die Magnetnadel abzulenken. Dasselbe berichtet Ennemoser (›Anleitung zur Mesmerischen Praxis‹, 1852 [S. 109]) von einer Somnambule Kachler: ›Die hellsehende Kachler bewegte die Magnetnadel nicht nur durch das Entgegenhalten der Finger, sondern auch durch den Blick. Sie richtete ihren Blick etwan in der Entfernung einer halben Elle auf die Nordspitze, die Nadel drehte sich nach wenigen Sekunden nach Westen um vier Grade: sobald sie den Kopf zurückgezogen und den Blick abwandte, kehrte die Nadel auf den vorigen Standpunkt zurück.‹ Auch in London ist dasselbe in öffentlicher Sitzung und vor gewählten, kompetenten Zeugen geschehn von der Somnambule Prudence Bernard[1].

Die hier dargelegte Ansicht des in Rede stehenden Problems erklärt zuvörderst, warum, wenn wir eine wirkliche

1. Bericht aus der ›Britannia‹ in ›Galignany's Messenger‹, 23. Oktober 1851 *[vgl. Bd. 3, S. 427]*

Einwirkung Gestorbener auf die Welt der Lebenden auch als möglich zugeben wollen, eine solche doch nur überaus selten und ganz ausnahmsweise statthaben könnte; weil ihre Möglichkeit an alle die angegebenen, nicht leicht zusammen eintretenden Bedingungen geknüpft wäre. Ferner geht aus dieser Ansicht hervor, daß, wenn wir die in der ›Seherin von Prevorst‹ und den ihr verwandten Kernerschen Schriften als den ausführlichsten und beglaubigtesten gedruckt vorliegenden Geisterseherberichten erzählten Tatsachen nicht entweder für rein subjektiv, [für] bloße ›aegri somnia‹[1] [Krankenträume] erklären, noch auch uns mit der oben *[S. 338]* dargelegten Annahme einer ›retrospective second sight‹, zu deren ›dumb shew‹ (stummer Prozession) die Seherin aus eigenen Mitteln den Dialog gefügt hätte, begnügen, sondern eine wirkliche Einwirkung Gestorbener der Sache zum Grunde legen wollen; dennoch die so empörend absurde, ja niederträchtig dumme Weltordnung, die aus den Angaben und dem Benehmen dieser Geister hervorginge, dadurch keinen objektiv realen Grund gewinnen, sondern ganz auf Rechnung der wenn auch durch eine von außerhalb der Natur kommende Einwirkung rege gemachten, dennoch notwendig sich selber treubleibenden Anschauungs-und-Denk-Tätigkeit der höchst unwissenden, gänzlich in ihren Katechismusglauben eingelebten Seherin zu setzen sein würde.

Jedenfalls ist eine Geistererscheinung zunächst und unmittelbar nichts weiter als eine Vision im Gehirn des Geistersehers: daß von außen ein Sterbender solche erregen könne, hat häufige Erfahrung bezeugt; daß ein Lebender es könne, ist ebenfalls in mehreren Fällen von guter Hand beglaubigt worden: die Frage ist bloß, ob auch ein Gestorbener es könne.

Zuletzt könnte man bei Erklärung der Geistererscheinungen auch noch darauf provozieren, daß der Unterschied zwischen den ehemals gelebt Habenden und den jetzt Lebenden kein absoluter ist, sondern in beiden der eine und selbe Wille zum Leben erscheint; wodurch ein Lebender zurückgrei-

1. [Nach Horaz: ›Ars poetica‹ 7]

fend Reminiszenzen zutage fördern könnte, welche sich als Mitteilungen eines Verstorbenen darstellen.

Wenn es mir durch alle diese Betrachtungen gelungen sein sollte, auch nur ein schwaches Licht auf eine sehr wichtige und interessante Sache zu werfen, hinsichtlich welcher seit Jahrtausenden zwei Parteien einander gegenüberstehn, davon die eine beharrlich versichert: ›Es ist!‹, während die andere hartnäckig wiederholt: ›Es kann nicht sein!‹, so habe ich alles erreicht, was ich mir davon versprechen und der Leser billigerweise erwarten durfte.

APHORISMEN ZUR LEBENSWEISHEIT

Le bonheur n'est pas chose aisée: il est très difficile de le trouver en nous, et impossible de le trouver ailleurs.
[Das Glück ist keine leichte Sache: es ist sehr schwer, es in uns selbst, und unmöglich, es anderswo zu finden.]

CHAMFORT
[›Caractères et anecdotes‹ p. 433]

EINLEITUNG

Ich nehme den Begriff der Lebensweisheit hier gänzlich im immanenten Sinne, nämlich in dem der Kunst, das Leben möglichst angenehm und glücklich durchzuführen, die Anleitung zu welcher auch Eudaimonologie genannt werden könnte: sie wäre demnach die Anweisung zu einem glücklichen Dasein. Dieses nun wieder ließe sich allenfalls definieren als ein solches, welches, rein objektiv betrachtet oder vielmehr (da es hier auf ein subjektives Urteil ankommt) bei kalter und reiflicher Überlegung, dem Nichtsein entschieden vorzuziehen wäre. Aus diesem Begriffe desselben folgt, daß wir daran hingen seiner selbst wegen, nicht aber bloß aus Furcht vor dem Tode; und hieraus wieder, daß wir es von endloser Dauer sehn möchten. Ob nun das menschliche Leben dem Begriff eines solchen Daseins entspreche oder auch nur entsprechen könne, ist eine Frage, welche bekanntlich meine Philosophie verneint; während die Eudaimonologie die Bejahung derselben voraussetzt. Diese nämlich beruht eben auf dem angeborenen Irrtum, dessen Rüge das 49. Kapitel im zweiten Bande meines Hauptwerks *[Bd. 2, S. 813]* eröffnet. Um eine solche dennoch ausarbeiten zu können, habe ich daher gänzlich abgehn müssen von dem höheren metaphysisch-ethischen Standpunkte, zu welchem meine eigentliche Philosophie hinleitet. Folglich beruht die ganze hier zu gebende Auseinandersetzung gewissermaßen auf einer Akkommodation, sofern sie nämlich auf dem gewöhnlichen empirischen Standpunkte bleibt und dessen Irrtum festhält. Demnach kann auch ihr Wert nur ein bedingter sein, da selbst das Wort Eudaimonologie nur ein Euphemismus ist. – Ferner macht auch dieselbe keinen Anspruch auf

Vollständigkeit; teils weil das Thema unerschöpflich ist, teils weil ich sonst das von andern bereits Gesagte hätte wiederholen müssen.

Als in ähnlicher Absicht wie gegenwärtige Aphorismen abgefaßt ist mir nur das sehr lesenswerte Buch des *Cardanus* ›De utilitate ex adversis capienda‹ erinnerlich, durch welches man also das hier Gegebene vervollständigen kann. Zwar hat auch *Aristoteles* dem fünften Kapitel des ersten Buches seiner ›Rhetorik‹ eine kurze Eudaimonologie eingeflochten: sie ist jedoch sehr nüchtern ausgefallen. Benutzt habe ich diese Vorgänger nicht, da kompilieren nicht meine Sache ist; und um so weniger, als durch dasselbe die Einheit der Ansicht verlorengeht, welche die Seele der Werke dieser Art ist. – Im allgemeinen freilich haben die Weisen aller Zeiten immer dasselbe gesagt, und die Toren, d. h. die unermeßliche Majorität aller Zeiten, haben immer dasselbe, nämlich das Gegenteil getan: und so wird es denn auch ferner bleiben. Darum sagt *Voltaire:* ›Nous laisserons ce monde-ci aussi sot et aussi méchant que nous l'avons trouvé en y arrivant.‹ [Wir werden diese Welt ebenso dumm und ebenso schlecht verlassen, wie wir sie gefunden haben, als wir in ihr ankamen.]

Kapitel 1
Grundeinteilung

Aristoteles hat (›Ethica ad Nicomachum‹ 1,8) die Güter des menschlichen Lebens in drei Klassen geteilt – die äußeren, die der Seele und die des Leibes. Hievon nun nichts als die Dreizahl beibehaltend, sage ich, daß, was den Unterschied im Lose der Sterblichen begründet, sich auf drei Grundbestimmungen zurückführen läßt. Sie sind:

1. Was einer *ist*: also die Persönlichkeit im weitesten Sinne. Sonach ist hierunter Gesundheit, Kraft, Schönheit, Temperament, moralischer Charakter, Intelligenz und Ausbildung derselben begriffen.

2. Was einer *hat*: also Eigentum und Besitz in jeglichem Sinne.

3. Was einer *vorstellt*: unter diesem Ausdruck wird bekanntlich verstanden, was er in der Vorstellung anderer ist, also eigentlich, wie er von ihnen *vorgestellt wird*. Es besteht demnach in ihrer Meinung von ihm und zerfällt in Ehre, Rang und Ruhm.

Die unter der ersten Rubrik zu betrachtenden Unterschiede sind solche, welche die Natur selbst zwischen Menschen gesetzt hat; woraus sich schon abnehmen läßt, daß der Einfluß derselben auf ihr Glück oder Unglück viel wesentlicher und durchgreifender sein werde, als was die bloß aus menschlichen Bestimmungen hervorgehenden, unter den zwei folgenden Rubriken angegebenen Verschiedenheiten herbeiführen. Zu den *echten persönlichen Vorzügen*, dem großen Geiste oder großen Herzen, verhalten sich alle Vorzüge des Ranges, der Geburt, selbst der königlichen, des Reichtums u. dgl. wie die Theaterkönige zu den wirklichen. Schon *Metrodoros*, der erste Schüler Epikurs, hat ein Kapitel überschrieben: Περὶ τοῦ μείζονα εἶναι τὴν παρ' ἡμᾶς αἰτίαν πρὸς εὐδαιμονίαν τῆς ἐκ τῶν πραγμάτων. (Maiorem esse causam ad felicitatem eam, quae est ex nobis, ea, quae ex rebus oritur.) [Die Ursache der Glückseligkeit, die in uns liegt, ist größer als die, die aus den Dingen stammt.] (Clemens Alexandrinus, ›Stromata‹ 2, 21, p. 362). Und allerdings ist für das Wohlsein des Menschen, ja für die ganze Weise seines Daseins die Hauptsache offenbar das, was in ihm selbst besteht oder vorgeht. Hier nämlich liegt unmittelbar sein inneres Behagen oder Unbehagen, als welches zunächst das Resultat seines Empfindens, Wollens und Denkens ist; während alles außerhalb Gelegene doch nur mittelbar darauf Einfluß hat. Daher affizieren dieselben äußern Vorgänge oder Verhältnisse jeden ganz anders, und bei gleicher Umgebung lebt doch jeder in einer andern Welt. Denn nur mit seinen eigenen Vorstellungen, Gefühlen und Willensbewegungen hat er es unmittelbar zu tun: die Außendinge haben nur, sofern sie diese veranlassen, Einfluß auf ihn. Die Welt, in der jeder lebt, hängt zunächst ab von seiner Auffassung derselben, richtet sich daher nach der Verschiedenheit der Köpfe: dieser gemäß wird sie arm, schal und flach oder reich, interessant und bedeutungsvoll ausfallen. Während z. B. mancher den andern beneidet um die interessanten Begebenheiten, die ihm in seinem Leben aufgestoßen sind, sollte er ihn vielmehr um die Auffassungsgabe beneiden, welche jenen Begebenheiten die Bedeutsamkeit verlieh, die sie in seiner Beschreibung haben: denn dieselbe Begebenheit, welche in einem geistreichen Kopfe sich so interessant darstellt, würde, von einem flachen Alltagskopf aufgefaßt, auch nur eine schale Szene aus der Alltagswelt sein. Im höchsten Grade zeigt sich dies bei manchen Gedichten Goethes und Byrons, denen offenbar reale Vorgänge zum Grunde liegen: ein törichter Leser ist imstande, dabei den Dichter um die allerliebste Begebenheit zu beneiden, statt um die mächtige Phantasie, welche aus einem ziemlich alltäglichen Vorfall etwas so Großes und Schönes zu machen fähig war. Desgleichen sieht der Melancholikus eine Trauerspielszene, wo der Sanguinikus nur einen interessanten Konflikt und der Phlegmatikus etwas Unbedeutendes vor sich hat. Dies alles beruht darauf, daß jede Wirklichkeit, d. h. jede erfüllte Gegenwart, aus zwei Hälften besteht, dem Subjekt und dem Objekt, wiewohl in so notwendiger und enger Verbindung wie Oxygen und Hydrogen im Wasser. Bei völlig gleicher objektiver Hälfte, aber verschiedener subjektiver ist daher sogut wie im umgekehrten Fall die gegenwärtige Wirklichkeit eine ganz andere: die schönste und beste objektive Hälfte bei stumpfer, schlechter subjektiver gibt doch nur eine schlechte Wirklichkeit und Gegenwart; gleich einer schönen Gegend in schlechtem Wetter oder im Reflex einer schlechten camera obscura. Oder planer zu reden: jeder steckt in seinem Bewußtsein wie in seiner Haut und lebt unmittelbar nur in demselben: daher ist ihm von außen nicht sehr zu helfen. Auf der Bühne spielt einer den Fürsten, ein andrer den Rat, ein dritter den Diener oder den Soldaten oder den General usf. Aber diese Unterschiede sind bloß im Äußern vorhanden; im Innern, als Kern einer solchen Erscheinung, steckt bei allen dasselbe: ein armer Komödiant mit seiner Plage und Not. Im Leben ist es auch so: die Unterschiede des Ranges und Reichtums geben jedem seine Rolle zu spielen; aber keineswegs entspricht dieser eine innere Verschiedenheit des Glücks und Behagens; sondern auch hier steckt in jedem derselbe arme Tropf mit seiner Not und Plage, die wohl dem Stoffe nach bei jedem eine andere ist, aber der Form, d. h. dem eigentlichen Wesen nach, so ziemlich bei allen dieselbe; wenn auch mit Unterschieden des Grades, die sich aber keineswegs nach Stand und Reichtum, d. h. nach der Rolle richten. Weil nämlich alles, was für den Menschen daist und vorgeht, unmittelbar immer nur in seinem *Bewußtsein* daist und für dieses vorgeht; so ist offenbar die Beschaffenheit des Bewußtseins selbst das zunächst Wesentliche, und auf dieselbe kommt in den meisten Fällen mehr an als auf die Gestalten, die darin sich darstellen. Alle Pracht und Genüsse, abgespiegelt im dumpfen Bewußtsein eines Tropfs, sind sehr arm gegen das Bewußtsein des *Cervantes*, als er in einem unbequemen Gefängnisse den ›Don Quichote‹ schrieb. – Die objektive Hälfte der Gegenwart und Wirklichkeit steht in der Hand des Schicksals und ist demnach veränderlich: die subjektive sind wir selbst; daher sie im wesentlichen unveränderlich ist. Demgemäß trägt das Leben jedes Menschen trotz aller Abwechselung von außen durchgängig denselben Charakter und ist einer Reihe Variationen auf *ein* Thema zu vergleichen. Aus seiner Individualität kann keiner heraus. Und wie das Tier unter allen Verhältnissen, in die man es setzt, auf den engen Kreis beschränkt bleibt, den die Natur seinem Wesen unwiderruflich gezogen hat, weshalb z.B. unsere Bestrebungen, ein geliebtes Tier zu beglücken, eben wegen jener Grenzen seines Wesens und Bewußtseins stets innerhalb enger Schranken sich halten müssen – so ist es auch mit dem Menschen: durch seine Individualität ist das Maß seines möglichen Glückes zum voraus bestimmt. Besonders haben die Schranken seiner Geisteskräfte seine Fähigkeit für erhöhten Genuß ein für allemal festgestellt (vgl. ›Welt als Wille und Vorstellung‹ Bd. 2, S. 73 *[Bd. 2, S. 99f.]*). Sind sie eng, so werden alle Bemühungen von außen, alles, was Menschen, alles, was das Glück für ihn tut, nicht vermögen, ihn über das Maß des gewöhnlichen halbtierischen Menschenglücks und Behagens hinauszuführen: auf Sinnengenuß, trauliches und heiteres Familienleben, niedrige Geselligkeit und vulgären Zeitvertreib bleibt er angewiesen; sogar die Bildung vermag im ganzen zur Erweiterung jenes Kreises nicht gar viel, wenngleich etwas. Denn die höchsten, die mannigfaltigsten und die anhaltendesten Genüsse sind die geistigen, wie sehr auch wir in der Jugend uns darüber täuschen mögen; diese aber hängen hauptsächlich von der angebornen Kraft ab. – Hieraus also ist klar, wie sehr unser Glück abhängt von dem, was wir *sind*, von unsrer Individualität; während man meistens nur unser Schicksal, nur das, was wir *haben* oder was wir *vorstellen*, in Anschlag bringt. Das Schicksal aber kann sich bessern: zudem wird man bei innerm Reichtum von ihm nicht viel verlangen; hingegen ein Tropf bleibt ein Tropf, ein stumpfer Klotz ein stumpfer Klotz bis an sein Ende, und wäre er im Paradiese und von Huris umgeben. Deshalb sagt Goethe:

> Volk und Knecht und Überwinder,
> Sie gestehn zu jeder Zeit,
> Höchstes Glück der Erdenkinder
> Sei nur die Persönlichkeit.
>
> ›*West-östlicher Divan*‹ [8,7]

Daß für unser Glück und unsern Genuß das Subjektive ungleich wesentlicher als das Objektive sei, bestätigt sich in allem: von dem an, daß Hunger der beste Koch ist und der Greis die Göttin des Jünglings gleichgültig ansieht, bis hinauf zum Leben des Genies und des Heiligen. Besonders überwiegt die Gesundheit alle äußern Güter so sehr, daß wahrlich ein gesunder Bettler glücklicher ist als ein kranker König. Ein aus vollkommener Gesundheit und glücklicher Organisation hervorgehendes, ruhiges und heiteres Temperament, ein klarer, lebhafter, eindringender und richtig fassender Verstand, ein gemäßigter, sanfter Wille und demnach ein gutes Gewissen, dies sind Vorzüge, die kein Rang oder Reichtum ersetzen kann. Denn was einer für sich selbst ist, was ihn in die Einsamkeit begleitet und was keiner ihm geben oder nehmen kann, ist offenbar für ihn wesentlicher als alles, was er besitzen, oder auch, was er in den Augen anderer sein mag. Ein geistreicher Mensch hat in gänzlicher Einsamkeit an seinen eigenen Gedanken und Phantasien vortreffliche Unterhaltung, während von einem Stumpfen die fortwährende Abwechselung von Gesellschaften, Schauspielen, Ausfahrten und Lustbarkeiten die marternde Langeweile nicht abzuwehren vermag. Ein guter, gemäßigter, sanfter Charakter kann unter dürftigen Umständen zufrieden sein; während ein begehrlicher, neidischer und böser es bei allem Reichtum nicht ist. Nun aber gar dem, welcher beständig den Genuß einer außerordentlichen, geistig eminenten Individualität hat, sind die meisten der allgemein angestrebten Genüsse ganz überflüssig, ja nur störend und lästig. Daher sagt Horaz von sich:

> Gemmas, marmor, ebur, Tyrrhena sigilla, tabellas,
> Argentum, vestes Gaetulo murice tinctas:
> Sunt, qui non habeant – est, qui non curat habere.

[Elfenbein, Marmor, Geschmeide, tyrrhenische Statuen,
            Bilder,
Silbergerät und Gewänder, gefärbt mit gätulischem
            Purpur:
Viele entbehren dergleichen, und einige fragen danach
            nicht.
            ›Epistulae‹ 2, 2, 180–182]

Und Sokrates sagte beim Anblick zum Verkauf ausgelegter Luxusartikel: ›Wie vieles gibt es doch, was ich nicht nötig habe!‹

Für unser Lebensglück ist demnach das, was wir *sind*, die Persönlichkeit, durchaus das erste und wesentlichste – schon weil sie beständig und unter allen Umständen wirksam ist: zudem aber ist sie nicht wie die Güter der zwei andern Rubriken dem Schicksal unterworfen und kann uns nicht entrissen werden. Ihr Wert kann insofern ein absoluter heißen, im Gegensatz des bloß relativen der beiden andern. Hieraus nun folgt, daß dem Menschen von außen viel weniger beizukommen ist, als man wohl meint. Bloß die allgewaltige Zeit übt auch hier ihr Recht: ihr unterliegen allmälig die körperlichen und die geistigen Vorzüge; der moralische Charakter allein bleibt auch ihr unzugänglich. In dieser Hinsicht hätten denn freilich die Güter der zwei letztern Rubriken, als welche die Zeit unmittelbar nicht raubt, vor denen der ersten einen Vorzug. Einen zweiten könnte man darin finden, daß sie, als im Objektiven gelegen, ihrer Natur nach erreichbar sind und jedem wenigstens die Möglichkeit vorliegt, in ihren Besitz zu gelangen; während hingegen das Subjektive gar nicht in unsere Macht gegeben ist, sondern, iure divino [nach göttlichem Recht] eingetreten, für das ganze Leben unveränderlich feststeht; so daß hier unerbittlich der Ausspruch gilt:

> Wie an dem Tag, der dich der Welt verliehen,
> Die Sonne stand zum Gruße der Planeten,
> Bist alsobald und fort und fort gediehen
> Nach dem Gesetz, wonach du angetreten.

So mußt du sein, dir kannst du nicht entfliehen,
So sagten schon Sibyllen, so Propheten;
Und keine Zeit und keine Macht zerstückelt
Geprägte Form, die lebend sich entwickelt.

Goethe [›Urworte, Orphisch‹]

Das einzige, was in dieser Hinsicht in unserer Macht steht, ist, daß wir die gegebene Persönlichkeit zum möglichsten Vorteile benutzen, demnach nur die ihr entsprechenden Bestrebungen verfolgen und uns um die Art von Ausbildung bemühen, die ihr gerade angemessen ist, jede andere aber meiden, folglich den Stand, die Beschäftigung, die Lebensweise wählen, welche zu ihr passen.

Ein herkulischer, mit ungewöhnlicher Muskelkraft begabter Mensch, der durch äußere Verhältnisse genötigt ist, einer sitzenden Beschäftigung, einer kleinlichen, peinlichen Handarbeit obzuliegen oder auch Studien und Kopfarbeiten zu treiben, die ganz anderartige, bei ihm zurückstehende Kräfte erfordern, folglich gerade die bei ihm ausgezeichneten Kräfte unbenutzt zu lassen, der wird sich zeitlebens unglücklich fühlen; noch mehr aber der, bei dem die intellektuellen Kräfte sehr überwiegend sind und der sie unentwickelt und unbenutzt lassen muß, um ein gemeines Geschäft zu treiben, das ihrer nicht bedarf, oder gar körperliche Arbeit, zu der seine Kraft nicht recht ausreicht. Jedoch ist hier, zumal in der Jugend, die Klippe der Präsumtion zu vermeiden, daß man sich nicht ein Übermaß von Kräften zuschreibe, welches man nicht hat.

Aus dem entschiedenen Übergewicht unserer ersten Rubrik über die beiden andern geht aber auch hervor, daß es weiser ist, auf Erhaltung seiner Gesundheit und auf Ausbildung seiner Fähigkeiten als auf Erwerbung von Reichtum hinzuarbeiten; was jedoch nicht dahin mißdeutet werden darf, daß man den Erwerb des Nötigen und Angemessenen vernachlässigen sollte. Aber eigentlicher Reichtum, d. h. großer Überfluß, vermag wenig zu unserm Glück; daher viele Reiche sich unglücklich fühlen; weil sie ohne eigentliche Geistesbildung, ohne Kenntnisse und deshalb ohne irgendein objektives Interesse, welches sie zu geistiger Beschäftigung befähigen könnte, sind. Denn was der Reichtum über die Befriedigung der wirklichen und natürlichen Bedürfnisse hinaus noch leisten kann, ist von geringem Einfluß auf unser eigentliches Wohlbehagen: vielmehr wird dieses gestört durch die vielen und unvermeidlichen Sorgen, welche die Erhaltung eines großen Besitzes herbeiführt. Dennoch aber sind die Menschen tausendmal mehr bemüht, sich Reichtum als Geistesbildung zu erwerben; während doch ganz gewiß, was man *ist*, viel mehr zu unserm Glücke beiträgt, als was man *hat*. Gar manchen daher sehn wir in rastloser Geschäftigkeit emsig wie die Ameise vom Morgen bis zum Abend bemüht, den schon vorhandenen Reichtum zu vermehren. Über den engen Gesichtskreis des Bereichs der Mittel hiezu hinaus kennt er nichts: sein Geist ist leer, daher für alles andere unempfänglich. Die höchsten Genüsse, die geistigen, sind ihm unzugänglich: durch die flüchtigen, sinnlichen, wenig Zeit, aber viel Geld kostenden, die er zwischendurch sich erlaubt, sucht er vergeblich jene andern zu ersetzen. Am Ende seines Lebens hat er dann als Resultat desselben, wenn das Glück gut war, wirklich einen recht großen Haufen Geld vor sich, welchen noch zu vermehren oder aber durchzubringen er jetzt seinen Erben überläßt. Ein solcher, wiewohl mit gar ernsthafter und wichtiger Miene durchgeführter Lebenslauf ist daher ebenso töricht wie mancher andere, der geradezu die Schellenkappe zum Symbol hatte.

Also, was einer *an sich selber hat*, ist zu seinem Lebensglücke das Wesentlichste. Bloß weil dieses in der Regel so gar wenig ist, fühlen die meisten von denen, welche über den Kampf mit der Not hinaussind, sich im Grunde ebenso unglücklich wie die, welche sich noch darin herumschlagen. Die Leere ihres Innern, das Fade ihres Bewußtseins, die Armut ihres Geistes treibt sie zur Gesellschaft, die nun aber aus ebensolchen besteht; weil similis simili gaudet[1] [gleich und gleich sich gern gesellt]. Da wird dann gemeinschaftlich Jagd gemacht auf Kurzweil und Unterhaltung, die sie zunächst in sinnlichen Genüssen, in Vergnügungen jeder Art und end-

1. [Vgl. schon Homer: ›Odyssee‹ 17,218; sprichwörtlich]

lich in Ausschweifungen suchen. Die Quelle der heillosen Verschwendung, mittelst welcher so mancher reich ins Leben tretende Familiensohn sein großes Erbteil in oft unglaublich kurzer Zeit durchbringt, ist wirklich keine andere als nur die Langeweile, welche aus der eben geschilderten Armut und Leere des Geistes entspringt. So ein Jüngling war äußerlich reich, aber innerlich arm in die Welt geschickt und strebte nun vergeblich, durch den äußern Reichtum den innern zu ersetzen, indem er alles *von außen* empfangen wollte – den Greisen analog, welche sich durch die Ausdünstung junger Mädchen zu stärken suchen. Dadurch führte denn am Ende die innere Armut auch noch die äußere herbei.

Die Wichtigkeit der beiden andern Rubriken der Güter des menschlichen Lebens brauche ich nicht hervorzuheben. Denn der Wert des Besitzes ist heutzutage so allgemein anerkannt, daß er keiner Empfehlung bedarf. Sogar hat die dritte Rubrik gegen die zweite eine sehr ätherische Beschaffenheit, da sie bloß in der Meinung anderer besteht. Jedoch nach Ehre, d.h. gutem Namen hat jeder zu streben, nach Rang schon nur die, welche dem Staate dienen, und nach Ruhm gar nur äußerst wenige. Indessen wird die Ehre als ein unschätzbares Gut angesehn und der Ruhm als das Köstlichste, was der Mensch erlangen kann, das goldene Vlies der Auserwählten: hingegen den Rang werden nur Toren dem Besitze vorziehn. Die zweite und dritte Rubrik stehn übrigens in sogenannter Wechselwirkung; sofern das ›habes, habeberis‹ [hast du, so giltst du] des Petronius [›Saturae‹ 77, 6] seine Richtigkeit hat und umgekehrt die günstige Meinung anderer in allen ihren Formen oft zum Besitze verhilft.

Kapitel 2
Von dem, was einer ist

Daß dieses zu seinem Glücke viel mehr beiträgt, als was er *hat* oder was er *vorstellt*, haben wir bereits im allgemeinen erkannt. Immer kommt es darauf an, was einer sei und demnach an sich selber habe: denn seine Individualität begleitet ihn stets und überall und von ihr ist alles tingiert, was er erlebt. In allem und bei allem genießt er zunächst nur sich selbst: dies gilt schon von den physischen, wieviel mehr von den geistigen Genüssen. Daher ist das Englische ›to enjoy oneself‹ ein sehr treffender Ausdruck, mit welchem man z. B. sagt: ›he enjoys himself at Paris‹, also nicht: ›er genießt Paris‹, sondern: ›er genießt *sich* in Paris‹. – Ist nun aber die Individualität von schlechter Beschaffenheit, so sind alle Genüsse wie köstliche Weine in einem mit Galle tingierten Munde. Demnach kommt im guten wie im schlimmen, schwere Unglücksfälle beiseite gesetzt, weniger darauf an, was einem im Leben begegnet und widerfährt, als darauf, wie er es empfindet, also auf die Art und den Grad seiner Empfänglichkeit in jeder Hinsicht. Was einer in sich ist und an sich selber hat, kurz: die Persönlichkeit und deren Wert ist das alleinige Unmittelbare zu seinem Glück und Wohlsein. Alles andere ist mittelbar; daher auch dessen Wirkung vereitelt werden kann, aber die der Persönlichkeit nie. Darum eben ist der auf persönliche Vorzüge gerichtete Neid der unversöhnlichste, wie er auch der am sorgfältigsten verhehlte ist. Ferner ist allein die Beschaffenheit des Bewußtseins das Bleibende und Beharrende, und die Individualität wirkt fortdauernd, anhaltend, mehr oder minder in jedem Augenblick: alles andere hingegen wirkt immer nur zuzeiten, gelegentlich, vorübergehend, und ist zudem auch noch selbst dem Wechsel und Wandel unterworfen: daher sagt Aristoteles: Ἡ γὰρ φύσις βεβαία, οὐ τὰ χρήματα. (Nam natura perennis est, non opes.) [Denn die Natur ist zuverlässig, nicht das Geld.] (›Ethica Eudemia‹ 7, 2 [p. 1238 a 12]). Hierauf beruht es, daß wir ein ganz und gar von außen auf uns gekommenes Unglück mit mehr Fassung ertragen als ein selbstverschuldetes: denn das Schicksal kann sich ändern; aber die eigene Beschaffenheit nimmer. Demnach also sind die subjektiven Güter, wie ein edler Charakter, ein fähiger Kopf, ein glückliches Temperament, ein heiterer Sinn und ein wohlbeschaffener, völlig gesunder Leib, also überhaupt ›mens sana in corpore sano‹ [ein gesunder Geist in einem gesundem Körper; Juvenal, ›Saturae‹ 10, 356] zu unserm Glücke die ersten und wichtigsten; weshalb wir auf die Beförderung und Erhaltung derselben viel mehr bedacht sein sollten als auf den Besitz äußerer Güter und äußerer Ehre.

Was nun aber von jenen allen uns am unmittelbarsten beglückt, ist die Heiterkeit des Sinnes: denn diese gute Eigenschaft belohnt sich augenblicklich selbst. Wer eben fröhlich ist, hat allemal Ursache es zu sein: nämlich eben diese, daß er es ist. Nichts kann so sehr wie diese Eigenschaft jedes andere Gut vollkommen ersetzen; während sie selbst durch nichts zu ersetzen ist. Einer sei jung, schön, reich und geehrt; so frägt sich, wenn man sein Glück beurteilen will, ob er dabei heiter sei; ist er hingegen heiter, so ist es einerlei, ob er jung oder alt, gerade oder bucklig, arm oder reich sei: er ist glücklich. In früher Jugend machte ich einmal ein altes Buch auf und da stand: ›Wer viel lacht, ist glücklich, und wer viel weint, ist unglücklich‹ – eine sehr einfältige Bemerkung, die ich aber wegen ihrer einfachen Wahrheit doch nicht habe vergessen können, sosehr sie auch der Superlativ eines truism [Gemeinplatzes] ist. Dieser wegen also sollen wir der Heiterkeit, wann immer sie sich einstellt, Tür und Tor öffnen: denn sie kommt nie zur unrechten Zeit; statt daß wir oft Bedenken tragen, ihr Eingang zu gestatten, indem wir erst wissen wollen, ob wir denn auch wohl in jeder Hinsicht Ursache haben, zufrieden zu sein; oder auch, weil wir fürchten, in unsern ernsthaften Überlegungen und wichtigen Sorgen dadurch gestört zu werden; allein, was wir durch diese bessern, ist sehr ungewiß, hingegen ist Heiterkeit unmittelbarer Gewinn. Sie allein ist gleichsam die bare Münze des Glückes und nicht wie alles andere bloß der Bankzettel, weil nur sie unmittelbar in der Gegenwart beglückt; weshalb sie das höchste Gut ist für Wesen, deren Wirklichkeit die Form einer unteilbaren Gegenwart zwischen zwei unendlichen Zeiten hat. Demnach sollten wir die Erwerbung und Beförderung dieses Gutes jedem andern Trachten vorsetzen. Nun ist gewiß, daß zur Heiterkeit nichts weniger beiträgt als Reichtum und nichts mehr als Gesundheit: in den niedrigen arbeitenden, zumal das Land bestellenden Klassen sind die heitern und zufriedenen Gesichter; in den reichen und vornehmen die verdrießlichen zu Hause. Folglich sollten wir vor allem bestrebt sein, uns den hohen Grad vollkommener Gesundheit zu erhalten, als dessen Blüte die Heiterkeit sich einstellt. Die Mittel hiezu sind bekanntlich Vermeidung aller Exzesse und Ausschweifungen, aller heftigen und unangenehmen Gemütsbewegungen, auch aller zu großen oder zu anhaltenden Geistesanstrengung, täglich zwei Stunden rascher Bewegung in freier Luft, viel kaltes Baden und ähnliche diätetische Maßregeln. Ohne tägliche gehörige Bewegung kann man nicht gesund bleiben: alle Lebensprozesse erfordern, um gehörig vollzogen zu werden, Bewegung sowohl der Teile, darin sie vorgehn, als des Ganzen. Daher sagt Aristoteles mit Recht: Ὁ βίος ἐν τῇ κινήσει ἐστί[1] – das Leben besteht in der Bewegung und hat sein Wesen in ihr. Im ganzen Innern des Organismus herrscht unaufhörliche, rasche Bewegung: das Herz, in seiner komplizierten doppelten Systole und Diastole, schlägt heftig und unermüdlich; mit 28 seiner Schläge hat es die gesamte Blutmasse durch den ganzen großen und kleinen Kreislauf hindurchgetrieben; die Lunge pumpt ohne Unterlaß wie eine Dampfmaschine; die Gedärme winden sich stets im motus peristalticus; alle Drüsen saugen und sezernieren beständig, selbst das Gehirn hat eine doppelte Bewegung mit jedem Pulsschlag und jedem Atemzug. Wenn nun hiebei, wie es bei der ganz und gar sitzenden Lebensweise unzähliger Menschen der Fall ist, die äußere Bewegung sogut wie ganz fehlt; so entsteht ein schreiendes und verderbliches Mißverhältnis zwischen der äußern Ruhe und dem innern Tumult. Denn sogar will die beständige innere Bewegung durch die äußere etwas unterstützt sein: jenes Mißverhältnis aber wird dem analog, wenn infolge irgendeines Affekts es in unserm Innern kocht, wir aber nach außen nichts davon sehn lassen dürfen. Sogar die Bäume bedürfen, um zu gedeihen, der Bewegung durch den Wind. Dabei gilt eine Regel, die sich am kürzesten lateinisch ausdrücken läßt: ›Omnis motus quo celerior, eo magis motus.‹ [Je schneller

1. [Nicht wörtlich nach ›De anima‹ 1, 2, p. 403 b 25]

jede Bewegung ist, desto mehr ist sie Bewegung.] – Wie sehr unser Glück von der Heiterkeit der Stimmung und diese vom Gesundheitszustande abhängt, lehrt die Vergleichung des Eindrucks, den die nämlichen äußern Verhältnisse oder Vorfälle am gesunden und rüstigen Tage auf uns machen, mit dem, welchen sie hervorbringen, wann Kränklichkeit uns verdrießlich und ängstlich gestimmt hat. Nicht, was die Dinge objektiv und wirklich sind, sondern was sie für uns, in unserer Auffassung sind, macht uns glücklich oder unglücklich; dies eben besagt Epiktets: Ταράσσει τοὺς ἀνθρώπους οὐ τὰ πράγματα, ἀλλὰ τὰ περὶ τῶν πραγμάτων δόγματα. (Commovent homines non res, sed de rebus opiniones.) [Nicht die Dinge beunruhigen die Menschen, sondern die Meinungen über die Dinge; ›Enchiridion‹ cap. 5.] Überhaupt aber beruhen neun Zehntel unsers Glückes allein auf der Gesundheit. Mit ihr wird alles eine Quelle des Genusses: hingegen ist ohne sie kein äußeres Gut, welcher Art es auch sei, genießbar, und selbst die übrigen subjektiven Güter, die Eigenschaften des Geistes, Gemütes, Temperaments, werden durch Kränklichkeit herabgestimmt und sehr verkümmert. Demnach geschieht es nicht ohne Grund, daß man vor allen Dingen sich gegenseitig nach dem Gesundheitszustande befrägt und einander sich wohlzubefinden wünscht: denn wirklich ist dieses bei weitem die Hauptsache zum menschlichen Glück. Hieraus aber folgt, daß die größte aller Torheiten ist, seine Gesundheit aufzuopfern, für was es auch sei, für Erwerb, für Beförderung, für Gelehrsamkeit, für Ruhm, geschweige für Wollust und flüchtige Genüsse: vielmehr soll man ihr alles nachsetzen.

Soviel nun aber auch zu der für unser Glück so wesentlichen Heiterkeit die Gesundheit beiträgt, so hängt jene doch nicht von dieser allein ab: denn auch bei vollkommener Gesundheit kann ein melancholisches Temperament und eine vorherrschend trübe Stimmung bestehn. Der letzte Grund davon liegt ohne Zweifel in der ursprünglichen und daher unabänderlichen Beschaffenheit des Organismus, und zwar zumeist in dem mehr oder minder normalen Verhältnis der Sensibilität zur Irritabilität und Reproduktionskraft.

Abnormes Übergewicht der Sensibilität wird Ungleichheit der Stimmung, periodische übermäßige Heiterkeit und vorwaltende Melancholie herbeiführen. Weil nun auch das Genie durch ein Übermaß der Nervenkraft, also der Sensibilität bedingt ist; so hat Aristoteles ganz richtig bemerkt, daß alle ausgezeichnete[n] und überlegene[n] Menschen melancholisch seien: Πάντες, ὅσοι περιττοὶ γεγόνασιν ἄνδρες ἢ κατὰ φιλοσοφίαν ἢ πολιτικὴν ἢ ποίησιν ἢ τέχνας, φαίνονται μελαγχολικοὶ ὄντες. [Alle Menschen, die sich ausgezeichnet haben, sei es in der Philosophie, in der Politik, in der Dichtkunst oder in den Künsten, scheinen melancholisch zu sein.] (›Problemata‹ 30, 1 [p. 953 a 10]). Ohne Zweifel ist dieses die Stelle, welche Cicero im Auge hatte bei seinem oft angeführten Bericht: ›Aristoteles ait omnes ingeniosos melancholicos esse.‹ [Aristoteles sagt, alle genialen Menschen seien melancholisch.] (›Tusculanarum disputationum‹ lib. 1, 33 [80]). – Die hier in Betrachtung genommene angeborene große Verschiedenheit der Grundstimmung überhaupt aber hat *Shakespeare* sehr artig geschildert:

> Nature has fram'd strange fellows in her time:
> Some that will evermore peep through their eyes,
> And laugh, like parrots, at a bagpiper;
> And others of such vinegar aspect,
> That they'll not show their teeth in way of smile,
> Though Nestor swear the jest be laughable[1].
> ›Merchant of Venice‹ scene 1

Eben dieser Unterschied ist es, den *Platon* durch die Ausdrücke δύσκολος und εὔκολος [mürrisch und heiter] bezeichnet. Derselbe läßt sich zurückführen auf die bei verschiedenen Menschen sehr verschiedene Empfänglichkeit für angenehme und unangenehme Eindrücke, infolge wel-

---

1. Die Natur hat, in ihren Tagen, seltsame Käuze hervorgebracht: einige, die stets aus ihren Äugelein vergnügt hervorgucken und wie Papageien über einen Dudelsackspieler lachen, und andere von so sauertöpfischem Ansehn, daß sie ihre Zähne nicht durch ein Lächeln bloßlegen, wenn auch Nestor selbst schwüre, der Spaß sei lachenswert.

cher der eine noch lacht bei dem, was den andern fast zur Verzweiflung bringt: und zwar pflegt die Empfänglichkeit für angenehme Eindrücke desto schwächer zu sein, je stärker die für unangenehme ist, und umgekehrt. Nach gleicher Möglichkeit des glücklichen und des unglücklichen Ausgangs einer Angelegenheit wird der δύσκολος beim unglücklichen sich ärgern oder grämen, beim glücklichen aber sich nicht freuen; der εὔκολος hingegen wird über den unglücklichen sich nicht ärgern noch grämen, aber über den glücklichen sich freuen. Wenn dem δύσκολος von zehn Vorhaben neun gelingen; so freut er sich nicht über diese, sondern ärgert sich über das eine mißlungene: der εὔκολος weiß im umgekehrten Fall sich doch mit dem einen gelungenen zu trösten und aufzuheitern. – Wie nun aber nicht leicht ein Übel ohne alle Kompensation ist; so ergibt sich auch hier, daß die δύσκολοι, also die finstern und ängstlichen Charaktere, im ganzen zwar mehr imaginäre, dafür aber weniger reale Unfälle und Leiden zu überstehn haben werden als die heitern und sorglosen: denn wer alles schwarzsieht, stets das Schlimmste befürchtet und demnach seine Vorkehrungen trifft, wird sich nicht so oft verrechnet haben, als wer stets den Dingen die heitere Farbe und Aussicht leiht. – Wann jedoch eine krankhafte Affektion des Nervensystems oder der Verdauungswerkzeuge der angeborenen δυσκολία [Mürrischkeit] in die Hände arbeitet; dann kann diese den hohen Grad erreichen, wo dauerndes Mißbehagen Lebensüberdruß erzeugt und demnach Hang zum Selbstmord entsteht. Diesen vermögen alsdann selbst die geringsten Unannehmlichkeiten zu veranlassen; ja bei den höchsten Graden des Übels bedarf es derselben nicht einmal, sondern bloß infolge des anhaltenden Mißbehagens wird der Selbstmord beschlossen und alsdann mit so kühler Überlegung und fester Entschlossenheit ausgeführt, daß der meistens schon unter Aufsicht gestellte Kranke, stets darauf gerichtet, den ersten unbewachten Augenblick benutzt, um ohne Zaudern, Kampf und Zurückbeben jenes ihm jetzt natürliche und willkommene Erleichterungsmittel zu ergreifen (ausführliche Beschreibungen dieses Zustandes gibt

Esquirol, ›Des maladies mentales‹). Allerdings aber kann nach Umständen auch der gesundeste und vielleicht selbst der heiterste Mensch sich zum Selbstmord entschließen, wenn nämlich die Größe der Leiden oder des unausweichbar herannahenden Unglücks die Schrecken des Todes überwältigt. Der Unterschied liegt allein in der verschiedenen Größe des dazu erforderlichen Anlasses, als welche mit der δυσκολία in umgekehrtem Verhältnis steht. Je größer diese ist, desto geringer kann jener sein, ja am Ende auf Null herabsinken: je größer hingegen die εὐκολία [Heiterkeit] und die sie unterstützende Gesundheit, desto mehr muß im Anlaß liegen. Danach gibt es unzählige Abstufungen der Fälle zwischen den beiden Extremen des Selbstmordes, nämlich dem des rein aus krankhafter Steigerung der angebornen δυσκολία entspringenden und dem des Gesunden und Heiteren, ganz aus objektiven Gründen.

Der Gesundheit zum Teil verwandt ist die Schönheit. Wenngleich dieser subjektive Vorzug nicht eigentlich unmittelbar zu unserm Glücke beiträgt, sondern bloß mittelbar durch den Eindruck auf andere; so ist er doch von großer Wichtigkeit, auch im Manne. Schönheit ist ein offener Empfehlungsbrief, der die Herzen zum voraus für uns gewinnt: daher gilt besonders von ihr der Homerische Vers:

Οὔ τοι ἀπόβλητ' ἐστὶ θεῶν ἐρικυδέα δῶρα,
Ὅσσα κεν αὐτοὶ δῶσιν, ἑκὼν δ' οὐκ ἄν τις ἕλοιτο.
[Nicht zu verachten sind der Götter herrliche Gaben,
Die sie allein nur verleihen, die keiner erwirbt nach Belieben.
›Ilias‹ 3,65 f.]

Der allgemeinste Überblick zeigt uns als die beiden Feinde des menschlichen Glückes den Schmerz und die Langeweile. Dazu noch läßt sich bemerken, daß in dem Maße, als es uns glückt, vom einen derselben uns zu entfernen, wir dem andern uns nähern, und umgekehrt; so daß unser Leben wirklich eine stärkere oder schwächere Oszillation[1] zwischen ihnen darstellt. Dies entspringt daraus, daß beide in einem doppelten Antagonismus zu einander stehn, einem äußern

1. [Schwingung]

oder objektiven und einem innern oder subjektiven. Äußerlich nämlich gebiert Not und Entbehrung den Schmerz; hingegen Sicherheit und Überfluß die Langeweile. Demgemäß sehn wir die niedere Volksklasse in einem beständigen Kampf gegen die Not, also den Schmerz; die reiche und vornehme Welt hingegen in einem anhaltenden, oft wirklich verzweifelten Kampf gegen die Langeweile[F]. Der innere oder subjektive Antagonismus derselben aber beruht darauf, daß im einzelnen Menschen die Empfänglichkeit für das eine in entgegengesetztem Verhältnis zu der für das andere steht, indem sie durch das Maß seiner Geisteskräfte bestimmt wird. Nämlich Stumpfheit des Geistes ist durchgängig im Verein mit Stumpfheit der Empfindung und Mangel an Reizbarkeit, welche Beschaffenheit für Schmerzen und Betrübnisse jeder Art und Größe weniger empfänglich macht: aus eben dieser Geistesstumpfheit aber geht andererseits jene auf zahllosen Gesichtern ausgeprägte, wie auch durch die beständig rege Aufmerksamkeit auf alle, selbst die kleinsten Vorgänge in der Außenwelt sich verratende *innere Leerheit* hervor, welche die wahre Quelle der Langeweile ist und stets nach äußerer Anregung lechzt, um Geist und Gemüt durch irgend etwas in Bewegung zu bringen. In der Wahl desselben ist sie daher nicht ekel; wie dies die Erbärmlichkeit der Zeitvertreibe bezeugt, zu denen man Menschen greifen sieht, imgleichen die Art ihrer Geselligkeit und Konversation, nicht weniger die vielen Türsteher und Fenstergucker. Hauptsächlich aus dieser inneren Leerheit entspringt die Sucht nach Gesellschaft, Zerstreuung, Vergnügen und Luxus jeder Art, welche viele zur Verschwendung und dann zum Elende führt. Vor diesem Abwege bewahrt nichts so sicher als der *innere* Reichtum, der Reichtum des Geistes: denn dieser läßt, je mehr er sich der Eminenz nähert, der Langenweile immer weniger Raum. Die unerschöpfliche Regsamkeit der Gedanken aber, ihr an

---

F. Das *Nomadenleben*, welches die unterste Stufe der Zivilisation bezeichnet, findet sich auf der höchsten im allgemein gewordenen *Touristenleben* wieder ein. Das erste ward von der *Not*, das zweite von der *Langenweile* herbeigeführt.

den mannigfaltigen Erscheinungen der Innen- und Außenwelt sich stets erneuerndes Spiel, die Kraft und der Trieb zu immer andern Kombinationen derselben setzen den eminenten Kopf, die Augenblicke der Abspannung abgerechnet, ganz außer den Bereich der Langenweile. Andererseits nun aber hat die gesteigerte Intelligenz eine erhöhte Sensibilität zur unmittelbaren Bedingung und größere Heftigkeit des Willens, also der Leidenschaftlichkeit zur Wurzel: aus ihrem Verein mit diesen erwächst nun eine viel größere Stärke aller Affekte und eine gesteigerte Empfindlichkeit gegen die geistigen und selbst gegen körperliche Schmerzen, sogar größere Ungeduld bei allen Hindernissen oder auch nur Störungen; welches alles zu erhöhen die aus der Stärke der Phantasie entspringende Lebhaftigkeit sämtlicher Vorstellungen, also auch der widerwärtigen mächtig beiträgt. Das Gesagte gilt nun verhältnismäßig von allen den Zwischenstufen, welche den weiten Raum vom stumpfesten Dummkopf bis zum größten Genie ausfüllen. Demzufolge steht jeder, wie objektiv, so auch subjektiv, der einen Quelle der Leiden des menschlichen Lebens um so näher, als er von der andern entfernter ist. Dementsprechend wird sein natürlicher Hang ihn anleiten, in dieser Hinsicht das Objektive dem Subjektiven möglichst anzupassen, also gegen *die* Quelle der Leiden, für welche er die größere Empfänglichkeit hat, die größere Vorkehr zu treffen. Der geistreiche Mensch wird vor allem nach Schmerzlosigkeit, Ungehudeltsein, Ruhe und Muße streben, folglich ein stilles, bescheidenes, aber möglichst unangefochtenes Leben suchen und demgemäß nach einiger Bekanntschaft mit den sogenannten Menschen die Zurückgezogenheit und bei großem Geiste sogar die Einsamkeit wählen. Denn je mehr einer an sich selber hat, desto weniger bedarf er von außen und desto weniger auch können die übrigen ihm sein. Darum führt die Eminenz des Geistes zur Ungeselligkeit. Ja wenn die Qualität der Gesellschaft sich durch die Quantität ersetzen ließe, da wäre es der Mühe wert, sogar in der großen Welt zu leben: aber leider geben hundert Narren auf einem Haufen noch keinen gescheuten Mann. – Der vom andern Extrem hingegen wird, sobald die Not ihn zu Atem kommen läßt, Kurzweil und Gesellschaft um jeden Preis suchen und mit allem leicht vorliebnehmen, nichts so sehr fliehend wie sich selbst. Denn in der Einsamkeit, als wo jeder auf sich selbst zurückgewiesen ist, da zeigt sich, was er *an sich selber* hat: da seufzt der Tropf im Purpur unter der unabwälzbaren Last seiner armseligen Individualität; während der Hochbegabte die ödeste Umgebung mit seinen Gedanken bevölkert und belebt. Daher ist sehr wahr, was *Seneca* sagt: ›Omnis stultitia laborat fastidio sui‹ [Alle Dummheit leidet an ihrem eigenen Überdruß] (›Epistulae‹ 9, § 22), wie auch Jesus Sirachs [22,12] Ausspruch: ›Des Narren Leben ist ärger denn der Tod.‹ Demgemäß wird man im ganzen finden, daß jeder in dem Maße gesellig ist, wie er geistig arm und überhaupt gemein istH. Denn man hat in der Welt nicht viel mehr als die Wahl zwischen Einsamkeit und Gemeinheit. Die geselligsten aller Menschen sollen die Neger sein, wie sie eben auch intellektuell entschieden zurückstehn. Nach Berichten aus Nordamerika in französischen Zeitungen (›Le Commerce‹, octobre 19, 1837) sperren die Schwarzen, Freie und Sklaven durcheinander, in großer Anzahl sich in den engsten Raum zusammen, weil sie ihr schwarzes Stumpfnasengesicht nicht oft genug wiederholt erblicken können.

Dem entsprechend, daß das Gehirn als der Parasit oder Pensionär des ganzen Organismus auftritt, ist die errungene *freie Muße* eines jeden, indem sie ihm den freien Genuß seines Bewußtseins und seiner Individualität gibt, die Frucht und der Ertrag seines gesamten Daseins, welches im übrigen nur Mühe und Arbeit ist. Was nun aber wirft die freie Muße der meisten Menschen ab? Langeweile und Dumpfheit, sooft nicht sinnliche Genüsse oder Albernheiten dasind, sie auszufüllen. Wie völlig wertlos sie ist, zeigt die Art, wie sie solche zubringen: sie ist eben das ›ozio lungo d'uomini ignoranti‹ [die Langeweile der Unwissenden] des Ariosto [›Orlando furioso‹ 34, 75]. Die gewöhnlichen Leute sind bloß darauf bedacht, die Zeit *zuzubringen*; wer irgendein Talent hat – sie *zu benutzen*. – Daß die beschränkten Köpfe

H. Was die Menschen gesellig macht, ist eben ihre Armut.

der Langeweile so sehr ausgesetzt sind, kommt daher, daß ihr Intellekt durchaus nichts weiter als das *Medium der Motive* für ihren Willen ist. Sind nun vorderhand keine Motive aufzufassen da, so ruht der Wille und feiert der Intellekt; dieser, weil er sowenig wie jener auf eigene Hand in Tätigkeit gerät: das Resultat ist schreckliche Stagnation aller Kräfte im ganzen Menschen – Langeweile. Dieser zu begegnen schiebt man nun dem Willen kleine, bloß einstweilige und beliebig angenommene Motive vor, ihn zu erregen und dadurch auch den Intellekt, der sie aufzufassen hat, in Tätigkeit zu versetzen: diese verhalten sich demnach zu den wirklichen und natürlichen Motiven wie Papiergeld zu Silber; da ihre Geltung eine willkürlich angenommene ist. Solche Motive nun sind die *Spiele* mit Karten usw., welche zu besagtem Zweck erfunden worden sind. Fehlt es daran, so hilft der beschränkte Mensch sich durch Klappern und Trommeln mit allem, was er in die Hand kriegt. Auch die Zigarre ist ihm ein willkommenes Surrogat der Gedanken. – Daher ist in allen Ländern die Hauptbeschäftigung aller Gesellschaft das Kartenspiel geworden: es ist der Maßstab des Wertes derselben und der deklarierte Bankrott an allen Gedanken. Weil sie nämlich keine Gedanken auszutauschen haben, tauschen sie Karten aus und suchen einander Gulden abzunehmen. O klägliches Geschlecht! Um indessen auch hier nicht ungerecht zu sein, will ich den Gedanken nicht unterdrücken, daß man zur Entschuldigung des Kartenspiels allenfalls anführen könnte, es sei eine Vorübung zum Welt- und Geschäftsleben, sofern man dadurch lernt, die vom Zufall unabänderlich gegebenen Umstände (Karten) klug zu benutzen, um daraus, was immer angeht, zu machen, zu welchem Zwecke man sich denn auch gewöhnt, Kontenance zu halten, indem man zum schlechten Spiel eine heitere Miene aufsetzt. Aber ebendeshalb hat andrerseits das Kartenspiel einen demoralisierenden Einfluß. Der Geist des Spiels nämlich ist, daß man auf alle Weise, durch jeden Streich und jeden Schlich dem andern das Seinige abgewinne. Aber die Gewohnheit, im Spiel so zu verfahren, wurzelt ein, greift über in das praktische Leben, und man kommt allmälig dahin, in den Angelegenheiten des Mein und Dein es ebenso zu machen und jeden Vorteil, den man eben in der Hand hält, für erlaubt zu halten, sobald man nur es gesetzlich darf. Belege hiezu gibt ja das bürgerliche Leben täglich. – Weil also, wie gesagt, die *freie Muße* die Blüte oder vielmehr die Frucht des Daseins eines jeden ist, indem nur sie ihn in den Besitz seines eigenen Selbst einsetzt, so sind *die* glücklich zu preisen, welche dann auch etwas Rechtes an sich selber erhalten; während den allermeisten die freie Muße nichts abwirft als einen Kerl, mit dem nichts anzufangen ist, der sich schrecklich langweilt, sich selber zur Last. Demnach freuen wir uns, ›ihr lieben Brüder, daß wir nicht sind der Magd Kinder, sondern der Freien‹ (Gal. 4,31).

Ferner: wie das Land am glücklichsten ist, welches weniger oder keiner Einfuhr bedarf; so auch der Mensch, der an seinem innern Reichtum genug hat und zu seiner Unterhaltung wenig oder nichts von außen nötig hat; da dergleichen Zufuhr viel kostet, abhängig macht, Gefahr bringt, Verdruß verursacht und am Ende doch nur ein schlechter Ersatz ist für die Erzeugnisse des eigenen Bodens. Denn von andern, von außen überhaupt, darf man in keiner Hinsicht viel erwarten. Was einer dem andern sein kann, hat seine sehr engen Grenzen: am Ende bleibt doch jeder allein, und da kommt es darauf an, *wer* jetzt allein sei. Auch hier gilt demnach, was Goethe (›Dichtung und Wahrheit‹ Bd. 3 [Teil 15], S. 474) im allgemeinen ausgesprochen hat, daß in allen Dingen jeder zuletzt auf sich selbst zurückgewiesen wird, oder wie *Oliver Goldsmith* sagt:

Still to ourselves in every place consigned,
Our own felicity we make or find.
[Nur auf uns selbst sind stets wir angewiesen,
Glückseligkeit zu finden, zu genießen.]
›The Traveller‹ v. 431 [f.]

Das beste und meiste muß daher jeder sich selber sein und leisten. Je mehr nun dieses ist und je mehr demzufolge er die Quellen seiner Genüsse in sich selbst findet, desto glücklicher wird er sein. Mit größtem Rechte also sagt Aristoteles: ἡ εὐδαιμονία τῶν αὐτάρκων ἐστί (›Ethica Eudemia‹ 7, 2 [p. 1238a 12]), zu deutsch: das Glück gehört denen, die sich selber genügen. Denn alle äußern Quellen des Glückes und Genusses sind ihrer Natur nach höchst unsicher, mißlich, vergänglich und dem Zufall unterworfen, dürften daher selbst unter den günstigsten Umständen leicht stocken; ja dieses ist unvermeidlich, sofern sie doch nicht stets zur Hand sein können. Im Alter nun gar versiegen sie fast alle notwendig: denn da verläßt uns Liebe, Scherz, Reiselust, Pferdelust und Tauglichkeit für die Gesellschaft: sogar die Freunde und Verwandten entführt uns der Tod. Da kommt es denn mehr als je darauf an, was einer an sich selber habe. Denn dieses wird am längsten Stich halten. Aber auch in jedem Alter ist und bleibt es die echte und allein ausdauernde Quelle des Glücks. Ist doch in der Welt überall nicht viel zu holen: Not und Schmerz erfüllen sie, und auf die, welche diesen entronnen sind, lauert in allen Winkeln die Langeweile. Zudem hat in der Regel die Schlechtigkeit die Herrschaft darin und die Torheit das große Wort. Das Schicksal ist grausam, und die Menschen sind erbärmlich. In einer so beschaffenen Welt gleicht der, welcher viel an sich selber hat, der hellen, warmen, lustigen Weihnachtsstube mitten im Schnee und Eise der Dezembernacht. Demnach ist, eine vorzügliche, eine reiche Individualität und besonders sehr viel Geist zu haben, ohne Zweifel das glücklichste Los auf Erden; so verschieden es etwan auch von dem glänzendesten ausgefallen sein mag. Daher war es ein weiser Ausspruch der erst neunzehnjährigen Königin Christine von Schweden über den ihr noch bloß durch *einen* Aufsatz und aus mündlichen Berichten bekannt gewordenen Cartesius, welcher damals seit zwanzig Jahren in der tiefsten Einsamkeit in Holland lebte: ›Mr. Descartes est le plus heureux de tous les hommes, et sa condition me semble digne d'envie.‹ [Herr Descartes ist der glücklichste von allen Menschen, und seine Lage erscheint mir beneidenswert.] (›Vie de Descartes‹ par Baillet, livre 7, chap. 10). Nur müssen, wie es eben auch der Fall des Cartesius war, die äußern

Umstände es so weit begünstigen, daß man auch sich selbst besitzen und seiner froh werden könne; weshalb schon [der] Koheleth [Prediger Salomo] (7,12) sagt: ›Weisheit ist gut mit einem Erbgut und hilft, daß einer sich der Sonne freuen kann.‹ Wem nun durch Gunst der Natur und des Schicksals dieses Los beschieden ist, der wird mit ängstlicher Sorgfalt darüber wachen, daß die innere Quelle seines Glückes ihm zugänglich bleibe; wozu Unabhängigkeit und Muße die Bedingungen sind. Diese wird er daher gern durch Mäßigkeit und Sparsamkeit erkaufen; um so mehr, als er nicht gleich den andern auf die äußern Quellen der Genüsse verwiesen ist. Darum wird die Aussicht auf Ämter, Geld, Gunst und Beifall der Welt ihn nicht verleiten, sich selber aufzugeben, um den niedrigen Absichten oder dem schlechten Geschmacke der Menschen sich zu fügenH. Vorkommendenfalls wird er es machen wie *Horaz* in der ›Epistel an den Maecenas‹ (lib. 1, epistula 7). Es ist eine große Torheit, um *nach außen* zu gewinnen, *nach innen* zu verlieren, d.h. für Glanz, Rang, Prunk, Titel und Ehre seine Ruhe, Muße und Unabhängigkeit ganz oder großenteils hinzugeben. Dies hat aber *Goethe* getan. Mich hat mein Genius mit Entschiedenheit nach der andern Seite gezogen.

Die hier erörterte Wahrheit, daß die Hauptquelle des menschlichen Glückes im eigenen Innern entspringt, findet ihre Bestätigung auch an der sehr richtigen Bemerkung des *Aristoteles* in der ›Nikomachischen Ethik‹ (1, 7 et 7, 13, 14), daß jeglicher Genuß irgendeine Aktivität, also die Anwendung irgendeiner Kraft voraussetzt und ohne solche nicht bestehn kann. Diese Aristotelische Lehre, daß das Glück eines Menschen in der ungehinderten Ausübung seiner hervorstechenden Fähigkeit bestehe, gibt auch Stobaios wieder in seiner Darstellung der ›Peripatetischen Ethik‹ (›Eclogae [physicae et] ethicae‹ 2, cap. 7, p. 268-278), z. B.: Ἐνέργειαν εἶναι τὴν εὐδαιμονίαν κατ' ἀρετὴν ἐν πράξεσι προηγουμέναις κατ' εὐχήν. [Glückseligkeit ist die tugendgemäße

---

H. Sie erringen den Wohlstand auf Kosten ihrer Muße: aber was hilft mir der Wohlstand, wenn ich das, was allein ihn wünschenswert macht, die freie Muße, dafür hingeben soll?

Betätigung in Angelegenheiten, die den gewünschten Erfolg haben.] (Die Version bei Heeren ist: ›Felicitatem esse functionem secundum virtutem per actiones successus compotes‹.) – überhaupt in noch kürzeren Ausdrücken, auch mit der Erklärung, daß ἀρετή jede Virtuosität sei. Nun ist die ursprüngliche Bestimmung der Kräfte, mit welchen die Natur den Menschen ausgerüstet hat, der Kampf gegen die Not, die ihn von allen Seiten bedrängt. Wenn aber dieser Kampf einmal rastet, da werden ihm die unbeschäftigten Kräfte zur Last: er muß daher jetzt mit ihnen *spielen*, d.h. sie zwecklos gebrauchen; denn sonst fällt er der andern Quelle des menschlichen Leidens, der Langenweile, sogleich anheim. Von dieser sind daher vor allen die Großen und Reichen gemartert, und hat von ihrem Elend schon Lucretius eine Schilderung gegeben, deren Treffendes zu erkennen man noch heute in jeder großen Stadt täglich Gelegenheit findet:

> Exit saepe foras magnis ex aedibus ille,
> Esse domi quem pertaesum est, subitoque reventat,
> Quippe foris nihilo melius qui sentiat esse.
> Currit agens mannos ad villam praecipitanter
> Auxilium tectis quasi ferre ardentibus instans;
> Oscitat extemplo, tetigit cum limina villae,
> Aut abit in somnum gravis atque oblivia quaerit
> Aut etiam properans urbem petit atque revisit.

[Oft verläßt er den großen Palast und eilet ins Freie,
Weil ihn das Haus anekelt, bis daß er plötzlich zurückkehrt,
Weil er fühlt, daß er draußen um nichts sich besser befindet.
Oder er jagt mit den Rossen in schleunigem Trabe zum Landsitz,
Als wenn brennte das Haus und er eilte, das Feuer zu löschen;
Aber sobald er die Schwelle betreten hat, gähnt er gelangweilt
Oder er fällt in Schlaf und sucht sich selbst zu vergessen,
Wenn er nicht vorzieht, sich wieder zurück zur Stadt zu begeben.
›De rerum natura‹] 3, 1060–1067

Bei diesen Herren muß in der Jugend die Muskelkraft und

die Zeugungskraft herhalten. Aber späterhin bleiben nur die Geisteskräfte: fehlt es dann an diesen oder an ihrer Ausbildung und dem angesammelten Stoffe zu ihrer Tätigkeit, so ist der Jammer groß. Weil nun der *Wille* die einzige unerschöpfliche Kraft ist; so wird er jetzt angereizt durch Erregung der Leidenschaften, z. B. durch hohe Hasardspiele, dieses wahrhaft degradierende Laster. – Überhaupt aber wird jedes unbeschäftigte Individuum, je nach der Art der in ihm vorwaltenden Kräfte, sich ein Spiel zu ihrer Beschäftigung wählen: etwan Kegel oder Schach; Jagd oder Malerei; Wettrennen oder Musik; Kartenspiel oder Poesie; Heraldik oder Philosophie usw. Wir können sogar die Sache methodisch untersuchen, indem wir auf die Wurzel aller menschlichen Kraftäußerungen zurückgehn, also auf die *drei physiologischen Grundkräfte*, welche wir demnach hier in ihrem zwecklosen Spiele zu betrachten haben, in welchem sie als die Quellen dreier Arten möglicher Genüsse auftreten, aus denen jeder Mensch, je nachdem die eine oder die andere jener Kräfte in ihm vorwaltet, die ihm angemessenen erwählen wird. Also zuerst die Genüsse der *Reproduktionskraft*: sie bestehn im Essen, Trinken, Verdauen, Ruhen und Schlafen. Diese werden daher sogar ganzen Völkern als ihre Nationalvergnügungen von den andern nachgerühmt. Zweitens die Genüsse der *Irritabilität*: sie bestehn im Wandern, Springen, Ringen, Tanzen, Fechten, Reiten und athletischen Spielen jeder Art, wie auch in der Jagd und sogar in Kampf und Krieg. Drittens die Genüsse der *Sensibilität*: sie bestehn im Beschauen, Denken, Empfinden, Dichten, Bilden, Musizieren, Lernen, Lesen, Meditieren, Erfinden, Philosophieren usw. – Über den Wert, den Grad, die Dauer jeder dieser Arten der Genüsse lassen sich mancherlei Betrachtungen anstellen, die dem Leser selbst überlassen bleiben. Jedem aber wird dabei einleuchten, daß unser allemal durch den Gebrauch der eigenen Kräfte bedingter Genuß und mithin unser in dessen häufiger Wiederkehr bestehendes Glück um so größer sein wird, je edlerer Art die ihn bedingende Kraft ist. Den Vorrang, welchen in dieser Hinsicht die Sensibilität, deren entschiedenes Überwiegen das Auszeichnende des Menschen vor den übrigen Tiergeschlechtern ist, vor den beiden andern physiologischen Grundkräften hat, als welche in gleichem und sogar in höherem Grade den Tieren einwohnen, wird ebenfalls niemand ableugnen. Der Sensibilität gehören unsere Erkenntniskräfte an: daher befähigt das Überwiegen derselben zu den im *Erkennen* bestehenden, also den sogenannten *geistigen* Genüssen, und zwar zu um so größeren, je entschiedener jenes Überwiegen ist[F]. Dem normalen, gewöhnlichen Menschen kann eine

[F]. Die Natur steigert sich fortwährend, zunächst vom mechanischen und chemischen Wirken des unorganischen Reiches zum Vegetabilischen und seinem dumpfen Selbstgenuß, von da zum Tierreich, mit welchem die Intelligenz und das Bewußtsein anbricht und nun von schwachen Anfängen stufenweise immer höher steigt und endlich durch den letzten und größten Schritt bis zum *Menschen* sich erhebt, in dessen Intellekt also die Natur den Gipfelpunkt und das Ziel ihrer Produktionen erreicht, also das Vollendetste und Schwierigste liefert, was sie hervorzubringen vermag. Selbst innerhalb der menschlichen Spezies aber stellt der Intellekt noch viele und merkliche Abstufungen dar und gelangt höchst selten zur obersten, der eigentlich hohen Intelligenz. Diese nun also ist im engern und strengern Sinne das schwierigste und höchste Produkt der Natur, mithin das Seltenste und Wertvollste, was die Welt aufzuweisen hat. In einer solchen Intelligenz tritt das klärste Bewußtsein ein und stellt demgemäß die Welt sich deutlicher und vollständiger als irgendwo dar. Der damit Ausgestattete besitzt demnach das Edelste und Köstlichste auf Erden und hat dementsprechend eine Quelle von Genüssen, gegen welche alle übrigen gering sind; so daß er von außen nichts weiter bedarf als nur die Muße, sich dieses Besitzes ungestört zu erfreuen und seinen Diamanten auszuschleifen. – Denn alle andern, also nicht intellektuellen Genüsse sind niedrigerer Art: sie laufen sämtlich auf Willensbewegungen hinaus, also auf Wünschen, Hoffen, Fürchten und Erreichen, gleichviel auf was es gerichtet sei, wobei es nie ohne Schmerzen abgehn kann und zudem mit dem Erreichen in der Regel mehr oder weniger Enttäuschung eintritt, statt daß bei den intellektuellen Genüssen die Wahrheit immer klärer wird. Im Reiche der Intelligenz waltet kein Schmerz, sondern alles ist Erkenntnis. Alle intellektuellen Genüsse sind nun aber jedem nur vermittelst und also nach Maßgabe seiner eigenen Intelligenz zugänglich: denn ›tout l'esprit, qui est au monde, est inutile à celui qui n'en a point‹ [aller Geist auf der Welt hilft dem nichts, der selbst keinen hat; Labruyère, ›Les caractères‹ im Kapitel ›De l'homme‹, édition Didot p. 255]. Ein wirklicher jenen Vorzug begleitender Nachteil aber ist, daß in der ganzen Natur mit dem Grad der Intelligenz die Fähigkeit zum Schmerze sich steigert, also ebenfalls erst hier ihre höchste Stufe erreicht.

Sache allein dadurch lebhafte Teilnahme abgewinnen, daß sie seinen *Willen* anregt, also ein persönliches Interesse für ihn hat. Nun ist aber jede anhaltende Erregung des *Willens* wenigstens gemischter Art, also mit Schmerz verknüpft. Ein absichtliches Erregungsmittel desselben, und zwar mittelst so kleiner Interessen, daß sie nur momentane und leichte, nicht bleibende und ernstliche Schmerzen verursachen können, sonach als ein bloßes Kitzeln des Willens zu betrachten sind, ist das Kartenspiel, diese durchgängige Beschäftigung der ›guten Gesellschaft‹ allerortenF. – Der Mensch von überwiegenden Geisteskräften hingegen ist der lebhaftesten Teilnahme auf dem Wege bloßer *Erkenntnis* ohne alle Einmischung des *Willens* fähig, ja bedürftig. Diese Teilnahme aber versetzt ihn alsdann in eine Region, welcher der Schmerz wesentlich fremd ist, gleichsam in die Atmosphäre der leicht lebenden Götter, ϑεῶν ῥεῖα ζωόντων[1]. Während demnach das Leben der übrigen in Dumpfheit dahingeht, indem ihr Dichten und Trachten gänzlich auf die kleinlichen Interessen der persönlichen Wohlfahrt und dadurch auf Miseren aller Art gerichtet ist, weshalb unerträgliche Langeweile sie befällt, sobald die Beschäftigung

---

F. Die *Vulgarität* besteht im Grunde darin, daß im Bewußtsein das Wollen das Erkennen gänzlich überwiegt, womit es den Grad erreicht, daß durchaus nur zum Dienste des Willens das Erkennen eintritt, folglich, wo dieser Dienst es nicht heischt, also eben keine Motive, weder große noch kleine, vorliegen, das Erkennen ganz zessiert, folglich völlige Gedankenleere eintritt. Nun ist aber erkenntnisloses Wollen das Gemeinste, was es gibt: jeder Klotz Holz hat es und zeigt es wenigstens, wenn er fällt. Daher macht jener Zustand die Vulgarität aus. In demselben bleiben bloß die Sinneswerkzeuge und die geringe zur Apprehension ihrer Data erforderte Verstandestätigkeit aktiv, infolge wovon der vulgare Mensch allen Eindrücken beständig offensteht, also alles, was um ihn herum vorgeht, augenblicklich wahrnimmt, so daß der leiseste Ton und jeder auch noch so geringfügige Umstand seine Aufmerksamkeit sogleich erregt, eben wie bei den Tieren. Dieser ganze Zustand wird in seinem Gesicht und ganzen Äußern sichtbar – woraus dann das vulgare Ansehn hervorgeht, dessen Eindruck um so widerlicher ist, wann wie meistens der hier das Bewußtsein allein erfüllende Wille ein niedriger, egoistischer und überhaupt schlechter ist.

1. [Nach Homer: ›Ilias‹ 6, 138]

mit jenen Zwecken stockt und sie auf sich selbst zurückgewiesen werden, indem nur das wilde Feuer der Leidenschaft einige Bewegung in die stockende Masse zu bringen vermag; so hat dagegen der mit überwiegenden Geisteskräften ausgestattete Mensch ein gedankenreiches, durchweg belebtes und bedeutsames Dasein: würdige und interessante Gegenstände beschäftigen ihn, sobald er sich ihnen überlassen darf, und in sich selbst trägt er eine Quelle der edelsten Genüsse. Anregung von außen geben ihm die Werke der Natur und der Anblick des menschlichen Treibens, sodann die so verschiedenartigen Leistungen der Hochbegabten aller Zeiten und Länder, als welche eigentlich nur ihm ganz genießbar, weil nur ihm ganz verständlich und fühlbar sind. Für ihn demnach haben jene wirklich gelebt, an ihn haben sie sich eigentlich gewendet; während die übrigen nur als zufällige Zuhörer eines und das andere halb auffassen. Freilich aber hat er durch dieses alles ein Bedürfnis mehr als die andern, das Bedürfnis, zu lernen, zu sehn, zu studieren, zu meditieren, zu üben, folglich auch das Bedürfnis freier Muße: aber eben weil, wie *Voltaire* [›Précis de l'ecclésiaste‹ v. 30] richtig bemerkt: ›Il n'est de vrais plaisirs, qu'avec de vrais besoins‹ [Es gibt keine wahren Genüsse ohne wahre Bedürfnisse], so ist dies Bedürfnis die Bedingung dazu, daß ihm Genüsse offenstehn, welche den andern versagt bleiben, als welchen Natur- und Kunstschönheiten und Geisteswerke jeder Art, selbst wenn sie solche um sich anhäufen, im Grunde doch nur das sind, was Hetären einem Greise. Ein so bevorzugter Mensch führt infolge davon neben seinem persönlichen Leben noch ein zweites, nämlich ein intellektuelles, welches ihm allmälig zum eigentlichen Zweck wird, zu welchem er jenes erstere nur noch als Mittel ansieht; während den übrigen dieses schale, leere und betrübte Dasein selbst als Zweck gelten muß. Jenes intellektuelle Leben wird daher ihn vorzugsweise beschäftigen, und es erhält durch den fortwährenden Zuwachs an Einsicht und Erkenntnis einen Zusammenhang, eine beständige Steigerung, eine sich mehr und mehr abrundende Ganzheit und Vollendung wie ein werdendes Kunstwerk; wogegen das bloß praktische, bloß auf persönliche Wohlfahrt gerichtete, bloß eines Zuwachses in der Länge, nicht in der Tiefe fähige Leben der andern traurig absticht, dennoch ihnen, wie gesagt, als Selbstzweck gelten muß, während es jenem bloßes Mittel ist.

Unser praktisches, reales Leben nämlich ist, wenn nicht die Leidenschaften es bewegen, langweilig und fade; wenn sie aber es bewegen, wird es bald schmerzlich: darum sind die allein beglückt, denen irgendein Überschuß des Intellekts über das zum Dienst ihres Willens erforderte Maß zuteil geworden. Denn damit führen sie neben ihrem wirklichen noch ein intellektuelles Leben, welches sie fortwährend auf eine *schmerzlose* Weise und doch lebhaft beschäftigt und unterhält. Bloße *Muße*, d.h. durch den Dienst des Willens *unbeschäftigter* Intellekt reicht dazu nicht aus; sondern ein wirklicher Überschuß der *Kraft* ist erfordert: denn nur dieser befähigt zu einer dem Willen nicht dienenden rein geistigen Beschäftigung: hingegen ›otium sine litteris mors est et hominis vivi sepultura‹ [ist Muße ohne geistige Beschäftigung der Tod und des lebenden Menschen Grab] (Seneca, ›Epistulae‹ 82). Je nachdem nun aber dieser Überschuß klein oder groß ist, gibt es unzählige Abstufungen jenes neben dem realen zu führenden intellektuellen Lebens, vom bloßen Insekten-, Vögel-, Mineralien-, Münzen-Sammeln und -beschreiben bis zu den höchsten Leistungen der Poesie und Philosophie. Ein solches intellektuelles Leben schützt aber nicht nur gegen die Langeweile, sondern auch gegen die verderblichen Folgen derselben. Es wird nämlich zur Schutzwehr gegen schlechte Gesellschaft und gegen die vielen Gefahren, Unglücksfälle, Verluste und Verschwendungen, in die man gerät, wenn man sein Glück ganz in der realen Welt sucht. So hat z.B. mir meine Philosophie nie etwas eingebracht; aber sie hat mir sehr viel erspart.

Der normale Mensch hingegen ist hinsichtlich des Genusses seines Lebens auf Dinge *außer ihm* gewiesen, auf den Besitz, den Rang, auf Weib und Kinder, Freunde, Gesellschaft usw., auf diese stützt sich sein Lebensglück: darum fällt es dahin, wenn er sie verliert oder er sich in ihnen getäuscht sah. Dies Verhältnis auszudrücken, können wir sagen, daß sein Schwerpunkt *außer ihm* fällt. Ebendeshalb hat er auch stets wechselnde Wünsche und Grillen: er wird, wenn seine Mittel es erlauben, bald Landhäuser, bald Pferde kaufen, bald Feste geben, bald Reisen machen, überhaupt aber großen Luxus treiben; weil er eben in Dingen aller Art ein Genüge *von außen* sucht – wie der Entkräftete aus Consommés[1] und Apothekerdrogen die Gesundheit und Stärke zu erlangen hofft, deren wahre Quelle die eigene Lebenskraft ist. Stellen wir nun, um nicht gleich zum andern Extrem überzugehn, neben ihn einen Mann von nicht gerade eminenten, aber doch das gewöhnliche knappe Maß überschreitenden Geisteskräften; so sehn wir diesen etwan irgendeine schöne Kunst als Dilettant üben oder aber eine Realwissenschaft wie Botanik, Mineralogie, Physik, Astronomie, Geschichte u. dgl. betreiben und alsbald einen großen Teil seines Genusses darin finden, sich daran erholend, wenn jene äußern Quellen stocken oder ihn nicht mehr befriedigen. Wir können insofern sagen, daß sein Schwerpunkt schon zum Teil *in ihn selbst* fällt. Weil jedoch bloßer Dilettantismus in der Kunst noch sehr weit von der hervorbringenden Fähigkeit liegt und weil bloße Realwissenschaften bei den Verhältnissen der Erscheinungen zu einander stehnbleiben; so kann der ganze Mensch nicht darin aufgehn, sein ganzes Wesen kann nicht bis auf den Grund von ihnen erfüllt werden und daher sein Dasein sich nicht mit ihnen so verweben, daß er am übrigen alles Interesse verlöre. Dies nun bleibt der höchsten geistigen Eminenz allein vorbehalten, die man mit dem Namen des Genies zu bezeichnen pflegt: denn nur sie nimmt das Dasein und Wesen der Dinge im ganzen und absolut zu ihrem Thema; wonach sie dann ihre tiefe Auffassung desselben gemäß ihrer individuellen Richtung durch Kunst, Poesie oder Philosophie auszusprechen streben wird. Daher ist allein einem Menschen dieser Art die ungestörte Beschäftigung mit sich, mit seinen Gedanken und Werken dringendes Bedürfnis, Einsamkeit willkommen, freie Muße das höchste Gut, alles übrige entbehrlich, ja, wenn vorhanden, oft nur zur Last. Nur von

1. [Kraftbrühen]

einem solchen Menschen können wir demnach sagen, daß sein Schwerpunkt *ganz in ihn* fällt. Hieraus wird sogar erklärlich, daß die höchst seltenen Leute dieser Art selbst beim besten Charakter doch nicht jene innige und grenzenlose Teilnahme an Freunden, Familie und Gemeinwesen zeigen, deren manche der andern fähig sind: denn sie können sich zuletzt über alles trösten, wenn sie nur sich selbst haben. Sonach liegt in ihnen ein isolierendes Element mehr, welches um so wirksamer ist, als die andern ihnen eigentlich nie vollkommen genügen, weshalb sie in ihnen nicht ganz und gar ihresgleichen sehn können, ja, da das Heterogene in allem und jedem ihnen stets fühlbar wird, allmälig sich gewöhnen, unter den Menschen als verschiedenartige Wesen umherzugehn und in ihren Gedanken über dieselben sich der dritten, nicht der ersten Person Pluralis zu bedienen. – Unsere moralischen Tugenden kommen hauptsächlich andern zugute; hingegen die intellektuellen zunächst uns selber: darum machen jene uns allgemein beliebt – diese verhaßt.

Von diesem Gesichtspunkt aus erscheint nun der, welchen die Natur in intellektueller Hinsicht sehr reich ausgestattet hat, als der Glücklichste; so gewiß das Subjektive uns näher liegt als das Objektive, dessen Wirkung, welcher Art sie auch sei, immer erst durch jenes vermittelt, also nur sekundär ist. Dies bezeugt auch der schöne Vers:

Πλοῦτος ὁ τῆς ψυχῆς πλοῦτος μόνος ἐστὶν ἀληθής,
Τἆλλα δ' ἔχει ἄτην πλείονα τῶν κτεάνων.
[Wahrer Reichtum ist nur der innere Reichtum der Seele,
Alles das übrige bringt Ungemach mehr als Gewinn.]
            Lukian [epigr. 12, p. 677]

Ein solcher innerlich Reicher bedarf von außen nichts weiter als eines negativen Geschenks, nämlich freier Muße, um seine geistigen Fähigkeiten ausbilden und entwickeln und seinen innern Reichtum genießen zu können, also eigentlich nur der Erlaubnis, sein ganzes Leben hindurch, jeden Tag und jede Stunde, ganz er selbst sein zu dürfen. Wenn einer bestimmt ist, die Spur seines Geistes dem ganzen Menschengeschlechte aufzudrücken; so gibt es für ihn nur *ein* Glück und Unglück, nämlich seine Anlagen vollkommen ausbilden und seine Werke vollenden zu können – oder aber hieran verhindert zu sein. Alles andere ist für ihn geringfügig. Demgemäß sehn wir die großen Geister aller Zeiten auf freie Muße den allerhöchsten Wert legen. Denn die freie Muße eines jeden ist so viel wert, wie er selbst wert ist. Δοκεῖ δὲ ἡ εὐδαιμονία ἐν τῇ σχολῇ εἶναι (Videtur beatitudo in otio esse sita) [Das Glück scheint in der Muße zu bestehen], sagt *Aristoteles* (›Ethica ad Nicomachum‹ 10, 7 [p. 1177 b 4]), und Diogenes Laertios (›De vitis, dogmatibus et apophthegmatibus philosophorum‹] 2,5,31 berichtet, daß Σωκράτης ἐπῄνει σχολὴν ὡς κάλλιστον κτημάτων (Socrates otium ut possessionum omnium pulcherrimam laudabat) [Sokrates die Muße als den schönsten Besitz pries]. Dem entspricht auch, daß Aristoteles (›Ethica ad Nicomachum‹ 10, 7 bis 9) das philosophische Leben für das glücklichste erklärt. Sogar gehört hieher, was er in der ›Politik‹ (4, 11 [p. 1995 a 36]) sagt: Τὸν εὐδαίμονα βίον εἶναι τὸν κατ' ἀρετὴν ἀνεμπόδιστον, welches, gründlich übersetzt, besagt: ›Seine Trefflichkeit, welcher Art sie auch sei, ungehindert üben zu können ist das eigentliche Glück‹ und also zusammentrifft mit *Goethes* Ausspruch im ›Wilhelm Meister‹ [1. Buch, 14]: ›Wer mit einem Talente, zu einem Talente geboren ist, findet in demselben sein schönstes Dasein.‹ – Nun aber ist freie Muße zu besitzen nicht nur dem gewöhnlichen Schicksal, sondern auch der gewöhnlichen Natur des Menschen fremd: denn seine natürliche Bestimmung ist, daß er seine Zeit mit Herbeischaffung des zu seiner und seiner Familie Existenz Notwendigen zubringe. Er ist ein Sohn der Not, nicht eine freie Intelligenz. Dementsprechend wird freie Muße dem gewöhnlichen Menschen bald zur Last, ja endlich zur Qual, wenn er sie nicht mittelst allerlei erkünstelter und fingierter Zwecke durch Spiel, Zeitvertreib und Steckenpferde jeder Gestalt auszufüllen vermag: auch bringt sie ihm aus demselben Grunde Gefahr, da es mit Recht heißt: ›Difficilis in otio quies.‹ [Gefährlich ist in der Muße die Ruhe.] Andrerseits jedoch ist ein über das normale Maß weit hinausgehender Intellekt ebenfalls abnorm, also unnatürlich. Ist er dennoch einmal vorhanden, so bedarf es für das Glück des damit Begabten eben jener den andern bald lästigen, bald verderblichen freien Muße; da er ohne diese ein Pegasus im Joche, mithin unglücklich sein wird. Treffen nun aber beide Unnatürlichkeiten, die äußere und die innere, zusammen, so ist es ein großer Glücksfall: denn jetzt wird der so Begünstigte ein Leben höherer Art führen, nämlich das eines Eximierten[1] von den beiden entgegengesetzten Quellen des menschlichen Leidens, der Not und der Langenweile oder dem sorglichen Treiben für die Existenz und der Unfähigkeit, die Muße (d.i. die freie Existenz selbst) zu ertragen, welchen beiden Übeln der Mensch sonst nur dadurch entgeht, daß sie selbst sich wechselseitig neutralisieren und aufheben.

Gegen dieses alles jedoch kommt andererseits in Betracht, daß die großen Geistesgaben infolge der überwiegenden Nerventätigkeit eine überaus gesteigerte Empfindlichkeit für den Schmerz in jeglicher Gestalt herbeiführen, daß ferner das sie bedingende leidenschaftliche Temperament und zugleich die von ihnen unzertrennliche größere Lebhaftigkeit und Vollkommenheit aller Vorstellungen eine ungleich größere Heftigkeit der durch diese erregten Affekte herbeiführt, während es doch überhaupt mehr peinliche als angenehme Affekte gibt; endlich auch, daß die großen Geistesgaben ihren Besitzer den übrigen Menschen und ihrem Treiben entfremden, da, je mehr er an sich selber hat, desto weniger er an ihnen finden kann und hundert Dinge, an welchen sie großes Genüge haben, ihm schal und ungenießbar sind; wodurch denn das überall sich geltend machende Gesetz der Kompensation vielleicht auch hier in Kraft bleibt; ist doch sogar oft genug und nicht ohne Schein behauptet worden, der geistig beschränkteste Mensch sei im Grunde der glücklichste; wenngleich keiner ihn um dieses Glück beneiden mag. In der definitiven Entscheidung der Sache will ich um so weniger dem Leser vorgreifen, als selbst *Sophokles* hierüber zwei einander diametral entgegengesetzte Aussprüche getan hat:

1. [eines von Lasten oder Pflichten Ausgenommen, Befreiten]

Πολλῷ τὸ φρονεῖν εὐδαιμονίας πρῶτον ὑπάρχει.
(Sapere longe prima felicitatis pars est.)
[Verständig zu sein ist der Hauptteil des Glücks.]
›Antigone‹ 1328

und wieder:

Ἐν τῷ φρονεῖν γὰρ μηδὲν ἥδιστος βίος.
(Nihil cogitantium iucundissima vita est.)
[Im Nichts-Verstehn besteht das angenehmste Leben.]
›Aiax‹ 550

Ebenso uneinig miteinander sind die Philosophen des Alten Testaments: ›Des Narren Leben ist ärger denn der Tod!‹ (Τοῦ γὰρ μώρου ὑπὲρ θανάτου ζωὴ πονηρά; Jesus Sirach 22,12) und: ›Wo viel Weisheit ist, da ist viel Grämens‹ (Ὁ προστιθεὶς γνῶσιν προσθήσει ἄλγημα; Koheleth 1, 18). Inzwischen will ich hier doch nicht unerwähnt lassen, daß der Mensch, welcher infolge des streng und knapp normalen Maßes seiner intellektuellen Kräfte *keine geistige[n] Bedürfnisse hat*, es eigentlich ist, den ein der deutschen Sprache ausschließlich eigener, vom Studentenleben ausgegangener, nachmals aber in einem höheren, wiewohl dem ursprünglichen durch den Gegensatz zum Musensohne immer noch analogen Sinne gebrauchter Ausdruck als den *Philister* bezeichnet. Dieser nämlich ist und bleibt der ἄμουσος ἀνήρ [amusische Mensch]. Nun würde ich zwar von einem höhern Standpunkt aus die Definition der Philister so aussprechen, daß sie Leute wären, die immerfort auf das ernstlichste beschäftigt sind mit einer Realität, die keine ist. Allein eine solche schon transzendentale Definition würde dem populären Standpunkt, auf welchen ich mich in dieser Abhandlung gestellt habe, nicht angemessen, daher auch vielleicht nicht durchaus jedem Leser faßlich sein. Jene erstere hingegen läßt leichter eine spezielle Erläuterung zu und bezeichnet hinreichend das Wesentliche der Sache, die Wurzel aller der Eigenschaften, die den *Philister* charakterisieren. Er ist demnach *ein Mensch ohne geistige Bedürfnisse*. Hieraus nun folgt gar mancherlei: erstlich *in Hinsicht auf ihn selbst*, daß er ohne geistige *Genüsse* bleibt; nach dem schon erwähnten Grundsatz: ›Il n'est de vrais plaisirs, qu'avec de vrais besoins‹ *[vgl. S. 404]*. Kein Drang nach Erkenntnis und Einsicht um ihrer selbst willen belebt sein Dasein, auch keiner nach eigentlich ästhetischen Genüssen, als welcher dem ersteren durchaus verwandt ist. Was dennoch von Genüssen solcher Art etwan Mode oder Auktorität ihm aufdringt, wird er als eine Art Zwangsarbeit möglichst kurz abtun. Wirkliche Genüsse für ihn sind allein die sinnlichen: durch diese hält er sich schadlos. Demnach sind Austern und Champagner der Höhepunkt seines Daseins, und sich alles, was zum leiblichen Wohlsein beiträgt, zu verschaffen ist der Zweck seines Lebens. Glücklich genug, wenn dieser ihm viel zu schaffen macht! Denn sind jene Güter ihm schon zum voraus oktroyiert, so fällt er unausbleiblich der Langenweile anheim; gegen welche dann alles Ersinnliche versucht wird: Ball, Theater, Gesellschaft, Kartenspiel, Hasardspiel, Pferde, Weiber, Trinken, Reisen usw. Und doch reicht dies alles gegen die Langeweile nicht aus, wo Mangel an geistigen Bedürfnissen die geistigen Genüsse unmöglich macht. Daher auch ist dem Philister ein dumpfer, trockener Ernst, der sich dem tierischen nähert, eigen und charakteristisch. Nichts freut ihn, nichts erregt ihn, nichts gewinnt ihm Anteil ab. Denn die sinnlichen Genüsse sind bald erschöpft; die Gesellschaft, aus ebensolchen Philistern bestehend, wird bald langweilig, das Kartenspiel zuletzt ermüdend. Allenfalls bleiben ihm noch die Genüsse der Eitelkeit nach seiner Weise, welche denn darin bestehn, daß er an Reichtum oder Rang oder Einfluß und Macht andere übertrifft, von welchen er dann deshalb geehrt wird; oder aber auch darin, daß er wenigstens mit solchen, die in dergleichen eminieren, Umgang hat und so sich im Reflex ihres Glanzes sonnt (a snob). – Aus der aufgestellten Grundeigenschaft des Philisters folgt *zweitens, in Hinsicht auf andere*, daß, da er keine geistige, sondern nur physische Bedürfnisse hat, er den suchen wird, der diese, nicht den, der jene zu befriedigen imstande ist. Am allerwenigsten wird daher unter den Anforderungen, die er an andere macht, die irgend überwiegender geistiger Fähigkeiten sein: vielmehr werden diese, wenn sie ihm aufstoßen, seinen Widerwillen, ja seinen Haß erregen; weil er dabei nur ein lästiges Gefühl von Inferiorität und dazu einen dumpfen, heimlichen Neid verspürt, den er aufs sorgfältigste versteckt, indem er ihn sogar sich selber zu verhehlen sucht, wodurch aber gerade solcher bisweilen bis zu einem stillen Ingrimm anwächst. Nimmermehr demnach wird es ihm einfallen, nach dergleichen Eigenschaften seine Wertschätzung oder Hochachtung abzumessen; sondern diese wird ausschließlich dem Range und Reichtum, der Macht und dem Einfluß vorbehalten bleiben, als welche in seinen Augen die allein wahren Vorzüge sind, in denen zu exzellieren auch sein Wunsch wäre. – Alles dieses aber folgt daraus, daß er ein Mensch *ohne geistige Bedürfnisse* ist.

Ein großes Leiden aller Philister ist, daß *Idealitäten* ihnen keine Unterhaltung gewähren, sondern sie, um der Langenweile zu entgehn, stets der *Realitäten* bedürfen. Diese nämlich sind teils bald erschöpft, wo sie, statt zu unterhalten, ermüden; teils führen sie Unheil jeder Art herbei; während hingegen die Idealitäten unerschöpflich und an sich unschuldig und unschädlich sind. –

Ich habe in dieser ganzen Betrachtung der persönlichen Eigenschaften, welche zu unserm Glücke beitragen, nächst den physischen hauptsächlich die intellektuellen berücksichtigt. Auf welche Weise nun aber auch die moralische Trefflichkeit unmittelbar beglückt, habe ich früher in meiner ›Preisschrift über das Fundament der Moral‹ § 22, S. 275 *[Bd. 3, S. 802]* dargelegt, wohin ich also von hier verweise.

Kapitel 3
Von dem, was einer hat

Richtig und schön hat der große Glückseligkeitslehrer *Epikuros* die menschlichen Bedürfnisse in drei Klassen geteilt. Erstlich die natürlichen und notwendigen: es sind die, welche, wenn nicht befriedigt, Schmerz verursachen. Folglich gehört hieher nur victus et amictus [Nahrung und Kleidung]. Sie sind leicht zu befriedigen. Zweitens die natürlichen, jedoch nicht notwendigen: es ist das Bedürfnis der Geschlechtsbefriedigung; wiewohl Epikur dies im Berichte des Laertios nicht ausspricht (wie ich denn überhaupt seine Lehre hier etwas zurechtgeschoben und ausgefeilt wiedergebe). Dieses Bedürfnis zu befriedigen hält schon schwerer. Drittens die weder natürlichen noch notwendigen: es sind die des Luxus, der Üppigkeit, des Prunkes und Glanzes; sie sind endlos, und ihre Befriedigung ist sehr schwer (siehe Diogenes Laertios lib. 10, cap. 27, § 149, auch § 127, und Cicero, ›De finibus‹ [bonorum et malorum] 1, cap. 14 und 16).

Die Grenze unserer vernünftigen Wünsche hinsichtlich des Besitzes zu bestimmen ist schwierig, wo nicht unmöglich. Denn die Zufriedenheit eines jeden in dieser Hinsicht beruht nicht auf einer absoluten, sondern auf einer bloß relativen Größe, nämlich auf dem Verhältnis zwischen seinen Ansprüchen und seinem Besitz: daher dieser letztere, für sich allein betrachtet, so bedeutungsleer ist wie der Zähler eines Bruchs ohne den Nenner. Die Güter, auf welche Anspruch zu machen einem Menschen nie in den Sinn gekommen ist, entbehrt er durchaus nicht, sondern ist auch ohne sie völlig zufrieden; während ein anderer, der hundertmal mehr besitzt als er, sich unglücklich fühlt, weil ihm eines abgeht, darauf er Anspruch macht. Jeder hat auch in dieser Hinsicht einen eigenen Horizont des für ihn möglicherweise Erreichbaren: so weit wie dieser gehn seine Ansprüche. Wann irgendein innerhalb desselben gelegenes Objekt sich ihm so darstellt, daß er auf dessen Erreichung vertrauen kann, fühlt er sich glücklich; hingegen unglücklich, wann eintretende Schwierigkeiten ihm die Aussicht darauf benehmen. Das außerhalb dieses Gesichtskreises Liegende wirkt gar nicht auf ihn. Daher beunruhigen den Armen die großen Besitztümer der Reichen nicht und tröstet andererseits den Reichen bei verfehlten Absichten das Viele nicht, was er schon besitzt. Der Reichtum gleicht dem Seewasser: je mehr man davon trinkt, desto durstiger wird man. – Dasselbe gilt vom Ruhm. – Daß nach verlorenem Reichtum oder Wohlstande, sobald der erste Schmerz überstanden ist, unsere habituelle Stimmung nicht sehr verschieden von der früheren ausfällt, kommt daher, daß, nachdem das Schicksal den Faktor unsers Besitzes verkleinert hat, wir selbst nun den Faktor unserer Ansprüche gleich sehr vermindern. Diese Operation aber ist das eigentlich Schmerzhafte bei einem Unglücksfall: nachdem sie vollzogen ist, wird der Schmerz immer weniger, zuletzt gar nicht mehr gefühlt: die Wunde vernarbt. Umgekehrt wird bei einem Glücksfall der Kompressor unserer Ansprüche hinaufgeschoben, und sie dehnen sich aus: hierin liegt die Freude. Aber auch sie dauert nicht länger, als bis diese Operation gänzlich vollzogen ist: wir gewöhnen uns an das erweiterte Maß der Ansprüche und werden gegen den demselben entsprechenden Besitz gleichgültig. Dies besagt schon die homerische Stelle (›Odyssee‹ 18, 130–137), welche schließt:

Τοῖος γὰρ νόος ἐστὶν ἐπιχθονίων ἀνθρώπων,
Οἷον ἐπ᾽ ἦμαρ ἄγῃσι πατὴρ ἀνδρῶν τε θεῶν τε.
[Denn so ist die Gesinnung der Erde bewohnenden
Menschen
Wie der Tag, den schenkte der Vater der Götter und
Menschen.]

Die Quelle unserer Unzufriedenheit liegt in unsern stets erneuerten Versuchen, den Faktor der Ansprüche in die Höhe zu schieben, bei der Unbeweglichkeit des andern Faktors, die es verhindert. –

Unter einem so bedürftigen und aus Bedürfnissen bestehenden Geschlecht wie das menschliche ist es nicht zu verwundern, daß *Reichtum* mehr und aufrichtiger als alles andere geachtet, ja verehrt wird und selbst die Macht nur als Mittel zum Reichtum; wie auch nicht, daß zum Zwecke des Erwerbs alles andere beiseite geschoben oder über den Haufen geworfen wird, z.B. die Philosophie von den Philosophie-Professoren.

Daß die Wünsche der Menschen hauptsächlich auf Geld gerichtet sind und sie dieses über alles lieben, wird ihnen oft zum Vorwurf gemacht. Jedoch ist es natürlich, wohl gar unvermeidlich, das zu lieben, was als ein unermüdlicher

Proteus jeden Augenblick bereit ist, sich in den jedesmaligen Gegenstand unserer so wandelbaren Wünsche und mannigfaltigen Bedürfnisse zu verwandeln. Jedes andere Gut nämlich kann nur *einem* Wunsch, *einem* Bedürfnis genügen: Speisen sind bloß gut für den Hungrigen, Wein für den Gesunden, Arznei für den Kranken, ein Pelz für den Winter, Weiber für die Jugend usw. Sie sind folglich alle nur ἀγαθά πρός τι [Güter für einen bestimmten Zweck], d. h. nur relativ gut. Geld allein ist das absolut Gute: weil es nicht bloß *einem* Bedürfnis in concreto begegnet, sondern *dem* Bedürfnis überhaupt, in abstracto. –

Vorhandenes Vermögen soll man betrachten als eine Schutzmauer gegen die vielen möglichen Übel und Unfälle; nicht als eine Erlaubnis oder gar Verpflichtung, die Pläsiers der Welt heranzuschaffen. Leute, die von Hause aus kein Vermögen haben, aber endlich in die Lage kommen, durch ihre Talente, welcher Art sie auch seien, viel zu verdienen, geraten fast immer in die Einbildung, ihr Talent sei das bleibende Kapital und der Gewinn dadurch die Zinsen. Demgemäß legen sie dann nicht das Erworbene teilweise zurück, um so ein bleibendes Kapital zusammenzubringen; sondern geben aus in dem Maße, wie sie verdienen. Danach aber werden sie meistens in Armut geraten; weil ihr Erwerb stockt oder aufhört, nachdem entweder das Talent selbst erschöpft ist, indem es vergänglicher Art war, wie z. B. das zu fast allen schönen Künsten, oder auch, weil es nur unter besondern Umständen und Konjunkturen geltend zu machen war, welche aufgehört haben. Handwerker mögen immerhin es auf die besagte Weise halten; weil die Fähigkeiten zu ihren Leistungen nicht leicht verlorengehn, auch durch die Kräfte der Gesellen ersetzt werden und weil ihre Fabrikate Gegenstände des Bedürfnisses sind, also allezeit Abgang finden; weshalb denn auch das Sprichwort: ›Ein Handwerk hat einen goldenen Boden‹ richtig ist. Aber nicht so steht es um die Künstler und virtuosi jeder Art. Eben deshalb werden diese teuer bezahlt. Daher aber soll, was sie erwerben, ihr Kapital werden; während sie vermessenerweise es für bloße Zinsen halten und dadurch ihrem Verderben entgegengehn. – Leute hingegen, welche ererbtes Vermögen besitzen, wissen wenigstens sogleich ganz richtig, was das Kapital und was die Zinsen sind. Die meisten werden daher jenes sicherzustellen suchen, keinesfalls es angreifen, ja womöglich wenigstens ein Achtel der Zinsen zurücklegen, künftigen Stockungen zu begegnen. Sie bleiben daher meistens im Wohlstande. – Auf Kaufleute ist diese ganze Bemerkung nicht anwendbar: denn ihnen ist das Geld selbst Mittel zum ferneren Erwerb, gleichsam Handwerksgerät; daher sie, auch wenn es ganz von ihnen selbst erworben ist, es sich durch Benutzung zu erhalten und zu vermehren suchen. Demgemäß ist in keinem Stande der Reichtum so eigentlich zu Hause wie in diesem.

Überhaupt aber wird man in der Regel finden, daß diejenigen, welche schon mit der eigentlichen Not und dem Mangel handgemein gewesen sind, diese ungleich weniger fürchten und daher zur Verschwendung geneigter sind, als die, welche solche nur vom Hörensagen kennen. Zu den ersteren gehören alle, die durch Glücksfälle irgendeiner Art oder durch besondere Talente, gleichviel welcher Gattung, ziemlich schnell aus der Armut in den Wohlstand gelangt sind: die andern hingegen sind die, welche im Wohlstande geboren und geblieben sind. Diese sind durchgängig mehr auf die Zukunft bedacht und daher ökonomischer als jene. Man könnte daraus schließen, daß die Not nicht eine so schlimme Sache wäre, wie sie, von weitem gesehn, scheint. Doch möchte der wahre Grund vielmehr dieser sein, daß dem, der in angestammtem Reichtume geboren ist, dieser als etwas Unentbehrliches erscheint, als das Element des einzig möglichen Lebens sogut wie die Luft; daher er ihn bewacht wie sein Leben, folglich meistens ordnungsliebend, vorsichtig und sparsam ist. Dem in angestammter Armut Geborenen hingegen erscheint diese als der natürliche Zustand, der ihm danach irgendwie zugefallene Reichtum aber als etwas Überflüssiges, bloß tauglich zum Genießen und Verprassen; indem man, wann er wieder fort ist, sich sogut wie vorher ohne ihn behilft und noch eine Sorge los ist. Da geht es denn wie Shakespeare sagt:

> ...the adage must be verified,
> That beggars mounted run their horse to death.

(Das Sprichwort muß bewährt werden, daß der zu Pferde gesetzte Bettler sein Tier zu Tode jagt.)
›Henry VI.‹ part 3, act 1

Dazu kommt denn freilich noch, daß solche Leute ein festes und übergroßes Zutrauen teils zum Schicksal, teils zu den eigenen Mitteln, die ihnen schon aus Not und Armut herausgeholfen haben, nicht sowohl im Kopf als im Herzen tragen und daher die Untiefen derselben nicht, wie es wohl den reich Geborenen begegnet, für bodenlos halten, sondern denken, daß man, auf den Boden stoßend, wieder in die Höhe gehoben wird. – Aus dieser menschlichen Eigentümlichkeit ist es auch zu erklären, daß Frauen, welche arme Mädchen waren, sehr oft anspruchsvoller und verschwenderischer sind als die, welche eine reiche Aussteuer zubrachten; indem meistenteils die reichen Mädchen nicht bloß Vermögen mitbringen, sondern auch mehr Eifer, ja angeerbten Trieb zur Erhaltung desselben als arme. Wer inzwischen das Gegenteil behaupten will, findet eine Auktorität für sich am Ariosto in dessen erster Satire. Hingegen stimmt Dr. Johnson meiner Meinung bei: ›A woman of fortune being used to the handling of money, spends it judiciously: but a woman who gets the command of money for the first time upon her marriage, has such a gust in spending it, that she throws it away with great profusion.‹ [Eine begüterte Frau, gewohnt mit Geld umzugehen, verwendet es verständig; aber eine Frau, die nach ihrer Heirat zum erstenmal über Geld verfügt, hat ein solches Vergnügen daran, es auszugeben, daß sie es mit großer Verschwendung vergeudet.] (Siehe Boswell, ›Life of Johnson‹ anno [1776] aetatis 67). Jedenfalls aber möchte ich dem, der ein armes Mädchen heiratet, raten, sie nicht das Kapital, sondern eine bloße Rente erben zu lassen, besonders aber dafür zu sorgen, daß das Vermögen der Kinder nicht in ihre Hände gerät.

Ich glaube keineswegs, etwas meiner Feder Unwürdiges zu tun, indem ich hier die Sorge für Erhaltung des erworbenen und des ererbten Vermögens anempfehle. Denn von Hause aus so viel zu besitzen, daß man, wäre es auch nur für seine Person und ohne Familie, in wahrer Unabhängigkeit, d. h. ohne zu arbeiten, bequem leben kann, ist ein unschätzbarer Vorzug: denn es ist die Exemtion und die Immunität von der dem menschlichen Leben anhängenden Bedürftigkeit und Plage, also die Emanzipation vom allgemeinen Frondienst, diesem naturgemäßen Lose des Erdensohns. Nur unter dieser Begünstigung des Schicksals ist man eigentlich sui iuris als ein wahrer Freier geboren: denn nur so ist man Herr seiner Zeit und seiner Kräfte und darf jeden Morgen sagen: ›Der Tag ist mein.‹ Auch ist ebendeshalb zwischen dem, der tausend, und dem, der hunderttausend Taler Renten hat, der Unterschied unendlich kleiner als zwischen ersterem und dem, der nichts hat. Seinen höchsten Wert aber erlangt das angeborene Vermögen, wenn es dem zugefallen ist, der, mit geistigen Kräften höherer Art ausgestattet, Bestrebungen verfolgt, die sich mit dem Erwerbe nicht wohl vertragen: denn alsdann ist er vom Schicksal doppelt dotiert und kann jetzt seinem Genius leben; der Menschheit aber wird er seine Schuld dadurch hundertfach abtragen, daß er leistet, was kein anderer konnte, und etwas hervorbringt, das ihrer Gesamtheit zugute kommt, wohl auch gar ihr zur Ehre gereicht. Ein anderer nun wieder wird in so bevorzugter Lage sich durch philanthropische Bestrebungen um die Menschheit verdient machen. Wer hingegen nichts von dem allen auch nur einigermaßen oder versuchsweise leistet, ja nicht einmal durch gründliche Erlernung irgendeiner Wissenschaft sich wenigstens die Möglichkeit eröffnet, dieselbe zu fördern – ein solcher ist bei angeerbtem Vermögen ein bloßer Tagedieb und verächtlich. Auch wird er nicht glücklich sein: denn die Exemtion von der Not liefert ihn dem andern Pol des menschlichen Elends, der Langenweile, in die Hände, die ihn so martert, daß er viel glücklicher wäre, wenn die Not ihm Beschäftigung gegeben hätte. Eben diese Langeweile aber wird ihn leicht zu Extravaganzen verleiten, welche ihn um jenen Vorzug bringen, dessen er nicht würdig war. Wirklich befinden unzählige sich bloß deshalb in Mangel, weil, als sie Geld hatten, sie es ausgaben, um nur sich augenblickliche Linderung der sie drückenden Langenweile zu verschaffen.

Ganz anders nun aber verhält es sich, wenn der Zweck ist, es im Staatsdienste hoch zu bringen, wo demnach Gunst, Freunde, Verbindungen erworben werden müssen, um durch sie von Stufe zu Stufe Beförderung, vielleicht gar bis zu den höchsten Posten zu erlangen: hier nämlich ist es im Grunde wohl besser, ohne alles Vermögen in die Welt gestoßen zu sein. Besonders wird es dem, welcher nicht adelig, hingegen mit einigem Talent ausgestattet ist, zum wahren Vorteil und zur Empfehlung gereichen, wenn er ein ganz armer Teufel ist. Denn was jeder schon in der bloßen Unterhaltung, wieviel mehr im Dienste am meisten sucht und liebt, ist die Inferiorität des andern. Nun aber ist allein ein armer Teufel von seiner gänzlichen, tiefen, entschiedenen und allseitigen Inferiorität und seiner völligen Unbedeutsamkeit und Wertlosigkeit in dem Grade überzeugt und durchdrungen, wie es hier erfordert wird. Nur er demnach verbeugt sich oft und anhaltend genug, und nur seine Bücklinge erreichen volle 90°; nur er läßt alles über sich ergehn und lächelt dazu; nur er erkennt die gänzliche Wertlosigkeit der Verdienste; nur er preist öffentlich mit lauter Stimme oder auch in großem Druck die literarischen Stümpereien der über ihn Gestellten oder sonst Einflußreichen als Meisterwerke; nur er versteht zu betteln: folglich kann nur er beizeiten, also in der Jugend, sogar ein Epopte[1] jener verborgenen Wahrheit werden, die Goethe uns enthüllt hat in den Worten:

> Übers Niederträchtige
> Niemand sich beklage:
> Denn es ist das Mächtige,
> Was man dir auch sage.
> ›West-östlicher Divan‹ [›Wanderers Gemütsruhe‹]

Hingegen der, welcher von Hause aus zu leben hat, wird sich meistens ungebärdig stellen: er ist gewohnt tête levée

1. [Eig. Schauender, ein in den Eleusinischen Geheimkult Eingeweihter]

[erhobenen Hauptes] zu gehn, hat alle jene Künste nicht gelernt, trotzt dazu vielleicht noch auf etwanige Talente, deren Unzulänglichkeit vielmehr dem médiocre et rampant [Mittelmäßigen und Kriechenden] gegenüber er begreifen sollte; er ist am Ende wohl gar imstande, die Inferiorität der über ihn Gestellten zu merken, und wenn es nun vollends zu den Indignitäten kommt, da wird er stätisch oder kopfscheu. Damit poussiert[1] man sich nicht in der Welt: vielmehr kann es mit ihm zuletzt dahin kommen, daß er mit dem frechen Voltaire sagt: ›Nous n'avons que deux jours à vivre; ce n'est pas la peine de les passer à ramper sous des coquins méprisables.‹ [Wir haben nur zwei Tage zu leben; es ist nicht der Mühe wert, sie damit hinzubringen, daß wir vor verächtlichen Schurken kriechen; ›Œuvres‹, édition Beuchot 26, p. 116.] – leider ist, beiläufig gesagt, dieses ›coquin méprisable‹ ein Prädikat, zu dem es in der Welt verteufelt viele Subjekte gibt. Man sieht also, daß das Juvenalische

> Haud facile emergunt, quorum virtutibus obstat
> Res angusta domi
> [Hochzukommen ist schwer, wo enge Lage im Hause
> Hemmt die Entfaltung der Kraft   Saturae 3, 164]

mehr von der Laufbahn der Virtuositäten als von der der Weltleute gültig ist. –

Zu dem, *was einer hat*, habe ich Frau und Kinder nicht gerechnet; da er von diesen vielmehr gehabt wird. Eher ließen sich Freunde dazu zählen: doch muß auch hier der Besitzende im gleichen Maße der Besitz des andern sein.

Kapitel 4
Von dem, was einer vorstellt

Dieses, also unser Dasein in der Meinung anderer wird infolge einer besondern Schwäche unserer Natur durchgängig viel zu hoch angeschlagen; obgleich schon die leichteste

---
1. [Im Sinne von: voranbringen]

Besinnung lehren könnte, daß es an sich selbst für unser Glück unwesentlich ist. Es ist demnach kaum erklärlich, wie sehr jeder Mensch sich innerlich freut, sooft er Zeichen der günstigen Meinung anderer merkt und seiner Eitelkeit irgendwie geschmeichelt wird. So unausbleiblich wie die Katze spinnt, wenn man sie streichelt, malt süße Wonne sich auf das Gesicht des Menschen, den man lobt, und zwar in dem Felde seiner Prätention, sei das Lob auch handgreiflich lügenhaft. Oft trösten ihn über reales Unglück oder über die Kargheit, mit der für ihn die beiden bis hieher abgehandelten Hauptquellen unsers Glückes fließen, die Zeichen des fremden Beifalls: und umgekehrt ist es zum Erstaunen, wie sehr jede Verletzung seines Ehrgeizes in irgendeinem Sinne, Grad oder Verhältnis, jede Geringschätzung, Zurücksetzung, Nichtachtung ihn unfehlbar kränkt und oft tief schmerzt. Sofern auf dieser Eigenschaft das Gefühl der Ehre beruht, mag sie für das Wohlverhalten vieler als Surrogat ihrer Moralität von ersprießlichen Folgen sein; aber auf das eigene *Glück* des Menschen, zunächst auf die diesem so wesentliche Gemütsruhe und Unabhängigkeit wirkt sie mehr störend und nachteilig als förderlich ein. Daher ist es von unserm Gesichtspunkt aus ratsam, ihr Schranken zu setzen und mittelst gehöriger Überlegung und richtiger Abschätzung des Wertes der Güter jene große Empfindlichkeit gegen die fremde Meinung möglichst zu mäßigen, sowohl da, wo ihr geschmeichelt wird, als da, wo ihr wehe geschieht: denn beides hängt am selben Faden. Außerdem bleibt man der Sklave fremder Meinung und fremden Bedünkens:

> Sic leve, sic parvum est, animum quod laudis avarum
> Subruit ac reficit.
> [So geringfügig ist, was niederdrückt und erhebet
> Den, der dürstet nach Lob.
>
> Horaz, ›Epistulae‹ 2, 1, 179f.]

Demnach wird eine richtige Abschätzung des Wertes dessen, was man in und *für sich* selbst ist, gegen das, was man bloß in den Augen *anderer* ist, zu unserm Glücke viel beitragen. Zum ersteren gehört die ganze Ausfüllung der Zeit unsers eigenen Daseins, der innere Gehalt desselben, mithin alle die Güter, welche unter den Titeln ›Was einer ist‹ und ›Was einer hat‹ von uns in Betrachtung genommen worden sind. Denn der Ort, in welchem alles dieses seine Wirkungssphäre hat, ist das eigene Bewußtsein. Hingegen ist der Ort dessen, was wir *für andere* sind, das fremde Bewußtsein: es ist die Vorstellung, unter welcher wir darin erscheinen, nebst den Begriffen, die auf diese angewandt werden[F]. Dies nun ist etwas, das unmittelbar gar nicht für uns vorhanden ist, sondern bloß mittelbar, nämlich sofern das Betragen der andern gegen uns dadurch bestimmt wird. Und auch dieses selbst kommt eigentlich nur in Betracht, sofern es Einfluß hat auf irgend etwas, wodurch das, was wir *in und für uns selbst* sind, modifiziert werden kann. Außerdem ist ja, was in einem fremden Bewußtsein vorgeht, als solches für uns gleichgültig, und auch wir werden allmälig gleichgültig dagegen werden, wenn wir von der Oberflächlichkeit und Futilität[1] der Gedanken, von der Beschränktheit der Begriffe, von der Kleinlichkeit der Gesinnung, von der Verkehrtheit der Meinungen und von der Anzahl der Irrtümer in den allermeisten Köpfen eine hinlängliche Kenntnis erlangen und dazu aus eigener Erfahrung lernen, mit welcher Geringschätzung gelegentlich von jedem geredet wird, sobald man ihn nicht zu fürchten hat oder glaubt, es komme ihm nicht zu Ohren; insbesondere aber, nachdem wir einmal angehört haben, wie vom größten Manne ein halbes Dutzend Schafsköpfe mit Wegwerfung spricht. Wir werden dann einsehn, daß, wer auf die Meinung der Menschen einen großen Wert leget, ihnen zuviel Ehre erzeiget.

Jedenfalls ist der auf eine kümmerliche Ressource hingewiesen, der sein Glück nicht in den beiden bereits abgehandelten Klassen von Gütern findet, sondern es in dieser drit-

---

F. Die höchsten Stände in ihrem Glanz, in ihrer Pracht und [ihrem] Prunk und [ihrer] Herrlichkeit und Repräsentation jeder Art können sagen: ›Unser Glück liegt ganz außerhalb unserer selbst: sein Ort sind die Köpfe anderer.‹

1. [Seichtigkeit]

ten suchen muß, also nicht in dem, was er wirklich, sondern in dem, was er in der fremden Vorstellung ist. Denn überhaupt ist die Basis unsers Wesens und folglich auch unsers Glücks unsere animalische Natur. Daher ist für unsere Wohlfahrt Gesundheit das wesentlichste, nächst dieser aber die Mittel zu unserer Erhaltung, also ein sorgenfreies Auskommen. Ehre, Glanz, Rang, Ruhm, soviel Wert auch mancher darauf legen mag, können mit jenen wesentlichen Gütern nicht kompetieren noch sie ersetzen: vielmehr würden sie erforderlichenfalls unbedenklich für jene hingegeben werden. Dieserwegen wird es zu unserm Glücke beitragen, wenn wir beizeiten die simple Einsicht erlangen, daß jeder zunächst und wirklich in seiner eigenen Haut lebt, nicht aber in der Meinung anderer und daß demnach unser realer und persönlicher Zustand, wie er durch Gesundheit, Temperament, Fähigkeiten, Einkommen, Weib, Kind, Freunde, Wohnort usw. bestimmt wird, für unser Glück hundertmal wichtiger ist, als was es andern beliebt, aus uns zu machen. Der entgegengesetzte Wahn macht unglücklich. Wird mit Emphase ausgerufen: ›Übers Leben geht noch die Ehre‹, so besagt dies eigentlich: ›Dasein und Wohlsein sind nichts; sondern was die andern von uns denken, das ist die Sache.‹ Allenfalls kann der Ausspruch als eine Hyperbel gelten, der die prosaische Wahrheit zum Grunde liegt, daß zu unserm Fortkommen und Bestehn unter Menschen die Ehre, d.h. die Meinung derselben von uns oft unumgänglich nötig ist; worauf ich weiterhin zurückkommen werde. Wenn man hingegen sieht, wie fast alles, wonach Menschen ihr Leben lang mit rastloser Anstrengung und unter tausend Gefahren und Mühseligkeiten unermüdlich streben, zum letzten Zwecke hat, sich dadurch in der Meinung anderer zu erhöhen, indem nämlich nicht nur Ämter, Titel und Orden, sondern auch Reichtum und selbst Wissenschaft[F] und Kunst im Grunde und hauptsächlich deshalb angestrebt werden und der größere Respekt anderer das letzte Ziel ist,

---

F. ›Scire tuum nihil est, nisi te scire hoc sciat alter.‹ [Wertlos ist, was du weißt, wenn nicht auch andere wissen, *daß* du es weißt; Persius, ›Saturae‹ 1, 27.]

darauf man hinarbeitet; so beweist dies leider nur die Größe der menschlichen Torheit. Viel zuviel Wert auf die Meinung anderer zu legen ist ein allgemein herrschender Irrwahn: mag er nun in unserer Natur selbst wurzeln oder infolge der Gesellschaft und Zivilisation entstanden sein; jedenfalls übt es auf unser gesamtes Tun und Lassen einen ganz übermäßigen und unserm Glücke feindlichen Einfluß aus, den wir verfolgen können von da an, wo er sich in der ängstlichen und sklavischen Rücksicht auf das ›Qu'en dira-t-on?‹ [Was wird man dazu sagen?] zeigt, bis dahin, wo er den Dolch des Virginius in das Herz seiner Tochter stößt oder den Menschen verleitet, für den Nachruhm Ruhe, Reichtum und Gesundheit, ja das Leben zu opfern. Dieser Wahn bietet allerdings dem, der die Menschen zu beherrschen oder sonst zu lenken hat, eine bequeme Handhabe dar; weshalb in jeder Art von Menschendressierungskunst die Weisung, das Ehrgefühl rege zu erhalten und zu schärfen, eine Hauptstelle einnimmt: aber in Hinsicht auf das eigene Glück des Menschen, welches hier unsere Absicht ist, verhält die Sache sich ganz anders, und ist vielmehr davon abzumahnen, daß man nicht zuviel Wert auf die Meinung anderer lege. Wenn es, wie die tägliche Erfahrung lehrt, dennoch geschieht, wenn die meisten Menschen gerade auf die Meinung anderer von ihnen den höchsten Wert legen und es ihnen darum mehr zu tun ist als um das, was, weil es in *ihrem eigenen Bewußtsein* vorgeht, unmittelbar für sie vorhanden ist; wenn demnach mittelst Umkehrung der natürlichen Ordnung ihnen jenes der reale, dieses der bloß ideale Teil ihres Daseins zu sein scheint, wenn sie also das Abgeleitete und Sekundäre zur Hauptsache machen und ihnen mehr das Bild ihres Wesens im Kopfe anderer als dieses Wesen selbst am Herzen liegt; so ist diese unmittelbare Wertschätzung dessen, was für uns unmittelbar gar nicht vorhanden ist, diejenige Torheit, welche man *Eitelkeit* (vanitas) genannt hat, um dadurch das Leere und Gehaltlose dieses Strebens zu bezeichnen. Auch ist aus dem Obigen leicht einzusehn, daß sie zum Vergessen des Zwecks über die Mittel gehört sogut wie der Geiz.

In der Tat überschreitet der Wert, den wir auf die Meinung anderer legen, und unsere beständige Sorge in betreff derselben in der Regel fast jede vernünftige Bezweckung, so daß sie als eine Art allgemein verbreiteter oder vielmehr angeborener Manie angesehn werden kann. Bei allem, was wir tun und lassen, wird fast vor allem andern die fremde Meinung berücksichtigt, und aus der Sorge um sie werden wir bei genauer Untersuchung fast die Hälfte aller Bekümmernisse und Ängste, die wir jemals empfunden haben, hervorgegangen sehn. Denn sie liegt allem unserm so oft gekränkten, weil so krankhaft empfindlichen Selbstgefühl, allen unsern Eitelkeiten und Prätentionen, wie auch unserm Prunken und Großtun zum Grunde. Ohne diese Sorge und Sucht würde der Luxus kaum ein Zehntel dessen sein, was er ist. Aller und jeder Stolz, point d'honneur und puntiglio [das Ehrgefühl], so verschiedener Gattung und Sphäre er auch sein kann, beruht auf ihr – und welche Opfer heischt sie da nicht oft! Sie zeigt sich schon im Kinde, sodann in jedem Lebensalter, jedoch am stärksten im späten; weil dann beim Versiegen der Fähigkeit zu sinnlichen Genüssen Eitelkeit und Hochmut nur noch mit dem Geize die Herrschaft zu teilen haben. Am deutlichsten läßt sie sich an den Franzosen beobachten, als bei welchen sie ganz endemisch[1] ist und sich oft in der abgeschmacktesten Ehrsucht, lächerlichsten Nationaleitelkeit und unverschämtesten Prahlerei Luft macht; wodurch dann ihr Streben sich selbst vereitelt, indem es sie zum Spotte der andern Nationen gemacht hat und die grande nation ein Neckname geworden ist. Um nun aber die in Rede stehende Verkehrtheit der überschwenglichen Sorge um die Meinung anderer noch speziell zu erläutern, mag hier ein durch den Lichteffekt des Zusammentreffens der Umstände mit dem angemessenen Charakter in seltenem Grade begünstigtes, recht superlatives Beispiel jener in der Menschennatur wurzelnden Torheit Platz finden, da an demselben die Stärke dieser höchst wunderlichen Triebfeder sich ganz ermessen läßt. Es ist folgende den ›Times‹ vom 31. März 1846 entnommene Stelle aus dem

1. [einheimisch]

ausführlichen Bericht von der soeben vollzogenen Hinrichtung des *Thomas Wix*, eines Handwerksgesellen, der aus Rache seinen Meister ermordet hatte: ›An dem zur Hinrichtung festgesetzten Morgen fand sich der hochwürdige Gefängniskaplan zeitig bei ihm ein. Allein *Wix*, obwohl sich ruhig betragend, zeigte keinen Anteil an seinen Ermahnungen: vielmehr war das einzige, was ihm am Herzen lag, daß es ihm gelingen möchte, vor den Zuschauern seines schmachvollen Endes sich mit recht großer Bravour zu benehmen... Dies ist ihm denn auch gelungen. Auf dem Hofraum, den er zu dem hart am Gefängnis errichteten Galgenschafott zu durchschreiten hatte, sagte er: ‚Wohlan denn, wie Doktor Dodd gesagt hat, bald werde ich das große Geheimnis wissen!' Er ging, obwohl mit gebundenen Armen, die Leiter zum Schafott ohne die geringste Beihülfe hinauf: daselbst angelangt, machte er gegen die Zuschauer, rechts und links, Verbeugungen, welche denn auch mit dem donnernden Beifallsruf der versammelten Menge beantwortet und belohnt wurden, usw.‹ – Dies ist ein Prachtexemplar der Ehrsucht, den Tod in schrecklichster Gestalt, nebst der Ewigkeit dahinter vor Augen, keine andere Sorge zu haben als die um den Eindruck auf den zusammengelaufenen Haufen der Gaffer und die Meinung, welche man in deren Köpfen zurücklassen wird! – Und doch war ebenso der im selben Jahr in Frankreich wegen versuchten Königsmordes hingerichtete *Lecomte* bei seinem Prozeß hauptsächlich darüber verdrießlich, daß er nicht in anständiger Kleidung vor der Pairskammer erscheinen konnte, und selbst bei seiner Hinrichtung war es ihm ein Hauptverdruß, daß man ihm nicht erlaubt hatte, sich vorher zu rasieren. Daß es auch ehemals nicht anders gewesen, ersehn wir aus dem, was *Mateo Aleman* in der seinem berühmten Romane ›Guzman de Alfarache‹ vorgesetzten Einleitung (declaracion) anführt, daß nämlich viele betörte Verbrecher die letzten Stunden, welche sie ausschließlich ihrem Seelenheile widmen sollten, diesem entziehn, um eine kleine Predigt, die sie auf der Galgenleiter halten wollen, auszuarbeiten und zu memorieren. – An solchen Zügen jedoch können wir selbst uns spiegeln: denn kolossale Fälle geben überall die deutlichste Erläuterung. Unser aller Sorgen, Kümmern, Wurmen, Ärgern, Ängstigen, Anstrengen usw. betrifft in vielleicht den meisten Fällen eigentlich die fremde Meinung und ist ebenso absurd wie das jener armen Sünder. Nicht weniger entspringt unser Neid und Haß größtenteils aus besagter Wurzel.

Offenbar nun könnte zu unserm Glücke, als welches allergrößtenteils auf Gemütsruhe und Zufriedenheit beruht, kaum irgend etwas so viel beitragen als die Einschränkung und Herabstimmung dieser Triebfeder auf ihr vernünftig zu rechtfertigendes Maß, welches vielleicht ein Fünfzigstel des gegenwärtigen sein wird, also das Herausziehn dieses immerfort peinigenden Stachels aus unserm Fleisch. Dies ist jedoch sehr schwer: denn wir haben es mit einer natürlichen und angeborenen Verkehrtheit zu tun. ›Etiam sapientibus cupido gloriae novissima exuitur‹ [Die Ruhmsucht wird auch von den Weisen zuallerletzt abgelegt], sagt Tacitus (›Historiae‹ 4, 6). Um jene allgemeine Torheit loszuwerden, wäre das alleinige Mittel, sie deutlich als eine solche zu erkennen und zu diesem Zwecke sich klarzumachen, wie ganz falsch, verkehrt, irrig und absurd die meisten Meinungen in den Köpfen der Menschen zu sein pflegen, daher sie an sich selbst keiner Beachtung wert sind; sodann, wie wenig realen Einfluß auf uns die Meinung anderer in den meisten Dingen und Fällen haben kann; ferner, wie ungünstig überhaupt sie meistenteils ist, so daß fast jeder sich krank ärgern würde, wenn er vernähme, was alles von ihm gesagt und in welchem Tone von ihm geredet wird; endlich, daß sogar die Ehre selbst doch eigentlich nur von mittelbarem und nicht von unmittelbarem Werte ist u. dgl. mehr. Wenn eine solche Bekehrung von der allgemeinen Torheit uns gelänge, so würde die Folge ein unglaublich großer Zuwachs an Gemütsruhe und Heiterkeit und ebenfalls ein festeres und sichereres Auftreten, ein durchweg unbefangeneres und natürlicheres Betragen sein. Der so überaus wohltätige Einfluß, den eine zurückgezogene Lebensweise auf unsere Gemütsruhe hat, beruht größtenteils darauf, daß eine solche uns dem fortwährenden Leben vor den Augen anderer, folglich der steten Berücksichtigung ihrer etwanigen Meinung entzieht und dadurch uns uns selber zurückgibt. Imgleichen würden wir sehr vielem realem Unglück entgehn, in welches nur jenes rein ideale Streben, richtiger: jene heillose Torheit uns zieht, würden auch viel mehr Sorgfalt für solide Güter übrigbehalten und dann auch diese ungestörter genießen. Aber, wie gesagt, χαλεπὰ τὰ καλά[1] [das Edle ist schwer].

Die hier geschilderte Torheit unserer Natur treibt hauptsächlich drei Sprößlinge: Ehrgeiz, Eitelkeit und Stolz. Zwischen diesen zwei letzteren beruht der Unterschied darauf, daß der *Stolz* die bereits feststehende Überzeugung vom eigenen überwiegenden Werte in irgendeiner Hinsicht ist; *Eitelkeit* hingegen der Wunsch, in andern eine solche Überzeugung zu erwecken, meistens begleitet von der stillen Hoffnung, sie infolge davon auch selbst zu der seinigen machen zu können. Demnach ist Stolz die von *innen* ausgehende, folglich direkte Hochschätzung seiner selbst; hingegen Eitelkeit das Streben, solche von *außen* her, also indirekt zu erlangen. Dementsprechend macht die Eitelkeit gesprächig, der Stolz schweigsam. Aber der Eitele sollte wissen, daß die hohe Meinung andrer, nach der er trachtet, sehr viel leichter und sicherer durch anhaltendes Schweigen zu erlangen ist als durch Sprechen, auch wenn einer die schönsten Dinge zu sagen hätte. – Stolz ist nicht, wer will, sondern höchstens kann, wer will, Stolz affektieren, wird aber aus dieser wie aus jeder angenommenen Rolle bald herausfallen. Denn nur die feste innere, unerschütterliche Überzeugung von überwiegenden Vorzügen und besonderm Werte macht wirklich stolz. Diese Überzeugung mag nun irrig sein oder auch auf bloß äußerlichen und konventionellen Vorzügen beruhen – das schadet dem Stolze nicht, wenn sie nur wirklich und ernstlich vorhanden ist. Weil also der Stolz seine Wurzel in der *Überzeugung* hat, steht er wie alle Erkenntnis nicht in unserer *Willkür*. Sein schlimmster Feind, ich meine, sein größtes Hindernis ist die Eitelkeit, als welche um den Beifall anderer buhlt, um die eigene hohe Meinung

1. [Sprichwörtlich bei Platon: ›Res publica‹ 6, 11; p. 435 C, 497 D]

von sich erst darauf zu gründen, in welcher bereits ganz fest zu sein die Voraussetzung des Stolzes ist.

Sosehr nun auch durchgängig der Stolz getadelt und verschrien wird, so vermute ich doch, daß dies hauptsächlich von solchen ausgegangen ist, die nichts haben, darauf sie stolz sein könnten. Der Unverschämtheit und Dummdreistigkeit der meisten Menschen gegenüber tut jeder, der irgendwelche Vorzüge hat, ganz wohl, sie selbst im Auge zu behalten, um nicht sie gänzlich in Vergessenheit geraten zu lassen: denn wer, solche gutmütig ignorierend, mit jenen sich geirrt, als wäre er ganz ihresgleichen, den werden sie treuherzig sofort dafür halten. Am meisten aber möchte ich solches denen anempfehlen, deren Vorzüge von der höchsten Art, d. h. reale, und also rein persönliche sind, da diese nicht wie Orden und Titel jeden Augenblick durch sinnliche Einwirkung in Erinnerung gebracht werden: denn sonst werden sie oft genug das ›sus Minervam‹[1] exemplifiziert sehn. ›Scherze mit dem Sklaven, bald wird er dir den Hintern zeigen‹ – ist ein vortreffliches arabisches Sprichwort, und das Horazische: ›Sume superbiam, quaesitam meritis‹ [Eigne den Stolz dir an, den durch Verdienst du erwarbst; ›Carmina‹ 3, 30, 14] ist nicht zu verwerfen. Wohl aber ist die Tugend der Bescheidenheit eine erkleckliche Erfindung für die Lumpe; da ihr gemäß jeder von sich zu reden hat, als wäre auch er ein solcher, welches herrlich nivelliert, indem es dann so herauskommt, als gäbe es überhaupt nichts als Lumpe[2].

Die wohlfeilste Art des Stolzes hingegen ist der Nationalstolz. Denn er verrät in dem damit Behafteten den Mangel an *individuellen* Eigenschaften, auf die er stolz sein könnte, indem er sonst nicht zu dem greifen würde, was er mit so vielen Millionen teilt. Wer bedeutende persönliche Vorzüge besitzt, wird vielmehr die Fehler seiner eigenen Nation, da er sie beständig vor Augen hat, am deutlichsten erkennen. Aber jeder erbärmliche Tropf, der nichts in der Welt hat,

1. [Nach Cicero: ›Academicae quaestiones‹ 1, 5, 18 ›Das Schwein (belehrt) die Minerva.‹]
2. [Vgl. Goethe: ›Rechenschaft‹]

darauf er stolz sein könnte, ergreift das letzte Mittel, auf die Nation, der er gerade angehört, stolz zu sein: hieran erholt er sich und ist nun dankbarlich bereit, alle Fehler und Torheiten, die ihr eigen sind, πὺξ καὶ λάξ [mit Händen und Füßen] zu verteidigen. Daher wird man z. B. unter fünfzig Engländern kaum mehr als einen finden, welcher miteinstimmt, wenn man von der stupiden und degradierenden Bigotterie seiner Nation mit gebührender Verachtung spricht: der eine aber pflegt ein Mann von Kopf zu sein. – Die Deutschen sind frei von Nationalstolz und legen hiedurch einen Beweis der ihnen nachgerühmten Ehrlichkeit ab; vom Gegenteil aber die unter ihnen, welche einen solchen vorgeben und lächerlicherweise affektieren; wie dies zumeist die ›deutschen Brüder‹ und Demokraten tun, die dem Volke schmeicheln, um es zu verführen. Es heißt zwar, die Deutschen hätten das Pulver erfunden: ich kann jedoch dieser Meinung nicht beitreten. Und Lichtenberg [›Vermischte Schriften‹ 2, S. 122] frägt: ›Warum gibt sich nicht leicht jemand, der es nicht ist, für einen Deutschen aus, sondern gemeiniglich, wenn er sich für etwas ausgeben will, für einen Franzosen oder Engländer?‹ Übrigens überwiegt die Individualität bei weitem die Nationalität, und in einem gegebenen Menschen verdient jene tausendmal mehr Berücksichtigung als diese. Dem Nationalcharakter wird, da er von der Menge redet, nie viel Gutes ehrlicherweise nachzurühmen sein. Vielmehr erscheint nur die menschliche Beschränktheit, Verkehrtheit und Schlechtigkeit in jedem Lande in einer andern Form und diese nennt man den Nationalcharakter. Von *einem* derselben degoutiert loben wir den andern, bis es uns mit ihm ebenso ergangen ist. – Jede Nation spottet über die andere, und alle haben recht. –

Der Gegenstand dieses Kapitels, also was wir in der Welt *vorstellen*, d. h. in den Augen anderer sind, läßt sich nun, wie schon oben bemerkt, einteilen in *Ehre, Rang und Ruhm*.

Der *Rang*, so wichtig er in den Augen des großen Haufens und der Philister und so groß sein Nutzen im Getriebe der Staatsmaschine sein mag, läßt sich für unsern Zweck mit wenigen Worten abfertigen. Es ist ein konventioneller, d. h.

eigentlich ein simulierter Wert: seine Wirkung ist eine simulierte Hochachtung und das Ganze eine Komödie für den großen Haufen. – Orden sind Wechselbriefe, gezogen auf die öffentliche Meinung: ihr Wert beruht auf dem Kredit des Ausstellers. Inzwischen sind sie, auch ganz abgesehn von dem vielen Gelde, welches sie als Substitut pekuniärer Belohnungen dem Staat ersparen, eine ganz zweckmäßige Einrichtung; vorausgesetzt, daß ihre Verteilung mit Einsicht und Gerechtigkeit geschehe. Der große Haufe nämlich hat Augen und Ohren, aber nicht viel mehr, zumal blutwenig Urteilskraft und selbst wenig Gedächtnis. Manche Verdienste liegen ganz außerhalb der Sphäre seines Verständnisses, andere versteht und bejubelt er bei ihrem Eintritt, hat sie aber nachher bald vergessen. Da finde ich es ganz passend, durch Kreuz oder Stern der Menge jederzeit und überall zuzurufen: ›Der Mann ist nicht euresgleichen: er hat Verdienste!‹ Durch ungerechte oder urteilslose oder übermäßige Verteilung verlieren aber die Orden diesen Wert; daher ein Fürst mit ihrer Erteilung so vorsichtig sein sollte wie ein Kaufmann mit dem Unterschreiben der Wechsel. Die Inschrift ›Pour le mérite‹ auf einem Kreuze ist ein Pleonasmus: jeder Orden sollte pour le mérite [für das Verdienst] sein – ça va sans dire [ohne daß man es besonders sagen muß]. –

Viel schwerer und weitläuftiger als die des Ranges ist die Erörterung der *Ehre*. Zuvörderst hätten wir sie zu definieren. Wenn ich nun in dieser Absicht etwan sagte: die Ehre ist das äußere Gewissen und das Gewissen die innere Ehre – so könnte dies vielleicht manchem gefallen; würde jedoch mehr eine glänzende als eine deutliche und gründliche Erklärung sein. Daher sage ich: die Ehre ist objektiv die Meinung anderer von unserm Wert und subjektiv unsere Furcht vor dieser Meinung. In letzterer Eigenschaft hat sie oft eine sehr heilsame, wenn auch keineswegs rein moralische Wirkung – im Mann von Ehre.

Die Wurzel und der Ursprung des jedem nicht ganz verdorbenen Menschen einwohnenden Gefühls für Ehre und Schande, wie auch des hohen Wertes, welcher ersterer zuerkannt wird, liegt in folgendem. Der Mensch für sich allein vermag gar wenig und ist ein verlassener Robinson: nur in der Gemeinschaft mit den andern ist und vermag er viel. Dieses Verhältnisses wird er inne, sobald sein Bewußtsein sich irgend zu entwickeln anfängt, und alsbald entsteht in ihm das Bestreben, für ein taugliches Mitglied der menschlichen Gesellschaft zu gelten, also für eines, das fähig ist, ›pro parte virili‹ [als vollgültiger Mensch] mitzuwirken, und dadurch berechtigt, der Vorteile der menschlichen Gemeinschaft teilhaft zu werden. Ein solches nun ist er dadurch, daß er erstlich das leistet, was man von jedem überall, und sodann das, was man von ihm in der besondern Stelle, die er eingenommen hat, fordert und erwartet. Ebensobald aber erkennt er, daß es hiebei nicht darauf ankommt, daß er es in seiner eigenen, sondern daß er es in der Meinung der andern sei. Hieraus entspringt demnach sein eifriges Streben nach der günstigen *Meinung* anderer und der hohe Wert, den er auf diese legt: beides zeigt sich mit der Ursprünglichkeit eines angeborenen Gefühls, welches man Ehrgefühl und, nach Umständen, Gefühl der Scham (verecundia) nennt. Dieses ist es, was seine Wangen rötet, sobald er glaubt, plötzlich in der Meinung anderer verlieren zu müssen, selbst wo er sich unschuldig weiß; sogar da, wo der sich aufdeckende Mangel eine nur relative, nämlich willkürlich übernommene Verpflichtung betrifft: und andererseits stärkt nichts seinen Lebensmut mehr als die erlangte oder erneuerte Gewißheit von der günstigen Meinung anderer; weil sie ihm den Schutz und die Hülfe der vereinten Kräfte aller verspricht, welche eine unendlich größere Wehrmauer gegen die Übel des Lebens sind als seine eigenen.

Aus den verschiedenen Beziehungen, in denen der Mensch zu andern stehn kann und in Hinsicht auf welche sie Zutrauen zu ihm, also eine gewisse gute Meinung von ihm zu hegen haben, entstehn mehrere *Arten der Ehre*. Diese Beziehungen sind hauptsächlich das Mein und Dein, sodann die Leistungen der Anheischigen, endlich das Sexualverhältnis: ihnen entsprechen die bürgerliche Ehre, die Amtsehre und die Sexualehre, jede von welchen noch wieder Unterarten hat.

Die weiteste Sphäre hat die *bürgerliche Ehre*: sie besteht in der Voraussetzung, daß wir die Rechte eines jeden unbedingt achten und daher uns nie ungerechter oder gesetzlich unerlaubter Mittel zu unserm Vorteile bedienen werden. Sie ist die Bedingung zur Teilnahme an allem friedlichen Verkehr. Sie geht verloren durch eine einzige offenbar und stark dawiderlaufende Handlung, folglich auch durch jede Kriminalstrafe; wiewohl nur unter Voraussetzung der Gerechtigkeit derselben. Immer aber beruht die Ehre in ihrem letzten Grunde auf der Überzeugung von der Unveränderlichkeit des moralischen Charakters, vermöge welcher eine einzige schlechte Handlung die gleiche moralische Beschaffenheit aller folgenden, sobald ähnliche Umstände eintreten werden, verbürgt: dies bezeugt auch der englische Ausdruck ›character‹ für Ruf, Reputation, Ehre. Deshalb eben ist die verlorene Ehre nicht wiederherzustellen; es sei denn, daß der Verlust auf Täuschung wie Verleumdung oder falschem Schein beruht hätte. Demgemäß gibt es Gesetze gegen Verleumdung, Pasquil¹, auch Injurien: denn die Injurie, das bloße Schimpfen, ist eine summarische Verleumdung ohne Angabe der Gründe: dies ließe sich griechisch gut ausdrücken: Ἔστι ἡ λοιδορία διαβολὴ σύντομος [Die Schmähung ist eine summarische Verleumdung] – welches jedoch nirgends vorkommt. Freilich legt der, welcher schimpft, dadurch an den Tag, daß er nichts Wirkliches und Wahres gegen den andern vorzubringen hat; da er sonst dieses als die Prämissen geben und die Konklusion getrost den Hörern überlassen würde; statt dessen er die Konklusion gibt und die Prämissen schuldig bleibt: allein er verläßt sich auf die Präsumtion, daß dies nur beliebter Kürze halber geschehe. – Die bürgerliche Ehre hat zwar ihren Namen vom Bürgerstande; allein ihre Geltung erstreckt sich über alle Stände ohne Unterschied, sogar die allerhöchsten nicht ausgenommen: kein Mensch kann ihrer entraten, und ist es mit ihr eine gar ernsthafte Sache, die jeder sich hüten soll leichtzunehmen. Wer Treu und Glauben bricht, hat Treu und Glauben verloren, auf immer, was

1. [Schmäh-, Spottschrift]

er auch tun und wer er auch sein mag, und die bittern Früchte, welche dieser Verlust mit sich bringt, werden nicht ausbleiben.

Die *Ehre* hat in gewissem Sinne einen *negativen* Charakter, nämlich im Gegensatz des *Ruhmes*, der einen *positiven* Charakter hat. Denn die Ehre ist nicht die Meinung von besondern diesem Subjekt allein zukommenden Eigenschaften, sondern nur von den der Regel nach vorauszusetzenden, als welche auch ihm nicht abgehn sollen. Sie besagt daher nur, daß dies Subjekt keine Ausnahme mache; während der Ruhm besagt, daß es eine mache. Ruhm muß daher erst erworben werden: die Ehre hingegen braucht bloß nicht verlorenzugehn. Dementsprechend ist Ermangelung des Ruhmes Obskurität, ein Negatives; Ermangelung der Ehre ist Schande, ein Positives. – Diese Negativität darf aber nicht mit Passivität verwechselt werden: vielmehr hat die Ehre einen ganz aktiven Charakter. Sie geht nämlich allein von dem *Subjekt* derselben aus, beruht auf *seinem* Tun und Lassen, nicht aber auf dem, was andere tun und was ihm widerfährt: sie ist also τῶν ἐφ' ἡμῖν[1] [zu dem gehörig, was von uns abhängt]. Dies ist, wie wir bald sehn werden, ein Unterscheidungsmerkmal der wahren Ehre von der ritterlichen oder Afterehre. Bloß durch Verleumdung ist ein Angriff von außen auf die Ehre möglich: das einzige Gegenmittel ist Widerlegung derselben mit ihr angemessener Öffentlichkeit und Entlarvung des Verleumders.

Die Achtung vor dem Alter scheint darauf zu beruhen, daß die Ehre junger Leute zwar als Voraussetzung angenommen, aber noch nicht erprobt ist, daher eigentlich auf Kredit besteht. Bei den Älteren aber hat es sich im Laufe des Lebens ausweisen müssen, ob sie durch ihren Wandel ihre Ehre behaupten konnten. Denn weder die Jahre an sich, als welche auch Tiere, und einige in viel höherer Zahl erreichen, noch auch die Erfahrung als bloße nähere Kenntnis vom Laufe der Welt sind hinreichender Grund für die Achtung der Jüngeren gegen die Älteren, welche doch überall gefordert wird: die bloße Schwäche des höheren Alters würde mehr auf

1. [Terminus der Stoiker]

Schonung als auf Achtung Anspruch geben. Merkwürdig aber ist es, daß dem Menschen ein gewisser Respekt vor weißen Haaren angeboren und daher wirklich instinktiv ist. Runzeln, ein ungleich sichereres Kennzeichen des Alters, erregen diesen Respekt keineswegs: nie wird von ehrwürdigen Runzeln, aber stets vom ehrwürdigen weißen Haare geredet.

Der Wert der Ehre ist nur ein mittelbarer. Denn, wie bereits am Eingang dieses Kapitels auseinandergesetzt ist, die Meinung anderer von uns kann nur insofern Wert für uns haben, als sie ihr Handeln gegen uns bestimmt oder gelegentlich bestimmen kann. Dies ist jedoch der Fall, solange wir mit oder unter Menschen leben. Denn da wir im zivilisierten Zustande Sicherheit und Besitz nur der Gesellschaft verdanken, auch der andern bei allen Unternehmungen bedürfen und sie Zutrauen zu uns haben müssen, um sich mit uns einzulassen; so ist ihre Meinung von uns von hohem, wiewohl immer nur mittelbarem Werte für uns: einen unmittelbaren kann ich ihr nicht zuerkennen. In Übereinstimmung hiemit sagt auch *Cicero*: ›De bona autem fama Chrysippus quidem et Diogenes detracta utilitate ne digitum quidem eius causa porrigendum esse dicebant. Quibus ego vehementer assentior.‹ [Vom guten Ruf aber sagten Chrysippus und Diogenes, man solle, abgesehen vom Nutzen, ihm zuliebe auch nicht einen Finger rühren. Ich stimme ihnen durchaus zu.] (›De finibus bonorum et malorum‹ 3, 17,[57]). Imgleichen gibt eine weitläufige Auseinandersetzung dieser Wahrheit Helvétius in seinem Meisterwerke ›De l'esprit‹ (disc. 3, chap. 13), deren Resultat ist: ›Nous n'aimons pas l'estime pour l'estime, mais uniquement pour les avantages qu'elle procure.‹ [Wir lieben die Ehre nicht um der Ehre, sondern allein um des Vorteils willen, den sie bringt.] Da nun das Mittel nicht mehr wert sein kann als der Zweck, so ist der Paradespruch: ›Die Ehre geht über das Leben‹, wie gesagt, eine Hyperbel.

Soviel von der bürgerlichen Ehre. Die *Amtsehre* ist die allgemeine Meinung anderer, daß ein Mann, der ein Amt versieht, alle dazu erforderlichen Eigenschaften wirklich habe und auch in allen Fällen seine amtlichen Obliegenheiten pünktlich erfülle. Je wichtiger und größer der Wirkungskreis eines Mannes im Staate ist, also je höher und einflußreicher der Posten, auf dem er steht, desto größer muß die Meinung von den intellektuellen Fähigkeiten und moralischen Eigenschaften sein, die ihn dazu tauglich machen: mithin hat er einen um so höhern Grad von Ehre, deren Ausdruck seine Titel, Orden usw. sind, wie auch das sich unterordnende Betragen anderer gegen ihn. – Nach demselben Maßstabe bestimmt nun durchgängig der Stand den besondern Grad der Ehre, wiewohl dieser modifiziert wird durch die Fähigkeit der Menge, über die Wichtigkeit des Standes zu urteilen. Immer aber erkennt man dem, der besondere Obliegenheiten hat und erfüllt, mehr Ehre zu als dem gemeinen Bürger, dessen Ehre hauptsächlich auf negativen Eigenschaften beruht.

Die Amtsehre erfordert ferner, daß, wer ein Amt versieht, das Amt selbst seiner Kollegen und Nachfolger wegen im Respekt erhalte, eben durch jene pünktliche Erfüllung seiner Pflichten und auch dadurch, daß er Angriffe auf das Amt selbst und auf sich, sofern er es versieht, d. h. Äußerungen, daß er das Amt nicht pünktlich versehe oder daß das Amt selbst nicht zum allgemeinen Besten gereiche, nicht ungeahndet lasse, sondern durch die gesetzliche Strafe beweise, daß jene Angriffe ungerecht waren.

Unterordnungen sind die Amtsehre des Staatsdieners, des Arztes, des Advokaten, jedes öffentlichen Lehrers, ja jedes Graduierten, kurz: eines jeden, der durch öffentliche Erklärung für eine gewisse Leistung geistiger Art qualifiziert erklärt worden ist und sich eben deshalb dazu anheischig gemacht hat; also mit einem Wort: die Ehre aller öffentlich Anheischigen als solcher. Daher gehört auch hieher die wahre *Soldatenehre*: sie besteht darin, daß, wer sich zur Verteidigung des gemeinsamen Vaterlandes anheischig gemacht hat, die dazu nötigen Eigenschaften, also vor allem Mut, Tapferkeit und Kraft wirklich besitze und ernstlich bereit sei, sein Vaterland bis in den Tod zu verteidigen und überhaupt die Fahne, zu der er einmal geschworen, um nichts auf der Welt zu verlassen. – Ich habe hier die *Amtsehre* in einem weitern Sinne genommen als gewöhnlich, wo sie den dem Amt selbst gebührenden Respekt der Bürger bedeutet.

Die *Sexualehre* scheint mir einer näheren Betrachtung und Zurückführung ihrer Grundsätze auf die Wurzel derselben zu bedürfen, welche zugleich bestätigen wird, daß alle Ehre zuletzt auf Nützlichkeitsrücksichten beruht.

Die *Sexualehre* zerfällt ihrer Natur nach in Weiber- und Männer-Ehre und ist von beiden Seiten ein wohlverstandener esprit de corps [Gemeingeist]. Die erstere ist bei weitem die wichtigste von beiden, weil im weiblichen Leben das Sexualverhältnis die Hauptsache ist. – Die *weibliche Ehre* also ist die allgemeine Meinung von einem Mädchen, daß sie sich gar keinem Manne, und von einer Frau, daß sie sich nur dem ihr angetrauten hingegeben habe. Die Wichtigkeit dieser Meinung beruht auf folgendem. Das weibliche Geschlecht verlangt und erwartet vom männlichen alles, nämlich alles, was es wünscht und braucht: das männliche verlangt vom weiblichen zunächst und unmittelbar nur eines. Daher mußte die Einrichtung getroffen werden, daß das männliche Geschlecht vom weiblichen jenes eine nur erlangen kann gegen Übernahme der Sorge für alles und zudem für die aus der Verbindung entspringenden Kinder: auf dieser Einrichtung beruht die Wohlfahrt des ganzen weiblichen Geschlechts. Um sie durchzusetzen, muß notwendig das weibliche Geschlecht zusammenhalten und esprit de corps beweisen. Dann aber steht es als ein Ganzes und in geschlossener Reihe dem gesamten männlichen Geschlechte, welches durch das Übergewicht seiner Körper- und Geisteskräfte von Natur im Besitz aller irdischen Güter ist, als dem gemeinschaftlichen Feinde gegenüber, der besiegt und erobert werden muß, um mittelst seines Besitzes in den Besitz der irdischen Güter zu gelangen. Zu diesem Ende nun ist die Ehrenmaxime des ganzen weiblichen Geschlechts, daß dem männlichen jeder uneheliche Beischlaf durchaus versagt bleibe; damit jeder einzelne zur Ehe, als welche eine Art von Kapitulation ist, gezwungen und dadurch das ganze weibliche Geschlecht versorgt werde. Dieser Zweck kann aber nur vermittelst strenger Beobachtung der obigen Maxime vollkommen erreicht werden: daher wacht das ganze weibliche Geschlecht mit wahrem esprit de corps über die Aufrechthaltung derselben unter allen seinen Mitgliedern. Demgemäß wird jedes Mädchen, welches durch unehelichen Beischlaf einen Verrat gegen das ganze weibliche Geschlecht begangen hat, weil dessen Wohlfahrt durch das Allgemeinwerden dieser Handlungsweise untergraben werden würde, von demselben ausgestoßen und mit Schande belegt: es hat seine Ehre verloren. Kein Weib darf mehr mit ihm umgehn: es wird gleich einer Verpesteten gemieden. Das gleiche Schicksal trifft die Ehebrecherin; weil diese dem Manne die von ihm eingegangene Kapitulation nicht gehalten hat, durch solches Beispiel aber die Männer vom Eingehn derselben abgeschreckt werden; während auf ihr das Heil des ganzen weiblichen Geschlechts beruht. Aber noch überdies verliert die Ehebrecherin wegen der groben Wortbrüchigkeit und des Betruges in ihrer Tat mit der Sexualehre zugleich die bürgerliche. Daher sagt man wohl mit einem entschuldigenden Ausdruck: ›ein gefallenes Mädchen‹, aber nicht: ›eine gefallene Frau‹, und der Verführer kann jene durch die Ehe wieder ehrlich machen; nicht so der Ehebrecher diese, nachdem sie geschieden worden. – Wenn man nun infolge dieser klaren Einsicht einen zwar heilsamen, ja notwendigen, aber wohlberechneten und auf Interesse gestützten esprit de corps als die Grundlage des Prinzips der weiblichen Ehre erkennt; so wird man dieser zwar die größte Wichtigkeit für das weibliche Dasein und daher einen großen relativen, jedoch keinen absoluten über das Leben und seine Zwecke hinausliegenden und demnach mit diesem selbst zu erkaufenden Wert beilegen können. Demnach nun wird man den überspannten, zu tragischen Farcen ausartenden Taten der Lucretia und des Virginius keinen Beifall schenken können. Daher eben hat der Schluß der ›Emilia Galotti‹ etwas so Empörendes, daß man das Schauspielhaus in völliger Verstimmung verläßt. Hingegen kann man nicht umhin, der Sexualehre zum Trotz mit dem Klärchen des Egmont zu sympathisieren. Jenes Auf-die-Spitze-Treiben des weiblichen Ehrenprinzips gehört wie so manches zum Vergessen des Zwecks über die Mittel: denn der Sexualehre wird durch solche Überspannung ein absoluter Wert angedichtet; während sie noch mehr als alle andere Ehre einen bloß relativen hat; ja man möchte sagen: einen bloß konventionellen, wenn man aus dem Thomasius ›De concubinatu‹ ersieht, wie in fast allen Ländern und Zeiten bis zur Lutherischen Reformation das Konkubinat ein gesetzlich erlaubtes und anerkanntes Verhältnis gewesen ist, bei welchem die Konkubine ehrlich blieb; der Mylitta[1] zu Babylon (Herodot, [›Historiae‹] 1, 199) usw. gar nicht zu gedenken. Auch gibt es allerdings bürgerliche Verhältnisse, welche die äußere Form der Ehe unmöglich machen, besonders in katholischen Ländern, wo keine Scheidung stattfindet; überall aber für regierende Herren, als welche meiner Meinung nach viel moralischer handeln, wenn sie eine Mätresse halten, als wenn sie eine morganatische Ehe eingehn, deren Deszendenz beim etwanigen Aussterben der legitimen einst Ansprüche erheben könnte; weshalb, sei es auch noch so entfernt, durch solche Ehe die Möglichkeit eines Bürgerkrieges herbeigeführt wird. Überdies ist eine solche morganatische, d. h. eigentlich allen äußern Verhältnissen zum Trotz geschlossene Ehe im letzten Grunde eine den Weibern und den Pfaffen gemachte Konzession, zweien Klassen, denen man etwas einzuräumen sich möglichst hüten sollte. Ferner ist zu erwägen, daß jeder im Lande das Weib seiner Wahl ehelichen kann bis auf einen, dem dieses natürliche Recht benommen ist: dieser arme Mann ist der Fürst. Seine Hand gehört dem Lande und wird nach der Staatsräson, d. h. dem Wohl des Landes gemäß, vergeben. Nun aber ist er doch ein Mensch und will auch einmal dem Hange seines Herzens folgen. Daher ist es so ungerecht und undankbar, wie es spießbürgerlich ist, dem Fürsten das Halten einer Mätresse verwehren oder vorwerfen zu wollen – versteht sich, solange ihr kein Einfluß auf die Regierung gestattet wird. Auch ihrerseits ist eine solche

1. [Assyrischer Name der Aphrodite]

Mätresse hinsichtlich der Sexualehre gewissermaßen eine Ausnahmsperson, eine Eximierte von der allgemeinen Regel: denn sie hat sich bloß einem Manne ergeben, der sie und den sie liebt, aber nimmermehr heiraten konnte. – Überhaupt aber zeugen von dem nicht rein natürlichen Ursprunge des weiblichen Ehrenprinzips die vielen blutigen Opfer, welche demselben gebracht werden – im Kindermorde und Selbstmorde der Mütter. Allerdings begeht ein Mädchen, die sich ungesetzlich preisgibt, dadurch einen Treuebruch gegen ihr ganzes Geschlecht: jedoch ist diese Treue nur stillschweigend angenommen und nicht beschworen. Und da im gewöhnlichen Fall ihr eigener Vorteil am unmittelbarsten darunter leidet, so ist ihre Torheit dabei unendlich größer als ihre Schlechtigkeit.

Die Geschlechtsehre der Männer wird durch die der Weiber hervorgerufen, als der entgegengesetzte esprit de corps, welcher verlangt, daß jeder, der die dem Gegenpart so sehr günstige Kapitulation, die Ehe, eingegangen ist, jetzt darüber wache, daß sie ihm gehalten werde; damit nicht selbst dieses Paktum durch das Einreißen einer laxen Observanz desselben seine Festigkeit verliere und die Männer, indem sie alles hingeben, nicht einmal des einen versichert seien, was sie dafür erhandeln, des Alleinbesitzes des Weibes. Demgemäß fordert die Ehre des Mannes, daß er den Ehebruch seiner Frau ahnde und wenigstens durch Trennung von ihr strafe. Duldet er ihn wissentlich, so wird er von der Männergemeinschaft mit Schande belegt: jedoch ist diese lange nicht so durchgreifend wie die durch den Verlust der Geschlechtsehre das Weib treffende, vielmehr nur eine levioris notae macula [ein Flecken von geringerer Bedeutung]; weil beim Manne die Geschlechtsbeziehung eine untergeordnete ist, indem er in noch vielen andern und wichtigeren steht. Die zwei großen dramatischen Dichter der neuern Zeit haben jeder zweimal diese Männerehre zu ihrem Thema genommen: Shakespeare im ›Othello‹ und im ›Wintermärchen‹ und Calderon in ›El medico de su honra‹ (Der Arzt seiner Ehre) und ›A secreto agravio secreta venganza‹ (Für geheime Schmach geheime Rache).

Übrigens fordert diese Ehre nur die Bestrafung des Weibes, nicht die ihres Buhlen, welche bloß ein opus supererogationis [eine Leistung, die über die Forderung hinausgeht] ist; hiedurch bestätigt sich der angegebene Ursprung derselben aus dem esprit de corps der Männer. –

Die Ehre, wie ich sie bis hieher in ihren Gattungen und Grundsätzen betrachtet habe, findet sich bei allen Völkern und zu allen Zeiten als allgemein geltend; wenngleich der Weiberehre sich einige lokale und temporäre Modifikationen ihrer Grundsätze nachweisen lassen. Hingegen gibt es noch eine von jener allgemein und überall gültigen gänzlich verschiedene Gattung der Ehre, von welcher weder Griechen noch Römer einen Begriff hatten, sowenig wie Chinesen, Hindu und Mohammedaner bis auf den heutigen Tag irgend etwas von ihr wissen. Denn sie ist erst im Mittelalter entstanden und bloß im christlichen Europa einheimisch geworden, ja selbst hier nur unter einer äußerst kleinen Fraktion der Bevölkerung, nämlich unter den höhern Ständen der Gesellschaft und was ihnen nacheifert. Es ist die *ritterliche Ehre* oder das point d'honneur. Da ihre Grundsätze von denen der bis hieher erörterten Ehre gänzlich verschieden, sogar diesen zum Teil entgegengesetzt sind, indem jene erstere den *Ehrenmann*, diese hingegen den *Mann von Ehre* macht; so will ich ihre Prinzipien hier besonders aufstellen als einen Kodex oder Spiegel der ritterlichen Ehre.

1. Die Ehre besteht *nicht* in der Meinung anderer von unserm Wert, sondern ganz allein in den *Äußerungen* einer solchen Meinung; gleichviel, ob die geäußerte Meinung wirklich vorhanden sei oder nicht, geschweige, ob sie Grund habe. Demnach mögen andere infolge unsers Lebenswandels eine noch so schlechte Meinung von uns hegen, uns noch so sehr verachten; solange nur keiner sich untersteht, solches laut zu äußern, schadet es der Ehre durchaus nicht. Umgekehrt aber, wenn wir auch durch unsere Eigenschaften und Handlungen alle andern zwingen, uns sehr hoch zu achten (denn das hängt nicht von ihrer Willkür ab); so darf dennoch nur irgendeiner – und wäre es der Schlechteste

und Dümmste – seine Geringschätzung über uns aussprechen, und alsbald ist unsere Ehre verletzt, ja sie ist auf immer verloren, wenn sie nicht wiederhergestellt wird. – Ein überflüssiger Beleg dazu, daß es keineswegs auf die *Meinung* anderer, sondern allein auf die *Äußerung* einer solchen ankomme, ist der, daß Verunglimpfungen *zurückgenommen*, nötigenfalls abgebeten werden können, wodurch es dann ist, als wären sie nie geschehn: ob dabei die Meinung, aus der sie entsprungen, sich ebenfalls geändert habe und weshalb dies geschehn sein sollte, tut nichts zur Sache: nur die Äußerung wird annulliert, und dann ist alles gut. Hier ist es demnach nicht darauf abgesehn, Respekt zu verdienen, sondern ihn zu ertrotzen.

2. Die Ehre eines Mannes beruht nicht auf dem, was er *tut*, sondern auf dem, was er *leidet*, was ihm widerfährt. Wenn nach den Grundsätzen der zuerst erörterten allgemein geltenden Ehre diese allein abhängt von dem, was *er selbst* sagt oder tut; so hängt hingegen die ritterliche Ehre ab von dem, was irgendein anderer sagt oder tut. Sie liegt sonach in der Hand, ja hängt an der Zungenspitze eines jeden und kann, wenn dieser zugreift, jeden Augenblick auf immer verlorengehn, falls nicht der Betroffene durch einen bald zu erwähnenden Herstellungsprozeß sie wieder an sich reißt, welches jedoch nur mit Gefahr seines Lebens, seiner Gesundheit, seiner Freiheit, seines Eigentums und seiner Gemütsruhe geschehn kann. Diesem zufolge mag das Tun und Lassen eines Mannes das rechtschaffenste und edelste, sein Gemüt das reinste und sein Kopf der eminenteste sein; so kann dennoch seine Ehre jeden Augenblick verlorengehn, sobald es nämlich irgendeinem – der nur noch nicht diese Ehrengesetze verletzt hat, übrigens aber der nichtswürdigste Lump, das stupideste Weib, ein Tagedieb, Spieler, Schuldenmacher, kurz: ein Mensch, der nicht wert ist, daß jener ihn ansieht, sein kann – beliebt, ihn zu *schimpfen*. Sogar wird es meistenteils gerade ein Subjekt solcher Art sein, dem dies beliebt; weil eben, wie *Seneca* richtig bemerkt, ›ut quisque contemtissimus et ludibrio est, ita solutissimae linguae est‹ [je verächtlicher und lächerlicher einer ist, desto

loser seine Zunge ist] (›De constantia‹ 11); auch wird ein solcher gerade gegen einen, wie der zuerst Geschilderte, am leichtesten aufgereizt werden; weil die Gegensätze sich hassen und weil der Anblick überwiegender Vorzüge die stille Wut der Nichtswürdigkeit zu erzeugen pflegt; daher eben Goethe sagt:

> Was klagst du über Feinde?
> Sollten solche je werden Freunde,
> Denen das Wesen, wie du bist,
> Im stillen ein ewiger Vorwurf ist?
> ›West-östlicher Divan‹ [6, 14]

Man sieht, wie sehr viel gerade die Leute der zuletzt geschilderten Art dem Ehrenprinzip zu danken haben, da es sie mit denen nivelliert, welche ihnen sonst in jeder Beziehung unerreichbar wären. – Hat nun ein solcher geschimpft, d. h. dem andern eine schlechte Eigenschaft zugesprochen; so gilt dies vorderhand als ein objektiv wahres und gegründetes Urteil, ein rechtskräftiges Dekret, ja es bleibt für alle Zukunft wahr und gültig, wenn es nicht alsbald mit Blut ausgelöscht wird: d. h. der Geschimpfte bleibt (in den Augen aller ›Leute von Ehre‹) das, was der Schimpfer (und wäre dieser der letzte aller Erdensöhne) ihn genannt hat: denn er hat es (dies ist der terminus technicus) ›auf sich sitzen lassen‹. Demgemäß werden die ›Leute von Ehre‹ ihn jetzt durchaus verachten, ihn wie einen Verpesteten fliehen, z.B. sich laut und öffentlich weigern, in eine Gesellschaft zu gehn, wo er Zutritt hat usw. – Den Ursprung dieser weisen Grundansicht glaube ich mit Sicherheit darauf zurückführen zu können, daß (nach Carl Georg von Wächters ›Beiträge zur deutschen Geschichte, besonders des deutschen Strafrechts‹, 1845) im Mittelalter bis ins 15. Jahrhundert bei Kriminalprozessen nicht der Ankläger die Schuld, sondern der Angeklagte seine Unschuld zu beweisen hatte. Dies konnte geschehn durch einen Reinigungseid, zu welchem er jedoch noch der Eideshelfer (consacramentales) bedurfte, welche schworen, sie seien überzeugt, daß er keines Meineides fähig sei. Hatte er diese nicht oder ließ der Ankläger sie nicht gelten, so trat Gottesurteil ein, und dieses bestand gewöhnlich im Zweikampf. Denn der Angeklagte war jetzt ein ›Bescholtener‹ und hatte sich zu reinigen. Wir sehn hier den Ursprung des Begriffs des Bescholtenseins und des ganzen Hergangs der Dinge, wie er noch heute unter den ›Leuten von Ehre‹ stattfindet, nur mit Weglassung des Eides. Eben hier ergibt sich auch die Erklärung der obligaten hohen Indignation, mit welcher ›Leute von Ehre‹ den Vorwurf der Lüge empfangen und blutige Rache dafür fordern, welches bei der Alltäglichkeit der Lügen sehr seltsam erscheint, aber besonders in England zum tiefwurzelnden Aberglauben erwachsen ist. Wirklich müßte jeder, der den Vorwurf der Lüge mit dem Tode zu strafen droht, in seinem Leben nicht gelogen haben. Nämlich in jenen Kriminalprozessen des Mittelalters war die kürzere Form, daß der Angeklagte dem Ankläger erwiderte: ›Das lügst du‹, worauf dann sofort auf Gottesurteil erkannt wurde; daher also schreibt es sich, daß nach dem ritterlichen Ehrenkodex auf den Vorwurf der Lüge sogleich die Appellation an die Waffen erfolgen muß. – Soviel, was das Schimpfen betrifft. Nun aber gibt es sogar noch etwas Ärgeres als Schimpfen, etwas so Erschreckliches, daß ich wegen dessen bloßer Erwähnung in diesem Kodex der ritterlichen Ehre die ›Leute von Ehre‹ um Verzeihung zu bitten habe, da ich weiß, daß beim bloßen Gedanken daran ihnen die Haut schaudert und ihr Haar sich emporsträubt, indem es das ›summum malum‹, der Übel größtes auf der Welt und ärger als Tod und Verdammnis ist. Es kann nämlich, horribile dictu [schrecklich zu sagen], einer dem andern einen Klaps oder Schlag versetzen. Dies ist eine entsetzliche Begebenheit und führt einen so kompletten Ehrentod herbei, daß, wenn alle andern Verletzungen der Ehre schon durch Blutlassen zu heilen sind, diese zu ihrer gründlichen Heilung einen kompletten Totschlag erfordert.

3. Die Ehre hat mit dem, was der Mensch an und für sich sein mag, oder mit der Frage, ob seine moralische Beschaffenheit jemals sich ändern könne, und allen solchen Schulfuchsereien ganz und gar nichts zu tun; sondern wann sie verletzt oder vorderhand verloren ist, kann sie, wenn man

nur schleunig dazutut, recht bald und vollkommen wiederhergestellt werden durch ein einziges Universalmittel: das Duell. Ist jedoch der Verletzer nicht aus den Ständen, die sich zum Kodex der ritterlichen Ehre bekennen, oder hat derselbe diesem schon einmal zuwidergehandelt; so kann man, zumal wenn die Ehrenverletzung eine tätliche, aber auch, wenn sie eine bloß wörtliche gewesen sein sollte, eine sichere Operation vornehmen, indem man, wenn man bewaffnet ist, ihn auf der Stelle, allenfalls auch noch eine Stunde nachher niedersticht; wodurch dann die Ehre wieder heil ist. Außerdem aber oder wenn man aus Besorgnis vor daraus entstehenden Unannehmlichkeiten diesen Schritt vermeiden möchte oder wenn man bloß ungewiß ist, ob der Beleidiger sich den Gesetzen der ritterlichen Ehre unterwerfe oder nicht, hat man ein Palliativmittel an der ›Avantage‹. Diese besteht darin, daß, wenn er grob gewesen ist, man noch merklich gröber sei: geht dies mit Schimpfen nicht mehr an, so schlägt man drein, und zwar ist auch hier ein Klimax der Ehrenrettung: Ohrfeigen werden durch Stockschläge kuriert, diese durch Hetzpeitschenhiebe: selbst gegen letztere wird von einigen das Anspucken als probat empfohlen. Nur wenn man mit diesen Mitteln nicht mehr zur Zeit kommt, muß durchaus zu blutigen Operationen geschritten werden. Diese Palliativmethode hat ihren Grund eigentlich in der folgenden Maxime.

4. Wie Geschimpftwerden eine Schande, so ist Schimpfen eine Ehre. Z.B. auf der Seite meines Gegners sei Wahrheit, Recht und Vernunft – ich aber schimpfe; so müssen diese alle einpacken, und Recht und Ehre ist auf meiner Seite: er hingegen hat vorläufig seine Ehre verloren – bis er sie herstellt, nicht etwan durch Recht und Vernunft, sondern durch Schießen und Stechen. Demnach ist die Grobheit eine Eigenschaft, welche im Punkte der Ehre jede andere ersetzt oder überwiegt; der Gröbste hat allemal recht: Quid multa? [Warum (noch) vielerlei?] Welche Dummheit, Ungezogenheit, Schlechtigkeit einer auch begangen haben mag – durch eine Grobheit wird sie als solche ausgelöscht und sofort legitimiert. Zeigt etwan in einer Diskussion oder sonst im Ge-

spräch ein anderer richtigere Sachkenntnis, strengere Wahrheitsliebe, gesünderes Urteil, mehr Verstand als wir, oder überhaupt läßt er geistige Vorzüge blicken, die uns in Schatten stellen; so können wir alle dergleichen Überlegenheiten und unsere eigene durch sie aufgedeckte Dürftigkeit sogleich aufheben und nun umgekehrt selbst überlegen sein, indem wir beleidigend und grob werden. Denn eine Grobheit besiegt jedes Argument und eklipsiert[1] allen Geist: wenn daher nicht etwan der Gegner sich darauf einläßt und sie mit einer größeren erwidert, wodurch wir in den edlen Wettkampf der Avantage geraten; so bleiben wir Sieger, und die Ehre ist auf unserer Seite: Wahrheit, Kenntnis, Verstand, Geist, Witz müssen einpacken und sind aus dem Felde geschlagen von der göttlichen Grobheit. Daher werden ›Leute von Ehre‹, sobald jemand eine Meinung äußert, die von der ihrigen abweicht oder auch nur mehr Verstand zeigt, als sie ins Feld stellen können, sogleich Miene machen, jenes Kampfroß zu besteigen; und wenn etwan in einer Kontroverse es ihnen an einem Gegenargument fehlt, so suchen sie nach einer Grobheit, als welche ja denselben Dienst leistet und leichter zu finden ist: darauf gehn sie siegreich von dannen. Man sieht schon hier, wie sehr mit Recht dem Ehrenprinzip die Veredelung des Tones in der Gesellschaft nachgerühmt wird. – Diese Maxime beruht nun wieder auf der folgenden, welche die eigentliche Grundmaxime und die Seele des ganzen Kodex ist.

5. Der oberste Richterstuhl des Rechts, an den man in allen Differenzen von jedem andern, soweit es die Ehre betrifft, appellieren kann, ist der der physischen Gewalt, d. h. der Tierheit. Denn jede Grobheit ist eigentlich eine Appellation an die Tierheit, indem sie den Kampf der geistigen Kräfte oder des moralischen Rechts für inkompetent erklärt und an deren Stelle den Kampf der physischen Kräfte setzt, welcher bei der Spezies Mensch, die von *Franklin* ein ›toolmaking animal‹ (Werkzeuge verfertigendes Tier) definiert wird, mit den ihr demnach eigentümlichen Waffen im Duell vollzogen wird und eine unwiderrufliche Entscheidung

1. [verdunkelt]

herbeiführt. – Diese Grundmaxime wird bekanntlich mit *einem* Worte durch den Ausdruck *Faustrecht,* welcher dem Ausdruck *Aberwitz* analog und daher wie dieser ironisch ist, bezeichnet: demnach sollte ihm gemäß die ritterliche Ehre die Faust-Ehre heißen. –

6. Hatten wir weiter oben die bürgerliche Ehre sehr skrupulös gefunden im Punkte des Mein und Dein, der eingegangenen Verpflichtungen und des gegebenen Wortes; so zeigt hingegen der hier in Betrachtung genommene Kodex darin die nobelste Liberalität. Nämlich nur *ein* Wort darf nicht gebrochen werden, das Ehrenwort, d.h. das Wort, bei dem man gesagt hat: ›auf Ehre!‹ – woraus die Präsumtion entsteht, daß jedes andere Wort gebrochen werden darf. Sogar bei dem Bruch dieses Ehrenwortes läßt sich zur Not die Ehre noch retten durch das Universalmittel, das Duell, hier mit denjenigen, welche behaupten, wir hätten das Ehrenwort gegeben. – Ferner: nur *eine* Schuld gibt es, die unbedingt bezahlt werden muß – die Spielschuld, welche auch demgemäß den Namen ›Ehrenschuld‹ führt. Um alle übrigen Schulden mag man Juden und Christen prellen: das schadet der ritterlichen Ehre durchaus nicht[F]. –

F. Das wäre denn der Kodex. Und so seltsam und fratzenhaft nehmen sich, wenn auf deutliche Begriffe gebracht und klar ausgesprochen, jene Grundsätze aus, denen noch heutzutage im christlichen Europa in der Regel alle die huldigen, welche zur sogenannten guten Gesellschaft und zum sogenannten guten Ton gehören. Ja viele von denen, welchen diese Grundsätze von früher Jugend auf durch Rede und Beispiel eingeimpft sind, glauben fester daran als an irgendeinen Katechismus, hegen gegen dieselben die tiefste, ungeheuchelteste Ehrfurcht, sind jeden Augenblick ganz ernstlich bereit, ihnen Glück, Ruhe, Gesundheit und Leben zum Opfer zu bringen, halten dafür, daß jene Prinzipien ihre Wurzel in der Natur des Menschen haben, folglich angeboren seien, sonach a priori feststünden, über jeder Prüfung erhaben. Ihrem Herzen will ich dabei nicht zu nahetreten; aber ihrem Kopfe macht es wenig Ehre. Dieserhalb möchten keinem Stande diese Grundsätze weniger angemessen sein als dem, welcher bestimmt ist, die Intelligenz auf Erden zu repräsentieren, das Salz der Erde zu werden und der nun zu diesem großen Beruf sich vorbereiten soll, also der studierenden Jugend, welche in Deutschland leider mehr als irgendein anderer Stand diesen Grundsätzen huldigt. Statt nun dieser in Hellas und Latium erzogenen Jugend (wie einmal, als ich ihr noch angehörte, der schlechte Philosophaster Johann Gottlieb Fichte, den die

Daß nun dieser seltsame barbarische und lächerliche Kodex der Ehre nicht aus dem Wesen der menschlichen Natur oder einer gesunden Ansicht menschlicher Verhältnisse hervorgegangen sei, erkennt der Unbefangene auf den ersten Blick. Zudem aber wird es durch den äußerst beschränkten Bereich seiner Geltung bestätigt: dieser nämlich ist ausschließlich Europa, und zwar nur seit dem Mittelalter, und auch hier nur beim Adel, Militär und was diesen nacheifert. Denn weder Griechen noch Römer noch die hochgebildeten asiatischen Völker alter und neuer Zeit wissen irgend etwas von dieser Ehre und ihren Grundsätzen. Sie alle kennen keine andere Ehre als die zuerst analysierte. Bei ihnen allen gilt demnach der Mann für das, wofür sein Tun und Lassen ihn kundgibt, nicht aber für das, was irgendeiner losen Zunge beliebt, von ihm zu sagen. Bei ihnen allen kann, was einer sagt oder tut, wohl seine *eigene* Ehre vernichten, aber nie die eines andern. Ein Schlag ist bei ihnen allen eben nur ein Schlag, wie jedes Pferd und jeder Esel ihn gefährlicher versetzen kann: er wird nach Umständen zum Zorne reizen, auch wohl auf der Stelle gerächt werden: aber mit der Ehre hat er nichts zu tun, und keineswegs wird Buch gehalten

---

gelehrte Welt in Deutschland noch immer ganz ehrlich für einen Philosophen hält, in einer ›declamatio ex cathedra‹ tat) die Nachteile oder die Immoralität der Folgen besagter Grundsätze ans Herz zu legen, habe ich ihnen nur folgendes zu sagen: Ihr, deren Jugend die Sprache und Weisheit Hellas' und Latiums zur Pflegerin erhielt und auf deren jungen Geist man die Lichtstrahlen der Weisen und Edlen des schönen Altertums frühzeitig fallen zu lassen die unschätzbare Sorge getragen hat, ihr wollt damit anfangen, daß ihr diesen Kodex des Unverstandes und der Brutalität zur Richtschnur eures Wandels macht? – Seht ihn an, wie er hier, auf deutliche Begriffe gebracht, in seiner erbärmlichen Beschränktheit vor euch liegt, und laßt ihn den Prüfstein nicht eures Herzens, sondern eures Verstandes sein. Verwirft dieser ihn jetzt nicht – so ist euer Kopf nicht geeignet, in dem Felde zu arbeiten, wo eine energische Urteilskraft, welche die Bande des Vorurteils leicht zerreißt, ein richtig ansprechender Verstand, der Wahres und Falsches selbst dort, wo der Unterschied tief verborgen liegt und nicht wie hier mit Händen zu greifen ist, rein zu sondern vermag, die notwendigen Erfordernisse sind: in diesem Fall also, meine Guten, sucht auf eine andere ehrliche Weise durch die Welt zu kommen, werdet Soldaten oder lernet ein Handwerk, das hat einen goldenen Boden! –

über Schläge oder Schimpfwörter, nebst der dafür gewordenen oder aber einzufordern versäumten ›Satisfaktion‹. An Tapferkeit und Lebensverachtung stehn sie den Völkern des christlichen Europas nicht nach. Griechen und Römer waren doch wohl ganze Helden: aber sie wußten nichts vom point d'honneur. Der Zweikampf war bei ihnen nicht Sache der Edlen im Volke, sondern feiler Gladiatoren, preisgegebener Sklaven und verurteilter Verbrecher, welche, mit wilden Tieren abwechselnd, auf einander gehetzt wurden zur Belustigung des Volks. Bei Einführung des Christentums wurden die Gladiatorenspiele aufgehoben: an ihre Stelle aber ist in der christlichen Zeit unter Vermittelung des Gottesurteils das Duell getreten. Waren jene ein grausames Opfer, der allgemeinen Schaulust gebracht; so ist dieses ein grausames Opfer, dem allgemeinen Vorurteil gebracht; aber nicht wie jenes von Verbrechern, Sklaven und Gefangenen, sondern von Freien und Edeln.

Daß den Alten jenes Vorurteil völlig fremd war, bezeugen eine Menge uns aufbehaltener Züge. Als z.B. ein teutonischer Häuptling den *Marius* zum Zweikampf herausgefordert hatte, ließ dieser Held ihm antworten, ›wenn er seines Lebens überdrüssig wäre, möge er sich aufhängen‹, bot ihm jedoch einen ausgedienten Gladiator an, mit dem er sich herumschlagen könne (Freinshoferi ›Supplementa in Livii lib. 68‹ cap. 12). Im Plutarch (›Themistocles‹ 11 [§ 20]) lesen wir, daß der Flottenbefehlshaber Eurybiades, mit dem Themistokles streitend, den Stock aufgehoben habe, ihn zu schlagen; jedoch nicht, daß dieser darauf den Degen gezogen, vielmehr daß er gesagt habe: Πάταξον μὲν οὖν, ἄκουσον δέ – ›Schlage mich, aber höre mich!‹ Mit welchem Unwillen muß doch der Leser ›von Ehre‹ hiebei die Nachricht vermissen, daß das athenensische Offizierkorps sofort erklärt habe, unter so einem Themistokles nicht ferner dienen zu wollen! – Ganz richtig sagt demnach ein neuerer französischer Schriftsteller: ›Si quelqu'un s'avisait de dire que Démosthène fut un homme d'honneur, on sourirait de pitié; ... Cicéron n'était pas un homme d'honneur non plus.‹ [Wenn jemand sich einfallen ließe, zu behaupten, Demosthenes sei ein Mann von Ehre gewesen, so würde man nur mitleidig lächeln; ... Cicero war ebensowenig ein Mann von Ehre.] (›Soirées littéraires‹ par Charles Durand, Rouen 1828, vol. 2, p. 300). Ferner zeigt die Stelle im Platon (›De legibus‹ 9, die letzten sechs Seiten, imgleichen 11, p. 131 editio Bipontini) über die αἰκία, d.h. Mißhandlung, zur Genüge, daß die Alten von der Ansicht des ritterlichen Ehrenpunktes bei solchen Sachen keine Ahndung hatten. *Sokrates* ist infolge seiner häufigen Disputationen oft tätlich mißhandelt worden, welches er gelassen ertrug: als er einst einen Fußtritt erhielt, nahm er es geduldig hin und sagte dem, der sich hierüber wunderte: ›Würde ich denn, wenn mich ein Esel gestoßen hätte, ihn verklagen?‹ (Diogenes Laertios 2, 21). Als ein andermal jemand zu ihm sagte: ›Schimpft und schmäht dich denn jener nicht?‹ war seine Antwort: ›Nein: denn was er sagt, paßt nicht auf mich‹ (ibidem 36). – Stobaios (›Florilegium‹, [editio Gaisford] vol. 1, p. 327–330) hat eine lange Stelle des *Musonius* uns aufbewahrt, daraus zu ersehn, wie die Alten die Injurien betrachteten: sie kannten keine andere Genugtuung als die gerichtliche; und weise Männer verschmähten auch diese. Daß die Alten für eine erhaltene Ohrfeige keine andere Genugtuung kannten als eine gerichtliche, ist deutlich zu ersehn aus Platons ›Gorgias‹ (p. 86 editio Bipontini); woselbst auch (p. 133) die Meinung des Sokrates darüber steht. Dasselbe erhellt auch aus dem Berichte des Gellius ([›Noctes Atticae‹] 20, 1]) von einem gewissen Lucius Veratius, welcher den Mutwillen übte, den ihm auf der Straße begegnenden römischen Bürgern ohne Anlaß eine Ohrfeige zu versetzen, in welcher Absicht er, um allen Weitläuftigkeiten darüber vorzubeugen, sich von einem Sklaven mit einem Beutel Kupfermünzen begleiten ließ, der den also Überraschten sogleich das gesetzmäßige Schmerzensgeld von 25 As auszahlte. *Krates,* der berühmte Kyniker, hatte vom Musiker Nikodromos eine so starke Ohrfeige erhalten, daß ihm das Gesicht angeschwollen und blutrünstig geworden war: darauf befestigte er an seiner Stirn ein Brettchen mit der Inschrift Νικόδρομος ἐποίει (Nicodromus fecit) [Nikodromos hat es getan], wodurch große Schande auf den Flötenspieler fiel, der gegen einen Mann, den ganz Athen wie einen Hausgott verehrte (Apuleius, ›Florida‹, p. 126 editio Bipontini), eine solche Brutalität ausgeübt hatte (Diogenes Laertios 6, 89). – Vom *Diogenes* aus Sinope haben wir darüber, daß die betrunkenen Söhne der Athener ihn geprügelt hatten, einen Brief an den Melesippos, dem er bedeutet, das habe nichts auf sich (Nota Casauboni ad Diogenem Laertium 6, 33). – Seneca hat im Buche ›De constantia sapientis‹ vom Kapitel 10 an bis zum Ende die Beleidigung (contumelia) ausführlich in Betracht genommen, um darzulegen, daß der Weise sie nicht beachtet. Kapitel 14 sagt er: ›At sapiens colaphis percussus quid faciet? quod Cato, cum illi os percussum esset: non excanduit, non vindicavit iniuriam nec remisit quidem, sed factam negavit.‹ [›Aber was soll der Weise tun, wenn er mit Faustschlägen verprügelt wird?‹ – Was Cato tat, als man ihm ins Gesicht geschlagen hatte: er ereiferte sich nicht, rächte sich nicht für die Beleidigung, verzieh sie auch nicht, sondern erklärte, sie sei gar nicht erfolgt.]

›Ja‹, ruft ihr, ›das waren Weise!‹ – Ihr aber seid Narren? Einverstanden. –

Wir sehn also, daß den Alten das ganze ritterliche Ehrenprinzip durchaus unbekannt war, weil sie eben in allen Stükken der unbefangenen, natürlichen Ansicht der Dinge getreu blieben und daher solche sinistre und heillose Fratzen sich nicht einreden ließen. Deshalb konnten sie auch einen Schlag ins Gesicht für nichts anderes halten, als was er ist, eine kleine physische Beeinträchtigung; während er den Neuern eine Katastrophe und ein Thema zu Trauerspielen geworden ist, z.B. im ›Cid‹ des Corneille, auch in einem neueren deutschen bürgerlichen Trauerspiele, welches ›Die Macht der Verhältnisse‹ [von Ludwig Robert] heißt, aber ›Die Macht des Vorurteils‹ heißen sollte: wenn aber gar einmal in der Pariser Nationalversammlung eine Ohrfeige fällt, so hallt ganz Europa davon wider. Den Leuten ›von Ehre‹ nun aber, welche durch obige klassische Erinnerungen und angeführte Beispiele aus dem Altertume verstimmt sein müssen, empfehle ich als Gegengift, in *Diderots* Meisterwerke ›Jacques le fataliste‹ die Geschichte des Herrn *Desglands* zu lesen als ein auserlesenes Musterstück moderner ritterlicher Ehrenhaftigkeit, daran sie sich letzen und erbauen mögen.

Aus dem Angeführten erhellt zur Genüge, daß das ritterliche Ehrenprinzip keineswegs ein ursprüngliches, in der menschlichen Natur selbst gegründetes sein kann. Es ist also ein künstliches, und sein Ursprung ist nicht schwer zu finden. Es ist offenbar ein Kind jener Zeit, wo die Fäuste geübter waren als die Köpfe und die Pfaffen die Vernunft in Ketten hielten, also des belobten Mittelalters und seines Rittertums. Damals nämlich ließ man für sich den lieben Gott nicht nur sorgen, sondern auch urteilen. Demnach wurden schwierige Rechtsfälle durch Ordalien oder Gottesurteile entschieden: diese nun bestanden mit wenigen Ausnahmen in Zweikämpfen, keineswegs bloß unter Rittern, sondern auch unter Bürgern – wie dies ein artiges Beispiel in Shakespeares ›Heinrich VI.‹ (Teil 2, Akt 2, Szene 3) bezeugt. Auch konnte von jedem richterlichen Urteilsspruch immer noch an den Zweikampf als die höhere Instanz, nämlich das Urteil Gottes appelliert werden. Dadurch war nun eigentlich die physische Kraft und Gewandtheit, also die tierische Natur statt der Vernunft auf den Richterstuhl gesetzt, und über Recht oder Unrecht entschied nicht, was einer getan hatte, sondern was ihm widerfuhr – ganz nach dem noch heute geltenden ritterlichen Ehrenprinzip. Wer an diesem Ursprunge des Duellwesens noch zweifelt, lese das vortreffliche Buch von John G. Mellingen, ›The history of duelling‹ (1849). Ja noch heutzutage findet man unter den dem ritterlichen Ehrenprinzip nachlebenden Leuten, welche bekanntlich nicht gerade die unterrichtetsten und nachdenkendesten zu sein pflegen, einige, die den Erfolg des Duells wirklich für eine göttliche Entscheidung des ihm zum Grunde liegenden Streites halten; gewiß nach einer traditionell fortgeerbten Meinung.

Abgesehn von diesem Ursprunge des ritterlichen Ehrenprinzips ist seine Tendenz zunächst diese, daß man durch

Androhung physischer Gewalt die äußerlichen Bezeugungen derjenigen Achtung erzwingen will, welche wirklich zu erwerben man entweder für zu beschwerlich oder für überflüssig hält. Dies ist ungefähr so, wie wenn jemand, die Kugel des Thermometers mit der Hand erwärmend, am Steigen des Quecksilbers dartun wollte, daß sein Zimmer wohlgeheizt sei. Näher betrachtet, ist der Kern der Sache dieser: wie die bürgerliche Ehre, als welche den friedlichen Verkehr mit andern im Auge hat, in der Meinung dieser von uns besteht, daß wir vollkommenes *Zutrauen* verdienen, weil wir die Rechte eines jeden unbedingt achten; so besteht die ritterliche Ehre in der Meinung von uns, daß wir *zu fürchten* seien, weil wir unsere eigenen Rechte unbedingt zu verteidigen gesonnen sind. Der Grundsatz, daß es wesentlicher sei, gefürchtet zu werden als Zutrauen zu genießen, würde auch, weil auf die Gerechtigkeit der Menschen wenig zu bauen ist, so gar falsch nicht sein, wenn wir im Naturzustande lebten, wo jeder sich selbst zu schützen und seine Rechte unmittelbar zu verteidigen hat. Aber im Stande der Zivilisation, wo der Staat den Schutz unserer Person und unsers Eigentums übernommen hat, findet er keine Anwendung mehr und steht da wie die Burgen und Warten aus den Zeiten des Faustrechts, unnütz und verlassen zwischen wohlbebauten Feldern und belebten Landstraßen oder gar Eisenbahnen. Demgemäß hat denn auch die ihn festhaltende ritterliche Ehre sich auf solche Beeinträchtigungen der Person geworfen, welche der Staat nur leicht oder nach dem Prinzip: ›De minimis lex non curat‹[1] [Um Kleinigkeiten kümmert sich das Gesetz nicht] gar nicht bestraft, indem es unbedeutende Kränkungen und zum Teil bloße Neckereien sind. Sie aber hat in Hinsicht auf diese sich hinaufgeschroben zu einer der Natur, der Beschaffenheit und dem Lose des Menschen gänzlich unangemessenen Überschätzung des Wertes der eigenen Person[H], als welchen sie bis zu einer Art

---

1. [Vgl. den römischen Rechtsgrundsatz: ›Minima non curat praetor.‹]

H. Was heißt überhaupt: einen beleidigen? – Es heißt: ihn an der hohen Meinung, die er von sich selber hat, irremachen.

von Heiligkeit steigert und demnach die Strafe des Staates für kleine Kränkungen derselben durchaus unzulänglich findet, solche daher selbst zu strafen übernimmt, und zwar stets am Leibe und Leben des Beleidigers. Offenbar liegt hier der unmäßigste Hochmut und die empörendeste Hoffahrt zum Grunde, welche, ganz vergessend, was der Mensch eigentlich ist, eine unbedingte Unverletzlichkeit, wie auch Tadellosigkeit für ihn in Anspruch nehmen[F]. Allein jeder, der diese mit Gewalt durchzusetzen gesonnen ist und demzufolge die Maxime proklamiert: ›Wer mich schimpft oder gar mir einen Schlag gibt, soll des Todes sein‹ – verdient eigentlich schon darum aus dem Lande verwiesen zu werden. Da wird denn zur Beschönigung jenes vermessenen Übermutes allerhand vorgegeben. Von zwei unerschrockenen Leuten, heißt es, gebe keiner je nach, daher es vom leisesten Anstoß zu Schimpfreden, dann zu Prügeln und endlich zum Totschlag kommen würde; demnach sei es besser, anstandshalber die Mittelstufen zu überspringen und

---

F. Die ritterliche Ehre ist ein Kind des Hochmuts und der Narrheit. (Die ihr entgegengesetzte Wahrheit spricht am schärfsten ›El principe constante‹ [von Calderon] aus in den Worten: ›Esa es la herencia de Adan.‹ [Adams Erbteil ist die Not.]) Sehr auffallend ist es, daß dieser Superlativ alles Hochmuts sich allein und ausschließlich unter den Genossen derjenigen Religion findet, welche ihren Anhängern die äußerste Demut zur Pflicht macht; da weder frühere Zeiten noch andere Weltteile jenes Prinzip der ritterlichen Ehre kennen. Dennoch darf man dasselbe nicht der Religion zuschreiben, vielmehr dem Feudalwesen, bei welchem jeder Edele sich als einen kleinen Souverän, der keinen menschlichen Richter über sich erkannte, ansah und sich daher eine völlige Unverletzlichkeit und Heiligkeit der Person beilegen lernte, daher ihm jedes Attentat gegen dieselbe, also jeder Schlag und jedes Schimpfwort ein todeswürdiges Verbrechen schien. Demgemäß waren das Ehrenprinzip und die Duelle ursprünglich nur Sache des Adels und infolge davon in spätern Zeiten der Offiziere, denen sich nachher hin und wieder, wiewohl nie durchgängig die andern höhern Stände anschlossen, um nicht weniger zu gelten. Wenn auch die Duelle aus den Ordalien hervorgegangen sind, so sind diese doch nicht der Grund, sondern die Folge und Anwendung des Ehrenprinzips: wer keinen menschlichen Richter erkennt, appelliert an den göttlichen. Die Ordalien selbst aber sind nicht dem Christentum eigen, sondern finden sich auch im Hinduismus sehr stark, zwar meistens in älterer Zeit, doch Spuren davon auch noch jetzt. –

gleich an die Waffen zu gehn. Das speziellere Verfahren hiebei hat man dann in ein steifes, pedantisches System mit Gesetzen und Regeln gebracht, welches die ernsthafteste Posse von der Welt ist und als ein wahrer Ehrentempel der Narrheit dasteht. Nun aber ist der Grundsatz selbst falsch: bei Sachen von geringer Wichtigkeit (die von großer bleiben stets den Gerichten anheimgestellt) gibt von zwei unerschrockenen Leuten allerdings einer nach, nämlich der Klügste, und bloße Meinungen läßt man auf sich beruhen. Den Beweis hievon liefert das Volk oder vielmehr alle die zahlreichen Stände, welche sich nicht zum ritterlichen Ehrenprinzip bekennen, bei denen daher die Streitigkeiten ihren natürlichen Verlauf haben: unter diesen Ständen ist der Totschlag hundertmal seltener als bei der vielleicht nur ein Tausendstel der Gesamtheit betragenden Fraktion, welche jenem Prinzipe huldigt; und selbst eine Prügelei ist eine Seltenheit. – Sodann aber wird behauptet, der gute Ton und die feine Sitte der Gesellschaft hätten zum letzten Grundpfeiler jenes Ehrenprinzip mit seinen Duellen, als welche die Wehrmauer gegen die Ausbrüche der Roheit und Ungezogenheit wären. Allein in Athen, Korinth und Rom war ganz gewiß gute, und zwar sehr gute Gesellschaft, auch feine Sitte und guter Ton anzutreffen; ohne daß jener Popanz der ritterlichen Ehre dahintergesteckt hätte. Freilich aber führten daselbst auch nicht wie bei uns die Weiber den Vorsitz in der Gesellschaft, welches, wie es zunächst der Unterhaltung einen frivolen und läppischen Charakter erteilt und jedes gehaltvolle Gespräch verbannt, gewiß auch sehr dazu beiträgt, daß in unserer guten Gesellschaft der persönliche Mut den Rang vor jeder andern Eigenschaft behauptet; während er doch eigentlich eine sehr untergeordnete, eine bloße Unteroffizierstugend ist, ja eine, in welcher sogar Tiere uns übertreffen, weshalb man z.B. sagt: ›mutig wie ein Löwe‹. Sogar aber ist im Gegenteil obiger Behauptung das ritterliche Ehrenprinzip oft das sichere Asylum, wie im Großen der Unredlichkeit und Schlechtigkeit, so im Kleinen der Ungezogenheit, Rücksichtslosigkeit und Flegelei, indem eine Menge sehr lästiger Unarten stillschweigend geduldet werden, weil eben keiner Lust hat, an die Rüge derselben den Hals zu setzen. – Dem allen entsprechend sehn wir das Duell im höchsten Flor und mit blutdürstigem Ernst betrieben gerade bei der Nation, welche in politischen und finanziellen Angelegenheiten Mangel an wahrer Ehrenhaftigkeit bewiesen hat: wie es damit bei ihr im Privatverkehr stehe, kann man bei denen erfragen, die Erfahrung darin haben. Was aber gar ihre Urbanität und gesellschaftliche Bildung betrifft, so ist sie als negatives Muster berühmt.

Alle jene Vorgeben halten also nicht Stich. Mit mehr Recht kann urgiert werden, daß, wie schon ein angeknurrter Hund wieder knurrt, ein geschmeichelter wieder schmeichelt, es auch in der Natur des Menschen liege, jede feindliche Begegnung feindlich zu erwidern und durch Zeichen der Geringschätzung oder des Hasses erbittert und gereizt zu werden; daher schon Cicero sagt: ›Habet quendam aculeum contumelia, quem pati pudentes ac viri boni difficillime possunt‹ [Die Beschimpfung läßt einen Stachel zurück, den bescheidende und ehrenhafte Männer am schwersten ertragen können; ›In Verrem‹ 2, 3, 41, 95] – wie denn auch nirgends auf der Welt (einige fromme Sekten beiseite gesetzt) Schimpfreden oder gar Schläge gelassen hingenommen werden. Jedoch leitet die Natur keinenfalls zu etwas weiterem als zu einer der Sache angemessenen Vergeltung, nicht aber dazu, den Vorwurf der Lüge, der Dummheit oder der Feigheit mit dem Tode zu bestrafen, und der altdeutsche Grundsatz: ›Auf eine Maulschelle gehört ein Dolch‹ ist ein empörender ritterlicher Aberglaube. Jedenfalls ist die Erwiderung oder Vergeltung von Beleidigungen Sache des Zorns, aber keineswegs der Ehre und Pflicht, wozu das ritterliche Ehrenprinzip sie stempelt. Vielmehr ist ganz gewiß, daß jeder Vorwurf nur in dem Maße, als er trifft, verletzen kann; welches auch daran ersichtlich ist, daß die leiseste Andeutung, welche trifft, viel tiefer verwundet als die schwerste Anschuldigung, die gar keinen Grund hat. Wer daher wirklich sich bewußt ist, einen Vorwurf nicht zu verdienen, darf und wird ihn getrost verachten. Dagegen aber fordert das

Ehrenprinzip von ihm, daß er eine Empfindlichkeit zeige, die er gar nicht hat, und Beleidigungen, die ihn nicht verletzen, blutig räche. Der aber muß selbst eine schwache Meinung von seinem eigenen Werte haben, der sich beeilt, jeder denselben anfechtenden Äußerung den Daumen aufs Auge zu drücken, damit sie nicht laut werde. Demzufolge wird bei Injurien wahre Selbstschätzung wirkliche Gleichgültigkeit verleihen, und wo dies aus Mangel derselben nicht der Fall ist, werden Klugheit und Bildung anleiten, den Schein davon zu retten und den Zorn zu verbergen. Wenn man demnach nur erst den Aberglauben des ritterlichen Ehrenprinzips los wäre, so daß niemand mehr vermeinen dürfte, durch Schimpfen irgend etwas der Ehre eines andern nehmen oder der seinigen wiedergeben zu können, auch nicht mehr jedes Unrecht, jede Roheit oder Grobheit sogleich legitimiert werden könnte durch die Bereitwilligkeit, Satisfaktion zu geben, d.h. sich dafür zu schlagen; so würde bald die Einsicht allgemein werden, daß, wenn es ans Schmähen und Schimpfen geht, der in diesem Kampfe Besiegte der Sieger ist und daß, wie *Vincenzo Monti* sagt, die Injurien es machen wie die Kirchenprozessionen, welche stets dahin zurückkehren, von wo sie ausgegangen sind. Ferner würde es alsdann nicht mehr wie jetzt hinreichend sein, daß einer eine Grobheit zu Markte brächte, um recht zu behalten; mithin würden alsdann Einsicht und Verstand ganz anders zum Worte kommen als jetzt, wo sie immer erst zu berücksichtigen haben, ob sie nicht irgendwie den Meinungen der Beschränktheit und Dummheit, als welche schon ihr bloßes Auftreten alarmiert und erbittert hat, Anstoß geben und dadurch herbeiführen können, daß das Haupt, in welchem sie wohnen, gegen den flachen Schädel, in welchem jene hausen, aufs Würfelspiel gesetzt werden müsse. Sonach würde alsdann in der Gesellschaft die geistige Überlegenheit das ihr gebührende Primat erlangen, welches jetzt, wenn auch verdeckt, die physische Überlegenheit und die Husarencourage hat, und infolge hievon würden die vorzüglichsten Menschen doch schon *einen* Grund weniger haben als jetzt, sich von der Gesellschaft zurückzuziehn. Eine

Veränderung dieser Art würde dennoch den *wahren* guten Ton herbeiführen und der wirklich guten Gesellschaft den Weg bahnen, in der Form, wie sie ohne Zweifel in Athen, Korinth und Rom bestanden hat. Wer von dieser eine Probe zu sehn wünscht, dem empfehle ich, das ›Gastmahl‹ des Xenophon zu lesen.

Die letzte Verteidigung des ritterlichen Kodex wird aber ohne Zweifel lauten: ›Ei, da könnte ja, Gott sei bei uns! wohl gar einer dem andern einen Schlag versetzen!‹ – worauf ich kurz erwidern könnte, daß dies bei den $^{999}/_{1000}$ der Gesellschaft, die jenen Kodex nicht anerkennen, oft genug der Fall gewesen, ohne daß je einer daran gestorben sei, während bei den Anhängern desselben in der Regel jeder Schlag ein tödlicher wird. Aber ich will näher darauf eingehn. Ich habe mich oft genug bemüht, für die unter einem Teil der menschlichen Gesellschaft so fest stehende Überzeugung von der Entsetzlichkeit eines Schlages entweder in der tierischen oder in der vernünftigen Natur des Menschen irgendeinen haltbaren oder wenigstens plausibeln, nicht nur in bloßen Redensarten bestehenden, sondern auf deutliche Begriffe zurückführbaren Grund zu finden; jedoch vergeblich. Ein Schlag ist und bleibt ein kleines physisches Übel, welches jeder Mensch dem andern verursachen kann, dadurch aber weiter nichts beweist, als daß er stärker oder gewandter sei oder daß der andere nicht auf seiner Hut gewesen. Weiter ergibt die Analyse nichts. Sodann sehe ich denselben Ritter, welchem ein Schlag von Menschenhand der Übel größtes dünkt, einen zehnmal stärkern Schlag von seinem Pferde erhalten und, mit verbissenem Schmerz davonhinkend, versichern, es habe nichts zu bedeuten. Da habe ich gedacht, es läge an der Menschenhand. Allein ich sehe unsern Ritter von dieser Degenstiche und Säbelhiebe im Kampfe erhalten und versichern, es sei Kleinigkeit, nicht der Rede wert. Sodann vernehme ich, daß selbst Schläge mit der flachen Klinge bei weitem nicht so schlimm seien wie die mit dem Stocke, daher vor nicht langer Zeit die Kadetten wohl jenen, aber nicht diesen ausgesetzt waren: und nun gar der Ritterschlag mit der Klinge ist die größte Ehre. Da bin ich denn mit meinen psychologischen und moralischen Gründen zu Ende und mir bleibt nichts übrig, als die Sache für einen alten festgewurzelten Aberglauben zu halten, für ein Beispiel mehr zu so vielen, was alles man den Menschen einreden kann. Dies bestätigt auch die bekannte Tatsache, daß in China Schläge mit dem Bambusrohr eine sehr häufige bürgerliche Bestrafung, selbst für Beamte aller Klassen sind; indem sie uns zeigt, daß die Menschennatur, und selbst die hoch zivilisierte, dort nicht dasselbe aussagt[1]. Sogar aber lehrt ein unbefangener Blick auf die Natur des Menschen, daß diesem das Prügeln so natürlich ist wie den reißenden Tieren das Beißen und dem Hornvieh das Stoßen: er ist eben ein prügelndes Tier. Daher auch werden wir empört, wenn wir in seltenen Fällen vernehmen, daß ein Mensch den andern gebissen habe; hingegen ist, daß er Schläge gebe und empfange, ein so natürliches wie leicht eintretendes Ereignis. Daß höhere Bildung sich auch diesem durch gegenseitige Selbstbeherrschung gern entzieht, ist leicht erklärlich. Aber einer Nation oder auch nur einer Klasse aufzubinden, ein gegebener Schlag sei ein entsetzliches Unglück, welches Mord und Totschlag zur Folge haben müsse, ist eine Grausamkeit. Es gibt der wahren Übel zu viele auf der Welt, als daß man sich erlauben dürfte, sie durch imaginäre, welche die wahren herbeiziehn, zu vermehren: das tut aber jener dumme und boshafte Aberglaube. Ich muß daher sogar mißbilligen, daß Regierungen und gesetzgebende Körper demselben dadurch Vorschub leisten, daß sie mit Eifer auf Abstellung aller Prügelstrafen beim Zivil und Militär dringen. Sie glauben dabei im Interesse der Humanität zu handeln; während gerade das Gegenteil der Fall ist, indem sie dadurch an der Befestigung jenes widernatürlichen und heil-

---

1. ›Vingt ou trente coups de canne sur le derrière, c'est, pour ainsi dire, le pain quotidien des Chinois. C'est une correction paternelle du mandarin, laquelle n'a rien d'infamant, et qu'ils reçoivent avec action de grâces.‹ [Zwanzig oder dreißig Stockschläge auf das Gesäß sind sozusagen das tägliche Brot der Chinesen. Es ist eine väterliche Zurechtweisung des Mandarins, die nichts Schimpfliches an sich hat und die man mit Dank entgegennimmt.] (›Lettres édifiantes et curieuses‹, édition de 1819, vol. 11, p. 454).

losen Wahnes, dem schon so viele Opfer gefallen sind, arbeiten. Bei allen Vergehungen, mit Ausnahme der schwersten, sind Prügel die dem Menschen zuerst einfallende, daher die natürliche Bestrafung: wer für Gründe nicht empfänglich war, wird es für Prügel sein; und daß der, welcher am Eigentum, weil er keines hat, nicht gestraft werden kann und den man an der Freiheit, weil man seiner Dienste bedarf, nicht ohne eigenen Nachteil strafen kann, durch mäßige Prügel gestraft werde, ist so billig wie natürlich. Auch werden gar keine Gründe dagegen aufgebracht, sondern bloße Redensarten von der ›Würde des Menschen‹, die sich nicht auf deutliche Begriffe, sondern eben nur wieder auf obigen verderblichen Aberglauben stützen. Daß dieser der Sache zum Grunde liege, hat eine fast lächerliche Bestätigung daran, daß noch vor kurzem in manchen Ländern beim Militär die Prügelstrafe durch die Lattenstrafe ersetzt worden war, welche doch ganz und gar wie jene die Verursachung eines körperlichen Schmerzes ist, nun aber nicht ehrenrührig und entwürdigend sein soll.

Durch dergleichen Beförderung des besagten Aberglaubens arbeitet man aber dem ritterlichen Ehrenprinzip und damit dem Duell in die Hände, während man dieses andererseits durch Gesetze abzustellen bemüht ist oder doch es zu sein vorgibt[F]. Infolge davon treibt denn jenes Fragment

F. Der eigentliche Grund, aus welchem die Regierungen scheinbar sich beeifern, das Duell zu unterdrücken und, während dies offenbar, zumal auf Universitäten, sehr leicht wäre, sich stellen, als wolle es ihnen nur nicht gelingen, scheint mir folgender zu sein. Der Staat ist nicht imstande, die Dienste seiner Offiziere und Zivilbeamten mit Gelde zum vollen zu bezahlen; daher läßt er die andre Hälfte ihres Lohnes in der Ehre bestehn, welche repräsentiert wird durch Titel, Uniformen und Orden. Um nun diese ideale Vergütung ihrer Dienste in hohem Kurse zu erhalten, muß das Ehrgefühl auf alle Weise genährt, geschärft, allenfalls etwas überspannt werden: da aber zu diesem Zweck die bürgerliche Ehre nicht ausreicht, schon weil man sie mit jedem teilt; so wird die ritterliche Ehre zu Hülfe genommen und besagterweise aufrechterhalten. In England, als wo Militär- und Zivilbesoldungen sehr viel höher stehn als auf dem Kontinent, ist die besagte Aushülfe nicht nötig: daher eben ist daselbst, zumal in diesen letzten zwanzig Jahren, das Duell fast ganz ausgerottet, kommt jetzt höchst selten vor und wird dann als eine Narrheit verlacht; gewiß hat die

des Faustrechts, aus den Zeiten des rohesten Mittelalters bis in das 19. Jahrhundert herabgeweht, sich in diesem zum öffentlichen Skandal noch immer herum: es ist nachgerade an der Zeit, daß es mit Schimpf und Schande hinausgeworfen werde. Ist es doch heutzutage nicht einmal erlaubt, Hunde oder Hähne methodisch auf einander zu hetzen (wenigstens werden in England dergleichen Hetzen gestraft); aber Menschen werden wider Willen zum tödlichen Kampf auf einander gehetzt durch den lächerlichen Aberglauben des absurden Prinzips der ritterlichen Ehre und durch dessen bornierte Vertreter und Verwalter, welche ihnen die Verpflichtung auflegen, wegen irgendeiner Lumperei wie Gladiatoren mit einander zu kämpfen. Unsern deutschen Puristen schlage ich daher für das Wort Duell, welches wahrscheinlich nicht vom lateinischen duellum, sondern vom Spanischen duelo (Leid, Klage, Beschwerde) herkommt, die Benennung Ritterhetze vor. Die Pedanterie, mit der die Narrheit getrieben wird, gibt allerdings Stoff zum Lachen. Indessen ist es empörend, daß jenes Prinzip und sein absurder Kodex einen Staat im Staate begründet, welcher, kein anderes als das Faustrecht anerkennend, die ihm unterworfenen Stände dadurch tyrannisiert, daß er ein heiliges Femegericht offenhält, vor welches jeder jeden mittelst sehr leicht herbeizuführender Anlässe als Schergen laden kann, um ein Gericht auf Tod und Leben über ihn und sich ergehn zu lassen. Natürlich wird nun dies der Schlupfwinkel, von welchem aus jeder Verworfenste, wenn er nur jenen Ständen angehört, den Edelsten und Besten, der ihm als solcher notwendig verhaßt sein muß, bedrohen, ja aus der Welt schaffen kann. Nachdem heutzutage Justiz und Polizei es so ziemlich dahin gebracht haben, daß nicht mehr auf der Landstraße jeder Schurke uns zurufen kann: ›Die Börse oder das Leben!‹, sollte endlich auch die gesunde Vernunft es dahin bringen, daß nicht mehr mitten im friedlichen Verkehr jeder Schurke uns zurufen könne: ›Die Ehre oder das Leben!‹

große Anti-Duelling-Society, welche eine Menge Lords, Admiräle und Generäle zu ihren Mitgliedern zählt, hiezu viel beigetragen, und der Moloch muß sich ohne seine Opfer behelfen.

Und die Beklemmung sollte den höhern Ständen von der Brust genommen werden, welche daraus entsteht, daß jeder jeden Augenblick mit Leib und Leben verantwortlich werden kann für die Roheit, Grobheit, Dummheit oder Bosheit irgendeines andern, dem es gefällt, solche gegen ihn auszulassen. Daß, wenn zwei junge, unerfahrne Hitzköpfe mit Worten aneinandergeraten, sie dies mit ihrem Blut, ihrer Gesundheit oder ihrem Leben büßen sollen, ist himmelschreiend, ist schändlich. Wie arg die Tyrannei jenes Staates im Staate und wie groß die Macht jenes Aberglaubens sei, läßt sich daran ermessen, daß schon öfter Leute, denen die Wiederherstellung ihrer verwundeten ritterlichen Ehre wegen zu hohen oder zu niedrigen Standes oder sonst unangemessener Beschaffenheit des Beleidigers unmöglich war, aus Verzweiflung darüber sich selbst das Leben genommen und so ein tragi-komisches Ende gefunden haben. – Da das Falsche und Absurde sich am Ende meistens dadurch entschleiert, daß es auf seinem Gipfel den Widerspruch als seine Blüte hervortreibt; so tritt dieser zuletzt auch hier in Form der schreiendesten Antinomie hervor: nämlich dem Offizier ist das Duell verboten: aber er wird durch Absetzung gestraft, wenn er es vorkommendenfalls unterläßt.

Ich will aber, da ich einmal dabei bin, in der Parrhesia[1] noch weitergehn. Beim Lichte und ohne Vorurteil betrachtet beruht bloß darauf, daß, wie gesagt, jener Staat im Staate kein anderes Recht als das des Stärkeren, also das Faustrecht anerkannt und dieses, zum Gottesurteil erhoben, seinem Kodex zum Grunde gelegt hat, der so wichtig gemachte und so hoch genommene Unterschied, ob man seinen Feind im offenen, mit gleichen Waffen geführten Kampf oder aus dem Hinterhalt erlegt habe. Denn durch ersteres hat man doch weiter nichts bewiesen, als daß man der Stärkere oder der Geschicktere sei. Die Rechtfertigung, die man im Bestehn des offenen Kampfes sucht, setzt also voraus, daß das *Recht des Stärkeren* wirklich ein *Recht* sei. In Wahrheit aber gibt der Umstand, daß der andere sich schlecht zu wehren versteht, mir zwar die Möglichkeit, jedoch keineswegs das

1. [Redefreiheit]

Recht, ihn umzubringen; sondern dieses letztere, also meine *moralische* Rechtfertigung, kann allein auf den *Motiven*, die ich ihm das Leben zu nehmen habe, beruhen. Nehmen wir nun an, diese wären wirklich vorhanden und zureichend; so ist durchaus kein Grund da, es jetzt noch *davon* abhängig zu machen, ob er oder ich besser schießen oder fechten könne, sondern dann ist es gleichviel, auf welche Art ich ihm das Leben nehme, ob von hinten oder von vorne. Denn moralisch hat das Recht des Stärkeren nicht mehr Gewicht als das Recht des Klügeren, welches beim hinterlistigen Morde angewandt wird: hier wiegt also dem Faustrecht das Kopfrecht gleich; wozu noch bemerkt sei, daß auch im Duell das eine wie das andere geltend gemacht wird, indem schon jede Finte beim Fechten Hinterlist ist. Halte ich mich moralisch gerechtfertigt, einem das Leben zu nehmen; so ist es Dummheit, es jetzt noch erst darauf ankommen zu lassen, ob er etwan besser schießen oder fechten könne als ich; in welchem Fall er dann umgekehrt mir, den er schon beeinträchtigt hat, noch obendrein das Leben nehmen soll. Daß Beleidigungen nicht durch das Duell, sondern durch Meuchelmord zu rächen seien, ist *Rousseaus* Ansicht, die er behutsam andeutet in der so geheimnisvoll gehaltenen 21. Anmerkung zum vierten Buche des ›*Emile*‹ (p. 173 editio Bipontini). Dabei aber ist er so stark im ritterlichen Aberglauben befangen, daß er schon den erlittenen Vorwurf der Lüge als eine Berechtigung zum Meuchelmorde ansieht; während er doch wissen mußte, daß jeder Mensch diesen Vorwurf unzähligemal verdient hat, ja er selbst im höchsten Grade. Das Vorurteil aber, welches die Berechtigung, den Beleidiger zu töten, durch den offenen Kampf mit gleichen Waffen bedingt sein läßt, hält offenbar das Faustrecht für ein wirkliches Recht und den Zweikampf für ein Gottesurteil. Der Italiener hingegen, welcher von Zorn entbrannt seinen Beleidiger, wo er ihn findet, ohne weiteres mit dem Messer anfällt, handelt wenigstens konsequent und naturgemäß: er ist klüger, aber nicht schlechter als der Duellant. Wollte man sagen, daß ich bei der Tötung meines Feindes im Zweikampf dadurch gerechtfertigt sei, daß er eben sich bemühe, mich zu töten; so steht dem entgegen, daß ich durch die Herausforderung ihn in den Fall der Notwehr versetzt habe. Dieses sich absichtlich gegenseitig in den Fall der Notwehr Versetzen heißt im Grunde nur, einen plausibeln Vorwand für den Mord suchen. Eher ließe sich die Rechtfertigung durch den Grundsatz: ›Volenti non fit iniuria‹ [Dem, der es so haben will, geschieht kein Unrecht] hören; sofern man durch gegenseitige Übereinkunft sein Leben auf dieses Spiel gesetzt hat: aber dem steht entgegen, daß es mit dem ›volenti‹ nicht seine Richtigkeit hat; indem die Tyrannei des ritterlichen Ehrenprinzips und seines absurden Kodex der Scherge ist, welcher beide oder wenigstens einen der beiden Kämpen vor dieses blutige Femegericht geschleppt hat.

Ich bin über die ritterliche Ehre weitläufig gewesen, aber in guter Absicht und weil gegen die moralischen und intellektuellen Ungeheuer auf dieser Welt der alleinige Herkules die Philosophie ist. Zwei Dinge sind es hauptsächlich, welche den gesellschaftlichen Zustand der neuen Zeit von dem des Altertums zum Nachteil des ersteren unterscheiden, indem sie demselben einen ernsten, finstern, sinistern Anstrich gegeben haben, von welchem frei das Altertum heiter und unbefangen wie der Morgen des Lebens dasteht. Sie sind: das ritterliche Ehrenprinzip und die venerische Krankheit – par nobile fratrum![1] [ein edles Brüderpaar!] Sie zusammen haben νεῖκος καὶ φιλία[2] [Streit und Liebe] des Lebens vergiftet. Die venerische Krankheit nämlich erstreckt ihren Einfluß viel weiter, als es auf den ersten Blick scheinen möchte, indem derselbe keineswegs ein bloß physischer, sondern auch ein moralischer ist. Seitdem Amors Köcher auch vergiftete Pfeile führt, ist in das Verhältnis der Geschlechter zu einander ein fremdartiges, feindseliges, ja teuflisches Element gekommen, infolge wovon ein finsteres und furchtsames Mißtrauen es durchzieht; und der mittelbare Einfluß einer solchen Änderung in der Grundfeste aller menschlichen Gemeinschaft erstreckt sich mehr oder weniger auch auf die übrigen geselligen Verhältnisse; welches auseinanderzusetzen

1. [Nach Horaz: ›Saturae‹ 2, 3, 243]
2. [Grundbegriffe des Empedokles]

mich hier zu weit abführen würde. – Analog, wiewohl ganz anderartig ist der Einfluß des ritterlichen Ehrenprinzips, dieser ernsthaften Posse, welche den Alten fremd war, hingegen die moderne Gesellschaft steif, ernst und ängstlich macht, schon weil jede flüchtige Äußerung skrutiniert[1] und ruminiert[2] wird. Aber mehr als dies! Jenes Prinzip ist ein allgemeiner Minotaur, dem nicht wie dem antiken von einem, sondern von jedem Lande in Europa alljährlich eine Anzahl Söhne edeler Häuser zum Tribut gebracht werden muß. Daher ist es an der Zeit, daß diesem Popanz einmal kühn zu Leibe gegangen werde, wie hier geschehn. Möchten doch beide Monstra der neueren Zeit im 19. Jahrhundert ihr Ende finden! Wir wollen die Hoffnung nicht aufgeben, daß es mit dem ersteren den Ärzten mittelst der Prophylaktika endlich doch noch gelingen werde. Den *Popanz* aber abzutun ist Sache des Philosophen mittelst Berichtigung der Begriffe, da es den Regierungen mittelst Handhabung der Gesetze bisher nicht hat gelingen wollen, zudem auch nur auf dem ersteren Wege das Übel an der Wurzel angegriffen wird. Sollte es inzwischen den Regierungen mit der Abstellung des Duellwesens wirklich Ernst sein und der geringe Erfolg ihres Bestrebens wirklich nur an ihrem Unvermögen liegen; so will ich ihnen ein Gesetz vorschlagen, für dessen Erfolg ich einstehe, und zwar ohne blutige Operationen, ohne Schafott oder Galgen oder lebenswierige Einsperrungen zu Hülfe zu nehmen. Vielmehr ist es ein kleines, ganz leichtes homöopathisches Mittelchen: wer einen andern herausfordert oder sich stellt, erhält à la Chinoise [nach chinesischem Muster] am hellen Tage vor der Hauptwache zwölf Stockschläge vom Korporal, die Kartellträger und Sekundanten jeder sechs. Wegen der etwanigen Folgen wirklich vollzogener Duelle bliebe das gewöhnliche kriminelle Verfahren. Vielleicht würde ein ritterlich Gesinnter mir einwenden, daß nach Vollstreckung solcher Strafe mancher ›Mann von Ehre‹ imstande sein könnte, sich totzuschießen; worauf ich antworte: es ist besser, daß so ein Narr sich selber totschießt

1. [ängstlich beobachtet, erforscht]
2. [hin und her überlegt]

als andere. – Im Grunde aber weiß ich sehr wohl, daß es den Regierungen mit der Abstellung der Duelle nicht Ernst ist. Die Gehalte der Zivilbeamten, noch viel mehr aber die der Offiziere stehn (von den höchsten Stellen abgesehn) weit unter dem Wert ihrer Leistungen. Zur andern Hälfte werden sie daher mit der Ehre bezahlt. Diese wird zunächst durch Titel und Orden vertreten, im weiteren Sinne durch die Standesehre überhaupt. Für diese Standesehre nun ist das Duell ein brauchbares Handpferd; daher es auch schon auf den Universitäten seine Vorschule hat. Die Opfer desselben bezahlen demnach mit ihrem Blut das Defizit der Gehalte. –

Der Vollständigkeit wegen sei hier noch die *Nationalehre* erwähnt. Sie ist die Ehre eines ganzen Volkes als Teiles der Völkergemeinschaft. Da es in dieser kein anderes Forum gibt als das der Gewalt und demnach jedes Mitglied derselben seine Rechte selbst zu schützen hat, so besteht die Ehre einer Nation nicht allein in der erworbenen Meinung, daß ihr zu trauen sei (Kredit), sondern auch in der, daß sie zu fürchten sei: daher darf sie Eingriffe in ihre Rechte niemals ungeahndet lassen. Sie vereinigt also den Ehrenpunkt der bürgerlichen mit dem der ritterlichen Ehre. –

Zu dem, was einer *vorstellt*, d.h. in den Augen der Welt ist, war oben in letzter Stelle der *Ruhm* gezählt worden: diesen hätten wir also noch zu betrachten. – Ruhm und Ehre sind Zwillingsgeschwister; jedoch so wie die Dioskuren, von denen Pollux unsterblich und Kastor sterblich war: der Ruhm ist der unsterbliche Bruder der sterblichen Ehre. Freilich ist dies nur vom Ruhme höchster Gattung, dem eigentlichen und echten Ruhme zu verstehn: denn es gibt allerdings auch mancherlei ephemeren Ruhm. – Die Ehre nun ferner betrifft bloß solche Eigenschaften, welche von jedem, der in denselben Verhältnissen steht, gefordert werden, der Ruhm bloß solche, die man von niemandem fordern darf; die Ehre solche, die jeder sich selber öffentlich beilegen darf, der Ruhm solche, die keiner sich selber beilegen darf. Während unsere Ehre so weit reicht wie die Kunde von uns; so eilt, umgekehrt, der Ruhm der Kunde von uns voran und bringt diese, so weit er selbst gelangt. Auf Ehre hat jeder Anspruch; auf Ruhm nur die Ausnahmen: denn nur durch außerordentliche Leistungen wird Ruhm erlangt. Diese nun wieder sind entweder *Taten* oder *Werke*, wonach zum Ruhme zwei Wege offenstehen. Zum Wege der *Taten* befähigt vorzüglich das große Herz; zu dem der *Werke* der große Kopf. Jeder der beiden Wege hat seine eigenen Vorteile und Nachteile. Der Hauptunterschied ist, daß die Taten vorübergehn, die Werke bleiben. Von den Taten bleibt nur das Andenken, welches immer schwächer, entstellter und gleichgültiger wird, allmälig sogar erlöschen muß, wenn nicht die Geschichte es aufnimmt und es nun im petrifizierten Zustande der Nachwelt überliefert. Die Werke hingegen sind selbst unsterblich und können, zumal die schriftlichen, alle Zeiten durchleben. Die edelste Tat hat doch nur einen zeitweiligen Einfluß; das geniale Werk hingegen lebt und wirkt wohltätig und erhebend durch alle Zeiten. Von Alexander dem Großen lebt Name und Gedächtnis: aber Platon und Aristoteles, Homer und Horaz sind noch selbst da, leben und wirken unmittelbar. Die Veden mit ihren Upanischaden sind da: aber von allen den Taten, die zu ihrer Zeit geschehn, ist gar keine Kunde auf uns gekommen[F]. – Ein anderer Nachteil der Taten ist ihre Abhängigkeit von der Ge-

---

F. Demnach ist es ein schlechtes Kompliment, wenn man, wie heutzutage Mode ist, Werke dadurch zu ehren vermeint, daß man sie Taten tituliert: denn Werke sind wesentlich höherer Art. Eine Tat ist immer nur eine Handlung auf Motiv, mithin ein Einzelnes, Vorübergehendes und ist ein dem allgemeinen und ursprünglichen Element der Welt, dem Willen, Angehöriges. Ein großes oder schönes Werk hingegen ist ein Bleibendes, weil von allgemeiner Bedeutung, und ist der Intelligenz entsprossen, der schuldlosen, reinen, dieser Willenswelt wie ein Duft entsteigenden.

Ein Vorteil des Ruhmes der Taten ist, daß er in der Regel sogleich eintritt, mit einer starken Explosion, oft so stark, daß sie in ganz Europa gehört wird; während der Ruhm der Werke langsam und allmälig eintritt, erst leise, dann immer lauter und oft erst nach hundert Jahren seine ganze Stärke erreicht: dann aber bleibt er, weil die Werke bleiben, bisweilen Jahrtausende hindurch. Jener andere hingegen wird, nachdem die erste Explosion vorüber ist, allmälig schwächer, wenigeren bekannt und immer wenigeren, bis er zuletzt nur noch in der Historie ein gespensterhaftes Dasein führt.

legenheit, als welche erst die Möglichkeit dazu geben muß; woran sich knüpft, daß ihr Ruhm sich nicht allein nach ihrem innern Werte richtet, sondern auch nach den Umständen, welche ihnen Wichtigkeit und Glanz erteilen. Zudem ist er, wenn wie im Kriege die Taten rein persönliche sind, von der Aussage weniger Augenzeugen abhängig: diese sind nicht immer vorhanden und dann nicht immer gerecht und unbefangen. Dagegen aber haben die Taten den Vorteil, daß sie als etwas Praktisches im Bereich der allgemeinen menschlichen Urteilsfähigkeit liegen; daher ihnen, wenn dieser nur die Data richtig überliefert sind, sofort Gerechtigkeit widerfährt; es sei denn, daß ihre Motive erst später richtig erkannt oder gerecht abgeschätzt werden: denn zum Verständnis einer jeden Handlung gehört Kenntnis des Motivs derselben. Umgekehrt steht es mit den Werken: ihre Entstehung hängt nicht von der Gelegenheit, sondern allein von ihrem Urheber ab, und was sie an und für sich sind, bleiben sie, solange sie bleiben. Bei ihnen liegt dagegen die Schwierigkeit im Urteil, und sie ist um so größer, in je höherer Gattung sie sind: oft fehlt es an kompetenten, oft an unbefangenen und redlichen Richtern. Dagegen nun wieder wird ihr Ruhm nicht von *einer* Instanz entschieden; sondern es findet Appellation statt. Denn während, wie gesagt, von den Taten bloß das Andenken auf die Nachwelt kommt, und zwar so, wie die Mitwelt es überliefert; so kommen hingegen die Werke selbst dahin, und zwar, etwan fehlende Bruchstücke abgerechnet, so, wie sie sind: hier gibt es also keine Entstellung der Data, und auch der etwan nachteilige Einfluß der Umgebung bei ihrem Ursprunge fällt später weg. Vielmehr bringt oft erst die Zeit nach und nach die wenigen wirklich kompetenten Richter heran, welche, schon selbst Ausnahmen, über noch größere Ausnahmen zu Gerichte sitzen: sie geben sukzessiv ihre gewichtigen Stimmen ab, und so steht bisweilen freilich erst nach Jahrhunderten ein vollkommen gerechtes Urteil da, welches keine Folgezeit mehr umstößt. So sicher, ja unausbleiblich ist der Ruhm der Werke. Hingegen daß ihr Urheber ihn erlebe, hängt von äußern Umständen und dem

Zufall ab: es ist um so seltener, je höherer und schwierigerer Gattung sie waren. Diesem gemäß sagt Seneca (›Epistulae‹ 79 [17]) unvergleichlich schön, daß dem Verdienste sein Ruhm so unfehlbar folge wie dem Körper sein Schatten, nur aber freilich, eben wie auch dieser bisweilen vor, bisweilen hinter ihm herschreite, und fügt, nachdem er dies erläutert hat, hinzu: ›Etiamsi omnibus tecum viventibus *silentium livor indixerit,* venient, qui sine offensa, sine gratia iudicent‹ [Wenn auch allen, die mit dir lebten, der Neid Schweigen auferlegt hat: es werden diejenigen kommen, die ohne Mißgunst und ohne Gunst urteilen], woraus wir nebenbei ersehn, daß die Kunst des Unterdrückens der Verdienste durch hämisches Schweigen und Ignorieren, um zugunsten des Schlechten das Gute dem Publiko zu verbergen, schon bei den Lumpen des Senecaschen Zeitalters üblich war sogut wie bei denen des unserigen und daß jenen wie diesen *der Neid die Lippen zudrückte.* – In der Regel wird sogar der Ruhm, je länger er zu dauern hat, desto später eintreten; wie ja alles Vorzügliche langsam heranreift. Der Ruhm, welcher zum Nachruhm werden will, gleicht einer Eiche, die aus ihrem Samen sehr langsam emporwächst, der leichte, ephemere Ruhm den einjährigen, schnellwachsenden Pflanzen und der falsche Ruhm gar dem schnell hervorschießenden Unkraute, das schleunigst ausgerottet wird. Dieser Hergang beruht eigentlich darauf, daß, je mehr einer der Nachwelt, d.i. eigentlich der Menschheit überhaupt und im ganzen angehört, desto fremder er seinem Zeitalter ist; weil, was er hervorbringt, nicht diesem speziell gewidmet ist, also nicht demselben als solchem, sondern nur, sofern es ein Teil der Menschheit ist, angehört und daher auch nicht mit dessen Lokalfarbe tingiert ist: infolge hiervon aber kann es leicht kommen, daß dasselbe ihn fremd an sich vorübergehn läßt. Es schätzt vielmehr die, welche den Angelegenheiten seines kurzen Tages oder der Laune des Augenblicks dienen und daher ganz *ihm* angehören, mit ihm leben und mit ihm sterben. Demgemäß lehren Kunst- und Literaturgeschichte durchgängig, daß die höchsten Leistungen des menschlichen Geistes in der Regel mit Ungunst aufgenommen worden und darin so lange geblieben sind, bis Geister höherer Art herankamen, die von ihnen angesprochen wurden und sie zu dem Ansehn brachten, in welchem sie nachher durch die so erlangte Auktorität sich erhalten haben. Dies alles nun aber beruht im letzten Grunde darauf, daß jeder eigentlich nur das ihm Homogene verstehn und schätzen kann. Nun ist aber dem Platten das Platte, dem Gemeinen das Gemeine, dem Unklaren das Verworrene, dem Hirnlosen das Unsinnige homogen, und am allerbesten gefallen jedem seine eigenen Werke, als welche ihm durchaus homogen sind. Daher sang schon der alte fabelhafte Epicharmos:

> Θαυμαστὸν οὐδέν ἐστι μὲ ταῦθ' οὕτω λέγειν
> Καὶ ἀνδάνειν αὐτοῖσιν αὐτοὺς καὶ δοκεῖν
> Καλῶς πεφυκέναι· καὶ γὰρ ὁ κύων κυνὶ
> Κάλλιστον εἶμεν φαίνεται καὶ βοῦς βοΐ,
> Ὄνος δὲ ὄνῳ κάλλιστον, ὗς δὲ ὑΐ

welches ich, damit es keinem verlorengehe, verdeutschen will:

> Kein Wunder ist es, daß ich red' in meinem Sinn
> Und jene, selbst sich selbst gefallend, stehn im Wahn,
> Sie wären lobenswert: so scheint dem Hund der Hund
> Das schönste Wesen, so dem Ochsen auch der Ochs,
> Dem Esel auch der Esel und dem Schwein das Schwein.

Wie selbst der kräftigste Arm, wenn er einen leichten Körper fortschleudert, ihm doch keine Bewegung erteilen kann, mit der er weit flöge und heftig träfe, sondern derselbe schon in der Nähe matt niederfällt, weil es ihm an eigenem materiellen Gehalte gefehlt hat, die fremde Kraft aufzunehmen – ebenso ergeht es schönen und großen Gedanken, ja den Meisterwerken des Genies, wenn sie aufzunehmen keine andere als kleine, schwache oder schiefe Köpfe dasind. Dies zu bejammern haben die Stimmen der Weisen aller Zeiten sich zum Chorus vereint. Z. B. Jesus Sirach [22, 8–9] sagt: ›Wer mit einem Narren redet, der redet mit einem Schlafenden. Wenn es aus ist, so spricht er: was ist's?‹ – Und Hamlet: ›A knavish speech sleeps in a fool's ear.‹

(Eine schalkhafte Rede schläft im Ohr eines Narren.) Und Goethe:

> Das glücklichste Wort, es wird verhöhnt,
> Wenn der Hörer ein Schiefohr ist.
>
> [›West-östlicher Divan‹ 4, 1]

und wieder:

> Du wirkest nicht, alles bleibt so stumpf.
> Sei guter Dinge!
> Der Stein im Sumpf
> Macht keine Ringe.
>
> [›Sprichwörtlich‹]

Und Lichtenberg: ›Wenn ein Kopf und ein Buch zusammenstoßen und es klingt hohl; ist denn das allemal im Buche?‹ – und wieder: ›Solche Werke sind Spiegel: wenn ein Affe hineinguckt, kann kein Apostel heraussehn‹ [›Aphorismen‹ D 396 und F III]. Ja Vater Gellerts gar schöne und rührende Klage darüber verdient wohl einmal wieder in Erinnerung gebracht zu werden:

> Daß oft die allerbesten Gaben
> Die wenigsten Bewundrer haben
> Und daß der größte Teil der Welt
> Das Schlechte für das Gute hält –
> Dies Übel sieht man alle Tage.
> Jedoch wie wehrt man dieser Pest?
> Ich zweifle, daß sich diese Plage
> Aus unsrer Welt verdrängen läßt.
>
> Ein einzig Mittel ist auf Erden,
> Allein es ist unendlich schwer:
> Die Narren müssen weise werden;
> Und seht! sie werden's nimmermehr.
> Nie kennen sie den Wert der Dinge.
> Ihr Auge schließt, nicht ihr Verstand:
> Sie loben ewig das Geringe,
> Weil sie das Gute nie gekannt.
>
> [›Die beiden Hunde‹]

In dieser intellektuellen Unfähigkeit der Menschen, infolge welcher das Vortreffliche, wie Goethe sagt, noch seltener erkannt und geschätzt als gefunden wird[1], gesellt sich nun hier wie überall auch noch die moralische Schlechtigkeit derselben, und zwar als Neid auftretend. Durch den Ruhm nämlich, den einer erwirbt, wird abermals einer mehr über alle seiner Art erhoben: diese werden also um ebensoviel herabgesetzt, so daß jedes ausgezeichnete Verdienst seinen Ruhm auf Kosten derer erlangt, die keines haben.

> Wenn wir andern Ehre geben,
> Müssen wir uns selbst entadeln.
>
> *Goethe, ›West-östlicher Divan‹* [5, 7]

Hieraus erklärt es sich, daß, in welcher Gattung auch immer das Vortreffliche auftreten mag, sogleich die gesamte, so zahlreiche Mittelmäßigkeit verbündet und verschworen ist, es nicht gelten zu lassen, ja wo möglich es zu ersticken. Ihre heimliche Parole ist: ›À bas le mérite!‹ [Nieder mit dem Verdienst!] Aber sogar auch die, welche selbst Verdienst besitzen und bereits den Ruhm desselben erlangt haben, werden nicht gern das Auftreten eines neuen Ruhmes sehn, durch dessen Glanz der des ihrigen um so viel weniger leuchtet. Daher sagt selbst Goethe:

> Hätt' ich gezaudert zu werden,
> Bis man mir's Leben gegönnt,
> Ich wäre noch nicht auf Erden –
> Wie ihr begreifen könnt,
> Wenn ihr seht, wie sie sich gebärden,
> Die, um etwas zu scheinen,
> Mich gerne möchten verneinen.
>
> [›Zahme Xenien‹ 5]

Während also die *Ehre* in der Regel gerechte Richter findet und kein Neid sie anficht, ja sogar sie jedem zum voraus auf Kredit verliehen wird, muß der *Ruhm* dem Neide zum Trotz erkämpft werden, und den Lorbeer teilt ein Tribunal entschieden ungünstiger Richter aus. Denn die Ehre können

---
1. [Nach Goethe: ›Wilhelm Meisters Lehrjahre‹ 7, 9]

und wollen wir mit jedem teilen: der Ruhm wird geschmälert oder erschwert durch jeden, der ihn erlangt. – Nun ferner steht die Schwierigkeit der Erlangung des Ruhmes durch Werke im umgekehrten Verhältnis der Menschenzahl, die das Publikum solcher Werke ausmacht – aus leicht abzusehenden Gründen. Daher ist sie viel größer bei Werken, welche Belehrung, als bei solchen, welche Unterhaltung verheißen. Am größten ist sie bei philosophischen Werken; weil die Belehrung, welche diese versprechen, einerseits ungewiß und andererseits ohne materiellen Nutzen ist; wonach denn solche zunächst vor einem Publiko auftreten, das aus lauter Mitbewerbern besteht. – Aus den dargelegten Schwierigkeiten, die der Erlangung des Ruhmes entgegenstehn, erhellt, daß, wenn die, welche ruhmwürdige Werke vollenden, es nicht aus Liebe zu diesen selbst und eigener Freude daran täten, sondern der Aufmunterung durch den Ruhm bedürften, die Menschheit wenige oder keine unsterbliche[n] Werke erhalten haben würde. Ja sogar muß, wer das Gute und Rechte hervorbringen und das Schlechte vermeiden soll, dem Urteile der Menge und ihrer Wortführer Trotz bieten, mithin sie verachten. Hierauf beruht die Richtigkeit der Bemerkung, die besonders *Osorius* (›De gloria‹) hervorhebt, daß der Ruhm vor denen flieht, die ihn suchen, und denen folgt, die ihn vernachlässigen: denn jene bequemen sich dem Geschmack ihrer Zeitgenossen an, diese trotzen ihm.

So schwer es demnach ist, den Ruhm zu erlangen, so leicht ist es, ihn zu behalten. Auch hierin steht er im Gegensatz mit der Ehre. Diese wird jedem sogar auf Kredit verliehen: er hat sie nur zu bewahren. Hier aber liegt die Aufgabe: denn durch eine einzige nichtswürdige Handlung geht sie unwiederbringlich verloren. Der Ruhm hingegen kann eigentlich nie verlorengehn: denn die Tat oder das Werk, durch die er erlangt worden, stehn für immer fest, und der Ruhm derselben bleibt ihrem Urheber, auch wenn er keinen neuen hinzufügt. Wenn jedoch der Ruhm wirklich verklingt, wenn er überlebt wird; so war er unecht, d. h. unverdient, durch augenblickliche Überschätzung entstanden, wo nicht gar so ein Ruhm, wie Hegel ihn hatte und Lichtenberg ihn beschreibt, ›ausposaunt von einer freundschaftlichen Kandidatenjunta und vom Echo leerer Köpfe widergehallt: ... aber die Nachwelt, wie wird sie lächeln, wann sie dereinst an die bunten Wörtergehäuse, die schönen Nester ausgeflogener Mode und die Wohnungen weggestorbener Verabredungen anklopfen und alles, alles leer finden wird, auch nicht den kleinsten Gedanken, der mit Zuversicht sagen könnte: *Herein!*‹ [›Vermischte Schriften‹ 4, S. 15]

Der Ruhm beruht eigentlich auf dem, was einer im Vergleich mit den übrigen ist. Demnach ist er wesentlich ein Relatives, kann daher auch nur relativen Wert haben. Er fiele ganz weg, wenn die übrigen würden, was der Gerühmte ist. Absoluten Wert kann nur das haben, was ihn unter allen Umständen behält, also hier, was einer unmittelbar und für sich selbst ist: folglich muß hierin der Wert und das Glück des großen Herzens und des großen Kopfes liegen. Also nicht der Ruhm, sondern das, wodurch man ihn verdient, ist das Wertvolle. Denn es ist gleichsam die Substanz und der Ruhm nur das Akzidenz der Sache: ja dieser wirkt auf den Gerühmten hauptsächlich als ein äußerliches Symptom, durch welches er die Bestätigung seiner eigenen hohen Meinung von sich selbst erhält; demnach man sagen könnte, daß, wie das Licht gar nicht sichtbar ist, wenn es nicht von einem Körper zurückgeworfen wird, ebenso jede Trefflichkeit erst durch den Ruhm ihrer selbst recht gewiß wird. Allein er ist nicht einmal ein untrügliches Symptom, da es auch Ruhm ohne Verdienst und Verdienst ohne Ruhm gibt; weshalb ein Ausdruck Lessings so artig herauskommt: ›Einige Leute sind berühmt, und andere verdienen es zu sein.‹ Auch wäre es eine elende Existenz, deren Wert oder Unwert darauf beruhte, wie sie in den Augen anderer erschiene: eine solche aber wäre das Leben des Helden und des Genies, wenn dessen Wert im Ruhme, d.h. im Beifall anderer bestände. Vielmehr lebt und existiert ja jegliches Wesen seiner selbst wegen, daher auch zunächst in sich und für sich. – Was einer ist, in welcher Art und Weise es auch sei, das ist er zuvörderst und hauptsächlich für sich selbst:

und wenn es hier nicht viel wert ist, so ist es überhaupt nicht viel. Hingegen ist das Abbild seines Wesens in den Köpfen anderer ein Sekundäres, Abgeleitetes und dem Zufall Unterworfenes, welches nur sehr mittelbar sich auf das erstere zurückbezieht. Zudem sind die Köpfe der Menge ein zu elender Schauplatz, als daß auf ihm das wahre Glück seinen Ort haben könnte. Vielmehr ist daselbst nur ein chimärisches Glück zu finden. Welche gemischte Gesellschaft trifft doch in jenem Tempel des allgemeinen Ruhms zusammen: Feldherren, Minister, Quacksalber, Gaukler, Tänzer, Sänger, Millionäre und Juden! Ja die Vorzüge aller dieser werden dort viel aufrichtiger geschätzt, finden viel mehr estime sentie [gefühlte Achtung] als die geistigen, zumal der hohen Art, die ja bei der großen Mehrzahl nur eine estime sur parole [Achtung auf ein bloßes Wort hin] erlangen. In eudaimonologischer Hinsicht ist also der Ruhm nichts weiter als der seltenste und köstlichste Bissen für unsern Stolz und unsere Eitelkeit. Diese aber sind in den meisten Menschen, obwohl sie es verbergen, übermäßig vorhanden, vielleicht sogar am stärksten in denen, die irgendwie geeignet sind, sich Ruhm zu erwerben und daher meistens das unsichere Bewußtsein ihres überwiegenden Wertes lange in sich herumtragen müssen, ehe die Gelegenheit kommt, solchen zu erproben und dann die Anerkennung desselben zu erfahren: bis dahin war ihnen zumute, als erlitten sie ein heimliches Unrecht[F]. Überhaupt aber ist ja, wie am Anfange dieses Kapitels erörtert worden, der Wert, den der Mensch auf die Meinung anderer von ihm legt, ganz unverhältnismäßig und unvernünftig; so daß *Hobbes* die Sache zwar sehr stark, aber vielleicht doch richtig ausgedrückt hat in den Worten: ›Omnis animi voluptas omnisque alacritas in eo sita est, quod quis habeat quibuscum conferens se possit magnifice sentire de se ipso.‹ [Alle

---

F. Da unser größtes Vergnügen darin besteht, *bewundert* zu werden, die Bewunderer aber, selbst wo alle Ursache wäre, sich ungern dazu herbeilassen; so ist der Glücklichste der, welcher, gleichviel wie, es dahin gebracht hat, sich selbst aufrichtig zu bewundern. Nur müssen die andern ihn nicht irremachen.

Herzensfreude und alle Heiterkeit beruht darauf, daß man Menschen habe, im Vergleich zu denen man hoch von sich selbst denken kann.] (›De cive‹ 1, 5). Hieraus ist der hohe Wert erklärlich, den man allgemein auf den Ruhm legt, und die Opfer, welche man bringt, in der bloßen Hoffnung, ihn dereinst zu erlangen:

> Fame is the spur, that the clear spirit doth raise
> (That last infirmity of noble minds)
> To scorn delights and live laborious days.
> [Ruhm (diese letzte Schwäche edler Seelen)
> Spornt an den Geist, Genüsse zu verschmähen
> Und arbeitsvolle Tage zu erwählen.
> Milton, ›Lycidas‹ 70]

wie auch:

> ... how hard it is to climb
> The heights where Fame's proud temple shines afar.
> [Wie schwer ist es, die Höhe zu erklimmen,
> Von der des Ruhmes stolzer Tempel glänzt!
> Beattie, ›The minstrel‹ 1]

Hieraus endlich erklärt es sich auch, daß die eitelste aller Nationen beständig ›la gloire‹ im Munde führt und solche unbedenklich als die Haupttriebfeder zu großen Taten und großen Werken ansieht. – Allein, da unstreitig der Ruhm nur das Sekundäre ist, das bloße Echo, Abbild, Schatten, Symptom des Verdienstes, und da jedenfalls das Bewunderte mehr Wert haben muß als die Bewunderung; so kann das eigentlich Beglückende nicht im Ruhme liegen, sondern in dem, wodurch man ihn erlangt, also im Verdienste selbst oder, genauer zu reden, in der Gesinnung und den Fähigkeiten, aus denen es hervorging; es mag nun moralischer oder intellektueller Art sein. Denn das Beste, was jeder ist, muß er notwendig für sich selbst sein: was davon in den Köpfen anderer sich abspiegelt und er in ihrer Meinung gilt, ist Nebensache und kann nur von untergeordnetem Interesse für ihn sein. Wer demnach nur den Ruhm *verdient*, auch ohne ihn zu erhalten, besitzt bei weitem die Hauptsache, und was er entbehrt, ist etwas, darüber er sich mit derselben trösten kann. Denn nicht, daß einer von der urteilslosen, so oft betörten Menge für einen großen Mann gehalten werde, sondern daß er es sei, macht ihn beneidenswert; auch nicht, daß die Nachwelt von ihm erfahre, sondern daß in ihm sich Gedanken erzeugen, welche verdienen, Jahrhunderte hindurch aufbewahrt und nachgedacht zu werden, ist ein hohes Glück. Zudem kann dieses ihm nicht entrissen werden: es ist τῶν ἐφ' ἡμῖν[1] [was bei uns steht], jenes andere τῶν οὐκ ἐφ' ἡμῖν [was nicht bei uns steht]. Wäre hingegen die Bewunderung selbst die Hauptsache, so wäre das Bewunderte ihrer nicht wert. Dies ist wirklich der Fall beim falschen, d.i. unverdienten Ruhm. An diesem muß sein Besitzer zehren, ohne das, wovon derselbe das Symptom, der bloße Abglanz sein soll, wirklich zu haben. Aber sogar dieser Ruhm selbst muß ihm oft verleidet werden, wann bisweilen trotz aller aus der Eigenliebe entspringenden Selbsttäuschung ihm auf der Höhe, für die er nicht geeignet ist, doch schwindelt oder ihm zumute wird, als wäre er ein kupferner Dukaten; wo dann die Angst vor Enthüllung und verdienter Demütigung ihn ergreift, zumal wann er auf den Stirnen der Weiseren schon das Urteil der Nachwelt liest. Er gleicht sonach dem Besitzer durch ein falsches Testament. – Den echtesten Ruhm, den Nachruhm, vernimmt sein Gegenstand ja nie, und doch schätzt man ihn glücklich. Also bestand sein Glück in den großen Eigenschaften selbst, die ihm den Ruhm erwarben, und darin, daß er Gelegenheit fand, sie zu entwickeln, also daß ihm vergönnt wurde, zu handeln, wie es ihm angemessen war, oder zu treiben, was er mit Lust und Liebe trieb: denn nur die aus dieser entsprungenen Werke erlangen Nachruhm. Sein Glück bestand also in seinem großen Herzen oder auch im Reichtum eines Geistes, dessen Abdruck in seinen Werken die Bewunderung kommender Jahrhunderte erhält; es bestand in den Gedanken selbst, welchen nachzudenken die Beschäftigung und der Genuß der edelsten Geister einer unabsehbaren Zukunft ward. Der Wert des Nachruhms liegt also im Verdienen desselben, und dieses ist sein eigener Lohn.

1. [Vgl. S. 434]

Ob nun die Werke, welche ihn erwarben, unterweilen auch den Ruhm der Zeitgenossen hatten, hing von zufälligen Umständen ab und war nicht von großer Bedeutung. Denn da die Menschen in der Regel ohne eigenes Urteil sind und zumal hohe und schwierige Leistungen abzuschätzen durchaus keine Fähigkeit haben; so folgen sie hier stets fremder Auktorität, und der Ruhm in hoher Gattung beruht bei 99 unter 100 Rühmern bloß auf Treu und Glauben. Daher kann auch der vielstimmigste Beifall der Zeitgenossen für denkende Köpfe nur wenig Wert haben, indem sie in ihm stets nur das Echo weniger Stimmen hören, die zudem selbst nur sind, wie der Tag sie gebracht hat. Würde wohl ein Virtuose sich geschmeichelt fühlen durch das laute Beifallsklatschen seines Publikums, wenn ihm bekannt wäre, daß es bis auf einen oder zwei aus lauter völlig Tauben bestände, die, um einander gegenseitig ihr Gebrechen zu verbergen, eifrig klatschten, sobald sie die Hände jenes einen in Bewegung sähen? Und nun gar, wenn die Kenntnis hinzu käme, daß jene Vorklatscher sich oft bestechen ließen, um dem elendesten Geiger den lautesten Applaus zu verschaffen! – Hieraus ist erklärlich, warum der Ruhm der Zeitgenossen so selten die Metamorphose in Nachruhm erlebt; weshalb *d'Alembert* in seiner überaus schönen Beschreibung des Tempels des literarischen Ruhmes sagt: ›Das Innere des Tempels ist von lauter Toten bewohnt, die während ihres Lebens nicht darin waren, und von einigen Lebenden, welche fast alle, wann sie sterben, hinausgeworfen werden.‹ Und beiläufig sei es hier bemerkt, daß einem bei Lebzeiten ein Monument setzen die Erklärung ablegen heißt, daß hinsichtlich seiner der Nachwelt nicht zu trauen sei. – Wenn dennoch einer den Ruhm, welcher zum Nachruhm werden soll, erlebt; so wird es selten früher als im Alter geschehn: allenfalls gibt es bei Künstlern und Dichtern Ausnahmen von dieser Regel, am wenigsten bei Philosophen. Eine Bestätigung derselben geben die Bildnisse der durch ihre Werke berühmten Männer, da dieselben meistens erst nach dem Eintritt ihrer Zelebrität angefertigt wurden: in der Regel sind sie alt und grau dargestellt, namentlich die Philosophen. Inzwischen steht, eudaimonologisch genommen, die Sache ganz recht. Ruhm und Jugend auf *einmal* ist zu viel für einen Sterblichen. Unser Leben ist so arm, daß seine Güter haushälterischer verteilt werden müssen. Die Jugend hat vollauf an ihrem eigenen Reichtum und kann sich daran genügen lassen. Aber im Alter, wann alle Genüsse und Freuden wie die Bäume im Winter abgestorben sind, dann schlägt am gelegensten der Baum des Ruhmes aus als ein echtes Wintergrün: auch kann man ihn den Winterbirnen vergleichen, die im Sommer wachsen, aber im Winter genossen werden. Im Alter gibt es keinen schönern Trost, als daß man die ganze Kraft seiner Jugend *Werken* einverleibt hat, die nicht *mit*altern.

Wollen wir jetzt noch etwas näher die Wege betrachten, auf welchen man in den Wissenschaften als dem uns zunächst Liegenden Ruhm erlangt; so läßt sich hier folgende Regel aufstellen. Die durch solchen Ruhm bezeichnete intellektuelle Überlegenheit wird allemal an den Tag gelegt durch eine neue Kombination irgendwelcher Data. Diese nun können sehr verschiedener Art sein; jedoch wird der durch ihre Kombination zu erlangende Ruhm um so größer und ausgebreiteter sein, je mehr sie selbst allgemein bekannt und jedem zugänglich sind. Bestehn z. B. die Data in einigen Zahlen oder Kurven oder auch in irgendeiner speziellen physikalischen, zoologischen, botanischen oder anatomischen Tatsache oder auch in einigen verdorbenen Stellen alter Autoren oder in halbverlöschten Inschriften oder in solchen, deren Alphabet uns fehlt, oder in dunkeln Punkten der Geschichte; so wird der durch die richtige Kombination derselben zu erlangende Ruhm sich nicht viel weiter erstrecken als die Kenntnis der Data selbst, also auf eine kleine Anzahl meistens zurückgezogen lebender und auf den Ruhm in ihrem Fach neidischer Leute. – Sind hingegen die Data solche, welche das ganze Menschengeschlecht kennt, sind es z. B. wesentliche, allen gemeinsame Eigenschaften des menschlichen Verstandes oder Gemütes oder Naturkräfte, deren ganze Wirkungsart wir beständig vor Augen haben oder der allbekannte Lauf der Natur überhaupt; so wird der Ruhm, durch eine neue wichtige und evidente Kombination Licht über sie verbreitet zu haben, sich mit der Zeit fast über die ganze zivilisierte Menschheit erstrecken. Denn sind die Data jedem zugänglich, so wird ihre Kombination es meistens auch sein. – Dennoch wird hiebei der Ruhm allemal nur der überwundenen Schwierigkeit entsprechen. Denn je allbekannter die Data sind, desto schwerer ist es, sie auf eine neue und doch richtige Weise zu kombinieren; da schon eine überaus große Anzahl von Köpfen sich an ihnen versucht und die möglichen Kombinationen derselben erschöpft hat. Hingegen werden Data, welche, dem großen Publiko unzugänglich, nur auf mühsamen und schwierigen Wegen erreichbar sind, fast immer noch neue Kombinationen zulassen: wenn man daher an solche nur mit geradem Verstande und gesunder Urteilskraft, also einer mäßigen geistigen Überlegenheit kommt; so ist es leicht möglich, daß man eine neue und richtige Kombination derselben zu machen das Glück habe. Allein der hiedurch erworbene Ruhm wird ungefähr dieselben Grenzen haben wie die Kenntnis der Data. Denn zwar erfordert die Lösung von Problemen solcher Art großes Studium und Arbeit, schon um nur die Kenntnis der Data zu erlangen; während in jener andern Art, in welcher eben der größte und ausgebreiteteste Ruhm zu erwerben ist, die Data unentgeltlich gegeben sind: allein in dem Maße, wie diese letztere Art weniger Arbeit erfordert, gehört mehr Talent, ja Genie dazu, und mit diesen hält hinsichtlich des Wertes und der Wertschätzung keine Arbeit oder Studium den Vergleich aus.

Hieraus nun ergibt sich, daß die, welche einen tüchtigen Verstand und ein richtiges Urteil in sich spüren, ohne jedoch die höchsten Geistesgaben sich zuzutrauen, viel Studium und ermüdende Arbeit nicht scheuen dürfen, um mittelst dieser sich aus dem großen Haufen der Menschen, welchen die allbekannten Data vorliegen, herauszuarbeiten und zu den entlegeneren Orten zu gelangen, welche nur dem gelehrten Fleiße zugänglich sind. Denn hier, wo die Zahl der Mitbewerber unendlich verringert ist, wird der auch nur einigermaßen überlegene Kopf bald zu einer neuen und richtigen Kombination der Data Gelegenheit finden: sogar wird das Verdienst seiner Entdeckung sich mit auf die Schwierigkeit, zu den Datis zu gelangen, stützen. Aber der also erworbene Applaus seiner Wissensgenossen, als welche die alleinigen Kenner in diesem Fache sind, wird von der großen Menge der Menschen nur von weitem vernommen werden. – Will man nun den hier angedeuteten Weg bis zum Extrem verfolgen, so läßt sich der Punkt nachweisen, wo die Data wegen der großen Schwierigkeit ihrer Erlangung für sich allein, und ohne daß eine Kombination derselben erfordert wäre, den Ruhm zu begründen hinreichen. Dies leisten Reisen in sehr entlegene und wenig besuchte Länder: man wird berühmt durch das, was man gesehn, nicht durch das, was man gedacht hat. Dieser Weg hat auch noch einen großen Vorteil darin, daß es viel leichter ist, was man gesehn als was man gedacht hat, andern mitzuteilen und es mit dem Verständnis sich ebenso verhält: demgemäß wird man für das erstere auch viel mehr Leser finden als für das andere. Denn, wie schon Asmus [Matthias Claudius] sagt:

> Wenn jemand eine Reise tut,
> So kann er was erzählen.
>
> [›Urians Reise um die Welt‹]

Diesem allen entspricht es aber auch, daß bei der persönlichen Bekanntschaft berühmter Leute dieser Art einem oft die Horazische Bemerkung einfällt:

Caelum, non animum mutant qui trans mare currunt.
[Nur das Klima vertauscht, nicht den Sinn, wer über das
Meer fährt.
›Epistulae‹ I, 11, 27]

Was aber nun andererseits den mit hohen Fähigkeiten ausgestatteten Kopf betrifft, als welcher allein sich an die Lösung der großen das Allgemeine und Ganze betreffenden und daher schwierigsten Probleme wagen darf; so wird dieser zwar wohl daran tun, seinen Horizont möglichst auszudehnen, jedoch immer gleichmäßig nach allen Seiten und ohne je sich zu weit in irgendeine der besondern und nur wenigen bekannten Regionen zu verlieren, d. h. ohne auf die Spezialitäten irgendeiner einzelnen Wissenschaft weit einzugehn, geschweige sich mit den Mikrologien zu befassen. Denn er hat nicht nötig, sich an die schwer zugänglichen Gegenstände zu machen, um dem Gedränge der Mitbewerber zu entgehn; sondern eben das allen Vorliegende wird ihm Stoff zu neuen, wichtigen und wahren Kombinationen geben. Dem nun aber gemäß wird sein Verdienst von allen denen geschätzt werden können, welchen die Data bekannt sind, also von einem großen Teile des menschlichen Geschlechts. Hierauf gründet sich der mächtige Unterschied zwischen dem Ruhm, den Dichter und Philosophen erlangen, und dem, welcher Physikern, Chemikern, Anatomen, Mineralogen, Zoologen, Philologen, Historikern usw. erreichbar ist.

Kapitel 5
Paränesen und Maximen

Weniger noch als irgendwo bezwecke ich hier Vollständigkeit, da ich sonst die vielen von Denkern aller Zeiten aufgestellten, zum Teil vortrefflichen Lebensregeln zu wiederholen haben würde vom Theognis und Pseudo-Salomo an bis auf den Rochefoucauld herab; wobei ich dann auch viele schon breitgetretene Gemeinplätze nicht würde vermeiden können. Mit der Vollständigkeit fällt aber auch die systematische Anordnung größtenteils weg. Über beide tröste man sich damit, daß sie in Dingen dieser Art fast unausbleiblich die Langeweile in ihrem Gefolge haben. Ich habe bloß gegeben, was mir eben eingefallen ist, der Mitteilung wert schien und, soviel mir erinnerlich, noch nicht, wenigstens nicht ganz und ebenso gesagt worden ist, also eben nur eine Nachlese zu dem auf diesem unabsehbaren Felde bereits von andern Geleisteten.

Um jedoch in die große Mannigfaltigkeit der hieher gehörigen Ansichten und Ratschläge einige Ordnung zu bringen, will ich sie einteilen in allgemeine, in solche, welche unser Verhalten gegen uns selbst, dann gegen andere und endlich gegen den Weltlauf und das Schicksal betreffen.

A. *Allgemeine*

1. Als die oberste Regel aller Lebensweisheit sehe ich einen Satz an, den *Aristoteles* beiläufig ausgesprochen hat in der ›Nikomachäischen Ethik‹ (7, 12): ῾Ο φρόνιμος τὸ ἄλυπον διώκει, οὐ τὸ ἡδύ. (Quod dolore vacat, non quod suave est, persequitur vir prudens. Die lateinische Version des Satzes ist matt: deutsch ließe er sich schon besser geben, etwan: ›Nicht dem Vergnügen, der Schmerzlosigkeit geht der Vernünftige nach‹ oder: ›Der Vernünftige geht auf Schmerzlosigkeit, nicht auf Genuß aus.‹) Die Wahrheit desselben beruht darauf, daß aller Genuß und alles Glück negativer, hingegen der Schmerz positiver Natur ist. Die Ausführung und Begründung dieses letzteren Satzes findet man in meinem Hauptwerke Bd. 1, § 58 *[Bd. 1, S. 438–443]*. Doch will ich denselben hier noch an einer täglich zu beobachtenden Tatsache erläutern. Wenn der ganze Leib gesund und heil ist bis auf irgendeine kleine wunde oder sonst schmerzende Stelle, so tritt jene Gesundheit des Ganzen weiter nicht ins Bewußtsein, sondern die Aufmerksamkeit ist beständig auf den Schmerz der verletzten Stelle gerichtet und das Behagen der gesamten Lebensempfindung ist aufgehoben. – Ebenso, wenn alle unsere Angelegenheiten nach unserm Sinne gehn, bis auf *eine*, die unserer Absicht zuwiderläuft, so kommt diese, auch wenn sie von geringer Bedeutung ist, uns immer wieder in den Kopf: wir denken häufig an sie und wenig an alle jene andern wichtigeren Dinge, die nach unserm Sinne gehn. – In beiden Fällen nun ist das Beeinträchtigte der Wille, einmal, wie er sich im Organismus, das andere [Mal], wie er sich im Streben des Menschen objektiviert, und in beiden sehn wir, daß seine Befriedigung immer nur negativ wirkt und daher gar nicht direkt empfunden wird, sondern höchstens auf dem Wege der Reflexion ins Bewußtsein kommt. Hingegen ist seine

Hemmung das Positive und daher sich selbst Ankündigende. Jeder Genuß besteht bloß in der Aufhebung dieser Hemmung, in der Befreiung davon, ist mithin von kurzer Dauer.

Hierauf nun also beruht die oben belobte Aristotelische Regel, welche uns anweist, unser Augenmerk nicht auf die Genüsse und Annehmlichkeiten des Lebens zu richten, sondern darauf, daß wir den zahllosen Übeln desselben, soweit es möglich ist, entgehn. Wäre dieser Weg nicht der richtige, so müßte auch *Voltaires* Ausspruch: ›Le bonheur n'est qu'un rêve, et la douleur est réelle‹ [Das Glück ist nur ein Traum, und der Schmerz ist wirklich; ›Lettre à M. le marquis de Florian‹ le 16 mars 1774] so falsch sein, wie er in der Tat wahr ist. Demnach soll auch der, welcher das Resultat seines Lebens in eudaimonologischer Rücksicht ziehn will, die Rechnung nicht nach den Freuden, die er genossen, sondern nach den Übeln, denen er entgangen ist, aufstellen. Ja die Eudaimonologie hat mit der Belehrung anzuheben, daß ihr Name selbst ein Euphemismus ist und daß unter ›glücklich leben‹ nur zu verstehn ist ›weniger unglücklich‹, also erträglich leben. Allerdings ist das Leben nicht eigentlich da, um genossen, sondern um überstanden, abgetan zu werden: dies bezeichnen auch manche Ausdrücke, wie ›degere vitam‹, ›vita defungi‹ [das Leben zubringen, das Leben überstehen], das italienische ›si scampa così‹ [man kommt so durch], das deutsche ›man muß suchen, durchzukommen‹, ›er wird schon durch die Welt kommen‹, u.dgl. mehr. Ja es ist ein Trost im Alter, daß man die Arbeit des Lebens hinter sich hat. Demnach nun hat das glücklichste Los der, welcher sein Leben ohne übergroße Schmerzen, sowohl geistige als körperliche, hinbringt; nicht aber der, dem die lebhaftesten Freuden oder die größten Genüsse zuteil geworden. Wer nach diesen letzteren das Glück eines Lebenslaufes bemessen will, hat einen falschen Maßstab ergriffen. Denn die Genüsse sind und bleiben negativ: daß sie beglücken, ist ein Wahn, den der Neid zu seiner eigenen Strafe hegt. Die Schmerzen hingegen werden positiv empfunden: daher ist ihre Abwesenheit der Maßstab des Lebensglückes. Kommt zu einem schmerzlosen Zustand noch die Abwesenheit der

Langenweile, so ist das irdische Glück im wesentlichen erreicht: denn das übrige ist Chimäre. Hieraus nun folgt, daß man nie Genüsse durch Schmerzen, ja auch nur durch die Gefahr derselben erkaufen soll; weil man sonst ein Negatives und daher Chimärisches mit einem Positiven und Realen bezahlt. Hingegen bleibt man im Gewinn, wenn man Genüsse opfert, um Schmerzen zu entgehn. In beiden Fällen ist es gleichgültig, ob die Schmerzen den Genüssen nachfolgen oder vorhergehn. Es ist wirklich die größte Verkehrtheit, diesen Schauplatz des Jammers in einen Lustort verwandeln zu wollen und statt der möglichsten Schmerzlosigkeit Genüsse und Freuden sich zum Ziele zu stecken; wie doch so viele tun. Viel weniger irrt, wer mit zu finsterm Blicke diese Welt als eine Art Hölle ansieht und demnach nur darauf bedacht ist, sich in derselben eine feuerfeste Stube zu verschaffen. Der Tor läuft den Genüssen des Lebens nach und sieht sich betrogen: der Weise vermeidet die Übel. Sollte ihm jedoch auch dieses mißglücken; so ist es dann die Schuld des Geschicks, nicht die seiner Torheit. Soweit es ihm aber glückt, ist er nicht betrogen: denn die Übel, denen er aus dem Wege ging, sind höchst real. Selbst wenn er etwan ihnen zu weit aus dem Wege gegangen sein sollte und Genüsse unnötigerweise geopfert hätte, so ist eigentlich doch nichts verloren: denn alle Genüsse sind chimärisch, und über die Versäumnis derselben zu trauern wäre kleinlich, ja lächerlich.

Das Verkennen dieser Wahrheit, durch den Optimismus begünstigt, ist die Quelle vielen Unglücks. Während wir nämlich von Leiden frei sind, spiegeln unruhige Wünsche uns die Chimären eines Glückes vor, das gar nicht existiert, und verleiten uns, sie zu verfolgen: dadurch bringen wir den Schmerz, der unleugbar real ist, auf uns herab. Dann jammern wir über den verlorenen schmerzlosen Zustand, der wie ein verscherztes Paradies hinter uns liegt, und wünschen vergeblich, das Geschehene ungeschehn machen zu können. So scheint es, als ob ein böser Dämon uns aus dem schmerzlosen Zustande, der das höchste wirkliche Glück ist, stets herauslockte durch die Gaukelbilder der

Wünsche. – Unbesehn glaubt der Jüngling, die Welt sei da, um genossen zu werden, sie sei der Wohnsitz eines positiven Glückes, welches nur *die* verfehlen, denen es an Geschick gebricht, sich seiner zu bemeistern. Hierin bestärken ihn Romane und Gedichte, wie auch die Gleisnerei, welche die Welt durchgängig und überall mit dem äußern Scheine treibt und auf die ich bald zurückkommen werde. Von nun an ist sein Leben eine mit mehr oder weniger Überlegung angestellte Jagd nach dem positiven Glück, welches als solches aus positiven Genüssen bestehn soll. Die Gefahren, denen man sich dabei aussetzt, müssen in die Schanze geschlagen werden. Da führt denn diese Jagd nach einem Wilde, welches gar nicht existiert, in der Regel zu sehr realem, positivem Unglück. Dies stellt sich ein als Schmerz, Leiden, Krankheit, Verlust, Sorge, Armut, Schande und tausend Nöte. Die Enttäuschung kommt zu spät. – Ist hingegen durch Befolgung der hier in Betracht genommenen Regel der Plan des Lebens auf Vermeidung der Leiden, also auf Entfernung des Mangels, der Krankheit und jeder Not gerichtet; so ist das Ziel ein reales: da läßt sich etwas ausrichten, und um so mehr, je weniger dieser Plan gestört wird durch das Streben nach der Chimäre des positiven Glücks. Hiezu stimmt auch, was *Goethe* in den ›Wahlverwandtschaften‹ [1, 2] den für das Glück der andern stets tätigen *Mittler* sagen läßt: ›Wer ein Übel los sein will, der weiß immer, was er will: wer was Besseres will, als er hat, der ist ganz starblind.‹ Und dieses erinnert an den schönen französischen Ausspruch: ›Le mieux est l'ennemi du bien.‹ [Das Bessere ist der Feind des Guten.] Ja hieraus ist sogar der Grundgedanke des Kynismus abzuleiten, wie ich ihn dargelegt habe in meinem Hauptwerke Bd. 2, Kap. 16 *[Bd. 2, S. 195 f.]*. Denn was bewog die Kyniker zur Verwerfung aller Genüsse, wenn es nicht eben der Gedanke an die mit ihnen näher oder ferner verknüpften Schmerzen war, welchen aus dem Wege zu gehn ihnen viel wichtiger schien als die Erlangung jener? Sie waren tief ergriffen von der Erkenntnis der Negativität des Genusses und der Positivität des Schmerzes; daher sie konsequent alles taten für die Vermeidung der

Übel, hiezu aber die völlige und absichtliche Verwerfung der Genüsse nötig erachteten; weil sie in diesen nur Fallstricke sahen, die uns dem Schmerze überliefern.

In Arkadien geboren, wie Schiller [›Resignation‹[1]] sagt, sind wir freilich alle: d.h. wir treten in die Welt voll Ansprüche auf Glück und Genuß und hegen die törichte Hoffnung, solche durchzusetzen. In der Regel jedoch kommt bald das Schicksal, packt uns unsanft an und belehrt uns, daß nichts *unser* ist, sondern alles *sein*, indem es ein unbestrittenes Recht hat, nicht nur auf allen unsern Besitz und Erwerb und auf Weib und Kind, sondern sogar auf Arm und Bein, Auge und Ohr, ja auf die Nase mitten im Gesicht. Jedenfalls aber kommt nach einiger Zeit die Erfahrung und bringt die Einsicht, daß Glück und Genuß eine Fata Morgana sind, welche, nur aus der Ferne sichtbar, verschwindet, wenn man herangekommen ist; daß hingegen Leiden und Schmerz Realität haben, sich selbst unmittelbar vertreten und keiner Illusion noch Erwartung bedürfen. Fruchtet nun die Lehre, so hören wir auf, nach Glück und Genuß zu jagen, und sind vielmehr darauf bedacht, dem Schmerz und Leiden möglichst den Zugang zu versperren. Wir erkennen alsdann, daß das Beste, was die Welt zu bieten hat, eine schmerzlose, ruhige, erträgliche Existenz ist, und beschränken unsre Ansprüche auf diese, um sie desto sicherer durchzusetzen. Denn um nicht sehr unglücklich zu werden, ist das sicherste Mittel, daß man nicht verlange, sehr glücklich zu sein. Dies hatte auch Goethes Jugendfreund *Merck* erkannt, da er schrieb: ›Die garstige Prätention an Glückseligkeit, und zwar an das Maß, das wir uns träumen, verdirbt alles auf dieser Welt. Wer sich davon losmachen kann und nichts begehrt, als was er vor sich hat, kann sich durchschlagen‹ (›Briefe an und von Merck‹ S. 100). Demnach ist es geraten, seine Ansprüche auf Genuß, Besitz, Rang, Ehre usf. auf ein ganz Mäßiges herabzusetzen; weil gerade das Streben und Ringen nach Glück, Glanz und Genuß es ist, was die großen Unglücksfälle herbeizieht. Aber schon darum ist jenes weise

1. [Auch ich war in Arkadien geboren,
   Doch Tränen gab der kurze Lenz mir nur.]

und ratsam, weil sehr unglücklich zu sein gar leicht ist; sehr glücklich hingegen nicht etwan schwer, sondern ganz unmöglich. Mit großem Rechte also singt der Dichter der Lebensweisheit:

>Auream quisquis mediocritatem
>Diligit, tutus caret obsoleti
>Sordibus tecti, caret invidenda
>>Sobrius aula.

>Saepius ventis agitatur ingens
>Pinus et celsae graviore casu
>Decidunt turres feriuntque summos
>>Fulgura montes.

[Wer da wählt die goldene Mitte, sicher
Bleibt er fern vom Schmutze der morschen Hütte,
Bleibt, genügsam, fern vom mißgönnten Prunke
>Fürstlichen Schlosses.

Öfter schwankt, vom Sturme gefaßt, der mächtigen
Pinie Haupt, hochragende Türme stürzen
Schweren Falls zusammen, der Berge Gipfel
>Treffen die Blitze.
>>>>Horaz, ›Carmina‹ 2, 10, 5–12]

Wer aber vollends die Lehre meiner Philosophie in sich aufgenommen hat und daher weiß, daß unser ganzes Dasein etwas ist, das besser nicht wäre, und welches zu verneinen und abzuweisen die größte Weisheit ist, der wird auch von keinem Dinge oder Zustand große Erwartungen hegen, nach nichts auf der Welt mit Leidenschaft streben noch große Klagen erheben über sein Verfehlen irgendeiner Sache; sondern er wird von Platons Οὔτε τι τῶν ἀνθρωπίνων ἄξιόν [ἐστι] μεγάλης σπουδῆς [Auch ist keine menschliche Angelegenheit wert, daß man sich sehr darum bemüht] (›Res publica‹ 10, [6, p.] 604 [B]) durchdrungen sein. Siehe das Motto zum ›Gulistan‹ [des Saadi]:

>Ist einer Welt Besitz für dich zerronnen,
>Sei nicht in Leid darüber, es ist nichts.

Und hast Du einer Welt Besitz gewonnen,
Sei nicht erfreut darüber, es ist nichts.
Vorüber gehn die Schmerzen und die Wonnen,
Geh an der Welt vorüber, es ist nichts.

[Anwari, ›Soheili‹]

Was jedoch die Erlangung dieser heilsamen Einsichten besonders erschwert, ist die schon oben erwähnte Gleisnerei der Welt, welche man daher der Jugend früh aufdecken sollte. Die allermeisten Herrlichkeiten sind bloßer Schein wie die Theaterdekoration, und das Wesen der Sache fehlt. Z.B. bewimpelte und bekränzte Schiffe, Kanonenschüsse, Illuminationen, Pauken und Trompeten, Jauchzen und Schreien usw., dies alles ist das Aushängeschild, die Andeutung, die Hieroglyphe der *Freude*: aber die Freude ist daselbst meistens nicht zu finden; sie allein hat beim Feste abgesagt. Wo sie sich wirklich einfindet, da kommt sie in der Regel ungeladen und ungemeldet, von selbst und sans façon, ja still herangeschlichen, oft bei den unbedeutendsten, futilsten Anlässen, unter den alltäglichsten Umständen, ja bei nichts weniger als glänzenden oder ruhmvollen Gelegenheiten: sie ist wie das Gold in Australien hierhin und dorthin gestreuet nach der Laune des Zufalls, ohne alle Regel und Gesetz, meist nur in ganz kleinen Körnchen, höchst selten in großen Massen. Bei allen jenen oben erwähnten Dingen hingegen ist auch der Zweck bloß, andere glauben zu machen, hier wäre die Freude eingekehrt: dieser Schein im Kopfe anderer ist die Absicht. Nicht anders als mit der Freude verhält es sich mit der Trauer. Wie schwermütig kommt jener lange und langsame Leichenzug daher! Der Reihe der Kutschen ist kein Ende. Aber seht nur hinein: sie sind alle leer, und der Verblichene wird eigentlich bloß von sämtlichen Kutschern der ganzen Stadt zu Grabe geleitet – sprechendes Bild der Freundschaft und Hochachtung dieser Welt! Dies also ist die Falschheit, Hohlheit und Gleisnerei des menschlichen Treibens. – Ein anderes Beispiel wieder geben viele geladene Gäste in Feierkleidern unter festlichem Empfange; sie sind das Aushängeschild der edlen, erhöhten Geselligkeit: aber statt ihrer ist in der Regel nur Zwang, Pein und Langeweile gekommen: denn schon, wo viele Gäste sind, ist viel Pack – und hätten sie auch sämtlich Sterne auf der Brust. Die wirklich gute Gesellschaft nämlich ist, überall und notwendig, sehr klein. Überhaupt aber tragen glänzende, rauschende Feste und Lustbarkeiten stets eine Leere, wohl gar einen Mißton im Innern; schon weil sie dem Elend und der Dürftigkeit unsers Daseins laut widersprechen, und der Kontrast erhöht die Wahrheit. Jedoch von außen gesehn wirkt jenes alles: und das war der Zweck. Ganz allerliebst sagt daher *Chamfort*: ›La société, les cercles, les salons, ce qu'on appelle le monde, est une pièce misérable, un mauvais opéra, sans intérêt, qui se soutient un peu par les machines, les costumes, et les décorations.‹ [Die Geselligkeit, die Zirkel, die Salons, das, was man die gute Gesellschaft nennt, ist ein erbärmliches Theaterstück, eine schlechte Oper, ohne Interesse, die sich nur durch die Maschinen, die Kostüme und die Dekorationen ein wenig in Ansehen hält; ›Maximes et pensées‹ chap. 3.] – Desgleichen sind nun auch Akademien und philosophische Katheder das Aushängeschild, der äußere Schein der *Weisheit*: aber auch sie hat meistens abgesagt und ist ganz wo anders zu finden. – Glockengebimmel, Priesterkostüme, fromme Gebärden und fratzenhaftes Tun ist das Aushängeschild, der falsche Schein der Andacht usw. – So ist denn fast alles in der Welt hohle Nüsse zu nennen: der Kern ist an sich selten, und noch seltener steckt er in der Schale. Er ist ganz woanders zu suchen und wird meistens nur zufällig gefunden.

2. Wenn man den Zustand eines Menschen seiner Glücklichkeit nach abschätzen will, soll man nicht fragen nach dem, was ihn vergnügt, sondern nach dem, was ihn betrübt: denn je geringfügiger dieses an sich selbst genommen ist, desto glücklicher ist der Mensch; weil ein Zustand des Wohlbefindens dazu gehört, um gegen Kleinigkeiten empfindlich zu sein: im Unglück spüren wir sie gar nicht.

Man hüte sich, das Glück seines Lebens mittelst vieler Erfordernisse zu demselben auf ein *breites Fundament* zu bauen: denn auf einem solchen stehend, stürzt es am leichtesten ein, weil es viel mehr Unfällen Gelegenheit darbietet und diese nicht ausbleiben. Das Gebäude unsers Glückes verhält sich also in dieser Hinsicht umgekehrt wie alle andern, als welche auf breitem Fundament am festesten stehn. Seine Ansprüche im Verhältnis zu seinen Mitteln jeder Art möglichst niedrig zu stellen ist demnach der sicherste Weg, großem Unglück zu entgehn.

3. Überhaupt ist es eine der größten und häufigsten Torheiten, daß man *weitläuftige Anstalten* zum Leben macht, in welcher Art auch immer dies geschehe. Bei solchen nämlich ist zuvörderst auf ein ganzes und volles Menschenleben gerechnet; welches jedoch sehr wenige erreichen. Sodann fällt es, selbst wenn sie so lange leben, doch für die gemachten Pläne zu kurz aus; da deren Ausführung immer sehr viel mehr Zeit erfordert, als angenommen war: ferner sind solche wie alle menschlichen Dinge dem Mißlingen, den Hindernissen so vielfach ausgesetzt, daß sie sehr selten zum Ziele gebracht werden. Endlich, wenn zuletzt auch alles erreicht wird, so waren die Umwandlungen, welche die Zeit an *uns selbst* hervorbringt, außer acht und Rechnung gelassen; also nicht bedacht worden, daß weder zum Leisten noch zum Genießen unsere Fähigkeiten das ganze Leben hindurch vorhalten. Daher kommt es, daß wir oft auf Dinge hinarbeiten, welche, wenn endlich erlangt, uns nicht mehr angemessen sind; wie auch, daß wir mit den Vorarbeiten zu einem Werke die Jahre hinbringen, welche derweilen unvermerkt uns die Kräfte zur Ausführung desselben rauben. So geschieht es denn oft, daß der mit so langer Mühe und vieler Gefahr erworbene Reichtum uns nicht mehr genießbar ist und wir für andere gearbeitet haben; oder auch, daß wir den durch vieljähriges Treiben und Trachten endlich erreichten Posten auszufüllen nicht mehr imstande sind: die Dinge sind zu spät für uns gekommen. Oder auch umgekehrt, wir kommen zu spät mit den Dingen – da nämlich, wo es sich um Leistungen oder Produktionen handelt: der Geschmack der Zeit hat sich geändert; ein neues Geschlecht ist herangewachsen, welches an den Sachen keinen Anteil

nimmt; andere sind auf kürzeren Wegen uns zuvorgekommen usf. Alles unter dieser Nummer Angeführte hat Horaz im Sinne, wenn er sagt:

> ... quid aeternis minorem
> Consiliis animum fatigas?
> [Was mühst du deinen Geist ab,
> Der doch zu schwach ist für ewige Pläne?
> ›Carmina‹ 2, 11, 11–12]

Der Anlaß zu diesem häufigen Mißgriff ist die unvermeidliche optische Täuschung des geistigen Auges, vermöge welcher das Leben, vom Eingange aus gesehn, endlos, aber wenn man vom Ende der Bahn zurückblickt, sehr kurz erscheint. Freilich hat sie ihr Gutes: denn ohne sie käme schwerlich etwas Großes zustande.

Überhaupt aber ergeht es uns im Leben wie dem Wanderer, vor welchem, indem er vorwärts schreitet, die Gegenstände andere Gestalten annehmen, als die sie von ferne zeigten, und sich gleichsam verwandeln, indem er sich nähert. Besonders geht es mit unsern Wünschen so. Oft finden wir etwas ganz anderes, ja Besseres, als wir suchten; oft auch das Gesuchte selbst auf einem ganz andern Wege, als den wir zuerst vergeblich danach eingeschlagen hatten. Zumal wird uns oft da, wo wir Genuß, Glück, Freude suchten, statt ihrer Belehrung, Einsicht, Erkenntnis – ein bleibendes, wahrhaftes Gut statt eines vergänglichen und scheinbaren. Dies ist auch der Gedanke, welcher im ›Wilhelm Meister‹ als Grundbaß durchgeht, indem dieser ein intellektueller Roman und ebendadurch höherer Art ist als alle übrigen, sogar die von Walter Scott, als welche sämtlich nur ethisch sind, d. h. die menschliche Natur bloß von der Willensseite auffassen. Ebenfalls in der ›Zauberflöte‹, dieser grotesken, aber bedeutsamen und vieldeutigen Hieroglyphe, ist jener selbe Grundgedanke in großen und groben Zügen, wie die der Theaterdekorationen sind, symbolisiert; sogar würde er es vollkommen sein, wenn am Schlusse der Tamino, vom Wunsche, die Tamina zu besitzen, zurückgebracht, statt ihrer allein die Weihe im Tempel der Weisheit verlangte und erhielte; hingegen seinem notwendigen Gegensatze, dem Papageno, richtig seine Papagena würde. – Vorzügliche und edle Menschen werden jener Erziehung des Schicksals bald inne und fügen sich bildsam und dankbar in dieselbe: sie sehn ein, daß in der Welt wohl Belehrung, aber nicht Glück zu finden sei, werden es sonach gewohnt und zufrieden, Hoffnungen gegen Einsichten zu vertauschen, und sagen endlich mit Petrarca:

> Altro diletto, ch' emparar, non provo.
> [Kein andres Glück empfind' ich als zu lernen.
> ›Trionfo d'amore‹ 1, 21]

Es kann damit sogar dahin kommen, daß sie ihren Wünschen und Bestrebungen gewissermaßen nur noch zum Schein und tändelnd nachgehn, eigentlich aber und im Ernst ihres Innern bloß Belehrung erwarten; welches ihnen alsdann einen beschaulichen, genialen, erhabenen Anstrich gibt. – Man kann in diesem Sinne auch sagen, es gehe uns wie den Alchimisten, welche, indem sie nur Gold suchten, Schießpulver, Porzellan, Arzeneien, ja Naturgesetze entdeckten.

B. *Unser Verhalten gegen uns selbst betreffend*

4. Wie der Arbeiter, welcher ein Gebäude aufführen hilft, den Plan des Ganzen entweder nicht kennt oder doch nicht immer gegenwärtig hat; so verhält der Mensch, indem er die einzelnen Tage und Stunden seines Lebens abspinnt, sich zum Ganzen seines Lebenslaufes und des Charakters desselben. Je würdiger, bedeutender, planvoller und individueller dieser ist; desto mehr ist es nötig und wohltätig, daß der verkleinerte Grundriß desselben, der Plan, ihm bisweilen vor die Augen komme. Freilich gehört auch dazu, daß er einen kleinen Anfang in dem Γνῶθι σεαυτόν[1] gemacht habe, also wisse, was er eigentlich hauptsächlich und vor allem andern will, was also für sein Glück das Wesentlichste ist, sodann, was die zweite und dritte Stelle nach

---

1. [Inschrift am Apollontempel zu Delphi, die dem Chilon von Lakedaimon zugeschrieben wird; *vgl. Bd. 2, S. 271*]

diesem einnimmt; wie auch, daß er erkenne, welches im ganzen sein Beruf, seine Rolle und sein Verhältnis zur Welt sei. Ist nun dieses bedeutender und grandioser Art, so wird der Anblick des Planes seines Lebens im verjüngten Maßstabe ihn mehr als irgend etwas stärken, aufrichten, erheben, zur Tätigkeit ermuntern und von Abwegen zurückhalten.

Wie der Wanderer erst, wann er auf einer Höhe angekommen ist, den zurückgelegten Weg mit allen seinen Wendungen und Krümmungen im Zusammenhange überblickt und erkennt; so erkennen wir erst am Ende einer Periode unsers Lebens oder gar des ganzen den wahren Zusammenhang unsrer Taten, Leistungen und Werke, die genaue Konsequenz und Verkettung, ja auch den Wert derselben. Denn solange wir darin begriffen sind, handeln wir nur immer nach den feststehenden Eigenschaften unsers Charakters unter dem Einfluß der Motive und nach dem Maße unserer Fähigkeiten, also durchweg mit Notwendigkeit, indem wir in jedem Augenblick bloß tun, was uns jetzt eben das Rechte und Angemessene dünkt. Erst der Erfolg zeigt, was dabei herausgekommen, und der Rückblick auf den ganzen Zusammenhang das Wie und Wodurch. Daher eben auch sind wir, während wir die größten Taten vollbringen oder unsterbliche Werke schaffen, uns derselben nicht als solcher bewußt, sondern bloß als des unsern gegenwärtigen Zwecken Angemessenen, unsern dermaligen Absichten Entsprechenden, also jetzt gerade Rechten: aber erst aus dem Ganzen in seinem Zusammenhange leuchten nachher unser Charakter und unsere Fähigkeiten hervor: und im Einzelnen sehn wir dann, wie wir, als wäre es durch Inspiration geschehn, den einzig richtigen Weg unter tausend Abwegen eingeschlagen haben – von unserm Genius geleitet. Dies alles gilt vom Theoretischen wie vom Praktischen und im umgekehrten Sinne vom Schlechten und Verfehlten. – Die Wichtigkeit der Gegenwart wird selten sofort erkannt, sondern erst viel später.

5. Ein wichtiger Punkt der Lebensweisheit besteht in dem richtigen Verhältnis, in welchem wir unsere Aufmerksam-

keit teils der Gegenwart, teils der Zukunft widmen, damit nicht die eine uns die andere verderbe. Viele leben zu sehr in der Gegenwart: die Leichtsinnigen – andere zu sehr in der Zukunft: die Ängstlichen und Besorglichen. Selten wird einer genau das rechte Maß halten. Die, welche mittelst Streben und Hoffen nur in der Zukunft leben, immer vorwärts sehn und mit Ungeduld den kommenden Dingen entgegeneilen, als welche allererst das wahre Glück bringen sollen, inzwischen aber die Gegenwart unbeachtet und ungenossen vorbeiziehn lassen, sind trotz ihren altklugen Mienen jenen Eseln in Italien zu vergleichen, deren Schritt dadurch beschleunigt wird, daß an einem ihrem Kopf angehefteten Stock ein Bündel Heu hängt, welches sie daher stets dicht vor sich sehn und zu erreichen hoffen. Denn sie betrügen sich selbst um ihr ganzes Dasein, indem sie stets nur ad interim [vorläufig] leben – bis sie tot sind. – Statt also mit den Plänen und Sorgen für die Zukunft ausschließlich und immerdar beschäftigt zu sein oder aber uns der Sehnsucht nach der Vergangenheit hinzugeben, sollten wir nie vergessen, daß die Gegenwart allein real und allein gewiß ist; hingegen die Zukunft fast immer anders ausfällt, als wir sie denken; ja auch die Vergangenheit anders war; und zwar so, daß es mit beiden im ganzen weniger auf sich hat, als es uns scheint. Denn die Ferne, welche dem Auge die Gegenstände verkleinert, vergrößert sie dem Gedanken. Die Gegenwart allein ist wahr und wirklich: sie ist die real erfüllte Zeit, und ausschließlich in ihr liegt unser Dasein. Daher sollten wir sie stets einer heitern Aufnahme würdigen, folglich jede erträgliche und von unmittelbaren Widerwärtigkeiten oder Schmerzen freie Stunde mit Bewußtsein als solche genießen, d. h. sie nicht trüben durch verdrießliche Gesichter über verfehlte Hoffnungen in der Vergangenheit oder Besorgnisse für die Zukunft. Denn es ist durchaus töricht, eine gute gegenwärtige Stunde von sich zu stoßen oder sie sich mutwillig zu verderben aus Verdruß über das Vergangene oder Besorgnis wegen des Kommenden. Der Sorge, ja selbst der Reue sei ihre bestimmte Zeit gewidmet; danach aber soll man über das Geschehene denken:

'Αλλά τά μέν προτετύχθαι έάσομεν άχνύμενοί περ
Θυμόν ένί στήθεσσι φίλον δαμάσαντες άνάγκη...
[Aber so sehr es uns kränkte, wir wollen es lassen
geschehn sein
Und, so schwer es uns wird, den Unmut zähmen
im Herzen...
Homer, ›Ilias‹ 17, 112 f.]

und über das Künftige:

῎Ητοι ταῦτα θεῶν ἐν γούνασι κεῖται,
[Doch das liegt im Schoße der Götter,
›Ilias‹ 17, 514]

hingegen über die Gegenwart: ›Singulos dies singulas vitas puta‹ [Sieh die einzelnen Tage als ein jeweiliges Leben an!] (Seneca, [›Epistulae‹ 101, 10]) und diese allein reale Zeit sich so angenehm wie möglich machen.

Uns zu beunruhigen sind bloß solche künftige Übel berechtigt, welche gewiß sind und deren Eintrittszeit ebenfalls gewiß ist. Dies werden aber sehr wenige sein: denn die Übel sind entweder bloß möglich, allenfalls wahrscheinlich; oder sie sind zwar gewiß, allein ihre Eintrittszeit ist völlig ungewiß. Läßt man nun auf diese beiden Arten sich ein, so hat man keinen ruhigen Augenblick mehr. Um also nicht der Ruhe unsers Lebens durch ungewisse oder unbestimmte Übel verlustig zu werden, müssen wir uns gewöhnen, jene anzusehn, als kämen sie nie; diese, als kämen sie gewiß nicht sobald.

Je mehr nun aber einem die Furcht Ruhe läßt, desto mehr beunruhigen ihn die Wünsche, die Begierden und Ansprüche. *Goethes* so beliebtes Lied: ›Ich hab' mein Sach auf nichts gestellt‹ [›Vanitas! Vanitatum vanitas!‹] besagt eigentlich, daß erst, nachdem der Mensch aus allen möglichen Ansprüchen herausgetrieben und auf das nackte, kahle Dasein zurückgewiesen ist, er derjenigen Geistesruhe teilhaft wird, welche die Grundlage des menschlichen Glückes ausmacht, indem sie nötig ist, um die Gegenwart und somit das ganze Leben genießbar zu finden. Zu eben diesem Zwecke sollten wir stets eingedenk sein, daß der heutige Tag nur *einmal* kommt und nimmer wieder. Aber wir wähnen, er komme morgen wieder: morgen ist jedoch ein anderer Tag, der auch nur *einmal* kommt. Wir aber vergessen, daß jeder Tag ein integrierender und daher unersetzlicher Teil des Lebens ist, und betrachten ihn vielmehr als unter demselben so enthalten wie die Individuen unter dem Gemeinbegriff. – Ebenfalls würden wir die Gegenwart besser würdigen und genießen, wenn wir in guten und gesunden Tagen uns stets bewußt wären, wie in Krankheiten oder Betrübnissen die Erinnerung uns jede schmerz- und entbehrungslose Stunde als unendlich beneidenswert, als ein verlorenes Paradies, als einen verkannten Freund vorhält. Aber wir verleben unsre schönen Tage, ohne sie zu bemerken: erst wann die schlimmen kommen, wünschen wir jene zurück. Tausend heitere, angenehme Stunden lassen wir mit verdrießlichem Gesicht ungenossen an uns vorüberziehn, um nachher zur trüben Zeit mit vergeblicher Sehnsucht ihnen nachzuseufzen. Statt dessen sollten wir jede erträgliche Gegenwart, auch die alltägliche, welche wir jetzt so gleichgültig vorüberziehn lassen und wohl gar noch ungeduldig nachschieben – in Ehren halten, stets eingedenk, daß sie eben jetzt hinüberwallt in jene Apotheose der Vergangenheit, woselbst sie fortan, vom Lichte der Unvergänglichkeit umstrahlt, vom Gedächtnisse aufbewahrt wird, um, wann dieses einst, besonders zur schlimmen Stunde, den Vorhang lüftet, als ein Gegenstand unserer innigen Sehnsucht sich darzustellen.

6. *Alle Beschränkung beglückt.* Je enger unser Gesichts-, Wirkungs- und Berührungskreis, desto glücklicher sind wir: je weiter, desto öfter fühlen wir uns gequält oder geängstigt. Denn mit ihm vermehren und vergrößern sich die Sorgen, Wünsche und Schrecknisse. Darum sind sogar Blinde nicht so unglücklich, wie es uns a priori scheinen muß: dies bezeugt die sanfte, fast heitere Ruhe in ihren Gesichtszügen. Auch beruht es zum Teil auf dieser Regel, daß die zweite Hälfte des Lebens trauriger ausfällt als die erste. Denn im Laufe des Lebens wird der Horizont unsrer Zwecke und Beziehungen immer weiter. In der Kindheit ist er auf die nächste Umgebung und die engsten Verhältnisse be-

schränkt; im Jünglingsalter reicht er schon bedeutend weiter; im Mannesalter umfaßt er unsern ganzen Lebenslauf, ja erstreckt sich oft auf die entferntesten Verhältnisse, auf Staaten und Völker; im Greisenalter umfaßt er die Nachkommen. – Jede Beschränkung hingegen, sogar die geistige ist unserm Glücke förderlich. Denn je weniger Erregung des Willens, desto weniger Leiden: und wir wissen, daß das Leiden das Positive, das Glück bloß negativ ist. Beschränktheit des Wirkungskreises benimmt dem Willen die äußeren Veranlassungen zur Erregung; Beschränktheit des Geistes die innern. Nur hat letztere den Nachteil, daß sie der Langenweile die Türe öffnet, welche mittelbar die Quelle unzähliger Leiden wird, indem man, um nur sie zu bannen, nach allem greift, also Zerstreuung, Gesellschaft, Luxus, Spiel, Trunk usw. versucht, welche jedoch Schaden, Ruin und Unglück jeder Art herbeiziehn. ›Difficilis in otio quies.‹ [Gefährlich ist in der Muße die Ruhe.] Wie sehr hingegen die *äußere* Beschränkung dem menschlichen Glücke, so weit es gehn kann, förderlich, ja notwendig sei, ist daran ersichtlich, daß die einzige Dichtungsart, welche glückliche Menschen zu schildern unternimmt, das Idyll, sie stets und wesentlich in höchst beschränkter Lage und Umgebung darstellt. Das Gefühl der Sache liegt auch unserm Wohlgefallen an den sogenannten Genrebildern zum Grunde[1]. – Demgemäß wird die möglichste *Einfachheit* unsrer Verhältnisse und sogar die *Einförmigkeit* der Lebensweise, solange sie nicht Langeweile erzeugt, beglücken; weil sie das Leben selbst, folglich auch die ihm wesentliche Last am wenigsten spüren läßt: es fließt dahin wie ein Bach, ohne Wellen und Strudel.

7. In Hinsicht auf unser Wohl und Wehe kommt es in letzter Instanz darauf an, womit das Bewußtsein erfüllt und beschäftigt sei. Hier wird nun im ganzen jede rein intellektuelle Beschäftigung dem ihrer fähigen Geiste viel mehr leisten als das wirkliche Leben mit seinem beständigen Wechsel des Gelingens und Mißlingens, nebst seinen Erschütterungen und Plagen. Nur sind dazu freilich schon überwie-

1. [*Vgl. Bd. 2, S. 613 Anmerkung*]

gende geistige Anlagen erfordert. Sodann ist hiebei zu bemerken, daß, wie das nach außen tätige Leben uns von den Studien zerstreut und ablenkt, [es] auch dem Geiste die dazu erforderliche Ruhe und Sammlung benimmt; ebenso andererseits die anhaltende Geistesbeschäftigung zum Treiben und Tummeln des wirklichen Lebens mehr oder weniger untüchtig macht: daher ist es ratsam, dieselbe auf eine Weile ganz einzustellen, wann Umstände eintreten, die irgendwie eine energische praktische Tätigkeit erfordern.

8. Um mit vollkommener *Besonnenheit* zu leben und aus der eigenen Erfahrung alle Belehrung, die sie enthält, herauszuziehn, ist erfordert, daß man oft zurückdenke und, was man erlebt, getan, erfahren und dabei empfunden hat, rekapituliere, auch sein ehemaliges Urteil mit seinem gegenwärtigen, seinen Vorsatz und [sein] Streben mit dem Erfolg und der Befriedigung durch denselben vergleiche. Dies ist die Repetition des Privatissimums, welches jedem die Erfahrung liest. Auch läßt die eigene Erfahrung sich ansehn als der Text; Nachdenken und Kenntnisse als der Kommentar dazu. Viel Nachdenken und Kenntnisse bei wenig Erfahrung gleicht den Ausgaben, deren Seiten zwei Zeilen Text und vierzig Zeilen Kommentar darbieten. Viel Erfahrung bei wenig Nachdenken und geringen Kenntnissen gleicht den bipontinischen Ausgaben ohne Noten, welche vieles unverstanden lassen.

Auf die hier gegebene Anempfehlung zielt auch die Regel des Pythagoras, daß man abends vor dem Einschlafen durchmustern solle, was man den Tag über getan hat. Wer im Getümmel der Geschäfte oder Vergnügungen dahinlebt, ohne je seine Vergangenheit zu ruminieren, vielmehr nur immerfort sein Leben abhaspelt, dem geht die klare Besonnenheit verloren: sein Gemüt wird ein Chaos, und eine gewisse Verworrenheit kommt in seine Gedanken, von welcher alsbald das Abrupte, Fragmentarische, gleichsam Kleingehackte seiner Konversation zeugt. Dies ist um so mehr der Fall, je größer die äußere Unruhe, die Menge der Eindrücke und je geringer die innere Tätigkeit seines Geistes ist.

Hieher gehört die Bemerkung, daß nach längerer Zeit und nachdem die Verhältnisse und Umgebungen, welche auf uns einwirkten, vorübergegangen sind, wir nicht vermögen, unsere damals durch sie erregte Stimmung und Empfindung uns zurückzurufen und zu erneuern: wohl aber können wir unserer eigenen damals von ihnen hervorgerufenen *Äußerungen* uns erinnern. Diese nun sind das Resultat, der Ausdruck und der Maßstab jener. Daher sollte das Gedächtnis oder das Papier dergleichen aus denkwürdigen Zeitpunkten sorgfältig aufbewahren. Hiezu sind Tagebücher sehr nützlich.

9. Sich selber genügen, sich selber alles in allem sein und sagen können: ›Omnia mea mecum porto‹[1] [All mein Eigentum trage ich bei mir] ist gewiß für unser Glück die förderlichste Eigenschaft; daher der Ausspruch des *Aristoteles*: Ἡ εὐδαιμονία τῶν αὐτάρκων ἐστί (Felicitas sibi sufficientium est) [Das Glück gehört den Genügsamen] (›Ethica Eudemia‹ 7, 2 [p. 1238a 12]) nicht zu oft wiederholt werden kann. Auch ist es im wesentlichen derselbe Gedanke, den in einer überaus artigen Wendung die Sentenz Chamforts ausdrückt, welche ich dieser Abhandlung als Motto vorgesetzt habe. Denn teils darf man mit einiger Sicherheit auf niemand zählen als auf sich selbst und teils sind die Beschwerden und Nachteile, die Gefahr und der Verdruß, welche die Gesellschaft mit sich führt, unzählig und unausweichbar.

Kein verkehrterer Weg zum Glück als das Leben in der großen Welt, in Saus und Braus (high life): denn es bezweckt, unser elendes Dasein in eine Sukzession von Freude, Genuß, Vergnügen zu verwandeln, wobei die Enttäuschung nicht ausbleiben kann; sowenig wie bei der obligaten Begleitung dazu, dem gegenseitigen einander Belügen[F].

Zunächst erfordert jede Gesellschaft notwendig eine ge-

---

1. [Vgl. Cicero: ›Paradoxa‹ 1, 1, 8 und Seneca: ›Epistulae‹ 9, 18]

F. Wie unser Leib in die Gewänder, so ist unser Geist in *Lügen* verhüllt. Unser Reden, Tun, unser ganzes Wesen ist lügenhaft: und erst durch diese Hülle hindurch kann man bisweilen unsere wahre Gesinnung erraten wie durch die Gewänder hindurch die Gestalt des Leibes.

genseitige Akkommodation und Temperatur: daher wird sie je größer, desto fader. Ganz *er selbst sein* darf jeder nur, solange er allein ist: wer also nicht die Einsamkeit liebt, der liebt auch nicht die Freiheit: denn nur, wann man allein ist, ist man frei. Zwang ist der unzertrennliche Gefährte jeder Gesellschaft, und jede fordert Opfer, die um so schwerer fallen, je bedeutender die eigene Individualität ist. Demgemäß wird jeder in genauer Proportion zum Werte seines eigenen Selbst die Einsamkeit fliehen, ertragen oder lieben. Denn in ihr fühlt der Jämmerliche seine ganze Jämmerlichkeit, der große Geist seine ganze Größe, kurz: jeder sich als was er ist. Ferner, je höher einer auf der Rangliste der Natur steht, desto einsamer steht er, und zwar wesentlich und unvermeidlich. Dann aber ist es eine Wohltat für ihn, wenn die physische Einsamkeit der geistigen entspricht: widrigenfalls dringt die häufige Umgebung heterogener Wesen störend, ja feindlich auf ihn ein, raubt ihm sein Selbst und hat nichts als Ersatz dafür zu geben. Sodann, während die Natur zwischen Menschen die weiteste Verschiedenheit im Moralischen und Intellektuellen gesetzt hat, stellt die Gesellschaft, diese für nichts achtend, sie alle gleich oder vielmehr: sie setzt an ihre Stelle die künstlichen Unterschiede und Stufen des Standes und Ranges, welche der Rangliste der Natur sehr oft diametral entgegenlaufen. Bei dieser Anordnung stehn sich die, welche die Natur niedrig gestellt hat, sehr gut; die wenigen aber, welche sie hoch stellte, kommen dabei zu kurz; daher diese sich der Gesellschaft zu entziehn pflegen und in jeder, sobald sie zahlreich ist, das Gemeine vorherrscht. Was den großen Geistern die Gesellschaft verleidet, ist die Gleichheit der Rechte, folglich der Ansprüche bei der Ungleichheit der Fähigkeiten, folglich der (gesellschaftlichen) Leistungen der andern. Die sogenannte gute Sozietät läßt Vorzüge aller Art gelten, nur nicht die geistigen: diese sind sogar Konterbande. Sie verpflichtet uns, gegen jede Torheit, Narrheit, Verkehrtheit, Stumpfheit grenzenlose Geduld zu beweisen; persönliche Vorzüge hingegen sollen sich Verzeihung erbetteln oder sich verbergen; denn die geistige Überlegenheit verletzt durch ihre bloße Existenz ohne alles Zutun des Willens. Demnach hat die Gesellschaft, welche man die gute nennt, nicht nur den Nachteil, daß sie uns Menschen darbietet, die wir nicht loben und lieben können, sondern sie läßt auch nicht zu, daß wir selbst seien, wie es unserer Natur angemessen ist; vielmehr nötigt sie uns des Einklanges mit den andern wegen einzuschrumpfen oder gar uns selbst zu verunstalten. Geistreiche Reden oder Einfälle gehören nur vor geistreiche Gesellschaft – in der gewöhnlichen sind sie geradezu verhaßt; denn um in dieser zu gefallen, ist durchaus notwendig, daß man platt und borniert sei. In solcher Gesellschaft müssen wir daher mit schwerer Selbstverleugnung drei Viertel unser selbst aufgeben, um uns den andern zu verähnlichen. Dafür haben wir dann freilich die andern: aber je mehr eigenen Wert einer hat, desto mehr wird er finden, daß hier der Gewinn den Verlust nicht deckt und das Geschäft zu seinem Nachteil ausschlägt; weil die Leute in der Regel insolvent sind, d. h. in ihrem Umgang nichts haben, das für die Langweiligkeit, die Beschwerden und Unannehmlichkeiten desselben und für die Selbstverleugnung, die er auflegt, schadlos hielte: demnach ist die allermeiste Gesellschaft so beschaffen, daß, wer sie gegen die Einsamkeit vertauscht, einen guten Handel macht. Dazu kommt noch, daß die Gesellschaft, um die echte, d. i. die geistige Überlegenheit, welche sie nicht verträgt und die auch schwer zu finden ist, zu ersetzen, eine falsche, konventionelle, auf willkürlichen Satzungen beruhende und traditionell unter den höhern Ständen sich fortpflanzende, auch, wie die Parole, veränderliche Überlegenheit beliebig angenommen hat: diese ist, was der gute Ton, ›bon ton‹, ›fashionableness‹ genannt wird. Wann sie jedoch einmal mit der echten in Kollision gerät, zeigt sich ihre Schwäche. – Zudem: ›Quand le bon ton arrive, le bon sens se retire.‹[1] [Wenn der gute Ton sich einstellt, zieht sich der gesunde Verstand zurück.]

Überhaupt aber kann jeder *im vollkommensten Einklange* nur mit sich selbst stehn; nicht mit seinem Freunde, nicht mit

1. [Sprichwörtlich]

seiner Geliebten: denn die Unterschiede der Individualität und Stimmung führen allemal eine, wenn auch geringe Dissonanz herbei. Daher ist der wahre tiefe Friede des Herzens und die vollkommene Gemütsruhe, dieses nächst der Gesundheit höchste irdische Gut, allein in der Einsamkeit zu finden und als dauernde Stimmung nur in der tiefsten Zurückgezogenheit. Ist dann das eigene Selbst groß und reich, so genießt man den glücklichsten Zustand, der auf dieser armen Erde gefunden werden mag. Ja es sei herausgesagt: so eng auch Freundschaft, Liebe und Ehe Menschen verbinden, *ganz ehrlich* meint jeder es am Ende doch nur mit sich selbst und höchstens noch mit seinem Kinde. – Je weniger einer infolge objektiver oder subjektiver Bedingungen nötig hat, mit den Menschen in Berührung zu kommen, desto besser ist er daran. Die *Einsamkeit* und Öde läßt alle ihre Übel auf einmal, wenn auch nicht empfinden, doch übersehn: hingegen die Gesellschaft ist *insidiös*: sie verbirgt hinter dem Scheine der Kurzweil, der Mitteilung, des geselligen Genusses usf. große, oft unheilbare Übel. Ein Hauptstudium der Jugend sollte sein, *die Einsamkeit ertragen zu lernen*; weil sie eine Quelle des Glückes, der Gemütsruhe ist. – Aus diesem allen nun folgt, daß der am besten daran ist, der nur auf sich selbst gerechnet hat und sich selber alles in allem sein kann; sogar sagt Cicero: ›Nemo potest non beatissimus esse, qui est totus aptus ex sese quique in se uno ponit omnia.‹ [Es ist unmöglich, daß einer nicht vollkommen glücklich sei, der ganz von sich selbst abhängt und auf sich allein alles setzt.] (›Paradoxa‹ [2, 17]). Zudem, je mehr einer an sich selber hat, desto weniger können andere ihm sein. Ein gewisses Gefühl von Allgenugsamkeit ist es, welches die Leute von innerm Wert und Reichtum abhält, der Gemeinschaft mit andern die bedeutenden Opfer, welche sie verlangt, zu bringen, geschweige dieselbe mit merklicher Selbstverleugnung zu suchen. Das Gegenteil hievon macht die gewöhnlichen Leute so gesellig und akkommodant: es wird ihnen nämlich leichter, andere zu ertragen als sich selbst. Noch kommt hinzu, daß, was wirklichen Wert hat, in der Welt nicht geachtet wird und, was geachtet wird, keinen Wert hat. Hievon ist die Zurückgezogenheit jedes Würdigen und Ausgezeichneten der Beweis und die Folge. Diesem allen nach wird es in dem, der etwas Rechtes an sich selber hat, echte Lebensweisheit sein, wenn er erforderlichenfalls seine Bedürfnisse einschränkt, um nur seine Freiheit zu wahren oder zu erweitern, und demnach mit seiner Person, da sie unvermeidliche Verhältnisse zur Menschenwelt hat, so kurz wie möglich sich abfindet.

Was nun andrerseits die Menschen gesellig macht, ist ihre Unfähigkeit, die Einsamkeit und in dieser sich selbst zu ertragen. Innere Leere und Überdruß sind es, von denen sie sowohl in die Gesellschaft wie in die Fremde und auf Reisen getrieben werden. Ihrem Geiste mangelt es an Federkraft, sich eigene Bewegung zu erteilen: daher suchen sie Erhöhung derselben durch Wein und werden viele auf diesem Wege zu Trunkenbolden. Ebendaher bedürfen sie der steten Erregung von außen, und zwar der stärksten, d. i. der durch Wesen ihresgleichen. Ohne diese sinkt ihr Geist unter seiner eigenen Schwere zusammen und verfällt in eine drückende Lethargie[F]. Imgleichen ließe sich sagen, daß jeder von ihnen nur ein kleiner Bruch der Idee der

---

[F]. Bekanntlich werden Übel dadurch erleichtert, daß man sie gemeinschaftlich erträgt: zu diesen scheinen die Leute die Langeweile zu zählen; daher sie sich zusammensetzen, um sich gemeinschaftlich zu langweilen. Wie die Liebe zum Leben im Grunde nur Furcht vor dem Tode ist, so ist auch der *Geselligkeitstrieb* der Menschen im Grunde kein direkter, beruht nämlich nicht auf Liebe zur Gesellschaft, sondern auf Furcht vor der *Einsamkeit*, indem es nicht sowohl die holdselige Gegenwart der andern ist, die gesucht, als vielmehr die Öde und Beklommenheit des Alleinseins, nebst der Monotonie des eigenen Bewußtseins, die geflohen wird; welcher zu entgehn man daher auch mit schlechter Gesellschaft vorliebnimmt, imgleichen das Lästige und den Zwang, den eine jede notwendig mit sich bringt, sich gefallen läßt. – Hat hingegen der Widerwille gegen dieses alles gesiegt und ist infolge davon die Gewohnheit der Einsamkeit und die Abhärtung gegen ihren unmittelbaren Eindruck eingetreten, so daß sie die oben bezeichneten Wirkungen nicht mehr hervorbringt; dann kann man mit größter Behaglichkeit immerfort allein sein, ohne sich nach Gesellschaft zu sehnen; eben weil das Bedürfnis derselben kein direktes ist und man andrerseits sich jetzt an die wohltätigen Eigenschaften der Einsamkeit gewöhnt hat.

Menschheit sei, daher er vieler Ergänzung durch andere bedarf, damit einigermaßen ein volles menschliches Bewußtsein herauskomme: hingegen wer ein ganzer Mensch ist, ein Mensch par excellence, der stellt eine Einheit und keinen Bruch dar, hat daher an sich selbst genug. Man kann in diesem Sinne die gewöhnliche Gesellschaft jener russischen Hornmusik vergleichen, bei der jedes Horn nur *einen* Ton hat und bloß durch das pünktliche Zusammentreffen aller eine Musik herauskommt. Denn monoton wie ein solches eintöniges Horn ist der Sinn und Geist der allermeisten Menschen: sehn doch viele von ihnen schon aus, als hätten sie immerfort nur *einen* und denselben Gedanken, unfähig, irgendeinen andern zu denken. Hieraus also erklärt sich nicht nur, warum sie so langweilig, sondern auch, warum sie so gesellig sind und am liebsten herdenweise einhergehn: ›the gregariousness of mankind‹ [die Herdentiernatur der Menschheit]. Die Monotonie seines eigenen Wesens ist es, die jedem von ihnen unerträglich wird: ›Omnis stultitia laborat fastidio sui‹ *[vgl. S. 395]*; nur zusammen und durch die Vereinigung sind sie irgend etwas – wie jene Hornbläser. Dagegen ist der geistvolle Mensch einem Virtuosen zu vergleichen, der sein Konzert *allein* ausführt; oder auch dem Klavier. Wie nämlich dieses für sich allein ein kleines Orchester, so ist er eine kleine Welt, und was jene alle erst durch das Zusammenwirken sind, stellt er dar in der Einheit *eines* Bewußtseins. Wie das Klavier ist er kein Teil der Symphonie, sondern für das Solo und die Einsamkeit geeignet: soll er mit ihnen zusammenwirken, so kann er es nur sein als Prinzipalstimme mit Begleitung, wie das Klavier, oder zum Tonangeben bei Vokalmusik, wie das Klavier. – Wer inzwischen Gesellschaft liebt kann sich aus diesem Gleichnis die Regel abstrahieren, daß, was den Personen seines Umgangs an Qualität abgeht, durch die Quantität einigermaßen ersetzt werden muß. An einem einzigen geistvollen Menschen kann er Umgang genug haben: ist aber nichts als die gewöhnliche Sorte zu finden, so ist es gut, von dieser recht viele zu haben, damit durch die Mannigfaltigkeit und das Zusammenwirken etwas herauskomme –

nach Analogie der besagten Hornmusik – und der Himmel schenke ihm dazu Geduld!

Jener innern Leere aber und Dürftigkeit der Menschen ist auch dieses zuzuschreiben, daß, wenn einmal, irgendeinen edelen, idealen Zweck beabsichtigend, Menschen besserer Art zu einem Verein zusammentreten, alsdann der Ausgang fast immer dieser ist, daß aus jenem Plebs der Menschheit, welcher in zahlloser Menge wie Ungeziefer überall alles erfüllt und bedeckt und stets bereit ist, jedes ohne Unterschied zu ergreifen, um damit seiner Langenweile wie unter andern Umständen seinem Mangel zu Hülfe zu kommen – auch dort einige sich einschleichen oder eindrängen und dann bald entweder die ganze Sache zerstören oder sie so verändern, daß sie ziemlich das Gegenteil der ersten Absicht wird. –

Übrigens kann man die Geselligkeit auch betrachten als ein geistiges Erwärmen der Menschen an einander, gleich jenem körperlichen, welches sie bei großer Kälte durch Zusammendrängen hervorbringen. Allein wer selbst viel geistige Wärme hat, bedarf solcher Gruppierung nicht. Eine in diesem Sinne von mir erdachte Fabel wird man im zweiten Bande dieses Werkes finden, im letzten Kapitel *[Bd. 5, Kap. 31, § 396]*. Diesem allen zufolge steht die Geselligkeit eines jeden ungefähr im umgekehrten Verhältnisse seines intellektuellen Wertes; und: ›Er ist sehr ungesellig‹ besagt beinahe schon: ›Er ist ein Mann von großen Eigenschaften.‹

Dem intellektuell hochstehenden Menschen gewährt nämlich die Einsamkeit einen zwiefachen Vorteil: erstlich den, mit sich selber zu sein, und zweitens den, nicht mit andern zu sein. Diesen letzteren wird man hoch anschlagen, wenn man bedenkt, wieviel Zwang, Beschwerde und selbst Gefahr jeder Umgang mit sich bringt. ›Tout notre mal vient de ne pouvoir être seuls‹ [All unser Ungemach kommt aus der Unfähigkeit, allein zu sein], sagt *Labruyère* [›Les caractères‹ p.259]. *Geselligkeit* gehört zu den gefährlichen, ja verderblichen Neigungen, da sie uns in Kontakt bringt mit Wesen, deren große Mehrzahl moralisch schlecht und intellektuell stumpf oder verkehrt ist. Der Ungesellige ist einer, der ihrer nicht bedarf. An sich selber so viel zu haben, daß man der Gesellschaft nicht bedarf, ist schon deshalb ein großes Glück, weil fast alle unsere Leiden aus der Gesellschaft entspringen, und die Geistesruhe, welche nächst der Gesundheit das wesentlichste Element unsres Glückes ausmacht, durch jede Gesellschaft gefährdet wird und daher ohne ein bedeutendes Maß von Einsamkeit nicht wohl bestehn kann. Um des Glückes der Geistesruhe teilhaft zu werden, entsagten die Kyniker jedem Besitz: wer in gleicher Absicht der Gesellschaft entsagt, hat das weiseste Mittel erwählt. Denn so treffend wie schön ist, was *Bernardin de St. Pierre* sagt: ›La diète des aliments nous rend la santé du corps, et celle des hommes la tranquillité de l'âme.‹ [Die Enthaltsamkeit in der Nahrung sichert uns die Gesundheit des Leibes und die Enthaltsamkeit im Umgang mit Menschen die Ruhe der Seele.] Sonach hat, wer sich zeitig mit der Einsamkeit befreundet, ja sie lieb gewinnt, eine Goldmine erworben. Aber keineswegs vermag dies jeder. Denn wie ursprünglich die Not, so treibt nach Beseitigung dieser die Langeweile die Menschen zusammen. Ohne beide bliebe wohl jeder allein; schon weil nur in der Einsamkeit die Umgebung der ausschließlichen Wichtigkeit, ja Einzigkeit entspricht, die jeder in seinen eigenen Augen hat und welche vom Weltgedränge zu nichts verkleinert wird; als wo sie bei jedem Schritt ein schmerzliches Dementi erhält. In diesem Sinne ist die Einsamkeit sogar der natürliche Zustand eines jeden: sie setzt ihn wieder ein, als ersten Adam, in das ursprüngliche seiner Natur angemessene Glück.

Aber hatte doch auch Adam weder Vater noch Mutter! Daher wieder ist in einem andern Sinne die Einsamkeit dem Menschen nicht natürlich; sofern nämlich er bei seinem Eintritt in die Welt sich nicht allein, sondern zwischen Eltern und Geschwistern, also in Gemeinschaft gefunden hat. Demzufolge kann die Liebe zur Einsamkeit nicht als ursprünglicher Hang dasein, sondern erst infolge der Erfahrung und des Nachdenkens entstehn: und dies wird statthaben nach Maßgabe der Entwickelung eigener geistiger Kraft, zugleich aber auch mit der Zunahme der Lebensjahre;

wonach dann, im ganzen genommen, der Geselligkeitstrieb eines jeden im umgekehrten Verhältnisse seines Alters stehn wird. Das kleine Kind erhebt ein Angst-und-Jammer-Geschrei, sobald es nur einige Minuten allein gelassen wird. Dem Knaben ist das Alleinsein eine große Pönitenz. Jünglinge gesellen sich leicht zu einander: nur die edleren und hochgesinnten unter ihnen suchen schon bisweilen die Einsamkeit, jedoch einen ganzen Tag allein zuzubringen wird ihnen noch schwer. Dem Manne hingegen ist dies leicht: er kann schon viel allein sein, und desto mehr, je älter er wird. Der Greis, welcher aus verschwundenen Generationen allein übriggeblieben und dazu den Lebensgenüssen teils entwachsen, teils abgestorben ist, findet an der Einsamkeit sein eigentliches Element. Immer aber wird hiebei in den einzelnen die Zunahme der Neigung zur Absonderung und Einsamkeit nach Maßgabe ihres intellektuellen Wertes erfolgen. Denn dieselbe ist, wie gesagt, keine rein natürliche, direkt durch die Bedürfnisse hervorgerufene, vielmehr bloß eine Wirkung gemachter Erfahrung und der Reflexion über solche, namentlich der erlangten Einsicht in die moralisch und intellektuell elende Beschaffenheit der allermeisten Menschen, bei welcher das schlimmste ist, daß im Individuo die moralischen und die intellektuellen Unvollkommenheiten desselben konspirieren und sich gegenseitig in die Hände arbeiten, woraus dann allerlei höchst widerwärtige Phänomene hervorgehn, welche den Umgang der meisten Menschen ungenießbar, ja unerträglich machen. So kommt es denn, daß, obwohl in dieser Welt gar vieles recht schlecht ist, doch das Schlechteste darin die Gesellschaft bleibt: so daß selbst *Voltaire*, der gesellige Franzose, hat sagen müssen: ›La terre est couverte de gens qui ne méritent pas qu'on leur parle.‹ [Die Erde wimmelt von Menschen, die nicht wert sind, daß man mit ihnen spricht; ›Lettre à M. le cardinal de Bernis, 21 juin 1762.] Denselben Grund gibt auch der die Einsamkeit so stark und beharrlich liebende, sanftmütige *Petrarca* für diese Neigung an:

Cercato ho sempre solitaria vita
    (Le rive il sanno, e le campagne, e i boschi),

Per fuggir quest' ingegni sordi e loschi,
   Che la strada del ciel' hanno smarrita.
[Ein einsam Leben hab' ich stets gesucht
   (Bach, Feld und Wald weiß davon zu erzählen)
Vor jenen stumpfen Geistern auf der Flucht,
   Durch die ich nicht den Pfad zum Licht kann wählen.
                                         ›Sonetti‹ 221]

In gleichem Sinne führt er die Sache aus in seinem schönen Buche ›De vita solitaria‹, welches *Zimmermanns* Vorbild zu seinem berühmten Werke ›Über die Einsamkeit‹ gewesen zu sein scheint. Eben diesen bloß sekundären und mittelbaren Ursprung der Ungeselligkeit drückt in seiner sarkastischen Weise *Chamfort* aus, wenn er sagt: ›On dit quelquefois d'un homme qui vit seul, il n'aime pas la société. C'est souvent comme si on disait d'un homme, qu'il n'aime pas la promenade, sous le prétexte qu'il ne se promène pas volontiers le soir dans la forêt de Bondy.‹[F] [Man sagt zuweilen von jemand, der einsam lebt, er liebe die Gesellschaft nicht. Das ist etwa so, wie wenn man von jemand sagte, er ginge nicht gern spazieren, und als Begründung anführte, er ginge nächtlicherweile nicht gern durch den Wald von Bondy[1].] Aber auch der sanfte und christliche Angelus Silesius sagt in seiner Weise und mythischen Sprache ganz dasselbe:

Herodes ist ein Feind; der Joseph der Verstand,
Dem macht Gott die Gefahr im Traum (im Geist) bekannt.
Die Welt ist Bethlehem, Ägypten *Einsamkeit*:
Fleuch, meine Seele, fleuch, sonst stirbest du vor Leid.
                        [›Cherubinischer Wandersmann‹ 3, 241]

In gleichem Sinne läßt sich Jordanus Brunus[2] [Giordano Bruno] vernehmen: ›Tanti uomini, che in terra hanno voluto gustare vita celeste, dissero con una voce: ‚Ecce elon-

---

F. Im selben Sinne sagt Saadi im ›Gulistan‹: ›Seit dieser Zeit haben wir von der Gesellschaft Abschied genommen und uns den Weg der Absonderung vorgenommen: denn die *Sicherheit wohnt in der Einsamkeit.*‹
1. [›Wald von Bondy‹: gefahrvolles Waldstück nahe Paris]
2. [Vgl. Opere, editio Wagner, vol. 2, p. 408]

gavi fugiens et mansi in solitudine‹.‹[1] [So viele Menschen, die auf Erden ein himmlisches Leben genießen wollten, haben wie aus einem Munde gesagt: ‚Siehe, ich bin geflohen eine lange Zeit und geblieben in der Einsamkeit.‛] In gleichem Sinne berichtet Saadi, der Perser, im ›Gulistan‹ von sich selbst: ›Meiner Freunde in Damaskus überdrüssig, zog ich mich in die Wüste bei Jerusalem zurück, die Gesellschaft der Tiere aufzusuchen.‹ Kurz: in gleichem Sinne haben alle geredet, die Prometheus aus besserem Tone geformet hatte[2]. Welchen Genuß kann ihnen der Umgang mit Wesen gewähren, zu denen sie nur vermittelst des Niedrigsten und Unedelsten in ihrer eigenen Natur, nämlich des Alltäglichen, Trivialen und Gemeinen darin, irgend Beziehungen haben, die eine Gemeinschaft begründen, und denen, weil sie nicht zu ihrem Niveau sich erheben können, nichts übrigbleibt, als sie zu dem ihrigen herabzuziehn, was demnach ihr Trachten wird? Sonach ist es ein aristokratisches Gefühl, welches den Hang zur Absonderung und Einsamkeit nährt. Alle Lumpe sind gesellig, zum Erbarmen: daß hingegen ein Mensch edlerer Art sei, zeigt sich zunächst daran, daß er kein Wohlgefallen an den übrigen hat, sondern mehr und mehr die Einsamkeit ihrer Gesellschaft vorzieht und dann allmälig mit den Jahren zu der Einsicht gelangt, daß es, seltene Ausnahmen abgerechnet, in der Welt nur die Wahl gibt zwischen Einsamkeit und Gemeinheit. Sogar auch dieses, so hart es klingt, hat selbst Angelus Silesius, seiner christlichen Milde und Liebe ungeachtet, nicht ungesagt lassen können:

Die Einsamkeit ist not: doch sei nur nicht gemein,
So kannst du überall in einer Wüste sein.
[›Cherubinischer Wandersmann‹ 2, 117]

Was nun aber gar die großen Geister betrifft, so ist es wohl natürlich, daß diese eigentlichen Erzieher des ganzen Menschengeschlechtes zu häufiger Gemeinschaft mit den übrigen sowenig Neigung fühlen, als den Pädagogen anwandelt,

1. [Psalm 54,8]
2. [Vgl. Juvenal: ›Saturae‹ 14, 34]

sich in das Spiel der ihn umlärmenden Kinderherde zu mischen. Denn sie, die auf die Welt gekommen sind, um sie auf dem Meer ihrer Irrtümer der Wahrheit zuzulenken und aus dem finstern Abgrund ihrer Roheit und Gemeinheit nach oben dem Lichte zu, der Bildung und Veredlung entgegenzuziehn – sie müssen zwar unter ihnen leben, ohne jedoch eigentlich zu ihnen zu gehören, fühlen sich daher von Jugend auf als merklich von den andern verschiedene Wesen, kommen aber erst allmälig mit den Jahren zur deutlichen Erkenntnis der Sache, wonach sie dann Sorge tragen, daß zu ihrer geistigen Entfremdung von den andern auch die physische komme und keiner ihnen nahe rücken darf, er sei denn schon selbst ein mehr oder weniger Eximierter von der allgemeinen Gemeinheit.

Aus diesem allem ergibt sich also, daß die Liebe zur Einsamkeit nicht direkt und als ursprünglicher Trieb auftritt, sondern sich indirekt, vorzüglich bei edleren Geistern und erst nach und nach entwickelt, nicht ohne Überwindung des natürlichen Geselligkeitstriebes, ja unter gelegentlicher Opposition mephistophelischer Einflüsterung:

> Hör auf, mit deinem Gram zu spielen,
> Der wie ein Geier dir am Leben frißt:
> Die schlechteste Gesellschaft läßt dich fühlen,
> Daß du ein Mensch mit Menschen bist.
> [Goethe, ›Faust‹ I, Vers 1635–1638]

Einsamkeit ist das Los aller hervorragenden Geister: sie werden solche bisweilen beseufzen; aber stets sie als das kleinere von zwei Übeln erwählen. Mit zunehmendem Alter wird jedoch das ›Sapere aude‹ [Wage es, verständig zu sein; Horaz, ›Epistulae‹ I, 2, 40] in diesem Stücke immer leichter und natürlicher, und in den sechziger Jahren ist der Trieb zur Einsamkeit ein wirklich naturgemäßer, ja instinktartiger. Denn jetzt vereint sich alles, ihn zu befördern. Der stärkste Zug zur Geselligkeit, Weiberliebe und Geschlechtstrieb, wirkt nicht mehr, ja die Geschlechtslosigkeit des Alters legt den Grund zu einer gewissen Selbstgenügsamkeit, die allmälig den Geselligkeitstrieb überhaupt absorbiert;

von tausend Täuschungen und Torheiten ist man zurückgekommen; das aktive Leben ist meistens abgetan, man hat nichts mehr zu erwarten, hat keine Pläne und Absichten mehr; die Generation, der man eigentlich angehört, lebt nicht mehr; von einem fremden Geschlecht umgeben steht man schon objektiv und wesentlich allein. Dabei hat der Flug der Zeit sich beschleunigt, und geistig möchte man sie noch benutzen. Denn wenn nur der Kopf seine Kraft behalten hat, so machen jetzt die vielen erlangten Kenntnisse und Erfahrungen, die allmälig vollendete Durcharbeitung aller Gedanken und die große Übungsfertigkeit aller Kräfte das Studium jeder Art interessanter und leichter als jemals. Man sieht klar in tausend Dingen, die früher noch wie im Nebel lagen: man gelangt zu Resultaten und fühlt seine ganze Überlegenheit. Infolge langer Erfahrung hat man aufgehört, von den Menschen viel zu erwarten; da sie, im ganzen genommen, nicht zu den Leuten gehören, welche bei näherer Bekanntschaft gewinnen: vielmehr weiß man, daß, von seltenen Glücksfällen abgesehn, man nichts antreffen wird als sehr defekte Exemplare der menschlichen Natur, welche es besser ist unberührt zu lassen. Man ist daher den gewöhnlichen Täuschungen nicht mehr ausgesetzt, merkt jedem bald an, was er ist, und wird selten den Wunsch fühlen, nähere Verbindung mit ihm einzugehn. Endlich ist auch, zumal wenn man an der Einsamkeit eine Jugendfreundin erkennt, die Gewohnheit der Isolation und des Umgangs mit sich selbst hinzugekommen und zur zweiten Natur geworden. Demnach ist jetzt die Liebe zur Einsamkeit, welche früher dem Geselligkeitstriebe erst abgerungen werden mußte, eine ganz natürliche und einfache: man ist in der Einsamkeit wie der Fisch im Wasser. Daher fühlt jede vorzügliche, folglich den übrigen unähnliche, mithin alleinstehende Individualität sich durch diese ihr wesentliche Isolation zwar in der Jugend gedrückt, aber im Alter erleichtert.

Denn freilich wird dieses wirklichen Vorzugs des Alters jeder immer nur nach Maßgabe seiner intellektuellen Kräfte teilhaft, also der eminente Kopf vor allen; jedoch in geringerem Grade wohl jeder. Nur höchst dürftige und gemeine

Naturen werden im Alter noch so gesellig sein wie ehedem: sie sind der Gesellschaft, zu der sie nicht mehr passen, beschwerlich und bringen es höchstens dahin, toleriert zu werden, während sie ehemals gesucht wurden.

An dem dargelegten entgegengesetzten Verhältnisse zwischen der Zahl unserer Lebensjahre und dem Grade unserer Geselligkeit läßt sich auch noch eine teleologische Seite herausfinden. Je jünger der Mensch ist, desto mehr hat er noch in jeder Beziehung zu lernen: nun hat ihn die Natur auf den wechselseitigen Unterricht verwiesen, welchen jeder im Umgange mit seinesgleichen empfängt und in Hinsicht auf welchen die menschliche Gesellschaft eine große Bell-Lankastersche Erziehungsanstalt[1] genannt werden kann; da Bücher und Schulen künstliche, weil vom Plane der Natur abliegende Anstalten sind. Sehr zweckmäßig also besucht er die natürliche Unterrichtsanstalt desto fleißiger, je jünger er ist.

›Nihil est ab omni parte beatum‹ [Nichts ist von allen Seiten aus glücklich], sagt Horaz [›Carmina‹ 2, 16, 27 f.] und ›Kein Lotos ohne Stengel‹ lautet ein indisches Sprichwort: so hat denn auch die Einsamkeit neben so vielen Vorteilen ihre kleinen Nachteile und Beschwerden, die jedoch im Vergleich mit denen der Gesellschaft gering sind; daher, wer etwas Rechtes an sich selber hat, es immer leichter finden wird, ohne die Menschen auszukommen als mit ihnen. – Unter jenen Nachteilen ist übrigens einer, der nicht so leicht wie die übrigen zum Bewußtsein gebracht wird, nämlich dieser: wie durch anhaltend fortgesetztes Zuhausebleiben unser Leib so empfindlich gegen äußere Einflüsse wird, daß jedes kühle Lüftchen ihn krankhaft affiziert; so wird durch anhaltende Zurückgezogenheit und Einsamkeit unser Gemüt so empfindlich, daß wir durch die unbedeutendsten Vorfälle, Worte, wohl gar durch bloße Mienen uns beunruhigt oder gekränkt oder verletzt fühlen; während der, welcher stets im Getümmel bleibt, dergleichen gar nicht beachtet.

---

1. [in der die Methode des gegenseitigen Unterrichts geübt wird, die am Ende des 18. Jahrhunderts von Andreas Bell und Joseph Lankaster entwickelt worden war.]

Wer nun aber, zumal in jüngern Jahren, sooft ihn auch schon gerechtes Mißfallen an den Menschen in die Einsamkeit zurückgescheucht hat, doch die Öde derselben auf die Länge zu ertragen nicht vermag, dem rate ich, daß er sich gewöhne, einen Teil seiner Einsamkeit in die Gesellschaft mitzunehmen, also daß er lerne, auch in der Gesellschaft in gewissem Grade allein zu sein, demnach, was er denkt, nicht sofort den andern mitzuteilen und andererseits mit dem, was sie sagen, es nicht genau zu nehmen, vielmehr moralisch wie intellektuell nicht viel davon zu erwarten und daher hinsichtlich ihrer Meinungen diejenige Gleichgültigkeit in sich zu befestigen, die das sicherste Mittel ist, um stets eine lobenswerte Toleranz zu üben. Er wird alsdann, obwohl mitten unter ihnen, doch nicht so ganz in ihrer Gesellschaft sein, sondern hinsichtlich ihrer sich mehr rein objektiv verhalten: dies wird ihn vor zu genauer Berührung mit der Gesellschaft und dadurch vor jeder Besudelung oder gar Verletzung schützen. Sogar eine lesenswerte dramatische Schilderung dieser restringierten oder verschanzten Geselligkeit besitzen wir am Lustspiel ›El café o sea la comedia nueva‹ von *Moratin*, und zwar im Charakter des Don Pedro daselbst, zumal in der zweiten und dritten Szene des ersten Akts. In diesem Sinne kann man auch die Gesellschaft einem Feuer vergleichen, an welchem der Kluge sich in gehöriger Entfernung wärmt, nicht aber hineingreift wie der Tor, der dann, nachdem er sich verbrannt hat, in die Kälte der Einsamkeit flieht und jammert, daß das Feuer brennt.

10. *Neid* ist dem Menschen natürlich: dennoch ist er ein Laster und ein Unglück zugleich[F]. Wir sollen daher ihn als den Feind unsers Glückes betrachten und als einen bösen Dämon zu ersticken suchen. Hiezu leitet uns *Seneca* an mit den schönen Worten: ›Nostra nos sine comparatione delectent; nunquam erit felix, quem torquebit felicior.‹ [Am Unsrigen wollen wir uns freuen, ohne zu vergleichen: nie-

---

F. Der *Neid* der Menschen zeigt an, wie unglücklich sie sich fühlen; ihre beständige *Aufmerksamkeit* auf fremdes Tun und Lassen, wie sehr sie sich langweilen.

mals wird jemand glücklich sein, wenn es ihn quält, daß ein anderer glücklicher ist.] (›De ira‹ 3, 30 [3]) – und wiederum: ›Cum adspexeris, quot te antecedant, cogita, quot sequantur.‹ [Wenn du siehst, wie viele dir voraussind, so denke daran, wie viele dir nachstehen.] (›Epistulae‹ 15 [11]). Also wir sollen öfter die betrachten, welche schlimmer daran sind als wir, denn die, welche besser daran zu sein scheinen. Sogar wird bei eingetretenen wirklichen Übeln uns den wirksamsten, wiewohl aus derselben Quelle mit dem Neide fließenden Trost die Betrachtung größerer Leiden, als die unserigen sind, gewähren und nächstdem der Umgang mit solchen, die mit uns im selben Falle sich befinden, mit den sociis malorum [Gefährten des Unglücks].

Soviel von der aktiven Seite des Neides. Von der passiven ist zu erwägen, daß kein Haß so unversöhnlich ist wie der Neid; daher wir nicht unablässig und eifrig bemüht sein sollten, ihn zu erregen; vielmehr besser täten, diesen Genuß wie manchen andern der gefährlichen Folgen wegen uns zu versagen.

Es gibt *drei Aristokratien*: 1. die der Geburt und des Ranges, 2. die Geldaristokratie, 3. die geistige Aristokratie. Letztere ist eigentlich die vornehmste, wird auch dafür anerkannt, wenn man ihr nur Zeit läßt: hat doch schon Friedrich der Große gesagt: ›Les âmes privilégées rangent à l'égal des souverains‹ [Die bevorrechtigten Geister stehen auf einer Stufe mit den Fürsten], und zwar zu seinem Hofmarschall, der Anstoß daran nahm, daß, während Minister und Generäle an der Marschallstafel aßen, Voltaire an einer Tafel Platz nehmen sollte, an welcher bloß regierende Herren und ihre Prinzen saßen. – Jede dieser Aristokratien ist umgeben von einem Heer ihrer Neider, welche gegen jeden ihr Angehörigen heimlich erbittert und, wenn sie ihn nicht zu fürchten haben, bemüht sind, ihm auf mannigfaltige Weise zu verstehn zu geben: ›Du bist nichts mehr als wir!‹ Aber gerade diese Bemühungen verraten ihre Überzeugung vom Gegenteil. Das von den Beneideten dagegen anzuwendende Verfahren besteht im Fernhalten aller dieser Schar Angehörigen und im möglichsten Vermeiden jeder Berührung mit ihnen, so daß sie durch eine weite Kluft abgetrennt bleiben; wo aber dies nicht angeht, im höchst gelassenen Ertragen ihrer Bemühungen, deren Quelle sie ja neutralisiert – auch sehn wir dasselbe durchgängig angewandt. Hingegen werden die der einen Aristokratie Angehörigen sich mit denen einer der beiden andern meistens gut und ohne Neid vertragen; weil jeder seinen Vorzug gegen den der andern in die Waage legt.

11. Man überlege ein Vorhaben reiflich und wiederholt, ehe man dasselbe ins Werk setzt, und selbst nachdem man alles auf das gründlichste durchdacht hat, räume man noch der Unzulänglichkeit aller menschlichen Erkenntnis etwas ein, infolge welcher es immer noch Umstände geben kann, die zu erforschen oder vorherzusehn unmöglich ist und welche die ganze Berechnung unrichtig machen könnten. Dieses Bedenken wird stets ein Gewicht auf die negative Schale legen und uns anraten, in wichtigen Dingen ohne Not nichts zu rühren: ›Quieta non movere.‹ [Was ruht, soll man nicht in Bewegung bringen; Sallust, ›Catilina‹ 21, 1.] Ist man aber einmal zum Entschluß gekommen und hat Hand ans Werk gelegt, so daß jetzt alles seinen Verlauf zu nehmen hat und nur noch der Ausgang abzuwarten steht; dann ängstige man sich nicht durch stets erneuerte Überlegung des bereits Vollzogenen und durch wiederholtes Bedenken der möglichen Gefahr: vielmehr entschlage man der Sache sich jetzt gänzlich, halte das ganze Gedankenfach derselben verschlossen, sich mit der Überzeugung beruhigend, daß man alles zu seiner Zeit reiflich erwogen habe. Diesen Rat erteilt auch das italienische Sprichwort: ›Legala bene, e poi lascia la andare‹ [Schirre gut, und dann laß es laufen], welches Goethe übersetzt: ›Du, sattle gut und reite getrost‹ – wie denn, beiläufig gesagt, ein großer Teil seiner unter der Rubrik ›Sprichwörtlich‹ gegebenen Gnomen übersetzte italienische Sprichwörter sind. – Kommt dennoch ein schlimmer Ausgang; so ist es, weil alle menschlichen Angelegenheiten dem Zufall und dem Irrtum unterliegen. Daß *Sokrates*, der weiseste der Menschen, um nur in seinen eigenen persönlichen Angelegenheiten das Richtige zu treffen

oder wenigstens Fehltritte zu vermeiden, eines warnenden *Daimonions* bedurfte, beweist, daß hiezu kein menschlicher Verstand ausreicht. Daher ist jener angeblich von einem Papste herrührende Ausspruch, daß von jedem Unglück, das uns trifft, wir selbst, wenigstens in irgend etwas, die Schuld tragen, nicht unbedingt und in allen Fällen wahr: wiewohl bei weitem in den meisten. Sogar scheint das Gefühl hievon viel Anteil daran zu haben, daß die Leute ihr Unglück möglichst zu verbergen suchen und, soweit es gelingen will, eine zufriedene Miene aufsetzen. Sie besorgen, daß man vom Leiden auf die Schuld schließen werde.

12. Bei einem unglücklichen Ereignis, welches bereits eingetreten, also nicht mehr zu ändern ist, soll man sich nicht einmal den Gedanken, daß dem anders sein könnte, noch weniger den, wodurch es hätte abgewendet werden können, erlauben: denn gerade er steigert den Schmerz ins Unerträgliche; so daß man damit zum ἑαυτὸν τιμωρούμενος¹ [Selbstquäler] wird. Vielmehr mache man es wie der König David, der, solange sein Sohn krank daniederlag, den Jehova unablässig mit Bitten und Flehen bestürmte; als er aber gestorben war, ein Schnippchen schlug und nicht weiter daran dachte. Wer aber dazu nicht leichtsinnig genug ist, flüchte sich auf den fatalistischen Standpunkt, indem er sich die große Wahrheit verdeutlicht, daß alles, was geschieht, notwendig eintritt, also unabwendbar ist.

Bei allen dem ist diese Regel einseitig. Sie taugt zwar zu unserer unmittelbaren Erleichterung und Beruhigung bei Unglücksfällen: allein wenn an diesen wie doch meistens unsere eigene Nachlässigkeit oder Verwegenheit wenigstens zum Teil schuld ist; so ist die wiederholte schmerzliche Überlegung, wie dem hätte vorgebeugt werden können, zu unserer Witzigung und Besserung, also für die Zukunft eine heilsame Selbstzüchtigung. Und gar offenbar begangene Fehler sollen wir nicht, wie wir doch pflegen, vor uns selber zu entschuldigen oder zu beschönigen oder zu verkleinern suchen, sondern sie uns eingestehn und in ihrer ganzen Größe deutlich uns vor Augen bringen, um den

1. [Titel einer Komödie des Terenz nach Menander]

Vorsatz, sie künftig zu vermeiden, fest fassen zu können. Freilich hat man sich dabei den großen Schmerz der Unzufriedenheit mit sich selbst anzutun; aber: Ὁ μὴ δαρεὶς ἄνθρωπος οὐ παιδεύεται[1]. [Wer nicht geschunden wurde, wird nicht erzogen; Menander, ›Monostichi‹ 422.]

13. In allem, was unser Wohl und Wehe betrifft, sollen wir *die Phantasie im Zügel halten*: also zuvörderst keine Luftschlösser bauen; weil diese zu kostspielig sind, indem wir gleich darauf sie unter Seufzern wieder einzureißen haben. Aber noch mehr sollen wir uns hüten, durch das Ausmalen bloß möglicher Unglücksfälle unser Herz zu ängstigen. Wenn nämlich diese ganz aus der Luft gegriffen oder doch sehr weit hergeholt wären; so würden wir beim Erwachen aus einem solchen Traume gleich wissen, daß alles nur Gaukelei gewesen, daher uns der bessern Wirklichkeit um so mehr freuen und allenfalls eine Warnung gegen ganz entfernte, wiewohl mögliche Unglücksfälle daraus entnehmen. Allein mit dergleichen spielt unsere Phantasie nicht leicht: ganz müßigerweise baut sie höchstens heitere Luftschlösser. Der Stoff zu ihren finstern Träumen sind Unglücksfälle, die uns, wenn auch aus der Ferne, doch einigermaßen wirklich bedrohen: diese vergrößert sie, bringt ihre Möglichkeit viel näher, als sie in Wahrheit ist, und malt sie auf das fürchterlichste aus. Einen solchen Traum können wir beim Erwachen nicht sogleich abschütteln wie den heitern: denn diesen widerlegt alsbald die Wirklichkeit und läßt höchstens eine schwache Hoffnung im Schoße der Möglichkeit übrig. Aber haben wir uns den schwarzen Phantasien (blue devils) überlassen; so haben sie uns Bilder nahegebracht, die nicht so leicht wieder weichen: denn die Möglichkeit der Sache im allgemeinen steht fest, und den Maßstab des Grades derselben vermögen wir nicht jederzeit anzulegen: sie wird nun leicht zur Wahrscheinlichkeit, und wir haben uns der Angst in die Hände geliefert. Daher also sollen wir die Dinge, welche unser Wohl und Wehe betreffen, bloß mit dem Auge der Vernunft und der Urteilskraft betrachten, folglich in trockener und kalter Überlegung, mit bloßen Begriffen und

1. [Goethes Motto zum ersten Teil von ›Dichtung und Wahrheit‹]

in abstracto operieren. Die Phantasie soll dabei aus dem Spiele bleiben: denn urteilen kann sie nicht; sondern bringt bloße Bilder vor die Augen, welche das Gemüt unnützer- und oft sehr peinlicherweise bewegen. Am strengsten sollte diese Regel abends beobachtet werden. Denn wie die Dunkelheit uns furchtsam macht und uns überall Schreckensgestalten erblicken läßt, so wirkt ihr analog die Undeutlichkeit der Gedanken; weil jede Ungewißheit Unsicherheit gebiert: deshalb nehmen des Abends, wann die Abspannung Verstand und Urteilskraft mit einer subjektiven Dunkelheit überzogen hat, der Intellekt müde und ϑορυβούμενος [bestürzt] ist und den Dingen nicht auf den Grund zu kommen vermag, die Gegenstände unserer Meditation, wenn sie unsere persönlichen Verhältnisse betreffen, leicht ein gefährliches Ansehn an und werden zu Schreckbildern. Am meisten ist dies der Fall nachts im Bette, als wo der Geist völlig abgespannt und daher die Urteilskraft ihrem Geschäfte gar nicht mehr gewachsen, die Phantasie aber noch rege ist. Da gibt die Nacht allem und jedem ihren schwarzen Anstrich. Daher sind unsere Gedanken vor dem Einschlafen oder gar beim nächtlichen Erwachen meistens fast ebenso arge Verzerrungen und Verkehrungen der Dinge, wie die Träume es sind, und dazu, wenn sie persönliche Angelegenheiten betreffen, gewöhnlich pechschwarz, ja entsetzlich. Am Morgen sind dann alle solche Schreckbilder sogut wie die Träume verschwunden; dies bedeutet das spanische Sprichwort: ›Noche tinta, blanco el dia.‹ (Die Nacht ist gefärbt, weiß ist der Tag.) Aber auch schon abends, sobald das Licht brennt, sieht der Verstand wie das Auge nicht so klar wie bei Tage: daher diese Zeit nicht zur Meditation ernster, zumal unangemehmer Angelegenheiten geeignet ist. Hiezu ist der Morgen die rechte Zeit; wie er es überhaupt zu allen Leistungen ohne Ausnahme, sowohl den geistigen wie den körperlichen, ist. Denn der Morgen ist die Jugend des Tages: alles ist heiter, frisch und leicht; wir fühlen uns kräftig und haben alle unsere Fähigkeiten zu völliger Disposition. Man soll ihn nicht durch spätes Aufstehn verkürzen noch auch an unwürdige Beschäftigungen oder Gespräche verschwenden, sondern ihn als die Quintessenz des Lebens betrachten und gewissermaßen heilighalten. Hingegen ist der Abend das Alter des Tages: wir sind abends matt, geschwätzig und leichtsinnig. Jeder Tag ist ein kleines Leben, zu welchem das Erwachen die Geburt ist und welches durch den Schlaf als Tod beschlossen wird. – So ist denn endlich auch das Einschlafen ein täglicher Tod und jedes Erwachen eine neue Geburt. Ja, um es ganz durchzuführen, könnte man die Unbequemlichkeit und Schwierigkeit des Aufstehens als die Geburtsschmerzen betrachten.

Überhaupt aber hat Gesundheitszustand, Schlaf, Nahrung, Temperatur, Wetter, Umgebung und noch viel anderes Äußerliches auf unsere Stimmung, und diese auf unsere Gedanken, einen mächtigen Einfluß. Daher ist, wie unsere Ansicht einer Angelegenheit, so auch unsere Fähigkeit zu einer Leistung so sehr der Zeit und selbst dem Orte unterworfen. Darum also

> Nehmt die ernste Stimmung wahr,
> Denn sie kommt so selten!
>
> Goethe [›Generalbeichte‹]

Nicht etwan bloß objektive Konzeptionen und Originalgedanken muß man abwarten, ob und wann es ihnen zu kommen beliebt; sondern selbst die gründliche Überlegung einer persönlichen Angelegenheit gelingt nicht immer zu der Zeit, die man zum voraus für sie bestimmt und wann man sich dazu zurechtgesetzt hat; sondern auch sie wählt sich ihre Zeit selbst; wo alsdann der ihr angemessene Gedankengang unaufgefordert rege wird und wir mit vollem Anteil ihn verfolgen.

Zur anempfohlenen Zügelung der Phantasie gehört auch noch, daß wir ihr nicht gestatten, ehemals erlittenes Unrecht, Schaden, Verlust, Beleidigungen, Zurücksetzungen, Kränkungen u. dgl. uns wieder zu vergegenwärtigen und auszumalen; weil wir dadurch den längst schlummernden Unwillen, Zorn und alle gehässigen Leidenschaften wieder aufregen, wodurch unser Gemüt verunreinigt wird. Denn nach einem schönen vom Neuplatoniker Proklos beigebrachten Gleichnis ist, wie in jeder Stadt neben den Edelen und Ausgezeichneten auch der Pöbel jeder Art (ὄχλος) wohnt, so in jedem auch dem edelsten und erhabensten Menschen das ganz Niedrige und Gemeine der menschlichen, ja tierischen Natur der Anlage nach vorhanden. Dieser Pöbel darf nicht zum Tumult aufgeregt werden noch darf er aus den Fenstern schauen; da er sich häßlich ausnimmt: die bezeichneten Phantasiestücke sind aber die Demagogen desselben. Hieher gehört auch, daß die kleinste Widerwärtigkeit, sei sie von Menschen oder Dingen ausgegangen, durch fortgesetztes Brüten darüber und Ausmalen mit grellen Farben und nach vergrößertem Maßstabe zu einem Ungeheuer anschwellen kann, darüber man außer sich gerät. Alles Unangenehme soll man vielmehr höchst prosaisch und nüchtern auffassen, damit man es möglichst leichtnehmen könne.

Wie kleine Gegenstände, dem Auge nahe gehalten, unser Gesichtsfeld beschränkend, die Welt verdecken – so werden oft die Menschen und Dinge unsrer *nächsten Umgebung*, so höchst unbedeutend und gleichgültig sie auch seien, unsre Aufmerksamkeit und Gedanken über die Gebühr beschäftigen, dazu noch oft auf unerfreuliche Weise, und wichtige Gedanken und Angelegenheiten verdrängen. Dem soll man entgegenarbeiten.

14. Beim Anblick dessen, was wir nicht besitzen, steigt gar leicht in uns der Gedanke auf: ›Wie, wenn das mein wäre?‹ – und er macht uns die Entbehrung fühlbar. Statt dessen sollten wir öfter fragen: ›Wie, wenn das *nicht* mein wäre?‹, ich meine, wir sollten das, was wir besitzen, bisweilen so anzusehn uns bemühen, wie es uns vorschweben würde, nachdem wir es verloren hätten; und zwar jedes, was es auch sei: Eigentum, Gesundheit, Freunde, Geliebte, Weib, Kind, Pferd und Hund: denn meistens belehrt erst der Verlust uns über den Wert der Dinge. Hingegen infolge der anempfohlenen Betrachtungsweise derselben wird erstlich ihr Besitz uns unmittelbar mehr als zuvor beglücken und zweitens werden wir auf alle Weise dem Verlust vorbeugen, also das Eigentum nicht in Gefahr bringen, die

Freunde nicht erzürnen, die Treue des Weibes nicht der Versuchung aussetzen, die Gesundheit der Kinder bewachen usf. – Oft suchen wir die Trübe der Gegenwart aufzuhellen durch Spekulation auf günstige Möglichkeiten und ersinnen vielerlei chimärische Hoffnungen, von denen jede mit einer Enttäuschung schwanger ist, die nicht ausbleibt, wann jene an der harten Wirklichkeit zerschellt. Besser wäre es, die vielen schlimmen Möglichkeiten zum Gegenstand unserer Spekulation zu machen, als welches teils Vorkehrungen zu ihrer Abwehr, teils angenehme Überraschungen, wenn sie sich nicht verwirklichen, veranlassen würde – sind wir doch nach etwan ausgestandener Angst stets merklich heiter. Ja es ist sogar gut, große Unglücksfälle, die uns möglicherweise treffen könnten, uns bisweilen zu vergegenwärtigen; um nämlich die uns nachher wirklich treffenden, viel kleineren leichter zu ertragen, indem wir dann durch den Rückblick auf jene großen nicht eingetroffenen uns trösten. Über diese Regel ist jedoch die ihr vorhergegangene nicht zu vernachlässigen.

15. Weil die uns betreffenden Angelegenheiten und Begebenheiten ganz vereinzelt, ohne Ordnung und ohne Beziehung auf einander im grellsten Kontrast und ohne irgend etwas Gemeinsames, als eben daß sie unsere Angelegenheiten sind, auftreten und durcheinanderlaufen; so muß unser Denken und Sorgen um sie eben so abrupt sein, damit es ihnen entspreche. – Sonach müssen wir, wenn wir *eines* vornehmen, von allem andern abstrahieren und uns der Sache entschlagen, um jedes zu seiner Zeit zu besorgen, zu genießen, zu erdulden, ganz unbekümmert um das übrige: wir müssen also gleichsam Schiebfächer unserer Gedanken haben, von denen wir eines öffnen, derweilen alle andern geschlossen bleiben. Dadurch erlangen wir, daß nicht eine schwer lastende Sorge jeden kleinen Genuß der Gegenwart verkümmere und uns alle Ruhe raube; daß nicht eine Überlegung die andere verdränge; daß nicht die Sorge für eine wichtige Angelegenheit die Vernachlässigung vieler geringen herbeiführe usf. Zumal aber soll, wer hoher und edeler Betrachtungen fähig ist, seinen Geist durch persönliche

Angelegenheiten und niedrige Sorgen nie so ganz einnehmen und erfüllen lassen, daß sie jenen den Zugang versperren: denn das wäre recht eigentlich ›propter vitam vivendi perdere causas‹ [um zu leben, den Zweck des Lebens verderben; Juvenal, ›Saturae‹ 8, 84]. – Freilich ist zu dieser Lenkung und Ablenkung unserer selbst wie zu so viel anderm Selbstzwang erfordert: zu diesem aber sollte uns die Überlegung stärken, daß jeder Mensch gar vielen und großen Zwang von außen zu erdulden hat, ohne welchen es in keinem Leben abgeht; daß jedoch ein kleiner, an der rechten Stelle angebrachter Selbstzwang nachmals vielem Zwange von außen vorbeugt; wie ein kleiner Abschnitt des Kreises zunächst dem Zentro einem oft hundertmal größern an der Peripherie entspricht. Durch nichts entziehen wir uns so sehr dem Zwange von außen wie durch Selbstzwang: das besagt Senecas Ausspruch: ›Si vis tibi omnia subicere, te subice rationi.‹ [Willst du dir alles unterwerfen, so unterwirf dich der Vernunft.] (›Epistulae‹ 37 [4]). Auch haben wir den Selbstzwang noch immer in der Gewalt und können im äußersten Fall oder, wo er unsere empfindlichste Stelle trifft, etwas nachlassen: hingegen der Zwang von außen ist ohne Rücksicht, ohne Schonung und unbarmherzig. Daher ist es weise, diesem durch jenen zuvorzukommen.

16. Unsern Wünschen ein Ziel stecken, unsere Begierden im Zaume halten, unsern Zorn bändigen, stets eingedenk, daß dem einzelnen nur ein unendlich kleiner Teil alles Wünschenswerten erreichbar ist, hingegen viele Übel jeden treffen müssen, also mit einem Worte: ἀπέχειν καὶ ἀνέχειν[1] (abstinere et sustinere) [entsagen und ertragen] – ist eine Regel, ohne deren Beobachtung weder Reichtum noch Macht verhindern können, daß wir uns armselig fühlen. Dahin zielt Horaz:

> Inter cuncta leges et percontabere doctos,
> Qua ratione queas traducere leniter aevum,
> Ne te semper inops agitet vexetque cupido,
> Ne pavor et rerum mediocriter utilium spes.

---

1. [Wahlspruch des Epiktet bei Gellius: ›Noctes Atticae‹ 17, 19, 6]

[Zwischen dem Werk, das du treibst, lies stets und befrage
         die Weisen,
Wie du leichten Sinnes hinbringen mögest das Leben,
Daß die Begierde dich nicht, die ewig bedürftige, quäle
Noch auch Furcht und Hoffnung auf wenig nützliche
         Dinge.
         ›Epistulae‹ 1, 18, 95–99]

17. Ὁ βίος ἐν τῇ κινήσει ἐστί (Vita motu constat) [Das Leben besteht in der Bewegung], sagt Aristoteles[1] mit offenbarem Recht: und wie demnach unser physisches Leben nur in und durch eine unaufhörliche Bewegung besteht; so verlangt auch unser inneres geistiges Leben fortwährend Beschäftigung, Beschäftigung mit irgend etwas, durch Tun oder Denken: einen Beweis hievon gibt schon das Trommeln mit den Händen oder irgendeinem Gerät, zu welchem unbeschäftigte und gedankenlose Menschen sogleich greifen. Unser Dasein nämlich ist ein wesentlich rastloses: daher wird die gänzliche Untätigkeit uns bald unerträglich, indem sie die entsetzlichste Langeweile herbeiführt. Diesen Trieb nun soll man regeln, um ihn methodisch und dadurch besser zu befriedigen. Daher also ist Tätigkeit, etwas treiben, wo möglich etwas machen, wenigstens aber etwas lernen – zum Glücke des Menschen unerläßlich: seine Kräfte verlangen nach ihrem Gebrauch, und er möchte den Erfolg desselben irgendwie wahrnehmen. Die größte Befriedigung jedoch in dieser Hinsicht gewährt es, etwas zu *machen*, zu verfertigen, sei es ein Korb, sei es ein Buch; aber daß man ein Werk unter seinen Händen täglich wachsen und endlich seine Vollendung erreichen sehe, beglückt unmittelbar. Dies leistet ein Kunstwerk, eine Schrift, ja selbst eine bloße Handarbeit: freilich, je edlerer Art das Werk, desto höher der Genuß. Am glücklichsten sind in diesem Betracht die Hochbegabten, welche sich der Fähigkeit zur Hervorbringung bedeutsamer, großer und zusammenhängender Werke bewußt sind. Denn dadurch verbreitet ein Interesse höherer Art sich über ihr ganzes Dasein und erteilt ihm eine Würze,

1. [*Vgl. S. 388*]

welche dem der übrigen abgeht, welches demnach, mit jenem verglichen, gar schal ist. Für sie nämlich hat das Leben und die Welt neben dem allen gemeinsamen materiellen noch ein zweites und höheres, ein formelles Interesse, indem es den Stoff zu ihren Werken enthält, mit dessen Einsammlung sie ihr Leben hindurch emsig beschäftigt sind, sobald nur die persönliche Not sie irgend atmen läßt. Auch ist ihr Intellekt gewissermaßen ein doppelter: teils einer für die gewöhnlichen Beziehungen (Angelegenheiten des Willens) gleich dem aller andern; teils einer für die rein objektive Auffassung der Dinge. So leben sie zwiefach, sind Zuschauer und Schauspieler zugleich, während die übrigen letzteres allein sind. – Inzwischen treibe jeder etwas nach Maßgabe seiner Fähigkeiten. Denn wie nachteilig der Mangel planmäßiger Tätigkeit, an irgendeiner Arbeit auf uns wirke, merkt man auf langen Vergnügungsreisen, als wo man dann und wann sich recht unglücklich fühlt; weil man, ohne eigentliche Beschäftigung, gleichsam aus seinem natürlichen Elemente gerissen ist. Sich zu mühen und mit dem Widerstande zu kämpfen ist dem Menschen Bedürfnis, wie dem Maulwurf das Graben. Der Stillstand, den die Allgenugsamkeit eines bleibenden Genusses herbeiführte, wäre ihm unerträglich. Hindernisse überwinden ist der Vollgenuß seines Daseins; sie mögen materieller Art sein wie beim Handeln und Treiben oder geistiger Art wie beim Lernen und Forschen: der Kampf mit ihnen und der Sieg beglückt. Fehlt ihm die Gelegenheit dazu, so macht er sie sich, wie er kann: je nachdem seine Individualität es mit sich bringt, wird er jagen oder Bilboquet[1] spielen oder, vom unbewußten Zuge seiner Natur geleitet, Händel suchen oder Intrigen anspinnen oder sich auf Betrügereien und allerlei Schlechtigkeiten einlassen, um nur dem ihm unerträglichen Zustande der Ruhe ein Ende zu machen. ›Difficilis in otio quies‹ *[vgl. S. 408]*.

18. Zum Leitstern seiner Bestrebungen soll man nicht *Bilder der Phantasie* nehmen, sondern deutlich gedachte *Begriffe*. Meistens aber geschieht das Umgekehrte. Man wird

1. [Fangbecherspiel]

nämlich bei genauerer Untersuchung finden, daß, was bei unsern Entschließungen in letzter Instanz den Ausschlag gibt, meistens nicht die Begriffe und Urteile sind, sondern ein Phantasiebild, welches die eine der Alternativen repräsentiert und vertritt. Ich weiß nicht mehr, in welchem Romane von Voltaire oder Diderot dem Helden, als er ein Jüngling und Herkules am Scheidewege war, die Tugend sich stets darstellte in Gestalt seines alten Hofmeisters, in der Linken die Tabaksdose, in der Rechten eine Prise haltend und so moralisierend; das Laster hingegen in Gestalt der Kammerjungfer seiner Mutter. – Besonders in der Jugend fixiert sich das Ziel unsers Glückes in Gestalt einiger Bilder, die uns vorschweben und oft das halbe, ja das ganze Leben hindurch verharren. Sie sind eigentlich neckende Gespenster: denn haben wir sie erreicht, so zerrinnen sie in nichts, indem wir die Erfahrung machen, daß sie gar nichts von dem, was sie verhießen, leisten. Dieser Art sind einzelne Szenen des häuslichen, bürgerlichen, gesellschaftlichen, ländlichen Lebens, Bilder der Wohnung, Umgebung, der Ehrenzeichen, Respektsbezeugungen usw., usw.; ›chaque fou a sa marotte‹[1] [jeder Narr hat seine Kappe]: auch das Bild der Geliebten gehört oft dahin. Daß es uns so ergehe, ist wohl natürlich: denn das Anschauliche wirkt, weil es das Unmittelbare ist, auch unmittelbarer auf unsern Willen als der Begriff, der abstrakte Gedanke, der bloß das Allgemeine gibt ohne das Einzelne, welches doch gerade die Realität enthält: er kann daher nur mittelbar auf unsern Willen wirken. Und doch ist es nur der Begriff, der Wort hält: daher ist es Bildung, nur ihm zu trauen. Freilich wird er wohl mitunter der Erläuterung und Paraphrase durch einige Bilder bedürfen: nur cum grano salis[2].

19. Die vorhergegangene Regel läßt sich der allgemeineren subsumieren, daß man überall Herr werden soll über den Eindruck des Gegenwärtigen und Anschaulichen überhaupt. Dieser ist gegen das bloß Gedachte und Gewußte unverhältnismäßig stark, nicht vermöge seiner Materie und [sei-

1. [Sprichwörtlich]
2. [Vgl. S. 139]

nem] Gehalt, die oft sehr gering sind; sondern vermöge seiner Form, der Anschaulichkeit und Unmittelbarkeit, als welche auf das Gemüt eindringt und dessen Ruhe stört oder seine Vorsätze erschüttert. Denn das Vorhandene, das Anschauliche wirkt als leicht übersehbar stets mit seiner ganzen Gewalt auf einmal: hingegen Gedanken und Gründe verlangen Zeit und Ruhe, um stückweise durchdacht zu werden; daher man sie nicht jeden Augenblick ganz gegenwärtig haben kann. Demzufolge reizt das Angenehme, welchem wir infolge der Überlegung entsagt haben, uns doch bei seinem Anblick: ebenso kränkt uns ein Urteil, dessen gänzliche Inkompetenz wir kennen; erzürnt uns eine Beleidigung, deren Verächtlichkeit wir einsehn; ebenso werden zehn Gründe gegen das Vorhandensein einer Gefahr überwogen vom falschen Schein ihrer wirklichen Gegenwart, usf. In allem diesen macht sich die ursprüngliche Unvernünftigkeit unsers Wesens geltend. Auch werden einem derartigen Eindruck die Weiber oft erliegen, und wenige Männer haben ein solches Übergewicht der Vernunft, daß sie von dessen Wirkungen nicht zu leiden hätten. Wo wir nun denselben nicht ganz überwältigen können mittelst bloßer Gedanken, da ist das beste, einen Eindruck durch den entgegengesetzten zu neutralisieren, z.B. den Eindruck einer Beleidigung durch Aufsuchen derer, die uns hochschätzen; den Eindruck einer drohenden Gefahr durch wirkliches Betrachten des ihr Entgegenwirkenden. Konnte doch jener Italiener, von dem Leibniz (in den ›Nouveaux essais‹ liv. 1, cap. 2, § 11) erzählt, sogar den Schmerzen der Folter dadurch widerstehn, daß er während derselben, wie er sich vorgesetzt, das Bild des Galgens, an welchen sein Geständnis ihn gebracht haben würde, nicht einen Augenblick aus der Phantasie entweichen ließ; weshalb er von Zeit zu Zeit: ›Io ti vedo‹ [Ich sehe dich] rief, welche Worte er später dahin erklärt hat. – Eben aus dem hier betrachteten Grunde ist es ein schweres Ding, wenn alle, die uns umgeben, anderer Meinung sind als wir und dadurch sich benehmen, selbst wenn wir von ihrem Irrtum überzeugt sind, nicht durch sie wankend gemacht zu werden. Einem flüchtigen, verfolgten, ernstlich incognito reisenden Könige muß das unter vier Augen beobachtete Unterwürfigkeitszeremoniell seines vertrauten Begleiters eine fast notwendige Herzensstärkung sein, damit er nicht am Ende sich selbst bezweifle.

20. Nachdem ich schon im zweiten Kapitel *[vgl. S. 387f.]* den hohen Wert der *Gesundheit*, als welche für unser Glück das Erste und Wichtigste ist, hervorgehoben habe, weil ich hier ein paar ganz allgemeine Verhaltungsregeln zu ihrer Befestigung und Bewahrung angeben.

Man härte sich dadurch ab, daß man dem Körper sowohl im Ganzen wie in jedem Teile, solange man gesund ist, recht viel Anstrengung und Beschwerde auflege und sich gewöhne, widrigen Einflüssen jeder Art zu widerstehn. Sobald hingegen ein krankhafter Zustand, sei es des Ganzen oder eines Teiles, sich kundgibt, ist sogleich das entgegengesetzte Verfahren zu ergreifen und der kranke Leib oder Teil desselben auf alle Weise zu schonen und zu pflegen: denn das Leidende und Geschwächte ist keiner Abhärtung fähig.

Der Muskel wird durch starken Gebrauch gestärkt; der Nerv hingegen dadurch geschwächt. Also übe man seine Muskeln durch jede angemessene Anstrengung, hüte hingegen die Nerven vor jeder; also die Augen vor zu hellem, besonders [vor] reflektiertem Lichte, vor jeder Anstrengung in der Dämmerung, wie auch vor anhaltendem Betrachten zu kleiner Gegenstände; ebenso die Ohren vor zu starkem Geräusch; vorzüglich aber das Gehirn vor gezwungener, zu anhaltender oder unzeitiger Anstrengung: demnach lasse man es ruhen während der Verdauung; weil dann eben dieselbe Lebenskraft, welche im Gehirn Gedanken bildet, im Magen und [in] den Eingeweiden angestrengt arbeitet, chymus und chylus zu bereiten; ebenfalls während oder auch nach bedeutender Muskelanstrengung. Denn es verhält sich mit den motorischen wie mit den sensibeln Nerven, und wie der Schmerz, den wir in verletzten Gliedern empfinden, seinen wahren Sitz im Gehirn hat; so sind es auch eigentlich nicht die Beine und Arme, welche gehn und arbeiten, sondern das Gehirn; nämlich der Teil desselben, welcher mittelst des verlängerten und des Rückenmarks die Nerven jener Glieder erregt und dadurch diese in Bewegung setzt. Demgemäß hat auch die Ermüdung, welche wir in den Beinen oder Armen fühlen, ihren wahren Sitz im Gehirn; weshalb eben bloß *die* Muskeln ermüden, deren Bewegung willkürlich ist, d. h. vom Gehirn ausgeht, hingegen nicht die ohne Willkür arbeitenden wie das Herz. Offenbar also wird das Gehirn beeinträchtigt, wenn man ihm starke Muskeltätigkeit und geistige Anspannung zugleich oder auch nur dicht hintereinander abzwingt. Hiemit streitet es nicht, daß man im Anfang eines Spaziergangs oder überhaupt auf kurzen Gängen oft erhöhte Geistestätigkeit spürt: denn da ist noch keine Ermüdung besagter Gehirnteile eingetreten, und andererseits befördert eine solche leichte Muskeltätigkeit und die durch sie vermehrte Respiration das Aufsteigen des arteriellen, nunmehr auch besser oxydierten Blutes zum Gehirn. – Besonders aber gebe man dem Gehirn das zu seiner Refektion nötige volle Maß des Schlafes; denn der Schlaf ist für den ganzen Menschen, was das Aufziehn für die Uhr (vgl. ›Welt als Wille und Vorstellung‹ 2, 217 *[Bd. 2, S. 276]*). Dieses Maß wird um so größer sein, je entwickelter und tätiger das Gehirn ist; es jedoch zu überschreiten wäre bloßer Zeitverlust, weil dann der Schlaf an Intension verliert, was er an Extension gewinnt[F] *[vgl. Bd. 2, S. 311 f.]*. Überhaupt begreife man wohl, daß unser Denken nichts anderes ist als die organische Funktion des Gehirns und sonach jeder andern organischen Tätigkeit in Hinsicht auf Anstrengung und Ruhe sich analog verhält. Wie übermäßige Anstrengung die Augen verdirbt, ebenso das Gehirn. Mit Recht ist gesagt worden: das Gehirn denkt, wie der Magen verdaut. Der Wahn von einer immateriellen, einfachen, wesentlich und immer denkenden, folglich unermüdlichen Seele, die da im Gehirn bloß logierte und nichts auf der

---

F. Der Schlaf ist ein Stück *Tod*, welches wir antizipando borgen und dafür das durch einen Tag erschöpfte Leben wieder erhalten und erneuern. ›Le sommeil est un emprunt fait à la mort.‹ [Der Schlaf ist ein erborgtes Stück Tod.] Der Schlaf borgt vom Tode zur Aufrechterhaltung des Lebens. Oder: er ist der *einstweilige Zins* des Todes, welcher selbst die Kapitalabzahlung ist. Diese wird um so später eingefordert, je reichlichere Zinsen und je regelmäßiger sie gezahlt werden.

Welt bedürfte, hat gewiß manchen zu unsinnigem Verfahren und Abstumpfung seiner Geisteskräfte verleitet; wie denn z. B. Friedrich der Große einmal versucht hat, sich das Schlafen ganz abzugewöhnen. Die Philosophie-Professoren würden wohl tun, einen solchen, sogar praktisch verderblichen Wahn nicht durch ihre katechismusgerecht-sein-wollende Rockenphilosophie zu befördern. – Man soll sich gewöhnen, seine Geisteskräfte durchaus als physiologische Funktionen zu betrachten, um danach sie zu behandeln, zu schonen, anzustrengen usw., und zu bedenken, daß jedes körperliche Leiden, [jede] Beschwerde, Unordnung, in welchem Teil es auch sei, den Geist affiziert. Am besten befähigt hiezu *Cabanis*, ›Des rapports du physique et du moral de l'homme‹.

Die Vernachlässigung des hier gegebenen Rats ist die Ursache, aus welcher manche große Geister, wie auch große Gelehrte, im Alter schwachsinnig, kindisch und selbst wahnsinnig geworden sind. Daß z. B. die gefeierten englischen Dichter dieses Jahrhunderts, wie *Walter Scott*, *Wordsworth*, *Southey* u. a. mehr im Alter, ja schon in den sechziger Jahren geistig stumpf und unfähig geworden, ja zur Imbezillität[1] herabgesunken sind, ist ohne Zweifel daraus zu erklären, daß sie sämtlich, vom hohen Honorar verlockt, die Schriftstellerei als Gewerbe getrieben, also des Geldes wegen geschrieben haben. Dies verführt zu widernatürlicher Anstrengung, und wer seinen Pegasus ins Joch spannt und seine Muse mit der Peitsche antreibt, wird es auf analoge Weise büßen wie der, welcher der Venus Zwangsdienste geleistet hat. Ich argwöhne, daß auch *Kant* in seinen späten Jahren, nachdem er endlich berühmt geworden war, sich überarbeitet und dadurch die zweite Kindheit seiner vier letzten Jahre veranlaßt hat. Dagegen sind die Herren des Weimarischen Hofes, Goethe, Wieland, Knebel, bis ins hohe und höchste Alter geisteskräftig und geistestätig geblieben, weil sie keine Lohnschreiber waren, ebenso Voltaire.

Jeder Monat des Jahres hat einen eigentümlichen und unmittelbaren, d. h. vom Wetter unabhängigen Einfluß auf

---

1. [einer leichten Form des Schwachsinns]

unsere Gesundheit, unsere körperlichen Zustände überhaupt, ja auch auf die geistigen.

C. Unser Verhalten gegen andere betreffend

21. Um durch die Welt zu kommen, ist es zweckmäßig, einen großen Vorrat von *Vorsicht* und *Nachsicht* mitzunehmen: durch erstere wird man vor Schaden und Verlust, durch letztere vor Streit und Händel geschützt.

Wer unter Menschen zu leben hat, darf keine Individualität, sofern sie doch einmal von der Natur gesetzt und gegeben ist, unbedingt verwerfen; auch nicht die schlechteste, erbärmlichste oder lächerlichste. Er hat sie vielmehr zu nehmen als ein Unabänderliches, welches infolge eines ewigen und metaphysischen Prinzips so sein muß, wie es ist, und in den argen Fällen soll er denken: ›Es muß auch solche Käuze geben.‹[1] Hält er es anders, so tut er unrecht und fordert den andern heraus zum Kriege auf Tod und Leben. Denn seine eigentliche Individualität, d. h. seinen moralischen Charakter, seine Erkenntniskräfte, sein Temperament, seine Physiognomie usw. kann keiner ändern. Verdammen wir nun sein Wesen ganz und gar; so bleibt ihm nichts übrig, als in uns einen Todfeind zu bekämpfen: denn wir wollen ihm das Recht zu existieren nur unter der Bedingung zugestehn, daß er ein anderer werde, als er unabänderlich ist. Darum also müssen wir, um unter Menschen leben zu können, jeden mit seiner gegebenen Individualität, wie immer sie auch ausgefallen sein mag, bestehn und gelten lassen und dürfen bloß darauf bedacht sein, sie so, wie ihre Art und Beschaffenheit es zuläßt, zu benutzen, aber weder auf ihre Änderung hoffen noch sie, so wie sie ist, schlechthin verdammen. Dies ist der wahre Sinn des Spruches: ›Leben und leben lassen.‹ Die Aufgabe ist indessen nicht so leicht, wie sie gerecht ist; und glücklich ist zu schätzen, wer gar manche Individualitäten auf immer meiden darf. – Inzwischen übe man, um Menschen ertragen zu lernen, seine Geduld an leblosen Gegenständen, welche vermöge mecha-

1. [Nach Goethe: ›Faust‹ 1, Vers 3483]

nischer oder sonst physischer Notwendigkeit unserm Tun sich hartnäckig widersetzen; wozu täglich Gelegenheit ist. Die dadurch erlangte Geduld lernt man nachher auf Menschen übertragen, indem man sich gewöhnt zu denken, daß auch sie, wo immer sie uns hinderlich sind, dies vermöge einer ebenso strengen aus ihrer Natur hervorgehenden Notwendigkeit sein müssen wie die, mit welcher die leblosen Dinge wirken; daher es ebenso töricht ist, über ihr Tun sich zu entrüsten wie über einen Stein, der uns in den Weg rollt. Bei manchem ist es am klügsten zu denken: ›Ändern werde ich ihn nicht; also will ich ihn benutzen.‹

22. Es ist zum Erstaunen, wie leicht und schnell Homogeneität oder Heterogeneität des Geistes und Gemüts zwischen Menschen sich im Gespräche kundgibt: an jeder Kleinigkeit wird sie fühlbar. Betreffe das Gespräch auch die fremdartigsten, gleichgültigsten Dinge: so wird zwischen wesentlich Heterogenen fast jeder Satz des einen dem andern mehr oder minder mißfallen, mancher gar ihm ärgerlich sein. Homogene hingegen fühlen sogleich und in allem eine gewisse Übereinstimmung, die bei großer Homogeneität bald zur vollkommenen Harmonie, ja zum Unisono zusammenfließt. Hieraus erklärt sich zuvörderst, warum die ganz Gewöhnlichen so gesellig sind und überall so leicht recht gute Gesellschaft finden – so rechte, liebe, wackere Leute. Bei den Ungewöhnlichen fällt es umgekehrt aus, und desto mehr, je ausgezeichneter sie sind; so daß sie in ihrer Abgesondertheit zuzeiten sich ordentlich freuen können, in einem andern nur irgendeine ihnen selbst homogene Fiber herausgefunden zu haben, und wäre sie noch so klein! Denn jeder kann dem andern nur so viel sein, wie dieser ihm ist. Die eigentlich großen Geister horsten wie die Adler in der Höhe: allein. – Zweitens aber wird hieraus verständlich, wie die Gleichgesinnten sich so schnell zusammenfinden, gleich als ob sie magnetisch zu einander gezogen würden – verwandte Seelen grüßen sich von ferne. Am häufigsten freilich wird man dies an niedrig Gesinnten oder schlecht Begabten zu beobachten Gelegenheit haben; aber nur weil diese legionenweise existieren, die bessern und vorzüglichen

Naturen hingegen die seltenen sind und heißen. Demnach nun werden z. B. in einer großen, auf praktische Zwecke gerichteten Gemeinschaft zwei rechte Schurken sich so schnell erkennen, als trügen sie ein Feldzeichen, und werden alsbald zusammentreten, um Mißbrauch oder Verrat zu schmieden. Desgleichen, wenn man sich, per impossibile [was zwar unmöglich ist], eine große Gesellschaft von lauter sehr verständigen und geistreichen Leuten denkt, bis auf zwei Dummköpfe, die auch dabei wären; so werden diese sich sympathisch zu einander gezogen fühlen und bald wird jeder von beiden sich in seinem Herzen freuen, doch wenigstens *einen* vernünftigen Mann angetroffen zu haben. Wirklich merkwürdig ist es, Zeuge davon zu sein, wie zwei besonders von den moralisch und intellektuell Zurückstehenden beim ersten Anblick einander erkennen, sich eifrig einander zu nähern streben, freundlich und freudig sich begrüßend, einander entgegeneilen, als wären sie alte Bekannte – so auffallend ist es, daß man versucht wird, der buddhaistischen Metempsychosenlehre gemäß, anzunehmen, sie wären schon in einem frühern Leben befreundet gewesen.

Was jedoch selbst bei vieler Übereinstimmung Menschen auseinanderhält, auch wohl vorübergehende Disharmonie zwischen ihnen erzeugt, ist die Verschiedenheit der gegenwärtigen Stimmung, als welche fast immer für jeden eine andere ist nach Maßgabe seiner gegenwärtigen Lage, Beschäftigung, Umgebung, [seines] körperlichen Zustandes, augenblicklichen Gedankenganges usw. Daraus entstehn zwischen den harmonierendesten Persönlichkeiten Dissonanzen. Die zur Aufhebung dieser Störung erforderliche Korrektion stets vornehmen und eine gleichschwebende Temperatur einführen zu können wäre eine Leistung der höchsten Bildung. Wieviel die Gleichheit der Stimmung für die gesellige Gemeinschaft leiste, läßt sich daran ermessen, daß sogar eine zahlreiche Gesellschaft zu lebhafter gegenseitiger Mitteilung und aufrichtiger Teilnahme unter allgemeinem Behagen erregt wird, sobald irgend etwas Objektives, sei es eine Gefahr oder eine Hoffnung oder eine Nachricht oder ein seltner Anblick, ein Schauspiel, eine Musik oder was sonst auf alle zugleich und gleichartig einwirkt: denn dergleichen, indem es alle Privatinteressen überwältigt, erzeugt universelle Einheit der Stimmung. In Ermangelung einer solchen objektiven Einwirkung wird in der Regel eine subjektive ergriffen, und sind demnach die Flaschen das gewöhnliche Mittel, eine gemeinschaftliche Stimmung in die Gesellschaft zu bringen. Sogar Tee und Kaffee dienen dieser Absicht.

Eben aber aus jener Disharmonie, welche die Verschiedenheit der momentanen Stimmung so leicht in alle Gemeinschaft bringt, ist es zum Teil erklärlich, daß in der von dieser und allen ähnlichen störenden, wenn auch vorübergehenden Einflüssen befreiten Erinnerung sich jeder idealisiert, ja bisweilen fast verklärt darstellt. Die Erinnerung wirkt wie das Sammlungsglas in der camera obscura: sie zieht alles zusammen und bringt dadurch ein viel schöneres Bild hervor, als sein Original ist. Den Vorteil, so gesehn zu werden, erlangen wir zum Teil schon durch jede Abwesenheit. Denn obgleich die idealisierende Erinnerung bis zur Vollendung ihres Werkes geraumer Zeit bedarf; so wird der Anfang desselben doch sogleich gemacht. Dieserwegen ist es sogar klug, sich seinen Bekannten und guten Freunden nur nach bedeutenden Zwischenräumen zu zeigen; indem man alsdann beim Wiedersehn merken wird, daß die Erinnerung schon bei der Arbeit gewesen ist.

23. Keiner kann *über sich* sehn. Hiemit will ich sagen: jeder sieht am andern nur so viel, als er selbst auch ist; denn er kann ihn nur nach Maßgabe seiner eigenen Intelligenz fassen und verstehn. Ist nun diese von der niedrigsten Art, so werden alle Geistesgaben, auch die größten, ihre Wirkung auf ihn verfehlen und er an dem Besitzer derselben nichts wahrnehmen als bloß das Niedrigste in dessen Individualität, also nur dessen sämtliche Schwächen, Temperaments- und Charakterfehler. Daraus wird er für ihn zusammengesetzt sein. Die höheren geistigen Fähigkeiten desselben sind für ihn sowenig vorhanden wie die Farbe für den Blinden. Denn alle Geister sind dem unsichtbar, der keinen hat: und jede Wertschätzung ist ein Produkt aus dem Werte des Geschätzten mit der Erkenntnissphäre des Schätzers. Hieraus folgt,

daß man sich mit jedem, mit dem man spricht, nivelliert, indem alles, was man vor ihm voraushaben kann, verschwindet und sogar die dazu erforderte Selbstverleugnung völlig unerkannt bleibt. Erwägt man nun, wie durchaus niedrig gesinnt und niedrig begabt, also wie durchaus *gemein* die meisten Menschen sind; so wird man einsehn, daß es nicht möglich ist, mit ihnen zu reden, ohne auf solche Zeit (nach Analogie der elektrischen Verteilung) selbst *gemein* zu werden, und dann wird man den eigentlichen Sinn und das Treffende des Ausdrucks ›sich gemein machen‹ gründlich verstehn, jedoch auch gern jede Gesellschaft meiden, mit welcher man nur mittelst der partie honteuse [des niedrigen Teiles] seiner Natur kommunizieren kann. Auch wird man einsehn, daß Dummköpfen und Narren gegenüber es nur *einen* Weg gibt, seinen Verstand an den Tag zu legen, und der ist, daß man mit ihnen nicht redet. Aber freilich wird alsdann in der Gesellschaft manchem bisweilen zumute sein wie einem Tänzer, der auf einen Ball gekommen wäre, wo er lauter Lahme anträfe: mit wem soll er tanzen?

24. *Der* Mensch gewinnt meine Hochachtung als ein unter hundert Auserlesener, welcher, wann er auf irgend etwas zu warten hat, also unbeschäftigt dasitzt, nicht sofort mit dem, was ihm gerade in die Hände kommt, etwan seinem Stock oder Messer und Gabel oder was sonst taktmäßig hämmert oder klappert. Wahrscheinlich denkt er an etwas. Vielen Leuten hingegen sieht man an, daß bei ihnen das Sehn die Stelle des Denkens ganz eingenommen hat: sie suchen sich durch Klappern ihrer Existenz bewußt zu werden; wenn nämlich kein Cigarro bei der Hand ist, der eben diesem Zwecke dient. Aus demselben Grunde sind sie auch beständig ganz Auge und Ohr für alles, was um sie vorgeht.

25. *Larochefoucauld* hat treffend bemerkt, daß es schwer ist, jemanden zugleich hoch zu verehren und sehr zu lieben. Demnach hätten wir die Wahl, ob wir uns um die Liebe oder um die Verehrung der Menschen bewerben wollen. Ihre Liebe ist stets eigennützig, wenn auch auf höchst verschiedene Weise. Zudem ist das, wodurch man sie erwirbt, nicht immer geeignet, uns darauf stolz zu machen. Haupt-

sächlich wird einer in dem Maße beliebt sein, als er seine Ansprüche an Geist und Herz der andern niedrigstellt, und zwar im Ernst und ohne Verstellung, auch nicht bloß aus derjenigen Nachsicht, die in der Verachtung wurzelt. Ruft man sich nun hiebei den sehr wahren Ausspruch des *Helvétius* zurück: ›Le degré d'esprit nécessaire pour nous plaire, est une mesure assez exacte du degré d'esprit que nous avons‹ [Das Maß von Geist, das erforderlich ist, um uns zu gefallen, ist ein ziemlich genauer Gradmesser für das Maß von Geist, das wir besitzen; ›De l'esprit‹ discours 2, chap. 10, note] – so folgt aus diesen Prämissen die Konklusion. – Hingegen mit der Verehrung der Menschen steht es umgekehrt: sie wird ihnen nur wider ihren Willen abgezwungen, auch ebendeshalb meistens verhehlt. Daher gibt sie uns im Innern eine viel größere Befriedigung: sie hängt mit unserm Werte zusammen; welches von der Liebe der Menschen nicht unmittelbar gilt: denn diese ist subjektiv, die Verehrung objektiv. Nützlich ist uns die Liebe freilich mehr.

26. Die meisten Menschen sind so subjektiv, daß im Grunde nichts Interesse für sie hat als ganz allein sie selbst. Daher kommt es, daß sie bei allem, was gesagt wird, sogleich an sich denken und jede zufällige, noch so entfernte Beziehung auf irgend etwas ihnen Persönliches ihre ganze Aufmerksamkeit an sich reißt und in Besitz nimmt; so daß sie für den objektiven Gegenstand der Rede keine Fassungskraft übrigbehalten; wie auch, daß keine Gründe etwas bei ihnen gelten, sobald ihr Interesse oder ihre Eitelkeit denselben entgegensteht. Daher sind sie so leicht zerstreut, so leicht verletzt, beleidigt oder gekränkt, daß man, von was es auch sei, objektiv mit ihnen redend, nicht genug sich in acht nehmen kann vor irgendwelchen möglichen, vielleicht nachteiligen Beziehungen des Gesagten zu dem werten und zarten Selbst, das man da vor sich hat: denn ganz allein an diesem ist ihnen gelegen, sonst an nichts, und während sie für das Wahre und Treffende oder Schöne, Feine, Witzige der fremden Rede ohne Sinn und Gefühl sind, haben sie die zarteste Empfindlichkeit gegen jedes, was auch nur auf die entfernteste und indirekteste Weise ihre kleinliche Eitelkeit

verletzen oder irgendwie nachteilig auf ihr höchst pretioses Selbst reflektieren könnte; so daß sie in ihrer Verletzbarkeit den kleinen Hunden gleichen, denen man, ohne sich dessen zu versehn, so leicht auf die Pfoten tritt und nun das Gequieke anzuhören hat; oder auch einem mit Wunden und Beulen bedeckten Kranken verglichen werden können, bei dem man auf das behutsamste jede mögliche Berührung zu vermeiden hat. Bei manchen geht nun aber die Sache so weit, daß sie Geist und Verstand, im Gespräch mit ihnen an den Tag gelegt oder doch nicht genugsam versteckt, geradezu als eine Beleidigung empfinden, wenngleich sie solche vorderhand noch verhehlen; wonach dann aber nachher der Unerfahrene vergeblich darüber nachsinnt und grübelt, wodurch in aller Welt er sich ihren Groll und Haß zugezogen haben könne. Vermöge derselben Subjektivität sind sie denn auch so leicht geschmeichelt und gewonnen. Daher ist ihr Urteil meistens bestochen und bloß ein Ausspruch zugunsten ihrer Partei oder Klasse; nicht aber ein objektives und gerechtes. Dies alles beruht darauf, daß in ihnen der Wille bei weitem die Erkenntnis überwiegt und ihr geringer Intellekt ganz im Dienste des Willens steht, von welchem er auch nicht auf einen Augenblick sich losmachen kann.

Einen großartigen Beweis von der erbärmlichen *Subjektivität* der Menschen, infolge welcher sie alles auf sich beziehn und von jedem Gedanken sogleich in gerader Linie auf sich zurückgehn, liefert die *Astrologie*, welche den Gang der großen Weltkörper auf das armselige Ich bezieht, wie auch die Kometen am Himmel in Verbindung bringt mit den irdischen Händeln und Lumpereien. Dies aber ist zu allen und schon in den ältesten Zeiten geschehn (siehe z. B. Stobaios, ›Eclogae ethicae et physicae‹ vol. 1 [lib. 1, cap. 22, 9].

27. Bei jeder Verkehrtheit, die im Publiko oder in der Gesellschaft gesagt oder in der Literatur geschrieben und wohlaufgenommen, wenigstens nicht widerlegt wird, soll man nicht verzweifeln und meinen, daß es nun dabei sein Bewenden haben werde; sondern wissen und sich getrösten, daß die Sache hinterher und allmälig ruminiert, beleuchtet, bedacht, erwogen, besprochen und meistens zuletzt richtig

beurteilt wird; so daß nach einer der Schwierigkeit derselben angemessenen Frist endlich fast alle begreifen, was der klare Kopf sogleich sah. Unterdessen freilich muß man sich gedulden. Denn ein Mann von richtiger Einsicht unter den Betörten gleicht dem, dessen Uhr richtiggeht, in einer Stadt, deren Turmuhren alle falschgestellt sind. Er allein weiß die wahre Zeit: aber was hilft es ihm? Alle Welt richtet sich nach den falschzeigenden Stadtuhren; sogar auch die, welche wissen, daß seine Uhr allein die wahre Zeit angibt.

28. Die Menschen gleichen darin den Kindern, daß sie unartig werden, wenn man sie verzieht; daher man gegen keinen zu nachgiebig und liebreich sein darf – wie man in der Regel keinen Freund dadurch verlieren wird, daß man ihm ein Darlehn abschlägt, aber sehr leicht dadurch, daß man es ihm gibt; ebenso nicht leicht einen durch stolzes und etwas vernachlässigendes Betragen; aber oft infolge zu vieler Freundlichkeit und [zu vielen] Zuvorkommens, als welche ihn arrogant und unerträglich machen, wodurch der Bruch herbeigeführt wird. Besonders aber den Gedanken, daß man ihrer benötigt sei, können die Menschen schlechterdings nicht vertragen: Übermut und Anmaßung sind sein unzertrennliches Gefolge. Bei einigen entsteht er in gewissem Grade schon dadurch, daß man sich mit ihnen abgibt, etwan oft oder auf eine vertrauliche Weise mit ihnen spricht: alsbald werden sie meinen, man müsse sich von ihnen auch etwas gefallen lassen, und werden versuchen, die Schranken der Höflichkeit zu erweitern. Daher taugen so wenige zum irgend vertrauteren Umgang und soll man sich besonders hüten, sich nicht mit niedrigen Naturen gemein zu machen. Faßt nun aber gar einer den Gedanken, er sei mir viel nötiger als ich ihm; da ist es ihm sogleich, als hätte ich ihm etwas gestohlen: er wird suchen, sich zu rächen und es wiederzuerlangen. *Überlegenheit* im Umgang erwächst allein daraus, daß man der andern in keiner Art und Weise bedarf und dies sehn läßt. Dieserwegen ist es ratsam, jedem, es sei Mann oder Weib, von Zeit zu Zeit fühlbar zu machen, daß man seiner sehr wohl entraten könne: das befestigt die Freundschaft; ja bei den meisten Leuten kann es nicht scha-

den, wenn man ein Gran Geringschätzung gegen sie dann und wann mit einfließen läßt: sie legen desto mehr Wert auf unsere Freundschaft: ›Chi non estima vien stimato‹ (Wer nicht achtet, wird geachtet), sagt ein feines italienisches Sprichwort. Ist aber einer uns wirklich sehr viel wert, so müssen wir dies vor ihm verhehlen, als wäre es ein Verbrechen. Das ist nun eben nicht erfreulich; dafür aber wahr: kaum daß Hunde die zu große Freundlichkeit vertragen, geschweige Menschen.

29. Daß Leute edlerer Art und höherer Begabung so oft, zumal in der Jugend, auffallenden Mangel an Menschenkenntnis und Weltklugheit verraten, daher leicht betrogen oder sonst irregeführt werden, während die niedrigen Naturen sich viel schneller und besser in die Welt zu finden wissen, liegt daran, daß man beim Mangel der Erfahrung a priori zu urteilen hat und daß überhaupt keine Erfahrung es dem a priori gleichtut. Dies a priori nämlich gibt denen vom gewöhnlichen Schlage das eigene Selbst an die Hand, den Edelen und Vorzüglichen aber nicht: denn eben als solche sind sie von den andern weit verschieden. Indem sie daher deren Denken und Tun nach dem ihrigen berechnen, trifft die Rechnung nicht zu.

Wenn nun aber auch ein solcher a posteriori, also aus fremder Belehrung und eigener Erfahrung endlich gelernt hat, was von den Menschen, im ganzen genommen, zu erwarten steht, daß nämlich etwan fünf Sechstel derselben in moralischer oder intellektueller Hinsicht so beschaffen sind, daß, wer nicht durch die Umstände in Verbindung mit ihnen gesetzt ist, besser tut, sie vorweg zu meiden und, soweit es angeht, außer allem Kontakt mit ihnen zu bleiben – so wird er dennoch von ihrer Kleinlichkeit und Erbärmlichkeit kaum jemals einen *ausreichenden* Begriff erlangen, sondern immerfort, solange er lebt, denselben noch zu erweitern und zu vervollständigen haben, unterdessen aber sich gar oft zu seinem Schaden verrechnen. Und dann wieder, nachdem er die erhaltene Belehrung wirklich beherzigt hat, wird es ihm dennoch zuzeiten begegnen, daß er, in eine Gesellschaft ihm noch unbekannter Menschen geratend, sich zu wundern hat, wie sie doch sämtlich ihren Reden und Mienen nach ganz vernünftig, redlich, aufrichtig, ehrenfest und tugendsam, dabei auch wohl noch gescheut und geistreich erscheinen. Dies sollte ihn jedoch nicht irren: denn es kommt bloß daher, daß die Natur es nicht macht wie die schlechten Poeten, welche, wann sie Schurken oder Narren darstellen, so plump und absichtsvoll dabei zu Werke gehn, daß man gleichsam hinter jeder solcher Person den Dichter stehn sieht, der ihre Gesinnung und Rede fortwährend desavouiert und mit warnender Stimme ruft: ›Dies ist ein Schurke, dies ist ein Narr; gebt nichts auf das, was er sagt!‹ Die Natur hingegen macht es wie Shakespeare und Goethe, in deren Werken jede Person, und wäre sie der Teufel selbst, während sie dasteht und redet, recht behält; weil sie so objektiv aufgefaßt ist, daß wir in ihr Interesse gezogen und zur Teilnahme an ihr gezwungen werden: denn sie ist, eben wie die Werke der Natur, aus einem innern Prinzip entwickelt, vermöge dessen ihr Sagen und Tun als natürlich, mithin als notwendig auftritt. – Also, wer erwartet, daß in der Welt die Teufel mit Hörnern und die Narren mit Schellen einhergehn, wird stets ihre Beute oder ihr Spiel sein. Hiezu kommt aber noch, daß im Umgange die Leute es machen, wie der Mond und die Pucklichten, nämlich stets nur eine Seite zeigen, und sogar jeder ein angeborenes Talent hat, auf mimischem Wege seine Physiognomie zu einer Maske umzuarbeiten, welche genau darstellt, was er eigentlich sein *sollte*, und die, weil sie ausschließlich auf seine Individualität berechnet ist, ihm so genau anliegt und anpaßt, daß die Wirkung überaus täuschend ausfällt. Er legt sie an, sooft es darauf ankommt, sich einzuschmeicheln. Man soll auf dieselbe soviel geben, als wäre sie aus Wachstuch, eingedenk des vortrefflichen italienischen Sprichworts: ›Non è si tristo cane, che non meni la coda.‹ (So böse ist kein Hund, daß er nicht mit dem Schwanz wedelte.)

Jedenfalls soll man sich sorgfältig hüten, von irgendeinem Menschen neuer Bekanntschaft eine sehr günstige Meinung zu fassen; sonst wird man in den allermeisten Fällen zu eigener Beschämung oder gar [eigenem] Schaden enttäuscht werden. – Hiebei verdient auch ein Wort des Seneca berücksichtigt zu werden: ›Argumenta morum ex minimis quoque licet capere.‹ [Beweise für die Beschaffenheit eines Charakters kann man auch aus Kleinigkeiten entnehmen.] (›Epistulae‹ 52 [12]). Gerade in Kleinigkeiten, als bei welchen der Mensch sich nicht zusammennimmt, zeigt er seinen Charakter, und da kann man oft an geringfügigen Handlungen, an bloßen Manieren den grenzenlosen, nicht die mindeste Rücksicht auf andere kennenden Egoismus bequem beobachten, der sich nachher im Großen nicht verleugnet, wiewohl verlarvt. Und man versäume solche Gelegenheit nicht. Wenn einer in den kleinen täglichen Vorgängen und Verhältnissen des Lebens, in den Dingen, von welchen das ›De minimis lex non curat‹ *[vgl. S. 453]* gilt, rücksichtslos verfährt, bloß seinen Vorteil oder seine Bequemlichkeit zum Nachteil andrer sucht; wenn er sich aneignet, was für alle da ist usw.; da sei man überzeugt, daß in seinem Herzen keine Gerechtigkeit wohnt, sondern er auch im Großen ein Schuft sein würde, sobald das Gesetz und die Gewalt ihm nicht die Hände binden, und traue ihm nicht über die Schwelle. Ja wer ohne Scheu die Gesetze seines Klubs bricht, wird auch die des Staates brechen, sobald er es ohne Gefahr kann[F].

Vergeben und vergessen heißt gemachte kostbare Erfahrungen zum Fenster hinauswerfen. Hat nun einer, mit dem wir in Verbindung oder Umgang stehn, uns etwas Unangenehmes oder Ärgerliches erzeigt; so haben wir uns nur zu fragen, ob er uns so viel wert sei, daß wir das Nämliche, auch noch etwas verstärkt, uns nochmals und öfter von ihm wollen gefallen lassen – oder nicht. Im bejahenden Fall wird nicht viel darüber zu sagen sein, weil das Reden wenig hilft: wir müssen also die Sache mit oder ohne Ermahnung hingehn lassen, sollen jedoch wissen, daß wir hiedurch sie uns

---

F. Wenn in den Menschen, wie sie meistenteils sind, das Gute das Schlechte überwöge; so wäre es geratener, sich auf ihre Gerechtigkeit, Billigkeit, Dankbarkeit, Treue, Liebe oder Mitleid zu verlassen als auf ihre Furcht: weil es aber mit ihnen umgekehrt steht, so ist das Umgekehrte geratener.

nochmals ausgebeten haben. Im verneinenden Falle hingegen haben wir sogleich und auf immer mit dem werten Freunde zu brechen oder, wenn es ein Diener ist, ihn abzuschaffen. Denn unausbleiblich wird er vorkommendenfalls ganz dasselbe oder das völlig Analoge wieder tun, auch wenn er uns jetzt das Gegenteil hoch und aufrichtig beteuert. Alles, alles kann einer vergessen, nur nicht sich selbst, sein eigenes Wesen. Denn der Charakter ist schlechthin inkorrigibel; weil alle Handlungen des Menschen aus einem innern Prinzip fließen, vermöge dessen er unter gleichen Umständen stets das gleiche tun muß und nicht anders kann. Man lese meine ›Preisschrift über die sogenannte Freiheit des Willens‹ *[Bd. 3, S. 519-627]* und befreie sich vom Wahn. Daher auch ist sich mit einem Freunde, mit dem man gebrochen hatte, wieder auszusöhnen eine Schwäche, die man abbüßt, wann derselbe bei erster Gelegenheit gerade und genau dasselbe wieder tut, was den Bruch herbeigeführt hatte; ja mit noch mehr Dreistigkeit im stillen Bewußtsein seiner Unentbehrlichkeit. Das gleiche gilt von abgeschaften Dienern, die man wiedernimmt. Ebensowenig und aus demselben Grunde dürfen wir erwarten, daß einer unter *veränderten* Umständen das gleiche wie vorher tun werde. Vielmehr ändern die Menschen Gesinnung und Betragen ebenso schnell, wie ihr Interesse sich ändert; ja ihre Absichtlichkeit zieht ihre Wechsel auf so kurze Sicht, daß man selbst noch kurzsichtiger sein müßte, um sie nicht protestieren zu lassen.

Gesetzt demnach, wir wollten etwan wissen, wie einer in einer Lage, in die wir ihn zu versetzen gedenken, handeln wird; so dürfen wir hierüber nicht auf seine Versprechungen und Beteuerungen bauen. Denn gesetzt auch, er spräche aufrichtig; so spricht er von einer Sache, die er nicht kennt. Wir müssen also allein aus der Erwägung der Umstände, in die er zu treten hat, und des Konfliktes derselben mit seinem Charakter sein Handeln berechnen.

Um überhaupt von der wahren und sehr traurigen Beschaffenheit der Menschen, wie sie meistens sind, das so nötige, deutliche und gründliche Verständnis zu erlangen, ist es überaus lehrreich, das Treiben und Benehmen derselben in der Literatur als Kommentar ihres Treibens und Benehmens im praktischen Leben zu gebrauchen, und vice versa [umgekehrt]. Dies ist sehr dienlich, um weder an sich noch an ihnen irre zu werden. Dabei aber darf kein Zug von besonderer Niederträchtigkeit oder Dummheit, der uns im Leben oder in der Literatur aufstößt, uns je ein Stoff zum Verdruß und Ärger, sondern bloß zur Erkenntnis werden, indem wir in ihm einen neuen Beitrag zur Charakteristik des Menschengeschlechts sehn und denmach ihn uns merken. Alsdann werden wir ihn ungefähr so betrachten wie der Mineralog ein ihm aufgestoßenes sehr charakteristisches Spezimen eines Minerals. – Ausnahmen gibt es, ja unbegreiflich große, und die Unterschiede der Individualitäten sind enorm: aber, im ganzen genommen, liegt, wie längst gesagt ist, die Welt im argen: die Wilden fressen einander und die Zahmen betrügen einander, und das nennt man den Lauf der Welt. Was sind denn die Staaten mit aller ihrer künstlichen nach außen und nach innen gerichteten Maschinerie und ihren Gewaltmitteln anderes als Vorkehrungen, der grenzenlosen Ungerechtigkeit der Menschen Schranken zu setzen? Sehn wir nicht in der ganzen Geschichte jeden König, sobald er fest steht und sein Land einiger Prosperität genießt, diese benutzen, um mit seinem Heer wie mit einer Räuberschar über die Nachbarstaaten herzufallen? Sind nicht fast alle Kriege im Grunde Raubzüge? Im frühen Altertum, wie auch zum Teil im Mittelalter, wurden die Besiegten Sklaven der Sieger, d.h. im Grunde, sie mußten für diese arbeiten; dasselbe müssen aber die, welche Kriegskontributionen zahlen: sie geben nämlich den Ertrag früherer Arbeit hin. ›Dans toutes les guerres il ne s'agit que de voler‹ [In allen Kriegen geht es nur darum, zu stehlen], sagt Voltaire, und die Deutschen sollen es sich gesagt sein lassen.

30. Kein Charakter ist so, daß er sich selbst überlassen bleiben und sich ganz und gar gehnlassen dürfte; sondern jeder bedarf der Lenkung durch Begriffe und Maximen. Will man nun aber es hierin weit bringen, nämlich bis zu einem nicht aus unserer angeborenen Natur, sondern bloß

aus vernünftiger Überlegung hervorgegangenen, ganz eigentlich erworbenen und künstlichen Charakter; so wird man gar bald das

Naturam expellas furca, tamen usque recurret
[Treib die Natur mit der Heugabel aus – sie kehret doch
wieder
Horaz, ›Epistulae‹ 1, 10, 24]

bestätigt finden. Man kann nämlich eine Regel für das Betragen gegen andere sehr wohl einsehn, ja sie selbst auffinden und treffend ausdrücken und wird dennoch im wirklichen Leben gleich darauf gegen sie verstoßen. Jedoch soll man nicht sich dadurch entmutigen lassen und denken, es sei unmöglich, im Weltleben sein Benehmen nach abstrakten Regeln und Maximen zu leiten, und daher am besten, sich eben nur gehnzulassen. Sondern es ist damit wie mit allen theoretischen Vorschriften und Anweisungen für das Praktische: die Regel verstehn ist das erste, sie ausüben lernen ist das zweite. Jenes wird durch Vernunft auf *einmal*, dieses durch Übung allmälig gewonnen. Man zeigt dem Schüler die Griffe auf dem Instrument, die Paraden und Stöße mit dem Rapier: er fehlt sogleich, trotz dem besten Vorsatze dagegen, und meint nun, sie in der Schnelle des Notenlesens und der Hitze des Kampfes zu beobachten sei schier unmöglich. Dennoch lernt er es allmälig durch Übung unter Straucheln, Fallen und Aufstehn. Ebenso geht es mit den Regeln der Grammatik im Lateinischschreiben und -sprechen. Nicht anders also wird der Tölpel zum Hofmann, der Hitzkopf zum feinen Weltmann, der Offene verschlossen, der Edle ironisch. Jedoch wird eine solche durch lange Gewohnheit erlangte Selbstdressur stets als ein von außen gekommener Zwang wirken, welchem zu widerstreben die Natur nie ganz aufhört und bisweilen unerwartet ihn durchbricht. Denn alles Handeln nach abstrakten Maximen verhält sich zum Handeln aus ursprünglicher, angeborener Neigung wie ein menschliches Kunstwerk, etwan eine Uhr, wo Form und Bewegung dem ihnen fremden Stoffe aufgezwungen sind, zum lebenden Organismus, bei welchem Form und Stoff von einander durchdrungen und *eines* sind. An diesem Verhältnis des erworbenen zum angeborenen Charakter bestätigt sich demnach ein Ausspruch des Kaisers Napoleon: ›Tout ce qui n'est pas naturel est imparfait‹[1] [Alles, was nicht natürlich ist, ist unvollkommen], welcher überhaupt eine Regel ist, die von allem und jedem, sei es physisch oder moralisch, gilt und von der die einzige mir einfallende Ausnahme das den Mineralogen bekannte natürliche Aventurino[2] ist, welches dem künstlichen nicht gleichkommt.

Darum sei hier auch vor aller und jeder *Affektation* gewarnt. Sie erweckt allemal Geringschätzung: erstlich als Betrug, der als solcher feige ist, weil er auf Furcht beruht; zweitens als Verdammungsurteil seiner selbst durch sich selbst, indem man scheinen will, was man nicht ist und was man folglich für besser hält, als was man ist. Das Affektieren irgendeiner Eigenschaft, das Sich-Brüsten damit ist ein Selbstgeständnis, daß man sie nicht hat. Sei es Mut oder Gelehrsamkeit oder Geist oder Witz oder Glück bei Weibern oder Reichtum oder vornehmer Stand oder was sonst, womit einer groß tut; so kann man daraus schließen, daß es ihm gerade daran in etwas gebricht: denn wer wirklich eine Eigenschaft vollkommen besitzt, dem fällt es nicht ein, sie herauszulegen und zu affektieren, sondern er ist darüber ganz beruhigt. Dies ist auch der Sinn des spanischen Sprichworts: ›Herradura que chacolotea clavo le falta.‹ (Dem klappernden Hufeisen fehlt ein Nagel.) Allerdings darf, wie anfangs gesagt, keiner sich unbedingt den Zügel schießenlassen und sich ganz zeigen, wie er ist; weil das viele Schlechte und Bestialische unserer Natur der Verhüllung bedarf: aber dies rechtfertigt bloß das Negative, die Dissimulation, nicht das Positive, die Simulation. – Auch soll man wissen, daß das Affektieren erkannt wird, selbst ehe klargeworden, was eigentlich einer affektiert. Und endlich hält es auf die Länge nicht Stich, sondern die Maske fällt einmal ab. ›Nemo potest personam diu ferre fictam; ficta cito in naturam

---

1. [Nach dem ›Manuscrit venu de St. Helène d'une manière inconnue‹ von Chateauvieux, 1817, p. 52]
2. [Goldglasstein]

suam recidunt.‹ [Niemand kann lange eine Maske tragen: Verstellung kehrt schnell zur eigenen Natur zurück.] (Seneca, ›De clementia‹ lib. 1, cap. 1 [6]).

31. Wie man das Gewicht seines eigenen Körpers trägt, ohne es wie doch das jedes fremden, den man bewegen will, zu fühlen; so bemerkt man nicht die eigenen Fehler und Laster, sondern nur die der andern. – Dafür aber hat jeder am andern einen Spiegel, in welchem er seine eigenen Laster, Fehler, Unarten und Widerlichkeiten jeder Art deutlich erblickt. Allein meistens verhält er sich dabei wie der Hund, welcher gegen den Spiegel bellt, weil er nicht weiß, daß er sich selbst sieht, sondern meint, es sei ein anderer Hund. Wer andre bekrittelt, arbeitet an seiner Selbstbesserung. Also die, welche die Neigung und Gewohnheit haben, das äußerliche Benehmen, überhaupt das Tun und Lassen der andern im stillen bei sich selbst einer aufmerksamen und *scharfen Kritik* zu unterwerfen, arbeiten dadurch an ihrer eigenen Besserung und Vervollkommnung: denn sie werden entweder Gerechtigkeit oder doch Stolz und Eitelkeit genug besitzen, selbst zu vermeiden, was sie so oft strenge tadeln. Von den Toleranten gilt das Umgekehrte: nämlich ›hanc veniam damus petimusque vicissim‹ [diese Freiheit gewähren wir uns und erbitten sie gleichfalls; Horaz, ›Ars poetica‹ 11]. Das Evangelium moralisiert recht schön über den Splitter im fremden, den Balken im eigenen Auge: aber die Natur des Auges bringt es mit sich, daß es nach außen und nicht sich selbst sieht; daher ist zum Innewerden der eigenen Fehler das Bemerken und Tadeln derselben an andern ein sehr geeignetes Mittel. Zu unsrer Besserung bedürfen wir eines Spiegels.

Auch hinsichtlich auf Stil und Schreibart gilt diese Regel: wer eine neue Narrheit in diesen bewundert, statt sie zu tadeln, wird sie nachahmen. Daher greift in Deutschland jede so schnell um sich. Die Deutschen sind sehr tolerant: man merkt's. ›Hanc veniam damus petimusque vicissim‹, ist ihr Wahlspruch.

32. Der Mensch edlerer Art glaubt in seiner Jugend, die wesentlichen und entscheidenden Verhältnisse und daraus

entstehenden Verbindungen zwischen Menschen seien die *ideellen*, d.h. die auf Ähnlichkeit der Gesinnung, der Denkungsart, des Geschmacks, der Geisteskräfte usw. beruhenden: allein er wird später inne, daß es die *reellen* sind, d.h. die, welche sich auf irgendein materielles Interesse stützen. Diese liegen fast allen Verbindungen zum Grunde: sogar hat die Mehrzahl der Menschen keinen Begriff von andern Verhältnissen. Demzufolge wird jeder genommen nach seinem Amt oder Geschäft oder [seiner] Nation oder Familie, also überhaupt nach der Stellung und Rolle, welche die Konvention ihm erteilt hat: dieser gemäß wird er sortiert und fabrikmäßig behandelt. Hingegen was er an und für sich, also als Mensch vermöge seiner persönlichen Eigenschaften sei, kommt nur beliebig und daher nur ausnahmsweise zur Sprache und wird von jedem, sobald es ihm bequem ist, also meistenteils, beiseite gesetzt und ignoriert. Je mehr nun aber es mit diesem auf sich hat, desto weniger wird ihm jene Anordnung gefallen, er also sich ihrem Bereich zu entziehn suchen. Sie beruht jedoch darauf, daß in dieser Welt der Not und des Bedürfnisses die Mittel, diesen zu begegnen, überall das Wesentliche, mithin Vorherrschende sind.

33. Wie Papiergeld statt des Silbers, so kursieren in der Welt statt der wahren Achtung und der wahren Freundschaft die äußerlichen Demonstrationen und möglichst natürlich mimisierten Gebärden derselben. Indessen läßt sich andererseits auch fragen, ob es denn Leute gebe, welche jene wirklich verdienten. Jedenfalls gebe ich mehr auf das Schwanzwedeln eines ehrlichen Hundes als auf hundert solche Demonstrationen und Gebärden.

Wahre, echte Freundschaft setzt eine starke, rein objektive und völlig uninteressierte Teilnahme am Wohl und Wehe des andern voraus und diese wieder ein wirkliches Sich-mit-dem-Freunde-Identifizieren. Dem steht der Egoismus der menschlichen Natur so sehr entgegen, daß wahre Freundschaft zu den Dingen gehört, von denen man wie von den kolossalen Seeschlangen nicht weiß, ob sie fabelhaft sind oder irgendwo existieren. Indessen gibt es mancherlei in der Hauptsache freilich auf versteckten egoistischen Motiven der mannigfaltigsten Art beruhende Verbindungen zwischen Menschen, welche dennoch mit einem Gran jener wahren und echten Freundschaft versetzt sind, wodurch sie so veredelt werden, daß sie in dieser Welt der Unvollkommenheiten mit einigem Fug den Namen der Freundschaft führen dürfen. Sie stehn hoch über den alltäglichen Liaisons, welche vielmehr so sind, daß wir mit den meisten unserer guten Bekannten kein Wort mehr reden würden, wenn wir hörten, wie sie in unserer Abwesenheit von uns reden.

Die Echtheit eines Freundes zu erproben hat man nächst den Fällen, wo man ernstlicher Hülfe und bedeutender Opfer bedarf, die beste Gelegenheit in dem Augenblick, da man ihm ein Unglück, davon man soeben getroffen worden, berichtet. Alsdann nämlich malt sich in seinen Zügen entweder wahre, innige, unvermischte Betrübnis; oder aber sie bestätigen durch ihre gefaßte Ruhe oder einen flüchtigen Nebenzug den bekannten Ausspruch des *Larochefoucauld:* ›Dans l'adversité de nos meilleurs amis, nous trouvons toujours quelque chose qui ne nous déplaît pas.‹ [Im Unglück unserer besten Freunde finden wir immer etwas, das uns nicht mißfällt.] Die gewöhnlichen sogenannten Freunde vermögen bei solchen Gelegenheiten oft kaum das Zucken zu einem leisen, wohlgefälligen Lächeln zu unterdrücken. – Es gibt wenig Dinge, welche so sicher die Leute in gute Laune versetzen, wie wenn man ihnen ein beträchtliches Unglück, davon man kürzlich getroffen worden, erzählt oder auch irgendeine persönliche Schwäche ihnen unverhohlen offenbart – charakteristisch! –

Entfernung und lange Abwesenheit tun jeder Freundschaft Eintrag; so ungern man es gesteht. Denn Menschen, die wir nicht sehn, wären sie auch unsere geliebtesten Freunde, trocknen im Laufe der Jahre allmälig zu abstrakten Begriffen auf, wodurch unsere Teilnahme an ihnen mehr und mehr eine bloß vernünftige, ja traditionelle wird: die lebhafte und tiefgefühlte bleibt denen vorbehalten, die wir vor Augen haben, und wären es auch nur geliebte Tiere. So sinnlich ist die menschliche Natur. Also bewährt sich auch hier Goethes Ausspruch:

Die Gegenwart ist eine mächt'ge Göttin.

[›Tasso‹, Aufzug 4, Auftritt 4]

Die *Hausfreunde* heißen meistens mit Recht so, indem sie mehr die Freunde des Hauses als des Herrn, also den Katzen ähnlicher als den Hunden sind.

Die Freunde nennen sich aufrichtig; die Feinde sind es: daher man ihren Tadel zur Selbsterkenntnis benutzen sollte als eine bittere Arznei. –

Freunde in der Not wären selten? – Im Gegenteil! Kaum hat man mit einem Freundschaft gemacht, so ist er auch schon in der Not und will Geld geliehen haben. –

34. Was für ein Neuling ist doch der, welcher wähnt, Geist und Verstand zu zeigen wäre ein Mittel, sich in Gesellschaft beliebt zu machen! Vielmehr erregen sie bei der unberechenbar überwiegenden Mehrzahl einen Haß und Groll, der um so bitterer ist, als der ihn Fühlende die Ursache desselben anzuklagen nicht berechtigt ist, ja sie vor sich selbst verhehlet. Der nähere Hergang ist dieser: merkt und empfindet einer große geistige Überlegenheit an dem, mit welchem er redet, so macht er im stillen und ohne deutliches Bewußtsein den Schluß, daß in gleichem Maße der andre seine Inferiorität und Beschränktheit merkt und empfindet. Dieses Enthymem[1] erregt seinen bittersten Haß, Groll und Ingrimm[2]. Mit Recht sagt daher *Gracian* (›Arte de prudencia‹ p. 164): ›Para ser bien quisto, el unico medio vestirse la piel del más simple de los brutos.‹ [Um beliebt zu sein, ist das einzige Mittel, sich in das Fell des einfältigsten der Tiere zu kleiden.] Ist doch Geist und Verstand an den Tag legen nur eine indirekte Art, allen andern ihre Unfähigkeit und Stumpfsinn vorzuwerfen. Zudem gerät die gemeine Natur in Aufruhr, wenn sie ihr Gegenteil ansichtig wird, und der geheime Anstifter des Aufruhrs ist der Neid. Denn die Befriedigung ihrer Eitelkeit ist, wie man täglich sehn kann, ein Genuß, der den Leuten über alles geht, der jedoch allein mittelst der Vergleichung ihrer selbst mit andern möglich ist. Auf keine Vorzüge aber ist der Mensch so stolz wie auf

---

1. [Ein verkürzter logischer Schluß, dessen Prämisse zu ergänzen ist.]
2. [*Vgl. Bd. 2, S. 294 f.*]

die geistigen: beruht doch nur auf ihnen sein Vorrang vor den Tieren[H]. Ihm entschiedene Überlegenheit in dieser Hinsicht vorzuhalten und noch dazu vor Zeugen ist daher die größte Verwegenheit. Er fühlt sich dadurch zur Rache aufgefordert und wird meistens Gelegenheit suchen, diese auf dem Wege der Beleidigung auszuführen, als wodurch er vom Gebiete der Intelligenz auf das des Willens tritt, auf welchem wir in dieser Hinsicht alle gleich sind. Während daher in der Gesellschaft Stand und Reichtum stets auf Hochachtung rechnen dürfen, haben geistige Vorzüge solche keineswegs zu erwarten: im günstigsten Fall werden sie ignoriert, sonst aber angesehn als eine Art Impertinenz oder als etwas, wozu ihr Besitzer unerlaubterweise gekommen ist und nun sich untersteht, damit zu stolzieren; wofür ihm also irgendeine anderweitige Demütigung angedeihen zu lassen jeder im stillen beabsichtigt und nur auf die Gelegenheit dazu paßt. Kaum wird es dem demütigen Betragen gelingen, Verzeihung für geistige Überlegenheit zu erbetteln. Saadi sagt im ›Gulistan‹ (p. 146 [der Übersetzung von Graf]): ›Man wisse, daß sich bei dem Unverständigen hundertmal mehr Widerwillen gegen den Verständigen findet, als der Verständige Abneigung gegen den Unverständigen empfindet.‹ – Hingegen gereicht geistige *Inferiorität* zur wahren Empfehlung. Denn was für den Leib die Wärme, das ist für den Geist das wohltuende Gefühl der Überlegenheit; daher jeder, so instinktmäßig wie dem Ofen oder dem Sonnenschein, sich dem Gegenstande nähert, der es ihm verheißt. Ein solcher nun ist allein der entschieden Tieferstehende, an Eigenschaften des Geistes bei Männern, an Schönheit bei Weibern. Manchen Leuten gegenüber freilich unverstellte Inferiorität zu beweisen – da gehört etwas dazu. Dagegen sehe man, mit welcher herzlichen Freundlichkeit ein erträgliches Mädchen einem grundhäßlichen entgegenkommt. Körperliche Vorzüge kommen bei Männern nicht sehr in

---

H. Den *Willen*, kann man sagen, hat der Mensch sich selbst gegeben: denn der *ist* er selbst: aber der *Intellekt* ist eine Ausstattung, die er vom Himmel erhalten hat – d. h. vom ewigen, geheimnisvollen Schicksal und dessen Notwendigkeit, deren bloßes Werkzeug seine Mutter war.

Betracht; wiewohl man sich doch behaglicher neben einem kleineren, als neben einem größeren fühlt. Demzufolge also sind unter Männern die dummen und unwissenden, unter Weibern die häßlichen allgemein beliebt und gesucht: sie erlangen leicht den Ruf eines überaus guten Herzens; weil jedes für seine Zuneigung vor sich selbst und vor andern eines Vorwandes bedarf. Ebendeshalb ist Geistesüberlegenheit jeder Art eine sehr isolierende Eigenschaft: sie wird geflohen und gehaßt, und als Vorwand hiezu werden ihrem Besitzer allerlei Fehler angedichtet[F]. Geradeso wirkt unter Weibern die Schönheit: sehr schöne Mädchen finden keine Freundin, ja keine Begleiterin. Zu Stellen als Gesellschafterin tun sie besser, sich gar nicht zu melden: denn schon bei ihrem Vortritt verfinstert sich das Gesicht der gehofften neuen Gebieterin, als welche, sei es für sich oder für ihre Töchter, einer solchen Folie keineswegs bedarf. – Hingegen verhält es sich umgekehrt mit den Vorzügen des Ranges; weil diese nicht wie die persönlichen durch den Kontrast und Abstand, sondern wie die Farben der Umgebung auf das Gesicht durch den Reflex wirken.

35. An unserm Zutrauen zu andern haben sehr oft Trägheit, Selbstsucht und Eitelkeit den größten Anteil: Trägheit, wenn wir, um nicht selbst zu untersuchen, zu wachen, zu tun, lieber einem andern trauen; Selbstsucht, wenn das Bedürfnis, von unsern Angelegenheiten zu reden, uns verleitet, ihm etwas anzuvertrauen; Eitelkeit, wenn es zu dem gehört, worauf wir uns etwas zugute tun. Nichtsdestoweniger verlangen wir, daß man unser Zutrauen ehre.

F. Zum *Vorwärtskommen in der Welt* sind Freundschaften und Kameraderien bei weitem das Hauptmittel. Nun aber *große Fähigkeiten* machen allemal *stolz* und dadurch wenig geeignet, denen zu schmeicheln, die nur geringe haben, ja vor denen man deshalb die großen verhehlen und verleugnen soll. Entgegengesetzt wirkt das Bewußtsein nur geringer Fähigkeiten: es verträgt sich vortrefflich mit der Demut, Leutseligkeit, Gefälligkeit und [dem] Respekt vor dem Schlechten, verschafft also Freunde und Gönner.

Das Gesagte gilt nicht bloß vom Staatsdienst, sondern auch von den Ehrenstellen, Würden, ja dem Ruhm in der gelehrten Welt; so daß z. B. in den Akademien die liebe Mediokrität stets obenauf ist, Leute von Verdienst spät oder nie hineinkommen, und so bei allem.

Über Mißtrauen hingegen sollten wir uns nicht erzürnen: denn in demselben liegt ein Kompliment für die Redlichkeit, nämlich das aufrichtige Bekenntnis ihrer großen Seltenheit, infolge welcher sie zu den Dingen gehört, an deren Existenz man zweifelt.

36. Von der *Höflichkeit*, dieser chinesischen Kardinaltugend, habe ich den *einen* Grund angegeben in meiner ›*Ethik*‹ S. 201 *[Bd. 3, S. 729]*; der andere liegt in folgendem. Sie ist eine stillschweigende Übereinkunft, gegenseitig die moralisch und intellektuell elende Beschaffenheit von einander zu ignorieren und sie sich nicht vorzurücken – wodurch diese zu beiderseitigem Vorteil etwas weniger leicht zutage kommt.

Höflichkeit ist Klugheit; folglich ist Unhöflichkeit Dummheit: sich mittelst ihrer unnötiger- und mutwilligerweise Feinde machen ist Raserei, wie wenn man sein Haus in Brand steckt. Denn Höflichkeit ist wie die Rechenpfennige eine offenkundig falsche Münze: mit einer solchen sparsam zu sein, beweist Unverstand; hingegen Freigebigkeit mit ihr Verstand. Alle Nationen schließen den Brief mit ›votre très-humble serviteur‹ – ›your most obedient servant‹ – ›suo devotissimo servo‹; bloß die Deutschen halten mit dem ›Diener‹ zurück – weil es ja doch nicht wahr sei –! Wer hingegen die Höflichkeit bis zum Opfern realer Interessen treibt, gleicht dem, der echte Goldstücke statt Rechenpfennige gäbe. – Wie das Wachs, von Natur hart und spröde, durch ein wenig Wärme so geschmeidig wird, daß es jede beliebige Gestalt annimmt; so kann man selbst störrische und feindselige Menschen durch etwas Höflichkeit und Freundlichkeit biegsam und gefällig machen. Sonach ist die Höflichkeit dem Menschen, was die Wärme dem Wachs.

Eine schwere Aufgabe ist freilich die Höflichkeit insofern, als sie verlangt, daß wir allen Leuten die größte Achtung bezeugen, während die allermeisten keine verdienen; sodann, daß wir den lebhaftesten Anteil an ihnen simulieren, während wir froh sein müssen, keinen an ihnen zu haben. – Höflichkeit mit Stolz zu vereinigen ist ein Meisterstück. –

Wir würden bei Beleidigungen, als welche eigentlich immer in Äußerungen der Nichtachtung bestehn, viel weniger aus der Fassung geraten, wenn wir nicht einerseits eine ganz übertriebene Vorstellung von unserm hohen Wert und [unserer] Würde, also einen ungemessenen Hochmut hegten und andererseits uns deutlich gemacht hätten, was in der Regel jeder vom andern in seinem Herzen hält und denkt. Welch ein greller Kontrast ist doch zwischen der Empfindlichkeit der meisten Leute über die leiseste Andeutung eines sie treffenden Tadels und dem, was sie hören würden, wenn sie die Gespräche ihrer Bekannten über sie belauschten! – Wir sollten vielmehr uns gegenwärtig erhalten, daß die gewöhnliche Höflichkeit nur eine grinsende Maske ist: dann würden wir nicht Zeter schreien, wenn sie einmal sich etwas verschiebt oder auf einen Augenblick abgenommen wird. Wann aber gar einer geradezu grob wird, da ist es, als hätte er die Kleider abgeworfen und stände in puris naturalibus [nackt] da. Freilich nimmt er sich dann wie die meisten Menschen in diesem Zustande schlecht aus.

37. Für sein Tun und Lassen darf man keinen andern zum Muster nehmen; weil Lage, Umstände, Verhältnisse nie die gleichen sind und weil die Verschiedenheit des Charakters auch der Handlung einen verschiedenen Anstrich gibt, daher: ›Duo cum faciunt idem, non est idem‹ [Wenn zwei dasselbe tun, so ist es nicht dasselbe]. Man muß nach reiflicher Überlegung und scharfem Nachdenken seinem eigenen Charakter gemäß handeln. Also auch im Praktischen ist Originalität unerläßlich: sonst paßt, was man tut, nicht zu dem, was man ist.

38. Man bestreite keines Menschen Meinung; sondern bedenke, daß, wenn man alle Absurditäten, die er glaubt, ihm ausreden wollte, man Methusalems Alter erreichen könnte, ohne damit fertig zu werden.

Auch aller selbst noch so wohlgemeinter korrektioneller Bemerkungen soll man im Gespräche sich enthalten: denn die Leute zu kränken ist leicht; sie zu bessern schwer, wo nicht unmöglich.

Wenn die Absurditäten eines Gesprächs, welches wir anzuhören im Falle sind, anfangen uns zu ärgern, müssen wir uns denken, es wäre eine Komödienszene zwischen zwei Narren. Probatum est. [Es ist erprobt.] – Wer auf die Welt gekommen ist, sie ernstlich und in den wichtigsten Dingen zu *belehren*, der kann von Glück sagen, wenn er mit heiler Haut davonkommt.

39. Wer da will, daß sein Urteil Glauben finde, spreche es kalt und ohne Leidenschaftlichkeit aus. Denn alle Heftigkeit entspringt aus dem Willen: daher wird man *diesem* und nicht der Erkenntnis, die ihrer Natur nach kalt ist, das Urteil zuschreiben. Weil nämlich das Radikale im Menschen der Wille, die Erkenntnis aber bloß sekundär und hinzugekommen ist; so wird man eher glauben, daß das Urteil aus dem erregten Willen, als daß die Erregung des Willens bloß aus dem Urteil entsprungen sei.

40. Auch beim besten Rechte dazu lasse man sich nicht zum Selbstlobe verführen. Denn die Eitelkeit ist eine so gewöhnliche, das Verdienst aber eine so ungewöhnliche Sache, daß, sooft wir, wenn auch nur indirekt, uns selbst zu loben scheinen, jeder hundert gegen eins wettet, daß, was aus uns redet, die Eitelkeit sei, der es am Verstande gebricht, das Lächerliche der Sache einzusehn. – Jedoch mag bei allem dem Baco von Verulam nicht ganz unrecht haben, wenn er sagt, daß ›Semper aliquid haeret‹ [Immer bleibt etwas hängen] wie von der Verleumdung, so auch vom Selbstlobe gelte, und daher dieses in mäßigen Dosen empfiehlt (vgl. ›De [dignitate et] augmentis scientiae‹ lib. 8, p. 228).

41. Wenn man argwöhnt, daß einer lüge, stelle man sich gläubig: da wird er dreist, lügt stärker und ist entlarvt. Merkt man hingegen, daß eine Wahrheit, die er verhehlen möchte, ihm zum Teil entschlüpft; so stelle man sich darüber ungläubig, damit er, durch den Widerspruch provoziert, die Arrieregarde der ganzen Wahrheit nachrücken lasse.

42. Unsere sämtlichen persönlichen Angelegenheiten haben wir als Geheimnisse zu betrachten, und unsern guten Bekannten müssen wir über das hinaus, was sie mit eigenen Augen sehn, völlig fremd bleiben. Denn ihr Wissen um die unschuldigsten Dinge kann durch Zeit und Umstände uns Nachteil bringen. – Überhaupt ist es geratener, seinen Ver-

stand durch das, was man verschweigt, an den Tag zu legen, als durch das, was man sagt. Ersteres ist Sache der Klugheit, letzteres der Eitelkeit. Die Gelegenheit zu beiden kommt gleich oft: aber wir ziehn häufig die flüchtige Befriedigung, welche das letztere gewährt, dem dauernden Nutzen vor, welchen das erstere bringt. Sogar die Herzenserleichterung, einmal ein Wort mit sich selbst laut zu reden, was lebhaften Personen wohl begegnet, sollte man sich versagen, damit sie nicht zur Gewohnheit werde; weil dadurch der Gedanke mit dem Worte so befreundet und verbrüdert wird, daß allmälig auch das Sprechen mit andern ins laute Denken übergeht; während die Klugheit gebeut, daß zwischen unserm Denken und unserm Reden eine weite Kluft offengehalten werde.

Bisweilen meinen wir, daß andere etwas uns Betreffendes durchaus nicht glauben können, während ihnen gar nicht einfällt, es zu bezweifeln: machen wir jedoch, daß ihnen dies einfällt, dann können sie es auch nicht mehr glauben. Aber wir verraten uns oft bloß, weil wir wähnen, es sei unmöglich, daß man das nicht merke – wie wir uns von einer Höhe hinabstürzen, aus Schwindel, d. h. durch den Gedanken, es sei unmöglich, hier fest zu stehn, die Qual aber, hier zu stehn, sei so groß, daß es besser sei, sie abzukürzen: dieser Wahn heißt Schwindel.

Andererseits wieder soll man wissen, daß die Leute, selbst die, welche sonst keinen besondern Scharfsinn verraten, vortreffliche Algebraisten in den persönlichen Angelegenheiten anderer sind, woselbst sie mittelst einer einzigen gegebenen Größe die verwickeltesten Aufgaben lösen. Wenn man z. B. ihnen eine ehemalige Begebenheit unter Weglassung aller Namen und sonstiger Bezeichnung der Personen erzählt; so soll man sich hüten, dabei ja nicht irgendeinen ganz positiven und individuellen Umstand, sei er auch noch so gering, mit einzuführen, wie etwan einen Ort oder Zeitpunkt oder den Namen einer Nebenperson oder sonst etwas auch nur mittelbar damit Zusammenhängendes: denn daran haben sie sogleich eine positiv gegebene Größe, mittelst derer ihr algebraischer Scharfsinn alles übrige herausbringt.

Die Begeisterung der Neugier nämlich ist hier so groß, daß kraft derselben der Wille dem Intellekt die Sporen in die Seite setzt, welcher nun dadurch bis zur Erreichung der entlegensten Resultate getrieben wird. Denn so unempfänglich und gleichgültig die Leute gegen *allgemeine* Wahrheiten sind, so erpicht sind sie auf individuelle.

Dem allen gemäß ist denn auch die Schweigsamkeit von sämtlichen Lehrern der Weltklugheit auf das dringendeste und mit den mannigfaltigsten Argumenten anempfohlen worden; daher ich es bei dem Gesagten bewenden lassen kann. Bloß ein paar arabische Maximen, welche besonders eindringlich und wenig bekannt sind, will ich noch hersetzen: ›Was dein Feind nicht wissen soll, das sage deinem Freunde nicht.‹ – ›Wenn ich mein Geheimnis verschweige, ist es mein Gefangener: lasse ich es entschlüpfen, bin ich sein Gefangener.‹ – ›Am Baume des Schweigens hängt seine Frucht, der Friede.‹[1]

43. Kein Geld ist vorteilhafter angewandt als das, um welches wir uns haben prellen lassen: denn wir haben dafür unmittelbar Klugheit eingehandelt.

44. Man soll wo möglich gegen niemanden Animosität hegen, jedoch die procédés [das Betragen] eines jeden sich wohl merken und im Gedächtnis behalten, um danach den Wert desselben wenigstens hinsichtlich unserer festzustellen und demgemäß unser Verhalten und Betragen gegen ihn zu regeln – stets überzeugt von der Unveränderlichkeit des Charakters: einen schlechten Zug eines Menschen jemals vergessen ist, wie wenn man schwer erworbenes Geld wegwürfe. So aber schützt man sich vor törichter Vertraulichkeit und törichter Freundschaft. –

›Weder lieben noch hassen‹ enthält die Hälfte aller Weltklugheit, ›nichts sagen und nichts glauben‹ die andere Hälfte. Freilich aber wird man einer Welt, welche Regeln wie diese und die nächstfolgenden nötig macht, gern den Rücken kehren.

45. Zorn oder Haß in Worten oder Mienen blicken zu lassen ist unnütz, ist gefährlich, ist unklug, ist lächerlich,

1. [Spruch des Sepher Mibchar Häpheninim]

ist gemein. Man darf also Zorn oder Haß nie anders zeigen als in Taten. Letzteres wird man um so vollkommener können, als man ersteres vollkommener vermieden hat. – Die kaltblütigen Tiere allein sind die giftigen.

46. ›Parler sans accent‹ [Ohne Betonung sprechen], diese alte Regel der Weltleute bezweckt, daß man dem Verstande der andern überlasse, herauszufinden, was man gesagt hat: der ist langsam, und ehe er fertig geworden, ist man davon. Hingegen ›parler avec accent‹ heißt zum Gefühle reden; wo denn alles umgekehrt ausfällt. Manchem kann man mit höflicher Gebärde und freundlichem Ton sogar wirkliche Sottisen sagen, ohne unmittelbare Gefahr.

D. *Unser Verhalten gegen den Weltlauf und das Schicksal betreffend*

47. Welche Form auch das menschliche Leben annehme; es sind immer dieselben Elemente, und daher ist es im wesentlichen überall dasselbe: es mag in der Hütte oder bei Hofe, im Kloster oder bei der Armee geführt werden. Mögen seine Begebenheiten, Abenteuer, Glücks- und Unglücksfälle noch so mannigfaltig sein, so ist es doch damit wie mit der Zuckerbäckerware. Es sind viele und vielerlei gar krause und bunte Figuren: aber alles ist aus einem Teig geknetet; und was dem einen begegnete, ist dem, was dem andern widerfuhr, viel ähnlicher, als dieser beim Erzählenhören denkt. Auch gleichen die Vorgänge unsers Lebens den Bildern im Kaleidoskop, in welchem wir bei jeder Drehung etwas anderes sehn, eigentlich aber immer dasselbe vor Augen haben.

48. Drei Weltmächte gibt es, sagt sehr treffend ein Alter: σύνεσις, κράτος καὶ τύχη – Klugheit, Stärke und Glück. Ich glaube, daß die zuletzt genannte am meisten vermag. Denn unser Lebensweg ist dem Lauf eines Schiffes zu vergleichen. Das Schicksal, die τύχη, die ›secunda aut adversa fortuna‹ [das freundliche oder feindliche Geschick], spielt die Rolle des Windes, indem sie uns schnell weit fördert oder weit zurückwirft; wogegen unser eigenes Mühen und Treiben nur wenig vermag. Dieses nämlich spielt dabei die Rolle

der Ruder: wenn solche durch viele Stunden langes Arbeiten uns eine Strecke vorwärts gebracht haben, wirft ein plötzlicher Windstoß uns ebensoweit zurück. Ist er hingegen günstig, so fördert er uns dermaßen, daß wir der Ruder nicht bedürfen. Diese Macht des Glückes drückt unübertrefflich ein spanisches Sprichwort aus: ›Da ventura a tu hijo, y echa lo en el mar.‹ (Gib deinem Sohne Glück und wirf ihn ins Meer.)

Wohl ist der Zufall eine böse Macht, der man sowenig wie möglich anheimstellen soll. Jedoch wer ist unter allen Gebern der einzige, welcher, indem er gibt, uns zugleich aufs deutlichste zeigt, daß wir gar keine Ansprüche auf seine Gaben haben, daß wir solche durchaus nicht unserer Würdigkeit, sondern ganz allein seiner Güte und Gnade zu danken haben und daß wir eben hieraus die freudige Hoffnung schöpfen dürfen, noch ferner manche unverdiente Gabe demutsvoll zu empfangen? – Es ist der Zufall: er, der die königliche Kunst versteht, einleuchtend zu machen, daß gegen seine Gunst und Gnade alles Verdienst ohnmächtig ist und nichts gilt. –

Wenn man auf seinen Lebensweg zurücksieht, den ›labyrinthisch irren Lauf‹[1] desselben überschaut und nun so manches verfehlte Glück, so manches herbeigezogene Unglück sehn muß; so kann man in Vorwürfen gegen sich selbst leicht zu weit gehn. Denn unser Lebenslauf ist keineswegs schlechthin unser eigenes Werk; sondern das Produkt zweier Faktoren, nämlich der Reihe der Begebenheiten und der Reihe unserer Entschlüsse, welche stets ineinandergreifen und sich gegenseitig modifizieren. Hiezu kommt noch, daß in beiden unser Horizont immer sehr beschränkt ist, indem wir unsere Entschlüsse nicht schon von weitem vorhersagen und noch weniger die Begebenheiten voraussehn können, sondern von beiden uns eigentlich nur die gegenwärtigen recht bekannt sind. Deshalb können wir, solange unser Ziel noch fern liegt, nicht einmal gerade darauf hinsteuern; sondern nur approximativ und nach Mutmaßungen unsere Richtung dahin lenken, müssen also oft

---

1. [Nach Goethe: ›Faust‹ 1, Zueignung]

lavieren. Alles nämlich, was wir vermögen, ist, unsere Entschlüsse allezeit nach Maßgabe der gegenwärtigen Umstände zu fassen, in der Hoffnung, es so zu treffen, daß es uns dem Hauptziel näher bringe. So sind denn meistens die Begebenheiten und unsere Grundabsichten zweien nach verschiedenen Seiten ziehenden Kräften zu vergleichen und die daraus entstehende Diagonale ist unser Lebenslauf. – *Terenz* hat gesagt:

›In vita est hominum quasi cum ludas tesseris:
Si illud, quod maxime opus est iactu, non cadit,
Illud, quod cecidit forte, id arte ut corrigas
[Im Menschenleben ist's wie in einem Würfelspiel:
Fällt auch der Wurf nicht so, wie du ihn am meisten wünschst,
So muß die Kunst verbessern, was der Zufall bot;
›Adelphi‹ 4, 7, 739–741]

wobei er eine Art Tricktrack vor Augen gehabt haben muß. Kürzer können wir sagen: das Schicksal mischt die Karten und wir spielen. Meine gegenwärtige Betrachtung auszudrücken wäre aber folgendes Gleichnis am geeignetesten. Es ist im Leben wie im Schachspiel: wir entwerfen einen Plan; dieser bleibt jedoch bedingt durch das, was im Schachspiel dem Gegner, im Leben dem Schicksal, zu tun belieben wird. Die Modifikationen, welche hierdurch unser Plan erleidet, sind meistens so groß, daß er in der Ausführung kaum noch an einigen Grundzügen zu erkennen ist.

Übrigens gibt es in unserm Lebenslaufe noch etwas, welches über das alles hinausliegt. Es ist nämlich eine triviale und nur zu häufig bestätigte Wahrheit, daß wir oft törichter sind, als wir glauben: hingegen ist, daß wir oft weiser sind, als wir selbst vermeinen, eine Entdeckung, welche nur die, so in dem Fall gewesen, und selbst dann erst spät machen. Es gibt etwas Weiseres in uns, als der Kopf ist. Wir handeln nämlich bei den großen Zügen, den Hauptschritten unsers Lebenslaufes, nicht sowohl nach deutlicher Erkenntnis des Rechten als nach einem innern Impuls, man möchte sagen: Instinkt, der aus dem tiefsten Grunde unsers Wesens kommt, und bemäkeln nachher unser Tun nach deutlichen, aber auch dürftigen erworbenen, ja erborgten Begriffen, nach allgemeinen Regeln, fremden Beispielen usw., ohne das ›Eines schickt sich nicht für alle‹[1] genugsam zu erwägen: da werden wir leicht ungerecht gegen uns selbst. Aber am Ende zeigt es sich, wer recht gehabt hat; und nur das glücklich erreichte Alter ist, subjektiv und objektiv, befähigt, die Sache zu beurteilen.

Vielleicht steht jener innere Impuls unter uns unbewußter Leitung prophetischer, beim Erwachen vergessener Träume, die ebendadurch unserm Leben die Gleichmäßigkeit des Tones und die dramatische Einheit erteilen, die das so oft schwankende und irrende, so leicht umgestimmte Gehirnbewußtsein ihm zu geben nicht vermöchte und infolge welcher z. B. der zu großen Leistungen einer bestimmten Art Berufene dies von Jugend auf innerlich und heimlich spürt und darauf hinarbeitet, wie die Bienen am Bau ihres Stocks. Für jeden aber ist es das, was *Baltasar Gracian* ›la gran sindéresis‹[2] nennt: die instinktive große Obhut seiner selbst, ohne welche er zugrunde geht. – Nach *abstrakten Grundsätzen* handeln ist schwer und gelingt erst nach vieler Übung, und selbst da nicht jedesmal: auch sind sie oft nicht ausreichend. Hingegen hat jeder gewisse *angeborne konkrete Grundsätze*, die ihm in Blut und Saft stecken, indem sie das Resultat alles seines Denkens, Fühlens und Wollens sind. Er kennt sie meistens nicht in abstracto, sondern wird erst beim Rückblick auf sein Leben gewahr, daß er sie stets befolgt hat und von ihnen wie von einem unsichtbaren Faden ist gezogen worden. Je nachdem sie sind, werden sie ihn zu seinem Glück oder Unglück leiten.

49. Man sollte beständig die Wirkung der Zeit und die Wandelbarkeit der Dinge vor Augen haben und daher bei allem, was jetzt stattfindet, sofort das Gegenteil davon imaginieren; also im Glücke das Unglück, in der Freundschaft die Feindschaft, im schönen Wetter das schlechte, in der Liebe den Haß, im Zutrauen und Eröffnen den Verrat und die Reue, und so auch umgekehrt, sich lebhaft vergegen-

---

1. [Goethe: ›Beherzigung‹]
2. [›Oraculo manual‹ 96 nach Alexander von Hales]

wärtigen. Dies würde eine bleibende Quelle wahrer Weltklugheit abgeben, indem wir stets besonnen bleiben und nicht so leicht getäuscht werden würden. Meistens würden wir dadurch nur die Wirkung der Zeit antizipiert haben. – Aber vielleicht ist zu keiner Erkenntnis die Erfahrung so unerläßlich wie zur richtigen Schätzung des Unbestandes und Wechsels der Dinge. Weil eben jeder Zustand für die Zeit seiner Dauer notwendig und daher mit vollstem Rechte vorhanden ist; so sieht jedes Jahr, jeder Monat, jeder Tag aus, als ob nun endlich er recht behalten wollte für alle Ewigkeit. Aber keiner behält es, und der Wechsel allein ist das Beständige. Der Kluge ist der, welchen die scheinbare Stabilität nicht täuscht und der noch dazu die Richtung, welche der Wechsel zunächst nehmen wird, vorhersieht[F]. Daß hingegen die Menschen den einstweiligen Zustand der Dinge oder die Richtung ihres Laufes in der Regel für bleibend halten, kommt daher, daß sie die Wirkungen vor Augen haben, aber die Ursachen nicht verstehn, diese es jedoch sind, welche den Keim der künftigen Veränderungen in sich tragen; während die Wirkung, welche für jene allein daist, hievon nichts enthält. An diese halten sie sich und setzen voraus, daß die ihnen unbekannten Ursachen, welche solche hervorzubringen vermochten, auch imstande sein werden, sie zu erhalten. Sie haben dabei den Vorteil, daß, wenn sie irren, es immer unisono geschieht; daher denn die Kalamität, welche infolge davon sie trifft, stets eine allgemeine ist, während der denkende Kopf, wenn er geirrt hat, noch dazu alleinsteht. – Beiläufig haben wir daran eine Bestätigung meines Satzes, daß der Irrtum stets aus

---

F. Der *Zufall* hat bei allen menschlichen Dingen so großen Spielraum, daß, wenn wir einer von ferne drohenden Gefahr gleich durch Aufopferungen vorzubeugen suchen, diese Gefahr oft durch einen unvorhergesehenen Stand, den die Dinge annehmen, verschwindet und jetzt nicht nur die gebrachten Opfer verloren sind, sondern die durch sie herbeigeführte Veränderung nunmehr beim veränderten Stande der Dinge gerade ein Nachteil ist. Wir müssen daher in unsern Vorkehrungen nicht zu weit in die Zukunft greifen, sondern auch auf den Zufall rechnen und mancher Gefahr kühn entgegensehn, hoffend, daß sie wie so manche schwarze Gewitterwolke vorüberzieht.

dem Schluß von der Folge auf den Grund entsteht (siehe ›Welt als Wille und Vorstellung‹ Bd. 1, S. 90 *[Bd. 1, S. 130f.]*).

Jedoch nur theoretisch und durch Vorhersehn ihrer Wirkung soll man *die Zeit antizipieren*, nicht praktisch, nämlich nicht so, daß man ihr vorgreife, indem man *vor* der Zeit verlangt, was erst die Zeit bringen kann. Denn wer dies tut, wird erfahren, daß es keinen schlimmeren, unnachlassendern Wucherer gibt als eben die Zeit und daß sie, wenn zu Vorschüssen gezwungen, schwerere Zinsen nimmt als irgendein Jude. Z.B. man kann durch ungelöschten Kalk und Hitze einen Baum dermaßen treiben, daß er binnen weniger Tage Blätter, Blüten und Früchte trägt: dann aber stirbt er ab. – Will der Jüngling die Zeugungskraft des Mannes schon jetzt, wenn auch nur auf etliche Wochen ausüben und im neunzehnten Jahre leisten, was er im dreißigsten sehr wohl könnte; so wird allenfalls die Zeit den Vorschuß leisten, aber ein Teil der Kraft seiner künftigen Jahre, ja ein Teil seines Lebens selbst ist der Zins. – Es gibt Krankheiten, von denen man gehörig und gründlich nur dadurch genest, daß man ihnen ihren natürlichen Verlauf läßt, nach welchem sie von selbst verschwinden, ohne eine Spur zu hinterlassen. Verlangt man aber sogleich und jetzt, nur gerade jetzt, gesund zu sein; so muß auch hier die Zeit Vorschuß leisten: die Krankheit wird vertrieben, aber der Zins ist Schwäche und chronische Übel zeitlebens. – Wenn man in Zeiten des Krieges oder der Unruhen Geld gebraucht, und zwar sogleich, gerade jetzt; so ist man genötigt, liegende Gründe oder Staatspapiere für ein Drittel und noch weniger ihres Wertes zu verkaufen, den man zum vollen erhalten würde, wenn man der Zeit ihr Recht widerfahren lassen, also einige Jahre warten wollte: aber man zwingt sie, Vorschuß zu leisten. – Oder auch man bedarf einer Summe zu einer weiten Reise: binnen eines oder zweier Jahre könnte man sie von seinem Einkommen zurückgelegt haben. Aber man will nicht warten; sie wird also geborgt oder einstweilen vom Kapital genommen: d.h., die Zeit muß vorschießen. Da ist ihr Zins eingerissene Unordnung in der Kasse, ein bleiben-

des und wachsendes Defizit, welches man nie mehr loswird.
– Dies also ist der Wucher der Zeit: seine Opfer werden alle, die nicht warten können. Den Gang der gemessen ablaufenden Zeit beschleunigen zu wollen ist das kostspieligste Unternehmen. Also hüte man sich, der Zeit Zinsen schuldig zu werden.

50. Ein charakteristischer und im gemeinem Leben sehr oft sich hervortuender Unterschied zwischen den gewöhnlichen und den gescheuten Köpfen ist, daß jene bei ihrer Überlegung und Schätzung möglicher Gefahren immer nur fragen und berücksichtigen, was der Art bereits *geschehn sei*; diese hingegen selbst überlegen, was möglicherweise *geschehn könne*; wobei sie bedenken, daß, wie ein spanisches Sprichwort sagt, ›lo que no acaece en un año, acaece en un rato.‹ (was binnen eines Jahres nicht geschieht, geschieht binnen weniger Minuten.) Der in Rede stehende Unterschied ist freilich natürlich: denn, was geschehn *kann*, zu überblicken erfordert Verstand, was geschehn *ist*, bloß Sinne.

Unsere Maxime aber sei: opfere den bösen Dämonen! D. h. man soll einen gewissen Aufwand von Mühe, Zeit, Unbequemlichkeit, Weitläuftigkeit, Geld oder Entbehrung nicht scheuen, um der Möglichkeit eines Unglücks die Türe zu verschließen: und je größer dieses wäre, desto kleiner, entfernter, unwahrscheinlicher mag jene sein. Die deutlichste Exemplifikation dieser Regel ist die Assekuranzprämie. Sie ist ein öffentlich und von allen auf den Altar der bösen Dämonen gebrachtes Opfer.

51. Über keinen Vorfall sollte man in großen Jubel oder große Wehklage ausbrechen; teils wegen der Veränderlichkeit aller Dinge, die ihn jeden Augenblick umgestalten kann; teils wegen der Trüglichkeit unsers Urteils über das uns Gedeihliche oder Nachteilige; infolge welcher fast jeder einmal gewehklagt hat über das, was nachher sich als sein wahres Bestes auswies, oder gejubelt über das, was die Quelle seiner größten Leiden geworden ist. Die hier dagegen empfohlene Gesinnung hat Shakespeare schön ausgedrückt:

> I have felt so many quirks of joy and grief,
> That the first face of neither, on the start,
> Can woman me unto it[1].
>
> (›All's well‹ act 3, scene 2)

Überhaupt aber zeigt der, welcher bei allen Unfällen gelassen bleibt, daß er weiß, wie kolossal und tausendfältig die möglichen Übel des Lebens sind; weshalb er das jetzt eingetretene ansieht als einen sehr kleinen Teil dessen, was kommen könnte: dies ist die stoische Gesinnung, in Gemäßheit welcher man niemals ›condicionis humanae oblitus‹[2] [die menschliche Lage vergessend], sondern stets eingedenk sein soll, welch ein trauriges und jämmerliches Los das menschliche Dasein überhaupt ist und wie unzählig die Übel sind, denen es ausgesetzt ist; diese Einsicht aufzufrischen braucht man überall nur einen Blick um sich zu werfen: wo man auch sei, wird man es bald vor Augen haben, dieses Ringen und Zappeln und Quälen um die elende, kahle, nichts abwerfende Existenz. Man wird demnach seine Ansprüche herabstimmen, in die Unvollkommenheit aller Dinge und Zustände sich finden lernen und Unfällen stets entgegensehn, um ihnen auszuweichen oder sie zu ertragen. Denn Unfälle, große und kleine, sind das Element unsers Lebens: dies sollte man also stets gegenwärtig haben; darum jedoch nicht als ein δύσκολος [Unzufriedener] mit *Beresford*[3] über die stündlichen miseries of human life [Mißgeschicke des menschlichen Lebens] lamentieren und Gesichter schneiden noch weniger in pulicis morsu Deum invocare [bei einem Flohstich Gott zu Hilfe rufen], sondern als ein εὐλαβής[4] [Bedächtiger] die Behutsamkeit im Zuvorkommen und Verhüten der Unfälle, sie mögen von Menschen oder von Dingen ausgehn, so weit treiben und so sehr darin raffinieren, daß

---

1. So viele Anfälle von Freude und Gram habe ich schon empfunden, daß ich nie mehr vom ersten Anblicke des Anlasses zu einem von beiden sogleich mich weibisch hinreißen lasse.
2. [Vgl. Seneca: ›De ira‹ 2, 10, 3; 3, 26, 2 und öfter]
3. [Verfasser der ›Miseries of human life‹, aus dem Englischen in zwei Bänden, 1800]
4. *[Vgl. S. 391 f.]*

man wie ein kluger Fuchs jedem großen oder kleinen Mißgeschick (welches meistens nur ein verkapptes Ungeschick ist) säuberlich aus dem Wege geht.

Daß ein Unglücksfall uns weniger schwer zu tragen fällt, wenn wir zum voraus ihn als möglich betrachtet und, wie man sagt, uns darauf gefaßt gemacht haben, mag hauptsächlich daher kommen, daß, wenn wir den Fall, ehe er eingetreten, als eine bloße Möglichkeit mit Ruhe überdenken, wir die Ausdehnung des Unglücks deutlich und nach allen Seiten übersehn und so es wenigstens als ein endliches und überschaubares erkennen; infolge wovon es, wenn es nun wirklich trifft, doch mit nicht mehr als seiner wahren Schwere wirken kann. Haben wir hingegen jenes nicht getan, sondern werden unvorbereitet getroffen; so kann der erschrockene Geist im ersten Augenblick die Größe des Unglücks nicht genau ermessen: es ist jetzt für ihn unübersehbar, stellt sich daher leicht als unermeßlich, wenigstens viel größer dar, als es wirklich ist. Auf gleiche Art läßt Dunkelheit und Ungewißheit jede Gefahr größer erscheinen. Freilich kommt noch hinzu, daß wir für das als möglich antizipierte Unglück zugleich auch die Trostgründe und Abhülfen überdacht oder wenigstens uns an die Vorstellung desselben gewöhnt haben.

Nichts aber wird uns zum gelassenen Ertragen der uns treffenden Unglücksfälle besser befähigen als die Überzeugung von der Wahrheit, welche ich in meiner ›Preisschrift über die Freiheit des Willens‹ aus ihren letzten Gründen abgeleitet und festgestellt habe, nämlich, wie es daselbst S. 62 *[Bd. 3, S. 581]* heißt: ›Alles, was geschieht, vom Größten bis zum Kleinsten, geschieht *notwendig.*‹ Denn in das unvermeidlich Notwendige weiß der Mensch sich bald zu finden, und jene Erkenntnis läßt ihn alles, selbst das durch die fremdartigsten Zufälle Herbeigeführte, als ebenso notwendig ansehn wie das nach den bekanntesten Regeln und unter vollkommener Voraussicht Erfolgende. Ich verweise hier auf das, was ich (›Welt als Wille und Vorstellung‹ Bd. 1, S. 345 und 346 *[Bd. 1, S. 420 f.]*) über die beruhigende Wirkung der Erkenntnis des Unvermeidlichen und Notwendigen gesagt habe. Wer davon durchdrungen ist, wird zuvörderst willig tun, was er kann, dann aber willig leiden, was er muß.

Die kleinen Unfälle, die uns stündlich vexieren, kann man betrachten als bestimmt, uns in Übung zu erhalten, damit die Kraft, die großen zu ertragen, im Glück nicht ganz erschlaffe. Gegen die täglichen Hudeleien, kleinlichen Reibungen im menschlichen Verkehr, unbedeutende Anstöße, Ungebührlichkeiten andrer, Klatschereien u. dgl. mehr muß man ein gehörnter Siegfried sein, d. h. sie gar nicht empfinden, viel weniger sich zu Herzen nehmen und darüber brüten; sondern von dem allen nichts an sich kommen lassen, es von sich stoßen wie Steinchen, die im Wege liegen, und keineswegs es aufnehmen in das Innere seiner Überlegung und Rumination.

52. Was aber die Leute gemeiniglich das Schicksal nennen, sind meistens nur ihre eigenen dummen Streiche. Man kann daher nicht genugsam die schöne Stelle im Homer (›Ilias‹ 23, 313 sqq.) beherzigen, wo er die μῆτις, d. i. die kluge Überlegung, empfiehlt. Denn wenn auch die schlechten Streiche erst in jener Welt gebüßt werden; so doch die dummen schon in dieser – wiewohl hin und wieder einmal Gnade für Recht ergehn mag.

Nicht wer grimmig, sondern wer klug dareinschaut, sieht furchtbar und gefährlich aus – so gewiß des Menschen Gehirn eine furchtbarere Waffe ist als die Klaue des Löwen. –

Der vollkommene Weltmann wäre der, welcher nie in Unschlüssigkeit stockte und nie in Übereilung geriete.

53. Nächst der Klugheit aber ist Mut eine für unser Glück sehr wesentliche Eigenschaft. Freilich kann man weder die eine noch die andere sich geben, sondern ererbt jene von der Mutter und diesen vom Vater: jedoch läßt sich durch Vorsatz und Übung dem davon Vorhandenen nachhelfen. Zu dieser Welt, wo ›die Würfel eisern fallen‹[1], gehört ein eiserner Sinn, gepanzert gegen das Schicksal und gewaffnet gegen die Menschen. Denn das ganze Leben ist ein Kampf, jeder Schritt wird uns streitig gemacht und Voltaire sagt

1. [Schiller: ›Die Schlacht‹, Anfang]

mit Recht: ›On ne réussit dans ce monde, qu'à la pointe de l'épée, et on meurt les armes à la main.‹ [Man kommt in dieser Welt nur mit gezücktem Degen voran, und man stirbt mit den Waffen in der Hand.] Daher ist es eine feige Seele, die, sobald Wolken sich zusammenziehn oder wohl gar nur am Horizont sich zeigen, zusammenschrumpft, verzagen will und jammert. Vielmehr sei unser Wahlspruch:

Tu ne cede malis, sed contra audentior ito.
[Weiche dem Übel nicht aus, nur tapferer geh ihm entgegen.
Vergil, ›Aeneis‹ 6, 95]

Solange der Ausgang einer gefährlichen Sache nur noch zweifelhaft ist, solange nur noch die Möglichkeit, daß er ein glücklicher werde, vorhanden ist, darf an kein Zagen gedacht werden, sondern bloß an Widerstand; wie man am Wetter nicht verzweifeln darf, solange noch ein blauer Fleck am Himmel ist. Ja man bringe es dahin, zu sagen:

> Si fractus illabatur orbis,
> Impavidum ferient ruinae.
> [Bricht über ihm die Welt zusammen,
> Treffen die Trümmer noch unverzagt ihn.
> Horaz, ›Carmina‹ 3, 3, 7f.]

Das ganze Leben selbst, geschweige seine Güter sind noch nicht so ein feiges Beben und Einschrumpfen des Herzens wert:

> ... Quocirca vivite fortes
> Fortiaque adversis opponite pectora rebus!
> [Drum als Tapfere lebt und
> Werfet die tapfere Brust den Schicksalsschlägen entgegen!
> Horaz, ›Saturae‹ 2, 2, 135f.]

Und doch ist auch hier ein Exzeß möglich: denn der Mut kann in Verwegenheit ausarten. Sogar ist ein gewisses Maß von Furchtsamkeit zu unserm Bestande in der Welt notwendig: die Feigheit ist bloß das Überschreiten desselben. Dies hat Baco von Verulam gar treffend ausgedrückt in seiner etymologischen Erklärung des ›terror Panicus‹, welche die ältere vom Plutarch (›De Iside et Osiride‹ 14) uns erhaltene weit hinter sich läßt. Er leitet nämlich denselben ab vom *Pan* als der personifizierten Natur und sagt: ›Natura enim rerum omnibus viventibus indidit metum ac formidinem vitae atque essentiae suae conservatricem ac mala ingruentia vitantem et depellentem. Verumtamen eadem natura modum tenere nescia est, sed timoribus salutaribus semper vanos et inanes admiscet, adeo ut omnia (si intus conspici darentur) Panicis terroribus plenissima sint, praesertim humana.‹ [Denn die Natur der Dinge hat allen Lebenden die Furcht und die Angst eingegeben als Erhalterin ihres Lebens und Wesens und zur Vermeidung und Abwehr hereinbrechender Übel. Jedoch dieselbe Natur weiß dabei nicht maßzuhalten, sondern mischt den heilsamen Befürchtungen immer eitle und leere bei, so daß alle Dinge (wenn man sie von innen her sehen könnte) von panischem Schrecken erfüllt sind, besonders die menschlichen.] (›De sapientia veterum‹ 6). Übrigens ist das Charakteristische des panischen Schreckens, daß er seiner Gründe sich nicht deutlich bewußt ist, sondern sie mehr voraussetzt als kennt, ja zur Not geradezu die Furcht selbst als Grund der Furcht geltend macht.

Kapitel 6
Vom Unterschiede der Lebensalter

Überaus schön hat *Voltaire* gesagt:

> Qui n'a pas l'esprit de son âge,
> De son âge a tout le malheur.
> [Wer nicht den Geist seines Alters hat,
> Hat seines Alters ganzes Ungemach.
> Stances à Mme du Châtelet 3, 3 f.]

Daher wird es angemessen sein, daß wir am Schlusse dieser eudaimonologischen Betrachtungen einen Blick auf die Veränderungen werfen, welche die Lebensalter an uns hervorbringen.

Unser ganzes Leben hindurch haben wir immer nur die *Gegenwart* inne und nie mehr. Was dieselbe unterscheidet, ist bloß, daß wir am Anfang eine lange Zukunft vor uns, gegen das Ende aber eine lange Vergangenheit hinter uns sehn; sodann, daß unser Temperament, wiewohl nicht unser Charakter, einige bekannte Veränderungen durchgeht, wodurch jedesmal eine andere Färbung der Gegenwart entsteht. –

In meinem Hauptwerke (Bd. 2, Kap. 31, S. 394 ff. *[Bd. 2, S. 508 f.]*) habe ich auseinandergesetzt, daß und warum wir in der *Kindheit* uns viel mehr *erkennend* als *wollend* verhalten. Gerade hierauf beruht jene Glückseligkeit des ersten Viertels unsers Lebens, infolge welcher es nachher wie ein verlorenes Paradies hinter uns liegt. Wir haben in der Kindheit nur wenige Beziehungen und geringe Bedürfnisse, also wenig Anregung des Willens: der größere Teil unsers Wesens geht demnach im *Erkennen* auf. – Der Intellekt ist wie das Gehirn, welches schon im siebenten Jahre seine volle Größe erreicht, früh entwickelt, wenn auch nicht reif, und sucht unaufhörlich Nahrung in einer ganzen Welt des noch neuen Daseins, wo alles, alles mit dem Reize der Neuheit überfirnißt ist. Hieraus entspringt es, daß unsere Kinderjahre eine fortwährende Poesie sind. Nämlich das Wesen der Poesie wie aller Kunst besteht im Auffassen der Platonischen Idee, d. h. des Wesentlichen und daher der ganzen *Art* Gemeinsamen in jedem Einzelnen; wodurch jedes Ding als Repräsentant seiner Gattung auftritt und *ein* Fall für tausend gilt[1]. Obgleich es nun scheint, daß wir in den Szenen unserer Kinderjahre stets nur mit dem jedesmaligen individuellen Gegenstande oder Vorgange beschäftigt seien, und zwar nur, sofern er unser momentanes Wollen interessiert; so ist dem doch im Grunde anders. Nämlich das Leben in seiner ganzen Bedeutsamkeit steht noch so neu, frisch und ohne Abstumpfung seiner Eindrücke durch Wiederholung vor uns; daß wir mitten unter unserm kindischen Treiben stets im stillen und ohne deutliche Absicht beschäftigt sind, an den einzelnen Szenen und Vorgängen das Wesen des

---

1. [Vgl. Goethe: ›Geschichte der Farbenlehre‹, ›Galilei‹]

Lebens selbst, die Grundtypen seiner Gestalten und Darstellungen aufzufassen. Wir sehn alle Dinge und Personen, wie Spinoza es ausdrückt, ›sub specie aeternitatis‹ [unter dem Gesichtspunkt der Ewigkeit; ›Ethica‹ 5, prop. 31, schol.]. Je jünger wir sind, desto mehr vertritt jedes Einzelne seine ganze Gattung. Dies nimmt immer mehr ab, von Jahr zu Jahr: und hierauf beruht der so große Unterschied des Eindrucks, den die Dinge in der Jugend und im Alter auf uns machen. Daher werden die Erfahrungen und Bekanntschaften der Kindheit und frühen Jugend nachmals die stehenden Typen und Rubriken aller spätern Erkenntnis und Erfahrung, gleichsam die Kategorien derselben, denen wir alles Spätere subsumieren, wenn auch nicht stets mit deutlichem Bewußtsein[H]. So bildet sich demnach schon in den Kinderjahren die feste Grundlage unserer Weltansicht, mithin auch das Flache oder Tiefe derselben: sie wird später ausgeführt und vollendet; jedoch nicht im wesentlichen verändert. Also infolge dieser rein objektiven und dadurch poetischen Ansicht, die dem Kindesalter wesentlich ist und davon unterstützt wird, daß der Wille noch lange nicht mit seiner vollen Energie auftritt, verhalten wir uns als Kinder bei weitem mehr rein erkennend als wollend. Daher der ernste schauende Blick mancher Kinder, welchen Raffael zu seinen Engeln, zumal denen der Sixtinischen Madonna, so glücklich benutzt hat. Eben dieserhalb sind denn auch die Kinderherzen so selig, daß die Erinnerung an sie stets von Sehnsucht begleitet ist. – Während wir nun mit solchem Ernst dem *ersten anschaulichen* Verständnis der Dinge obliegen, ist andererseits die Erziehung bemüht, uns *Begriffe* beizubringen. Allein Begriffe liefern nicht das eigentlich Wesentliche: vielmehr liegt dieses, also der Fonds und echte Gehalt aller unserer Erkenntnisse in der *anschaulichen* Auffassung der Welt. Diese aber kann nur von uns selbst gewonnen, nicht auf irgendeine Weise uns *beigebracht* werden. Daher kommt, wie unser moralischer, so auch unser intellektueller Wert

H. O, in der Kindheit! wann die Zeit noch so langsam geht, daß die Dinge beinahe festzustehn scheinen, um in alle Ewigkeit bleiben zu wollen, wie jetzt.

nicht von außen in uns, sondern geht aus der Tiefe unsers eigenen Wesens hervor, und können keine Pestalozzische[n] Erziehungskünste aus einem geborenen Tropf einen denkenden Menschen bilden: nie! er ist als Tropf geboren und muß als Tropf sterben. – Aus der beschriebenen tiefsinnigen Auffassung der ersten anschaulichen Außenwelt erklärt sich denn auch, warum die Umgebungen und Erfahrungen unserer Kindheit sich so fest dem Gedächtnis einprägen. Wir sind nämlich ihnen ungeteilt hingegeben gewesen, nichts hat uns dabei zerstreut und wir haben die Dinge, welche vor uns standen, angesehn, als wären sie die einzigen ihrer Art, ja überhaupt allein vorhanden. Später nimmt uns die dann bekannte Menge der Gegenstände Mut und Geduld. – Wenn man nun hier sich zurückrufen will, was ich S. 372 ff. des oben erwähnten Bandes meines Hauptwerkes *[Bd. 2, S. 473 f.]* dargetan habe, daß nämlich das *objektive* Dasein aller Dinge, d. h. ihr Dasein in der bloßen *Vorstellung*, ein durchweg erfreuliches, hingegen ihr *subjektives* Dasein, als welches im *Wollen* besteht, mit Schmerz und Trübsal stark versetzt ist; so wird man als kurzen Ausdruck der Sache auch wohl den Satz gelten lassen: alle Dinge sind herrlich zu *sehn*, aber schrecklich zu *sein*. Dem Obigen nun zufolge sind in der Kindheit die Dinge uns viel mehr von der Seite des *Sehns*, also der Vorstellung, der Objektivität bekannt als von der Seite des *Seins*, welche die des Willens ist. Weil nun jene die erfreuliche Seite der Dinge ist, die subjektive und schreckliche uns aber noch unbekannt bleibt; so hält der junge Intellekt alle jene Gestalten, welche Wirklichkeit und Kunst ihm vorführen, für ebenso viele glückselige Wesen: er meint, so schön sie zu sehn sind, und noch viel schöner, wären sie zu *sein*. Demnach liegt die Welt vor ihm wie ein Eden: dies ist das Arkadien, in welchem wir alle geboren sind[1]. Daraus entsteht etwas später der Durst nach dem wirklichen Leben, der Drang nach Taten und Leiden, welcher uns ins Weltgetümmel treibt. In diesem lernen wir dann die andere Seite der Dinge kennen, die des Seins, d. i. des Wollens, welches bei jedem Schritte durchkreuzt wird.

1. *[Vgl. S. 487]*

Dann kommt allmälig die große Enttäuschung heran, nach deren Eintritt es heißt: ›L'âge des illusions est passé‹ [Das Alter der Illusionen ist vorüber], und doch geht sie noch immer weiter, wird immer vollständiger. Demzufolge kann man sagen, daß in der Kindheit das Leben sich uns darstellt wie eine Theaterdekoration von weitem gesehn; im Alter, wie dieselbe in der größten Nähe.

Zum Glücke der Kindheit trägt endlich noch folgendes bei. Wie im Anfange des Frühlings alles Laub die gleiche Farbe und fast die gleiche Gestalt hat; so sind auch wir in früher Kindheit alle einander ähnlich, harmonieren daher vortrefflich. Aber mit der Pubertät fängt die Divergenz an und wird wie die der Radien eines Zirkels immer größer.

Was nun den Rest der ersten Lebenshälfte, die so viele Vorzüge vor der zweiten hat, also das jugendliche Alter, trübt, ja unglücklich macht, ist das Jagen nach Glück, in der festen Voraussetzung, es müsse im Leben anzutreffen sein. Daraus entspringt die fortwährend getäuschte Hoffnung und aus dieser die Unzufriedenheit. Gaukelnde Bilder eines geträumten, unbestimmten Glückes schweben unter kaprizios gewählten Gestalten uns vor, und wir suchen vergebens ihr Urbild. Daher sind wir in unsern Jünglingsjahren mit unserer Lage und Umgebung, welche sie auch sei, meistens unzufrieden; weil wir ihr zuschreiben, was der Leerheit und Armseligkeit des menschlichen Lebens überall zukommt und mit der wir jetzt die erste Bekanntschaft machen, nachdem wir ganz andere Dinge erwartet hatten. – Man hätte viel gewonnen, wenn man durch zeitige Belehrung den Wahn, daß in der Welt viel zu holen sei, in den Jünglingen ausrotten könnte. Aber das Umgekehrte geschieht dadurch, daß meistens uns das Leben früher durch die Dichtung als durch die Wirklichkeit bekannt wird. Die von jener geschilderten Szenen prangen im Morgenrot unserer eigenen Jugend vor unserm Blick, und nun peinigt uns die Sehnsucht, sie verwirklicht zu sehn – den Regenbogen zu fassen. Der Jüngling erwartet seinen Lebenslauf in Form eines interessanten Romans. So entsteht die Täuschung, welche ich S. 374 des schon erwähnten zweiten Bandes

[S. 475] bereits geschildert habe. Denn was allen jenen Bildern ihren Reiz verleiht, ist gerade dies, daß sie bloße Bilder und nicht wirklich sind und wir daher bei ihrem Anschauen uns in der Ruhe und Allgenugsamkeit des reinen Erkennens befinden. Verwirklicht werden heißt mit dem Wollen ausgefüllt werden, welches Wollen unausweichbare Schmerzen herbeiführt. Auch noch auf die Stelle S. 427 des erwähnten Bandes *[S. 548]* sei der teilnehmende Leser hier hingewiesen.

Ist sonach der Charakter der ersten Lebenshälfte unbefriedigte Sehnsucht nach Glück; so ist der der zweiten Besorgnis vor Unglück. Denn mit ihr ist mehr oder weniger deutlich die Erkenntnis eingetreten, daß alles Glück chimärisch, hingegen das Leiden real sei. Jetzt wird daher, wenigstens von den vernünftigen Charakteren, mehr bloße Schmerzlosigkeit und ein unangefochtener Zustand als Genuß angestrebt. – Wenn in meinen Jünglingsjahren es an meiner Türe schellte, wurde ich vergnügt: denn ich dachte, nun käme es. Aber in spätern Jahren hatte meine Empfindung bei demselben Anlaß vielmehr etwas dem Schrecken Verwandtes: ich dachte, da kommt's. – Hinsichtlich der Menschenwelt gibt es für ausgezeichnete und begabte Individuen, die eben als solche nicht so ganz eigentlich zu ihr gehören und demnach mehr oder weniger, je nach dem Grad ihrer Vorzüge, alleinstehn, ebenfalls zwei entgegengesetzte Empfindungen: in der Jugend hat man häufig die, von ihr *verlassen* zu sein; in spätern Jahren hingegen die, ihr *entronnen* zu sein. Die erstere, eine unangenehme, beruht auf Unbekanntschaft, die zweite, eine angenehme, auf Bekanntschaft mit ihr. – Infolge davon enthält die zweite Hälfte des Lebens wie die zweite Hälfte einer musikalischen Periode weniger Strebsamkeit, aber mehr Beruhigung als die erste, welches überhaupt darauf beruht, daß man in der Jugend denkt, in der Welt sei wunder was für Glück und Genuß anzutreffen, nur schwer, dazu zu gelangen; während man im Alter weiß, daß da nichts zu holen ist, also vollkommen darüber beruhigt eine erträgliche Gegenwart genießt und sogar an Kleinigkeiten Freude hat. –

Was der gereifte Mann durch die Erfahrung seines Lebens

erlangt hat und wodurch er die Welt anders sieht als der Jüngling und Knabe, ist zunächst *Unbefangenheit*. Er allererst sieht die Dinge ganz einfach und nimmt sie für das, was sie sind; während dem Knaben und Jüngling ein Trugbild, zusammengesetzt aus selbstgeschaffenen Grillen, überkommenen Vorurteilen und seltsamen Phantasien, die wahre Welt bedeckte oder verzerrte. Denn das Erste, was die Erfahrung zu tun vorfindet, ist, uns von den Hirngespinsten und falschen Begriffen zu befreien, welche sich in der Jugend angesetzt haben. Vor diesen das jugendliche Alter zu bewahren, wäre allerdings die beste Erziehung, wenngleich nur eine negative; ist aber sehr schwer. Man müßte zu diesem Zwecke den Gesichtskreis des Kindes anfangs möglichst enge halten, innerhalb desselben jedoch ihm lauter deutliche und richtige Begriffe beibringen und erst, nachdem es alles darin Gelegene richtig erkannt hätte, denselben allmälig erweitern, stets dafür sorgend, daß nichts Dunkeles, auch nichts halb oder schief Verstandenes zurückbliebe. Infolge hievon würden seine Begriffe von Dingen und menschlichen Verhältnissen immer noch beschränkt und sehr einfach, dafür aber deutlich und richtig sein, so daß sie stets nur der Erweiterung, nicht der Berichtigung bedürften; und so fort bis ins Jünglingsalter hinein. Diese Methode erfordert insbesondere, daß man keine Romane zu lesen erlaube, sondern sie durch angemessene Biographien ersetze, wie z.B. die *Franklins*, den ›Anton Reiser‹ von *Moritz* u.dgl. –

Wann wir jung sind, vermeinen wir, daß die in unserm Lebenslauf wichtigen und folgenreichen Begebenheiten und Personen mit Pauken und Trompeten auftreten werden: im Alter zeigt jedoch die retrospektive Betrachtung, daß sie alle ganz still, durch die Hintertür und fast unbeachtet hereingeschlichen sind.

Man kann ferner in der bis hieher betrachteten Hinsicht das Leben mit einem gestickten Stoffe vergleichen, von welchem jeder in der ersten Hälfte seiner Zeit die rechte, in der zweiten aber die Kehrseite zu sehn bekäme: letztere ist nicht so schön, aber lehrreicher; weil sie den Zusammenhang der Fäden erkennen läßt. –

Die geistige Überlegenheit, sogar die größte, wird in der Konversation ihr entschiedenes Übergewicht erst nach dem vierzigsten Jahre geltend machen. Denn die Reife der Jahre und die Frucht der Erfahrung kann durch jene wohl vielfach übertroffen, jedoch nie ersetzt werden: sie aber gibt auch dem gewöhnlichsten Menschen ein gewisses Gegengewicht gegen die Kräfte des größten Geistes, solange dieser jung ist. Ich meine hier bloß das Persönliche, nicht die Werke. –

Jeder irgend vorzügliche Mensch, jeder, der nur nicht zu den von der Natur so traurig dotierten fünf Sechsteln der Menschheit gehört, wird nach dem vierzigsten Jahre von einem gewissen Anfluge von Misanthropie schwerlich freibleiben. Denn er hatte, wie es natürlich ist, von sich auf andere geschlossen und ist allmälig enttäuscht worden, hat eingesehn, daß sie entweder von der Seite des Kopfes oder des Herzens, meistens sogar beider, ihm in Rückstand bleiben und nicht quitt mit ihm werden; weshalb er sich mit ihnen einzulassen gern vermeidet; wie denn überhaupt jeder nach Maßgabe seines inneren Wertes die Einsamkeit, d. h. seine eigene Gesellschaft lieben oder hassen wird. Von dieser Art der Misanthropie handelt auch *Kant* in der ›Kritik der Urteilskraft‹ gegen das Ende der allgemeinen Anmerkung zum § 29 des ersten Teils.

An einem *jungen Menschen* ist es in intellektueller und auch in moralischer Hinsicht ein schlechtes Zeichen, wenn er im Tun und Treiben der Menschen sich recht früh *zurechte zu finden* weiß, sogleich darin zu Hause ist und wie vorbereitet in dasselbe eintritt: es kündigt Gemeinheit an. Hingegen deutet in solcher Beziehung ein befremdetes, stutziges, ungeschicktes und verkehrtes Benehmen auf eine Natur edlerer Art.

Die Heiterkeit und der Lebensmut unserer Jugend beruht zum Teil darauf, daß wir bergaufgehend den Tod nicht sehn; weil er am Fuß der andern Seite des Berges liegt. Haben wir aber den Gipfel überschritten, dann werden wir den Tod, welchen wir bis dahin nur von Hörensagen kannten, wirklich ansichtig, wodurch, da zu derselben Zeit die Lebenskraft zu ebben beginnt, auch der Lebensmut sinkt;

so daß jetzt ein trüber Ernst den jugendlichen Übermut verdrängt und auch dem Gesichte sich aufdrückt. Solange wir jung sind – man mag uns sagen, was man will – halten wir das Leben für endlos und gehn danach mit der Zeit um. Je älter wir werden, desto mehr ökonomisieren wir unsre Zeit. Denn im spätern Alter erregt jeder verlebte Tag eine Empfindung, welche der verwandt ist, die bei jedem Schritt ein zum Hochgericht geführter Delinquent hat.

Vom Standpunkte der Jugend aus gesehn, ist das Leben eine unendlich lange Zukunft, vom Standpunkte des Alters aus eine sehr kurze Vergangenheit; so daß es anfangs sich uns darstellt wie die Dinge, wann wir das Objektivglas des Opernguckers ans Auge legen, zuletzt aber, wie wann das Okular. Man muß alt geworden sein, also lange gelebt haben, um zu erkennen, wie kurz das Leben ist. – Die Zeit selbst hat in unserer Jugend einen viel langsameren Schritt; daher das erste Viertel unsers Lebens nicht nur das glücklichste, sondern auch das längste ist, so daß es viel mehr Erinnerungen zurückläßt und jeder, wenn es darauf ankäme, aus demselben mehr zu erzählen wissen würde als aus zweien der folgenden. Sogar werden, wie im Frühling des Jahres, so auch in dem des Lebens, die Tage zuletzt von einer lästigen Länge. Im Herbste beider werden sie kurz, aber heiterer und beständiger.

Wenn das Leben zu Ende geht, weiß man nicht, wo es geblieben ist. Warum nun aber erblickt man im Alter das Leben, welches man hinter sich hat, so kurz? Weil man es für so kurz hält, wie die Erinnerung desselben ist. Aus dieser nämlich ist alles Unbedeutende und viel Unangenehmes herausgefallen, daher wenig übriggeblieben. Denn wie unser Intellekt überhaupt sehr unvollkommen ist, so auch das Gedächtnis: das Erlernte muß geübt, das Vergangene ruminiert werden, wenn nicht beides allmälig in den Abgrund der Vergessenheit versinken soll. Nun aber pflegen wir nicht das Unbedeutende, auch meistens nicht das Unangenehme zu ruminieren; was doch nötig wäre, um es im Gedächtnis aufzubewahren. Des Unbedeutenden wird aber immer mehr: denn durch die öftere und endlich zahllose

Wiederkehr wird vielerlei, das anfangs uns bedeutend erschien, allmälig unbedeutend; daher wir uns der früheren Jahre besser als der spätern erinnern. Je länger wir nun leben, desto wenigere Vorgänge scheinen uns wichtig oder bedeutend genug, um hinterher noch ruminiert zu werden, wodurch allein sie im Gedächtnis sich fixieren könnten: sie werden also vergessen, sobald sie vorüber sind. So läuft denn die Zeit immer spurloser ab. – Nun ferner: das Unangenehme ruminieren wir nicht gern, am wenigsten aber dann, wann es unsere Eitelkeit verwundet, welches sogar meistens der Fall ist; weil wenige Leiden uns ganz ohne unsere Schuld getroffen haben. Daher also wird ebenfalls viel Unangenehmes vergessen. Beide Ausfälle nun sind es, die unsere Erinnerung so kurz machen und verhältnismäßig immer kürzer, je länger ihr Stoff wird. Wie die Gegenstände auf dem Ufer, von welchem man zu Schiffe sich entfernt, immer kleiner, unkenntlicher und schwerer zu unterscheiden werden; so unsere vergangenen Jahre mit ihren Erlebnissen und ihrem Tun. Hiezu kommt, daß bisweilen Erinnerung und Phantasie uns eine längst vergangene Szene unsers Lebens so lebhaft vergegenwärtigen wie den gestrigen Tag; wodurch sie dann ganz nahe an uns herantritt: dies entsteht dadurch, daß es unmöglich ist, die lange zwischen jetzt und damals verstrichene Zeit uns ebenso zu vergegenwärtigen; indem sie sich nicht so in *einem* Bilde überschauen läßt und überdies auch die Vorgänge in derselben größtenteils vergessen sind und bloß eine allgemeine Erkenntnis in abstracto von ihr übriggeblieben ist, ein bloßer Begriff, keine Anschauung. Daher nun also erscheint das längst Vergangene im Einzelnen uns so nahe, als wäre es erst gestern gewesen, die dazwischenliegende Zeit aber verschwindet, und das ganze Leben stellt sich als unbegreiflich kurz dar. Sogar kann bisweilen im Alter die lange Vergangenheit, die wir hinter uns haben, und damit unser eigenes Alter im Augenblick uns beinahe fabelhaft vorkommen; welches hauptsächlich dadurch entsteht, daß wir zunächst noch immer dieselbe stehende Gegenwart vor uns sehn. Dergleichen innere Vorgänge beruhen aber zuletzt darauf, daß nicht unser Wesen an sich selbst, sondern nur die Erscheinung desselben in der Zeit liegt und daß die Gegenwart der Berührungspunkt zwischen Objekt und Subjekt ist. – Und warum nun wieder erblickt man in der Jugend das Leben, welches man noch vor sich hat, so unabsehbar lang? Weil man Platz haben muß für die grenzenlosen Hoffnungen, mit denen man es bevölkert und zu deren Verwirklichung Methusalem zu jung stürbe; sodann, weil man zum Maßstabe desselben die wenigen Jahre nimmt, welche man schon hinter sich hat und deren Erinnerung stets stoffreich, folglich lang ist, indem die Neuheit alles bedeutend erscheinen ließ, weshalb es hinterher noch ruminiert, also oft in der Erinnerung wiederholt und dadurch ihr eingeprägt wurde.

Bisweilen glauben wir, uns nach einem fernen *Orte* zurückzusehnen, während wir eigentlich uns nur nach der *Zeit* zurücksehnen, die wir dort verlebt haben, da wir jünger und frischer waren. So täuscht uns alsdann die Zeit unter der Maske des Raumes. Reisen wir hin, so werden wir der Täuschung inne. –

Ein hohes Alter zu erreichen gibt es bei fehlerfreier Konstitution als conditio sine qua non zwei Wege, die man am Brennen zweier Lampen erläutern kann: die eine brennt lange, weil sie bei wenigem Öl einen sehr dünnen Docht hat; die andre, weil sie zu einem starken Docht auch viel Öl hat: das Öl ist die Lebenskraft, der Docht der Verbrauch derselben, auf jede Art und Weise.

Hinsichtlich der *Lebenskraft* sind wir bis zum sechsunddreißigsten Jahre denen zu vergleichen, welche von ihren Zinsen leben: was heute ausgegeben wird, ist morgen wieder da. Aber von jenem Zeitpunkt an ist unser Analogon der Rentier, welcher anfängt, sein Kapital anzugreifen. Im Anfang ist die Sache gar nicht merklich: der größte Teil der Ausgabe stellt sich immer noch von selbst wieder her: ein geringes Defizit dabei wird nicht beachtet. Dieses aber wächst allmälig, wird merklich, seine Zunahme selbst nimmt mit jedem Tage zu: sie reißt immer mehr ein, jedes Heute ist ärmer als das Gestern, ohne Hoffnung auf Stillstand. So beschleunigt sich wie der Fall der Körper die Abnahme immer mehr – bis zuletzt nichts mehr übrig ist. Ein gar trauriger Fall ist es, wenn beide hier Verglichene, Lebenskraft und Eigentum, wirklich zusammen im Wegschmelzen begriffen sind: daher eben wächst mit dem Alter die Liebe zum Besitze. – Hingegen anfangs bis zur Volljährigkeit und noch etwas darüber hinaus gleichen wir hinsichtlich der Lebenskraft denen, welche von den Zinsen noch etwas zum Kapital legen: nicht nur das Ausgegebene stellt sich von selbst wieder ein, sondern das Kapital wächst. Und wieder ist auch dieses bisweilen durch die Fürsorge eines redlichen Vormundes zugleich mit dem Gelde der Fall. O glückliche Jugend! O trauriges Alter! – Nichtsdestoweniger soll man die Jugendkräfte schonen. Aristoteles bemerkt (›Politica‹ lib. ult., cap. 5), daß von den olympischen Siegern nur zwei oder drei einmal als Knaben und dann wieder als Männer gesiegt hätten; weil durch die frühe Anstrengung, welche die Vorübung erfordert, die Kräfte so erschöpft werden, daß sie nachmals im Mannesalter fehlen. Wie dies von der Muskelkraft gilt, so noch mehr von der Nervenkraft, deren Äußerung alle intellektuelle[n] Leistungen sind: daher werden die ingenia praecocia, die Wunderkinder, die Früchte der Treibhauserziehung, welche als Knaben Erstaunen erregen, nachmals sehr gewöhnliche Köpfe. Sogar mag die frühe erzwungene Anstrengung zur Erlernung der alten Sprachen schuld haben an der nachmaligen Lahmheit und Urteilslosigkeit so vieler gelehrter Köpfe. –

Ich habe die Bemerkung gemacht, daß der Charakter fast jedes Menschen *einem* Lebensalter vorzugsweise angemessen zu sein scheint; so daß er in diesem sich vorteilhafter ausnimmt. Einige sind liebenswürdige Jünglinge, und dann ist's vorbei; andere kräftige, tätige Männer, denen das Alter allen Wert raubt; manche stellen sich am vorteilhaftesten im Alter dar, als wo sie milder, weil erfahrener und gelassener sind: dies ist oft bei Franzosen der Fall. Die Sache muß darauf beruhen, daß der Charakter selbst etwas Jugendliches, Männliches oder Ältliches an sich hat, womit das jedesmalige Lebensalter übereinstimmt oder als Korrektiv entgegenwirkt.

Wie man, auf einem Schiffe befindlich, sein Vorwärtskommen nur am Zurückweichen und demnach Kleinerwerden der Gegenstände auf dem Ufer bemerkt; so wird man sein Alt- und Älterwerden daran inne, daß Leute von immer höhern Jahren einem jung vorkommen.

Schon oben ist erörtert worden, wie und warum alles, was man sieht, tut und erlebt, je älter man wird, desto wenigere Spuren im Geiste zurückläßt. In diesem Sinne ließe sich behaupten, daß man allein in der Jugend mit vollem Bewußtsein lebte; im Alter nur noch mit halbem. Je älter man wird, mit desto wenigerem Bewußtsein lebt man. Die Dinge eilen vorüber, ohne Eindruck zu machen; wie das Kunstwerk, welches man tausendmal gesehn hat, keinen macht: man tut, was man zu tun hat, und weiß hinterher nicht, ob man es getan. Indem nun also das Leben immer unbewußter wird, je mehr es der gänzlichen Bewußtlosigkeit zueilt, so wird ebendadurch sein Verlauf auch immer schleuniger. In der Kindheit bringt die Neuheit aller Gegenstände und Begebenheiten jegliches zum Bewußtsein: daher ist der Tag unabsehbar lang. Dasselbe widerfährt uns auf Reisen, wo deshalb *ein* Monat länger erscheint als vier zu Hause. Diese Neuheit der Dinge verhindert jedoch nicht, daß die in beiden Fällen länger scheinende Zeit uns auch in beiden oft wirklich ›lang wird‹, mehr als im Alter oder mehr als zu Hause. Allmälig aber wird durch die lange Gewohnheit derselben Wahrnehmungen der Intellekt so abgeschliffen, daß immer mehr alles wirkungslos darüber hingleitet; wodurch dann die Tage immer unbedeutender und dadurch kürzer werden: die Stunden des Knaben sind länger als die Tage des Alten. Demnach hat die Zeit unsers Lebens eine beschleunigte Bewegung wie die einer herabrollenden Kugel; und wie auf einer sich drehenden Scheibe jeder Punkt um so schneller läuft, als er weiter vom Zentro abliegt; so verfließt jedem nach Maßgabe seiner Entfernung vom Lebensanfange die Zeit schneller und immer schneller. Man kann demzufolge annehmen, daß in der unmittelbaren Schätzung unsers Gemütes die Länge eines Jahres im umgekehrten Verhältnisse des Quotienten desselben in unser Alter steht: wann z. B. das Jahr ein Fünftel unsers Alters beträgt, erscheint es uns zehnmal so lang, als wann es nur ein Fünfzigstel desselben ausmacht. Diese Verschiedenheit in der Geschwindigkeit der Zeit hat auf die ganze Art unsers Daseins in jedem Lebensalter den entschiedensten Einfluß. Zunächst bewirkt sie, daß das Kindesalter, wenn auch nur etwan fünfzehn Jahre umfassend, doch die längste Zeit des Lebens und daher die reichste an Erinnerungen ist: sodann, daß wir durchweg der Langenweile im umgekehrten Verhältnis unsers Alters unterworfen sind. Kinder bedürfen beständig des Zeitvertreibs, sei er Spiel oder Arbeit; stockt er, so ergreift sie augenblicklich entsetzliche Langeweile. Auch Jünglinge sind ihr noch sehr unterworfen und sehn mit Besorgnis auf unausgefüllte Stunden. Im männlichen Alter schwindet die Langeweile mehr und mehr: Greisen wird die Zeit stets zu kurz und die Tage fliegen pfeilschnell vorüber – versteht sich, daß ich von Menschen, nicht von altgewordenem Vieh rede. Durch diese Beschleunigung des Laufes der Zeit fällt also in spätern Jahren meistens die Langeweile weg, und da andererseits auch die Leidenschaften mit ihrer Qual verstummen[1]; so ist, wenn nur die Gesundheit sich erhalten hat, im ganzen genommen die Last des Lebens wirklich geringer als in der Jugend: daher nennt man den Zeitraum, welcher dem Eintritt der Schwäche und der Beschwerden des höheren Alters vorhergeht, ›die besten Jahre‹. In Hinsicht auf unser Wohlbehagen mögen sie es wirklich sein: hingegen bleibt den Jugendjahren, als wo alles Eindruck macht und jedes lebhaft ins Bewußtsein tritt, der Vorzug, die befruchtende Zeit für den Geist, der blüten-ansetzende Frühling desselben zu sein. Tiefe Wahrheiten nämlich lassen sich nur erschauen, nicht errechnen, d. h. ihre erste Erkenntnis ist eine unmittelbare und wird durch den momentanen Eindruck hervorgerufen: sie kann folglich nur eintreten, solange dieser stark, lebhaft und tief ist. Demnach hängt in dieser Hinsicht alles von der Benutzung der Jugendjahre ab.

1. [Vgl. Goethe: ›Tasso‹ 5, 5]

In den späteren können wir mehr auf andere, ja auf die Welt einwirken; weil wir selbst vollendet und abgeschlossen sind und nicht mehr dem Eindruck angehören: aber die Welt wirkt weniger auf uns. Diese Jahre sind daher die Zeit des Tuns und Leistens; jene aber die des ursprünglichen Auffassens und Erkennens.

In der Jugend herrscht die Anschauung, im Alter das Denken vor: daher ist jene die Zeit für Poesie; dieses mehr für Philosophie. Auch praktisch läßt man sich in der Jugend durch das Angeschaute und dessen Eindruck, im Alter nur durch das Denken bestimmen. Zum Teil beruht dies darauf, daß erst im Alter anschauliche Fälle in hinlänglicher Anzahl dagewesen und den Begriffen subsumiert worden sind, um diesen volle Bedeutung, Gehalt und Kredit zu verschaffen und zugleich den Eindruck der Anschauung durch die Gewohnheit zu mäßigen. Hingegen ist in der Jugend, besonders auf lebhafte und phantasiereiche Köpfe, der Eindruck des Anschaulichen, mithin auch der Außenseite der Dinge so überwiegend, daß sie die Welt ansehn als ein Bild; daher ihnen hauptsächlich angelegen ist, wie sie darauf figurieren und sich ausnehmen – mehr als wie ihnen innerlich dabei zumute sei. Dies zeigt sich schon in der persönlichen Eitelkeit und Putzsucht der Jünglinge.

Die größte Energie und höchste Spannung der Geisteskräfte findet ohne Zweifel in der Jugend statt, spätestens bis ins fünfunddreißigste Jahr: von dem an nimmt sie, wiewohl sehr langsam ab. Jedoch sind die späteren Jahre, selbst das Alter, nicht ohne geistige Kompensation dafür. Erfahrung und Gelehrsamkeit sind erst jetzt eigentlich reichgeworden: man hat Zeit und Gelegenheit gehabt, die Dinge von allen Seiten zu betrachten und zu bedenken, hat jedes mit jedem zusammengehalten und ihre Berührungspunkte und Verbindungsglieder herausgefunden; wodurch man sie allererst jetzt so recht im Zusammenhange versteht. Alles hat sich abgeklärt. Deshalb weiß man selbst das, was man schon in der Jugend wußte, jetzt viel gründlicher; da man zu jedem Begriffe viel mehr Belege hat: was man in der Jugend zu wissen glaubte, das weiß man im Alter wirklich, überdies weiß man auch wirklich viel mehr und hat eine nach allen Seiten durchdachte und dadurch ganz eigentlich zusammenhängende Erkenntnis; während in der Jugend unser Wissen stets lückenhaft und fragmentarisch ist. Nur *wer alt wird*, erhält eine vollständige und angemessene Vorstellung vom Leben, indem er es in seiner Ganzheit und seinem natürlichen Verlauf, besonders aber nicht bloß wie die übrigen von der Eingangs-, sondern auch von der Ausgangsseite übersieht, wodurch er dann besonders die Nichtigkeit desselben vollkommen erkennt; während die übrigen stets noch in dem Wahne befangen sind, das Rechte werde noch erst kommen. Dagegen ist in der Jugend mehr Konzeption; daher man alsdann aus dem wenigen, was man kennt, mehr zu machen imstande ist: aber im Alter ist mehr Urteil, Penetration und Gründlichkeit. Den Stoff seiner selbst-eigenen Erkenntnisse, seiner originalen Grundansichten, also das, was ein bevorzugter Geist der Welt zu schenken bestimmt ist, sammelt er schon in der Jugend ein: aber seines Stoffes Meister wird er erst in späten Jahren. Demgemäß wird man meistenteils finden, daß die großen Schriftsteller ihre Meisterwerke um das fünfzigste Jahr herum geliefert haben. Dennoch bleibt die Jugend die Wurzel des Baumes der Erkenntnis; wenngleich erst die Krone die Früchte trägt. Wie aber jedes Zeitalter, auch das erbärmlichste, sich für viel weiser hält als das ihm zunächst vorhergegangene, nebst früheren; ebenso jedes Lebensalter des Menschen: doch irren beide sich oft. In den Jahren des leiblichen Wachstums, wo wir auch an Geisteskräften und Erkenntnissen täglich zunehmen, gewöhnt sich das Heute, mit Geringschätzung auf das Gestern herabzusehn. Diese Gewohnheit wurzelt ein und bleibt auch dann, wann das Sinken der Geisteskräfte eingetreten ist und das Heute vielmehr mit Verehrung auf das Gestern blicken sollte; daher wir dann sowohl die Leistungen wie die Urteile unserer jungen Jahre oft zu gering anschlagen[H].

H. Meistens jedoch gehn wir in der Jugend, da unsere Zeit am kostbarsten ist, verschwenderisch mit ihr um und fangen erst im Alter an, mit ihr zu geizen.

Überhaupt ist hier zu bemerken, daß, obzwar, wie der Charakter oder das Herz des Menschen, so auch der Intellekt, der Kopf, seinen Grundeigenschaften nach angeboren ist, dennoch dieser keineswegs so unveränderlich bleibt wie jener, sondern gar manchen Umwandelungen unterworfen ist, die sogar im ganzen regelmäßig eintreten; weil sie teils darauf beruhen, daß er eine physische Grundlage, teils darauf, daß er einen empirischen Stoff hat. So hat seine eigene Kraft ihr allmäliges Wachstum bis zur Akme und dann ihre allmälige Dekadenz bis zur Imbezillität[1]. Dabei nun aber ist andererseits der Stoff, der alle diese Kräfte beschäftigt und in Tätigkeit erhält, also der Inhalt des Denkens und Wissens, die Erfahrung, die Kenntnisse, die Übung und dadurch die Vollkommenheit der Einsicht, eine stets wachsende Größe bis etwan zum Eintritt entschiedener Schwäche, die alles fallenläßt. Dies Bestehn des Menschen aus einem schlechthin Unveränderlichen und einem regelmäßig, auf zweifache und entgegengesetzte Weise, Veränderlichen erklärt die Verschiedenheit seiner Erscheinung und Geltung in verschiedenen Lebensaltern.

Im weitern Sinne kann man auch sagen: die ersten vierzig Jahre unsers Lebens liefern den Text, die folgenden dreißig den Kommentar dazu, der uns den wahren Sinn und Zusammenhang des Textes, nebst der Moral und allen Feinheiten desselben, erst recht verstehn lehrt.

Gegen das Ende des Lebens nun gar geht es wie gegen das Ende eines Maskenballs, wann die Larven abgenommen werden. Man sieht jetzt, wer diejenigen, mit denen man während seines Lebenslaufes in Berührung gekommen war, eigentlich gewesen sind. Denn die Charaktere haben sich an den Tag gelegt, die Taten haben ihre Früchte getragen, die Leistungen ihre gerechte Würdigung erhalten, und alle Trugbilder sind zerfallen. Zu diesem allen nämlich war Zeit erfordert. – Das Seltsamste aber ist, daß man sogar sich selbst, sein eigenes Ziel und [seine] Zwecke erst gegen das Ende des Lebens eigentlich erkennt und versteht, zumal in seinem Verhältnis zur Welt, zu den andern. Zwar oft, aber

---

1. [*Vgl. S. 530*]

nicht immer wird man dabei sich eine niedrigere Stelle anzuweisen haben, als man früher vermeint hatte; sondern bisweilen auch eine höhere; welches dann daher kommt, daß man von der Niedrigkeit der Welt keine ausreichende Vorstellung gehabt hatte und demnach sein Ziel höher steckte als sie. Man erfährt beiläufig, was an einem ist. –

Man pflegt die Jugend die glückliche Zeit des Lebens zu nennen und das Alter die traurige. Das wäre wahr, wenn die Leidenschaften glücklich machten. Von diesen wird die Jugend hin und her gerissen, mit wenig Freude und vieler Pein. Dem kühlen Alter lassen sie Ruhe, und alsbald erhält es einen kontemplativen Anstrich: denn die Erkenntnis wird frei und erhält die Oberhand. Weil nun diese an sich selbst schmerzlos ist, so wird das Bewußtsein, je mehr sie darin vorherrscht, desto glücklicher. Im Alter versteht man besser, die Unglücksfälle zu verhüten; in der Jugend, sie zu ertragen. Man braucht nur zu erwägen, daß aller Genuß negativer, der Schmerz positiver Natur ist, um zu begreifen, daß die Leidenschaften nicht beglücken können und daß das Alter deshalb, daß manche Genüsse ihm versagt sind, nicht zu beklagen ist. Denn jeder Genuß ist immer nur die Stillung eines Bedürfnisses: daß nun mit diesem auch jener wegfällt, ist sowenig beklagenswert wie daß einer nach Tische nicht mehr essen kann und nach ausgeschlafener Nacht wach bleiben muß. Viel richtiger schätzt Platon (im Eingang zur ›Republik‹) das Greisenalter glücklich, sofern es den bis dahin uns unablässig beunruhigenden Geschlechtstrieb endlich los ist. Sogar ließe sich behaupten, daß die mannigfaltigen und endlosen Grillen, welche der Geschlechtstrieb erzeugt, und die aus ihnen entstehenden Affekte einen beständigen gelinden Wahnsinn im Menschen unterhalten, solange er unter dem Einfluß jenes Triebes oder jenes Teufels, von dem er stets besessen ist, steht; so daß er erst nach Erlöschen desselben ganz vernünftig würde. Gewiß aber ist, daß im allgemeinen und abgesehn von allen individuellen Umständen und Zuständen der Jugend eine gewisse Melancholie und Traurigkeit, dem Alter eine gewisse Heiterkeit eigen ist: und der Grund hievon ist kein andrer, als daß die Jugend noch unter der Herrschaft, ja dem Frondienst jenes Dämons steht, der ihr nicht leicht eine freie Stunde gönnt und zugleich der unmittelbare oder mittelbare Urheber fast alles und jedes Unheils ist, das den Menschen trifft oder bedroht: das Alter aber hat die Heiterkeit dessen, der eine lange getragene Fessel los ist und sich nun frei bewegt. – Andrerseits jedoch ließe sich sagen, daß nach erloschenem Geschlechtstrieb der eigentliche Kern des Lebens verzehrt und nur noch die Schale desselben vorhanden sei, ja daß es einer Komödie gliche, die von Menschen angefangen, nachher von Automaten in deren Kleidern zu Ende gespielt werde.

Wie dem auch sei, die Jugend ist die Zeit der Unruhe; das Alter die der Ruhe: schon hieraus ließe sich auf ihr beiderseitiges Wohlbehagen schließen. Das Kind streckt seine Hände begehrlich aus, ins Weite, nach allem, was es da so bunt und vielgestaltet vor sich sieht: denn es wird dadurch gereizt; weil sein Sensorium noch so frisch und jung ist. Dasselbe tritt mit größerer Energie beim Jüngling ein. Auch er wird gereizt von der bunten Welt und ihren vielfältigen Gestalten: sofort macht seine Phantasie mehr daraus, als die Welt je verleihen kann. Daher ist er voll Begehrlichkeit und Sehnsucht ins Unbestimmte: diese nehmen ihm die Ruhe, ohne welche kein Glück ist. Während demnach der Jüngling meint, daß wunder was in der Welt zu holen sei, wenn er nur erfahren könnte, wo; ist der Alte vom Kohelethischen ›Es ist alles eitel‹ durchdrungen und weiß, daß alle Nüsse hohl sind, wie sehr sie auch vergoldet sein mögen. Denn im Alter hat sich das alles gelegt; teils weil das Blut kühler und die Reizbarkeit des Sensoriums minder geworden ist; teils weil Erfahrung über den Wert der Dinge und den Gehalt der Genüsse aufgeklärt hat, wodurch man die Illusionen, Chimären und Vorurteile, welche früher die freie und reine Ansicht der Dinge verdeckten und entstellten, allmälig losgeworden ist; so daß man jetzt alles richtiger und klärer erkennt und es nimmt für das, was es ist, auch mehr oder weniger zur Einsicht in die Nichtigkeit aller irdischen Dinge gekommen ist. Dies eben ist es, was fast jedem Alten, selbst dem von sehr gewöhnlichen Fähigkeiten, einen gewissen Anstrich von Weisheit gibt, der ihn vor den Jüngeren auszeichnet. Hauptsächlich aber ist durch dies alles Geistesruhe herbeigeführt worden: diese aber ist ein großer Bestandteil des Glücks, eigentlich sogar die Bedingung und das Wesentliche desselben.

Ferner meint man, das Los des Alters sei Krankheit und Langeweile. Erstere ist dem Alter gar nicht wesentlich, zumal nicht, wenn dasselbe hochgebracht werden soll: denn ›crescente vita crescit sanitas et morbus‹[1] [mit wachsendem Alter wachsen Gesundheit und Krankheit]. Und was die Langeweile betrifft, so habe ich oben gezeigt, warum das Alter ihr sogar weniger als die Jugend ausgesetzt ist: auch ist dieselbe durchaus keine notwendige Begleiterin der Einsamkeit, welcher aus leicht abzusehenden Ursachen das Alter uns allerdings entgegenführt; sondern sie ist es nur für diejenigen, welche keine andern als sinnliche und gesellschaftliche Genüsse gekannt, ihren Geist unbereichert und ihre Kräfte unentwickelt gelassen haben. Zwar nehmen im höheren Alter auch die Geisteskräfte ab: aber wo viel war, wird zur Bekämpfung der Langenweile immer noch genug übrigbleiben. Sodann nimmt, wie oben gezeigt worden, durch Erfahrung, Kenntnis, Übung und Nachdenken die richtige Einsicht immer noch zu, das Urteil schärft sich und der Zusammenhang wird klar; man gewinnt in allen Dingen mehr und mehr eine zusammenfassende Übersicht des Ganzen: so hat dann durch immer neue Kombinationen der aufgehäuften Erkenntnisse und gelegentliche Bereicherung derselben die eigene innerste Selbstbildung in allen Stücken noch immer ihren Fortgang, beschäftigt, befriedigt und belohnt den Geist. Durch dieses alles wird die erwähnte Abnahme in gewissem Grade kompensiert. Zudem läuft, wie gesagt, im Alter die Zeit viel schneller, was der Langenweile entgegenwirkt. Die Abnahme der Körperkräfte schadet wenig, wenn man ihrer nicht zum Erwerbe bedarf. Armut im Alter ist ein großes Unglück. Ist diese gebannt und

1. [Angeblich ein Ausspruch des römischen Enzyklopädisten Aulus Cornelius Celsus]

die Gesundheit geblieben; so kann das Alter ein sehr erträglicher Teil des Lebens sein. Bequemlichkeit und Sicherheit sind seine Hauptbedürfnisse: daher liebt man im Alter noch mehr als früher das Geld; weil es den Ersatz für die fehlenden Kräfte gibt. Von der Venus entlassen, wird man gern eine Aufheiterung beim Bacchus suchen. An die Stelle des Bedürfnisses, zu sehn, zu reisen und zu lernen, ist das Bedürfnis, zu lehren und zu sprechen, getreten. Ein Glück aber ist es, wenn dem Greise noch die Liebe zu seinem Studium, auch zur Musik, zum Schauspiele und überhaupt eine gewisse Empfänglichkeit für das Äußere geblieben ist; wie diese allerdings bei einigen bis ins späteste Alter fortdauert.

Erst im spätern Alter erlangt der Mensch ganz eigentlich das Horazische ›nil admirari‹ [sich nicht aus der Fassung bringen lassen, (gegenüber Begierde und Furcht) die Gemütsruhe nicht verlieren; ›Epistulae‹ 1, 6, 1], d.h. die unmittelbare, aufrichtige und feste Überzeugung von der Eitelkeit aller Dinge und der Hohlheit aller Herrlichkeiten der Welt: die Chimären sind verschwunden. Er wähnt nicht mehr, daß irgendwo, sei es im Palast oder [in] der Hütte, eine besondere Glückseligkeit wohne, eine größere, als im wesentlichen auch er überall genießt, wenn er von leiblichen oder geistigen Schmerzen eben frei ist. Das Große und das Kleine, das Vornehme und Geringe, nach dem Maßstab der Welt, sind für ihn nicht mehr unterschieden. Dies gibt dem Alten eine besondere Gemütsruhe, in welcher er lächelnd auf die Gaukeleien der Welt herabsieht. Er ist vollkommen enttäuscht und weiß, daß das menschliche Leben, was man auch tun mag, es herauszuputzen und zu behängen, doch bald durch allen solchen Jahrmarktsflitter in seiner Dürftigkeit durchscheint und, wie man es auch färbe und schmücke, doch überall im wesentlichen dasselbe ist: ein Dasein, dessen wahrer Wert jedesmal nur nach der Abwesenheit der Schmerzen, nicht nach der Anwesenheit der Genüsse noch weniger des Prunkes zu schätzen ist (Horaz, ›Epistulae‹ lib. 1, 12, v. 1–6). Der Grundcharakterzug des höhern Alters ist das Enttäuschtsein: die Illusionen sind verschwunden, welche bis dahin dem Leben seinen Reiz und der Tätigkeit ihren Sporn verliehen; man hat das Nichtige und Leere aller Herrlichkeiten der Welt, zumal des Prunkes, Glanzes und Hoheitsscheins, erkannt; man hat erfahren, daß hinter den meisten gewünschten Dingen und ersehnten Genüssen gar wenig steckt, und ist so allmälig zu der Einsicht in die große Armut und Leere unsers ganzen Daseins gelangt. Erst im siebzigsten Jahre versteht man ganz den ersten Vers des Koheleth *[vgl. S. 586]*. Dies ist es aber auch, was dem Alter einen gewissen grämlichen Anstrich gibt. – Was einer ›an sich selbst hat‹ kommt ihm nie mehr zugute als im Alter.

Die meisten freilich, als welche stets stumpf waren, werden im höhern Alter mehr und mehr zu Automaten: sie denken, sagen und tun immer dasselbe, und kein äußerer Eindruck vermag mehr etwas daran zu ändern oder etwas Neues aus ihnen hervorzurufen. Zu solchen Greisen zu reden ist wie in den Sand zu schreiben: der Eindruck verlischt fast unmittelbar darauf. Ein Greisentum dieser Art ist denn freilich nur das caput mortuum[1] des Lebens. – Den Eintritt der zweiten Kindheit im hohen Alter scheint die Natur durch das in seltenen Fällen alsdann sich einstellende dritte Zahnen symbolisieren zu wollen.

Das Schwinden aller Kräfte im zunehmenden Alter, und immer mehr und mehr ist allerdings sehr traurig: doch ist es notwendig, ja wohltätig; weil sonst der Tod zu schwer werden würde, dem es vorarbeitet. Daher ist der größte Gewinn, den das Erreichen eines sehr hohen Alters bringt, die Euthanasie, das überaus leichte, durch keine Krankheit eingeleitete, von keiner Zuckung begleitete und gar nicht gefühlte Sterben; von welchem man im zweiten Bande meines Hauptwerkes Kap. 41, S. 470 *[Bd. 2, S. 597 f.]* eine Schilderung findet[F].

1. [Der ›tote Kopf‹, trockener Rückstand in der Retorte]
F. Das menschliche Leben ist eigentlich weder lang noch kurz zu nennen; weil es im Grunde das Maß ist, wonach wir alle andern Zeitlängen abschätzen. – Im Upanischad des Veda ([›Oupnekhat‹] vol. 2, p. 53) wird *die natürliche Lebensdauer* auf hundert Jahre angegeben. Ich glaube, mit Recht; weil ich bemerkt habe, daß nur die, welche das neunzigste Jahr überschritten haben, der *Euthanasie* teilhaft werden,

Denn wenn man auch noch so lange lebt, hat man doch nie mehr inne als die unteilbare Gegenwart: die Erinnerung aber verliert täglich mehr durch die Vergessenheit, als sie durch den Zuwachs gewinnt. – Je älter man wird, desto kleiner erscheinen die menschlichen Dinge samt und sonders: das Leben, welches in der Jugend als fest und stabil vor uns stand, zeigt sich uns jetzt als die rasche Flucht ephemerer Erscheinungen: die Nichtigkeit des Ganzen tritt hervor.

Der Grundunterschied zwischen Jugend und Alter bleibt immer, daß jene das Leben im Prospekt hat, dieses den Tod; daß also jene eine kurze Vergangenheit und lange Zukunft besitzt; dieses umgekehrt. Das Leben in den *Jahren des Alters* gleicht dem fünften Akt eines Trauerspiels: man weiß, daß ein tragisches Ende nahe ist; aber man weiß noch nicht, welches es sein wird. Allerdings hat man, wann man alt ist, nur noch den Tod vor sich; aber wann man jung ist, hat man das Leben vor sich; und es frägt sich, welches von beiden bedenklicher sei, und ob nicht, im ganzen genommen, das Leben eine Sache sei, die es besser ist, hinter sich als vor sich zu haben: sagt doch schon Koheleth (7, 2): ›Der Tag des Todes ist besser denn der Tag der Geburt.‹ Ein sehr

---

d. h. ohne alle Krankheit, auch ohne Apoplexie, ohne Zuckung, ohne Röcheln, ja bisweilen ohne zu erblassen, meistens sitzend, und zwar nach dem Essen sterben oder vielmehr gar nicht sterben, sondern nur zu leben aufhören. In jedem früheren Alter stirbt man bloß an Krankheiten, also vorzeitig. – Im Alten Testamente wird (Psalm 90, 10) die menschliche Lebensdauer auf siebzig und, wenn es hoch kommt, achtzig Jahre gesetzt, und, was mehr auf sich hat, *Herodot* ([›Historiae‹] 1, 32 und 3, 22) sagt dasselbe. Es ist aber doch falsch und ist bloß das Resultat einer rohen und oberflächlichen Auffassung der täglichen Erfahrung. Denn wenn die natürliche Lebensdauer siebzig bis achtzig Jahre wäre; so müßten die Leute zwischen siebzig und achtzig Jahren *vor Alter* sterben. Dies aber ist gar nicht der Fall: sie sterben wie die Jüngeren *an Krankheiten*; die Krankheit aber ist wesentlich eine Abnormität: also ist dies nicht das natürliche Ende. Erst zwischen neunzig und hundert Jahren sterben die Menschen, dann aber in der Regel *vor Alter*, ohne Krankheit, ohne Todeskampf, ohne Röcheln, ohne Zuckung, bisweilen, ohne zu erblassen; welches die *Euthanasie* heißt. Daher hat auch hier der *Upanischad* recht, als welcher die natürliche Lebensdauer auf hundert Jahre setzt.

langes Leben zu begehren ist jedenfalls ein verwegener Wunsch. Denn ›quien larga vida vive mucho mal vive‹ [wer lange lebt, erlebt viel Schlimmes], sagt das spanische Sprichwort. –

Zwar ist nicht, wie die Astrologie es wollte, der Lebenslauf der einzelnen in den Planeten vorgezeichnet; wohl aber der Lebenslauf des Menschen überhaupt, sofern jedem Alter desselben ein Planet, der Reihenfolge nach, entspricht und sein Leben demnach sukzessive von allen Planeten beherrscht wird. – Im zehnten Lebensjahre regiert *Merkur*. Wie dieser bewegt der Mensch sich schnell und leicht, im engsten Kreise: er ist durch Kleinigkeiten umzustimmen; aber er lernt viel und leicht unter der Herrschaft des Gottes der Schlauheit und Beredsamkeit. – Mit dem zwanzigsten Jahre tritt die Herrschaft der *Venus* ein: Liebe und Weiber haben ihn ganz im Besitze. Im dreißigsten Lebensjahre herrscht *Mars*: der Mensch ist jetzt heftig, stark, kühn, kriegerisch und trotzig. – Im vierzigsten regieren die vier *Planetoiden*: sein Leben geht demnach in die Breite: er ist frugi, d. h. frönt dem Nützlichen, kraft der *Ceres*: er hat seinen eigenen Herd, kraft der *Vesta*: er hat gelernt, was er zu wissen braucht, kraft der *Pallas*: und als *Juno* regiert die Herrin des Hauses, seine Gattin[1]. – Im fünfzigsten Jahre aber herrscht *Jupiter*. Schon hat der Mensch die meisten überlebt, und dem jetzigen Geschlechte fühlt er sich überlegen. Noch im vollen Genuß seiner Kraft, ist er reich an Erfahrung und Kenntnis: er hat (nach Maßgabe seiner Individualität und Lage) Auktorität über alle, die ihn umgeben. Er will demnach sich nicht mehr befehlen lassen, sondern selbst befehlen. Zum Lenker und Herrscher in seiner Sphäre ist er jetzt am geeignetesten. So kulminiert Jupiter und mit ihm der Fünfzigjährige. – Dann aber folgt im sechzigsten Jahre *Saturn* und mit ihm die Schwere, Langsamkeit und Zähigkeit des *Bleies*:

---

[1]. Die circa fünfzig seitdem noch hinzu entdeckten Planetoiden sind eine Neuerung, von der ich nichts wissen will. Ich mache es daher mit ihnen wie mit mir die Philosophie-Professoren: ich ignoriere sie, weil sie nicht in meinen Kram passen.

> But old folks, many feign as they were dead;
> Unwieldy, slow, heavy and pale as lead[1].
>
> [Shakespeare] ›Romeo and Julia‹ act 2, scene 5

Zuletzt kommt *Uranus*: da geht man, wie es heißt, in den Himmel. Den *Neptun* (so hat ihn leider die Gedankenlosigkeit getauft) kann ich hier nicht in Rechnung ziehn; weil ich ihn nicht bei seinem wahren Namen nennen darf, der *Eros* ist. Sonst wollte ich zeigen, wie sich an das Ende der Anfang knüpft, wie nämlich der Eros mit dem Tode in einem geheimen Zusammenhange steht, vermöge dessen der Orkus oder Amenthes der Ägypter (nach Plutarch, ›De Iside et Osiride‹ cap. 29), der λαμβάνων καὶ διδούς, also nicht nur der Nehmende, sondern auch der Gebende und der Tod das große Reservoir des Lebens ist. Daher also, daher, aus dem Orkus kommt alles, und dort ist schon jedes gewesen, das jetzt Leben hat – wären wir nur fähig, den Taschenspielerstreich zu begreifen, vermöge dessen das geschieht, dann wäre alles klar.

---

1. Viel' Alte scheinen schon den Toten gleich:
   Wie Blei schwer, zähe, ungelenk und bleich.

TEXTKRITISCHES NACHWORT

Die zweibändige Ausgabe der ›Parerga und Paralipomena‹ erschien 1851 im Verlag A.W. Hayn in Berlin (A). Zwei Entwürfe zu einer ›Vorrede‹ hatte Schopenhauer 1845, bzw. 1846 niedergeschrieben:
[1] Es versteht sich von selbst, daß niemand mich aus diesen Nebenarbeiten erst wird kennenlernen oder gar danach abschätzen wollen. Sie sind für die geschrieben, welche meinen bisherigen, wichtigeren, das System meiner Philosophie enthaltenden Schriften ihren Beifall in dem Maße geschenkt haben, daß auch dergleichen spezielle Ausführungen untergeordneter Gegenstände und fragmentarische Andeutungen über die wichtigeren, eben nur als von mir kommend, ihnen willkommen sind. Demgemäß habe ich auch, wo immer der Zusammenhang es erforderte, die Bekanntschaft mit meiner Philosophie vorausgesetzt und rede überall zu Lesern, die mich schon kennen. –
Im ganzen kann man sagen, der erste Band enthalte die Parerga, der zweite die Paralipomena, von denen der größte Teil als Vervollständigung der Ergänzungen zu meinem Hauptwerk *[Band 2 dieser Ausgabe]* anzusehn ist. – Dies gilt besonders von Kap. 1 bis [14] des zweiten Bandes. Diese Kapitel setzen daher die Kenntnis meiner Philosophie voraus; während das übrige des zweiten Bandes, wie auch der ganze erste, auch ohne solche verständlich sind, wiewohl die, welche meine Philosophie sich angeeignet haben, überall viele Beziehungen auf diese, ja Erläuterungen derselben erkennen werden.
[2] Der Titel bezeichnet genugsam, was man hier zu erwarten hat: es sind Nebenarbeiten, die Frucht späterer Jahre, größenteils nicht wesentlich zu den mein philosophisches System darstellenden ernsteren und gewichtigeren Schriften gehörig, inzwischen auch so auf diese oft Licht zurückwerfend, anderntails jedoch sie ausdrücklich erläuternd, überhaupt aber im Geiste derselben abgefaßt und daher an einen mit ihnen bekannten

Leser sich wendend. In dieser Hinsicht lassen sich in diesem Werke Parerga und Paralipomena näher unterscheiden, indem erstere, als mehr für sich bestehend, nicht so sehr die Bekanntschaft mit meiner Philosophie voraussetzen wie die letzteren, als welche gewissermaßen die Ergänzungen zu den Ergänzungen sind. Wer hingegen aus diesen Spätlingen meiner Muse mich allererst kennenlernen wollte, würde seinen Zweck nur unvollkommen erreichen. Denn hier rede ich wie zu Bekannten, nicht zu Fremden.

Mit der Herausgabe dieser kleinern Arbeiten habe ich indessen nicht länger zögern wollen; weil, nach dem Gange der Natur, das Ende meiner Laufbahn nicht weit sein kann, oder richtiger, der Anfang derselben. Denn sie kommen heran, sie treten schon ins Dasein, die mit mir denken, also eigentlich mit mir leben werden: ihnen gilt mein Willkommen, mein Abschied einem mir fremd gebliebenen Geschlecht.

Als Motto der beiden Bände hatte Schopenhauer ausgewählt:
›Noch ist es Tag, es rühre sich der Mann:
Bald kommt die Nacht, wo niemand schaffen kann.
In Goethes ›West-östlichem Divan‹ (›Buch der Sprüche‹, in das es aus ›Wilhelm Meisters Wanderjahren‹ übernommen wurde) heißt es jedoch nach Joh. 9,4:
Noch ist es Tag, da rühre sich der Mann,
Die Nacht tritt ein, wo niemand wirken kann.

Vom Manuskript (M) zum ersten Bande der ›Parerga‹ sind als Leihgabe der Dr. Thieme-Stiftung in der Stadtbibliothek zu Dresden folgende Bruchstücke erhalten:
7,1–24 *das* Vorwort · 171,1–11 Über die Universitätsphilosophie *bis* ›Res publica‹ 7 · 243,1–272,37 Transzendente Spekulation über *bis* Weltgericht. · 273,1–372,10 Versuch über das Geistersehn *bis* dürfte.

Die Handexemplare (Ah) müssen gegenwärtig als verschollen gelten. Sie boten die Grundlage der textkritischen Arbeit Julius Frauenstädts, der die ›zweite, verbesserte und beträchtlich vermehrte Auflage, aus dem handschriftlichen Nachlasse des Verfassers‹ 1862 im gleichen Verlag herausgab (F).
Im Handexemplar des ersten Bandes hatte Schopenhauer folgende Änderungen vorgenommen:
SKIZZE 9,4 Plurimi] Multi *A;* multiplex erit] augebitur *A* · 11,1

gilt] gilt deshalb *A* · 15,1–2 haben den nächsten Anlaß gegeben] scheinen den nächsten Anlaß gegeben zu haben *A* · 15,19 formuliert] ersonnen *A* · 39,20 ein bloßes Phantasiestück] eine bloße metaphysische Phantasie *A* · 40,15 desselben] davon *A*
FRAGMENTE 47,33 leicht zu zählenden] sehr wenigen *A* · 49,16 welche] die *A* · 54,32 Rinder] Ochsen *A* · 71,16–20 Die ungefähr vierhundert *bis* Moral:] Über den wahren Geist und die eigentlichen Prinzipien der stoischen Moral wird man aus des Arrians Dissertationen zur Epikteteischen Philosophie keine gründlichen Aufschlüsse erhalten; *A* · 75,4 schlechter und unerquicklicher] höchst elender *A* · 5 grob-abergläubisch, konfus und unklar] grob, abergläubisch und konfus *A* · 8 oft nur] kaum *A* · 78,6 da] indem *A* · 81,32 der] des *A* · 86,25 dies] das *A* · 91,14–15 auf obigem Wege] hiedurch *A* · 96,1–24 Leibniz ging ebenfalls *bis* sei:] Leibniz nun wieder seinerseits hatte es ebenfalls mit Substanzen zu tun, deren er aber eine Unzahl annahm, jedoch solche, die, nach Umständen, bald ausgedehnt, bald denkend und auch beides zugleich wären – genannt Monaden: *A* · 26 besorgt] übernahm *A* · 34–37 Leibniz hingegen verwirft *bis* dabei] Dagegen nun erinnerte Leibniz *A* · 97,7 formale Atome] Atome *A* · 18–19 sowohl der Kantischen *bis* ›quas‹ meiner Lehre finden, aber ›quam *A* · 114,18 a priori] dieses *A* · 139,36 ihren] den *A* · 144,18 370] den *A* · 154,23 der Zeitpunkt] die Zeit *A* · 161,33 aus] in *A* · 167,35–36 Und noch eine *bis* Punkt] Endlich sei es mir noch erlaubt, über diesen Punkt eine Stelle des Helvétius *A* (*vgl. S. 600 zu 167,2*)
UNIVERSITÄTS-PHILOSOPHIE 179,4 auf] für *A* · 181,3–4 Aber daß ein *bis* uns,] hier also lag die Achillesferse. Wir sehn daraus *A* (*vgl. S. 600 zu 180,26*) · 190,13 Bienenstock] Bienenkorb *A* · 202,14–17 er schmachtet, ja *bis* verschmachten.] er verschmachtet wie der Reisende in der arabischen Wüste. *A* · 227,10 zum Behuf] behufs *A* · 229,9 Nachrichten] Berichte *A* · 231,28 ihre] die *A* · 237,12 habe] hat *A* · 240,35 jenen] den *A*
TRANSZENDENTE SPEKULATION 248,7–8 Die diesen entsprechenden Fälle beim Zweiten Gesicht] Fälle dieser letztern Art *A* (*vgl. S. 601 zu 248,1*) · 34–250,5 ja beim Durchdenken *bis* Wahres;] und der nicht nur viel Trostreiches, sondern vielleicht auch viel Wahres hat; *A* · 254,26–27 notwendig herbeigeführt und bestimmt] herbeigeführt, bestimmen jedoch *A* · 258,32 Bossen] Bossen (Typen, davon Bossieren) *A* · 263,20–21 Und ebenso nun beruht hierauf auch] und *A* (*vgl. S. 601 zu 263,8*) · 270,4–9 Unvermeidlichkeit seines Eintritts *bis* ausgeben;] natürlichen

und notwendig wirkenden Ursachen desselben recht deutlich nachweisen. Denn an diesen zweifelt kein vernünftiger Mensch; *A*

GEISTERSEHN 275,2 nicht sowohl gebannten als] wenn auch nicht gebannten, doch *A* · 279,29 überhaupt in der rein objektiven] nicht weniger auch in der *A* · 305,25–27 gebe, und werden *bis* immer] jedoch nur *A* · 306,11 eine unzweideutige Erfahrung] unzweideutige Erfahrungen *A (vgl. S. 601 zu 306,12)* · 312,11 eine] eine höchst *A* · 34 Außerdem aber ist *bis* zunächst] In der Regel also ist die Wirkung des Magnetismus *A (vgl. S. 601 zu 312,31)* · 38–313,1 worden ist] wurde *A* · 313,9 das Hellsehn] die Clairevoyance *A* · 324,26 Bibelspruches] Spruches *A* · 325,6 Ist es doch] Denn es ist *A (vgl. S. 601 zu 324,34)* · 8 roheste] pöbelhafteste *A* · 335,8–9 (1721 von Arnold ins Deutsche übersetzt)] (welches Buch 1721, von Arnold übersetzt, deutsch erschien) *A* · 343,11 erwähnten] beschriebenen *A* · 357,13 Ebenfalls] Vor der Hand *A*

APHORISMEN 388,9 zwei] wenigstens zwei *A* · 394,32–33 auch können] können auch *A* · 405,27–28 Es wird nämlich *bis* und] Nebenbei wird ein solches intellektuelles Leben auch noch eine Schutzwehr *A (vgl. S. 615 zu 405,28)* · 409,27–29 und hundert Dinge *bis* wodurch] und ihm hundert Dinge, an welchem diese großes Genüge haben, schal und ungenießbar machen; daher *A (vgl. S. 602 zu 409,26)* · 31–32 ist doch sogar *bis* worden,] ja sogar oft genug und nicht ohne Schein, behauptet worden ist *A* · 410,27 ist] hat *A* · 418,19–21 denn alsdann ist *bis* er] denn er kann jetzt seinem Genius leben und wird der Menschheit *A* · 441,24 ihre Prinzipien] dieselben *A (vgl. S. 602 zu 441,23)* · 444,36 jemals sich] sich jemals *A* · 463,12 im] beim *A* · 464,29–32 Seitdem Amors Köcher *bis* gekommen,] Sie hat in das Verhältnis der Geschlechter zu einander ein fremdartiges, feindseliges, ja teuflisches Element gebracht. *A* · 489,35 Ein anderes Beispiel wieder geben] Ebenso nun ferner sind *A* · 491,30 Reichtum] Ruhm *A (Druckfehler, vgl. Schopenhauers Brief vom 2. Januar 1852 an Frauenstädt)* · 492,31 Willensseite] ethische Seite *A* · 498,24–26 Demgemäß wird die *bis* sogar] Imgleichen wird auch *A* · 500,8 jener] derselben *A* · 502,11–12 In solcher Gesellschaft] Oft *A (vgl. S. 603 zu 502,8)* · 503,29–30 können andere ihm sein.] kann er außerhalb finden. *A* · 510,19–23 daß hingegen ein *bis* gelangt,] aber der Mensch edler und erhabener Art gelangt mit den Jahren zu der Einsicht, *A* · 514,19–20 dieser restringierten und verschanzten] von restringierter und verschanzter *A* · 518,3 aber:] Denn *A* ·

519,21 meistens] sind meistens *A* (*vgl. S. 603 zu 519,19*) · 32 es] es denn *A* · 524,23 zum] ist zum *A* (*vgl. S. 603 zu 524,8*) · 527,38 wankend] wanken *A* · 528,5 im zweiten Kapitel] in der Einleitung *A* · 8 zu ihrer] für ihre *A* · 529,16 Besonders aber gebe man dem Gehirn] ferner gebe man ihm *A* (*vgl. S. 603 zu 528,32*) · 534,3–5 In Ermangelung einer *bis* demnach] In deren Ermangelung sind *A* (*vgl. S. 603 zu 533,32*) · 26–27 sieht am andern *bis* ihn] kann den andern *A* · 36 dem unsichtbar] unsichtbar für den *A* · 535,7 auf] für *A* · 537,16 auch] wie auch *A* (*vgl. S. 603 zu 536,29*); ist] ist auch *A* · 538,30–31 nötiger] notwendiger *A* · 550,32 sehe man] Man sehe *A* (*vgl. S. 604 zu 550,30*) · 557,17–19 Mögen seine Begebenheiten *bis* mit] Das Leben mit seinen Begebenheiten, Abenteuern, Glücks- und Unglücksfällen gleicht *A* (*vgl. S. 604 zu 557,14*) · 564,22 das] das eigentliche *A* · 32 So viele Anfälle *bis* empfunden,] Ich habe schon so viele Anfälle von Freude und Gram überstanden, *A* · 566,20–22 Denn wenn auch *bis* wiewohl] Denn zwar werden die schlechten Streiche erst in jener Welt gebüßt; aber die dummen schon in dieser – wenn auch *A* · 571,16 daß] wie *A* · 572,30 Aber das Umgekehrte geschieht dadurch,] Hiezu trägt freilich noch bei, *A* (*vgl. S. 604 zu 572,22*) · 576,9 Vom] Denn vom *A* · 23 kurz] ephemer *A* · 581,29 den Jugendjahren] der Jugend *A* · 586,29 Alter] Alter hingegen *A* (*vgl. S. 618 zu 586,28*) · 32–35 wodurch man die *bis* ist;] endlich auch weil man nunmehr tausend Chimären allmälig losgeworden ist, welche früher die freie und reine Ansicht der Dinge verdeckten und entstellten; *A* · 587,3–4 Hauptsächlich aber ist durch dies alles Geistesruhe] Durch dies alles ist demnach Ruhe *A* (*vgl. S. 604 zu 586,36*) · 5–6 eigentlich sogar die Bedingung und das Wesentliche derselben] wenn nicht gar die Hauptsache *A* · 591,35 circa fünfzig seitdem] sechs kürzlich *A*

Im Handexemplar hatte Schopenhauer folgende Zusätze gemacht:
SKIZZE 11,2–7 zunächst und im *bis* Sinne, · 12,36–13,13 und die große *bis* p. 15). · 15,29–16,14 Beiläufig gesagt, ließe *bis* denn · 18,12 (z.B. ›Theodicée‹ § 59) · 20,12–13 Sehr treffend hat *bis* philosophies.‹ · 20,34–21,13 Er drückt besonders *bis* aus. · 22,13 nur · 23,12–13 und darauf folgt *bis* sunt.‹ · 26,32–42 Daher soll man *bis* müssen. [*vgl. S. 605 zu 26,34*] · 30,31–37 weil ich das *bis* ist. · 31,23–24 und so die *bis* jemals. · 35,7–8 Gedanken hat und Gedanken erweckt, [*vgl. S. 608 zu 35,8*] · 36,32–37,7 Namentlich hat er *bis* ist. · 42,2–16 Daß die Philosophie-Professoren *bis* ist.

FRAGMENTE 48,6–16 Indessen kann es *bis* scheinen. · 50,5–9 Imgleichen hat Empedokles *bis* v. 749 ff.). · 51,6–17 Die Ansicht, daß *bis* sein. · 52,11–18 der seinen Grundgedanken *bis* p. 342 · 54,28–30 wie dies die *bis* beweiset; · 55,2–56,9 Auch seine wichtigeren *bis* worden. · 56,13–16 Dies bestätigt ein *bis* § 5). · 68,33–69,8 denn wie soll *bis* worden; · 70,6–13 Demnach ist der *bis* ruft. · 35–71,15 Eine Hauptquelle unsrer *bis* Seneca. · 74,34–35 in seinem Buche *bis* ist · 75,9–15 Allein man will *bis* enthalten. · 79,23–27 Derselbe Porphyrios hat *bis* § 54). · 90,13–15 nachdem die ›spiritus *bis* wollten. · 31–91,14 Dies letztere war *bis* mystifizieren.) · 93,36–94,16 So aber durchzieht *bis* monachum.‹ · 94, 23–95,38 Daß Spinoza überall *bis* ventiliert. · 97,20–28 Denn seiner Monadologie *bis* Kraft. · 33–34 und in den *bis* p. 681–695). · 98,1–20 Überhaupt aber sehn *bis* veri.‹ · 99,29–32 ›Il commence par *bis* ihm. · 101,10–22 Die Dianoiologie, welche *bis* interessant. · 25–30 Zum Motto der *bis* things.‹ · 106,5–10 Transzendental ist die *bis* Ursprung. · 111,2–5 Auch Spinoza hat *bis* scholium). · 114,29–31 so daß es *bis* hatte. · 120,30–34 Man vergleiche damit *bis* erhalten. · 124,1 freilich · 127,33–128,14 Hinsichtlich der Beweise *bis* anzuwenden. · 136,28–32 Den ontologischen Beweis *bis* verweise. · 138,15–16 mit welcher nunmehr *bis* war. · 139,20–27 Die theologischen und *bis* weiter. · 145,11–13 Dies bestätigt auch *bis* Wollendes. · 146,29–30 und die Alten *bis* hatten, · 147,4–7 und auch hinsichtlich *bis* Theismus. · 25–29 Diesem entspricht auch *bis* hofften. · 148,5–151,7 Mit dem dargelegten *bis* p. 432). · 152,14–17 indem dadurch jede *bis* erhält. · 153,3–10 Schon Vauvenargues sagt *bis* liberté‹ · 156,19–21 (hierüber Aristoteles, ›De *bis* p. 234). · 157,6 einzige und · 12 wenn auch nicht zu seinem Vorteil · 15–16 und doch den Gott-Schöpfer beibehielten, · 159,17–19 Er stellt offenbar *bis* dar. · 24–28 *und* 160,1–32 Ebenfalls in der *bis* jüdischen. · 161,7 (denn man hat nach allem gegriffen) · 165,15–20 Die moralischen Resultate *bis* müssen. · 167,2–35 Wollte man hingegen *bis* p. 228). · 170,10–14 Jetzt aber ist *bis* sollen.

UNIVERSITÄTS-PHILOSOPHIE 176,21–28 *und* 177,1–5 Das gleiche Schicksal *bis* machen. *in F als Anmerkung* · 178,27–29 auch wohl auf *bis* werden. · 180,26–181,2 An und für *bis* (1856). · 182,28–183,5 Diese Staatszwecke der *bis* Philisterei. · 184,38–185,6 Einem Philosophie-Professor fällt *bis* Schicksal. · 186,9–10 ohne jedoch mich *bis* verbürgen. · 190,22–25 Das Verhältnis der *bis* Freudenmädchen. · 29–191,22 Daß auch die *bis* lib. 13). [*vgl. S. 605 zu* 191,8] · 199,14–16 eingedenk des Spruches *bis* (v. 266). · 202,27 marternd · 216,29–32 Daher florierten die *bis* sind. · 226,18–24 Sie sind es *bis* d'essere‹ · 229,30–35 In der Ausführung *bis* niederlassen. · 231,15–17 Jeder Philosophie-Professor ist *bis* Beruf. · 238,22–24 Auch eine Stelle *bis* kann. *ergänzt aus der Notiz in Ah* Stelle im Saadi ›Gulistan‹, daß, wer Nahrungssorgen hat, nichts leisten kann. · 239,19–22 Es ist gar *bis* verleiden. · 240,21–22 und bloß als *bis* auftrete. · 27–34 Zudem hat das *bis* hat.

TRANSZENDENTE SPEKULATION 248,1–7 geradeso, wie sowohl *bis* 43). · 251,28–29 Anamorphosen genannt (Pouillet 2,171), · 253,2–7 Von diesem Gesichtspunkt *bis* beherrscht. · 35–254,12 Die Alten werden *bis* wird. [*vgl. S. 612 zu* 254,4] · 254,15–18 Auch im ›Egmont‹ *bis* gezogen.‹ · 257,2–4 cap. 15, auch bei *bis* cap. 14) · 13–33 Platon, am Schlusse *bis* ἀνάγκης. · 258,13–16 Ein kurzes, aber *bis* daemone‹. · 16 Stelle · 263,8–20 Hierauf z.B. beruht *bis* Gestalt. · 22 für ihn · 35–36 (›De alimento‹ p. 20) · 38–264,10 Der unvertilgbare Hang *bis* hätte. · 270,14–19 daher jenen Altklugen *bis* ist.

GEISTERSEHN 278,31–279,1 Unsere Darstellungsfähigkeit im *bis* könnten. · 279,12–14 Das gänzlich Unerwartete *bis* auf. · 21–23 jeder fällt genau *bis* Schwere, · 27–29 daß die agierenden *bis* betragen; · 32–36 Denn dieselbe Allwissenheit *bis* redet. · 281, 9–13 Im ganzen also *bis* fällt. · 282,20–23 daß es aussieht *bis* daher · 33 oder auch sehr einfache Vorgänge. · 283,4–6 ja der oft *bis* worden. · 298,33–36 ist bloß ein *bis* also · 299,1–6 worauf sie eben *bis* p. 449–452). · 302,35–303,4 Weil wir demnach *bis* Bipontini). · 303,20–22 und dann fest *bis* wären, · 22 wir werden · 305,29 betrachtet worden. [*vgl. S. 598 zu* 305,25] · 306,12–307,7 Ich will diese *bis* S. 62 · 309,7–310,7 Hier nun ist *bis* 155). · 312,31–34 Wann der Magnetismus *bis* hinlenkt. · 313,11 und verwandt · 322,6–8 Der Gespensterglaube ist *bis* davon. · 324,34–325,6 Indessen dürfen wir *bis* Muße. *anstelle des ersten Satzes in Ah* Die größte Wohltat der Dampfschiffe und Eisenbahnen wird sein, daß sie den persönlichen Austauch der Begriffe vermitteln und dadurch endlich der anglikanischen Pfaffenschaft das Handwerk legen werden, a consummation devoutly to be wished. · 325,27–326,9 Man verschafft nämlich *bis* Welt. · 326,13–30 *und* 327,1–6 nach der Maxime: *bis* läßt. · 333,28 deuxième édition 1852), · 30 auf welches ich *bis* werde. · 339,3–6 Sogar auch bei *bis* 1853). · 9–11 Desgleichen wird eine *bis* cap. 65). · 349,24–31 Hier erscheint nämlich *bis* p. 561). · 353,13–32 Die Protestanten sahen *bis* sind. · 357,5–12 Daß die Chinesen *bis* 1834). · 359,8 zwei oder · 17–23 Wie bisweilen zwei *bis* darstellt. · 360,7–8 insomnium sine

somno *bis* p. 11) · 367,4–12 Der höchste Grad *bis* schläft. ·
371,26–372,2 Jedenfalls ist eine *bis* darstellen.
APHORISMEN 377,27–378,6 Zu den echten *bis* p. 362). · 378,
31–37 Im höchsten Grade *bis* war. · 379,15–30 Auf der Bühne *bis*
richten. · 380,7–30 Aus seiner Individualität *bis* ab. · 383,13–27
Ein herkulischer, mit *bis* hat. · 388,10–37 Ohne tägliche gehörige
bis motus.‹ · 391,10–14 Wenn dem δύσκολος *bis* aufzuheitern. ·
395,32–33 Wie völlig wertlos *bis* zubringen: · 35–396,22 Die gewöhnlichen Leute *bis* Gedanken. · 396,33–397,5 Aber ebendeshalb
hat *bis* täglich. · 397,29–34 oder wie Oliver *bis* v. 431 · 398,28–37
Daher war es *bis* chap. 10). · 38 wie es eben auch der Fall des
Cartesius war, · 399,17–22 Es ist eine *bis* gezogen. · 29–400,5 Diese Aristotelische Lehre *bis* sei. · 405,25–27 Ein solches intellektuelles *bis* derselben. · 407,35–408,3 Wenn einer bestimmt *bis* geringfügig. · 408,5–6 Denn die freie *bis* ist. · 409,26–27 da, je mehr *bis*
kann · 410,10–15 Ebenso uneinig miteinander *bis* 18). · 23 Dieser
nämlich ist und bleibt der ἄμουσος ἀνήρ. · 412,15–21 Ein großes
Leiden *bis* sind. · 413,9–10 und Cicero, ›De finibus‹ 1, cap. 14 und
16). · 34–36 Der Reichtum gleicht *bis* Ruhm. · 414,26–33 Unter
einem so *bis* Philosophie-Professoren. · 415,12–15 Vorhandenes Vermögen soll *bis* heranzuschaffen. · 417,21–32 Hingegen stimmt Dr.
bis 67). · 418,10 eigentlich sui iuris · 38–419,4 Wirklich befinden
unzählige *bis* verschaffen. · 421,5–9 So unausbleiblich wie *bis* lügenhaft. · 422,28–30 Wir werden dann *bis* erzeiget. · 428,21–25
Aber der Eitele *bis* hätte. · 433,31–434,3 Die bürgerliche Ehre *bis*
ausbleiben. · 435,36–437,4 Die Amtsehre ist *bis* bedeutet. *dafür
in A* Von der Amtsehre hätte ich nichts zu sagen, als was genugsam bekannt ist. · 439,22–27 Überdies ist eine *bis* sollte. ·
440,29–30 vielmehr nur eine levioris notae macula · 441,23–24
indem jene erstere *bis* macht; · 444,6–19 Eben hier ergibt *bis* muß.
· 445,35–38 Welche Dummheit, Ungezogenheit *bis* legitimiert. ·
446,18–22 und wenn etwan *bis* dannen. · 449,12–13 unter Vermittelung des Gottesurteils · 450,17–21 Stobaios (›Florilegium‹
vol. 1 *bis* diese. · 451,9–15 Seneca hat im *bis* negavit.‹ · 453,27–28
nach dem Prinzip: ›De minimis lex non curat‹ · 461,15–17 welches
wahrscheinlich nicht *bis* herkommt, · 466,1–12 Im Grunde aber *bis*
Gehalte. · 467,8–9 die Taten vorübergehn, die Werke bleiben. [*vgl.
S. 616 zu 467,9*] · 15–17 Die edelste Tat *bis* Zeiten. *in F nach 9*
bleiben. *gestellt* [*vgl. zu 467,8*] · 472,17–18 Ihre heimliche Parole *bis*
Aber · 478,27–30 Und beiläufig sei *bis* sei. · 479,11–13 Im Alter
gibt *bis* mitaltern. · 481,25–28 Diesem allen entspricht *bis* currunt. · 483,9–13 Die lateinische Version *bis* aus.‹ · 488,22–489,4

Wer aber vollends *bis* nichts. · 489,18–24 oft bei den *bis* Massen. · 24 oben erwähnten · 27–35 Nicht anders als *bis* Treibens. · 490, 30–36 Wenn man den *bis* nicht. · 494,8–35 Wie der Wanderer *bis* Verfehlten. [*vgl. S. 605 zu 494,35*] · 500,19–22 Auch ist es *bis* habe. · 27–32 Kein verkehrterer Weg *bis* Belügen. · 501,6–7 und jede fordert *bis* ist. · 29–32 Was den großen *bis* andern. · 38–502,1 denn die geistige *bis* Willens. · 502,8–11 Geistreiche Reden oder *bis* sei. · 17–23 weil die Leute *bis* macht. · 33 Zudem: ›Quand le bon ton arrive, le bon sens se retire.‹ · 503,4–5 dieses nächst der Gesundheit höchste irdische Gut, · 6–7 und als dauernde Stimmung nur in der tiefsten Zurückgezogenheit. · 13–22 Je weniger einer *bis* ist. · 24–28 sogar sagt Cicero *bis* ›Paradoxa‹ · 504,14–16 daher suchen sie *bis* Eben · 510,14–17 und denen, weil *bis* wird? · 511,2–14 Denn sie, die *bis* Gemeinheit. · 26–28 Einsamkeit ist das *bis* erwählen. · 35–37 ja die Geschlechtslosigkeit *bis* absorbiert; · 513,18–20 ›Nihil est ab *bis* und · 514,20–21 o sea la comedia nueva‹ · 515,20–516,8 Es gibt drei *bis* legt. · 517,33–518,3 Und gar offenbar *bis* anzutun; · 519,19–20 Da gibt die *bis* sind · 520,4–10 Jeder Tag ist *bis* betrachten. · 521,9–24 Hieher gehört auch *bis* entgegenarbeiten. · 522,13–18 Ja es ist *bis* trösten. · 524,8–21 Ὁ βίος ἐν *bis* ist · 526,10 und so moralisierend; · 528,32–529,16 Denn es verhält *bis* Gehirn. · 529,17–23 denn der Schlaf *bis* gewinnt. *in Ah anstelle des zweiten Satzes:* welches um so größer sein wird . . ., welches jedoch zu überschreiten bloßer Zeitverlust wäre *an* 17 des Schlafes; *angeschlossen* · 529,28–29 Wie übermäßige Anstrengung *bis* Gehirn. · 530,7–531,2 Man soll sich *bis* geistigen. [*vgl. S. 605 zu 530,32*] · 531,4–7 Um durch die *bis* geschützt. · 532,10–11 Bei manchem ist *bis* benutzen.‹ · 533,12–20 Wirklich merkwürdig ist *bis* gewesen. · 32–534,3 Wieviel die Gleichheit *bis* Stimmung. · 535,28–31 wenn nämlich kein *bis* vorgeht. · 536,19–21 daß im Grunde *bis* es, · 24 und in Besitz nimmt; · 26–28 wie auch, daß *bis* entgegensteht. · 29 verletzt, · 29–537,16 daß man, von *bis* denn · 537,20–31 und ihr geringer *bis* vol. I · 538,33–35 Überlegenheit im Umgang *bis* läßt. · 541,11–25 Und man versäume *bis* hinauswerfen. *Der letzte Satz in F nach* 30 nicht. *und eingeklammert* · 542,7–8 Alles, alles kann *bis* Wesen. · 14–20 Daher auch ist *bis* wiedernimmt. · 543,4–12 Dabei aber darf *bis* Minerals. · 21–33 Sehn wir nicht *bis* lassen. · 545,33–546,3 Und endlich hält *bis* cap. 1). · 546,13–36 Wer andre bekrittelt *bis* Wahlspruch. · 547,27–29 Jedenfalls gebe ich *bis* Gebärden. · 548,23–28 Es gibt wenig *bis* charakteristisch! · 37–549,5 Also bewährt sich *bis* sind. · 550,8–23

Während daher in *bis* findet.‹ · 30–31 Manchen Leuten gegenüber *bis* Dagegen · 554,2–5 Wer auf die *bis* davonkommt. · 26 (vgl. ›De augmentis scientiae‹ lib. 8, p. 228). *in F mit Zitat als Anmerkung* · 556,27–29 einen schlechten Zug *bis* wegwürfe. · 29 aber · 557,10–12 Manchem kann man *bis* Gefahr. · 14–17 Welche Form auch *bis* werden. · 559,32 Es gibt etwas Weiseres in uns, als der Kopf ist. · 560,1–3 nach allgemeinen Regeln *bis* erwägen: · 8–29 Vielleicht steht jener *bis* leiten. · 564,9–22 in Gemäßheit welcher *bis* Denn · 23 also · 566,2 willig · 7–15 Gegen die täglichen *bis* Rumination. · 570,2–9 Wir sehn alle *bis* machen. · 572,22–30 Daher sind wir *bis* könnte. · 36–37 Der Jüngling erwartet seinen Lebenslauf in Gestalt eines interessanten Romans. *[vgl. Bd. 2, S. 482,37]* · 573,31–37 welches überhaupt darauf *bis* hat. · 574,27–32 Wann wir jung *bis* sind. · 575,24–31 An einem jungen *bis* Art. · 576,2–8 Solange wir jung *bis* hat. · 577,19–578,4 Hiezu kommt, daß *bis* ist. · 578, 21–27 Ein hohes Alter *bis* Weise. · 580,12–17 Je älter man *bis* getan. · 581,5–20 Diese Verschiedenheit in *bis* rede. · 21 also · 582,34–35 Alles hat sich abgeklärt. · 37–38 was man in *bis* wirklich, · 583,4–12 Nur wer alt *bis* kommen. · 584,34–585,6 Das Seltsamste aber *bis* ist. · 585,15–17 Im Alter versteht *bis* ertragen. *in F als Anmerkung zu* 573,16 angestrebt. · 28–586,13 Sogar ließe sich *bis* sei, · 586,24–28 Während demnach der *bis* Denn *in F steht der Zusatz nach* 587,6 desselben. · 36–587,3 auch mehr oder *bis* auszeichnet. · 587,25–27 man gewinnt in *bis* Ganzen: · 588,13–589,11 Erst in spätern *bis* Alter. *in F nach* 586,28 mögen. *Der letzte Satz nach* 588,12 fortdauert. · 590,1–9 Denn wenn man *bis* hervor. · 13–16 Das Leben in *bis* wird. · 19–22 *und* 591,1–4 und ob nicht *bis* Sprichwort. · 592,13–14 und der Tod das große Reservoir des Lebens

Weitere Zusätze des Handexemplars sollten unter dem Text stehen; diejenigen, die Frauenstädt zuerst in seine Ausgabe aufnahm, sind mit einem F gekennzeichnet. Einige Zusätze sind in F in den Text gestellt worden. In beiden Fällen stehen diese Zusätze in der vorliegenden Ausgabe unter dem Text, und zwar auf den Seiten:

16 · 23–24 *in Ah steht* Der Gegensatz von *bis* Spiritualismus.) *nach* 24,33 bestätigt. · 90 · 110 · 121 *in F zu* 122,25 esprit. *gestellt* · 123 · 134–135 · 140 *in F zu* 141,1 nachzusehn.) *[vgl. S. 610 zu* 141,1*]* · 146 *im Text* · 157–159 *[vgl. S. 605 zu* 158,15*]* · 175–176 · 216–217 *[vgl. S. 611 zu* 217,38*]* · 223 · 229–230 · 247 · 249 · 250 · 258 *[vgl. S. 597 zu* 258,32*]* · 294 · 295 · 300 · 308 *im Text* · 325–326

· 393 · 402 · 403 · 422 · 423 · 447–448 · 454 *in F zu* 454,12–13 werden. · 460–461 · 467 · 475 · 500 · 504 · 509 *im Text* · 514 · 529 · 541 · 551 · 561 · 589 *in F zu* 590,9 hervor [*vgl. S. 604 zu* 590,1]

Aus den Zusätzen des Handexemplars fehlen in *F*:
26,35–38 denn keine Arroganz *bis* fehlt. · 158,15–18 Daß die Edda *bis* 1843. · 38–40 Daß dasselbe die *bis* beklagenswert. · 45–47 Lessings ›Erziehung des *bis* Auserwählten. · 159,31–33 (Ἔσομαι αὐτῶν θεός *bis* Alexandrinus.) · 191,8–12 Auch die Stelle *bis* ἀποκαλοῦσιν. · 223,32 Es lebe die Mediokrität. · 249,34–35 *und* 250,1–3 ja beim Durchdenken *bis* Fatalismus. *als Variante des auf 249 in Anmerkung gesetzten Zusatzes aufgefaßt* · 347,38–348,4 In den ›Reiseerinnerungen *bis* erkennt. · 400,2 Die Version bei Heeren ist: · 4 überhaupt in noch kürzeren Ausdrücken, · 407, 15–18 Unsere moralischen Tugenden *bis* verhaßt. · 494,35–36 Die Wichtigkeit der *bis* später. · 530,32–35 Dagegen sind die *bis* Voltaire. *[vgl. Bd. 2, S. 276]* · 576,25–26 Wenn das Leben *bis* ist. · 590,13–16 Das Leben in *bis* wird.

Die in F fehlenden Anmerkungen, die Schopenhauer in das Handexemplar schrieb, sind in dieser Ausgabe mit einem H gekennzeichnet. Sie stehen auf den Seiten 19, 69, 115, 254, 261, 266, 395, 399, 453, 550, 570, 583.

Auf Grund zweier Bemerkungen Schopenhauers im Handexemplar wurde in die Ausgabe von Arthur Hübscher (Hb) folgender Zusatz aufgenommen:
370,23–34 Dasselbe berichtet Ennemoser *bis* Bernard. *Der letzte Satz lautet in Ah:* Daß die Somnambule Prudence Bernard aus Paris in einer öffentlichen Sitzung in London die Nadel eines Kompaß durch das bloße Hin- und Herdrehn ihres Kopfes genötigt hat, dieser Bewegung zu folgen, wobei Brewster, der Sohn des Physikers, und zwei andre Herren aus dem Publiko acted as jurors (die Stelle der Geschworenen vertraten), berichtet aus der ›Britannia‹ ›Galignani's Messenger‹, october 23, 1851. *daraus die Anmerkung*

Außerdem machte Schopenhauer folgende Bemerkungen im Handexemplar:
zu 17,10 sieht).*:* Vgl. damit p. 150 sqq. editio Erdmann, ob es dasselbe ist. *daraus in F die hier in* [ ] *gestellte Verweisung* 17,1–2 · *zu* 20,36 Siehe das p. 70 Eingefügte. · *zu* 23,9 rectis‹*:* Cartesius

(sic fere): ›Actum iudicandi retuli ad voluntatem‹ in dem Buch ›Meditationes‹ etc. p. 187–188 und ibidem p. 28. Vgl. Spinoza, [›Ethica‹] vol. 2, p. 122. Gehört zu ›Welt als Wille und Vorstellung‹ I, S. 337 *[Bd. 1, S. 395]* · *zu 23,22* erinnern.*:* Siehe das p. 70 Eingefügte. · *nach 86,8* Begriffen,*:* oder eigentlich den species. *wieder gestrichen* · *nach 120,34* erhalten.*:* Auch Schillers Briefwechsel mit Fichten dient ihn zu charakterisieren. *in F, weil nur wiederholend, ausgelassen [vgl. S. 600 zu 120,30]* · *nach 128,37 Beigeschriebenes zu Reinholds zehntem Briefe und zu Humes* ›Essays on the suicide and the immortality‹ *p. 76. zu Reinhold,* ›Zehnter Brief über die Kantsche Philosophie‹ *S. 364 (Das Dasein von was immer für einem bestimmten Gegenstande kann sich uns nur durch die Eigenschaften und Beschaffenheiten desselben ankündigen, und unser Begriff von dem Gegenstande kann nur aus der Vorstellung seiner Eigenschaften und Beschaffenheiten bestehen.) schrieb Schopenhauer:* Vielmehr muß das Subjekt der Prädikate des äußern Sinnes (da es nicht angeschaut wird) durch Prädikate des innern Sinnes vorgestellt werden – Wille. Gesondert von seinen Prädikaten kann das Subjekt, welches dem äußern Sinn sich als ausgedehnt, dem innern als wollend darstellt, sehr wohl dasselbe sein. *zu dem Anhang in Humes* ›Essays‹ *der Baseler Ausgabe von 1799,* ›On the immortality of the soul and a future state‹ *von Mr. Addison schrieb Schopenhauer auf S. 76 nach Unterstreichung des Wortes* ›immortality‹*:* But it proves the contrary: we know that matter cannot be annihilated; but we know not [!] the same of immaterial substance. · *zu 138,21 die in die Vorrede zu* Über den Willen in der Natur *aufgenommene Anmerkung [Bd. 3, S. 313]* · *140 zur Anmerkung F. im handschriftlichen Nachlaß eine Variante:* Das Gottesbewußtsein besagt also, daß wir uns unmittelbar a priori und von selbst bewußt wären, daß ein persönliches Wesen die Welt gemacht hat. Ein solches Bewußtsein ist wohl vorhanden, nur nicht a priori. Vielmehr haben wir ganz neuerlich sogar eine anschauliche Darstellung der Genesis des Gottesbewußtseins erhalten, die solche selbst dem Befangensten handgreiflich zu machen dienen kann; nämlich einen weitverbreiteten Kupferstich, darstellend ein dreijähriges Kind, auf dem Bette knieend, mit gefalteten Händen und nach oben gerichtetem Kopfe: neben ihm seine Mutter, die es auf diese Weise dressiert und ihm die Worte vorspricht. – Wer drei Jahre alt mit zartem, weichem, im Wachstum begriffenen Gehirn auf diese Weise zugerichtet worden, wird allerdings sein Leben lang ein unvertilgbares Gottesbewußtsein behalten, und es darf uns nicht wundern, wenn er es für angeboren hält. – Überhaupt aber ist ein dergleichen Verfahren, gleichviel, worauf es angewandt wird, anzusehn als die Inokulation einer fixen Idee: welche es auch sein möge, und wäre sie noch so toll, sie wird haften bis an sein Ende und ihm für angeboren gelten, für unmittelbare Offenbarung und Gott weiß was. *mit der Notiz* ad ›Parerga‹ vol. 1, p. 180 *[S. 231 dieses Bandes]* · *zu dem Zusatz* 159,29–31 Sind doch eben *bis* kümmern. *im Nachlaß eine frühere Fassung:* Je nun, die Juden sind eben das auserwählte Volk ihres Gottes, welcher der auserwählte Gott seines Volkes ist, und darf niemand etwas dagegen einwenden, weil es keinen weiter angeht. · *zu* 186,10 verbürgen. *gehört die Notiz* Wer im Erkennen und Lehren der Wahrheit etwas Großes leistet, sei darauf gefaßt, daß es ihm gehn werde wie dem Esau, dem, während er für den Vater jagte und Wild erlegte, Jakob, in seinem Gewande verkleidet, zu Hause den Segen des Vaters stahl. D. H. die Ehren und Emolumente fallen den Pfuschern und Stümpern zu: er geht leer aus. *aus der die Wendung* dem Esau, dem *bis* stahl. *in den* Paralipomena § 297 *[Band 5] verwendet wurde, daher in F, Hb die ganze Notiz fehlt* · *nach* 217,37 Hälfte.: (Daher haben alle hochgebildeten Zeiten den Bart entfernt.) *in F, weil 216,23–24 wiederholend, ausgelassen* · *zu* 360,8 ›Dissertatio de spectris‹ p. 11 *die auf 360 in Anmerkung gestellte Notiz* · *nach* 466,12 Gehalte.: Die Postzeitung von 17. März 1860 meldet: ›Brüssel, den 11. März. Bei der Verhandlung der Repräsentantenkammer sind die bisherigen strengen Bestimmungen in bezug auf das Duell aufgehoben und durch folgende ersetzt worden...‹ · *nach* 514,29 natürlich. *das in Bd. 3, S. 731,12–13 eingefügte Zitat aus* Herodot 3, 80 · *nach* 580,17 getan.: Dadurch beschleunigt der Lauf der Zeit sich mehr und mehr. *in F, Hb, weil den folgenden Satz vorwegnehmend, ausgelassen*

Diese Ausgabe geht von *Hb* auf *A* unter Berücksichtigung von *Ab* zurück. Die Abweichungen in *F* (zweite Auflage der ›Parerga‹ von 1862) sind vermerkt, sowie diejenigen in der zweiten Auflage der Sämtlichen Werke, die 1877 Frauenstädt im Verlage F. A. Brockhaus herausgab (F^2) und in deren fünften Bande die ›Parerga‹ stehen. Findet sich eine Abweichung sowohl in *F* als in F^2, so ist dies nur mit *F* gekennzeichnet. Die aus *F* in diese Ausgabe übernommenen redaktionellen Zusätze wurden in eckige Klammern gestellt; sie befinden sich auf den Seiten und Zeilen:
17,1–2 · 18,12 · 20,14–15 · 52,13 · 90,35 · 95,5–6 · 96,12 · 148,11 · 153,10–11 · 156,21 · 160,28 · 226,19 · 263,35–36 · 481,31 · 489,5 · 537,31 · 549,2

Die in *F* und *Hb* auf spätere Auflagen der Schriften Schopenhauers verweisenden Angaben wurden durch Verweisungen auf die vorliegende Ausgabe ersetzt. Über die Grundsätze der Textbehandlung in dieser Ausgabe vgl. Bd. 1, S. 726f. Gegenüber *A*, *Ab*, *F*, *F*² und *Hb* ergeben sich folgende Abweichungen des Lautstandes:
VORWORT 7,21 andrerseits] andererseits *Hb*
SKIZZE 12,7 τοῦδε *Plotinos, vgl. 78,9*] τουτου *A*, *F*, *Hb* · 12,28 hierzu] hiezu *F*², *Hb* · 14,3 sehen] sehn *F*², *Hb* · 14,34 anderseits] anderserseits *F*², *Hb* · 16,6–7 und wieder im fünften Teil (prop. 1), *in Ab nach 16,24 rerum.*⟨ · 16,7–8 des zweiten Teils *in F wegen des Zusatzes 16,6–7, Hb* · 16,14 er hat hierbei F] Hierbei hat Leibniz *A*, er hat hiebei *Hb (vgl. S. 599 zu 15,29)* · 16,23 ⟩Ethica⟨ pars 2, prop. 7 *und* 25–26 pars 5, prop. 1 *in F eingefügt, Hb* · 16,27 seu rerum imagines ad amussim ordinantur et *in F eingefügt, Hb* · 16,28 *nach* porro. *in Ab* Vgl. hier p. 9 *[S. 19]* · 16,31–32 pars 2, prop. 5: *bis* cogitans.⟨ *in F eingefügt, Hb* · 17,3 p. *fehlt F* · 17,37 Hierzu] Hiezu *F*², *Hb* · 19,2 keinesfalls] keinen Falls *A*, *F*, *Hb* · 20,19 ⟩Quodcumque] quodcunque *A*, *Hb* · 20,37 Andrerseits *Ab*] Andererseits *F*, *Hb* · 23,4 intellego] intelligo *A*, *F*, *Hb* · 23,12 und darauf folgt das Korollarium *Ab*] worauf das Korollarium folgt *F*, *Hb (vgl. S. 599 zu 23,12)* · 23,21 hierbei] hiebei *F*², *Hb* · 24,2 hatte] hat *F* · 25,9 welche] welches *A*, *F* · 25,21 Hierbei] Hiebei *F*², *Hb* · 27,12 ersteren] erstern *F* · 28,29 hiervon] hievon *F*², *Hb* · 28,35 hervorgehn] hervorgehen *F* · 29,11 Grunde⟨,] Grund *A*, *F* · 30,24 Hiernach] Hienach *F*², *Hb* · 30,34 unsres *Ab*] unseres *F*, unsers *Hb* · 31,17 unbesehen] unbesehens *A*, *F*, *Hb (vgl. 92,10)* · 33,13 Hiervon] Hievon *F*², *Hb* · 35,8 denkt und zu denken gibt. *fehlt F (vgl. S. 599 zu 35,7)* · 35,39 sein] seine *A (Druckfehler?)*, *F*, *Hb* · 37,3 auf dieselbe *Ab*, *fehlt F* · 40,37 Grunde⟨,] Grund *F*; zweite Auflage *fehlt F*² · 41,38 sehn] sehen *F* · 42,9 welcher *auf 8* Geschichte *bezogen*] welchen *F*
FRAGMENTE 45,27–28 Geschichtschreiber] Geschichtsschreiber *F* · 46,4 ihren früheren] den früheren *F*, den frühern *F*² · 47,1 behaupteten] behaupten *F*² · 48,9 Spinozas, Leibnizens] Spinoza, Leibniz *F* · 48,13 τὰ καλά] το καλον *F* · 49,1 vereinende] verneinende *F*² · 49,13 sehn] sehen *F*² · 50,30 verstehn] verstehen *F* · 51,12 Cicero u. a.] und Cicero *F* · 14 p. 299 – somnium Scipionis –, 316, 319] p. 316, 299 (somnium Scipionis 319) *Ab*, p. 299 [somn. Scip.], 316, 319, ed. Bip.) *F* · 52,12 Hicetas] Nicetas oder Hicetas *Ab* · 14–15 (nach Mac Laurin, ⟩On Newton⟨ p. 45 *fehlt F* · 17 § 5 *F*] p. 49, 50 *Ab* · 22 ἀναθάπλον] αναθαπλουν *A*, *F*, *Hb* · 53,1 Yin] Yn *A*, *F*, *Hb* · 19 Lockeschen *wie 111,6*] Lockischen *A*, *F*, *Hb* ·

54,29 (Herodot, 2,41), *in F nach* 30 beweiset • 55,17 Des Pythagoras] Sein *Ah* • 56,4–5 (vol. I, p. 118 infra). *Ah*] (S. Clem. Alex. Opera Tom. I, p. 118 in Sanctorum Patrum oper. polem. Vol. IV, Wirceburgi 1778.) F, *Hb* • 7 ›Florida‹, p. 130 editio Bipontini *aus* Florida p. 130 Bip. *Ah*] (S. Apulej. Florida, p. 130 ed. Bip.) *nach* 9 worden. F, *Hb* • 15–16 cap. 1, § 5). F] c. 5, p. 242. *Ah* • 58,17 früheren] frühern F² • 60,19 ›apprehendens] apprehendes F² *(Druckfehler)* • 61,13 dem] den F • 62,15 angeborne] angeborene *Hb* • 63,15 sehn] sehen F • 22–23 abzuziehn] abzuziehen F • 64,15 einzugehn] einzugehen F • 65,19 ist] sind F² • 68,6 Drehen] Drehn *Hb* • 69,7–8 feierlichstes] feierliches F • 10 das Kopernikanische F *wegen des Zusatzes 68,33–69,8*] jenes *A* • 70,6 λόγοσ σπερματικός *wie 69,27*, *Hb aus* Logos spermaticos *Ah*] Logos spermaticus F • 35 unsrer *Ah*] unserer F, *Hb* • 71,18 gründliche] gründlichen F • 26 unsers] unseres F • 72,24 hiervon] hievon F², *Hb* • 73,1 überzugehn] überzugehen F² • 75,18 Dialoge] Dialogen *A*, F, *Hb* • 78,6 dem] im F² • 21 intellegibilis] intelligibilis *A*, F, *Hb* • 79,6 *und* 8 Lotos, Lotosblume] Lotus, Lotusblume *A*, F, *Hb* • 81,32 Samsara] Sansara *A*, F, *Hb* • 83,20 anderes] anders *Hb* • 84,23 Areopagites] Areopagita *A*, F, *Hb* • 85,11 immer noch] noch immer F² • 87,14 andre] andere F², *Hb* • 88,18 eine ähnliche] ein ähnliches *A*, F, *Hb* • 29 bewundrungswürdige] bewunderungswürdige F, *Hb* • 36 stehn] stehen F • 90,31 Dies *Ah*] Das F • 34 ›De anatome cerebri‹, *Ah, fehlt F;* brutorum‹,] brutorum – siehe Brodie p. 263 *Ah* • 37 vol. 2, p. 876 *Ah, fehlt F, Hb* • 91,15 entstehende] entstandene F • 25 Begriffes] Begriffs F², *Hb* • 36 ursachlos] ursachslos *A*, F • 93,17 Gegebenes] Gegebener *A*, F, *Hb* • 30 es] er *A (Druckfehler?)*, F • 94,2 einem Paar andrer] ein Paar andrer *Ah*, ein Paar anderer F, einem Paar anderer *Hb* • 3 oben] oben S. 12 *Ah*, oben (in der ersten Abhandlung) F, *Hb* • 15 selbst *fehlt* F • 37 stehn] stehen F • 95,1 zu eigentlichen Infamien] zur eigentlichen Infamie F • 6 scholium).] scholion *Ah*, F, *Hb* • 8 andere *Ah*] andern F • 18–19 unsrer] unserer F, *Hb* • 30 Teils, sehn] Buches, sehn *Ah*, Teils, sehen F • 96,6 andre] andere F, *Hb* • 12 editio *fehlt Ah* • 18–19 andrerseits] andererseits F², *Hb* • 36–37 ›Opera‹, editio] Siehe Opera F, *Hb*, Siehe Opera edit. F² • 37 (›Opera‹ p. 124) *Ah, fehlt* F • 97,13 das ihm gebührende] den ihm gebührenden F² • 34 ›Opera‹ *fehlt* F • 98,4 andre] andere *Hb* • 14 gelegentliche Ursache] gelegentlichen Ursachen F • 28 lieget] liegt F, *Hb* • 99,27 angebornen] angeborenen F², *Hb* • 30 par] part F² *(Druckfehler)* • 101,18–19 im ganzen Werk alles *Entwurf zu 101,10–22*] alles im ganzen Werk F • 102,32 Hiermit] Hiemit F², *Hb* • 106,7 wurzeln *in Ah nach* Welt • 107,14 werden] worden *Hb* · 15 fortdauere] fortdaure *F* · 38–108,1 Vergehn und Entstehn] Vergehen und Entstehen *F* · 108,26 prätentionsvollen] prätensionsvollen *A*, *F*, *Hb* · 111,3 ersehn *Ab*] ersehen *F* · 4 mit dem zweiten Korollarium] und Coroll. ad eam 2. *Ab* · 4–5 prop. 18, scholium] Schol. zu prop 18 *Ab* · 8 unsre] unsere *F*, *Hb* · 19 abgesehn] abgesehen *F* · 112,5 im] in *F* · 9 Fußstapfen] Fußtapfen *F²* · 113,15 einen] einem *F²* · 115,3 nämlich enthält] enhält nämlich *F²* · 117,25 der zweiten Auflage *fehlt F²* · 118,13 vorhandene] verhandene *F²* (*Druckfehler*) · 33 eigener *wie 35*] eigner *A* · 119,27 Schulzeschen] Schultzischen *A*, *F*, *Hb* · 120,25 ersehn] ersehen *F²* · 121,25 wurden] wurde *A* · 25–26 Bewundrung] Bewunderung *Hb* · 123,28 bei uns *fehlt F* · 126,7 mich *fehlt F²* · 128,19 posteriori] postereoi *Hb* (*Druckfehler*) · 129,6 geschehn] geschehen *F*, geschehen ist *F²* · 130,37 beiden] beide *A* · 131,29 wieder *fehlt F²* · 134,26 bestehn *Entwurf zu Anmerkung F.*] bestehen *F* · 34 fremden *wie vor*] ihr fremden *F* · 37–38 Entstehn oder Vergehn *wie vor*] Entstehen oder Vergehen *F* · 136,2 derselben] der 1. Aufl. *F²* · 26 eingesehn] eingesehen *F* · 138,18 Grunde‹] Grund *A*, *F* · 19 zweiten] 2.(und 3.) *F²* · 140,27 Grunde‹] Grund *A*, *F* · 141,1 sie] die Vernunft *F wegen Einfügung der Anmerkung F. auf S. 140 nach* 141,1 nachzusehn. (*vgl. S. 604 zu* 140) · 18 zweite Auflage *fehlt A*, *F* · 144,21 durchaus *fehlt F²* · 29 den] the *A*, *F*, *Hb* · 145,35 Missionare] Missionarien *A*, *F*, *Hb* · 146,28 dunkeln] dunklen *F* · 147,6 eigenes *Entwurf zu* 147,4–7] eignes *F* · 10 richtig *fehlt F²* · 28 Gotte *Ab*] Gott *F* · 148,1–2 singhalesischen] cinghalesischen *A*, *F*, *Hb* · 3 hierher] hieher *F²*, *Hb* · 11 p. 42). *Ab*] Lips. 1826. p. 42.) *F* · 27 Hera] Here *A*, *F*, *Hb* · 32 Schluchten *Ab*] Schlüchte *F* · 150,20 they *Ab*] the *F* (*Druckfehler*) · 151,36 Religion] Religionen *A* (*Druckfehler*) · 152,1 unsre] unsere *F²*, *Hb* · 154,19–20 Begriffe] Begriff *F²* · 155,21 angeborner] angeborener *Hb* · 156,18 gehn] geht *A*, *F*, *Hb* · 19 hierüber *Ab*] S. *F* · 20 cap. 12, p. 281–283 *Ab*] 12, 282, a, 25 ff. *F* · 21 spirit‹] spirit, Birmingham 1782, vol. 1. *F* · 158,16 Völuspa] Voluspa *Ab*, *Hb* · 31 Religionen, *Entwurf zu Anmerkung F.*] Religionen und *F* · 32 Theismus und läuft darauf hinaus *wie vor*] Theismus, der darauf hinausläuft *F* · 34 (eifrig), neidisch ist auf seine Kameraden, *Entwurf zu Anmerkung F.*] ist auf *F*; Kameraden] Kamaraden *Entwurf zu Anmerkung F.*, *Hb* · 159,18 Entstehn *Ab*] Entstehen *F* · 25 vom *Ab*] von *F* · 29 Sind doch eben die Juden *Entwurf zu Anmerkung F.*] Je nun, die Juden sind eben *F* (*vgl. S. 607 zu* 159,29) · 31 Ἔσομαι] Εσωμαι *Entwurf zu Anmerkung F.* · 33–40 Wenn ich aber *bis* aufzuweisen. *in F stehen die Sätze in umgekehrter Reihenfolge, danach folgt Absatz 2 der Anmerkung F. zu* § 174 Übrigens ist der *bis* werden! *in Band 5* ·

160,22 unsrer *Ab*] unserer *F* · 163,11 befolgte] verfolgte *F* · 20 dieselbe] die *F*² · 164,28 früheren] frühern *F*² · 165,2 anderes] anders *F* · 167,5 p. 304 *Ab, fehlt F* · 9 ministrae.)] ministrae. S. Sanctorum Patrum Opera Polemica, Vol. V. Wirceburgi 1779: Clementis Alex. Opera Tom II, p. 304.) *F, Hb* · 11 schon *Ab, fehlt F, Hb* · 14 demonstratio *fehlt F* · 15–18 cum ad mentem *bis* quam] qui vocatur voluntas et appetitus est ipsa *Ab* · 22 und schließlich definitio *Ab*] P. III, prop 9, schol. und schließlich P. III. Defin. *F* · 23 größtem *Ab*] großem *F;* sagt *Ab*] sagte *F* · 35 p. 228 *fehlt F, Hb* · 169,21 niemandem] niemanden *A, F, Hb* · 31–32 privilegierte] priviligierte *A* UNIVERSITÄTS-PHILOSOPHIE 174,17 eine eigene] ein eigenes *A, F, Hb* · 18 welche] welches *A, F, Hb* · 175,17 schwiere] schwierige *F*² · 176,2 Hauptwerkes] Hauptwerkes, 2. Aufl. *F*² · 31 *und* 34 Herren] Herrn *Entwurf zu Anmerkung F.* · 28 *und* 177,1 Superiorität, ja gegen mich vornehm tun und vierzig *Ab*] Superiorität gegen mich vornehm tun, ja 40 *F* · 177,1–2 herabzusehn] herabzusehen *F* · 179,20 Grundgedanke] Grundgedanken *A, F, Hb* · 180,1 Narrn] Narren *F* · 14 trionfante‹] triunfante *A, F, Hb* · 181,16 zeitgemäße] zeitmäßige *F* · 182,7–8 *und* 34 Referendare] Referendarien *A, F, Hb* · 183,33 absolutem] absoluten *A, F, Hb* · 187,14 Antworten-Bereithaben] Antwort-bereit-haben *F* · 190,14 unsres] unsers *F*², *Hb* · 30 p. 226 *Ab, fehlt F, Hb* · 37 ἀξιώματος.] αξιωματος. (S. Stob. ecl. phys. et eth., ed. Heeren, part. sec. tom. pr. p. 226) *F, Hb* · 191,13–14 Ulpian wirft die Frage auf: *Ab*] der Jurist Ulpian zeigt eine hohe Meinung von den Philosophen; denn er nimmt sie von denen aus, die für liberale (d. h. einem Freigeborenen anstehende) Dienstleistungen eine Entschädigung beanspruchen dürfen. Er sagt (lex 1, § 4, Dig. de extraord. cognit., L. 13): *F* · 21–22 (lex 1, § 4 *bis* lib. 13). *Ab, fehlt F* · 193,8 hier sich] sich hier *F*² · 28 allem] allen *F*², *Hb* · 194,8 seitdem] seidem *F*², *Hb* · 195,15 ungekannt] unbekannt *F*² · 36 dann] denn *F*² · 196,2 Laufe] Lauf *F* · 197,27 andrer] anderer *F*², *Hb* · 199,2 eigenen] einigen *F*² · 15 Publilius] Publius *Ab, F, Hb* · 16 (v. 266).] (vers. 280). *Ab,* (S. P. Syri et aliorum sententiae. Ex rec. J. Gruteri. Misenae 1790, v. 280.) *F, Hb* · 31 selbst] sonst *F*² · 200,38 je *fehlt F*² · 204,6 hierin sich] sich hierin *F*² · 208,5 perniziose] perniciöse *F*² · 15 welches] welche *F*² · 30 diese] die *F*² · 209,12 Kantischer] der Kantischen *F*² · 212,30 drinne] drinnen *F*² · 35 ältere] älteren *F* · 216,7 mit] und *F*² · 8 Kameraderie] Kamaraderie *A, F, Hb* · 217,19 aber *fehlt F*² · 38 Symbol (Feldzeichen, Abzeichen) *Entwurf zu Anmerkung F.*] Abzeichen *F* · 39 überdies *wie vor*] überhaupt *F*² · 218,3 wann] wenn *F*² · 219,4 nämlich *fehlt F*² · 13 Unsinnschmierer] Unsinnsschmierer *A (vgl. Bd. 3, 312,24)*

· 23 dumpfem] dumpfen *A (Druckfehler?)* · 223,38 streng *fehlt* F ·
224,19 Friesesches] Friesisches F · 28 Scharlatans] Scharlatants F
(Druckfehler); Unsinnschmierers] Unsinnschmierers *A*, F · 226,19
vol. 2, p. 83) *Ah, fehlt* F · 23 reputazione] reputazion *Ah*, F, *Hb* · 24
d'essere‹ *Ah*] d'essere. (S. Opere di Giordano Bruno publ. da R.
Wagner. Lips. 1830, Vol. II, p. 83.) F · 229,34 rochieren] rockieren
Ah, F, *Hb* · 230,6–7 erwiesenermaßen] erwiesenstermaßen *A*, F,
Hb · 231,10 Hoc ... hoc *Juvenal*] sic ... sic *A*, F, *Hb; stat Juvenal*]
sit *A*, F, *Hb* · 21–22 fünfzig] funfzig *A*, F, *Hb* · 232,13 jeder] der
A, F, *Hb* · 237,25 versehn] versehen F · 238,16 Πᾶς γάρ] Καὶ γάρ
Theognis · 21–22 Auch eine Stelle *bis* kann.] Auch in Sadis Gulistan
wird gesagt, daß *bis* kann. (S. Sadis Gulistan übers. von Graf.
Leipzig 1846, S. 185.) F, Auch in Sadis Gulistan (übersetzt von
Graf, Leipzig 1846, S. 185) wird gesagt, daß *bis* kann. *Hb (vgl. S.
601 zu 238,21)* · 240,34 Sachen *Ah*] Sache F² · 241,18 stampa‹
Ariosto] stampo *A*, F, *Hb*

TRANSZENDENTE SPEKULATION 245,2 ja *fehlt* F² · 246,24 von *M*¹]
vor *Hb* · 247,5–6 demonstrabeln *M, vgl. 249,4*] demonstrablen *A*,
F · 13–14 auffallendesten *M*, F², *vgl. 279,13* unbedeutendesten *Ah*]
auffallendsten *A*, F · 25 den *Ah*] der F · 248,11 auch *M, fehlt A*, F ·
250, 26 angeborenen] angebornen F · 33–34 vollkommner *Entwurf
zu Anmerkung* F.] vollkommener *Hb* · 251,5 actions] motions F, *Hb* ·
19 äußern] äußeren F · 252,11 Wortes] Worts F · 30 wann] wenn
F² · 253,1 nachdem] nachem F² *(Druckfehler)* · 2 Gesichtspunkt
Ah] Gesichtspunkte F² · 6 intellegibilis] intelligibilis *A*, F, *Hb* · 8
nichts] nicht F² · 254,4–5 (siehe Lukians ›Totengespräche‹ *bis* cap.
16).] (Siehe Lukian, Vol. 1, p. 235 und 260; Herodot, Vol. 2, p.
360. Vol. 1, p. 54) *Ah*, Man vergleiche hiemit Herodot L. I, c. 91
und IX, c. 16; auch Lukians Totengespräche XIX und XXX. F,
jedoch nach 21 richte‹ (10,23). *gestellt und daran aus Ah die Sätze*
253,35–254,12 Die Alten werden *bis* wird. *angeschlossen (vgl. S. 601
zu 253,35)* · 18 Schicksale *Goethe*] Schicksal *Ah;* gezogen.‹ *Ah*]
gezogen.‹ (S. die Ausgabe in 40 Bänden, Bd. IX, S. 240.) F · 255,22
hierduch] hiedurch *M*, F, *Hb* · 257,1 Menandros *M*] Menander
F, *Hb* · 2 bei *fehlt* F · 2–4 Stobaios, ›Eclogae‹ lib. *bis* cap. 14)] Stobaios 1, p. 168 und Clemens Alexandrinus, Vol. 3, p. 88 *Ah* · 13
(lib. 10, p. 336 *Ah, fehlt* F, *dort* (L. X, 621.) *nach zu* αἱρεθέντων. ·
28–29 (vol. 3, p. 368 sq., besonders 376). *Ah, fehlt* F · 29 (p. 330)
Ah] 618) F, *Hb* · 259,36 Gleichnissen *M*] Gleichnisse *A*, F · 260,25
von] die von F² · 32–33 bewundrungswürdige] bewunderungswürdige *Hb* · 263,10 griechischer *Ah*] der griechischen F · 35–36

1. M = Manuskript *(vgl. S. 596)*

(>De alimento<, p. 20)] (Hippocr. De alimento, p. 20) *Ab*, *nach* 36 anwendbar *gestellt*, (De alimento opp. ed. Kühn, Tom. II, p. 20) *Hb*, *nach* 35 Hippocrates · 37 πάντα συμπαθέα] συμπαθεα παντα *F* · 264,11 anderen *M*] andern *F²*, *Hb* · 23 Behufe] Behuf *M* · 265,8 unsrer] unserer *F²*, *Hb* · 38 eine] ein *A*, *F*, *Hb* · 267,8 unser] unsrer *M*, *A* · 27 anderes] anders *F* · 35–36 Oxoniensis] Oxford. *M*, *A* · 271,29 zeitliches] zeitiges *F*
GEISTERSEHN 275,2 als] als doch *F* · 14 hatte] hätte *F²* · 276,11 der zweiten Auflage *fehlt F²* · 15 S. 12–14] §. 4. *F²* · 277,29 langsamern] langsamen *F²* · 278,32 unsrer *Entwurf zu 278,31–279,1*] unserer *F*, *Hb* · 279,13 den *M*, *F²*] das *F* · 282,11 eigentlich *in Ab gestrichen*, *fehlt F*, *Hb* · 284,15–16 als welchem ausschließlich die] als welches ausschließlich der *M*, *A*, *F*, *daher* 17 welches *Hb*, *fehlt M*, *A*, *F* · 25 Verletzungen] Verletzung *F²* · 286,15 Geruchsnerv *wie sonst*] Geruchsnerve *M*, *A*, *F* · 289,5 besondern] besonderen *F* · 35 käme] kame *Hb* (*Druckfehler*) · 290,2 S. 19 *fehlt F²* · 291,26 unsre] unsere *F*, *Hb* · 292,35 Funktionen] Funktion *F²* · 297,19 Daguerreotyp] Daguerrotyp *A*, *F*, *Hb* · 300,26 mithöret] mithört *F²* · 32 und *M*, *fehlt A*, *F* · 303,4 editio *F*, *fehlt Ab* · 304,27 dem] vom *F²* · 305,35 öftesten] öftersten *A*, *F*, *Hb* · 306,15 langen, für *Ab*] langen und für *F*, *Hb* · 26 kommt *F wegen* 28 trete] trat *Ab* · 307,7 (>Die beiden Grundprobleme der Ethik< S. 62 *Hb aus* (Ethik p. 62.) *Ab* · 308,37 gegen Ende. *Ab*] S. 42 fg. im 20. Bande der Ausgabe in 40 Bänden. *F* · 309,21 verstehn] verstehen *F* · 36 Probe *F²*] Feuerprobe *Ab*, *F* · 310,4 kochte *Ab*] koche *F*, *Hb* · 9–10 Vorhersehns] Vorhersehens *F* · 12 Ausfluß] Ausfluß aus *F²* · 26 unserer] unsrer *F* · 312,5 Schlafes] Schlafs *F* · 314,13 hiermit] hiemit *M*, *F²*, *Hb* · 316,7 den] dem *F*; Lotos] Lotus *A*, *F*, *Hb* · 317,38–318,1 in gewissem] im gewissen *F* · 318,35 Somnambulen] Somnambule *F²* · 319,8 Name] Namen *F* · 11 Wortes] Worts *F* · 320,30–31 der Gravitation] ihrer Gravitation *F²* · 321,22 von] auch von *F²* · 322,1 Standpunkt] Standpunkte *F* · 4 jedes] eines jeden *F²* · 9 Schon *fehlt F* · 27 die] es als *Hb*; bloß *fehlt F* · 323,3 Standpunkt] Standpunkte *F* · 324,19 im Jahre 1850] ganz kürzlich *M* · 24–25 praevalebit< *M*, *A*, *danach in F* μεγαλη ἡ ἀλήθεια και ὑπερισχυει (S. ʿΟίερευς, i. e. L. I. Esrae, in sola LXX, c. 4,41) · 325,7 jene Pfaffen *F wegen des Zusatzes 324,34–325,6*] sie *A* · 31 in öffentlicher] zu öffentlicher *F*, zur öffentlichen *F²* · 34 (z. B. die Pyramide *bis* Sündflut) *in F nach* 35 Entdeckungen · 326,5 z. B. *in Ab*, *Hb nach* 6 schon · 20 Westminster Abbey *aus* Westminsterabbey *Ab*] Westminsterabtei *F*, *Hb* · 22 Pfaffentum] Pfaffentrug *F* · 327,27 nahverwandte *aus* nah verwandte *M*] nahe verwandte *A*, *F* · 328,31 dürften] dürfen *F²* · 332,32–33 wirkliche] wirklich *F²* · 34 anderen]

andern *M, F, Hb* · 334,5 engen *fehlt F*² · 33 sinistern] finstern *F* · 335,2 Justizbeamteten] Justizbeamten *F*² · 3-4 leibhaftig] leibhaft *F* · 336,29 Geschehendes] Geschehenes *F* · 338,14 diesem *M*] diesen *A, F* · 20 diese] dieser *A, F, Hb* · 339,5-6 Richardsons Bericht über *bis* Übersetzung *Ab*] (S. James Richardson, narrative of a mission to Central Africa, London) *F, Hb* · 340,24 allen] alle *F*² · 33-34 (›Epistularum‹ lib. 7,] L. VII, epist. *A, F, Hb* · 341,38 in hohem] im hohen *F*² · 343,9 Schlafe] Schlaf *F* · 346,18 *und* 24 hierher] hieher] *M, F*², *Hb* · 26 getragene] getragene und einzige *M* · 347,14-15 Erzählungen] Erzählung *F*² · 31 Heft] Stck. *A, F, Hb* · 35 hierher] hieher *M, F*², *Hb* · 348,1 von Merck (Hamburg 1852) *Hb aus* v. Merk 1852 Hamburg *Ab, fehlt F* · 7 Personen] Personen zugleich *M* · 349,30 du] de *Ab, F* · 33 hierher] hieher *M, Hb* · 350,5 (S. 746)] S. 476 *F* · 351,19 Erscheinungen] Erscheinung *F*² · 22 Sinne *F*²] Sinnen *M, A, F* · 24 Auffassung *M* (*aus* Ansichten)] Auffassungen *Hb* · 37 S. 15] S. 16 *F*² · 352,10 diese] die *F* · 13 wirkenden] wirkende *F*² · 357,2 Einzelnheiten *wie sonst, vgl. dagegen 279,19*] Einzelheiten *Hb* · 358,23-24 Betrachtung] Betracht *F*² · 359,16 Entstehns] Entstehens *F* · 18 S. 278] p. 278 unten). *Ab*, p. 310) *F* · 360,8 ›Dissertatio de spectris‹ *Ab, vgl. Anmerkung 1*] Sicilimentorum academicorum Fasciculus de Spectris et Omnibus morientium, Altdorfii 1716, *F* · 361,29 Geistererscheinungen] Geistererscheinungen *F*² · 362,13 Bestimmungen *M*] Bestimmung *A, F* · 366,8 Roberto] Ruperto *F* · 367,6 (Alexis) *Ab, fehlt F, Hb* · 368,13 gesehn] gesehen *F*² · 370,13 bezichtigen] bezüchtigen *A, F, Hb*

APHORISMEN 378,6 (Clemens *Ab*] Vgl. Clemens *F, Hb*; p. 362). *Ab*] p. 362 der Würzburger Ausgabe der opp. polem.) *F, Hb* · 379,16 andrer *Ab*] anderer *F, Hb* · 380,18 (vgl. ›Welt als *bis* S. 73 *Ab* (p. *statt* S.), *fehlt F* · 30 angebornen *Ab*] angeborenen *Hb*, geistigen *F* · 32 unsrer] unserer *F*², *Hb* · 37 ein stumpfer Klotz *fehlt F*² · 383,1 mußt *Goethe*] muß *A* (*Druckfehler*) · 2 Sibyllen] Sybillen *F* · 384,18 wenig] wenige *F*² · 23 überläßt] hinterläßt *F*² · 385,3 in oft] oft in *F*² · 9 er] der *Hb* (*Druckfehler?*) · 27 stehn] stehen *F*² · 386,28 βεβαία] βεβαιον *Aristoteles* · 38 sano‹] sano, (Juvenal, Sat. X, 356) *F, Hb* · 387,14 bucklig] pucklich *A, F, Hb* · 20 truism] truism's *A, F, Hb* · 388,34 sehn] sehen *F* · 392,14 angebornen] angeborenen *Hb* · 393,31 Abwege] Elende *F*² · 394,5 den *F*²] dem *A, F* · 396,1 Langenweile *Entwurf zu 395,35-396,22*] Langeweile *F*² · 19 Daher] Daher also *F, Hb* · 34 andrerseits *Ab*] andererseits *F, Hb* · 400,36 3, 1060-1067] 3, 1073 *A, F, Hb* · 401,19 angemessenen *F, auf* 17 Genüsse *bezogen*] angemessene *A* (*Druckfehler?*), *Hb, auf* Kräfte *bezogen* · 402,11 Reiches *Entwurf zu Anmer-*

kung F.] Reichs F · 23-24 Intelligenz *wie vor, fehlt* F · 403,28 Holz *wie vor, fehlt* F · 405,28 zur] ein solches intellektuelles Leben zur *Ah* (*vgl. S. 602 zu* 405,25) · 29 Verluste] Verlüste *Hb* (*Druckfehler*) · 406,23 stehnbleiben] stehen bleiben F² · 407,29 Lukian,] Lucian in Anthol. 1, 67 *A*, F, *Hb* · 408,1 und] oder F² · 16 7 bis 9] 7, 8, 9 *A*, F, *Hb* · 23 *und* 24 Talente *Goethe*] Talent *A*, F · 37 Andrerseits] Andererseits F, *Hb* · 409,27 kann und hundert *Ah*] kann. Hundert F, *dementsprechend* 29 sind *vor* 28 ihm (*vgl. S. 602 zu* 409,26 *und S. 598 zu* 409,27) · 412,15 Ein großes *Entwurf zu 412,15–21*] Das große F · 33 und] und die F² · 413,10 cap. 14 und 16).] 13. F · 36 Ruhm *Entwurf zu 413,34–36*] Ruhme F · 414,17 ἐπ' ἦμαρ ἄγησι Homer] εφ' ημαρ αγει *A*, F, *Hb* · 26-27 bestehenden *Entwurf zu 414,26–33*] bestehendem F · 416,18 vom] von *A*, F, *Hb* · 38 Da] Dann F · 417,33–34 anno aetatis 67).] aetatis anno 67.) *Ah*, ann. 1776, aetat. 67, in der Ausgabe von 1831 in 5 Bänden. Vol. III, p. 199.) F, ann. 1776 aetat. 67.) *Hb* · 418,10 eigentlich sui iuris *Ah, in* F, *Hb nach* 11 ist man · 421,8 Prätention] Prätension *A*, F, *Hb* · 37 Glücke] Glück F² · 422,30 leget *Ah*] legt F; erzeiget *Ah*] erzeigt F · 423,10 erforderlichenfalls, *vgl. 504,4–5*] erforderlichen Falles *A*, F, *Hb* · 425,12 Prätentionen] Prätensionen *A*, F, *Hb* · 19 stärkesten] stärksten F² · 426,31 ersehn] ersehen F · 428,3 realem] realen *A*, F, *Hb* · 22 andrer *Ah*] anderer F, *Hb* · 430,5 fünfzig] funfzig *A*, F, *Hb* · 432,32 stehn] stehen F² · 433,17–18 falschem] falschen *A* · 434,1 mag, und *Ah*] mag: F · 436,1 amtlichen *Entwurf zu 435,36–437,4*] amtliche F · 26 sind die Amtsehre *wie vor*] der Amtsehre sind die F · 437,2 Sinne *wie vor*] Sinn F · 5 Die Sexualehre scheint mir F *wegen des Zusatzes 435,36–437,4*] Hingegen scheint mir die Sexualehre *A* · 442,26 geschehn] geschehen F · 443,36 schworen] beschworen F² · 444,27 als] als der F² · 447,40–42 *und* 448,22–23 nun dieser in *bis* tat) *Entwurf zu Anmerkung* F.] diesen studierenden Jünglingen, wie wohl schon öfter geschehn, F · 448,27 jungen *wie vor, fehlt Hb* · 449,7 Edlen] Edeln F² · 450,6 Mißhandlung *entsprechend* αἰκία] Mißhandlungen *A*, F, *Hb* · 17–18 ›Florilegium‹ vol. 1, p. 327–330)] Stobaios Florilegio Vol. 1, p. 327 *Ah*, Stobäos (Florileg. ed. Gaisford, vol. I, p. 327–330), F, *Hb* · 32 Kupfermünzen] Kupfermünze *A*, F, *Hb* · 453,9 hat] hält F² · 454,34 spätern] späteren F · 456,18 pudentes *Cicero*] prudentes *A*, F, *Hb* · 457,34 das ihr gebührende ... welches] den ihr gebührenden ... welchen F² · 458,19 nicht nur] nur nicht *A*, F, *Hb* · 459,32 de] du F² · 33 des] de F · 460,28 zu sein *fehlt* F · 29 Gelde] Geld F · 30 andre *Ah*] andere F, *Hb* · 32 in hohem] im hohen F² · 461,23 Femegericht] Vehmgericht *A*, F,

Hb · 464,12 welcher *F, bezogen auf* Scherge] welche *A, bezogen auf* 10 Tyrannei · 13 Femegericht] Vehmgericht *A, F, Hb* · 466,4 stehn] stehen *F²* · 34 niemandem *vgl.* 33 jedem] niemanden *A, F, Hb* · 467,9 bleibt *in A, Ab nach* 10 Andenken, *in F wegen des Zusatzes 467,8–9 umgestellt* · 468,33 Gerichte] Gericht *F²* · 469,31 hiervon] hievon *F, Hb* · 32 vorübergehn] vorübergehen *F²* · 34 Augenblickes] Augenblicks *F²* · 470,7 ist aber] aber ist *F²* · 30 Genies] Genius *F²* · 471,13 denn *fehlt Lichtenberg;* Buche] Buch *Lichtenberg* · 14–15 ›Solche Werke sind *bis* heraussehn‹] Ein Buch ist ein Spiegel; wenn ein Affe hineinsieht, so kann kein Apostel herausgucken *Lichtenberg* · 15 heraussehn] heraussehen *F²* · 472,33 Neide] Neid *F²* · 475,31–32 ›Omnis animi voluptas *bis* est, *bei Hobbes als Nebensatz* Cumque omnis animi voluptas omnisque alacritas in eo sita sit, · 476,8 minds] mind *Milton* · 16 heights] hights *A, F, Hb,* steep *Beattie* · 478,9 vielstimmigste] vielstimmige *F²* · 32 geschehn] geschehen *F²* · 36 Eintritt] Eintritte *F²* · 480,3 Menschheit] Welt *F²* · 481,28 currunt. *Ab, danach in F* (Epist. I, 11, v. 27.) · 482,5 einzugehn] einzugehen *F²* · 483,9–10 Die lateinische Version *bis* etwan: *Hb, in Ab fehlt* des Satzes] Besser noch deutsch ließe sich dieser Satz etwan so wiedergeben: *F* · 486,1 Unbesehn] Unbesehns *A, F, Hb* · 487,24 unsre] unsere *F, Hb* · 28 Prätention] Prätension *A, F, Hb* · 488,9 Saepius *Horaz*] Saevius *A, F, Hb* · 33 Siehe das Motto zum ›Gulistan‹: *Ab*] sowie auch hievon: *F,* Siehe das Motto zu Sadis Gulistan, übers. von Graf: *Hb* · 489,4 nichts. *danach in Hb* Anwari Soheili. *danach in F* (Siehe das Motto zu Sadis Gulistan, übers. von Graf.), *fehlt Ab* · 12 Jauchzen *F²*] Jauchsen *A, F* · 37 Empfange; sie sind] Empfange, *A, Ab* · 490,37 Man] 3. Man *F, Hb* · 491,9 3. Überhaupt] Überhaupt *F, Hb* · 493,17–8 Alchimisten] Alchemisten *A, F, Hb* · 30 σεαυτόν] σαυτον *A, F, Hb* · 494,8 wann] wenn *F²* · 13 unsrer *Ab*] unserer *F, Hb* · 19 Augenblick *Ab*] Augenblicke *F* · 28 Zusammenhange leuchten *Ab*] Zusammenhang leuchtet *F* · 495,10 vorbeiziehn] vorbeiziehen *F²* · 496,9 Ἤτοι ταῦτα] ἀλλ' ἤτοι μέν ταῦτα *Homer* · 12 ›Singulos *Seneca*] singulas *A, F, Hb* · 497,12 unsre] unsere *F, Hb* · 36 unsrer] unserer *F, Hb* · 498,9 äußeren] äußern *F, Hb* · 12 Türe] Tür *F* · 19 gehn] gehen *F* · 25 unsrer *Ab*] unserer *F, Hb* · 502,13 unser] unserer *A, F, Hb* · 33 bon] bons *F² (Druckfehler)* · 503,21 Glückes *Entwurf zu 503,13–22*] Glückes und *F* · 28 (›Paradoxa] Paradox. p. 254 *Ab,* Paradox. II.) *F* · 504,37 größter *Entwurf zu Anmerkung F.*] großer *F* · 9 *und* 40 andrerseits] andererseits *F, Hb* · 506,25 besagt] sagt *F²* · 507,5 unsres *Ab*] unseres *F,* unsers *Hb* · 7 wohl bestehn *Ab*] bestehen *F* · 508,1 dann] denn *F²* · 509,1 sordi *Petrarca*] storti *A, F, Hb* · 2 smarrita

Petrarca, F²] smarita *F* · 8 In gleichem] Im gleichen *F²* · 32 ›Gulistan‹: *Ah*] Gulistan (S. die Übers. v. Graf p. 65) *F* · 34 wohnt *Ah*] ist *F* · 510,5 der Perser, *in F nach* 509,32 Saadi, · 511,11 Entfremdung] Entfernung *F* · 31 sechziger] sechsziger *A, F, Hb* · 33 vereint] vereinigt *F²* · 36 Selbstgenügsamkeit *Ah*] Selbstgenugsamkeit *F* · 513,20 Lotos] Lotus *A, F, Hb* · 514,37 ihre *Entwurf zu Anmerkung F., F²*] und ihre *F* · 515,27 daran *Entwurf zu 515,20–516,8, fehlt F* · 516,1 abgetrennt] getrennt *F* · 517,17 τιμωρούμενος] τιμορουμενος *F, Hb* · 518,20 Unglücksfälle] Unglückfälle *F²* · 520,5–10 zu welchem das *bis* betrachten. *Ah*] jedes Erwachen und Aufstehn eine kleine Geburt, jeder frische Morgen eine kleine Jugend und jedes Zubettegehn und Einschlafen ein kleiner Tod. *Entwurf zu 520,4–10, F (vgl. S. 603 zu 520,4)* · 18 ernste *Goethe*] gute *A, F* · 521,19 unsrer *Ah*] unserer *F, Hb* · 20 unsre *Ah*] unsere *F, Hb* · 22 oft *Ah, fehlt F;* und *Ah*] und werden *F* · 522,3 die] das *F²* · 12 etwan] etwas *A, F, Hb* · 523,16 vis tibi, *Seneca*] tibi vis *A, F, Hb* · 524,23 Glücke] Glück *F* · 528,8 paar ganz allgemeine] Paar ganz allgemeiner *A, F, Hb* · 529,12 keine Ermüdung] kein Ermüden *F* · 34 einen] den *F²* · 531,7 Händel *Ah*] Händeln *Hb* · 532,31 eigentlich] eigentlichen *F²* · 533,27 entstehn] entstehen *F* · 38 seltner *Ah*] seltener *F, Hb* · 537,15–16 Vermöge derselben Subjektivität sind sie denn auch so leicht *Ah*] wie auch so leicht *A,* Ebenso leicht sind sie aber auch *F (vgl. S. 603 zu 536,29 und S. 599 zu 537,16)* · 539,3 estima] istima *A, F, Hb* · 8 zu *fehlt F²* · 540,34 Schwanz] Schwanze *F²* · 541,1 ein Wort des Seneca] dies *F, weil das folgende Zitat aus Seneca gestrichen wurde, das Schopenhauer in Ah zu* Paralipomena § 118 *[Band 5] vorgesehen hatte* · 16 andrer *Ah*] anderer *F, Hb* · 19 würde] wird *F* · 545,1 eines] eins *F²* · 33 es *F*] sie *Ah* · 546,15 andre *Entwurf zu 546,13–36*] andere *F, Hb* · 29 unsrer *wie vor*] unserer, *F, Hb* · 547,18 entziehn] entziehen *F²* · 549,8 bittre] bittere *Hb* · 12 doch] noch *F²* · 16 bittrer] bitterer *Hb* · 22 andre *Ah*] andere *F, Hb* · 24–25 ›Arte de prudencia‹ p. 164) *Ah, in F, Hb nach* 26 brutos.‹: (S. Oraculo manual, y arte de prudencia, 240. [Obras, Amberes 1702, P. II, p. 287.]) · 551,10 allerlei] allerhand *F²* · 29–30 Kameraderien] Kamaraderien *A, F, Hb* · 31 allemal *Entwurf zu Anmerkung F., fehlt F* · 553,12 grinsende] grinzende *A, F, Hb* · 554,22 allen] allem *F* · 34 Geheimnisse] Geheimnis *F* · 555,27 Algebraisten] Algebristen *A, F, Hb* · 36 mittelbar] unmittelbar *F²* · 556,11 paar arabische] Paar arabischer *A, F, Hb* · 557,22 begegnete] begegnet *F* · 558,32–33 voraussehn] voraussehen *F* · 559,23 hierdurch] hiedurch *F, Hb* · 560,2 fremden Beispielen *Ah*] fremdem Beispiele *F* · 22 angeborne *Entwurf zu 560,8–29*] angeborene *F*, *Hb* · 562,13 trägt] treibt *F*² · 563,35 auswies] erwies *F*² · 564,18 demnach] danach *F* · 566,9 andrer *Ab*] anderer *F*, *Hb* · 11 viel] weit *F* · 569,28 es nun] nun es *A*, *F*, *Hb* · 570,3 wie Spinoza es ausdrückt, *in F nach* 2 sehn · 24 Sixtinischen] Sistinischen *A*, *F*, *Hb* · 572,2 es heißt] heißt es *F* · 573,16 Türe] Tür *F*² · 575,26–27 zurechte zu finden *Entwurf zu 575,24–31*] zurechtzufinden *F* · 576,5 unsre] unsere *F*, *Hb* · 9 Standpunkte] Standpunkt *F*² · 577,3 spätern] späteren *F*² · 4 wenigere] weniger *A* · 21 unsers *Ab*] unseres *F* · 578,19 der] die *A* · 25 andre *Ab*] andere *F*, *Hb* · 32 Rentier] Rentenier *A*, *F*, *Hb* · 580,19 sein Verlauf] der Lauf der Zeit *F* · 21 Begebenheiten] Begebenheit *A*, *F*, *Hb* · 583,21 fünfzigste] funfzigste *A*, *F*, *Hb* · 584,11 diese] die *F* · 585,2 sondern *Ab*, *fehlt Hb* · 586, 1 andrer *Ab*] anderer *F*, *Hb* · 7 andrerseits *Ab*] andererseits *F*, *Hb* · 28–29 Denn im Alter *Ab*] Im Alter hingegen *A*, *F*, *da der Zusatz 586,24–28 nach 587,6 desselben. gestellt wurde (vgl. S. 604 zu 586,24)* · 587,3 Jüngeren *Ab*] Jüngern *F* · 7 Ferner] Gewöhnlich *F wegen des hier eingefügten Zusatzes 588,13–589,11 (vgl. S. 604)* · 589,35 andern *Ab*] anderen *F* · 590,1 Denn *Ab*, *fehlt Hb* · 27 Testamente *Ab*] Testament *Hb* · 36 dies] das *F* · 591,2 vive] vide *Ab*, *F* · 23 fünfzigsten] funfzigsten *A*, *F*, *Hb* · 31–32 Fünfzigjährige] Funfzigjährige *A*, *F*, *Hb* · 35 fünfzig] 50 *Ab*, *Hb*, 60 *F* · 592,3 and] et *A*

INHALTSVERZEICHNIS

PARERGA UND PARALIPOMENA I

Vorwort 7

Skizze einer Geschichte der Lehre vom Idealen und Realen 9

Fragmente zur Geschichte der Philosophie 43

   § 1 Über dieselbe 45
   § 2 Vorsokratische Philosophie 46
   § 3 Sokrates 56
   § 4 Platon 59
   § 5 Aristoteles 63
   § 6 Stoiker 69
   § 7 Neuplatoniker 74
   § 8 Gnostiker 79
   § 9 Scotus Erigena........................... 80
   § 10 Die Scholastik 85
   § 11 Baco von Verulam 87
   § 12 Die Philosophie der Neueren 88
   § 13 Noch einige Erläuterungen zur Kantischen Philosophie............................. 101
   § 14 Einige Bemerkungen über meine eigene Philosophie 162

Über die Universitäts-Philosophie.................. 171

Transzendente Spekulation über die anscheinende Absichtlichkeit im Schicksale des einzelnen 243

Versuch über das Geistersehn und was damit
zusammenhängt 273

Aphorismen zur Lebensweisheit 373

Einleitung 375
Kap. 1. Grundeinteilung 377
    2. Von dem, was einer ist 385
    3. Von dem, was einer hat 412
    4. Von dem, was einer vorstellt 420
    5. Paränesen und Maximen 482
       A. Allgemeine 483
       B. Unser Verhalten gegen uns selbst betreffend 493
       C. Unser Verhalten gegen andere betreffend . 531
       D. Unser Verhalten gegen den Weltlauf und
          das Schicksal betreffend 557
    6. Vom Unterschiede der Lebensalter 568

Textkritisches Nachwort 593

Ein Register der Namen, Sachen und Begriffe befindet sich in Band 5.